U0612477

NONGYE NONGCUN FALÜ ZHISHI DAOXUE

农业农村法律知识导学

上 册

严德荣 编著

中国农业出版社
北 京

图书在版编目（CIP）数据

农业农村法律知识导学：上、下册 / 严德荣编著.
—北京：中国农业出版社，2021.5
ISBN 978-7-109-28061-8

Ⅰ.①农…　Ⅱ.①严…　Ⅲ.①农业法－基本知识－中
国　Ⅳ.①D922.4

中国版本图书馆 CIP 数据核字（2021）第 049366 号

中国农业出版社出版

地址：北京市朝阳区麦子店街 18 号楼
邮编：100125
责任编辑：神翠翠　武旭峰
版式设计：王　晨　责任校对：沙凯霖
印刷：北京万友印刷有限公司
版次：2021 年 5 月第 1 版
印次：2021 年 5 月北京第 1 次印刷
发行：新华书店北京发行所
开本：700mm×1000mm　1/16
总印张：33.5
总字数：700 千字
总定价：120.00 元（上、下册）

作者简介 About the author

严德荣，原湖南省农业农村厅副巡视员（副厅级），现任中国农业农村法治研究会副会长、国家行政学院公共管理硕士（MPA）校外导师、湖南省人大立法咨询专家等。1959年农历五月十五日生于道县江村人民公社严家村（现双牌县江村镇）。1977年恢复高考当年考入湖南农学院农学系农学专业学习，2003—2005年在中国政法大学就读在职研究生。

1982年1月大学毕业，被分配到湖南省农业厅科教处工作。1986年4月加入中国共产党。1992年9月挂职湖南省长沙农业学校，任校长助理（享受副处级待遇）。1995年回省农业厅工作。先后在政策法规处、政策法规与市场信息处、农产品质量安全监管处等处室工作，任副处长、处长等职，2017年后先后任省农业委员会、省农业农村厅副巡视员（副厅级）。

2014年5月起任中国农业农村法治研究会副会长、湖南省法学会理事。1997年被湖南省委党校、湖南省行政学院聘为客座教授。2010年起被中南大学法学院聘为法律硕士兼职导师。2014年起被国家公务员局聘为全国公务员培训兼职教师、国家行政学院公共管理硕士（MPA）校外导师。2018年被湖南农业大学聘为客座教授。2019年被湖南省人大常委会聘为立法咨询专家。

发表农业政策、农业经济、农业教育、农业法治等方面的文章 200 余篇，承担农业农村部和湖南省委、省政府农业农村政策法治研究课题 40 余项，编著出版《农村常用法律知识问答》《农村政策法规》《农产品质量安全知识问答》等书籍，参与湖南省"四五""五五"普法读本编写工作，主导起草湖南农业地方法规、规章 20 多部，参与国家和湖南省立法草案制修订 100 余件。其中《湖南省耕地质量管理条例》《湖南省外来物种管理条例》等四部地方法规为全国首创。2006年、2011 年先后两次被中宣部、司法部授予全国法制宣传教育先进个人称号。2010 年入选湖南省十大最具影响力法治人物。先后四次被农业部（现农业农村部）评为全国农业政策法规、综合执法先进个人。2011 年被中共湖南省委授予全省优秀共产党员称号，享受省部级劳模待遇，被列入湖南精彩名人录。

前 言
FOREWORD

党的十九大发出了实施乡村振兴战略的总号令,提出了乡村振兴的总目标、总方针、总要求。法治既是乡村振兴的制度保障,又是乡村振兴的重要内容。乡村振兴要求产业兴旺、生态宜居、乡风文明、治理有效、生活富裕。这无一不与法治紧密联系。产业兴旺需要法治保驾护航,规范生产过程、维护农民权益和生产安全;生态宜居要求依法治理乡村环境、保护乡村生态资源,实现乡村生态文明;乡风文明和治理有效,要求通过"三治(自治、法治、德治)"结合,实现乡村善治;生活富裕需要法治保护。乡村振兴要求建立与之相适应的制度保障体系,法治是其核心内容。然而,长期以来农业农村法治建设滞后于农业农村社会经济发展。有法不依、执法不严、违法不究的情况还非常突出。曾经出现的"听不听三分钟,再不听龙卷风"的野蛮行政、假冒伪劣充斥乡村市场、坑农害农现象时有发生,以及乡村自治的无序状态,村霸、路霸、市霸横行的一幕幕再现,严重制约了乡村社会经济的发展,严重影响了广大人民群众的幸福安宁生活。法治成为人民的呼唤和时代的强音。随着乡村振兴的深入推进,法治成为最忠实可靠的伴侣,成为乡村社会的共同愿望和追求。

作者长期从事农业政策法治的研究与实践,对农业农村法治有着浓厚的情怀，为实现农业农村法治和乡村治理现代化而奋斗是作者的梦想和追求。为了助推乡村振兴、推进乡村法治化进程和乡村治理现代化，作者认真学习领会党的十九大精神和习近平法治思想，潜心研究现行农业农村法律法规，查阅大量文献资料，编著此书。全书共 15 章，约 70 万字。涵盖了农业农村法治方方面面，既包含农业农村法治建设方略、目标、方针、方式，又包含农业农村环境资源利用与保护、农产品与食品质量安全、土地承包经营、农业投入品监管、农民权益保护、农业知识产权保护、农业内外贸易、农业行政执法等具体实施内容，特别是将党的农村法规的内容、要求与实施纳入其中，凸现了党对农业农村法治工作的领导和保障作用；既有原文原意解读，又有案例分析，具有很强的针对性、实用性；既可作为广大农业农村工作者学法用法参考用书，又可作为农业院校、行政部门、培训机构的适用教材。作者企盼本书的出版发行能够实现其编写宗旨，在助推乡村法治建设和乡村治理现代化中发挥其应有的作用，实现其应有的价值。

编著者

2020 年 9 月 10 日

目 录
CONTENTS

前言

上　册

下　　册

第一章 Chapter 1

法律基础知识

第一节　法的产生与本质特征

一、法的产生和历史发展

　　法是人类社会发展到一定历史阶段伴随着阶级和国家的产生而产生的。人类在进入阶级社会以前的原始社会，生产工具极其简陋，生产力水平十分低下，在自然界艰难的生活环境中，人们为了生存和获得生产生活资料，只有依靠群体的力量，通过集体劳动来维持生存。因此，人们不得不共同占有生产生活资料，平均分配，共同消费。由于没有剩余产品，也就不存在私有制。当时调整人们在生产和生活中相互关系的行为规范主要是人们在共同生产劳动和生活中逐渐地、自发地形成的各种习惯。习惯的内容非常广泛，几乎涉及原始社会生活的各个方面。由于这些习惯反映着全体社会成员的共同意志和利益，因此人们能够自觉遵守。

　　但是，原始社会的氏族制度和习惯，毕竟只是适应那种极端低下的生产力水平的社会管理和社会关系的调整需要。在原始社会后期，生产工具的改进，特别是金属工具的使用和生产力的提高，相继引起了几次社会大分工。社会分工的结果，反过来又进一步推动了社会生产力的发展。社会产品有了剩余，产品可以交换，后来开始发展成为商品交换，于是一部分人开始占有另一部分人的剩余劳动，逐步产生了私有制，社会也开始分裂为占有生产资料和奴隶的奴隶主阶级和被剥削、被压迫的奴隶阶级。奴隶主和奴隶之间的阶级利益是根本对立、不可调和的。在这种巨大的变革面前，氏族制度及其习惯都失去了应有的作用。于是新兴的奴隶主阶级为维护其统治，确保其阶级利益，镇压奴隶阶级的反抗，就建立了一系列暴力机关来代替氏族制度，国家便产生了。与此同时，奴隶主阶级还通过国家制定一种体现本阶级意志和利益的新的行为规范用以取代氏族习惯，并用国家强制力迫使社会全体成员遵守，以确立起有利于奴隶主阶级的社会秩序。这种新的行为规范便是法。

　　法的产生固然有着深刻的阶级根源，但归根到底是由社会经济关系发展的客观要求决定的。恩格斯曾经指出："在社会发展某个很早的阶段，产生了这样的一种需要：把每天重复着的生产、分配和交换产品的行为用一个共同规则概括起来。设法使个人服从生产和交换的一般条件。这个规则首先表现为习惯，后来便成了法律"（《马克思恩格斯选集》第 2 卷）。随着私有制和阶级的产生，人们在生产、分配、交换产品过程中形成的社会关系，逐渐渗入了阶级内容。原来保护氏族全体成员利益的习惯就逐渐演变成为有利于统治阶级的生产、分配和交换关系的法律。可见，法的产生，不仅有其阶级根源，更有其深刻的经济根源。法是社会生产发展到一定历史阶段的产物。

二、法产生的一般规律

法的产生，经历着漫长的复杂的历史过程，它由简单到复杂，由不完备到完备，呈现着以下一些规律性的表现：

1. 从个别调整到一般调整　那时国家并没有具体的法律条文，而是出现某个案件，就采取某种办法处理。当发生损害统治阶级利益的行为时，统治阶级就运用它掌握的国家权力来处罚、制裁。以后，同样的事、同样的制裁出现多次，对这些事的处理积累了经验，就发展成为惯例，形成一般的行为规则，产生了法律规范。

2. 从习惯法到成文法　最早的法律规范是以不成文的形式出现的习惯法。习惯法是指由国家认可并赋予法律效力的习惯。由国家机关按照立法程序明文制定并公布施行的，以条文或文件形式出现的法，即所谓成文法。最早的成文法多是习惯法的记载和汇编。据考证，世界上最早出现的法是约公元前 4000年出现的古埃及法。我国公元前 2000 多年的夏朝已出现法。世界上最早的成文法，则是公元前 20 世纪亚述王朝的《亚述法典》。我国最早的成文法出现在春秋战国时期，如郑国的《刑书》《竹书》，晋国的《刑鼎》，魏国的《法经》等。

3. 从野蛮到文明　马克思、恩格斯在《德意志意识形态》中指出，在人类文明社会早期，法律关系"是以粗鲁的形态直接表现出来的。"随着社会的发展，"法律关系改变了，它们表现的方式也变文明了。它们不再被看作是个人关系，而被看作是一般关系了。与此同时，对彼此冲突的个人利益的维护也由于分工而转入少数人手中，从而法的野蛮行使方式也就消失了"（《马克思恩格斯全集》第 3 卷）。

三、法的本质和特征

（一）法的本质

自法产生以来，法的本质一直被一些剥削阶级思想家、法学家弄得混乱不堪。只有马克思主义产生以后，才对法的本质作出了科学的解释。马克思和恩格斯在《共产党宣言》中，剖析资产阶级意识形态时指出："你们的观念本身是资产阶级的生产关系和所有制关系的产物，正像你们的法不过是被奉为法律的你们这个阶级的意志一样，而这种意志的内容是由你们这个阶级的物质生活条件决定的"（《马克思恩格斯选集》第 1 卷），这一论断，不仅揭示了资产阶级法律的本质，而且对我们认识一切类型法的本质，具有普遍的指导意义。

1. 法是统治阶级意志的表现　在阶级社会里，各个阶级由于所处的经济地位不同，他们的愿望和要求就不同。处于统治地位的阶级，为了维护本阶级的利益，不仅要按照自己的意志组成国家，即以军队、警察、法庭等组织形式对社会实行统治；同时，还把自己的阶级意志表现为法律，成为阶级统治的工具。法律只能是统治阶级意志的表现，而不是一切阶级意志的表现，也不是统治阶级中某个人或少数人的意志的表现，它体现的是整个阶级的意志，反映整个统治阶级的根本利益和共同愿望。列宁曾经明确指出："法律就是取得胜利、掌握国家政权的阶级的意志的表现"（《列宁全集》第13卷）。所以说法律具有强烈的阶级性，法律对于统治阶级中的每个成员来说都是必须遵守的。

2. 法是统治阶级的国家意志的表现　法固然是统治阶级意志的体现，但统治阶级的意志同时还反映在它的哲学、政治、道德、文学艺术等意识形态方面。而法律与这些意识形态的不同之处，就在于它是被提升为国家意志的统治阶级意志。也就是说，统治阶级通过它所掌握的国家政权，把自己的意志上升为国家意志，否则，它的意志就不具有普遍的约束力，就不能成为全社会必须遵循的行为规则。所以列宁曾十分明确地指出："意志如果是国家的，就应该表现为政权机关所制定的法律，否则'意志'这两个字只是毫无意义的空气震动而已"（《列宁全集》第25卷）。

3. 法的内容归根到底是由统治阶级的物质生活条件所决定的　所谓物质生活条件，包括与人类生存相关的地理环境、人口和物质资料的生产方式，其中物质资料的生产方式是决定因素。因此，统治阶级意志实质上都是特定经济关系所产生的利益和要求的集中表达，任何统治阶级都不能超越经济条件的制约，随心所欲地制定法律。法律的这种受经济关系制约而不依人的主观意志为转移的客观性同法律的统治阶级意志性比较，是法律的更深层次的质的规定性。

（二）法的特征

由法的本质可看出，法与反映统治阶级的其他意识形态相比，具有以下基本特征：

1. 法是由国家制定或认可的　统治阶级的意志表现为法律，必须通过统治阶级控制的国家的制定或认可。制定和认可是国家创制法律的两种形式，也是统治阶级把自己的意志变成国家意志的两条途径。而其他社会规范，则不具有这个属性。

2. 法是以国家强制力保证实施的 国家强制力保证实施，是法律区别于其他社会规范的一个重要特征。其他社会规范，如道德规范、宗教规范、社会习惯、团体章程等，是依靠社会舆论和教育及一定的组织约束实施的。

3. 法是一种特殊的社会规范 所谓规范，是指人们的行为必须遵循的一般规则。法律规范与其他社会规范相比具有特殊的规范性。这主要表现在，法律以条文的形式，明确规定了人们之间的权利和义务关系，规定人们可以做什么，不可以做什么，必须做什么及应当做什么，规定人们在作出符合或违反法律规范的行为时，应该得到的或应该承担的相应法律后果。

综上所述，对法的概念可作如下表述：法是反映统治阶级意志的、由国家制定或认可并以国家强制力保证其实施的行为规范的总和。它通过规定人们权利和义务的方式规范人们的行为，用以维护、巩固和发展有利于统治阶级的社会关系和社会秩序，是统治阶级实现阶级统治的工具。

四、法律规范的概念、结构和分类

(一) 法律规范的概念和结构

法律规范是由国家制定或者认可，反映统治阶级意志，并以国家强制力保证其实施的一种行为规则。法律规范是构成法的细胞，一国的法就是该国全部法律规范的总和。

从逻辑结构上看，它通常由三个部分组成：①适用条件部分：就是法律规范中指出的适用该规范的条件和情况的那一部分。只有合乎那种条件，出现了那种情况，才能适用该规范。②行为准则部分：就是行为规则本身。也就是法律规范中规定人们行为模式、标准或尺度的部分，即指出允许做什么，禁止做什么，或者要求做什么的那一部分。这是法律规范的最基本的部分。③法律后果部分：就是法律规范中规定的违反该规范时将会产生的某种可预见的结局部分，即将要承担什么样的法律后果。

上述三个组成部分，我国原来某些法学著作也表述为假定、处理、制裁。但是如果我们仔细研究一下各种法律文件，就会发现在一条法律条文中把这三个部分都明确表述出来的情况是很少有的。相反，经常看到的是下述一些情况：当法律条文中常常没有指出适用该规范的条件，也就是说，常常没有表达规范的假定部分。比如，刑法规范大都是这样。这是因为在这里适用该规范的条件在刑法总则中作了规定，符合总则所指出的条件的人，作出了该规范所指出的犯罪行为，就应当适用该规范。

常见到的还有没把假定部分和处理部分明确分开，假定部分就包括在处理部分之中的情况。例如，《中华人民共和国婚姻法》规定："夫妻有相互继承遗产的权利。"在这里，假定和处理就没有分开。这个条文也可以这样来表述：如果夫妻的一方死亡（假定），他方有继承其遗产的权利（处理）。这样，假定和处理两个部分就明确分开了。在许多法律条文中，还往往没有指出违反该规范将要承担什么样的具体的法律后果，即没有指明制裁部分。宪法的条文大抵如此。但是，法律规范既然以国家强制力为其后盾，如果违反了法律规范而可以不受任何制裁，那么，这种规范也就不能称其为法律规范了。所以，法律规范必须包括制裁部分。不过，制裁部分可能在该法律文件的另一条文中，也可能规定在另一法律文件中。例如，违反宪法中的许多规定的制裁部分，大都规定在其他法律条文之中。

由此可见，决不能把法律规范同法律条文等同起来。法律规范的逻辑结构问题同法律规范在某一法律文件中的表述问题不是一回事，决不能把二者混淆起来。

（二）法律规范的分类

法律规范可以进行各种不同的分类。

1. 按照法律规范调整方式的不同分类　可以分为义务性规范、禁止性规范和授权性规范。义务性规范是要求人们作出一定的行为、承担一定积极作为的法律规范；禁止性规范是禁止人们作出一定的行为，要求人们抑制一定的行为的法律规范；授权性规范既不要求作出某些行为，也不禁止作出某些行为，而是授予人们可以作出某种行为，或要求他人作出或不作出某种行为的能力。我国宪法和法律中有关公民享有政治、经济和文化等各方面权利的规定，就是授权性规范。

2. 按照法律规范表现形式的不同分类　可分为强制性规范和任意性规范。强制性规范所规定的权利和义务十分明确，而且必须履行，不允许人们以任何方式加以变更或违反。强制性规范一般表现为上述禁止性和义务性的两种形式。任意性规范则允许法律关系参与者自行确定其权利和义务的具体内容，只有当他们自己没有确定时，才为他们规定一定的权利和义务。强制性规范在刑法中较为多见，而任意性规范则较多出现在民法、经济法等法规中。

3. 按照法律规范内容的确定性程度分类　可以分为确定性规范、准用性规范和委任性规范。明确规定某一行为规则，不须援引其他规范来说明其内容的，是确定性规范。没有明确直接规定行为规则的内容，而只是规定在适用该规范时，准予援用其他有关规范的，是准用性规范。委任性规范即具体内容尚未确定，只规定某种概括性指示，由相应国家机关通过相应途径或程序加以确定的法律规范。

第二节　中国特色社会主义法治①

一、中国特色社会主义法治的创立与发展

新中国社会主义法治是中国共产党领导人民彻底摧毁国民党反动派政权和旧法统，建设人民当家做主的新国家，把马克思主义关于国家与法的理论和中国的现实国情与政治实践结合起来，汲取中华法治文明的优秀历史文化养分，学习借鉴人类法治文明的有益实践经验，逐步创立和发展起来的。我国社会主义法治大致经历三个阶段。

（一）起始阶段，即 1949 年至 20 世纪 50 年代末期

中国共产党登上中国历史舞台后，认真总结我国历史发展的经验教训，高度重视宪法和法制建设。1949 年 2 月，中共中央发布了《关于废除国民党〈六法全书〉和确定解放区司法原则的指示》，宣布"在无产阶级领导的以工农联盟为主体的人民民主专政的政权下，国民党的《六法全书》应该废除，人民的司法工作不能再以国民党的《六法全书》作依据"。这为彻底废除国民党政权的伪法统、《六法全书》及立法、执法、司法制度，确立中华人民共和国新生政权的合法性扫除障碍，为创立新中国社会主义法治奠定了基础。中华人民共和国成立后，制定了具有临时宪法性质和作用的《中国人民政治协商会议共同纲领》。1954 年一届全国人大一次会议通过了《中华人民共和国宪法》（也称"五四宪法"），是中国历史上第一部真正意义上的"人民宪法"。从这部"五四宪法"开始初步构建的中国法治，为巩固社会主义政权和进行社会主义建设发挥了重要的保障和推动作用。

（二）探索完善阶段，即 1978 年至党的十八大以前

改革开放以来，我们党一贯高度重视法治。1978 年 12 月，邓小平同志指出"应该集中力量制定刑法、民法、诉讼法和其他各种必要的法律，例如工厂法、人民公社法、森林法、草原法、环境保护法、劳动法、外国人投资法等，经过一定的民主程序讨论通过，并且加强检察机关和司法机关，做到有法可依、有法必依、执法必严、违法必究"。1982 年 12 月 4 日五届全国人大五次会议通过

---

① 参阅、引用《建设社会主义法治国家》（全国干部培训教材编审指导委员会组织编写，人民出版社、党建读物出版社，2019 年出版）中相关部分资料。

了我国现行宪法，开辟和形成了中国特色社会主义法治的新篇章。20世纪90年代，我国开始全面推进社会主义市场经济建设，既强化了中国特色社会主义的经济基础，又对法治的制度完善和理论发展提出了更高的要求。1997年党的十五大提出依法治国建立社会主义法治国家，强调依法治国是党领导人民治理国家的基本方略，是发展社会主义市场经济的客观要求，是社会文明进步的重要标志，是国家长治久安的重要保障；提出到2010年形成中国特色社会主义法律体系的重大任务，肯定党和国家"尊重和保障人权"的原则，在党的最高政治文件上实现从"社会主义法制"向"社会主义法治"的转变。1999年全国人大通过宪法修正案，将"中华人民共和国实行依法治国，建设社会主义法治国家"载入宪法。2002年党的十六大提出，发展社会主义民主政治，最根本的是要把坚持党的领导、人民当家做主和依法治国有机统一起来，并将社会主义民主更加完善，社会主义法制更加全面，依法治国基本方略得到全面落实作为全面建设小康社会的重要目标。2007年党的十七大对全面落实依法治国方略，加快建设社会主义法治国家，加快社会主义法治建设作了全面部署。

综上所述，这个时期我国法治逐步完善，形成了中国特色法律体系，依法治国体制改革扎实推进，法治政府建设稳步推进，司法体制不断完善，全社会法治观念明显增强。特别提出坚持党的领导、人民当家做主、依法治国三者有机统一，是我国法治建设的本质属性和内在要求，是形成中国特色社会主义法治道路的重要标志，为中国特色社会主义法治道路的拓展，建设中国特色社会主义法治体系，建设社会主义法治国家，奠定了深厚的理论和实践基础。

（三）全面拓展提升阶段，即党的十八大以后

2012年，党的十八大围绕全面推进依法治国，加快建设社会主义法治国家的战略目标，确认法治是治国理政的基本方式，强调要更加注重发挥法治在国家治理和社会管理中的重要作用；明确提出"科学立法、严格执法、公正司法、全民守法"的法治建设"新十六字方针"；明确提出到2020年法治建设的阶段性目标任务，即依法治国基本方略全面落实、法治政府基本建成、司法公信力不断提高，人权得到切实尊重和保障；明确提出要"提高领导干部运用法治思维和法治方式深化改革、推动发展、化解矛盾、维护社会稳定能力"，重申"任何组织或者个人都不得有超越宪法和法律的特权，决不允许以言代法、以权压法、徇私枉法"。2013年党的十八届三中全会作出《中共中央关于全面深化改革若干重大问题的决定》，提出要"紧紧围绕坚持党的领导、人民当家做主、依法治国有机统一深化政治体制改革，加快推进社会主义民主政治制度化、规范化、程序化，建设社会主义法治国家"，将"推进法治中国建设"作为全面依法治国和全面深化改革的重要任务，首次提出"建设法治中国，必须

坚持依法治国、依法执政、依法行政共同推进，坚持法治国家、法治政府、法治社会一体建设"。2014年党的十八届四中全会专题研究全面依法治国重大问题并做出《中共中央关于推进依法治国若干重大问题的决定》，提出了全面推进依法治国的指导思想、基本原则、总目标、总抓手和基本任务、法治工作的基本格局，阐释了中国特色社会主义法治道路的核心要义，回答了党的领导和依法治国关系等重大问题，制定了法治中国建设的路线图，按下了全面依法治国的"快进键"。在中国法治史上具有里程碑意义。2015年党的十八届五中全会明确提出"创新、协调、绿色、开放、共享"的新发展理念，强调法治是发展的可靠保障，必须加快建设法治经济和法治社会，把经济社会发展纳入法治轨道，明确到2020年全面建成小康社会时的法治中国建设的阶段性目标，为实现全面依法治国的总目标奠定了坚实基础。2016年党的十八届六中全会研究全面从严治党问题，体现了依法治国与依法治党的结合，进一步强化了全面从严治党在全面依法治国、建设法治中国的政治保障作用。2017年党的十九大进一步确立了推进全面依法治国、建设法治中国新的历史方位，不仅为法治中国建设提供了理论指引，而且对深化依法治国实践提出了一系列新任务新要求，指明了推进全面依法治国的战略发展方向，开启了新时代拓展中国特色社会主义法治道路新征程。2018年1月，十九届二中全会审议通过了《中共中央关于修改宪法部分内容的建议》，当年3月，十三届全国人大一次会议高票通过了宪法修正案。实现了现行宪法又一次与时俱进。2018年8月24日，习近平主持召开全面依法治国委员会第一次会议。他强调，全面依法治国具有基础性保障性作用，在统筹推进伟大斗争、伟大工程、伟大事业、伟大梦想，全面建设社会主义国家的新征程上，要加强党对全面依法治国的领导，坚定不移走中国特色社会主义法治道路，更好发挥法治固根本、稳预期、利长远的保障作用。

综上所述，党的十八大以来中国特色社会主义法治得到全面拓展提升。民主法治建设迈出重大步伐，推进全面依法治国、党的领导、人民当家做主有机统一的制度建设全面加强，科学立法、严格执法、公正司法、全民守法深入推进，法治国家、法治政府、法治社会建设相互促进，中国特色法治体系日益完善，全社会法治观念明显增强。党的十九大后成立了中国全面依法治国委员会，发挥党在法治领域总揽全局、协调各方的领导作用，把党的领导贯彻到依法治国全过程和各方面，这为中国特色社会主义法治全面提升和拓展提供了保障。

二、中国特色社会主义法治的本质与作用

（一）中国特色社会主义法治的本质

中国特色社会主义法治是在彻底摧毁旧法治体系的基础上建立和发展起来

的人类社会的新型法治。它除了具备法的一般特征之外，还有区别于其他一切剥削阶级类型法的特征。

1. 中国特色社会主义法治是工人阶级和广大人民意志的表现　鲜明的阶级性和人民性是社会主义法治的根本特点。工人阶级是社会主义国家的领导阶级。社会主义国家制定的法律，必须反映工人阶级的意志，执行法律必须维护工人阶级的利益，这是毫无疑义的。在我国，农民和其他劳动人民都是国家的主人，他们同工人阶级的根本利益是一致的。因此，反映工人阶级意志的社会主义法治，也同样体现了广大劳动人民的意志和利益。

2. 中国特色社会主义法治是由社会主义国家制定或认可的并由社会主义国家强制力保证其实施的行为规则　社会主义法律的强制性是指向一小撮敌视和破坏社会主义革命和社会主义建设的阶级敌人的。强制的目的，则是为了保护社会主义经济基础，维护有利于工人阶级和广大劳动人民的社会关系和社会秩序。社会主义法律是强制性与人民群众的自觉遵守相统一的。

综上所述，中国特色社会主义法治是工人阶级和广大人民意志的体现，是由社会主义国家制定或认可并以其强制力保证实施的行为规则的总和，目的在于维护有利于人民的社会关系和社会秩序，是实现人民民主专政的重要工具。

（二）中国特色社会主义法治的作用

1. 维护和巩固人民民主专政　我国宪法以国家根本法的形式明确规定了我国是人民民主专政的国家。根据宪法所制定的一切法律都是与人民民主专政相一致的。例如，为了在人民内部实行民主，我国宪法和法律不仅规定了国家的一切权力属于人民，而且规定人民享有政治、经济、文化、人身等广泛的民主自由权利，并赋予人民同一切侵犯其民主自由权利行为做斗争的有效手段，同时还规定了保证这些民主自由权利得以实现的物质条件。社会主义法还通过规范人们的行为，排解人们的纠纷来解决人民内部矛盾，促进安定团结，以巩固人民民主制度。社会主义法还通过制裁危害社会治安、破坏社会主义经济的其他犯罪活动，镇压一切叛国和反革命活动来巩固人民民主专政。

2. 在维护和发展社会主义经济方面的作用　首先，社会主义法律确认、保护和发展社会主义公有制，同时支持和鼓励个体经济、私营经济如外商投资经济等各种经济形式的发展，维护其合法权益，使之成为社会主义经济的必要补充；其次，我国宪法、刑法和其他法律，对打击刑事犯罪、经济犯罪和制裁经济违法等作了大量规定，通过严格实施维护良好的经济秩序，保护公共财产和公民个人合法财产，促进经济的发展；再次，社会主义法治是维护和促进经济体制改革的有力保障。我国经济体制改革的目标就是建立和完善社会主义市场经济体制，而市场经济从某种意义上说就是法制经济，在市场经济逐渐走向成熟的过程中，法治的作用将会空前显示出来。

3. 维护和促进社会主义精神文明建设方面的作用　社会主义国家在建设物质文明的同时，必须努力建设社会主义精神文明。为实现思想道德建设的目标，我国宪法明确规定，国家通过普及理想教育、道德教育、文化教育、纪律法制教育，通过在城乡不同范围的群众中制定和执行各种守则、公约，加强社会主义精神文明建设。在教育科学文化方面，宪法作了许多明确的规定。近年来，国家还相继制定了一批发展教育科学文化的法律法规，有力地推动和保障了教育科学文化事业的发展。

4. 在对外交往方面的作用　我国社会主义法治在防御外来侵略及反对霸权主义，维护世界和平方面及在促进对外的经济和文化交流方面起着非常重要的作用。随着我国对外开放，与国际惯例接轨，社会主义法治在对外政治、经济交往、维护国家安全方面的作用日益显著。

三、中国特色社会主义法治建设的目标任务与实施方针

中国特色社会主义法治是按照工人阶级和广大人民群众意志所建立起来的法律和制度，以及通过法律和制度实施建立的社会主义法律秩序，是立法、执法、守法和监督法律实施等方面的统一。

（一）中国特色社会主义法治建设目标任务

党的十九大确立了新时代建设现代化法治强国的新目标。按照"三步走"的战略目标，法治建设也确立了阶段性目标。到 2020 年，实施依法治国基本方略全面落实，中国特色社会主义法律体系更加完善。法治政府基本建成，司法公信力明显提高，人权得到切实尊重和保障，产权得到有效保护、国家各项工作基本实现法制化；从 2020 年到 2035 年，在全国建成小康社会的基础上，再奋斗 15 年，基本实现社会主义现代化。人民平等参与、平等发展权利得到了充分保障，法治国家、法治政府、法治社会基本建成，各方面制度更加完善，国家治理体系和治理能力现代化基本实现；从 2035 年到 21 世纪中叶，在基本实现现代化的基础上再奋斗 15 年，把我国建成富强民主文明和谐美丽的社会主义现代化强国。这个阶段法治建设的目标是，把我国建成现代化法治强国，即科学立法、严格执法、公正司法、全民守法的各项制度得到全面贯彻，党领导立法、保证执法、支持司法、带头守法的各项制度得到全面落实，依法治国、依法执政、依法行政共同推进的现代化国家治理体系全面建成，国家治理能力显著提高，治国治军的制度体系更加完善更加成熟更加定型更加有效，法治国家、法治政府、法治社会一体建设的各项指标全面达到，依法治国基本

方略得到全面深入落实。法治体系、法治权威、法治秩序全面发展，法治文化、法治精神、法治思想深入人心。党的十九大强调"全面推进依法治国总目标是建设中国特色社会主义法治体系、建设社会主义法治国家"。这就是在中国共产党的领导下，坚持中国特色社会主义法治理论，形成完备的法律规范体系、高效的法治实施体系、严密的法治监督体系，有力的法治保障体系，形成完善的党内法规体系，坚持依法治国、依法执政、依法行政共同推进，坚持法治国家、法治政府、法治社会一体建设，实现科学立法、严格执法、公正司法、全民守法，促进国家治理体系和治理能力现代化。

党的十九大为新时代深化依法治国实践、建设法治强国指明了方向，明确了全面依法治国的重点任务。

1. 切实维护宪法权威，加强宪法的实施与监督　党的十八届四中全会对"依宪治国"提出了一系列制度上的要求。党的十九大报告进一步明确提出"推进合宪性审查工作"的要求，牵住"依宪治国"的"牛鼻子"。宪法具有最高的法律地位、法律权威、法律效力。要用科学有效、系统完备的制度体系保证宪法实施。我国 2014 年 12 月 27 日确立 12 月 4 日为"宪法日"。

2. 实现以良法促进发展、保障善治　"立善法于天下，则天下治；立善法于一国，则一国治"。党的十九大提出"以良法促进发展、保障善治"，将立法与国家治理、社会发展有机统一起来，丰富和发展了民法与善治思想。要求做到处理改革与法治的关系，在法治轨道上推进改革，在改革过程中完善法治，不仅做到重大改革于法有据，而且做到特别重大的改革于宪有据。要切实推进科学立法、民主立法、依法立法，做好法律法规立、改、废、释工作，确保法律法规质量，以善法促进和保障改革顺利进行。

3. 提升法治政府建设水平　深化"放、管、服"改革，深入推进依法执政，做到严格规范公正文明执法，建设人民满意的服务型政府。

4. 推进司法体制综合配套改革　通过改革和规范，切实做到让人民群众在每一起案件中享受到公平正义。

5. 加强社会主义法治文化建设　加大全民普法力度，树立宪法法律至上、法律面前人人平等的法治理念。真正让法治理念深入人心，让法治成为一种信仰，成为全社会的生活方式和行为模式。

(二) 新时代法治工作方针

党的十一届三中全会提出了"有法可依、有法必依、执法必严、违法必究"的十六字方针。党的十八大根据中国特色社会主义进入新时代的要求和我国法治建设的需要，提出了"科学立法、严格执法、公正司法、全民守法"的法治建设新十六字方针，对新时代中国特色社会主义法治建设起引领作用。

1. 科学立法　习近平总书记指出"人民群众对立法的期盼，已经不是有没有，而是好不好、管不管用、能不能解决实际问题；不是什么法都能治国，不是什么法都能治好国，越是强调法治，越是要提高立法质量"。提高立法质量，要尊重和体现经济、政治、文化、社会、生态文明建设和发展客观规律，使法律准确适应改革发展稳定需要，积极回应人民期待，更好协调利益关系，要切实提高法律的针对性、及时性、协调性、系统性、前瞻性；要注重增强法律的可操作性和可执行性，使每一项立法都符合宪法精神，反映人民意愿、得到人民拥护；要坚持立改废释并举，坚持科学立法、民主立法、依法立法，完善立法体制和程序，提高立法效率，维护宪法权威和法制统一。

2. 严格执法　习近平总书记指出"法律的生命力在于实施，法律的权威也在于实施。'法令行则国治，法令弛则国乱'，各级国家行政机关、检察机关是法律实施的重要主体，必须担负法律实施的法定职责，坚决纠正有法不依、执法不严、违法不究现象，坚决整治以权谋私、以权压法、徇私枉法问题，严禁侵犯群众合法权益"。要切实解决执法失之于宽、失之于松的问题，要完善执法程序规范，健全执法责任体系和追究制度，确保法律严格实施到位。

3. 公正司法　公正是法治的生命。所谓司法公正，就是受到侵害的权益一定会得到保护和救济，违法犯罪活动一定要受到制裁和惩罚，人民群众在每一个司法案件中都能感受到公平正义。要深化司法改革，确保司法机关依法独立公正行使职权，确保司法公正高效廉洁，切实有效地提高司法公信力。

4. 全民守法　就是全国各族人民、一切国家机关和武装力量、各政党和各社会团体、各企业事业组织，都必须以宪法和法律为根本活动准则，并负有维护宪法和法律尊严、保证宪法和法律实施的职责。任何组织和个人都不得有超越宪法和法律的特权。任何公民、社会组织、国家机关、政党（包括执政党），都要依照宪法和法律行使权利或权力、履行义务或职责。要引导全体人民通过法律程序来合理表达诉求、依法维护权利、文明解决纷争；要培育社会主义法治文化，在全社会形成尊法学法守法用法的良好氛围。

四、中国特色社会主义法治体系

习近平总书记深刻指出，建设中国特色社会主义法治体系就是"在中国共产党领导下，坚持中国特色社会主义制度，贯彻中国特色社会主义法治理论，形成完备的法律法规体系、高效的法治实施体系、严密的法治监督体系、有力的法治保障体系，形成完善的党内法规体系"。

（一）完备的法律法规体系

1. 法的渊源　任何一个国家的法律都有自己的表现形式。法律形式一词是指法学著作中通常所讲的法律渊源。社会主义法律渊源是社会主义国家机关制定的体现工人阶级领导下的全体人民意志的法的表现形式。它包括宪法，法律，行政法规，民族自治条例和单行条例，地方性法规，规章和规范性的决议、决定、命令，以及国际条约，经国家认可的习惯等。

社会主义法律形式，是社会主义法律规范区别于其他社会规范的一个重要标志。只有体现社会主义国家意志并具有表现这种意志的某种特定形式的社会规范，才是由国家强制力保证的、具有普遍约束力的法律规范。道德规范、某些非国家组织的章程等社会规范，虽然也体现工人阶级的意志，在一定范围内也具有规范性，但是，由于他们不代表国家意志，也不以特定的法律形式表现。因此，也就不是由国家强制力保证执行的、具有普遍约束力的法律规范。

①宪法。宪法是我国的根本法，具有最高法律效力，是制定法律、法规、规章及其他规范性文件的依据。

②法律。可分为两类，由全国人民代表大会制定的法律称为基本法，基本法以外的法律由全国人大常委会制定，法律的效力仅次于宪法。

③行政法规。是国务院根据宪法和法律制定的具有普遍约束力的规范性文件，效力低于宪法和法律，不得与宪法和法律相抵触。

④民族自治条例和单行条例。由民族自治地方的人民代表大会制定。自治区的自治条例和单行条例，报全国人大常委会批准后生效；自治州、自治县的自治条例报省或自治区人大常委会批准后生效。

⑤地方性法规。由省级人大及其常委会制定。地方性法规不得与宪法、法律、行政法规相抵触。设区的市可以在不与宪法、法律、行政法规和省级人大制定的地方法规相抵触的前提下，就城市建设与管理、历史文化保护、环境保护等方面的事项制定地方法规。法律对设区的市制定地方法规的事项另有规定的从其规定。设区的市制定的地方法规须报省级人大常委会批准后实施。

⑥规章及规范性的命令、指示，包括两种：一是国务院各部委根据法律、行政法规在本部门权限范围内制定的规章，叫作部门规章；另一类是由省级人民政府制定的规章，叫作地方规章。

⑦特别行政区的法律。我国香港、澳门特别行政区制定并实施的法律。

⑧国际条约。我国同外国签订的条约和加入的国际公约。

2. 法律体系　法律体系是由各法律部门组成的一国现行法律有机联系的统一整体。我国社会主义法律体系，是由我国各法律部门组成的统一的法律整体，从法律部门的产生来看，一国的法律体系，既不是按照人们的主观意志任意创造的，也不是自发的客观反映，而是主客观一致的结果。某些法律规范或法律部门是由于新的社会关系的出现，为了满足实际需要而产生的，从这个意义上说，它具有客观性。但是，法律体系又是立法者自觉地对法律规范加以创造和系统化的结果，从这个意义上来说，它具有主观性。所以，法律体系是主客观的统一。一国现行的法律体系，是该国法学研究的主要内容，它制约着法学体系的形成和大部分法学分科的内容和范围。

3. 法律部门　划分法律部门的标准主要是法律规范所调整的对象即社会关系的性质。通常把调整同一类性质社会关系的法律规范归为一个法律部门。例如，行政法就是调整行政机关行政管理活动的法律规范的总称，但调整对象并不是划分法律部门的唯一标准，有时调整方法也是划分法律部门的重要依据。如刑法调整的社会关系涉及政治、经济、人身、财产、婚姻家庭等各方面，但由于其调整手段的特殊性而成为一个法律部门。

4. 法的效力　法的效力，是指法律规范的适用范围，即在什么领域、什么时间和对什么人有效。包括时间效力、空间效力和对人的效力。

（1）法律规范的时间效力　时间效力，是指法律在什么时间生效和失效，以及法律有无溯及力的问题。法律规范开始生效的时间，不同的法有不同的规定，有的是法律公布之日起立即生效实施，有的是法律公布后并不立即生效，而是经过一定期限才开始实施。我国一般采取后一种办法。法律规范终止生效时间，即失效，有三种情况：第一，法律本身明文规定终止生效日期，如期限届满又无延期规定，自行终止生效；第二，颁布新的法律，明文规定有关旧的法律失效；第三，国家颁布特别的决议或命令，宣布废除某些法律。法律的溯及力，是指新的法律颁布后，对它生效前所发生的事项和行为是否适用。如果适用，就具有溯及力；如果不适用，就不具有溯及力。除法律本身有明文规定者外，一般说法律无溯及力。

（2）法律规范的空间效力　空间效力，是指法律适用的地域范围，即在什么地区生效的问题。全国的法律一般适用于主权所涉及的全部领域。全部领域包括一国的全部领土、领海、领空。地方性法规只适用于本地区。有的法律明确规定其生效的地域范围。

（3）法律规范对人的效力　对人的效力，是指法律适用什么人的问题。我国法律规范对人的效力，从维护国家主权原则出发并维护侨居我国的外国人的合法权益，基本上采用现代各国一般通例，即采用属地主义和属人主义相结合的原则。

5. 构建完备法律规范体系的工作要求　2011 年 3 月 10 日，十一届全国人大四次会议上，《全国人民代表大会常务委员会工作报告》正式宣布中国特色社会主义法律体系已经形成。法律体系形成并不意味着法律规范体系已经完备。目前还存在缺项需要新立的，还有不适用形势环境变化和事业发展的要求需要修改的，还有完全过时的需要废止的等，法律规范体系的完备任务还十分艰巨。

（1）坚持科学立法、民主立法、依法立法，提高立法质量，让法律规范立得住、行得通、真管用，以良法促进发展、保证善治。

（2）完善重点领域立法。加快完善体现权利公平、机会公平、规则公平的法律制度，保证公民人身权、财产权、人格权、基本政治权利等各项权利，保障公民经济、文化社会、环境等各项权利有完备的法律规范，实现立法与改革决策相衔接，做到重大改革于法有据，立法主动适应改革和经济发展需要。

（3）注重立改废释并举。及时补充新的法律、补齐缺项；及时根据形势环境和事业发展需要，修改完善不适应的法律法规；及时废止过时的法律法规；切实做好法律法规的释义工作，使法律法规条文得到准确的理解和实施。

（4）强化法律规范的普及教育，使所有法律规范家喻户晓、人人皆知，形成全社会知法、懂法、守法、用法的良好氛围。

（二）高效的法治实施体系

1. 法的实施方式　法的实施是指法律规范在社会生活中的贯彻与实现。法的实施有两种方式，即法的适用和法的遵守。

（1）法的适用　法的适用是法的实施的一种重要形式。从广义上讲，它是指国家专门机关及其工作人员和国家授权单位按照法定的职权和程序，将法律规范适用于具体的人或组织的专门活动。从狭义上讲，它专指国家司法机关、国家行政机关适用法律规范处理案件的活动。

我国社会主义法律的适用必须做到"正确、合法、及时"，这是法的适用的基本要求。正确，就是在查清事实的基础上准确定性，做出恰当处理；合法，是指严格依法办案，不仅定性、处理要合法，而且在程序上也须遵守法律规定；及时，就是在正确、合法前提下，提高效率，及早结案。为了达到这一基本要求，适用法律时要坚持遵循下列基本原则：

①以事实为根据，以法律为准绳。以事实为根据，就是说，执法机关对案件作出处理时，只能以客观事实为依据，而不能以其他任何别的东西为依据。这是正确适用法律的前提。以法律为准绳，就是说，执法人员的一切活动都必须符合法律的要求，并且严格按照法律的规定处理案件。凡是与以法律为准绳的要求相违背的，都不能正确适用法律。以事实为根据，以法律为准绳是辩证的统一，是一个完整的原则。国家司法机关、行政机关既要准确掌握客观事实，又要在以事实为根据的前提下，严格依法办事，保证法律的正确适用。

②公民在法律面前一律平等。公民在法律面前一律平等的原则的确立，是健全社会主义民主、加强社会主义法治的重要措施。这一原则要求：任何公民都平等地享有宪法和法律规定的权利；任何公民都必须平等地履行宪法和法律规定的义务；任何公民都不允许有超越宪法和法律的特权；任何公民的违法犯罪行为都必须平等地予以追究和制裁。

（2）法的遵守 法律的遵守，是指一切国家机关、企业事业单位、社会团体和全体公民都必须恪守法律的规定，严格依法办事。

遵守社会主义法律，既包括遵守宪法和法律，也包括遵守劳动纪律和某些技术规范和乡规民约。因为后者正是社会主义法律所要求的。遵守社会主义法律是保证社会主义法律实施的重要条件，它对于巩固人民民主专政，发展社会主义民主，促进社会主义物质文明和精神文明的建设，具有十分重要的意义。

社会主义法律的许多规定，主要依靠国家机关来贯彻执行。一切国家机关包括权力机关、行政机关、审判机关和检察机关以及一切企事业单位，都要模范地自觉地遵守宪法和法律，同时按照各自的职责，同各种违法行为作坚决的斗争。国家机关的活动是否合法，主要取决于国家工作人员。一切国家工作人员，特别是各级领导干部，必须认真学习宪法，谙熟有关的法律，牢固树立起社会主义法制观念，在各项工作中严格遵守宪法和有关法律规定，养成依法办事的习惯。

在社会主义国家里，居于执政党地位的共产党，在维护社会主义法律的尊严、保证它的实施方面，具有特别重大的责任。"党必须在宪法和法律的范围里活动"是一项极其重要的原则。根据这一原则，一切党组织和党员的活动，都不能同国家的宪法和法律相抵触。党是人民的一部分，党领导人民制定法律。法律一经国家权力机关通过，全党必须严格遵守。

保证社会主义法律的实施，从根本上说，要依靠人民群众的力量。社会主义法律代表人民的根本利益和长远利益。人民一旦充分认识实施法律同他们的根本利益的关系，就会自觉地遵守法律，维护法律的尊严和保证它的实施。

（3）法治实施体系的构建

①健全宪法实施体制，提高宪法实施水平。习近平总书记指出："宪法是国家的根本法。法治权威能不能树立起来，首先要看宪法有没有权威，必须把宣传和树立宪法权威作为全面依法治国的重大事项抓紧抓好，切实在宪法实施和监督上下功夫"。为此，党的十八届四中全会《决定》提出了一系列保障宪法实施的措施。包括：完善全国人大及其常委会宪法监督制度，健全宪法解释程序机制；加强备案审核制度和能力建设，依法撤销和纠正违宪违法的规范性文件；将每年 12 月 4 日定为国家宪法日；建立宪法宣誓制度等。

②高效的执法和司法体系。推进执法体制改革，决定实行生态环保、交

通、文化、市场监管、农业农村综合执法。从中央到地方建立五支执法队伍，严格规范，提高执法效率和权威；深化司法体制改革，确保公正司法。

（三）严格的法律监督体系

法律监督是指国家机关、社会组织或公民对宪法、法律的正确实施与遵守实行的监督。为了保证宪法和法律的实施，我国规定了一套比较系统的实施法律的监督体系。规定严格的法律监督，是从制度上给法律实施以有力的保证。我国宪法总结过去关于监督宪法和法律实施的历史经验和教训，同时研究了世界各国的经验，对宪法和法律实施的监督作了具体明确的规定。我国宪法专门规定由全国人大和它的常务委员会监督宪法实施，任何机关、任何地方做出了同宪法相抵触的决定，它都有权予以撤销。宪法还规定全国各族人民、一切国家机关和武装力量、各政党和各社会团体、各企业事业组织和公民个人都有监督法律正确实施的权利。包括建立党内监督、人大监督、民主监督、行政监督、司法监督、舆论监督、审计监督、社会监督等。这样，从中央到地方，从国家权力机关到行政机关、司法机关，从国家组织到社会组织、公民个人，形成了具有中国特色的严密的法律监督体系。

（四）有力的法治保障体系

法治保障体系，包括政治保障、制度保障、思想保障、组织保障、运行保障。

1. 政治保障　坚持党的领导，把党的领导贯穿于依法治国各领域全过程。

2. 制度保障　坚持中国特色社会主义制度，保障社会主义法治立足于社会主义基本经济制度和民主政治制度的基础上。

3. 思想保障　贯彻习近平新时代中国特色社会主义思想，尤其是关于全面依法治国的新理念新思想新战略，保障社会主义法治的科学发展。

4. 组织和人才保障　建设素质过硬的法治工作队伍，加强政法系统基层党组织建设，抓住领导干部这个"关键少数"。严格要求各级领导干部尊法学法守法用法，将法治建设成效作为衡量各级领导班子和领导干部工作实绩的重要内容。保障法治的尊严、权威和有效实施。

5. 运行保障　建立科学的法治建设指标体系和考核标准，并有效实施，保障全面推进依法治国各项任务的细化和落实。

（五）完善的党内法规体系

习近平总书记指出："党内法规既是管党治党的重要依据，也是建设社会主义法治国家的有力保障。党章是最根本的党内法规，全党必须一律严格遵行。完善党内法规同国家法律的衔接和协调，提高党内法规的执行力，运用党内法规把党要管党、从严治党落到实处，促进党员、干部带头遵守国家法律法规。"必须贯彻落实好习近平总书记指示精神，努力完善党内法规体系建设。

1. 党内法规的概念　党内法规是党的中央组织以及中央纪律监察委员会、中央部门和省、自治区、直辖市党委制定的规范党组织工作、活动和党员行为的党内规章制度的总和。

2. 党内法规体系建设要求　根据党的十八届四中全会和六中全会精神，要按照全面推进依法治国和依规治党的总体部署，以"宪法为上、党章为本"为基本原则，全面建成内容科学、程序严密、配套完备、运行有效的党内法规体系。坚持依法治国和制度治党、依规治党统筹推进、一体建设。认真落实《中共中央关于加强党内法规制度建设的意见》，以改革创新精神加快补齐法规制度短板，力争到建党一百周年时形成比较完善的党内法规制度体系，为提高党的执政能力和领导水平，推进国家治理体系和治理能力现代化，实现中华民族伟大复兴的中国梦提供有力的制度保障。

3. 党内法规分类　党内法规从功能作用上分为两类，一类仅适用于党内，规范党员行为和党组织活动、调整党内各种关系。如《中国共产党纪律处分条例》等；另一类不只适用于党内，主要用以调整党委与立法机关、行政机关、人民团体的关系。如有关加强党对立法工作的领导的规范性文件，是调整党中央与全国人大立法机构的关系，明确党对立法工作的领导。

综上所述，中国特色社会主义法治体系，主要包括五个方面的内容。同时还包括形式多样、内容丰富的社会规范体系，如市规民约、乡规民约等。还有各个分支领域的法治体系，例如，中国特色社会主义经济法治体系、政治法治体系、文化法治体系、社会法治体系、国家安全法治体系、国际法治体系等。建设中国特色社会主义法治体系必须全面推进。

≪≪ 思考题

1. 什么是法？法是怎样产生的？
2. 我国新时代社会主义法治工作方针是什么？
3. 全面依法治国应当建立完善哪些法治体系？
4. 法律渊源是指什么？

第二章 Chapter 2

农业法律制度总论

在计划经济时期，农业经济主要依靠政策调控，行政手段管理，而市场经济条件下的市场农业，必须建立相应的农业法制体系，用法律手段调整农业经济关系，建立健全农业法律制度，依法治农，以法兴农，以保障农业持续、稳定、协调发展。

第一节　农业法律制度概述[①]

一、农业法律制度的产生与发展

农业法律制度，与其他法律制度一样，是人类社会发展到一定历史阶段的产物。它是一个历史范畴，其内容和形式是随着社会经济的发展特别是农业经济的发展而不断发展的。纵观我国农业法律制度的产生与发展历史，大致可分为以下几个时期。

（一）奴隶社会的农业法律制度

最早出现的农业法律制度是一种习惯法。在浙江余姚市河姆渡文化遗址中发现有稻熟猪肥的图案，这就是有关农业、牧业的图案，表示在该部落中已经开始种稻和养猪。在我国湖南道县玉蟾岩挖掘出的人工栽培稻标本，是目前发现最早的，达 10 000 多年历史。随着生产力的发展、私有制的产生、奴隶制国家的出现，农业法律制度逐渐由习惯法发展为成文法。在商周时代，由于农业生产管理的需要，开始设立了专职的主管农业的机构和官员，但这些机构尚不是法定的管理机构。正式以法典的形式确认农业经济法律地位的是西周王朝。在《周官》中，首次规定了主管农业经济的机构与职能，设立了地郭农官、大小司徒，负责农业知识的传授以及农桑的种植、管理等，同时还设立了专职农令决策官。在土地制度和田令方面，奴隶制国家实行"井田制"。周朝还特别规定，凡是土地的交换与出租，都由国家直接控制，并由官员实行监督。现存最早的《青川田律》，就是先秦时代的产物，它就是关于农田水利和农作物管理方面的规定。这些都充分表明，早在奴隶社会时期，农业法律制度就开始产生与发展。

---

① 参阅、引用《建设社会主义法治国家》（全国干部培训教材编审指导委员会组织编写，人民出版社、党建读物出版社，2019 年出版）和《农业法概论》（农业部产业政策与法规司编，中国农业出版社，2004 年出版）中相关部分资料。

（二）封建社会的农业法律制度

中国的封建社会由秦汉开始，经历了 2 000 多年。在封建社会时期，统治者采取的是重农抑商政策，为了发展农业和畜牧业生产，维护统治地位和统治阶级的利益，颁布了许多法规法令。例如，《秦律》中的《田律》《厩苑律》《仓律》《效律》《徭律》等，汉律中又增加了《杂律》《均输律》等，对农业水利管理、粮食储存、农产品与种子管理、农业劳动力的控制、劳动纪律的考核等方面都作出了具体而详细的规定，从而形成了一套农业管理制度和管理方法。到了三国以至唐宋明清时期，封建农业经济高度发展，国家对农业经济的管理与调整进一步加强，农业立法也进入了一个发展完善阶段。如魏国的《新律》、唐朝的《唐律》、明朝的《明会典》、清朝的《大清律例》等，对农业、畜牧业、农作物、种子管理等都作出了明确的规定，鼓励农业的发展，劝导人民种植农桑。特别是宋朝的《方田均税法》《农田利害条约》其主要内容是鼓励发展农业生产、兴修农田水利、整治塘堰堤坝、疏浚河道、垦荒垦田、屯田，禁止滥宰牲畜、滥用民力，禁止军队纵马食禾等，几乎涉及农业生产各个方面。这些法规法令对农业生产的发展起到了积极的保护作用。

（三）新民主主义革命时期的农业法律制度

中国共产党成立后，在领导农民运动的过程中，就特别重视农村工作。为此，中国共产党制定了许多农业法规。早在 1926 年 12 月，湖南省第一次农民代表大会就通过了《农业生产问题决议案》，1927 年，江西省第一次农代会通过了《整顿水利草案》《开垦荒山荒地的决议案》；在中华苏维埃共和国成立之后，又先后颁布了《土地法》《犁牛合作社法规》《粮食合作社法规》《保护山林水利条例》等法规法令；在抗日战争时期，陕甘宁边区政府先后颁布了《夏耕工作指示信》《秋收动员令》《人民生产奖励条例》等众多的法规法令；在解放战争期间，解放区人民政府又先后颁布了《东北解放区森林保护条例》《关于土地问题的指示》（即"五四"指示）等。这些法规法令，充分体现了中国共产党对农村工作和农业生产的重视，对于中国革命的胜利起到了非常积极的作用。

（四）新中国社会主义的农业法律制度

中华人民共和国成立后，我国进入了社会主义革命和建设时期。我国社会主义的农业法律制度的建设也进入了一个新的历史时期。总体讲，我国农业立法发展经历了四个阶段。第一个阶段是从中华人民共和国成立到"人民公社"前，称为国民经济恢复和社会主义改造时期（农业合作化时期）的农业立法；

第二阶段是从"人民公社化"开始到党的十一届三中全会，称为人民公社化时期的农业立法；第三阶段是党的十一届三中全会以后至党的十八大以前，称为农业改革开放时期的农业立法；第四阶段为党的十八大以后，即新时代乡村振兴时期的农业立法。

1. 农业合作社时期的农业立法（1949—1957 年）　先后制定了《土地改革法》（1950 年）、《新解放区农业税暂行条例》（1950 年）、《国家建设征用土地办法》（1953 年颁布，1958 年修订）、《政务院关于棉花实行计划收购的命令》（1954 年）、《公私合营工业企业暂行条例》（1954 年）、《农村粮食统购统销暂行办法》（1955 年）、《农业生产合作示范社章程》（1956 年）等。这个时期的农业立法担负着完成民主革命和对农业进行社会主义改革的历史任务。通过颁布实施这些法律，对完成以农村土地制度改革和农村合作化运动为核心的农业社会主义改造任务起到了重要的作用。但这个时期的农业立法，有的规章违背了农民自愿的原则，有的规章违背了客观经济规律，也造成了一些负面影响。

2. 人民公社时期的农业立法（1958—1977 年）　人民公社化初期，全国人大制定了《中华人民共和国农业税条例》（1958 年）、《1956 年至 1967 年全国农业发展纲要》（1960 年），国务院制定了《森林保护条例》（1963 年）。但随着人民公社化运动的发展，这些行之有效的法律法规受到冲击。特别是"文化大革命"期间，农业立法工作停止，原有法律法规也形同虚设，难以实施。

3. 改革开放时期的农业立法（1978—2011 年）　这个时期是计划经济向市场经济过渡的时期，也是市场经济逐步完善的时期，我国农业政策由索取向多予放活转变，经济社会发生转型升级。农业立法步伐加快，且质量逐步提升。1978 年邓小平在《解放思想，实事求是，团结一致向前看》的重要讲话中指出："应该集中力量制定刑法、民法、诉讼法和其他各种必要的法律，例如工厂法、人民公社法、森林法、草原法、环境保护法、劳动法、外国人投资法等，经过一定的民主程序讨论通过，并且加强检察机关和司法机关，做到有法可依，执法必严，违法必究。国家和企业、企业和企业、企业和个人等之间的关系，也要用法律的形式来确定；它们之间关系矛盾，也有不少要通过法律来解决"。1983 年中央 1 号文件指出："加强立法工作，建设国家机关对农村各类经济形式及其活动，加强法制管理，制定相应法规"。此后，农业立法工作得到高度重视。20 世纪 80 年代制定了《村民委员会组织法（试行）》《草原法》《渔业法》《土地管理法》《兽药管理条例》《种子管理条例》《乡镇企业工业产品质量管理办法》《家畜家禽防疫条例》《植物检疫条例》《农机鉴定工作条例》《农副产品购销合同条例》《兽医卫生行政处罚办法》《水产资源繁殖保护条例》等；90 年代农业立法克服过去过于原则、处罚惩处力度不够等薄弱环节，在立法质量水平上进一步提升。先后制定了《进出境动植物检疫法》

《进出境动植物检疫法行政处罚实施办法》《食品卫生法》《水土保持法》《野生动物保护法》《农药管理条例》《植物新品种保护条例》。特别是 1993 年颁布了《中华人民共和国农业法》《中华人民共和国农业技术推广法》两部农业领域的重要法律。进入 2000 年后，我国加入了 WTO 世界贸易组织，对我国法治的完善提出了新的要求。先后修订了《农业法》《农业技术推广法》《兽药管理条例》等系列法律法规。新出台了《种子法》《农产品质量安全法》《食品安全法》《动物防疫法》《畜牧法》《土地承包法》《农业机械化促进法》《乳品质量管理条例》《饲料及饲料添加剂管理条例》《农民合作社法》等新的法律法规，我国农业法律法规体系基本形成，基本做到了农业各环节、各领域有法可依。

4. 新时代乡村振兴时期的立法（党的十八大以来）　我国在习近平全面依法治国思想的指引下，在乡村振兴的推动下，农业法治全面拓展和提升。最突出的标志就是全面加强了党对农业农村工作的领导。出台了《中国共产党农村工作条例》。同时修订了《土地管理法》《土地承包法》等法律法规，理顺了"三农"工作职责职能，加强了"三农"工作统筹协调。十三届全国人大常委会第二十八次会议表决通过《乡村振兴促进法》，该法自 2021 年 6 月 1 日起施行，建立支持"三农"的制度体系。农业法治将伴随着乡村振兴战略的实施步伐，进一步全面拓展和提升，为实现农业农村现代化，实现乡村治理现代化保驾护航。

二、农业法律体系

农业法律体系是指适应农业和农村经济改革与发展的农业法律规范构成的一个有机整体。从形式上讲，包括四个层次，即调整农业农村基本经济关系、确立农业农村经济基本制度的基本法律规范，调整特定农业农村经济关系或某个领域问题的专门法律规范，为实施法律法规而制定的法规和部门规章、地方法规和政府规章。

1. 关于农业与农村经济基本制度方面的法律规范　如《农业法》《农村土地承包法》《村民委员会组织法》《农村土地承包纠纷仲裁条例》等法律法规。

2. 关于农业农村经济主体方面的法律规范　如《农民合作社法》《乡镇企业法》《乡村集体所有制企业条例》等法律法规。

3. 关于农产品质量安全方面的法律规范　如《农产品安全法》《生鲜乳质量安全管理条例》《动物防疫法》《植物检疫条例》《农业转基因生物管理条例》等。

4. 关于农业投入品方面的法律规范　如《农药管理条例》《兽药管理条例》《饲料及饲料添加剂管理条例》《种子法》等法律规范。

5. 关于农业资源与环境保护的法律规范　如《水土保持法》《野生动物保护

法》《基本农田保护条例》《草原法》《渔业法》《畜牧法》《森林法》《水法》等。

6. 关于农业机械与工程管理方面的法律规范　如《农业机械促进法》《农业机械安全监督管理条例》《村庄和集镇规范建设管理条例》《农田建设项目管理办法》等。

7. 关于农业科技教育方面的法律规范　如《农业技术推广法》等。

8. 关于农业知识产权保护的法律规范　如《植物新品种保护条例》等。

9. 关于农业农村支持保护方面的法律规范　如《粮食收购条例》《农业保险条例》《湖南省农业投资条例》等。

10. 关于农业农村社会发展和公共安全管理方面的法律规范　如《农村五保供养工作条例》《防洪法》《水库大坝安全管理条例》《扶贫工作条例》等。

随着全面依法治国战略的实施，我国农业农村法律体系将不断完善和全面提升。

三、农业法律制度的调整对象

农业法律制度是指调整农业经济关系的法律规范的总和，是农业领域中经济活动的行为规范。它是由一系列法律、法规构成的法律部门。

农业法律制度的调整对象是农业经济关系。农业经济关系是指企事业单位、农业集体经济组织和农民个人为实现一定经济目的，参与农业产前、产中、产后各个环节的经济活动所形成的经济关系，以及国家对农业实行宏观调控和管理过程中所形成的经济关系。具体来说，可以概括为以下三个方面。

（一）国家对农业实行宏观调控和管理过程中发生的经济关系

随着我国社会主义市场经济体制的确立，国家对农业经济的管理职能由过去的直接参与生产经营转变为现在的间接性的宏观调控与市场管理。即国家通过运用投资、税率、物价政策等经济手段和制定农业法律、法规来规范农业生产经营行为、培育市场体系、维护平等竞争。国家对农业实行宏观调控和管理过程中，涉及一系列的经济关系，如中央和地方、政府和企业、各产业部门之间的关系，宏观调控计划和农产品市场运行的关系等。这些农业经济关系都需要通过立法建立统一而普遍适用的规则来加以规范、引导和保障。这一类经济关系，虽然带有行政管理的色彩，具有纵向管理关系的性质，但由于与整个农业经济关系密不可分，因此仍归于农业经济关系范畴。

（二）农业经济关系主体之间的平等竞争、协作与交易关系

在市场经济体制下，农业经济关系的各个主体都有独立的法律人格，能够

独立自主地行使权利，并承担相应的责任。它们为实现自身的经济目的，相互之间必然会开展竞争、协作与交易，因而形成了相应的竞争、协作与交易关系。无论是竞争关系，还是协作、交易关系，都是发生在平等主体之间的横向经济关系，以平等、自愿、公平、互利等原则为前提。

（三）内部组织管理关系

农业经济关系的主体为实现一定的经济目的，适应市场竞争，就必须具有一定的法律形式，如股份公司、有限责任公司、经济联合体、合伙、个体工商户、合作社、家庭农场等，还必须根据自身的条件和特点，建立起相应的组织管理体制，设置相应的机构进行生产经营管理、财务管理、劳动人事管理等。在进行一系列经济活动过程中，便形成了企业负责人与企业、企业与内设机构、企业与职工、合伙人相互之间、雇主与雇工之间等内部经济关系。

四、农业法律制度的特征及基本原则

（一）农业法律制度的特征

农业法律制度与其他法律制度一样，都是建立在一定经济基础之上并为一定的经济基础服务的上层建筑的组成部分，是统治阶级的意志在农业经济领域中的体现，因而具有明显的阶级性。我国现阶段的农业法律制度是党的农业农村经济政策的直接反映，它代表的是广大劳动人民的利益。作为经济法中的一个部门法，农业法律制度具有经济法的基本特征。

1. 经济性　农业法律制度调整的对象是农业经济关系，是农业经济领域中的各种经济活动。因此，每项农业经济法律，都是针对农业经济领域中的一定的经济现象、经济关系或经济问题而制定的。人们对于农业法律规范的遵守或违反都直接关系到人民的经济利益，因此，农业法律制度不仅要反映自然规律的要求，还要反映客观经济规律的要求，讲究经济效果，具有明显的经济性。

2. 综合性　由于以农业为主体的经济关系的广泛性与复杂性，农业法律制度涉及农村经济领域中的各个部门和经济关系的各个方面、各个环节。因此，各种农业法律法规因其调整的对象不同而采取不同的调整手段。其中既有行政手段，又有民事法律的调整手段，对严重危害国家和人民利益的构成犯罪的行为，还要采用刑罚的手段予以制裁。除此以外。农业法律中除了实体性规定外。还有对经济争议和纠纷处理的规定即程序法的规定。由此可见，农业法律制度是综合地运用各种调整手段，对农业经济关系予以调整的综合性的法律规范。

3. 指导性　农业法律制度作为国家调控农业经济最主要的手段之一，本身具有促进和限制的功能，因而具有指导性。国家为了促进农业的发展，根据不同时期的形势和任务，制定鼓励某些方面发展，限制另一些方面的法律法规，以指导整个农业经济的发展，实现国家宏观调控农业经济的目标要求。如为了加强农业技术推广工作，促进农业科研成果和实用技术尽快应用于农业生产，国家制定了《农业技术推广法》；为了减轻农民负担，制止"三乱"，保护农民利益，制定了《农民承担费用和劳务管理条例》等。这种促进和限制功能，给参加农业经济活动的有关社会组织和个人规定了行为的准则，指明了前进的方向，加速了农业经济发展的进程。

4. 变动性　由于农业经济关系是随着农村经济的发展而不断变化的，因而农业法律制度也经常处于一个动态的变化过程之中。法律制度的内容和形式随着农业经济的发展而不断发展。

（二）农业法律制度的基本原则

农业法律制度的基本原则，是指贯穿于全部农业法律、法规之中，带有普遍指导性的原则。总结中华人民共和国成立70多年来的农业法律制度建设的经验以及适应社会主义市场经济的客观要求，我国农业立法必须坚持以下原则：

1. 坚持以农业为基础发展国民经济的原则　农业不仅是人们的衣食之源、生存之本，而且又直接为工业部门提供原料，同时又参与对外贸易交换。因此，全社会必须重视和发展农业，坚持把农业放在经济工作的首位。农业法律制度作为促进和保护农业经济发展的重要的法律手段，必须把坚持农业农村优先发展、坚持以农业为国民经济的基础的战略方针，贯穿于农业法律制度的始终。

2. 坚持发展农村社会主义市场经济的原则　市场农业是社会主义市场经济的重要组成部分，农业法律制度是促进农业走向市场、实现农业产业化的重要保障。因此，农业法律制度的根本必须维护农业生产经营组织、农户的自主权，保证农业经济主体在市场经济运行中的合法权益，保障农业现代化的顺利发展。

3. 发挥市场作用与国家宏观调控相结合的原则　建立和发展农村社会主义市场经济，培育和发展市场体系，规范市场行为，打破地区、部门的分割和封锁，创造平等的竞争环境，是建立农业法律制度的又一出发点。但同时又要看到市场客观存在的自发性、盲目性、滞后性，必须靠国家宏观调控来加以弥补和克服。因此，要把发挥市场作用和国家的宏观调控有机结合，使二者相辅相成，相互促进，使市场机制在国家宏观调控下对农业经济的资源配置起决定性作用，促进农业结构的优化。

4. 坚持以公有制为主体，多种经济成分共同发展的原则 我国现阶段农村的生产力水平较低，农业生产主要依靠手工劳动。因此，农村不能实行单一的公有制形式。必须坚持以公有制为主体，多种经济成分共同发展的原则，保护农村的公有制经济、个体经济和其他经济的合法权益。

第二节 农业法律制度的特征与调整对象①

农业法有广义和狭义之分。广义的农业法是国家权力机关、国家行政机关制定和颁布的规范农业经济主体行为和调控农业经济活动的法律、行政法规、地方法规和规章等规范性文件的总称。狭义的农业法则仅指农业法典，即国家权力机关制定的，规定农业领域根本性、全局性问题的规范性文件，如《中华人民共和国农业法》。农业法律制度有其独有的特征和调整对象。

一、农业法律制度的特征

(一) 农业法作为经济法部门的特征

农业是国民经济的产业部门，所以"农业"属于经济学的范畴。从这个意义上说，农业法是规范农业经济活动的法律，是调整在农业经济活动中各个主体之间的社会经济关系的法律，因此，农业法属于经济法范畴。

作为经济法的部门，农业法具有经济法的共同特征。与其他的部门法比较，经济法的特征可以归纳为②：

1. 经济法调整特定的经济关系 这种经济关系是在国家协调本国经济运行过程中发生的经济关系，主要包括企业组织管理关系、市场管理关系、宏观调控关系和社会保障关系。

2. 经济法属于公法范畴 公法是与私法相对应的概念。规定国家与公民、法人之间权力服从的法为公法，规定公民、法人之间平等关系的法为私法。经济法律规范是以在国家协调本国经济运行过程中发生的经济关系为调整对象的，属于公法所调整的服从关系。

3. 经济法是一个独立的法律部门 调整特定社会关系的全部现行法律规范组成一个独立的法律部门。根据法律规范调整对象的不同，可以把一国现行

---

① 参阅《农业法概论》(农业部产业政策与法规司、中国农业经济法研究会编，中国农业出版社2004年出版) 相关资料。

② 参阅《经济学》(杨紫烜主编，北京大学出版社、高等教育出版社1999年出版) 第三章。

的法律规范划分为不同的法律部门。经济法的调整对象是特定的，是一个独立的法律部门。

4. 经济法采取奖励与惩罚相结合的调整方法　就惩罚而言，经济法采取了追究经济责任、行政责任、刑事责任相结合的制裁方式。

（二）农业法律制度自身的特征

1. 调整主体的特殊性　农业法律制度调整主体即法律所调整的农业经济关系主体。在我国，农业法的主体通常包括农业经济行政管理机关、农业事业单位、农业生产经营组织（包括农村集体经济组织、农民专业合作经济组织）和农民等。由于农业具有自然再生产与经济再生产相互交织的特点，生产经营规模相对较小，家庭经营是各个国家农业的主要经营方式。较小的经营规模与农产品大市场之间的矛盾是农业法必须面对的一个问题。为此，各国农业立法在保护家庭经营特点的同时，鼓励农业生产者之间的联合与合作，产生了大量的农民专业合作组织。农民专业合作组织作为特殊的农业法主体，需要在立法中专门规范。世界主要农业国家也都有专门的农民专业合作组织法。

2. 国家对农业的干预和扶持是农业法律制度的重要调整方式　农业生产既要为居民提供食物，也要为工业发展提供原料，一些重要的农产品如粮、棉、油等直接关系国计民生。同时，农业是一个弱质产业，比较效益低，影响农业生产者收入的增加。为此，各国都通过农业立法的形式对农业生产经营活动进行干预和扶持。我国《农业法》第三条第一款规定，国家把农业放在发展国民经济的首位；第四条规定，国家采取措施，保障农业更好地发挥在提供食物、工业原料和其他农产品，维护和改善生态环境，促进农村经济社会发展等多方面的作用。从世界各国的情况看，在加强国家对农产品干预的同时，重视采取各种措施增加农产品补贴，支持增加农民收入。尽管世界贸易组织《农业协定》限制有关农业补贴，但农业补贴仍然是各国农业立法关注的重点。美国2002 年 5 月 13 日由布什总统签署的《农业保障和农村投资法》就大幅度增加了农业补贴。

3. 资源关系是农业法律制度重要的法律关系　农业对土、水、动植物等自然资源具有高度的依赖性，而自然资源是稀缺的，在我国还是匮乏的，在利用自然资源的同时，必须进行合理保护。土地、水、渔业、森林、草原等动植物资源的利用和保护法律关系，是重要的农业法律关系，这些资源的权属、保护、利用、管理法律规范是农业法的重要组成部分，农业立法必须十分重视资源的合理利用和保护，建立健全资源开发利用与保护管理相结合的法律制度，促进农业资源的永续利用和农业可持续发展。

二、农业法律制度的调整对象

传统大陆法系理论是按照法（即指法律规范的总称）所调整的社会关系（实际上是指社会关系的不同领域）来划分法律部门的，法律部门划分的最基本标志，是法律规范所调整的对象，调整同一类性质社会关系的法律规范结合成一组，构成一个独立的法律部门。这一理论在划分、规范法律部门方面起过极其重要的作用，至今我们仍然坚持主要以社会关系作为划分法律部门的基本标准。但是我们也必须看到，在现代市民社会，平权的民事关系与非平权的管理关系以及隶属性的行政关系日益交融，难以分辨；社会经济关系已成为一个具有多元化、立体化和复杂化特点与不可分割的有机整体，呈现出一个法律部门不一定就只能调整一种社会关系，一种社会关系也不一定就只能由一个法律部门来调整的现象，即一个法律部门也可能调整有着内在统一联系的两种或两种以上的社会关系或一种社会关系也可能由两个或两个以上的法律部门从不同角度、不同层次进行调整。目前，农业和农村经济关系已成为一个相对独立的社会经济关系，成为一个具有多元化、立体化和复杂化特点与不可分割的有机整体，特定的农业和农村经济关系已成为农业法的调整对象。

"特定的农业和农村经济关系"的含义是：农业法不是调整所有的农业和农村经济关系，而只是调整特定或重要的农业和农村经济关系，即部分农业和农村经济关系，它是有一定范围的。这个调整范围在不同国家，因国情不同而不同；在一个国家的不同社会发展阶段，其调整范围也会变化。农业和农村经济关系复杂，有些农业和农村经济关系还不稳定；有些农业和农村经济关系影响不大，用法律调整成本太高，用政策指导更符合现实；有些农业和农村经济关系具有区域性，不需要全国统一立法调整。各国调整经济关系的手段，除法律手段外，还有经济手段、行政手段、科技手段、教育手段等，对经济关系的调整往往多种手段并用。

在我国，作为农业法调整对象的特定农业和农村经济关系，具体体现在以下三个方面。

（一）农业和农村经济活动的民事关系

农业和农村经济活动的民事关系，是指平等主体的自然人、法人及其他组织在农业和农村经济活动中形成的财产关系。所谓财产关系，是指人们在生产、流通和消费过程中形成的具有经济内容的社会关系。农业和农村经济活动中的民事关系，如农村土地所有权关系、农村土地承包关系、土地租赁关系、土地承包经营权抵押关系、农业生产资料购买和农产品销售关系、农业产业化中农民与龙头企业的关系、农业知识产权关系、农业技术开发转让及咨询和服务关系等。农业和农村经济活动中的民事关系具有一般民事关系的特点，即当事人法律地位平等，自愿、公平、互利，权利义务对等；同时，又具有自身的特点：①这类民事关系是在农业和农村经济活动中形成的。②这类民事关系的当事人中至少一方为农业法主体。③这类民事关系只包括财产关系，不包括人身关系；而民法中民事关系包括财产关系和人身关系。

（二）农业和农村经济活动的行政管理关系

农业和农村经济活动的行政管理关系，是指农业行政主体（职能行政主体与授权行政主体）依法行使农业行政管理职权时，与行政管理相对人在农业和农村经济活动中形成的各种社会关系。农业行政主体行使行政管理职权要有法律、法规依据或者行政授权，如《农业法》第九条规定，各级人民政府对农业和农村经济发展工作统一负责，组织各有关部门和全社会做好发展农业和为发展农业服务的各项工作；国务院农业行政主管部门主管全国农业和农村经济发展工作，国务院林业行政主管部门和其他有关部门在各自的职责范围内，负责有关的农业和农村经济发展工作。上述规定，是各级人民政府、农业和林业行政主管部门行使农业管理职权的法律依据。农业和农村经济活动中的行政管理关系特点是：①农业行政管理关系的一方是农业行政主体。②这类行政管理关系具有隶属性，即命令与服从，指导与被指导。③这类行政管理关系在农业和农村经济活动中形成。农业和农村经济活动中的行政管理关系，如通过核发兽药生产许可证、兽药经营许可证、兽药产品批准文号、植物检疫证书、兽医卫生合格证、畜禽产品检疫证明、种子生产许可证、种子经营许可证等形成这类关系，还可以通过进口饲料登记、农药登记等发生这类关系等。

（三）农业和农村经济活动的经济管理关系

农业和农村经济活动的经济管理关系，是指国家经济管理机关行使农业经济管理职权时，与农业生产经营主体在农业经济组织、管理、监督活动中形成的各种社会关系，以及农村集体经济组织内部的经济管理关系。发展社会主义市场经济，必须建立国家对市场经济的管理和调控体系。因为市场调节属于自发调节市场主体的趋利行为，往往会导致市场主体的行为与国家经济管理目标相背离。由于农产品在国家经济发展和人民生活中的特殊重要地位，国家需要对农业生产经营活动进行调控和管理，以保障农业和农村经济发展目标的实现，保障农业和农村经济发展在部门、区域和城乡之间的协调，保证资源的永续利用，保护农业和农村生态环境。我国《农业法》第三条规定的农业和农村经济发展基本目标，也就是国家对农业和农村经济进行调控和管理的目标。通过国家对农业和农村经济的调控，可以弥补市场调节的缺陷，防止或消除农业和农村经济的总量失衡和结构失调，优化资源配置，更好地处理农业和农村经济发展中当前利益和长远利益、局部利益和整体利益的关系。

国家对农业和农村经济进行宏观调控的内容，包括确定农业和农村经济发展目标，制定农业和农村经济发展战略、规划、计划，确立农业和农村经济行政管理体制，确立农业经济管理的基本原则和方法，确立参加农业和农村经济活动各个主体的法律地位等。经济调控和管理的基本手段包括财政支持、税收扶持、信贷优惠、产业政策、资源配置等。

第三节　农业经济法律关系

一、农业经济法律关系的概念

农业经济法律关系，是农业主体参与农业经济活动所形成的经济权利和经济义务关系，它是农业经济关系在法律上的反映。在农业的产前、产中、产后各个环节，国家机关、企事业单位、农村集体经济组织、农民之间随时产生着各种各样的经济关系。属于农业法律规范调整范畴，具有农业经济法律关系的性质，这种依法形成的经济权利和经济义务关系，受到国家确认、保护，是农业法律规范在农业经济活动中的具体体现。人们要想使自己的经济权利得到国家法律的保护，就必须依法办事，把现实的农业经济关系变成农业经济法律关系，由国家强制力来保证双方之间的经济权利和经济义务得到实现。

二、农业经济法律关系的构成要素

农业经济法律关系由主体、客体和内容三个要素构成，这三个要素是互相联系，缺一不可的。

（一）农业经济法律关系的主体

农业经济法律关系的主体，是指农业经济法律关系的实际参与者，是在农业经济领域内，通过自己的经济活动参加农业经济法律关系、享有经济权利和承担经济义务的当事人。我国农业经济法律关系的主体包括国家机关、农业经济组织以及公民个人。

1. 国家机关　国家机关是行使国家职能的各种机关的总称。在国家机关中，参加农业经济法律关系的主要是国家农业管理机关和农村工作管理机关及其他经济管理机关。国家机关参与农业的宏观调控活动，同时还参与具体的农业行政管理活动，成为农业经济法律关系的重要主体。

2. 事业单位　指由国家财政拨款，不以生产和经营为目的，享有独立经费的组织，如农业技术推广机构等。

3. 农业经济组织　主要指自主经营、自负盈亏、独立核算，从事农业生产经营活动的农业生产经营组织。包括：①国有农业企业，如国有农场。②农村集体经济组织，如乡镇企业。③中外合资、合作的农业企业。④私营农业企业、农民合作经济组织，如农民合作社等。⑤参与农业生产经营活动的商业企业，如供销合作社。⑥参与农业生产经营活动的其他企业。

4. 公民　主要指经依法批准参加农业经济活动的个体工商户、农村专业户、农村经营承包户、公民个人合伙及直接参加农业生产的农民。

(二) 农业经济法律关系的客体

农业经济法律关系的客体，是指农业经济法律关系权利主体之间的权利和义务共同指向的对象，可以作为农业经济法律关系客体的有：物、行为和智力成果。

1. 物　作为农业经济法律关系客体的物，指的是法律意义上的物，不是一般物理学上的物的概念。哪些物可以作为农业法律关系的客体是由法律规定的。根据我国法律和法规的规定，作为农业法律关系客体的物，主要有三类：①农业生产资料。②土地。③农副产品。

2. 行为　农业经济行为也是农业经济法律关系的客体。它是指主体为达到一定的目的所进行的活动，如兴修农田水利工程、进行农副产品加工、购买农副产品等行为。

3. 智力成果　智力成果指的是人的脑力劳动成果。作为农业法律关系客体的智力成果主要是在农业经济领域中的科学技术成果、经济管理劳动成果等。一般表现为商标权、专利权、新品种权、农产品质量标志、专门技术等。随着科学技术的发展，将有越来越多的智力成果成为农业法律关系的客体。

(三) 农业经济法律关系的内容

农业经济法律关系的内容就是农业经济法律关系的主体享受的经济权利和承担的经济义务。农业经济法律关系的内容反映着农业经济法律关系主体的具体要求，它是农业经济法律关系的基本要素，是连接双方当事人的纽带。

经济权利，指法律赋予主体享有实现某种经济权益的可能性，也是国家法律所确认的经济主体的可能行为尺度。农业经济法律关系主体所享受的经济权利有以下三个方面：①农业经济法律关系主体在法定范围内，自主地进行农业经济活动，有权作出一定行为，实现经济目的。如国有农业企业，有权使用本企业的生产设备和流动资金，合理安排劳动力，并根据市场需要，组织生产经营活动。②为了实现自己的合法利益，有权要求他人作出一定行为或不作出一定行为，以便实现自己的权利或不影响自己权利的行使。如企业有权要求任何单位及个人，不得妨碍其合法生产经营行为。③权利人的合法经济利益因他人的行为而不能实现时，有权请求国家保护，协助实现。如农民对不合理的摊派有权请求撤销或寻求法律救济保护。

经济义务，指法律规定农业经济法律关系主体所必须履行的某种经济责任，表现为农业法律关系主体必须作出的行为或被禁止作出一定行为。农业经济法律关系主体的经济义务主要有：①贯彻执行国家的方针政策，遵守法律和法规。这是农业法律关系主体任何时候都要履行的义务。②正确行使法律赋予的各种权利。国家为了实现领导和组织建设职能赋予了农业法律关系主体以广泛的权利。但任何权利的行使，都不得以损害公共利益或他人权利为目的。为此，国家禁止权利的滥用。所以，农业经济法律关系主体不仅拥有合法权利，同时负有正确行使权利的义务。③缴纳税金和法定费用。依法纳税是每一个公民应尽的义务，农业法律关系主体也有依法纳税的义务。取消农业税后，农民的纳税义务主要体现在从事非农产业方面。

经济权利和经济义务是辩证统一关系。两者是互相依存、互相制约的。没有无权利的义务，也没有无义务的权利。享受权利的人，也必然要履行某种义务。一方当事人有了某种权利，同时就意味着另一方当事人负有相应的义务。经济权利与经济义务是和一定的主体相联系的。因为经济权利的实现、经济义务的履行，都要通过人的活动。没有主体，权利和义务是无法存在的。可见，经济权利和经济义务是互相联系互相依存，共同存在于具体的农业法律关系之中。

三、农业经济法律关系的发生、变更和消灭

农业经济活动在社会生活中不是固定不变的，而是处于活动的状态，因而农业经济法律关系也是在不断地发生变化。所以，在农业经济活动领域中，各种农业经济法律关系也总是处在不断发生、变更和消灭的过程之中。

（一）农业法律关系的发生

农业经济法律关系的发生，指农业经济关系主体参与农业经济活动，依照法律规定取得某项经济权利和承担某项经济义务，形成主体之间的经济权利和经济义务的关系。如农村承包经营户同农村集体经济组织之间订立农业生产承

包合同，而由此产生了农业承包合同关系，土地流转方与土地承接方签订土地流转合同而产生土地流转经营合同关系。

（二）农业经济法律关系的变更

农业经济法律关系的变更，指农业经济法律关系的三个要素中的一个或一个以上的要素发生了变化，即主体、客体或内容的变更。这种要素的变化，就使原来的农业经济法律关系变更为新的农业经济法律关系。如两个农业企业合并为一个农业企业，原来两企业的权利与义务就由合并后的新企业享受和承担。

（三）农业经济法律关系的消灭

农业经济法律关系的消灭，指农业经济法律关系主体之间的经济权利、经济义务关系的消灭。如耕地的流转合同履行完毕，主体双方的经济权利和经济义务也就消灭了。

（四）引起农业经济法律关系发生、变更和消灭的法律事实

农业经济法律关系发生、变更和消灭，是以农业法律规范为依据的。但是农业法律规范只是农业法律关系发生的前提，它本身并不产生农业法律关系。如农村土地的流转在《中华人民共和国土地承包法》中有具体规定，但这并不等于当事人双方的具体的土地流转的法律关系已经形成，只有当双方当事人依法签订了土地流转合同，形成了具体的经济权利和经济义务的关系之后，才发生具体的土地流转法律关系。农业法律关系的变更和消灭亦是如此。所以只有当农业法律规范所规定的客观事实出现或存在时，才能引起农业法律关系的发生、变更和消灭。这些客观事实是为农业经济法律规范规定的，并与一定的法律后果相联系，所以一般称其为法律事实，它是引起农业法律关系发生、变更和消灭的客观条件。

四、农业经济法律关系的保护

农业经济法律关系的保护，就是国家通过各种管理机关，运用各种方法严格监督和督促农业经济法律关系的参加者正确行使经济权利，切实地履行经济义务。其实质就是对农业经济关系主体的权利的保护。

（一）农业经济法律关系的保护方法

1. 行政方法　行政方法是指国家有关行政管理部门，对违反农业法律者，

依照行政程序加以处理，给予行政处罚，以保护农业经济主体的权利而采用的一种方法。国家农业农村主管机关、市场监管部门等，对农业经济组织和其他农业经济主体在所管辖的业务范围，负有监督检查的责任，督促农业法律关系主体双方严格遵法守纪，认真履行各自应负的经济义务。

2. 司法方法 司法方法是指各级人民法院对受理的农业经济案件，依照诉讼程序，通过审判来解决纠纷的一种方法。农业经济法律关系的主体之间发生经济纠纷，可以向人民法院提起诉讼。请求人民法院判决，以保护农业法律关系主体的经济权利的实现。

（二）侵犯农业法律关系主体权利所应承担的责任

国家对农业法律关系的保护，主要是通过追究违法行为人的责任来实现的。

1. 民事责任 民事责任是指平等民事主体之间，因违反农业法律规范造成对方经济损失的，应承担的民事法律责任。如：农业经济组织和公民不履行已订立的农业经济合同，给对方造成经济损害，应追究其民事责任。民事责任包括支付违约金、赔偿金、恢复原状等形式，旨在使受害方被侵犯的权益得以恢复。

2. 行政责任 行政责任是指农业经济管理机关对违反农业法律规范的单位和个人，依照行政程序给予行政处分或行政处罚。行政责任的形式由于承受主体的不同而不同。如对行政机关工作人员依照国家有关规定予以行政处分；对公民、个体经营户、农业经营企业、农民合作经济组织，应依照法定程序实施行政处罚。如警告，罚款，没收违法所得或非法财物，暂扣或吊销许可证、执照，行政拘留等。

3. 刑事责任 刑事责任是指对违反农业法规造成严重后果，触犯了国家刑律构成犯罪的，依法给予刑事制裁。如贩卖假劣种子，造成严重后果的，必须受到刑事处罚。

第四节　法治在现代农业发展中的作用

现代农业是以保障农产品供给、增加农民收入、实现农业可持续发展为目标，以提高劳动生产率、资源产出率和商品率为途径，以现代科技和装备为手段，在家庭承包的基础上，在市场机制和政府调控的综合作用下，农工贸紧密结合，产供销联为一体，形成的多元化的产业形态和多功能的产业体系。现代农业发展，这是一项长期的战略任务，与农业法治建设二者之间具有联系紧密、相互作用的关系。加强法治建设，推进农业法治进程，对于促进现代农业发展，具有十分重大的意义，也是现代农业发展的内在要求。

现代农业的法治属性

（一）现代农业本质的法治性

现代农业是相对于传统农业而言的。传统农业是以手工劳动为物质基础的，在人类历史上存续时间很长，直到现在仍然还在很大范围内存在的农业发展模式。现代农业是市场经济的产物，是随着现代生产力发展和市场经济体制逐步建立产生的以石化、机械、技术为物质基础的农业发展新模式。现代农业的本质是市场农业，突出表现为农业发展的科技化、集约化、商品化和社会化。在市场经济条件下，任何商品的生产、流通、消费等环节都要按市场规律运行，由市场这只无形之手进行调节。市场经济是法治经济，一切生产经营活动都要依靠法治。现代农业作为市场农业，从主体功能、投入要素、资源配置、生产手段、产业经营及管理等方面也都必须在法治经济的范畴内运行。如现代农业比较发达的美国，所有农业的发展问题，都依据《农业法》，以法律规范农业发展的各个方面。因此，现代农业具有与生俱来的法治性。换句话说，现代农业具有天然的法治特性。

（二）现代农业运行的法治性

法治突出表现为法律的良好实施和运行。现代农业本质的法律性决定了现代农业运行的法治性。法治为现代农业运行发挥规范、引导、保障、强制等重要作用。

1. 法治规范市场交易行为，保护现代农业主体利益　在市场机制作用下，原有的农业和农村经济主体变成了独立的利益主体。农民与农民，农民与政府，农民与其他组织和个人，地方政府与中央政府之间的关系在市场经济条件下主要表现为利益关系。现代农业主体间的各种利益关系需由法律加以确认，使他们按照市场规律自主决策、自主经营。以法治规范市场交易行为，维护现代农业主体利益。

2. 法治营造良好的社会环境，确保现代农业发展所需的社会氛围　这是由我国的基本国情决定的。我国人口多，耕地少，14 亿人口中有 9 亿多是农民，农村人口占绝大多数，这是最基本的国情。农业的发展状况关系着国民经济的发展和社会的进步，关系到政权的稳定和国家的安定。没有现代农业的发展和发达，就难以实现现代化，就难以满足人民群众日益增长的美好生活需要。现代农业的发展固然离不开自然条件、技术条件、劳动力资源，但也离不开与之相适应的社会环境。法律作为上层建筑，对促进农业发展、保障农业在国民经济中的基础地位发挥着重要作用。因此，只有加强法治建设，不断为农业的资金投入、科技投入和农产品的产、供、销、运等提供良好的法治环境和社会环境，才能适应现代农业发展的需要，保障国民经济的健康、稳定、持续发展。

3. 法治保护现代农业依赖的资源环境，确保粮食生产的可持续发展 农业是一种资源型产业，它对自然资源、生态环境的依赖程度比工业要大得多。在市场经济条件下，市场对资源的配置起决定性的调节作用，农业资源极易向高效产业流动。经营土地者为了以最小的成本换取最大的经济效益，往往对土地进行掠夺性经营。非农产业的快速发展，增加了对农用土地的需求，同时加剧了对农业环境的破坏。要扼制或减缓这种趋势，仅仅沿用行政办法，其作用显然是有限的。必须大力加强农业资源和环境保护立法，并强化执法，将对农业资源和环境的管理真正纳入法治轨道，确保粮食生产的可持续发展。

4. 法治规范农民的生产行为，确保现代农业的安全发展 由于农业受自然条件的影响较大，我国农业生产手段还比较落后，农民生产技术水平不高，农业在整个国民经济中仍然是脆弱产业。特别是随着市场化、城镇化进程的加速推进，从事农业的比较效益较差，农民在"逐利"思想驱使下，不重视农业生产，减少农业投入，或进行掠夺性、破坏性开发，非法出租、转包责任田的现象时有发生，甚至出现大面积抛荒现象，给粮食生产造成巨大冲击。同时，随着国际经济一体化的推进，农产品质量安全成为国际市场竞争成败的决定性条件，各国均利用技术壁垒、绿色壁垒来限制别国农产品的进入，保护本国农产品生产。现代农业对农产品质量安全提出了很高要求。为了解决这一问题，政府开始利用行政手段对农民生产进行干预，如实施无公害行动计划，通过建立各种无公害生产基地进行示范引导，但这只能解决局部的或少数人或少数产品的问题，无法从全面上、根本上解决问题。而且，即使是基地生产的农产品由于没有统一的规范，也很难达到质量安全要求。另外，农产品进入市场后，受到人为的二次污染，掺杂使假，不安全包装、贮藏、运输、经营等，使农产品质量安全无法保障。但随着我国《食品安全法》《产品质量法》《农产品质量安全法》等法律法规颁布实施，特别是《农产品质量安全法》，从产地环境、生产过程、产品包装、产品贮藏、运输、经营等环节，均从法律上作了规范，已成为农产品生产的法律依据或保障。因此，从确保现代农业的安全发展角度出发，必须以法治手段规范农民的生产行为，稳定农业发展。

（三）现代农业管理的法治性

市场经济条件下，农业和农村经济的法律关系发生了很大变化：农村的产权制度、经营制度、农村各种利益关系都出现了多样性和复杂性，农民的经济主体地位和主体意识明显提高等。这些变化要求政府对管理现代农业的手段和职能进行重大调整，纳入法治管理范畴。一是现代农业要求其宏观管理规则法治化。在现代农业发展模式下，随着商品货币关系的不断扩大、宏观调控系统的逐渐完善，越来越要求政府的行政管理从微观转向宏观，并把更多的农业经济关系和经济活动的规则用法律的形式固定下来，使行政的宏观管理法治化。二是现代农业要求其管理手段法制化。发展现代农业，要求政府对农业经济从主要依靠行政手段管理转向主要依靠经济的、法律的和必要的行政手段调控。但是，经济、法律和行政三种手段在调控农业农村经济中的地位和作用并不是完全相同的。为了加强对经济手段实施监督和管理，应尽可能地将涉及农业的财政、金融、税收、储备等经济手段纳入法治的轨道。行政手段也应法治化，做到依法行政。三是现代农业要求其管理方式法治化。建立市场经济新体制，发展现代农业，承认、维护和保护主体意志和利益的独立性是基本前提，公平、等价和平等是市场经济的本质要求，任何强制行政管理等违背市场主体意志、损害主体利益的行为都不利于现代农业的发展。因此，在政府与农民之间需要建立契约化生产、销售和服务的现代农业管理新机制。

≪≪ 思考题

1. 农业法治的发展阶段包括哪些？每个阶段有什么特点？
2. 新时代农业农村法治工作目标任务是什么？
3. 农业农村法治的作用有哪些？
4. 农业法律体系包括哪些？

第三章 Chapter 3

农业基本法律制度

农业法

《中华人民共和国农业法》（以下简称《农业法》）是农业的基本法律制度。1993 年 7 月 2 日第八届全国人民代表大会常务委员会第二次会议通过，2002 年 12 月 28 日第九届全国人民代表大会常务委员会第三十一次会议修订，根据 2009 年 8 月 27 日第十一届全国人民代表大会常务委员会第十次会议《关于修改部分法律的决定》第一次修正，根据 2012 年 12 月 28 日第一届全国人民代表大会常务委员会第三十次会议《关于修改〈中华人民共和国农业法〉的决定》第二次修正。《农业法》明确了农业在我国国民经济中的基础地位，确立了国家坚持以农业为基础发展国民经济的方针，对农业生产、农产品流通与加工、粮食安全、农业投入与支持保护、农业科技与农业教育、农业资源与农业环境保护、农民权益保护、农村经济发展、执法监督等方面的基本原则、制度进行了规范，为依法治农，依法管农，巩固和发展农村经济改革的成果，发展农村社会主义市场经济，维护农业生产经营组织和农业劳动者的合法权益，促进农业农村持续、稳定、协调发展，实现农业现代化，提供了强有力的法律保障。

第一节　农业概念的调整[①]

要理解农业法的概念，首先要明确农业的含义。传统意义上的农业或者说狭义的农业，是指利用生物生长发育过程来获取动植物产品的社会生产部门，主要包括种植业和养殖业。《辞海》将农业定义为："利用植物和动物的生活机能，通过人工培养以取得农产品的生产部门，通常分为种植业、养殖业两大类。"但是，在农业发展的实践中，农业不仅仅是动植物的生产环节，还涉及农产品的储藏、运输、销售和产后加工等环节，涉及与农业生产相关的产前、产中、产后服务活动。适应农业市场化发展要求，2002 年 12 月颁布的《农业法》第二条将农业定义为"种植业、林业、畜牧业和渔业等产业，包括与其直接相关的产前、产中、产后服务"。《农业法》对农业概念界定的主要依据如下：

1. 发展农业产业化经营，建设现代化农业的需要　改革开放后，我国农村普遍实行了家庭承包经营制度，提高了农民的生产经营积极性，但在农村改革不断深入和社会主义市场经济进一步发展的过程中，出现了一些新的矛盾：

---

　　①　参阅《农业法概论》（农业部产业政策与法规司、中国农业经济法研究会编，中国农业出版社 2004 年出版）有关资料。

分散的农户小生产与大市场之间的矛盾，农户狭小的经营规模与实现农业现代化的矛盾，农业比较效益低及城乡居民收入差距的扩大，农业科技进步导致农业富余劳动力的迅速增加与就业门路狭小的矛盾，农业产业分割、部门分割对农业进一步发展的制约等。这些矛盾和问题的解决，必须通过发展农业产业化经营等方式，以达到提高农业整体素质和效益，建设现代农业和增加农民收入的目的，因此，将农业的链条延伸到"与其直接相关的产前、产中、产后服务"是非常必要的。

2. 推进农业管理体制改革的需要　农业一体化发展要求一体化的农业行政管理体制。我国现行农业行政管理体制还带有浓厚的计划经济色彩，不能适应社会主义市场经济发展的要求，也加大了政府管理农业的成本，降低了管理效率，甚至影响农业和农村经济的发展。农业行政管理体制改革的方向应该是将农业的产前、产中、产后相关环节的宏观管理职能统一起来，建立统一、高效、集中的一体化农业管理部门，对农业产业链实行一体化管理。《农业法》关于农业的定义，明确了农业行政管理体制改革的方向，适应了市场经济发展对农业一体化管理的要求。

3. 适应农产品国际贸易发展的需要　《农业法》对农业概念的界定，与其他市场经济国家关于农业的概念基本是一致的。如韩国1999年颁布的《农业农村基本法》规定，"农业是指农作物生产业、畜产业、林业及与此有关的产业，是指韩国总统规定的产业"；日本1999年颁布的《食物、农业、农村基本法》也有类似的规定；法国1999年颁布的《农业指导法》也将农业生产及农产品加工、流通等环节作为一个整体进行规范。

第二节　《农业法》的基本原则

《农业法》的指导思想，是以国家基本法的形式确立农业在国民经济和社会发展中的基础地位，把党和国家关于农业发展的一系列行之有效的大政方针和基本政策规范化、法律化，为农业持续、稳定、协调发展提供法律保障。

根据上述立法指导思想，《农业法》贯彻了以下原则：

1. 加强农业，保护农业的原则　农业是一个社会效益高而经济效益比较低的产业，在国家实现工业化、现代化过程中，农业在吸纳资金、物质、技术等投入方面往往比不过其他产业，容易出现萎缩。考虑到农业发展的这一特性，以及吸取中华人民共和国成立以来农业建设上的历史经验，《农业法》自始至终贯彻了党的十三届八中全会通过的《关于进一步加强农业和农村工作的决定》确立的基本原则："经济建设，必须始终把农业真正摆在首位，切不可农业状况一有好转，就忽视和削弱农业的基础地位。"

2. 保护农民利益，调动农民积极性的原则　《农业法》明确规定了农民在经济上的合法权益，包括对集体财产的承包经营权、产品处分权和收益权；国家鼓励农民承包开发土地、山岭、草原、荒地、滩涂、水面，维护其合法权益；国家保护农民和农业集体经济组织的合法财产。禁止非法集资、收费和摊派。该法所规定的政府对农业的支持同样体现了对农民利益的保护。

3. 巩固和发展农村改革成果的原则　《农业法》充分肯定了农村改革取得成功的基本经验和基本政策。对于那些不符合社会主义市场经济要求，党中央、国务院三令五申要取消的规定和做法，该法作了禁止性的规定；对目前仍在实行但不符合建立社会主义市场经济体制要求，或者改革尚处在试验阶段，一时还拿不准的问题，暂不予认定；而对那些符合社会主义市场经济发展方向，改革目标已经明确，目前已开始采取或将来必然要采取的重大举措，该法则以倡导性的条款予以肯定，为今后深化改革留下余地。

4. 突出重点的原则　《农业法》是农业的基本法，具有纲领性的特点。因此，《农业法》没有必要也没有可能对农业和农村经济方方面面的问题详加规定，而只能对农业发展的一些方向性问题、大政方针和基本制度作出规定，解决农业发展中的重大问题和突出问题。按照《农业法》规定的原则，需要进一步明确的具体事项，可以由现行的或者将要制定的单项农业法律、法规去规定。

5. 反映中国国情、农情，同时借鉴国外有益经验的原则　我国是一个发展中的社会主义国家，农业、农民、农村问题是关系到我国经济发展、社会进步、政治安定的大问题。《农业法》从我国实际出发，用符合我国农业发展规律和要求的办法来解决农业发展中存在的问题，同时也借鉴了国外农业立法的一些有益经验。

第三节　《农业法》的主要内容

一、农业生产经营体制

《农业法》第二章对农业生产经营体制作了系统规定，《农业法》第十条规定，国家实行农村土地承包经营制度，依法保障农村土地承包关系的长期稳定，保护农民对承包土地的使用权。农村土地承包经营的方式、期限、发包方和承包方的权利义务、土地承包经营权的保护和流转等，适用《中华人民共和国土地管理法》和《中华人民共和国农村土地承包法》；农村集体经济组织应当在家庭承包经营的基础上，依法管理集体资产，为其提高生产、技术、信息等服务，组织合理开发，利用集体资源，壮大经济实力。第十一条、第十二条、第十三条分别对发展专业合作经济组织、专业合作经济组织的发展原则、农业产业化经营等作了明确规定。这些内容是党和国家一系列农村基本政策的重点，将其纳入法治轨道，对于巩固农村改革成果，推动农村社会主义市场经济的发展，稳定农村大局具有重大而深远的意义。

（一）农业集体经济组织及其集体土地所有权

1. 农业集体经济组织及其职能 中华人民共和国成立后，我国农业生产经营体制大体上经过了四个发展阶段：第一阶段为建国初期的生产资料私人占有、农户独立经营；第二阶段为农业合作化；第三阶段为人民公社化；第四阶段为实行联产承包责任制后建立的统分结合的双层经营体制。农业集体经济组织是伴随土地等生产资料的劳动群众集体所有制建立而形成的，始于农业合作化后期的高级农业生产合作社。

党的十一届三中全会后，农村普遍推行了联产承包责任制，建立了双层经营体制，使农业集体经济组织的运行机制和经营管理体制发生了深刻变化。现行农业集体经济组织的主要职能有如下方面：①经营的职能。即在家庭联产承包责任制实施过程中，发挥其组织的功能，兴办一家一户办不了或办起来不划算的事情。如本组织的经济发展规划，集体企业和村公益事业的兴办和管理，组织农田基本建设等。②服务的职能。即为承包的个人或者集体提供生产服务。如机耕、排灌、植保、种肥购运和畜禽疫病防治以及产品市场、价格及需求信息服务、营销服务等方面的服务。同时集体经济组织还发挥着桥梁和纽带的作用，把国家技术、经济部门和其他各类专业服务组织的服务传导到千家万户。③协调的职能。一是利用核算的办法和经济手段，处理好国家、集体、个人三者利益关系；二是代表农民与政府及有关部门对话，反映农民的要求和呼声；三是调节组织内部不同产业的收入差和不同成员的利益差；四是解决农户之间在生产过程中产生的各种矛盾，建立正常的生产秩序。④管理的职能。主要包括：承包管理，即健全承包管理制度，用合同把双方的责、权、利固定下来，监督合同的履行和兑现；财务管理，即健全财务管理制度，统一管理集体资产，管好用活集体资金；企业管理，即保证企业的集体所有权不变，实现利润目标，使企业的发展与职工和农民的利益紧密联系在一起；集体积累管理，即建立健全资产积累和劳动积累制度，防止集体资产的流失，促进集体经济的发展。

2. 集体土地所有权和经营、管理权 法律明确规定，在我国实行土地国家所有制和集体所有制两种方式，集体所有的土地，由农村集体经济组织经营、管理，没有成立集体经济组织的，可以由村民委员会履行经营、管理。集体所有的土地，根据国家法律和农村实际划分，有三种具体所有形式：一是村民小组（原生产队）范围农民集体所有土地，这是我国农村集体所有土地的主体形式；二是村（原生产大队）农民集体所有的土地；三是乡、镇（原公社）农民集体所有的土地。联产承包责任制的实行，并没有改变农村土地集体所有制的性质。

有关土地承包及承包方、发包方的权利与义务，本书有专章叙述，本章简略。

（二）发展新型农业生产经营主体

国家鼓励农民在家庭承包经营的基础上自愿组成各类专业合作社经济组织；农民专业合作经济组织应当坚持为成员服务的宗旨，按照加入自愿、退出自由、民主管理、盈余返还的原则，依法在其章程规定的范围内开展农业生产经营和服务活动；农民合作经济组织可以有多种形式、依法成立、依法登记；任何组织和个人不得侵犯农民专业合作经济组织的财产和经营自主权。

农民和生产经营组织可以按照民主管理、按劳分配和按股分红相结合的原则，以资金、技术、实物等入股，依法兴办各类企业。

国家采取措施发展多种形式的农业产业化经营，鼓励和支持农民和农业生产经营组织发展生产、加工、销售一体化经营；国家引导和支撑从事农产品生产、加工、流通服务的企业、科研单位和其他组织，通过与农民或农民专业合作组织订立合同或者建立各类企业等形式，形成利益共享、风险共担的利益共同体，推动农业产业化经营，推动农业发展。

农民和农业生产经营组织可以按照法律、行政法规成立各种农产品行业协会，为成员提供生产、营销、信息、技术、培训等服务，发挥协调和自律作用，提出农产品贸易及救济措施的申请，维护成员和行业的利益。

（三）发展农业社会化服务

《农业法》第四十四条规定，"国家鼓励供销合作社、农村集体经济组织、农民专业合作经济组织、其他组织和个人发展多种形式的农业生产产前、产中、产后的社会化服务事业。县级以上人民政府及其有关部门应当采取措施对农业社会化服务事业予以支持。对跨地区从事农业社会化服务的，农业、市场监管、交通运输、公安等部门应当采取措施予以支持。"随着农村生产力水平的提升，农业各环节的分工也越来越细。加之，土地流转的步伐加快，农村社会化服务组织也得到长足发展，出现了统防统治公司、电商服务公司、农机服务公司、代耕代种代管代销公司等多种服务企业。从当前的实践情况看，农业社会化服务的形式大体包括以下六个主要方面，其服务内容或任务有所不同，各有侧重。

1. 乡村集体经济组织的服务 它是以统一提供排灌、植保、种肥购运、畜禽疫病防治、农作物收割运输为主要内容的服务，而且兼容经营性服务与协调性服务的职能，构成目前农业社会化服务的基础。

2. 乡级农技站、农机站、水利（水保）站、林（果）业站、畜牧兽医站、水产站、经营管理站和气象服务网等机构的服务 它们以提供优质种苗供应、科学技术与管理的推广、咨询和培训，提供产品供求、价格、销路等信息，进行执法监督和政策法律宣传、贯彻等作为重点服务内容。他们所提供的服务和所开展的工作，既体现国家对农业的支持，又是国家对农业进行指导和调控的重要手段。

3. 供销合作社和商业、物资、外贸、金融等部门的服务 以供应生产生活资料，收购、加工、运销、出口产品，以及筹资、保险等为重点的服务。

4. 科研、教育单位的服务 主要开展以提供技术咨询指导、大型农业开发的可行性论证、专业技术人才和管理人才的培训、集团承包等为重点的服务。

5. 农民专业技术协会、专业合作社和专业户开展的专项服务 为其成员开展技术培训，提供技术指导、农资配送、产品营销等服务。

6. 涉农企业和社会化服务组织的服务 包括病虫害统防统治服务、电商服务、农机服务、耕种收全过程服务等。

农村经济改革与发展的实践证明，农业社会化服务是稳定家庭承包经营和完善双层经营体制的组成部分和有效途径，是发展农村商品经济，提高农业综合生产能力和实现农业现代化的重要条件。改革开放以来，我国的农业社会化服务事业得到了较快的发展，农业社会化服务体系已初步形成。但我们必须清醒地看到，目前农业社会化服务体系发育程度和服务能力，距离广大农民的迫切要求、农村经济发展和市场经济发育的客观需要还有较大差距，而且不同地区还存在着较大的差异性和不平衡性，在相当一部分地区还处于刚刚起步阶段。因此，发展农业社会化服务事业的任务还十分艰巨，必须付出艰辛的努力。

二、农业生产与粮食安全

（一）农业生产

1. 制订规划 县级以上人民政府根据国民经济和社会发展的中长期规划、农业和农村经济发展的基本目标和农业资源区划，制定农业发展规划；省级以上人民政府农业农村行政主管部门根据农业发展规划，采取措施发挥区域优势，促进形成合理的农业生产布局，指导和协调农业和农业经济结构调整。

2. 坚持市场导向　国家引导和支持农民和农业生产经营组织结合本地实际按照市场需求，调整和优化农业生产结构，协调发展种植业、林业、畜牧业和渔业，发展优质、高产、高效益的农业，提高农产品国际竞争力；种植业以优化品种、提高质量、增加效益为中心，调整作物结构、品种结构和品质结构。

3. 严格生态保护　加强林业生态建设，实施天然林保护、退耕还林和防沙治沙工程，加强防护林体系建设，加速营造速生丰产林、工业原料和薪炭林；加强草原保护和建设，加快发展畜牧业，推广圈养和舍饲，改良畜禽品种，积极发展饲料工业和畜禽产品加工业。县级以上人民政府应当制定政策，安排资金，引导和支持农业结构调整。

4. 完善基础建设　各级人民政府应当采取措施，加强农业综合开发和农田水利、农业生态环境保护、乡村道路、农村能源和电网、农产品仓储和流通、渔港、草原围栏、动植物原种良种基地等农业和农村基础设施建设，改善农业生产条件，保护和提高农业综合生产能力；国家扶持动植物品种的选育、生产、更新和良种的推广使用，鼓励品种选育和生产、经营相结合，实施种子工程和畜禽良种工程。国务院和省、自治区、直辖市人民政府设立专项资金，用于扶持动植物良种的选育与推广工作；各级人民政府和农业生产经营组织应当加强农田水利设施建设，建立健全农田水利设施的管理制度，节约用水，发展节水农业，严格依法控制非农业建设占用灌溉水源，禁止任何组织和个人非法占用或者损毁农田水利设施。国家对缺水地区发展节水型农业给予重点扶持。

5. 推行机械化　国家鼓励和支持农民和农业生产经营组织使用先进、适用的农业机械，加强农业机械安全管理，提高农业机械化水平。国家对农民和农业生产经营组织购买先进农业机械给予扶持。

6. 注重质量强农　国家采取措施提高农产品质量，建立健全农产品质量标准体系和质量检验检测监督体系，按照有关技术规范、操作规程和质量卫生安全标准，组织农产品的生产经营，保障农产品质量安全；国家支持依法建立健全优质农产品认证和标志制度。国家鼓励和扶持发展优质农产品生产。县级以上地方人民政府应当结合本地情况，按照国家有关规定采取措施，发展优质农产品生产；符合国家规定标准的优质农产品可以依照法律或者行政法规的规定申请使用有关的标志。符合规定产地及生产规范要求的农产品可以依照有关法律或者行政法规的规定申请使用农产品地理标志。

7. 抓好病虫害防控　国家实行动植物防疫、检疫制度，健全动植物防疫、检疫体系，加强对动物疫病和植物病、虫、杂草、鼠害的监测、预警、防治，建立重大动物疫情和植物病虫害的快速扑灭机制，建设动物无规定疫病区，实施植物保护工程。

8. 规范农业投入品供应 农药、兽药、饲料和饲料添加剂、肥料、种子、农业机械等可能危害人畜安全的农业生产资料的生产经营，依照相关法律、行政法规的规定实行登记或者许可制度；各级人民政府应当建立健全农业生产资料的安全使用制度，农民和农业生产经营组织不得使用国家明令淘汰和禁止使用的农药、兽药、饲料添加剂等农业生产资料和其他禁止使用的产品；农业生产资料的生产者、销售者应当对其生产、销售的产品的质量负责，禁止以次充好、以假充真、以不合格的产品冒充合格的产品；禁止生产和销售国家明令淘汰的农药、兽药、饲料添加剂、农业机械等农业生产资料。

（二）粮食安全

国家采取措施保护和提高粮食综合生产能力，稳步提高粮食生产水平，保障粮食安全；国家建立耕地保护制度，对基本农田依法实行特殊保护。

国家在政策、资金、技术等方面对粮食主产区给予重点扶持，建设稳定的商品粮生产基地，改善粮食收贮及加工设施，提高粮食主产区的粮食生产、加工水平和经济效益；国家支持粮食主产区与主销区建立稳定的购销合作关系；在粮食的市场价格过低时，国务院可以决定对部分粮食品种实行保护价制度。保护价应当根据有利于保护农民利益、稳定粮食生产的原则确定。农民按保护价制度出售粮食，国家委托的收购单位不得拒收；国家建立粮食安全预警制度，采取措施保障粮食供给。国务院应当制定粮食安全保障目标与粮食储备数量指标，并根据需要组织有关主管部门进行耕地、粮食库存情况的核查；国家对粮食实行中央和地方分级储备调节制度，建设仓储运输体系。承担国家粮食储备任务的企业应当按照国家规定保证储备粮的数量和质量；国家建立粮食风险基金，用于支持粮食储备、稳定粮食市场和保护农民利益；国家提倡珍惜和节约粮食，并采取措施改善人民的食物营养结构。

三、农产品流通与加工

我国农村实行改革以来，国家对农产品流通体制进行了多方面的改革和调整，取得了一定的成就。为了保障农业的持续稳定发展，《农业法》第四章对农产品流通体制改革的目标和基本政策、农产品流通组织结构和流通渠道、农产品进出口贸易体制、政府的宏观调控以及农产品加工业发展政策等问题作出了规定。

（一）农产品流通

《农业法》第二十八条规定，国家鼓励和支持发展多种形式的农产品流通活动，支持农民和农民专业合作经营组织按照国家有关规定从事农产品收购、批发、贮藏、运输、零售和中介活动。鼓励供销合作社和其他从事农产品供销的农产品生产经营组织提供市场信息，开拓农产品流通渠道，为农产品销售服务。县级以上人民政府应当采取措施，督促有关部门保障农产品运输畅通，降低农产品流通成本。有关行政管理部门应当简化手续，方便鲜活农产品的运输。除法律、行政法规另有规定外，不得扣押鲜活农产品的运输。

（二）农产品市场体系

《农业法》第二十七条规定，国家逐步建立统一、开放、竞争、有序的农产品市场体系，制定农产品批发市场发展规划。对农村集体经济组织和农民专业合作经济组织建立的批发市场和农产品集贸市场，国家予以支持。

（三）政府对农产品流通的宏观调控

国家对粮食等关系国计民生的重要农产品实行保护价收购制度，建立风险基金。国家对粮食等关系国计民生的重要农产品实行中央和地方多级储备调节制度，设立储备基金，建立、健全仓储运输体系，做到保证供应，平抑市场物价。

保护价收购是指政府为保证生产者获得最低利益补偿而确定一种目标价，这个目标价一般按生产成本加适当利润或至少是不低于生产成本的原则确定。当市场价低于保护价时，政府就直接或委托有关经营组织按保护价收购，所发生的亏损由政府财政负担。实行保护价收购制度，必须合理确定保护价，建立风险基金。保护价收购制度对于保护农民利益、稳定农产品的生产和供给具有十分重要的作用。

健全储备调节制度是政府平抑农产品市场供求最有效的手段。在市场经济条件下，政府调节农产品流通的手段有两种：一种是税率、利率和汇率等价值形式的经济杠杆；一种是实物形式吞吐调节储备。由于后者可直接影响市场的供求总量，因而是政府调节农产品流通最灵敏最有效的手段。

（四）切实保证农产品收购所需的资金

为了杜绝农产品收购"打白条"现象，保护农民的利益，调动农民的生产积极性，必须保证农产品收购资金：①要保证筹足资金。财政、金融、粮食、供销等部门要明确责任，各负其责，实行责任制，保证及时足额筹措，并不得截留和挪用。②农产品收购单位在收购农产品时必须向出售农产品的农业生产经营组织和农民立即付清价款。③农产品收购单位在收购农产品时，不得压级压价，不得在支付的价款中违法替任何组织、个人或自身扣缴任何费用。至于替国家税务机关代扣、代收税款的，依照有关法律、法规的规定办理。

（五）扶持农产品加工业

国家支持发展农产品加工业和食品工业，增加农产品的附加值。县级以上人民政府应当制定农产品加工业和食品工业发展规划，引导农产品加工企业形成合理的区域布局和规模结构，扶持农民专业合作经济组织和乡镇企业从事农产品加工和综合开发利用。国家建立健全农产品加工制品质量标准，完善检测手段，加强农产品加工过程中的质量安全管理和监督，保障食品安全。

（六）鼓励农产品进出口贸易

《农业法》第三十条规定，国家鼓励发展农产品进出口贸易；国家采取加强国际市场研究、提供信息和营销服务等措施，促进农产品出口。

四、农业投入与支持保护

发展农业，一靠政策，二靠科技，三靠投入。《农业法》第六章专门对农业投入与支持保护作了系统规定。

（一）建立完善农业支持保护体系

《农业法》第三十七条规定，国家建立和完善农业支持保护体系，采取财政投入、税收优惠、金融支撑等措施，从资金投入、科研与技术推广、教育培训、农业生产资料供应、市场信息、质量标准、检验检疫、社会化服务以及灾害救助方面扶持农民和农业生产经营组织发展农业生产，提高农民收入水平。在不与我国缔结或加入有关国际条约相抵触的情况下，国家对农民实施收入支持政策。

党的十九大吹响了乡村振兴的号角，提出了乡村振兴的总方针、总目标、总要求，要求坚持农业农村优先发展，实现农业农村现代化，达到产业兴旺、生态宜居、乡风文明、治理有效、生活富裕的目标；提出建立"三农"支持保护的政策体系，目前在制订完善之中。

（二）稳定多渠道增加农业投入

《农业法》所指农业投入，是指用于农业再生产过程及支持产业中的资金的总称。具体应包括财政资金、信贷资金、农村集体资金、外资、农民个人的资金和劳动积累等形式。要增加农业投入，必须稳定农业的投资渠道，充分调动各方面对农业进行投入的积极性。

1. 国家财政投入是农业投入的主导　稳定国家财政农业投入是稳定和增加农业投入的核心，是保证农业投入稳定增长的基本力量。农业的生产周期长，受自然环境影响大，农业的稳定发展离不开国家财政的支持；国家财政投入是政府加强对农业宏观调控的重要手段。国家财政对农业投入的增加，对社会资金的流向将起到投资导向的作用，可以通过与国家资金配套等形式，调动集体、农民个人以至银行信贷资金来增加对农业的投入。鉴于此，《农业法》第三十八条规定，国家逐步提高农业投入的总体水平，中央和县级以上地方财政每年对农业总投入的增长幅度应当高于国家财政经常性收入的增长幅度。

2. 设立农业专项基金是稳定和增加农业投入的重要的措施　农业专项基金，是国家为保证农业某一领域事业的发展而设立的专用资金形式，是稳定农业投入的一项重要措施。目前，我国为扶持农业发展已建立了育林基金、农业发展基金等专项基金。为了更好地贯彻执行国家发展农业的政策，《农业法》第四十一条规定，国家鼓励社会资金投向农业，鼓励企业事业单位、社会团体和个人捐资设立各种农业建设和农业科技、教育基金。

3. 引导农业生产经营组织和农民增加农业投入是增加农业投入的基础
农村集体经济组织和农民个人是发展农业生产的直接责任者，对增加农业投入负有不可推卸的责任。《农业法》第四十条规定，"国家运用税收、价格、信贷等手段，鼓励和引导农民和农业生产经营组织增加农业生产经营性投入和小型农田水利等基本建设投入。国家鼓励和支持农民和农业生产经营组织在自愿的基础上依法采取多种形式筹集农业资金。"多种形式的民间合作资金，是农村资金投入的重要补充。农村改革以来，广大农民在自愿互利的基础上组织起来的群众性资金互助组织，是新时期农村合作发展的新形式。实践证明，它对于管好用好集体资金，壮大集体经济实力，促进农业社会化服务体系建设，增加农业生产的资金投入，支持农村经济的发展具有极重要的作用。第四十四规定，国家鼓励和支持农业经营组织和农业劳动者在自愿的基础上采取多种形式，筹集农业资金。农民个人对农业的投入，除资金投入外，还包括劳动积累。我国农村经济建设的实践证明，扩大农民的劳动积累，是加强农业基础设施建设的成功经验，是增加农业投入的重要形式。

4. 扩大利用外资是增加农业投入的有效途径　扩大利用外资规模，既能弥补国内建设资金不足，也有利于引进国外的先进技术和管理经验，加快农业发展。为此，《农业法》第四十一条第二款明确规定，"国家采取措施，促进国家扩大农业利用外资。"我国农业利用的外资,主要是由国际多边机构与双边政府提供的官方融资,包括世界银行、国际农业发展基金组织、亚洲开发银行等国际组织贷款和日本、加拿大等国政府提供的优惠贷款或赠款等。目前,外商直接投资作为农业利用外资的新形式,也有了较快发展。

5. 支持农用工业发展 《农业法》第四十三条规定,国家鼓励和扶持农用工业发展。国家采取税收、信贷等手段鼓励和扶持农业生产资料的生产和贸易,为农业生产稳定增长提供物质保障。

6. 建立完善农业保险 《农业法》第四十六条规定,"国家建立和完善农业保险制度。国家逐步建立和完善政策性农业保险制度。鼓励和扶持农民和农业生产经营组织建立为农业生产活动服务的互助合作保险组织,鼓励商业性保险公司开展农业保险业务。"2019 年中共中央 1 号文件提出要深化保险改革,开展谷物、玉米、小麦等成本保险和收入保险试点,不久的将来,农业保险将成为农业发展的一项重要政策支持。同时完善了《农业保险条例》,规定了保险支持农业的内容,主要是增加险种、补贴保费、规范理赔等方面。具体内容包括:

（1）农业保险的概念与原则　本条例所称农业保险,是指保险机构根据农业保险合同,对被保险人在种植业、林业、畜牧业和渔业生产中因保险标的遭受约定的自然灾害、意外事故、疫病、疾病等保险事故所造成的财产损失,承担赔偿保险金责任的保险活动。本条例所称保险机构,是指保险公司以及依法设立的农业互助保险等保险组织。

农业保险条例

国家支持发展多种形式的农业保险,健全政策性农业保险制度。农业保险实行政府引导、市场运作、自主自愿和协同推进的原则。省、自治区、直辖市人民政府可以确定适合本地区实际的农业保险经营模式。任何单位和个人不得利用行政权力、职务或者职业便利以及其他方式强迫、限制农民或者农业生产经营组织参加农业保险。

（2）管理机构　国务院保险监督管理机构对农业保险业务实施监督管理。国务院财政、农业农村、林业、发展改革、税务、民政等有关部门按照各自的职责,负责农业保险推进、管理的相关工作。财政、保险监督管理、自然资源、农业农村、林业、气象等有关部门、机构应当建立农业保险相关信息的共享机制;县级以上地方人民政府统一领导、组织、协调本行政区域的农业保险工作,建立健全推进农业保险发展的工作机制。县级以上地方人民政府有关部门按照本级人民政府规定的职责,负责本行政区域农业保险推进、管理的相关工作。

（3）财政补贴　农民或者农业生产经营组织投保的农业保险标的属于财政

给予保险费补贴范围的，由财政部门按照规定给予保险费补贴，具体办法由国务院财政部门同国务院农业农村、林业主管部门和保险监督管理机构制定。国家鼓励地方人民政府采取由地方财政给予保险费补贴等措施，支持发展农业保险。

（4）保险合同管理　农业保险可以由农民、农业生产经营组织自行投保，也可以由农业生产经营组织、村民委员会等单位组织农民投保。由农业生产经营组织、村民委员会等单位组织农民投保的，保险机构应当在订立农业保险合同时，制定投保清单，详细列明被保险人的投保信息，并由被保险人签字确认。保险机构应当将承保情况予以公示；在农业保险合同有效期内，合同当事人不得因保险标的的危险程度发生变化增加保险费或者解除农业保险合同；保险机构接到发生保险事故的通知后，应当及时进行现场查勘，会同被保险人核定保险标的的受损情况。由农业生产经营组织、村民委员会等单位组织农民投保的，保险机构应当将查勘定损结果予以公示。保险机构按照农业保险合同约定，可以采取抽样方式或者其他方式核定保险标的的损失程度。采用抽样方式核定损失程度的，应当符合有关部门规定的抽样技术规范；法律、行政法规对受损的农业保险标的的处理有规定的，理赔时应当取得受损保险标的已依法处理的证据或者证明材料。保险机构不得主张对受损的保险标的残余价值的权利，农业保险合同另有约定的除外；保险机构应当在与被保险人达成赔偿协议后10日内，将应赔偿的保险金支付给被保险人。农业保险合同对赔偿保险金的期限有约定的，保险机构应当按照约定履行赔偿保险金义务；保险机构应当按照农业保险合同约定，根据核定的保险标的的损失程度足额支付应赔偿的保险金。任何单位和个人不得非法干预保险机构履行赔偿保险金的义务，不得限制被保险人取得保险金的权利。农业生产经营组织、村民委员会等单位组织农民投保的，理赔清单应当由被保险人签字确认，保险机构应当将理赔结果予以公示；本条例对农业保险合同未作规定的，参照适用《中华人民共和国保险法》中保险合同的有关规定。

（5）经营规则

1）保险机构经营农业保险业务，应当符合下列条件：

①有完善的基层服务网络。

②有专门的农业保险经营部门并配备相应的专业人员。

③有完善的农业保险内控制度。

④有稳健的农业再保险和大灾风险安排以及风险应对预案。

⑤偿付能力符合国务院保险监督管理机构的规定。

⑥国务院保险监督管理机构规定的其他条件。

除保险机构外，任何单位和个人不得经营农业保险业务。

2）保险机构经营农业保险业务，实行自主经营、自负盈亏。保险机构经营农业保险业务，应当与其他保险业务分开管理，单独核算损益。

3）保险机构应当公平、合理地拟订农业保险条款和保险费率。属于财政给予保险费补贴的险种的保险条款和保险费率，保险机构应当在充分听取省、自治区、直辖市人民政府财政、农业农村、林业部门和农民代表意见的基础上拟订。农业保险条款和保险费率应当依法报保险监督管理机构审批或者备案。

4）保险机构经营农业保险业务的准备金评估和偿付能力报告的编制，应当符合国务院保险监督管理机构的规定。农业保险业务的财务管理和会计核算需要采取特殊原则和方法的，由国务院财政部门制定具体办法。

5）保险机构可以委托基层农业技术推广等机构协助办理农业保险业务。保险机构应当与被委托协助办理农业保险业务的机构签订书面合同，明确双方权利义务，约定费用支付，并对协助办理农业保险业务的机构进行业务指导。

6）保险机构应当按照国务院保险监督管理机构的规定妥善保存农业保险查勘定损的原始资料。禁止任何单位和个人涂改、伪造、隐匿或者违反规定销毁查勘定损的原始资料。

7）保险费补贴的取得和使用，应当遵守依照本条例第七条制定的具体办法的规定。禁止以下列方式或者其他任何方式骗取农业保险的保险费补贴：

①虚构或者虚增保险标的或者以同一保险标的进行多次投保；

②以虚假理赔、虚列费用、虚假退保或者截留、挪用保险金、挪用经营费用等方式冲销投保人应缴的保险费或者财政给予的保险费补贴。

8）禁止任何单位和个人挪用、截留、侵占保险机构应当赔偿被保险人的保险金。

9）本条例对农业保险经营规则未作规定的，适用《中华人民共和国保险法》中保险经营规则及监督管理的有关规定。

（6）法律责任　《条例》对违反法律法规规定的行为规定了法律责任。

7. 建立健全农村金融体系　《农业法》第四十五条规定，国家建立健全农村金融体系，加强农村信用制度建设，加强农村金融监管。有关金融机构应当采取措施增加信贷投入，改善农村金融服务。该法第四十三条第二款规定，国家采取税收、信贷等手段鼓励和扶持农业生产资料的生产和贸易，为农业生产稳定增长提供物质保障。该法第五十二条第二款规定：对农业科研单位、有关学校、农业技术推广机构举办的为农业服务的企业，国家在税收、信贷等方面给予优惠。同时相关法律也作了规定，《渔业法》第二十一条规定，国家在财政、信贷和税收等方面采取措施，鼓励、扶持远洋捕捞业的发展，并根据渔业资源的可捕捞量，安排内水和近海捕捞力量。《畜牧法》第三十六条规定，国务院和省级人民政府应当在其财政预算内安排支持畜牧业发展的良种补贴、贴息补助等资金，并鼓励有关金融机构通过提供贷款、保险服务等形式，支持畜禽养殖者购买优良畜禽、繁育良种、改善生产设施、扩大养殖规模，提高养殖效益。《农业专业合作社法》第六十六条规定，国家政策性金融机构应当采取多种形式，为农民专业合作社提供多渠道的资金支持。2019 年中共中央 1 号文件要求农业商业银行、农村合作银行、农村信用社回归本原，支持"三农"，扶持乡村振兴。

8. 着力防灾减灾 《农业法》第四十七条规定，各级人民政府应当采取措施，提高农业防御自然灾害的能力，做好防灾、抗灾和救灾工作，帮助灾民恢复生产，组织生产自救，开展社会互助互济；对没有基本生活保障的灾民给予救济和扶持。

（三）加强管理，提高资金效益

加强农业资金使用的管理，提高资金使用效益，实际是间接地增加农业投入。《农业法》第三十九条规定，各级人民政府应当加强对国家各项农业资金分配、使用过程中的监督管理，保证资金安全，提高资金的使用效率。任何单位不得截留、挪用用于农业的财政资金和信贷资金。审计机关应当依法加强对用于农业的财政和信贷等资金的审计监督。因此，各级人民政府要加强对国家农业资金安排、资金到位情况、农业项目建设效果的检查与监督，特别是要健全财务管理和审计监督制度，提高国家农业投入的效益。对截留、挪用政府和银行用于农业资金的行为，要依法惩处。

五、农业科技与教育

科学技术是第一生产力。振兴经济，首先要振兴科技；科技进步，经济繁荣和社会发展，又取决于劳动者素质的提高和人才的培养。振兴农业更要依靠科技和教育。《农业法》就农业科技与教育问题作了专章规定。

（一）制订规划

国务院和省级人民政府应当制定农业科技、农业教育发展规划，发展农业科技、教育事业。

（二）落实经费

县级以上人民政府应当按照国家有关规定逐步增加农业科技经费和农业教育经费；国家鼓励、吸引企业等社会力量增加农业科技投入，鼓励农民、农业生产经营组织、企业事业单位等依法举办农业科技、教育事业。

（三）推动农业科技进步

国家保护植物新品种、农产品地理标志等知识产权，鼓励和引导农业科研、教育单位加强农业科学技术的基础研究和应用研究，传播和普及农业科学技术知识，加速科技成果转化与产业化，促进农业科学技术进步；国务院有关部门应当组织农业重大关键技术的科技攻关。国家采取措施促进国际农业科技、教育合作与交流，鼓励引进国外先进技术。

（四）扶持技术推广

国家扶持农业技术推广事业，建立政府扶持和市场引导相结合，有偿与无偿服务相结合，国家农业技术推广机构和社会力量相结合的农业技术推广体系，促进先进的农业技术尽快应用于农业生产；国家设立的农业技术推广机构应当以农业技术试验基地为依托，承担公共所需的关键性技术的推广和示范等公益性职责，为农民和农业生产经营组织提供无偿农业技术服务；县级以上人民政府应当根据农业生产发展需要，稳定和加强农业技术推广队伍，保障农业技术推广机构的工作经费；各级人民政府应当采取措施，按照国家规定保障和改善从事农业技术推广的专业科技人员的工作条件、工资待遇和生活条件，鼓励他们为农业服务。

（五）广泛推广技术

农业科研单位、有关学校、农民专业合作社、涉农企业、群众性科技组织及有关科技人员，根据农民和农业生产经营组织的需要，可以提供无偿服务，也可以通过技术转让、技术服务、技术承包、技术咨询和技术入股等形式，提供有偿服务，取得合法收益。农业科研单位、有关学校、农民专业合作社、涉农企业、群众性科技组织及有关科技人员应当提高服务水平，保证服务质量；对农业科研单位、有关学校、农业技术推广机构举办的为农业服务的企业，国家在税收、信贷等方面给予优惠；国家鼓励和支持农民、供销合作社、其他企业事业单位等参与农业技术推广工作。

（六）发展教育培训

国家在农村的教育包括专业技术人员继续教育、义务教育、农业职业教育。①国家建立农业专业技术人员继续教育制度。县级以上人民政府农业农村行政主管部门会同教育、人事等有关部门制定农业专业技术人员继续教育计划，并组织实施。②国家在农村依法实施义务教育，并保障义务教育经费。国家在农村举办的普通中小学教职工工资由县级人民政府按照国家规定统一发放，校舍等教学设施的建设和维护经费由县级人民政府按照国家规定统一安排。③国家发展农业职业教育。国务院有关部门按照国家职业资格证书制度的统一规定，开展农业行业的职业分类、职业技能鉴定工作，管理农业行业的职业资格证书；国家采取措施鼓励农民采用先进的农业技术，支持农民举办各种科技组织，开展农业实用技术培训、农民绿色证书培训和其他就业培训，提高农民的文化技术素质。

六、农业资源与农业环境保护

《农业法》第八章对农业资源与农业环境保护作了系统规定。

(一) 保护生态资源

发展农业和农村经济必须合理利用和保护土地、水、森林、草原、野生动植物等自然资源，合理开发和利用水能、沼气、太阳能、风能等可再生能源和清洁能源，发展生态农业，保护和改善生态环境；县级以上人民政府应当制定农业资源区划或者农业资源合理利用和保护的区划，建立农业资源监测制度；有关地方人民政府，应当加强草原的保护、建设和管理，指导、组织农（牧）民和农（牧）业生产经营组织建设人工草场、饲草饲料基地和改良天然草原，实行以草定畜，控制载畜量，推行划区轮牧、休牧和禁牧制度，保护草原植被，防止草原退化沙化和盐渍化；禁止毁林毁草开垦、烧山开垦以及开垦国家禁止开垦的陡坡地，已经开垦的应当逐步退耕还林、还草；各级人民政府应当采取措施，依法执行捕捞限额和禁渔、休渔制度，增殖渔业资源，保护渔业水域生态环境；国家引导、支持从事捕捞业的农（渔）民和农（渔）业生产经营组织从事水产养殖业或者其他职业，对根据当地人民政府统一规划转产转业的农（渔）民，应当按照国家规定予以补助；国家建立与农业生产相关的生物物种资源保护制度，保护生物多样性，对稀有、濒危、珍贵生物资源及其原生地实行重点保护。从境外引进生物物种资源应当依法进行登记或者审批，并采取安全控制措施。

(二) 实行用养结合

农民和农业生产经营组织应当保养耕地，合理使用化肥、农药、农用薄膜，增加使用有机肥料，采用先进技术，保护耕地资源和提升地力，防止农用地的污染、破坏和地力衰退；县级以上人民政府农业行政主管部门应当采取措施，支持农民和农业生产经营组织加强耕地质量建设，并对耕地质量进行定期监测。

（三）加强环境治理

各级人民政府应当采取措施，加强小流域综合治理，预防和治理水土流失。从事可能引起水土流失的生产建设活动的单位和个人，必须采取预防措施，并负责治理因生产建设活动造成的水土流失；各级人民政府应当采取措施，预防土地沙化，治理沙化土地。国务院和沙化土地所在地区的县级以上人民政府应当按照法律规定制定防沙治沙规划，并组织实施；国家实行全民义务植树制度，各级人民政府应当采取措施，组织群众植树造林，保护林地和林木，预防森林火灾，防治森林病虫害，制止滥伐、盗伐林木，提高森林覆盖率。

（四）科学使用农业投入品

各级农业农村行政主管部门应当引导农民和农业生产经营组织采取生物措施或者使用高效低毒低残留农药、兽药，防治动植物病、虫、杂草、鼠害。禁止使用无登记或国家明令禁止使用的农业投入品。

（五）废弃物资源化利用

畜禽规模养殖污染防治条例

农产品采收后的秸秆及其他剩余物质应当综合利用，妥善处理，防止造成环境污染和生态破坏；从事畜禽等动物规模养殖的单位和个人应当对粪便、废水及其他废弃物进行无害化处理或者综合利用，从事水产养殖的单位和个人应当合理投饵、施肥、施用药物，防止造成环境污染和生态破坏。

七、农民的权益保护

改革开放后，家庭联产承包责任制的全面推行，再造了农户的经营主体地位，农民在经济、社会领域获得了应有的权利，使其地位发生了深刻变化，从而推动了农村社会经济的全面进步。根据《农业法》的规定，广大农民具有下列基本权利：①承包经营权；②财产所有权；③抵制不合理费用和劳务权；④参与决策和管理权。

作为集体经济组织的成员和承包经营者，农民在享有各种权利的同时，也必须履行相应的义务。根据我国现行法律和政策的有关规定及集体经济组织的实际，农民一般要承担以下义务：①在国家法律、法规和政策允许的范围内进行生产经营和其他民事活动，依法纳税，并完成国家规定的各项任务；②完成国家法律、法规和政策规定的限额内的出资、出劳；③遵守集体经济组织的章程和各项管理制度，执行集体经济组织的民主决议；④作为承包者的农民，必须履行承包合同所规定的各项义务，接受发包方的监督管理；⑤爱护集体财产，自觉维护本组织的合法权益；⑥遵守村规民约，自觉抵制各种不良的社会风气和不道德的行为。

关于农民权益保护在减轻农民负担专章中予以叙述。

八、农村经济发展

（一）坚持城乡协调发展

国家坚持城乡协调发展的方针，扶持农村第二、第三产业发展，调整和优化农村经济结构，增加农民收入，促进农村经济全面发展，逐步缩小城乡差别。

（二）积极发展乡镇企业

各级人民政府应当采取措施，发展乡镇企业，支持农业的发展，转移富余的农业劳动力；国家完善乡镇企业发展的支持措施，引导乡镇企业优化结构，更新技术，提高素质。

（三）推进小城镇建设

县级以上地方人民政府应当根据当地的经济发展水平、区位优势和资源条件，按照合理布局、科学规划、节约用地的原则，有重点地推进农村小城镇建设；地方各级人民政府应当注重运用市场机制，完善相应政策，吸引农民和社会资本投资小城镇开发建设，发展第二、第三产业，引导乡镇企业相对集中发展。

（四）保护农民工合法权益

国家采取措施引导农村富余劳动力在城乡、地区间合理有序流动。地方各级人民政府依法保护进入城镇就业的农村劳动力的合法权益，不得设置不合理限制，已经设置的应当取消。

（五）完善农村社会保障

国家逐步完善农村社会救济制度，保障农村五保户、贫困残疾农民、贫困老年农民和其他丧失劳动能力的农民基本生活；国家鼓励、支持农民巩固和发展农村合作医疗和其他医疗保障形式，提高农民健康水平。

（六）大力开展扶贫帮困

国家扶持贫困地区改善经济发展条件，帮助进行经济开发。省级人民政府根据国家关于扶持贫困地区的总体目标和要求，制定扶贫开发规划，并组织实施；各级人民政府应当坚持开发式扶贫方针，组织贫困地区的农民和农业生产经营组织合理使用扶贫资金，依靠自身力量改变贫穷落后面貌，引导贫困地区的农民调整经济结构、开发当地资源。扶贫开发应当坚持与资源保护、生态建设相结合，促进贫困地区经济、社会的协调发展和全面进步；中央和省级财政应当把扶贫开发投入列入年度财政预算，并逐年增加，加大对贫困地区的财政转移支付和建设资金投入；国家鼓励和扶持金融机构、其他企业事业单位和个人投入资金支持贫困地区开发建设；禁止任何单位和个人截留、挪用扶贫资金。审计机关应当加强扶贫资金的审计监督。

九、农业行政执法监督

（一）改革农业行政管理体制，实行综合执法

县级以上人民政府应当采取措施逐步完善适应社会主义市场经济发展要求的农业农村行政管理体制；县级以上人民政府农业农村行政主管部门和有关行政主管部门应当加强规划、指导、管理、协调、监督、服务职责，依法行政，公正执法；县级以上人民政府农业行政主管部门应当在职责范围内健全行政执法队伍，实行综合执法，提高执法效率和水平。

（二）加强农业执法

县级以上人民政府农业行政主管部门及其执法人员履行执法监督检查职责时，有权采取下列措施：

（1）要求被检查单位或者个人说明情况，提供有关文件、证照、资料。

（2）责令被检查单位或者个人停止违反《农业法》的行为，履行法定义务。

农业行政执法人员在履行监督检查职责时，应当向被检查单位或者个人出示行政执法证件，遵守执法程序。有关单位或者个人应当配合农业行政执法人员依法执行职务，不得拒绝和阻碍。

十、违反《农业法》的法律责任

《农业法》的颁布实施，为我国依法治农提供了有力的法律武器。要实施依法治农，必须严格追究违法者的法律责任。《农业法》规定的法律责任分为

三种：一是民事责任，二是行政责任，三是刑事责任。

（一）民事责任

《农业法》第九十条规定，违反本法规定，侵犯农业生产经营组织或者农业劳动者的合法权益，造成损失、损害的，依法承担民事责任。依照这一规定，违反农业法应当承担的民事责任主要有：

1. 侵权民事责任　①违反《农业法》规定，侵犯农民和农业生产经营组织的承包经营权的，依照《土地承包法》的规定承担民事责任。②违反法律规定侵犯农民和农业生产经营组织草原和养殖水面所有权、使用权的，依照《草原法》和《渔业法》的规定承担民事责任。③违反法律规定，造成水土流失危害的，依照《水土保持法》的规定承担民事责任。④违反法律规定，生产销售伪劣农业生产资料给农业生产经营组织和农业劳动者造成财产损失的，依照有关法律承担民事责任。⑤违反法律规定，侵犯农民和农业生产经营组织其他合法权益，造成损失、损害的，依有关法律承担民事赔偿责任。

2. 违约民事责任　根据《农业法》的规定，违反农业承包合同等民事合同，承担违约责任。

（二）行政责任

农业法规定的行政责任主要有：①违反《农业法》规定，向农民或农业生产经营组织摊派、非法罚款、收费和强制集资的，依法追究行政责任。②违反《农业法》规定，截留、挪用农业资金、农业贷款的，依法追究行政责任。③违反《农业法》规定，生产、销售伪劣农业生产资料的，依法追究行政责任。④违反《农业法》规定，滥伐、盗伐森林的，依照《森林法》的规定给予行政处罚。⑤违反《农业法》规定，开垦国家禁止开垦的陡坡地的，依照《水土保持法》的规定给予行政处罚。⑥违反《农业法》规定，围湖造田、损坏农田水利设施的，依照《水法》的规定给予行政处罚。⑦违反关于动植物防疫、检疫的规定，依照《植物检疫条例》和《动物防疫法》的规定给予行政处罚。

（三）刑事责任

违反农业法的刑事责任分为两部分：①《农业法》关于对生产销售伪劣农业生产资料犯罪行为，依据《刑法》第一百四十七条处罚。②根据《农业法》规定，依照法律应当追究刑事责任的，依照有关法律的规定追究刑事责任，这方面的规定主要有：《森林法》关于盗伐、滥伐森林犯罪的刑事责任规定；《水法》关于毁坏农田水利设施犯罪的刑事责任规定；《刑法》关于挪用防灾、防汛、救济款物犯罪的刑事责任规定；《野生动植物保护法》关于捕杀国家重点保护野生动物犯罪的刑事责任规定，《农产品质量安全法》生产经营不合格农产品构成犯罪等。

<<< **思考题**

1.《农业法》的作用有哪些？
2.《农业法》在农民权益保护方面有哪些规定？
3.《农业法》在保障农业投入方面是如何规定的？
4.《农业法》在农业科技教育方面有哪些规定？

农业自然资源利用与保护法律制度

习近平在致生态文明贵阳国际论坛 2013 年年会的贺信中指出："走向生态文明新时代，建设美丽新中国，是实现中华民族伟大复兴的中国梦的重要内容"。党的十九大提出了生态文明建设的战略思想，要求坚持创新、协调、开放、共享的理念和践行绿水青山就是金山银山的理念。习总书记指出，保护生态环境，就是保护生产力，改善生态环境就是发展生产力。农业是对自然资源依赖最大的经济部门，农业自然资源是农业与农村经济发展的基础。目前，我国农业自然资源面临自然资源短缺、生态条件恶化、环境污染严重等一系列问题，严重制约了我国农业的可持续发展。要解决这些问题，必须推进农业自然资源利用与保护的法治化进程，为农业自然资源利用与保护提供强有力的法治保障。

第一节　农业自然资源利用与保护法律制度概述

一、农业自然资源概念和特征

（一）农业自然资源概念

农业自然资源是指自然界存在的，为农业生产和农村居民生活提供原材料的物质和能量以及环境条件的总称。农业自然资源主要包括水资源、土地资源、森林资源、草原资源以及生物资源等自然物，不包括用以制造农业生产工具或用作动力能源的煤、铁、石油等矿产资源和风力、水力等资源。

大气污染防治法

（二）农业自然资源特征

1. 系统性　农业自然资源彼此间相互联系、相互制约，形成统一的整体。如在一定的水、热条件下，形成一定的土壤和植被，以及与此相适应的动物和微生物群落。一种自然因素的变化，会引起其他因素甚至资源组合的相应变化，如森林一旦被破坏以后，就会引起气候变化、水土流失和生物群落的变化，应当重视系统内各种生态要素的保护，构建有序、可持续的人与山、水、林、田、湖、草等自然资源生命共同体。

水污染防治法

2. 地域性　受地球与太阳的相对位置及其运动特点，以及地球表面的海陆分布状况和地质地貌变化的影响，地球上各个地区的水、热条件各不相同。

这使南方和北方、东部和西部、沿海和内陆、平原和山区自然资源的形成条件以至各种资源的性质、数量、质量和组合特征等都有很大差别。即使在一个小范围内，如在水田和旱地、平地和坡地、阳坡和阴坡，以及不同的海拔高度之间，也都有不同的资源生态特点。严格地说，农业自然资源的分布，只有相似而无相同的地区。

3. 循环性　农业自然资源是可循环的，主要表现在土壤肥力的周期性恢复，生物体的不断死亡与繁衍，水分的循环补给，气候条件的季节性变化等。循环的过程可因人类活动的干预而加速，从而打破原来的生态平衡。这种干预和影响如果是合理的，就有可能在新的条件下，使农业自然资源继续保持周而复始、不断更新的良好状态，建立新的生态平衡；反之，则某些资源就会衰退，甚至枯竭。

4. 有限性　地球上土地的面积、水的数量、到达地面的太阳辐射量等农业自然资源，在一定地区、一定时间内是有限的。同时，人类利用资源的能力以及资源被利用的范围、途径和效率，还要受科学技术发展水平的制约。科学技术可以使自然资源利用与保护达到事半功倍的效果。

二、农业自然资源利用与保护法律制度的建立与发展

农业自然资源利用与保护法是调整人们在农业自然资源开发、利用、保护和管理过程中所形成的各种关系的法律规范的总称。

我国农业资源利用与保护的立法起始于 20 世纪 80 年代初。1982 年制定颁布《水法》、1984 年制定出台《草原法》、1984 年出台《森林法》、1986 年出台《土地管理法》、1988 年出台《野生动物保护法》。这些法律的出台，使我国农业自然资源保护开始步入法治轨道，但这些法律规范却不系统，操作性和强制力都不是很强。20 世纪 90 年代以来，特别是 2000 年以后，我国自然资源保护立法加快、质量提升。先后对自然资源保护方面的法律法规进行修订，如《土地管理法》《森林法》《野生动物保护法》《野生植物保护条例》《水土保持法》《水法》等，并新颁布了《农业法》《基本农田保护条例》《渔业法》等法律法规。

《农业法》第八章"农业资源与农业环境保护"对农业自然资源保护和利用作了原则性规定。要求合理利用自然资源，建立农业资源区划制度；要求生产者和农业行政主管部门切实提高耕地质量，防止农用地的污染、破坏和地力衰退；要求各级政府预防和治理水土流失、土地沙化；要求保护森林资源，实行全民义务植树制度和天然林禁伐限伐制度；要求保护草原，实行划区轮牧、休牧和禁牧制度；要求实行退耕还林还草和退耕还湖还湿地制度；要求保护渔

业资源，实行捕捞限额和禁渔休渔制度，引导和支持渔民转产转业；要求建立与农业生产有关的生物物种资源保护制度，对稀有、濒危、珍贵生物资源及其原生地实行重点保护。

在农业自然资源单行立法方面，目前的法律和行政法规主要有：《中华人民共和国土地管理法》《中华人民共和国土地管理法实施条例》《基本农田保护条例》《中华人民共和国草原法》《草原防火条例》《中华人民共和国渔业法》《中华人民共和国渔业法实施细则》《水产资源繁殖保护条例》《中华人民共和国野生动物保护法》《中华人民共和国水生野生动物保护实施条例》《中华人民共和国野生植物保护条例》《中华人民共和国森林法》《中华人民共和国森林法实施条例》《中华人民共和国水法》，此外，具有立法权的地方人大和政府，根据上述法律行政法规，结合本地的实际状况，制定了有关的地方性法规、地方政府规章，从而构成了我国农业自然资源利用与保护的法律法规体系。

三、农业自然资源的管理体制

我国农业资源的管理体制经过了几次调整。党的十九大以后，根据机构改革的要求与职责划定，确定了新的农业资源管理体制，草原的管理已从农业农村部划到自然资源部。农业农村行政部门主要负责耕地质量的管理，对耕地质量等级的鉴定，耕作层的保护利用，受污染耕地的安全利用等。同时根据新修订的《土地管理法》的第六十二条规定，国务院农业农村主管部门负责全国农村宅基地改革与管理有关工作。根据《渔业法》的规定，对渔业资源保护负主要责任；根据《野生动物保护条例》规定，对水生野生动物和国务院指定的其他野生动物的保护负主要责任。同时，在耕地数量特别是永久基本农田的数量管理方面有协管责任。

第二节　耕地保护法律制度

我国耕地资源状况在数量和质量方面都面临着严峻的形势。数量上，因城市建设以及交通、国防等建设的需要，每年均在减少。据初步统计，每年以2%以上的速度减少。在质量上，耕地总体质量偏低。我国现有耕地中，有灌溉设施的保收田，包括灌溉水田、水浇地、菜地，面积不足耕地总量的40%，中低产田占耕地面积的60%以上。同时，耕地水土流失严重。我国水土流失面积达360多万平方千米，每年流失的土壤至少50亿吨以上，流失的氮、磷、钾营养元素总量超过当年化肥施用总量，此外。耕地受污染也是一个严重问题。因此解决耕地保护问题，必须走法治化的道路。新修订的《土地管理法》于 2019 年 8 月 26 日颁布，2020 年 1 月 1 日实施，对耕地保护作了最严格的规定，并予以最严厉的处罚。同时，《基本农田保护条例》也作相应修改。必须认真贯彻落实好法律法规精神，加大执法、监管力度，使 18 亿亩＊的耕地保护红线落到实处。

一、严格控制耕地转为非耕地制度

我国耕地数量有限，而且可以开垦为耕地的后备资源有限。因此，耕地的数量保护除了通过开垦未利用土地、进行土地整理和复垦补充耕地等途径来实现外，更重要的是严格控制非农业建设占用耕地。因此，《土地管理法》第三十条规定，国家保护耕地，严格控制耕地转为非耕地。第三十七条第一款规定，非农业建设必须节约使用土地，可以利用荒地的，不得占用耕地；可以利用劣地的，不得占用好地。控制耕地转为非耕地的制度，主要内容如下：

土地管理法

1. 严格控制占用耕地数量 《土地管理法》第十五条规定，各级人民政府应当依据国民经济和社会发展规划、国土整治和资源环境保护的要求、土地供给能力以及各项建设对土地的需求，组织编制土地利用总体规划。下级土地利用总体规划应当依据上一级土地利用总体规划编制；地方各级人民政府编制的土地利用总体规划中的建设用地总量不得超过上一级土地利用总体规划确定的控制指标，耕地保有量不得低于上一级土地利用总体规划确定的控制指标；省、自治区、直辖市人民政府编制的土地利用总体规划，应当确保本行政区域内耕地总量不减少。

为确保土地利用总体规划的严肃性和强制力，在制定程序上，《土地管理法》第二十条规定，土地利用总体规划实行分级审批，省、自治区、直辖市的土地利用总体规划，报国务院批准；省、自治区人民政府所在地的市、人口在100 万以上的城市以及国务院指定的城市的土地利用总体规划，经省、自治区人民政府审查同意后，报国务院批准；其他行政区域的土地利用总体规划，逐级上报省级人民政府批准，其中乡（镇）土地利用总体规划可以由省级人民政府授权的设区的市、自治州人民政府批准。经批准的土地利用总体规划的修改，须经原批准机关批准；未经批准，不得改变土地利用总体规划确定的土地用途。同时，为确保规划严格执行，《土地管理法》第二十条第三款特别规定，

＊ 亩，是面积单位，1 亩≈666.67 平方米。

土地利用总体规划一经批准，必须严格执行。

2. 严格控制农用地转用审批程序　《土地管理法》第四十四条规定，建设占用土地，涉及农用地转为建设用地的，应当办理农用地转用审批手续。具体审批程序包括：

永久基本农田转为建设用地的，由国务院批准。在土地利用总体规划确定的城市和村庄、集镇建设用地规模范围内，为实施该规划而将永久基本农田以外的农用地转为建设用地的，按土地利用年度计划分批次按照国务院规定由原批准土地利用总体规划的机关或者其授权的机关批准。在已批准的农用地转用范围内，具体建设项目用地可以由市、县人民政府批准。在土地利用总体规划确定的城市和村庄、集镇建设用地规模范围外，将永久基本农田以外的农用地转为建设用地的，由国务院或者国务院授权的省、自治区、直辖市人民政府批准。同时，《土地管理法》第四十六条规定，征收永久基本农田、永久基本农田以外的耕地超过 35 公顷的、其他土地超过 70 公顷的，由国务院批准；征收上述规定以外的土地的，由省、自治区、直辖市人民政府批准。

3. 严格控制征地范围　《土地管理法》对"公共利益征地"进行了严格界定。根据《土地管理法》第四十五条规定，为了公共利益需要征收农民集体所有的土地的范围限于：

①军事和外交需要用地的；②由政府组织实施的能源、交通、水利、通信、邮政等基础设施建设需要用地的；③由政府组织实施的科技、教育、文化、卫生、体育、生态环境和资源保护、防灾减灾、文物保护、社区综合服务、社会福利、市政公用、优抚安置、英烈保护等公共事业需要用地的；④由政府组织实施的扶贫搬迁、保障性安居工程建设需要用地的；⑤在土地利用总体规划确定的城镇建设用地范围内，经省级以上人民政府批准由县级以上地方人民政府组织实施的成片开发建设需要用地的；⑥法律规定为公共利益需要可以征收农民集体所有的土地的其他情形。

4. 严格控制土地用途　为控制耕地非农化，《土地管理法》第十九条规定，县级土地利用总体规划应当划分土地利用区，明确土地用途；乡（镇）土地利用总体规划应当划分土地利用区，根据土地使用条件，确定每一块土地的用途，并予以公告。《土地管理法》第三十七条第二款规定，禁止占用耕地建窑、建坟或者擅自在耕地上建房、挖砂、采石、采矿、取土等。禁止占用永久基本农田发展林果业和挖塘养鱼。

二、占用耕地补偿制度

1. 实行占补平衡　《土地管理法》第三十条第二款规定，国家实行占用耕地补偿制度。非农业建设经批准占用耕地的，按照"占多少，垦多少"的原则，由占用耕地的单位负责开垦与所占用耕地的数量和质量相当的耕地；没有条件开垦或者开垦的耕地不符合要求的，应当按照省、自治区、直辖市的规定缴纳耕地开垦费，专款用于开垦新的耕地。省、自治区、直辖市人民政府应当制定开垦耕地计划，监督占用耕地的单位按照计划开垦耕地或者按照计划组织开垦耕地，并进行验收。同时第三十二条规定，个别省、直辖市确因土地后备资源匮乏，新增建设用地后，新开垦耕地的数量不足以补偿所占用耕地的数量的，必须报经国务院批准减免本行政区域内开垦耕地的数量，易地开垦数量和质量相当的耕地。中央为落实法律精神，明确了耕地开垦可以跨省的政策规定。

2. 保护耕作层、改善新垦地质量 为保证开垦耕地的质量，利用好占用耕地的耕作层是一条利好的措施。因为耕地耕作层是经过多年耕种形成的，是农业生产宝贵的资源。而在工程建设中，耕作层的土壤好坏与建设要求一般没有直接关系，有的工程还必须将耕作层挖掉，来加固基础。在这种情况下，将耕作层土壤用于新开垦耕地、劣质地或者其他耕地的土壤改良不仅有利于节约成本，也有利于加快耕地熟化的过程，实现耕地占补平衡的目标。国内外也都有工程建设将耕作层剥离用于开垦耕地的成功经验。因此，《土地管理法》第三十一条规定，县级以上地方人民政府可以要求占用耕地的单位将所占用耕地耕作层的土壤用于新开垦耕地、劣质地或者其他耕地的土壤改良。各地人民政府应当根据本地的实际状况，积极行使法律赋予的这一职权，充分利用好被占用耕地的耕作层。在湖南还应当按《湖南省耕地利益保护条例》的规定，按照耕作层利用的程序规定，做好耕作层的利用工作。

3. 严格新垦耕地验收 《土地管理法》第三十二条规定，新开垦和整治的耕地由国务院自然资源主管部门会同农业农村主管部门验收。农业农村部门应当依据农业农村部《耕地质量调查监测与评价办法》的规定，在组织专家对新垦耕地质量进行监测的前提下，按照土壤质量分类标准，对新垦耕地进行分类定等定级，出具评价意见，确保新垦耕地与被占用耕地质量等级相当。

三、基本农田保护制度

永久基本农田保护制度是《土地管理法》和《基本农田保护条例》确立的一项耕地特殊保护制度。

（一）永久基本农田和永久基本农田保护区的概念

永久基本农田是指按照一定时期人口和社会经济发展

基本农田
保护条例

对农产品的需求，依据土地利用总体规划确定的永久不得占用的耕地。永久基本农田保护区是指为对基本农田实行特殊保护而依据土地利用总体规划和依照法定程序确定的特定保护区域。

（二）永久基本农田保护区的划定依据和划定范围

1. 划定依据　划定永久基本农田保护区的依据是土地利用总体规划。根据《基本农田保护条例》第八条的规定，各级人民政府在编制土地利用总体规划时，应当将基本农田保护作为规划的一项内容，明确基本农田保护的布局安排、数量指标和质量要求。县级和乡（镇）土地利用总体规划应当直接确定基本农田保护区。

2. 划定范围　根据《土地管理法》第三十三条的规定，下列耕地应当根据土地利用总体规划划为永久基本农田：

（1）经国务院农业农村主管部门或者县级以上地方人民政府批准确定的粮、棉、油、糖等重要农产品生产基地内的耕地。

（2）有良好的水利与水土保持设施的耕地，正在实施改造计划以及可以改造的中、低产田和已建成的高标准农田。

（3）蔬菜生产基地。

（4）农业科研、教学试验田。

（5）国务院规定应当划为永久基本农田的其他耕地。

同时规定，各省、自治区、直辖市划定的永久基本农田一般应当占本行政区域内耕地的80%以上，具体比例由国务院根据各省、自治区、直辖市耕地实际情况规定。考虑到交通沿线和城镇村庄周边地区的耕地由于其地理位置的原因极易被占用，以及生态建设的需要，《基本农田保护条例》第十条规定，铁路、公路等交通沿线，城市和村庄、集镇建设用地区周边的耕地，应当优先划入基本农田保护区；需要退耕还林、还牧、还湖的耕地，不应当划入基本农田保护区。

3. 划区定界　永久基本农田保护区的划定以乡（镇）为单位划区定界，由县级人民政府土地行政主管部门会同同级农业农村行政主管部门组织实施，并由县级人民政府设立保护标志，予以公告，由县级人民政府自然资源行政主管部门建立档案，并抄送同级农业农村行政主管部门。

4. 验收确认　基本农田划区定界后，由省级人民政府组织自然资源行政主管部门和农业农村行政主管部门验收确认，或者由省、自治区人民政府授权设区的市、自治州人民政府组织自然资源行政主管部门和农业农村行政主管部门验收确认。

（三）永久基本农田的保护

永久基本农田是农业可持续发展的重要条件，是国家粮食安全的重要保障，必须严格保护。根据《土地管理法》和《基本农田保护条例》的规定，主要采取如下保护措施。

1. 严格永久基本农田的数量保护

（1）禁止违法占用永久基本农田　根据《土地管理法》第三十五条规定，永久基本农田依法划定后，任何单位和个人不得占用或者改变其用途。国家能源、交通、水利、军事设施等重点建设项目选址确实难以避让永久基本农田，涉及农用地转用或者土地征收的，必须经国务院批准。禁止通过擅自调整县级土地利用总体规划、乡（镇）土地利用总体规划等方式规避永久基本农田农用地转用或者土地征收的审批。

（2）严格占补平衡　经国务院批准占用永久基本农田的，当地人民政府应当依法修改土地利用总体规划，并补充划入数量和质量相当的基本农田占用单位，应当按照"占多少、垦多少"的原则，负责开垦与所占基本农田数量与质量相当的耕地；没有条件开垦或开垦的耕地不符合要求的，应当按照省、自治区、直辖市的规定缴纳耕地开垦费，专款用于开垦新的耕地，还要按照县级以上地方人民政府的要求，将所占用永久基本农田耕作层的土壤用于新开垦耕地、劣质地或者其他耕地的土壤改良。

（3）禁止破坏永久基本农田　根据《土地管理法》第三十七条的规定，禁止占用耕地建窑、建坟或者擅自在耕地上建房、挖砂、采石、采矿、取土等；禁止占用基本农田发展林果业和挖塘养鱼。

（4）禁止闲置、荒芜永久基本农田　根据《基本农田保护条例》第十八条的规定，经国务院批准占用的基本农田，满 1 年不使用而又可耕种并收获的，由原耕种的集体或个人恢复耕种，也可由用地单位组织耕种；1 年以上未动工建设的，应当按省、自治区、直辖市的规定缴纳闲置费；连续 2 年未使用的，经国务院批准，由县级以上人民政府无偿收回用地单位的土地使用权，该幅土地原为农民集体所有的，交由原集体经济组织恢复耕种，重新划入基本农田保护区。承包经营基本农田的单位或个人连续 2 年弃耕抛荒的，由原发包单位终止承包合同，收回发包的永久基本农田。

2. 严格永久基本农田的质量保护　保护永久基本农田的质量是落实藏粮于地、藏粮于技战略，保障农产品供给安全的关键措施。目前，永久基本农田质量下降状况普遍存在，特别是新垦耕地质量堪忧。保护永久基本农田质量必须依法落实。根据《基本农田保护条例》规定，县级人民政府应当根据当地实际情况制定基本农田地力分等定级办法，由农业农村行政主管部门会同自然资源行政主管部门组织实施，对基本农田地力分等定级，并建立档案。农村集体经济组织或者村民委员会应当定期评定基本农田地力等级；县级以上地方人民政府农业农村行政主管部门应逐步建立基本农田地力与施肥效益长期定位监测网点，定期向本级政府提出永久基本农田地力变化状况报告及相应的地力保护措施，并为农业生产者提供施肥指导服务；县级以上人民政府农业农村行政主管部门应会同同级环境保护行政主管部门对永久基本农田的环境污染进行监测和评价，并定期向本级政府提出环境质量与发展趋势的报告；经国务院批准占用永久基本农田兴建国家重点建设项目的，必须遵守国家有关建设项目环境保护管理的规定。在建设项目环境影响报告书中，应当有永久基本农田环境保护方案；向基本农田保护区提供肥料和作为肥料的城市垃圾、污泥的，应符合国家有关标准；农田污染事故的当事人必须立即采取措施处理，并向当地环境保护行政主管部门和农业农村行政主管部门报告，接受调查处理。同时提倡和鼓励农业生产中对其经营的永久基本农田施用有机肥料、合理施用化肥和农药。利用永久基本农田从事农业生产的单位和个人应当保护培肥地力。

3. 严格永久基本农田保护责任制度　根据《基本农田保护条例》规定，在建立基本农田保护区的地方县级以上地方人民政府应当与下一级人民政府签订基本农田保护责任书，乡（镇）人民政府应当与农村集体经济组织或村民委员会签订基本农田保护责任书。同时，建立永久基本农田保护监督检查制度。县级以上地方人民政府应当定期组织自然资源行政主管部门、农业农村行政主管部门及其他有关部门对永久基本农田保护情况进行检查，并向上一级人民政府汇报。被检查单位和个人应如实提供有关情况和资料，不得拒绝。对于破坏基本农田的行为，县级以上地方人民政府自然资源行政主管部门、农业农村行政主管部门有权依法处理。

四、土地开发、整理与复垦制度

（一）土地开发

1. 土地开发应遵循的原则

（1）农用土地开发优先原则　我国人地矛盾突出的国情要求必须优先保护耕地。因此，在待开发土地资源有限的情况下，原则上应将未利用土地优先用于农用地开发。《土地管理法》第三十九条规定，未利用土地"适宜开发为农用地的，应当优先开发成农用地"。

（2）科学评估开发的原则　《土地管理法》第四十条第一款规定，开垦未利用的土地，必须经过科学论证和评估，在土地利用总体规划划定的可开垦的区域内，经依法批准后进行。禁止毁坏森林、草原开垦耕地，禁止围湖造田和侵占江河滩地。

（3）保护生态环境的原则 《土地管理法》第四十条第二款规定，根据土地利用总体规划，对破坏生态环境开垦、围垦的土地，有计划有步骤地退耕还林、还牧、还湖。

2. 开发未利用土地的条件 根据《土地管理法》和《土地管理法实施条例》的规定，开发未利用土地应符合以下条件：

（1）拟开发的土地在土地利用总体规划划定的可开垦区域内，不得在土地利用总体规划确定的禁止开垦区内从事土地开发活动。

（2）开发土地要经过科学论证和评估，并经有权机关依法批准。其中，开发未确定土地使用权的国有荒山、荒地、荒滩从事种植业、林业、畜牧业、渔业生产的，应当向土地所在地的县级以上人民政府自然资源行政主管部门提出申请，报有批准权的人民政府批准；一次性开发未确定土地使用权的国有荒山、荒地、荒滩600公顷以下的，按照省、自治区、直辖市规定的权限，由县级以上地方人民政府批准；开发600公顷以上的，报国务院批准。

（3）遵循保护和改善生态环境、防止水土流失和土地荒漠化的前提，禁止毁坏森林、草原开垦耕地，禁止围湖造田和侵占江河滩地。

3. 对开发未利用土地的鼓励措施 国家鼓励单位和个人按照土地利用总体规划进行未利用土地开发，保护开发者的合法权益。开发未确定土地使用权的国有荒山、荒地、荒滩从事种植业、林业、畜牧业、渔业生产的，经县级以上人民政府依法批准，可以确定给开发单位或个人长期使用，使用期限最长为50年。

（二）土地整理

土地整理是指通过对田、水、路、林等综合整治，提高耕地质量，增加有效耕地面积，改善农业生态条件和生态环境的活动。在我国大部分地区的农田中，不同程度地分散着一些闲散地、废沟塘、取土坑等；农村居民点内也有许多闲散地、"空心村"。对这些土地进行整理，既可提高耕地质量，也可增加耕地有效面积。

根据《土地管理法》和《土地管理法实施条例》的规定，土地整理的责任主体是地方各级人民政府特别是县、乡（镇）人民政府。地方各级人民政府应当采取措施，按照土地利用总体规划推进土地整理。县、乡（镇）人民政府应当按照土地利用总体规划，组织农村集体经济组织制定土地整理方案，并组织实施。土地整理后，土地重划工作也要由县、乡（镇）人民政府统一协调安排，防止借土地整理侵害农民的合法权益。

为鼓励各地进行土地整理，《土地管理法实施条例》规定，土地整理新增耕地面积的 60% 可以用作折抵建设占用耕地的补偿指标。同时规定，土地整理所需费用，按照"谁受益、谁负担"的原则，由农村集体经济组织和土地使用者共同负担。

（三）土地复垦

土地复垦是指对在生产建设过程中，因挖损、塌陷、压占等造成破坏的土地，采取整治措施，使其恢复到可供利用状态的活动。土地复垦不仅可以补充耕地，对改造生态环境也具有深远意义。目前，土地复垦的主要法律依据是《土地管理法》和《土地复垦规定》。根据这两部法律、行政法规，土地复垦应当遵循下列原则。

1. 谁破坏、谁复垦原则　因从事开采矿产资源、烧制砖瓦、燃煤发电等生产建设活动，造成土地破坏的单位和个人有义务对被破坏土地进行复垦。没有条件复垦或者复垦不符合要求的应当缴纳土地复垦费，专项用于复垦。土地复垦费用可列入基本建设投资或生产成本。

2. 谁复垦、谁受益原则　国家鼓励生产建设单位优先使用复垦后的土地。生产过程中破坏的国家征用的土地，企业用自有资金或者贷款进行复垦的，复垦后归该企业使用；企业采用承包或者集资方式进行复垦的，复垦后的土地使用权和收益分配，依照承包合同或者集资协议约定的期限和条件确定，因国家生产建设需要提前收回的，企业应当对承包合同或者集资协议的另一方当事人支付适当的补偿费。生产过程中破坏的国家不征用的土地，复垦后仍归原集体经济组织使用。复垦后的土地用于农、林、牧、渔业生产的，依照国家有关规定给予政策优惠。

3. 复垦土地优先用于农业原则　复垦的土地应当优先用于农业，以确保耕地总量不减少的目标。

4. 复垦与补偿并重的原则　企业和个人对其破坏的其他单位使用的国有土地或者集体所有土地，除负责复垦外，还应向遭受损失的单位支付土地损失补偿费。土地损失补偿费分为耕地、林地和其他土地的损失补偿费。耕地损失补偿费是以实际造成减产以前三年的年均产量为计算标准，由企业和个人按照各年造成的实际损失逐年支付相应的损失补偿费，如果由集体经济组织承包复垦其原有的土地，补偿年限应当按照合同规定的合同工期确定。其他土地的损失补偿费，可参照此原则确定。对地上附着物的损失补偿标准，则按照各省、自治区、直辖市有关规定办理。

5. 规划协调原则　土地复垦规划应当与土地利用总体规划相协调。土地复垦应当与生产建设统一规划；建设项目有土地复垦任务的，其可行性研究报告和设计任务书应当包括土地复垦的内容，设计文件应当有土地复垦的规定，工艺设计应兼顾土地复垦的要求。否则，在审批建设用地时，不予批准。

6. 充分利用废弃物和环保原则 土地复垦应当充分利用邻近企业的废弃物充填挖损区、塌陷区和地下采空区。对利用废弃物进行土地复垦和在指定的土地复垦区倾倒废弃物的，拥有废弃物的一方和拥有土地复垦区的一方均不得向对方收取费用；利用废弃物作为土地复垦充填物，应当防止造成新的污染。

五、法律责任制度

（一）违法行为

违反《土地管理法》和《基本农田保护条例》的规定，有如下行为表现：

（1）买卖或者以其他形式非法转让土地。

（2）违反土地利用总体规划擅自将农用地改为建设用地。

（3）占用耕地建窑、建坟或者擅自在耕地上建房、挖砂、采石、采矿、取土等，破坏种植条件，或者因开发土地造成土地荒漠化、盐渍化。

（4）拒不履行土地复垦义务。

（5）未经批准或者采取欺骗手段骗取批准，非法占用土地。

（6）农村村民未经批准或者采取欺骗手段骗取批准，非法占用土地建住宅。

（7）无权批准征用、使用土地的单位或者个人非法批准占用土地，超越批准权限非法批准占用土地，不按照土地利用总体规划确定的用途批准用地，或者违反法律规定的程序批准占用、征用土地。

（8）擅自将农民集体所有的土地的使用权出让、转让或者出租用于非农业建设或者将集体经营性建设用地通过出让、出租等方式交由单位或个人使用的。

（9）应当将耕地划入永久基本农田保护区而不划入。

（10）破坏或者擅自改变永久基本农田保护区标志。

（11）侵占、挪用永久基本农田的耕地开垦费的。

（二）法律责任

对上述违法行为，《土地管理法》《土地管理法实施条例》和《基本农田管理条例》规定了相应的责任追究。包括行政、刑事、国家赔偿三个方面。

1. 行政责任 行政责任主要是行政处罚和行政处分。

耕地保护行政处罚的种类主要有三种：①责令纠正，恢复土地原状。②没收违法所得。③罚款。其中罚款的标准又可分为四种情形：A. 按照非法所得数额的一定比例罚款，如对于第一种违法行为，为非法所得的 50％以下，对于第八种违法行为，为非法所得 5％以上 20％以下。B. 按照耕地开、（复）垦费用的一定倍数罚款，如对于第三种违法行为，为耕地开垦费 2 倍以下罚款（属基本农田的，罚款额在 1 倍以上 2 倍以下），对于第三种违法行为，为土地复垦费 2 倍以下罚款。C. 按照所占土地的面积乘以一定金额标准罚款，如对于第四种违法行为，按照非法占用土地每平方米 30 元以下的标准并处罚款。D. 按照绝对值罚款，如对于第九种违法行为，可处 1 000 元以下罚款。

耕地保护行政处分主要针对土地行政主管部门工作人员等国家工作人员在耕地保护中的违纪和轻微违法行为，适用于第一、五、七、九种违法行为。处分的对象既包括直接负责的主管人员，也包括其他直接责任人员。

2. 刑事责任　耕地保护刑事责任主要涉及两种犯罪，一种是非法占用耕地罪，一种是国家机关工作人员渎职犯罪。

根据《刑法》第三百四十二条的规定，违反土地管理法规，非法占用耕地、林地等农用地，改变被占用土地用途，数量较大，造成耕地、林地等农用地大量毁坏的，处五年以下有期徒刑或者拘役，并处或者单处罚金。

根据《刑法》第四百一十条的规定，国家机关工作人员徇私舞弊，违反土地管理法规，滥用职权，非法批准征用、占用土地，或者非法低价出让国有土地使用权，情节严重的，处三年以下有期徒刑或者拘役；致使国家或者集体利益遭受特别重大损失的，处三年以上七年以下有期徒刑。其他渎职行为，可根据《刑法》第三百九十七条，关于国家机关工作人员滥用职权或者玩忽职守，致使公共财产、国家和人民利益遭受重大损失的，处三年以下有期徒刑或者拘役；情节特别严重的，处三年以上七年以下有期徒刑。本法另有规定的，依照规定。

3. 国家赔偿责任　根据《土地管理法》第七十九条第二款的规定，非法批准征用、使用土地，对当事人造成损失的，依法应当承担赔偿责任。尽管该款没有规定赔偿的具体性质，但由于批准征用、使用土地属于行政行为，因此该责任属于国家赔偿责任，应当按照《国家赔偿法》的规定进行赔偿。当然，对于因故意或重大过失导致非法批准征用、使用土地的直接责任人员，国家在赔偿受害人损失后，可就赔偿的一部分或全部向其追偿。

第三节　土壤污染防治

《中华人民共和国土壤污染防治法》于 2019 年 1 月 1 日正式实施。这部法律的宗旨是为了保护和改善生态环境，防治土壤污染，保障公众健康，推动土

壤资源永续利用，推进生态文明建设，促进经济社会可持续发展。在中华人民共和国领域及管辖的其他海域从事土壤污染防治及相关活动，应当遵循该法律规定。该法的颁布实施，是落实习近平生态文明思想的重要保障，应当全面普及，做到家喻户晓，深入人心。该法对土壤污染防治的规划、标准、普查和监测、预防保护、风险管控修复、保障监督、法律责任等作了系统规范，农业工作者、农业生产经营者应当学习把握好该法的精神，并运用于实践之中，为生态文明建设作出贡献。

一、土壤污染的概念与分类

《中华人民共和国土壤污染防治法》第二条规定，本法所称土壤污染是指因人为因素导致某种物质进入陆地基层土壤，引起土壤化学、物理、生物等特性的改变，影响土壤功能和有效利用，危害公众健康或者破坏生态环境的现象。土壤污染症状表现在影响作物长势、长相、产量和品质上，耕地质量实质上是土壤环境容量下降和土壤中的有毒有害物质积累到一定程度的综合反映，是土壤、作物、环境三者共同作用的结果，与土壤污染物含量及作物所处的环境条件息息相关。影响因素至少包括土壤污染状况（污染物全量和有效态含量）、土壤理化性状（如土壤质地、有机质含量、酸碱度、阳离子交换量、氧化还原状况、铁锰铜锌钼等氧化物含量、微生物活性、耕层厚度等）、作物种类及品种特性、水文气候、大气干湿降尘、灌溉水源及水质、耕作制度、肥水管理、农业投入品等。因此，土壤污染物超标，不等于农产品超标；种植的某种农产品超标，不等于种植的所有农产品都超标；偶尔一年超标，不等于每年都超标。

土壤是具有生命活性的类生命体，也是非常复杂的有机无机复合胶体。与水和空气不同，水和空气是流体，而土壤是由固体、液体和气体三者组成的复合体，非外力作用不会移动，一般固体占50%左右，液体和气体两者此消彼长，共占50%左右。因此，土壤污染与水污染、大气污染相比，具有隐蔽性、滞后性、累积性等特点，一旦显现，要根治不仅难度大、耗时长，而且费用高、易反复，必须加强协同监测，动态管理，坚持具体问题具体分析，不能一概而论。迄今为止，国内外尚无真正效果稳定、经济实用，又无二次污染风险的通用型技术和产品。

土壤污染按照污染成分，可分为无机物污染、有机物污染以及有机无机复合污染。无机物污染包括酸、碱、重金属以及砷、硒等造成的污染；有机物污染包括农药、酚类、氰化物、石油、有机溶剂、合成洗涤剂等造成的污染。按照受污染土地类型，一般可分为工业场地污染、油气田污染、矿区污染和农田污染。按照污染源，一般可分为工业污染、农业污染、生活污染及其他污染。

二、我国耕地土壤污染防治基本方略

我国土壤污染类型以无机物污染为主，而且以镉污染最为突出。外源重金属进入土壤之后，由于土壤中的重金属具有长期性、非移动性、不能被微生物降解等特点，在目前技术水平和经济条件下，难以在短期内彻底移除。减少和控制农产品中有毒重金属积累与提高农作物抑制重金属毒害能力已成为我国农用地土壤污染修复的主攻方向，越来越受到各级党委政府的高度重视和社会各界普遍关注。

我国人多地少，耕地后备资源严重不足，而新开耕地难度大、投资多、生态代价高。为保障国家粮食安全，把中国人的饭碗牢牢端在自己手上，只能充分合理利用现有的每一寸土地，不能因为污染而轻言放弃，"留得青山在，不怕没柴烧"，要相信子孙后代比我们更有智慧，更有能力通过科技进步解决土壤污染防治难题。因此，在农用地土壤污染防治策略上，必须坚守耕地保护红线不动摇，坚持"预防为主、保护优先、分类管理、安全利用、风险管控"基本方略，始终把确保耕地安全农用这一基本属性放在首位，并作为一切工作的出发点和落脚点，这与地广人稀的欧美发达国家普遍采取的休耕或改变土地用途的做法相比，技术路线完全不同；与国内正在开展的建设用地土壤污染防治也存在明显差异。

开展耕地土壤污染防治，主要是加强受污染耕地分类管理、安全利用与风险管控。在具体操作上，一是摸清污染底数。通过精准调查、采样测试和定位监测，找准污染成因，确定污染边界，并对污染耕地进行科学评价与分级分类，全面准确掌握污染底数。二是切断污染源。因地制宜，加强源头管控，采取以工程措施为主、农艺生物措施为辅的综合配套技术切断污染源，防止边修复、边污染。三是科学分级分区。在广泛调查的基础上，根据污染类型和污染程度将耕地分为优先保护类、安全利用类和严格管控类，同时划定特定农产品禁止生产区域，建立受污染耕地档案。四是按照"一地一策""一户一策"的操作方法，以控制污染增量、减少污染存量、确保农产品质量安全为目标，切实保护耕地，分别采取优先保护、安全利用和风险管控措施。五是加强动态监测。建立健全耕地质量监测预警体系，以土种为基础、以自然村为单元，科学布设土壤与农产品"一对一"耕地质量协同监测点，科学开展定位监测、随机抽测，及时全面掌握耕地污染变化情况，定期开展风险评估，调整受污染耕地安全利用方案和特定农产品禁止生产范围及相关政策措施。

实践证明，主动从耕作制度、作物种类和作物品种层面，因地制宜实行种植结构调整，是当前和今后一个时期加强受污染耕地安全利用与严格管控最广泛、最安全、最现实、最有效的途径。从作物栽培角度看，土、肥、水、种是支撑种植业持续、稳定、健康发展的四大资源要素。种子是内因，土、肥、水是外因，内因是事物变化的根据，外因是事物变化的条件，外因通过内因起作用。因此，品种是最重要、最根本的决定因素。从植物生理和植物营养角度考虑，镉、铅、铬、砷、汞等重金属（注：砷和汞为类金属，但视同重金属，下同）并非作物必需营养元素，主要通过根系和茎叶被动吸收，过量吸收不仅影响作物正常生长发育，而且严重影响农产品品质；不同作物之间、同一作物不同品种之间，受遗传基因控制，对重金属的吸收、转动、积累规律明显不同。因此，选育推广对重金属低积累或高（超）富集作物及品种，同步开展结构调整作物安全性评价，对提高种植结构调整的针对性、科学性和有效性具有十分重要的意义，是在目前技术水平和经济条件下打好土壤污染防治攻坚战、确保农业可持续发展的有效途径和战略选择。

三、土壤污染防治的管理体制

地方各级人民政府应当对本行政区域土壤污染防治和安全利用负责。国家实行土壤污染防治目标责任制和考核评价制度，将土壤污染防治目标完成情况作为考核评价地方各级人民政府及其负责人、县级以上人民政府负有土壤污染防治监督管理职责的部门及其负责人的内容；各级人民政府应当加强对土壤污染防治工作的领导，组织、协调、督促有关部门依法履行土壤污染防治监督管理职责；国务院生态环境主管部门对全国土壤污染防治工作实施统一监督管理；国务院农业农村、自然资源、住房城乡建设、林业草原等主管部门在各自职责范围内对土壤污染防治工作实施监督管理。地方人民政府生态环境主管部门对本行政区域土壤污染防治工作实施统一监督管理；地方人民政府农业农村、自然资源、住房城乡建设、林业草原等主管部门在各自职责范围内对土壤污染防治工作实施监督管理；国家建立土壤环境信息共享机制。国务院生态环境主管部门应当会同国务院农业农村、自然资源、住房城乡建设、水利、卫生健康、林业草原等主管部门建立土壤环境基础数据库，构建全国土壤环境信息平台，实行数据动态更新和信息共享。

四、土壤污染防治

1. 规划 根据《土壤污染防治法》第十一条规定，县级以上人民政府应当将土壤污染防治工作纳入国民经济和社会发展规划、环境保护规划。设区的市级以上地方人民政府生态环境主管部门应当会同发展改革、农业农村、自然资源、住房城乡建设、林业草原等主管部门，根据环境保护规划要求、土地用途、土壤污染状况普查和监测结果等，编制土壤污染防治规划，报本级人民政府批准后公布实施。

2. 标准 根据《土壤污染防治法》第十二条规定，国务院生态环境主管部门根据土壤污染状况、公众健康风险、生态风险和科学技术水平，并按照土地用途，制定国家土壤污染风险管控标准，加强土壤污染防治标准体系建设。省级人民政府对国家土壤污染风险管控标准中未作规定的项目，可以制定地方土壤污染风险管控标准；对国家土壤污染风险管控标准中已作规定的项目，可以制定严于国家土壤污染风险管控标准的地方土壤污染风险管控标准。地方土壤污染风险管控标准应当报国务院生态环境主管部门备案。土壤污染风险管控标准是强制性标准。国家支持对土壤环境背景值和环境基准的研究。第十三条规定，制定土壤污染风险管控标准，应当组织专家进行审查和论证，并征求有关部门、行业协会、企业事业单位和公众等方面的意见。土壤污染风险管控标准的执行情况应当定期评估，并根据评估结果对标准适时修订。省级以上人民政府生态环境主管部门应当在其网站上公布土壤污染风险管控标准，供公众免费查阅、下载。

3. 普查 根据《土壤污染防治法》第十四规定，国务院统一领导全国土壤污染状况普查。国务院生态环境主管部门会同国务院农业农村、自然资源、住房城乡建设、林业草原等主管部门，每十年至少组织开展一次全国土壤污染状况普查。国务院有关部门、设区的市级以上地方人民政府可以根据本行业、本行政区域实际情况组织开展土壤污染状况详查。

4. 监测 根据《土壤污染防治法》第十五条规定，国家实行土壤环境监测制度。国务院生态环境主管部门制定土壤环境监测规范，会同国务院农业农村、自然资源、住房城乡建设、水利、卫生健康、林业草原等主管部门组织监测网络，统一规划国家土壤环境监测站（点）的设置。第十六条规定，地方人民政府农业农村、林业草原主管部门应当会同生态环境、自然资源主管部门对下列农用地地块进行重点监测：①产出的农产品污染物含量超标的；②作为或者曾作为污水灌溉区的；③用于或者曾用于规模化养殖，固体废物堆放、填埋的；④曾作为工矿用地或者发生过重大、特大污染事故的；⑤有毒有害物质生产、贮存、利用、处置设施周边的；⑥国务院农业农村、林业草原、生态环境、自然资源主管部门规定的其他情形。第十七条规定，地方人民政府生态环境主管部门应当会同自然资源主管部门对下列建设用地地块进行重点监测：①曾用于生产、使用、贮存、回收、处置有毒有害物质的；②曾用于固体废物堆放、填埋的；③曾发生过重大、特大污染事故的；④国务院生态环境、自然资源主管部门规定的其他情形。

五、土壤污染的预防和保护

（一）土壤污染的预防

对污染源的控制主要包括对项目实施、生产及运输等过程、排灌水、农业投入品使用等方面的管理。法律对预防污染进行了系统规定。

1. 项目管理　根据《土壤污染防治法》第十八条规定，各类涉及土地利用的规划和可能造成土壤污染的建设项目，应当依法进行环境影响评价。环境影响评价文件应当包括对土壤可能造成的不良影响及应当采取的相应预防措施等内容。

2. 生产等过程管理　根据《土壤污染防治法》第十九条规定，生产、使用、贮存、运输、回收、处置、排放有毒有害物质的单位和个人，应当采取有效措施，防止有毒有害物质渗漏、流失、扬散，避免土壤受到污染。

3. 重点污染点管理　根据《土壤污染防治法》第二十一条规定，设区的市级以上地方人民政府生态环境主管部门应当按照国务院生态环境主管部门的规定，根据有毒有害物质排放等情况，制定本行政区域土壤污染重点监管单位名录，向社会公开并适时更新。土壤污染重点监管单位应当履行下列义务：①严格控制有毒有害物质排放，并按年度向生态环境主管部门报告排放情况；②建立土壤污染隐患排查制度，保证持续有效防止有毒有害物质渗漏、流失、扬散；③制定、实施自行监测方案，并将监测数据报生态环境主管部门。规定的义务应当在排污许可证中载明。土壤污染重点监管单位应当对监测数据的真实性和准确性负责。生态环境主管部门发现土壤污染重点监管单位监测数据异常，应当及时进行调查。设区的市级以上地方人民政府生态环境主管部门应当定期对土壤污染重点监管单位周边土壤进行监测。

4. 施工管理　根据《土壤污染防治法》第二十二条规定，企业事业单位拆除设施、设备或者建筑物、构筑物的，应当采取相应的土壤污染防治措施。土壤污染重点监管单位拆除设施、设备或者建筑物、构筑物的，应当制定包括应急措施在内的土壤污染防治工作方案，报地方人民政府生态环境、工业和信息化主管部门备案并实施。

5. 矿库管理　根据《土壤污染防治法》第二十三条规定，各级人民政府生态环境、自然资源主管部门应当依法加强对矿产资源开发区域土壤污染防治的监督管理，按照相关标准和总量控制的要求，严格控制可能造成土壤污染的重点污染物排放。尾矿库运营、管理单位应当按照规定，加强尾矿库的安全管理，采取措施防止土壤污染。危库、险库、病库以及其他需要重点监管的尾矿库的运营、管理单位应当按照规定，进行土壤污染状况监测和定期评估。

6. 污水及废物管理　根据《土壤污染防治法》第二十五条规定，建设和运行污水集中处理设施、固体废物处置设施，应当依照法律法规和相关标准的要求，采取措施防止土壤污染。地方人民政府生态环境主管部门应当定期对污水集中处理设施、固体废物处置设施周边土壤进行监测；对不符合法律法规和相关标准要求的，应当根据监测结果，要求污水集中处理设施、固体废物处置设施运营单位采取相应改进措施。地方各级人民政府应当统筹规划、建设城乡生活污水和生活垃圾处理、处置设施，并保障其正常运行，防止土壤污染。第二十八条规定，禁止向农用地排放重金属或者其他有毒有害物质含量超标的污水、污泥，以及可能造成土壤污染的清淤底泥、尾矿、矿渣等。县级以上人民政府有关部门应当加强对畜禽粪便、沼渣、沼液等收集、贮存、利用、处置的监督管理，防止土壤污染。农田灌溉用水应当符合相应的水质标准，防止土壤、地下水和农产品污染。地方人民政府生态环境主管部门应当会同农业农村、水利主管部门加强对农田灌溉用水水质的管理，对农田灌溉用水水质进行监测和监督检查。

7. 农业投入品管理　根据《土壤污染防治法》第二十六条规定，国务院农业农村、林业草原主管部门应当制定规划，完善相关标准和措施，加强农用地农药、化肥使用指导和使用总量控制，加强农用薄膜使用控制。国务院农业农村主管部门应当加强农药、肥料登记，组织开展农药、肥料对土壤环境影响的安全性评价。制定农药、兽药、肥料、饲料、农用薄膜等农业投入品及其包装物标准和农田灌溉用水水质标准，应当适应土壤污染防治的要求。

（二）未污染土壤的保护

根据《土壤污染防治法》第三十一条规定，国家加强对未污染土壤的保护。地方各级人民政府应当重点保护未污染的耕地、林地、草地和饮用水水源地。各级人民政府应当加强对国家公园等自然保护地的保护，维护其生态功能。对未利用地应当予以保护，不得污染和破坏。第三十二条规定，县级以上地方人民政府及其有关部门应当按照土地利用总体规划和城乡规划，严格执行相关行业企业布局选址要求，禁止在居民区和学校、医院、疗养院、养老院等单位周边新建、改建、扩建可能造成土壤污染的建设项目。第三十三条规定，国家加强对土壤资源的保护和合理利用。对开发建设过程中剥离的表土，应当单独收集和存放，符合条件的应当优先用于土地复垦、土壤改良、造地和绿化等。禁止将重金属或者其他有毒有害物质含量超标的工业固体废物、生活垃圾或者污染土壤用于土地复垦。

六、土壤污染的风险管控和修复

土壤污染风险管控和修复，包括土壤污染状况调查和土壤污染风险评估、风险管控、修复、风险管控效果评估、修复效果评估、后期管理等活动。

1. 土壤污染调查　根据《土壤污染防治法》第三十六条规定，实施土壤污染状况调查活动，应当编制土壤污染状况调查报告。土壤污染状况调查报告应当主要包括地块基本信息、污染物含量是否超过土壤污染风险管控标准等内容。污染物含量超过土壤污染风险管控标准的，土壤污染状况调查报告还应当包括污染类型、污染来源以及地下水是否受到污染等内容。

2. 土壤污染风险评估　根据《土壤污染防治法》第三十七条规定，实施土壤污染风险评估活动，应当编制土壤污染风险评估报告。土壤污染风险评估报告应当主要包括下列内容：①主要污染物状况；②土壤及地下水污染范围；③农产品质量安全风险、公众健康风险或者生态风险；④风险管控、修复的目标和基本要求等。

3. 风险管控与修复　实施风险管控、修复活动，应当因地制宜、科学合理，提高针对性和有效性。实施风险管控、修复活动，不得对土壤和周边环境造成新的污染；实施风险管控、修复活动前，地方人民政府有关部门有权根据实际情况，要求土壤污染责任人、土地使用权人采取移除污染源、防止污染扩散等措施；实施风险管控、修复活动中产生的废水、废气和固体废物，应当按照规定进行处理、处置，并达到相关环境保护标准。实施风险管控、修复活动中产生的固体废物以及拆除的设施、设备或者建筑物、构筑物属于危险废物的，应当依照法律法规和相关标准的要求进行处置。修复施工期间，应当设立公告牌，公开相关情况和环境保护措施；修复施工单位转运污染土壤的，应当制定转运计划，将运输时间、方式、线路和污染土壤数量、去向、最终处置措施等，提前报所在地和接收地生态环境主管部门。转运的污染土壤属于危险废物的，修复施工单位应当依照法律法规和相关标准的要求进行处置。

4. 风险管控与修复评估　实施风险管控效果评估、修复效果评估活动，应当编制效果评估报告。效果评估报告应当主要包括是否达到土壤污染风险评估报告确定的风险管控、修复目标等内容。风险管控、修复活动完成后，需要实施后期管理的，土壤污染责任人应当按照要求实施后期管理；从事土壤污染状况调查和土壤污染风险评估、风险管控、修复、风险管控效果评估、修复效果评估、后期管理等活动的单位，应当具备相应的专业能力。受委托从事上述活动的单位对其出具的调查报告、风险评估报告、风险管控效果评估报告、修复效果评估报告的真实性、准确性、完整性负责，并按照约定对风险管控、修复、后期管理等活动结果负责。

5. 管控与修复责任人 土壤污染责任人负有实施土壤污染风险管控和修复的义务。土壤污染责任人无法认定的，土地使用权人应当实施土壤污染风险管控和修复。地方人民政府及其有关部门可以根据实际情况组织实施土壤污染风险管控和修复。国家鼓励和支持有关当事人自愿实施土壤污染风险管控和修复；因实施或者组织实施土壤污染状况调查和土壤污染风险评估、风险管控、修复、风险管控效果评估、修复效果评估、后期管理等活动所支出的费用，由土壤污染责任人承担；土壤污染责任人变更的，由变更后承继其债权、债务的单位或者个人履行相关土壤污染风险管控和修复义务并承担相关费用；土壤污染责任人不明确或者存在争议的，农用地由地方人民政府农业农村、林业草原主管部门会同生态环境、自然资源主管部门认定，建设用地由地方人民政府生态环境主管部门会同自然资源主管部门认定。认定办法由国务院生态环境主管部门会同有关部门制定。

6. 土壤分类管理 国家建立农用地分类管理制度。按照土壤污染程度和相关标准，将农用地划分为优先保护类、安全利用类和严格管控类；县级以上地方人民政府应当依法将符合条件的优先保护类耕地划为永久基本农田，实行严格保护。在永久基本农田集中区域，不得新建可能造成土壤污染的建设项目；已经建成的，应当限期关闭拆除；未利用地、复垦土地等拟开垦为耕地的，地方人民政府农业农村主管部门应当会同生态环境、自然资源主管部门进行土壤污染状况调查，依法进行分类管理；对安全利用类农用地地块，地方人民政府农业农村、林业草原主管部门，应当结合主要作物品种和种植习惯等情况，制定并实施安全利用方案。安全利用方案应当包括下列内容：①农艺调控、替代种植；②定期开展土壤和农产品协同监测与评价；③对农民、农民专业合作社及其他农业生产经营主体进行技术指导和培训；④其他风险管控措施。对严格管控类农用地地块，地方人民政府农业农村、林业草原主管部门应当采取下列风险管控措施：①提出划定特定农产品禁止生产区域的建议，报本级人民政府批准后实施；②按照规定开展土壤和农产品协同监测与评价；③对农民、农民专业合作社及其他农业生产经营主体进行技术指导和培训；④其他风险管控措施。各级人民政府及其有关部门应当鼓励对严格管控类农用地采取调整种植结构、退耕还林还草、退耕还湿、轮作休耕、轮牧休牧等风险管控措施，并给予相应的政策支持；安全利用类和严格管控类农用地地块的土壤污染影响或者可能影响地下水、饮用水水源安全的，地方人民政府生态环境主管部门应当会同农业农村、林业草原等主管部门制定防治污染的方案，并采取相应的措施。

7. 土壤污染名目管理 国家实行建设用地土壤污染风险管控和修复名录制度。建设用地土壤污染风险管控和修复名录由省级人民政府生态环境主管部门会同自然资源等主管部门制定，按照规定向社会公开，并根据风险管控、修复情况适时更新；省级人民政府生态环境主管部门应当会同自然资源等主管部门按照国务院生态环境主管部门的规定，对土壤污染风险评估报告组织评审，及时将需要实施风险管控、修复的地块纳入建设用地土壤污染风险管控和修复名录，并定期向国务院生态环境主管部门报告。列入建设用地土壤污染风险管控和修复名录的地块，不得作为住宅、公共管理与公共服务用地；对建设用地土壤污染风险管控和修复名录中的地块，地方人民政府生态环境主管部门可以根据实际情况采取下列风险管控措施：①提出划定隔离区域的建议，报本级人民政府批准后实施；②进行土壤及地下水污染状况监测；③其他风险管控措施。对建设用地土壤污染风险管控和修复名录中需要实施修复的地块，土壤污染责任人应当结合土地利用总体规划和城乡规划编制修复方案，报地方人民政府生态环境主管部门备案并实施。修复方案应当包括地下水污染防治的内容；对达到土壤污染风险评估报告确定的风险管控、修复目标的建设用地地块，土壤污染责任人、土地使用权人可以申请省级人民政府生态环境主管部门移出建设用地土壤污染风险管控和修复名录。省级人民政府生态环境主管部门应当会同自然资源等主管部门对风险管控效果评估报告、修复效果评估报告组织评审，及时将达到土壤污染风险评估报告确定的风险管控、修复目标且可以安全利用的地块移出建设用地土壤污染风险管控和修复名录，按照规定向社会公开，并定期向国务院生态环境主管部门报告。未达到土壤污染风险评估报告确定的风险管控、修复目标的建设用地地块，禁止开工建设任何与风险管控、修复无关的项目。

七、土壤污染防治的保障和监督

国家采取有利于土壤污染防治的财政、税收、价格、金融等经济政策和措施；各级人民政府应当加强对土壤污染的防治，安排必要的资金用于下列事项：①土壤污染防治的科学技术研究开发、示范工程和项目；②各级人民政府及其有关部门组织实施的土壤污染状况普查、监测、调查和土壤污染责任人认定、风险评估、风险管控、修复等活动；③各级人民政府及其有关部门对涉及土壤污染的突发事件的应急处置；④各级人民政府规定的涉及土壤污染防治的其他事项。使用资金应当加强绩效管理和审计监督，确保资金使用效益；国家加大土壤污染防治资金投入力度，建立土壤污染防治基金制度。设立中央土壤污染防治专项资金和省级土壤污染防治基金，主要用于农用地土壤污染防治和土壤污染责任人或者土地使用权人无法认定的土壤污染风险管控和修复以及政府规定的其他事项。对本法实施之前产生的，并且土壤污染责任人无法认定的污染地块，土地使用权人实际承担土壤污染风险管控和修复的，可以申请土壤污染防治基金，集中用于土壤污染风险管控和修复。土壤污染防治基金的具体管理办法，由国务院财政主管部门会同国务院生态环境、农业农村、自然资源、住房城乡建设、林业草原等主管部门制定；国家鼓励金融机构加大对土壤污染风险管控和修复项目的信贷投放。国家鼓励金融机构在办理土地权利抵押业务时开展土壤污染状况调查；从事土壤污染风险管控和修复的单位依照法律、行政法规的规定，享受税收优惠；国家鼓励并提倡社会各界为防治土壤污染捐赠财产，并依照法律、行政法规的规定，给予税收优惠；县级以上人民政府应当将土壤污染防治情况纳入环境状况和环境保护目标完成情况年度报告，向本级人民代表大会或者人民代表大会常务委员会报告。同时，省人民政府及其相关部门对防治工作不力的依法予以处置和责任追究，并纳入信用等级管理，重点监管。

八、土壤污染法律责任追究

（一）对行政管理部门和人员的责任追究

地方各级人民政府、生态环境主管部门或者其他负有土壤污染防治监督管理职责的部门未依照本法规定履行职责的，对直接负责的主管人员和其他直接责任人员依法给予处分。依照《土壤污染防治法》规定应当作出行政处罚决定而未作出的，上级主管部门可以直接作出行政处罚决定。

（二）对管理相对人的责任追究

1. 违法行为表现　①土壤污染重点监管单位未制定、实施自行监测方案，或者未将监测数据报生态环境主管部门；②土壤污染重点监管单位篡改、伪造监测数据；③土壤污染重点监管单位未按年度报告有毒有害物质排放情况，或者未建立土壤污染隐患排查制度；④拆除设施、设备或者建筑物、构筑物，企业事业单位未采取相应的土壤污染防治措施或者土壤污染重点监管单位未制定、实施土壤污染防治工作方案；⑤尾矿库运营、管理单位未按照规定采取措施防止土壤污染；⑥尾矿库运营、管理单位未按照规定进行土壤污染状况监测；⑦建设和运行污水集中处理设施、固体废物处置设施，未依照法律法规和相关标准的要求采取措施防止土壤污染；⑧向农用地排放重金属或者其他有毒有害物质含量超标的污水、污泥，以及可能造成土壤污染的清淤底泥、尾矿、矿渣等；⑨农业投入品生产者、销售者、使用者未按照规定及时回收肥料等农业投入品的包装废弃物或者农用薄膜，或者未按照规定及时回收农药包装废弃物交由专门的机构或者组织进行无害化处理；⑩将重金属或者其他有毒有害物质含量超标的工业固体废物、生活垃圾或者污染土壤用于土地复垦；⑪受委托从事土壤污染状况调查和土壤污染风险评估、风险管控效果评估、修复效果评估活动的单位，出具虚假调查报告、风险评估报告、风险管控效果评估报告、修复效果评估报告；⑫未单独收集、存放开发建设过程中剥离的表土；⑬实施风险管控、修复活动对土壤、周边环境造成新的污染；⑭转运污染土壤，未将运输时间、方式、线路和污染土壤数量、去向、最终处置措施等提前报所在地和接收地生态环境主管部门；⑮未达到土壤污染风险评估报告确定的风险管控、修复目标的建设用地地块，开工建设与风险管控、修复无关的项目；⑯土壤污染责任人或者土地使用权人未按照规定实施后期管理；⑰被检查者拒不配合检查，或者在接受检查时弄虚作假；⑱未按照规定进行土壤污染状况调查；⑲未按照规定进行土壤污染风险评估；⑳未按照规定实施修复；㉑未按照规定采取风险管控措施；㉒风险管控、修复活动完成后，未另行委托有关单位对风险管控效果、修复效果进行评估；㉓土壤污染重点监管单位未按照规定将土壤污染防治工作方案报地方人民政府生态环境、工业和信息化主管部门备案；㉔土壤污染责任人或者土地使用权人未按照规定将修复方案、效果评估报告报地方人民政府生态环境、农业农村、林业草原主管部门备案；㉕土地使用权人未按照规定将土壤污染状况调查报告报地方人民政府生态环境主管部门备案。

2. 违法行为处罚主体及处罚种类

（1）处罚主体 《土壤污染防治法》规定，除法律、行政法规规定由农业农村或其他部门处罚的外，违反《土壤污染防治法》的行为的处罚均由县级以上人民政府生态环境主管部门实施。

（2）处罚种类 根据《土壤污染防治法》规定，对不同违法行为实施不同的责任追究。包括民事责任、行政责任和刑事责任。涉及的行政处罚包括：警告，罚款，吊销许可证、执照，没收违法所得或非法财物，行政拘留等，具体执法时，应按具体条款规定实施。

第四节　草原保护法律制度

《中华人民共和国草原法》于 1985 年制定实施，分别于 2003 年、2009 年、2013 年进行修正。这部法律是草原管理的法律依据。

一、《草原法》的基本原则和作用

（一）《草原法》规定的原则

草原法

《草原法》是调整在草原的保护、管理、建设和合理利用过程中所发生的各种权利义务关系的法律规范。我国《草原法》主要有以下基本原则。

1. 草原社会主义公有的原则　我国是社会主义国家，草原是重要的生产资料之一。因此《草原法》第九条明确规定，草原属于国家所有，由法律规定属于集体所有的草原除外。

2. 国家对草原管理实行统一领导、分级管理原则　为了维护草原的社会主义公有制，切实抓好对草原的保护管理、建设和利用工作，《草原法》第八条规定，国务院草原行政主管部门主管全国草原监督管理工作，县级以上地方人民政府草原行政主管部门主管本行政区域内草原监督管理工作。

3. 保护草原所有权和草原使用权原则　《草原法》第十二条明确规定，依法登记的草原所有权和使用权受法律保护，任何单位和个人不得侵犯。

4. 合理利用和保护草原原则　由于草原是一种宝贵的自然资源，无论草原的所有者、使用者、承包经营者，都必须承担合理利用和维护草原的义务。

（二）《草原法》的作用

《草原法》的作用包括以下三个主要方面：

（1）确认了草原的所有权和使用权，包括确认国有草原的所有权和使用权，集体所有草原的所有权和使用权，国有草原和集体所有草原的承包经营权等。草原的所有权和使用权是《草原法》的核心问题，它是草原管理的前提，也是草原保护、管理、建设、使用的依据。

（2）明确规定了草原法律关系参与者的权利与义务，调节国家、集体、个人之间的利益，包括调节国家与集体草原所有者、国有草原使用者、草原承包经营者之间的利益，集体草原所有者、国有草原集体使用者与草原承包经营者之间的利益，草原所有者、使用者、承包经营者与草原相邻者之间的利益。

（3）规定了一整套法律保护措施，防范对草原的各种权利的任何侵犯。《草原法》的制定，有利于保护和改善生态环境，发展现代化畜牧业，促进民族自治地方经济的繁荣，适应社会主义建设和人民生活的需要。

二、草原管理机关的职责

1. 国家主管机关的职责　《草原法》第八条确立了各级草原行政主管部门是草原的管理部门，党的十九大以后，机构职责划定，已将这一职能由农业部门划给林业部门，接着会对法律作相应修改。林业部门的主要职责是：

（1）监督、检查草原法律、法规的贯彻执行。

（2）具体负责草原日常管理工作。

（3）鼓励草原畜牧业科学研究，提高草原畜牧业的科技水平。

（4）鼓励在农、林、牧区和城镇种草，促进畜牧业的发展，改善生态环境。

（5）保护草原的生态环境，防治污染。

（6）查处违反草原法律法规，破坏草原资源的行为。

2. 地方人民政府的职责

（1）负责组织本行政区域内的草原资源普查，制定草原畜牧业发展规划并纳入国民经济发展计划，加强草原的保护、建设和合理利用，提高草原的载畜能力。

（2）审核草原的所有权和使用权，办理登记造册，核发权利证书；处理草原所有权和使用权的争议。

（3）按照《中华人民共和国土地管理法》规定，办理使用、征用草原事宜，组织有关双方协商草原的跨县临时调剂使用。

（4）负责对开垦草原的审批；负责对采集草原的珍稀野生植物的审批。

（5）乡（镇）人民政府应当加强对行政区域内草原保护、建设、利用情况的监督检查，根据需要可以设定专职或兼职人员实行监督检查。

三、草原的所有权和使用权

1. 草原的所有权和使用权　草原的所有权是草原所有者依法对草原的占有、使用、收益和处分的权利。我国实行草原的社会主义公有制，即全民所有制和集体所有制，在法律上表现为国有草原所有权和集体草原所有权。国有草原的财产权属于全体人民所有，国家代表全体人民对草原行使占有、使用、收益和处分的全部权利。因此，凡法律规定属于国家所有的或未经开发、利用的草原，包括草山、草地上的森林、水流、荒地、牧道，野生动物、植物，自然保护区及地下矿藏的所有权都属于国家。但国有草原由国家行使所有权，并不等于占有、使用、收益、处分四者是必不可分的。草原的使用权和草原的所有权不同，草原使用权是依法对国有草原或集体所有草原的占有、使用和收益的权利。国家可以把草原拨给集体长期使用，这不会改变国家所有权的性质。全民所有制单位使用的草原，由县级以上地方人民政府登记造册，核发证书，确认使用权，国有财产神圣不可侵犯，受法律保护。集体所有的草原属于劳动群众集体所有，集体所有的草原和集体长期固定使用的全民所有的草原，由县级以上地方人民政府登记造册，核发证书，确认所有权或使用权，法律保护集体所有草原的合法权益，任何单位或个人不得侵犯。

2. 处理草原所有权和使用权的争议　草原的所有权和使用权发生争议时，应根据互谅互让、有利团结的精神协商解决；协商不成的，由人民政府处理。县级以上人民政府处理全民所有制单位之间、集体所有制单位之间以及全民所有制单位与集体所有制单位之间的草原所有权和使用权的争议；乡级或县级人民政府处理个人之间、个人与单位之间的草原使用权的争议。未解决草原权属争议之前，任何一方不得破坏草原和草原上的设施。

3. 征用、使用草原的法律规定　国家建设征用集体所有的草原，按照《国家建设征用土地条例》的规定办理；国家建设征用集体长期固定使用的全民所有的草原，参照条例规定，给予适当补偿，并妥善安置牧民的生产和生活；国家建设在民族自治地方征用或者使用草原，应当照顾地方利益，要有利于地方的经济建设；国家建设临时使用草原，按条例规定办理，使用期满，用地单位应恢复草原植被。草原使用者要合理使用草原，防止过量放牧，防止草原沙化、退化、水土流失。禁止未经批准擅自开垦草原，严禁滥砍、滥挖、滥采，破坏草原资源和植被。加强草原防火工作，按照"预防为主，防消结合"的方针，建立防火责任制及公约，严格管理。

四、违法行为和法律责任

1. 违法行为　草原违法行为可分为国家机关工作人员的违法行为和其他人员的违法行为两种类型。

（1）国家机关工作人员的违法行为主要有以下四种：①草原行政主管部门工作人员及其他国家机关有关工作人员玩忽职守、滥用职权，不依法履行监督管理职责，或者发现违法行为不予查处。②截留、挪用草原改良、人工种草和草种生产资金或者草原植被恢复费。③无权批准征用、使用草原的单位或者个人非法批准征用、使用草原，超越批准权限非法批准征用、使用草原，或者违反法律规定的程序批准征用、使用草原。④未经批准，擅自改变草原保护、建设、利用规划。

（2）其他人员的违法行为主要有以下九种：①买卖或者以其他形式非法转让草原。②未经批准或者采取欺骗手段骗取批准，非法使用草原。③非法开垦草原。④在荒漠、半荒漠和严重退化、沙化、盐碱化、石漠化、水土流失的草原，以及生态脆弱区的草原上采挖植物或从事破坏草原植被的其他活动。⑤未经批准或者未按照规定的时间、区域和采挖方式在草原上进行采土、采砂、采石等活动。⑥擅自在草原上开展经营性旅游活动，破坏草原植被。⑦非抢险救灾和牧民搬迁的机动车辆离开道路在草原上行驶或者从事地质勘探、科学考察等活动未按照确认的行驶区域和行驶路线在草原上行驶，破坏草原植被。⑧在临时占用的草原上修建永久性建筑物、构筑物。⑨临时占用草原，占用期届满，用地单位不予恢复草原植被。

2. 法律责任　违反草原法的法律责任包括行政责任、刑事责任、民事责任和国家赔偿责任。

（1）行政责任　违反草原法的行政处罚主要有三种类型：①责令纠正，恢复原状，其中有关部门代为恢复原状的，费用由责任人承担。②没收违法所得。③罚款。罚款的处罚标准有三种：一是按照违法所得的倍数处罚，如对于其他人员的第一、三、四种违法行为，处违法所得一倍以上五倍以下的罚款，对于其他人员的第五、六种违法行为，处违法所得一倍以上二倍以下的罚款；二是按照草原产值的倍数处罚，如对于其他人员的第二种违法行为，并处草原被非法使用前三年平均产值六倍以上十二倍以下的罚款，对于第八种违法行为，没有违法所得的，并处草原被破坏前三年平均产值六倍以上十二倍以下的罚款，对于第七种违法行为，可并处草原被破坏前三年平均产值三倍以上九倍以下的罚款；三是按照绝对值处罚。如对于其他人员的第三、四种违法行为，没有违法所得的，处五万元以下的罚款，对于第五种违法行为，没有违法所得的，处二万元以下的罚款。

（2）民事责任　民事责任主要适用于其他人员的第三、四、五、六、七种违法行为。这些违法行为给草原所有者或者使用者造成损失的，行为人应当依法承担民事赔偿责任。

（3）刑事责任　草原违法行为的刑事责任主要针对国家机关工作人员的渎职犯罪。其他人员违法行为的刑事责任，尽管《草原法》规定第一、二、三种违法行为"构成犯罪的，依法追究刑事责任"，但由于刑法中并无相应明确条款，故目前尚难追究刑事责任。

（4）国家赔偿责任　国家赔偿责任适用于国家机关工作人员给相对人造成损失的情形。根据《草原法》的规定，非法批准征用、使用草原，给当事人造成损失的，应当依法承担赔偿责任。这种责任就是国家赔偿责任。对于直接责任人员，国家在承担赔偿责任后，也应当就赔偿的一部分或全部向其追偿。

第五节　渔业资源保护法律制度

一、渔业资源保护法律制度概述

（一）渔业资源保护法律制度的概念

渔业资源是指一切具有经济利用和科学研究价值的水生生物的总称。我国《渔业法》所称渔业资源是指在我国管辖的内水、滩涂以及其他海域内，可以养殖、采捕的动植物。所称渔业，是指采捕水生动、植物资源的捕捞业和养殖水生动、植物的水产养殖业。渔业资源保护法律制度是调整人们在保护、增殖、开发和合理利用渔业资源以及渔业管理中发生的法律关系的法律规范的总和。渔业资源保护法律制度主要包括《中华人民共和国渔业法》《中华人民共和国渔业法实施细则》《水产资源繁殖保护条例》《渔港水域交通安全管理条例》《中华人民共和国水生野生动物保护实施条例》等，还包括农业农村部制定的一些有关渔业管理的规章，如《渔业捕捞许可证管理规定》《长江渔业资源管理规定》《渔业船舶登记办法》等。另外，还有各省、自治区、直辖市人大常委会和省政府制定的一些地方法规、规章，如《湖南省渔业条例》《湖南省渔船渔港安全监督管理办法》。

（二）渔政管理和渔政管理机构

1. 渔政管理的概念和任务　渔政管理，顾名思义指的是渔业行政管理，即渔业行政主管部门及其所属的渔政管理机构依法对渔业活动实施监督、管理的行政执法活动。主要包括渔业生产管理、渔业资源管理、渔业水域和渔船渔港安全监督管理等方面。

由于渔业资源具有洄游移动和社会公有的特征，在渔船集中的水域，争夺资源十分激烈，因此，依法协调渔业生产过程中国家、集体、个人三者的关系，维护国家渔业权益和渔业生产者的合法权益，促进渔业发展就成为渔政管理的主要任务。

2. 渔政管理机构及其职责　我国《渔业法》第六条规定，国务院渔业行政主管部门主管全国的渔业工作。县级以上地方人民政府渔业行政主管部门主管本行政区域内的渔业工作。县级以上人民政府渔业行政主管部门可以在重要渔业水域、渔港设渔政监督管理机构。据此，我国渔业行政主管部门从上至下已建立了比较完善的渔政管理机构体系。党的十九大以后，机构改革对机构职责进行了重新划定。对渔业方面的职责调整主要是将渔船检验、监管职责由渔业行政部门划入交通部门。

（1）国家渔政机构　农业农村部渔政渔港监督管理局，是全国海洋、内陆水域渔政管理的最高领导机构，并代表国家对外行使渔政渔港监督管理权。其主要职责是：①监督《渔业法》和其他各项有关渔业的法律、法规的贯彻执行；②负责维护我国管辖水域的渔业权益，负责国家渔业资源的保护、管理工作；③安排主要渔区和渔场，协调处理渔事纠纷；④负责渔港水域、渔业专用港区的监督管理，组织调查处理渔船安全事故；⑤保护渔业生态环境，负责珍贵濒危水生野生动物保护工作；⑥归口管理三个海区渔政局、跨省大型江河水系及边境水域渔政工作，协调跨省大型湖泊水面的渔政管理；⑦指导全国渔政系统的业务工作，对内对外代表国家行使渔政监督管理权。

（2）海区渔政机构　根据《渔业法》及《渔业法实施细则》的规定，农业农村部设立了黄渤海、东海和南海三个海区渔政局。主要职责是：①进行本海区内渔政工作规划；②组织指导、协调海区内各省的渔政管理工作；③在本海区内，受农业农村部及国家渔政机构委托行使渔政监督管理权；④会同有关部门维护海上安全生产、处理渔业纠纷。

（3）地方渔政机构　一般来说，省级渔政管理机构称为渔政处（局），市（地）级称为渔政管理站（或渔政科），县级一般称为渔政管理站。地方渔政机构的主要职责是：①负责监督检查渔业法律、法规、规章及政策的贯彻执行；②具体负责本区域内渔业资源的增殖、保护工作；③具体负责本行政区域内渔政管理的日常工作；④对违反渔业法律、法规的行为进行查处。

二、渔业生产管理法律规范

（一）养殖业管理

1. 养殖水域规划管理　《渔业法》规定，"各级人民政府应当把渔业生产纳入国民经济发展计划，采取措施。加强水域的统一规划和综合利用。"实施养殖水域规划管理是一项错综复杂的工作，需要相互协调和各业兼顾。一是要正确处理好养鱼与种植水生植物的矛盾，在不影响或少影响养鱼生产前提下，渔农协商，划分区域。既照顾种植水生植物的需要，又保护养鱼生产的水域。二是要妥善解决好养鱼与农业排灌的关系，用于渔业并兼有调蓄功能的水体，有关主管部门应确定渔业生产所必需的最低水位线。三是要正确处理好围湖造田与发展渔业的关系，沿海滩涂未经县级以上人民政府批准不得围垦，重要的苗种基地和养殖场所也不得围垦。其他诸如渔业与航运的关系、渔业与盐业的关系等也都应有利于全面规划，有利于水面滩涂的建设和改造，统筹兼顾。

2. 养殖使用证管理　国家及渔业行政主管部门对养殖业的管理最主要的就是确认水面的所有权和养殖使用权的归属，核发养殖使用证。

（1）所有权的认定　《土地管理法》规定："城市市区的土地属全民所有，即国家所有。农村和城市郊区的土地，除法律规定属于国家所有的以外，属于集体所有。"据此规定，凡属于全民所有的水面划给全民或集体所有制单位从事养殖的，只能核发使用证。属于集体所有的水面（一般是河沟、池塘之类的零星水面）应登记造册，经划定界址后，由所在县级以上人民政府颁发水面所有权证，由村民委员会或乡村集体经济组织经营。对于因历史原因不能确定集体所有权时，应当按《渔业法》的相关规定，由当事人协商解决。协商不成，由县级以上地方人民政府处理。当事人对处理决定不服可以提起诉讼。

（2）使用权的认定　①行政区划界限不明确或跨界水面有争议，由有关毗邻的县级以上人民政府协商划定水面使用权，在一县范围内涉及乡（镇）行政区划界线不明时，由所在县人民政府决定使用权。②国有水面，不能直接划给公民个人使用，而是由国家划给全民或集体所有制单位使用后，可依《渔业法》第十一条规定将水面承包给个人或集体经营。

（3）养殖使用证的审批发放　根据《渔业法实施细则》第十条第一款的规定，使用全民所有的水面滩涂从事养殖生产的全民所有制单位和集体所有制单位，应当向县级以上人民政府申请养殖使用证。申请应采用书面形式，填写《养殖使用证申请表》。根据《渔业法实施细则》第十条第二款的规定，养殖使用证的发放权限是：在一县行政区域内的国有水面养殖使用证由该县人民政府核发；跨县的，由有关县级人民政府协商核发，或由共同的上一级人民政府决定。

3. 养殖生产管理

（1）养殖者应当合理利用水面，其养殖水面的使用权受法律保护，任何单位和个人不得破坏养殖水体和养殖设施。

（2）领取养殖使用证的单位，无正当理由未从事养殖生产，或者放养量低于当地同类养殖水域平均放养量60%的，应当视为荒芜。荒芜满一年的，由发证机关责令限期开发利用，逾期未开发利用的，可以吊销养殖使用证。

（3）全民所有的水面、滩涂中的自然产卵场、繁殖场、索饵场及重要的洄游通道不得划作养殖场所。

（4）在养殖水面钓鱼，须经养殖者同意。

4. 对违反养殖管理规定行为的处罚

（1）偷捕、抢夺他人养殖的水产品的，由渔业行政主管部门或者其所属的渔政机构责令赔偿损失，并处一千元以下罚款。

（2）破坏他人养殖水体、养殖设施的，责令赔偿损失，并处一千元以下罚款。

（3）偷捕、抢夺他人养殖水产品或者破坏他人养殖水体、养殖设施数额较大、情节严重的按刑法第一百五十一条或者第一百五十六条的规定对直接责任人员追究刑事责任。

（二）捕捞业管理

1. 捕捞许可证制度　国家对捕捞实行许可证制度。渔业捕捞许可证是国家批准从事捕捞生产的证书。凡在我国管辖的水域从事捕捞生产的单位和个人必须向渔业行政主管部门申请领取捕捞许可证。

（1）捕捞许可证的类型　渔业捕捞许可证分为近海、外海和内陆水域捕捞许可证、专项（特许）捕捞许可证、临时捕捞许可证。外海、近海、内陆水域捕捞许可证有效期为五年，每年进行一次年审。专项（特许）证按审批时限使用，临时捕捞许可证有效期为一年，可由省级渔政部门批准延期，但连续延期不得超过三年。

（2）捕捞许可证的审批发放　①外海捕捞许可证，经省级渔业行政主管部门审核同意，送所在海区渔政机构汇总报农业农村部批准后，由海区渔政机构发放。②近海捕捞许可证，600马力*以上拖网、围网作业渔船和在机动渔船底拖网禁渔区线外侧作业的国营机动渔船经省渔业行政主管部门审核同意，送所在海区渔政机构汇总报农业农村部批准，由海区渔政机构发放；599马力以下的机动渔船和在机动渔船底拖网禁渔区线内侧作业的国营捕捞渔船，由省渔业行政主管部门审批发放。持有近海捕捞许可证到外海渔场作业不需另行申领外海捕捞证，但须经省渔业行政主管部门审核同意，报所在海区渔政机构批准，抄送所到作业海区渔政机构备案。③非机动渔船和内陆水域捕捞许可证，由县级以上渔业主管部门批准发放，具体审批发放办法，由各省、自治区、直辖市渔业行政主管部门规定。④专项（特许）捕捞许可证，在舟山渔场带鱼汛，浙江渔场大黄鱼汛，闽中渔场大黄鱼汛，吕泗渔场大黄鱼、小黄鱼、鲳鱼汛，渤海渔场秋季对虾汛等主要渔场、鱼汛进行捕捞作业，由农业农村部批准发放；跨界捕捞的，由作业单位县级以上渔业行政主管部门出具证明，由所到作业水域渔业行政主管部门审批发放；跨省的江河、湖泊及边境水域，由有关

＊　马力，是功率计量单位，1马力＝735瓦。

主管部门审批发放，国家另有规定的，按规定执行。⑤临时捕捞许可证，未经批准增加的近海捕捞渔船，在压缩、淘汰的过渡阶段可酌情发给临时捕捞许可证。中外合资、合作从事捕捞生产的，须经所在省、自治区、直辖市渔业主管部门审核同意和所在海区渔政机构复核，报农业农村部批准，由海区渔政机构发放捕捞许可证。

（3）不发放捕捞许可证的情形　有下列情形之一的，不发放捕捞许可证：①使用非法渔具或捕捞方法的；②未经批准制造、改造、购置或进口捕捞渔船的；③未按规定领取有关渔业证书、证件的。

2. 捕捞生产管理　根据《渔业法》及其《实施细则》和其他渔业法规、规章规定，从事捕捞生产应当遵守以下规定：①必须按捕捞许可证所规定的作业类型、场所、时限和渔具数量捕捞；②从事捕捞生产，必须遵守有关保护渔业资源和珍贵、濒危水生野生动物的规定；③必须遵守国家或地方有关禁渔区、禁渔期的规定；④不得使用明令禁止使用的渔具和捕捞方法；⑤必须遵守国家和地方的有关采捕标准，不得滥捕；⑥必须领取捕捞许可证方可从事捕捞作业，捕捞许可证不得买卖、出租和以其他形式非法转让，不得涂改；⑦娱乐性游钓和在尚未养殖、管理的滩涂手工采集零星水产品，不必申领捕捞许可证，但不得破坏渔业资源；⑧因科学研究等特殊需要，在禁渔区、禁渔期捕捞，或者使用禁用的渔具、捕捞方法，或者捕捞重点保护的渔业资源品种必须经省级以上人民政府渔业行政主管部门批准。

3. 对违反捕捞管理的行为处罚　对违反捕捞管理的行为进行如下处罚：①未按《渔业法》规定领取捕捞许可证擅自进行捕捞的，没收渔获物和违法所得，可以并处罚款；情节严重的，可以没收渔具。②违反捕捞许可证关于作业类型、场所、时限和渔具数量的规定避开捕捞的，没收渔获物和违法所得，可以并处罚款；情节严重的，可以没收渔具，吊销捕捞许可证。③买卖、出租或者以其他形式非法转让捕捞许可证的，没收违法所得，吊销捕捞许可证，可以并处罚款。

三、渔业资源保护法律规范

（一）渔业资源的保护

1. 基本概念　渔业资源，是指水域中蕴藏的水生动植物的所有种类及它们的数量，包括幼体和成体。渔业资源的增殖，就是以人为手段向公用水域投入苗种，繁殖、驯化良种或营造人工栖所及采取其他有利于资源生物的发生、发育、成长和繁殖措施，增加公有水域的渔业资源。渔业资源的保护，主要是采取规定禁渔期、禁渔区及禁止使用某些渔具、捕捞方法和规定最低采捕标准来保护渔业资源幼体的成长，制止滥捕、滥采，维持渔业资源总量。

渔业法实施细则

2. 保护渔业资源的规定 根据法律、法规规定，对渔业资源的保护措施主要有：①禁止炸鱼、毒鱼，禁止使用电力、鱼鹰捕鱼和敲舟古作业；②不得使用禁用的渔具、捕捞方法和小于规定的最小网目尺寸的网具捕捞作业；③县以上渔业行政主管部门应当确定并公布重点保护的渔业资源品种及采捕标准，不得采捕小于采捕标准的渔业资源；④禁止捕捞有重要经济价值的水生动物苗种；⑤在水生动物苗种重点产区引水用水时，应当采取措施，保护苗种；⑥在鱼、虾、蟹洄游通道建闸、筑坝，对渔业资源有严重影响的，建设单位应当建造过鱼设施或者采取其他补救措施；⑦在重要鱼、虾、蟹、贝、藻类以及其他重要水生生物的产卵场、索饵场、越冬场和洄游通道规定禁渔期和禁渔区；⑧进行水下作业对渔业资源有严重影响的，应当采取措施防止或减少损害；造成损失的，由有关县人民政府责令赔偿；⑨各级人民政府应当保护和改善渔业生态环境，对污染渔业水域的单位和个人要追究责任；⑩用于渔业并兼有调蓄、灌溉等功能的水体，应当确定渔业生产所需的最低水位线。

3. 对破坏渔业资源行为的处罚 根据渔业法律、法规规定，对破坏渔业资源行为的处罚有：①炸鱼、毒鱼的，违反关于禁渔区、禁渔期的规定进行捕捞的，没收渔获物和非法所得，在内陆水域处五十元至五千元罚款，在海洋处五百元至五万元罚款，并可以没收渔具，吊销捕捞许可证；②敲舟古作业的，没收渔获物和非法所得，处一千元至五万元罚款，可以并处吊销捕捞许可证；③未经批准，使用鱼鹰捕鱼的，没收渔获物和非法所得，处五十元至二百元罚款，可以吊销捕捞许可证；④未经批准使用电力捕鱼的，在内陆水域处二百元至一千元罚款，在海洋处五百元至三千元罚款，可以并处吊销捕捞许可证；⑤使用小于规定的最小网目尺寸的网具进行捕捞的，没收渔获物、渔具和违法所得，处五十元至一千元罚款，可以吊销捕捞许可证；⑥外国人、外国渔船违反《渔业法》规定，擅自进入中国水域从事渔业生产或者渔业资源调查活动，渔业行政主管部门或其所属的渔政机构应当令其离开或者将其驱逐，并可处以罚款和没收渔获物、渔具；⑦未按《渔业法》规定采取保护措施，造成渔业资源损失，围湖造田或未经批准围垦沿海滩涂的，应当依照有关法律、法规承担责任。

（二）水生野生动物的保护

1. 水生野生动物的概念及现状 水生野生动物，一般指非人工驯养在自然状态下生存繁衍的水生动物。我们这里所说的水生野生动物，根据《水生野生动物保护实施条例》第二条规定，指的是珍贵、濒危的水生野生动物，所称的水生野生动物产品是指珍贵、濒危的水生野生动物的任何部分及其衍生物。我国疆域辽阔，自然条件极其复杂多样，不但有种类繁多的水生动物，而且保存了许多在北半球其他地区早已灭绝的古老孑遗种类和一些在进化上属于原始的或孤立的类群。如白鱀豚、中华鲟等。但由于人为和自然的原因，

水生野生动物
保护实施条例

我国的名贵珍稀水生动物资源日趋减少，有的甚至处于迅速濒临灭绝的境地。另外，我国许多其他水生野生动物也因人为对环境的破坏和酷渔滥捕而濒临灭绝。

2. 重点保护的水生野生动物　重点保护的水生野生动物由国家重点保护和地方重点保护的水生野生动物两部分组成。国家重点保护的水生野生动物名录，由农业农村部提出和调整，并报国务院批准公布。国家重点保护水生野生动物分为二级。一级保护的水生野生动物指具有重要科学研究、经济价值，数量稀少或者濒于灭绝的。二级保护的水生野生动物，指具有科学研究、经济价值，数量较少或濒于灭绝危险的。前者如中华鲟、白鱀豚、儒艮、鹦鹉螺等；后者有水獭、绿海龟、玳瑁、大鲵、胭脂鱼等。《国家重点保护野生动物名录》中所列的一级和二级保护水生野生动物共 294 种 8 类。

国家重点保护的水生野生动物具体分布情况大致如下：白鱀豚、中华鲟、达氏鲟、白鲟主要分布于长江、钱塘江流域；鼋、三线闭壳龟、山瑞鳖等主要分布在华南、西南地区；大头鲤、金钱鲃、大理裂腹鱼、红瘰疣螈等主要分布于云南省；大鲵则分布在黄河、长江、珠江上游的 17 个省；海狗、北海狮分布在黄海；库氏砗磲、鹦鹉螺、红珊瑚等主要分布在海南岛热带海区。

3. 保护珍贵濒危水生野生动物的意义　水生野生动物是国家宝贵的自然资源，是全人类的共同财富。保护好野生动物资源，对于维护自然生态平衡、改善人类环境，拯救珍贵濒危的水生野生动物物种，开展科学研究，发展经济建设，丰富人民群众的物质文化生活，促进国际间学术交流，增进各国人民之间的友谊，具有非常重要的意义。但是，由于全社会对保护珍贵、濒危水生野生动物的意义认识不足，工作也重视不够，一些地方还经常发生捕杀水生野生动物和破坏其栖息地的事件，甚至许多酒家、餐馆（包括一些大宾馆）或明或暗地将许多珍贵、濒危的水生野生动物列上菜谱、摆上宴席，使水生野生动物资源遭到很大破坏。唤起全社会保护野生动物资源的意识，加强管理工作，营造一个人人都自觉保护珍贵、濒危的野生动物大环境，对水生野生动物保护和管理工作来说是十分紧迫的。

4. 对水生野生动物的特殊保护措施

（1）国家定期组织水生野生动物资源调查，建立资源档案，进一步制定保护发展规划。

（2）建立分级保护制度。国家根据水生野生动物的科研、经济价值及数量确立国家重点保护的水生野生动物名录，并分为一级保护和二级保护两种。在国家重点保护名录之外，省、自治区、直辖市人民政府可根据实际情况，确立地方重点保护水生野生动物名录，并报国务院备案。

（3）国家和地方政府在重点保护的水生野生动物的栖息地划定自然保护区，加强对其生存环境的保护和管理。

（4）渔业行政主管部门在水生野生动物的主要繁衍地和季节，规定禁渔区和禁渔期，保护和增殖水生野生动物资源。

（5）建设项目对国家或者地方重点保护水生野生动物的生存环境产生不利影响的，环保部门在审批时，应当征求同级渔业行政主管部门的意见。

（6）任何单位和个人对侵占或破坏水生野生动物资源的行为，有权向当地渔业主管部门及渔政机构检举和控告。

（7）任何单位和个人发现受伤、搁浅和因误入港湾、河汊而被困的水生野生动物时，应当及时报告当地渔业行政主管部门或所属的渔政机构，由其采取紧急措施；也可以要求附近具备救护条件的单位采取紧急救护措施，并报告渔业行政主管部门。已经死亡的，由渔业行政主管部门妥善处理。

（8）捕捞作业时误捕水生野生动物的，应立即放生。

5. 水生野生动物管理规定

（1）国家鼓励驯养繁殖水生野生动物。驯养繁殖国家一级保护水生野生动物的，应当持有农业农村部核发的许可证；驯养繁殖国家二级保护水生野生动物的，应当持有省级渔业主管部门核发的驯养繁殖许可证。

（2）禁止捕捉和杀害国家和地方重点保护的水生野生动物。因科研、资源调查、驯养繁殖、宣传和普及水生野生动物知识及其他特殊需要，必须捕捉的，必须申请特许捕捉证。需要捕捉国家一级保护水生野生动物的，应经申请人所在地和捕捉地省级渔业主管部门同意，向农业农村部申请特许捕捉证；需要捕捉国家二级保护水生野生动物的，必须经申请人所在地县以上渔业行政主管部门同意（跨省捕捉的，须经省渔业主管部门同意），向捕捉地省级渔业行政主管部门申请特许捕捉证。

（3）取得特许捕捉证的单位和个人，必须按规定的种类、数量、地点、期限、工具和方法进行捕捉。捕捉完成后，应当及时向当地县级人民政府渔业行政主管部门或其所属的渔政机构申请查验。

（4）外国人在中国境内进行有关水生野生动物科学考察、标本采集、拍摄电影、录像等活动的，必须经所在地省级渔业行政主管部门同意，报农业农村部批准。

（5）禁止出售、收购国家重点保护的水生野生动物或其产品。因科学研究、驯养繁殖、展览等特殊情况，需要出售、收购、利用国家重点保护水生野生动物或者其产品的，必须按规定向省级渔业行政主管部门提出申请，报农业农村部或省级渔业行政主管部门批准。

（6）各级政府采取措施加强对水生野生动物或其产品经营利用的监督检查。进入集贸市场的水生野生动物或其产品，由渔业行政主管部门协助工商管理部门管理；在集贸市场以外经营水生野生动物或者其产品，由渔业、工商部门管理。

（7）运输、携带国家重点保护的水生野生动物或者其产品出县境的，应当凭特许捕捉证或者驯养繁殖许可证，向县渔业行政主管部门提出申请，报省级渔业行政主管部门批准。

（8）交通、铁路、民航和邮政企业对没有合法运输证明的水生野生动物或其产品，应当及时通知有关主管部门处理，不得承运、收寄。

（9）从国外引进水生野生动物的，应当向省级渔业主管部门申请，经其指定的科研机构进行科学论证后，报农业农村部批准。

（10）出口国家重点保护的水生野生动物或者其产品的，必须经进出口单位或者个人所在地的省级渔业行政主管部门审核，报农业农村部批准。

（11）利用水生野生动物或者其产品举办展览等活动的经济收益，应当主要用于水生野生动物保护事业。

6. 法律责任　根据野生动物保护法律、法规的规定，对违法者追究相应的法律责任。

（1）非法捕杀国家重点保护的珍贵、濒危野生动物的，依照新《刑法》第三百四十一条的规定，追究刑事责任；情节轻微危害不大，不需要判处刑罚的，由渔业行政主管部门没收捕获物捕捉工具和违法所得，吊销特许捕捉证，并处以相当于捕获物价值十倍以下的罚款，没有捕获物的处以一万元以下的罚款。

（2）违法在水生野生动物自然保护区破坏国家重点保护的或者地方重点保护的水生野生动物主要生息繁衍场所，由渔业行政主管部门责令停止破坏行为、限期恢复原状，并处以恢复原状所需费用三倍以下罚款。

（3）违法出售、收购、运输、携带国家重点保护的水生野生动物或者其产品的，由工商部门或者其授权的渔业主管部门没收实物和违法所得，可以并处相当于实物价值十倍以下的罚款。

（4）伪造、倒卖、转让驯养繁殖许可证、特许捕捉证或允许进出口证明，由发证机关吊销证件，没收违法所得，其中伪造、倒卖、转让驯养繁殖证的可以并处五千元以下罚款，伪造、倒卖、转让特许捕捉证或允许进出口证明的，可以并处五万元以下罚款。

（5）违反野生动物保护法规，未取得驯养繁殖许可证或超越驯养繁殖许可证规定范围，驯养繁殖国家重点保护的水生野生动物的，由渔业行政主管部门没收违法所得，处三千元以下的罚款，可以并处没收水生野生动物、吊销驯养繁殖许可证。

（6）外国人未经批准在中国境内对国家重点保护的水生野生动物进行科学考察、标本采集、拍摄电影、录像的，由渔业行政主管部门没收考察、拍摄的资料及所获标本，可以并处五万元以下的罚款。

（三）渔业环境的保护

1. 渔业环境保护概述　渔业环境，即渔业水域环境，是以水生动植物为中心，与这个中心相联系的周围自然界。它是水生动植物产卵、繁殖、生长育成、越冬、洄游等诸环境条件的统称。保护好渔业环境，对于保护和增殖渔业资源具有重要意义。由于不重视环境保护，生活污水和工业废水已造成了我国渔业水域环境不同程度的污染，一些河流、湖泊、海湾及局部海域污染已相当严重。如长江污染源据调查统计有 30 000 多个，每天排放有害废水 1 750 万吨。在工矿区和大城市附近的江段，常常出现鱼虾死亡，人畜中毒的情况。整个流域的捕捞产量也因污染而大大下降，渔业资源遭到严重破坏。

国家高度重视渔业环境的保护，先后出台了《海洋环境保护法》《水污染防治法》《环境保护法》《防止船舶污染海域管理条例》《海洋倾废管理条例》《防止拆船污染环境管理条例》等，有效地加强了对渔业环境的保护力度。

2. 保护渔业环境的主要手段和途径　根据渔业法律、法规规定，保护渔业环境的手段和途径主要有：①制定渔业水质标准。我国早在 1979 年就制定了《渔业水质标准（试行）》，对渔业水质作出了要求与规范。1989 年，经过10 年的试行之后，由国家环保局修订后批准为"中华人民共和国国家标准"。《渔业水质标准》是国家环境政策的具体体现，是制定污染物标准的数据，同时也是环保、渔政部门对渔业环境进行科学管理的重要依据。②规定污染物排放标准，严格控制污染源。通过制定污染物排放标准，可对污染物的排放进行强制性控制，促使排污单位积极采取防治措施，使之符合排放标准。对旧污染源要督促其结合技改尽可能减少排放污染物，排放的污染物必须符合排污标准。对新的污染源主要是控制在远离渔业自然保护区、禁渔区、水产养殖区和重要的产卵场、索饵场、越冬场范围。③在重点渔业水域不得从事拆船业。④禁止渔船及其他船舶任意倾废，污染水域。⑤建立与健全渔业环境监测网络，加强渔业水域环境监督。⑥禁止围湖造田，从事水下爆破、勘探、施工的单位应事先同渔政管理部门协商，防止或减少对渔业水域生态条件的破坏与污染。⑦查处污染事故。渔政渔港监督管理部门根据授权对渔业环境事故有处理与处罚权，渔政部门对造成污染的单位和个人应责令其纠正，采取补救措施消除污染，造成损失的责令其赔偿，情节严重的，要依法给予处罚。

四、渔船渔港安全监督管理法律规范

（一）渔船管理

渔船，是指从事渔业生产或者为渔业生产服务的船舶，包括捕捞船、养殖船、水产运销船、冷藏加工船、油船、供应船、渔业指导船、科研调查船、教学实习船、渔港工程船、拖轮、交通船、驳船、渔政船和渔监船。对渔船的管理除《渔业法》的规定外，还有《船舶登记条例》《船舶和海上设施检验条例》《渔业船舶登记办法》《海洋捕捞渔船管理暂行办法》《渔业船舶监督检验管理规定》等法规、规章及各省制定的有关渔船管理的地方性法规、规章，如《湖南省渔船渔港安全监督管理办法》等。以上法律、法规和规章主要是对渔船登记、渔船检验、渔船船员管理、渔船作业管理等内容作出规定。

1. 渔船登记

（1）所有权登记　渔船所有人必须依法向渔政机构申请登记，领取《渔业船舶证书》和牌照，载重量不足1吨的非机动渔船及养殖场内专门从事养殖的舢板、排筏免于登记。渔船所有人应当在其住所或者主要活动场所就近选择一个渔政管理机构申请登记，并作为其船籍港。

（2）新增渔船登记　新建、购置及更新改造渔船的，应按分级管理的原则，事先向县级以上渔政机构提出申请，经审查批准后方可进行。新增渔船所有人应凭渔政机构批准新建、改建渔船的文件和船检部门的检验证明向渔政机构申请登记。

（3）变更登记和注销登记　渔船登记项目发生变更时（如改变用途等），渔船所有人应当到原登记机关办理变更登记。渔船因淘汰、报废不再使用时，应当办理注销登记。

2. 渔船检验

（1）建造检验　凡新造、改造渔船，建造人应将设计图纸送当地省级渔船检验机构审查，造船厂应按渔船检验机构批准的图纸施工，并按《渔业船舶建造检验项目表》的规定向渔船检验部门申请检验，前一个项目检验合格，方能继续施工下一个项目。渔船建造、改造完工后，应按渔船检验部门的要求进行系泊试验和捕捞、航行试验。合格者，由渔船检验部门签发证明。

（2）初次检验　未经我国渔船检验部门监督建造的进口渔船及非渔船改作渔船者，在参加生产前，应向渔船检验部门申请初次检验。

（3）特别检验　渔船每隔四年进行一次特别检验，主要是检验渔船的技术状况。

（4）年度检验　渔船应于船舶证书签发日期每年前后三个月内进行年度检验。

（5）临时检验　渔船所有人、使用人及有关部门可临时要求对渔船进行检验，主要是发生事故及改变用途时申请临时检验。

（6）船用产品检验　渔船所用的船用产品应按《船用产品监督检验规则》进行检验。

3. 船员管理　渔船的船长、轮机长、驾驶员、轮机员、电机员、无线电报务员、话务员必须经渔政机构考核合格，取得职务证书，其他人员也应经过相应的专业培训。船员应当遵守有关渔船操作、生产、航行规定，不得违章作业。

4. 渔船作业管理

（1）渔船在航道上航行、作业和停泊，必须遵守水上交通安全管理法律、法规。

（2）在习惯航道内，禁止设定固定网具、拦河捕捞网具。

（3）渔船从事对拖、单拖、流网捕捞生产或夜间从事渔业活动，应按规定设置灯火信号或其他明显标志。

（4）禁止渔船从事营运性载客。

（5）发生渔船事故，当事人应当采取措施自救、互救，并向渔政机构报告，过往渔船应当及时救援，事故当事渔船不得擅自离开现场。

（6）渔船处于不适航状态或者发生事故后手续未清的或者可能发生妨碍航行交通和生产安全情况的，由县以上渔政机构责令停船、停止作业或者禁止离港。

（二）渔港水域安全管理

渔港，指主要为渔业生产服务和供渔船停泊、避风、装卸渔获物和补充渔需物资的人工港口或者自然港湾。渔港水域指渔港的港地、锚地、避风湾和航道。船舶在渔港水域应遵守的规定是：①船舶进出渔港必须遵守管理章程和海上避碰规则，并办理签证；②船舶在渔港内停泊、作业，不得损坏渔港的设施装备；③未经批准不得在渔港内的航道、锚地、停泊区、港池内从事捕捞、养殖等生产活动；④未经批准，不得在渔港水域从事水上、水下施工作业。

（三）对违反渔船渔港安全监督管理规定的行为的处罚

对违反渔船渔港安全监督管理规定的行为，可作出如下处罚。

（1）未按规定取得《渔业船舶证书》和牌照航行作业的，责令停止航行、作业，补办有关手续，可并处罚款。

（2）伪造、擅自涂改检验证书和变更船舶载重线或以欺骗手段获取检验证书的，渔船检验机构有权撤销其相应的证书，且责令重新检验，并可处相应检验费1～5倍的罚款。

（3）渔船在航道上违反水上交通安全管理规定，由水上安全交通主管部门依有关法律、法规给予处罚。

（4）船舶进出渔港未依规定办理签证，或者在渔港内不服从交通安全秩序管理的，由渔政监督管理机关责令改正，可以并处罚款；情节严重的，扣留或者吊销船长职务证书最长扣留期限不超过6个月。

（5）未经批准，在渔港内装卸易燃、易爆、有毒等危险货物或者在渔港内进行水上、水下施工作业或者在渔港内从事有碍交通安全的捕捞、养殖等生产活动的，由渔政监督管理机关责令停止违法行为，可以并处警告、罚款；造成损失的，应当承担赔偿责任；对直接责任人员由其所在单位或者上级主管机关给予行政处分。

（6）违反规定，不执行渔政监督管理机关作出的离港、停航、改航、停止作业的决定，由渔政监督管理机关责令改正，可以并处警告、罚款；情节严重的，扣留或者吊销船长职务证书。

（7）伪造、改造的渔船检验不合格或者不申报检验擅自出厂的，由渔政监督管理机构责令补办检验手续或者不返修，对渔船修造厂家处以2 000元以上30 000元以下的罚款。

（8）渔船未按规定接受检验或者检验不合格从事渔业活动的，由渔政主管部门责令停止作业，补办检验手续。情节严重的，处以罚款。

（9）职务船员无船员证书或持不相应船员证书操作的，责令停止操作，给予警告，情节严重的处以罚款。

第六节　野生动植物保护法律制度

一、野生动植物及其资源状况[①]

（一）野生动物及其资源状况

1. 野生动物概念与分类　野生动物是指在自然状态下生长且未被驯化的

---

① 相关资料数据来源于《农业法概论》（农业部产业政策与法规司、中国农业经济法研究会编，中国农业出版社2004年出版）。

野生动物保护法

动物。我国法律所称的野生动物，是指珍贵、濒危的陆生、水生野生动物和有益的或者有重要经济、科学研究价值的陆生野生动物。

根据野生动物生长环境的不同，可将野生动物分为陆生野生动物和水生野生动物。根据保护区域和级别的不同，受保护的野生动物分为国家重点保护的野生动物和地方重点保护的野生动物。

野生动物保护与人类自身的生产生活息息相关。如果野生动物资源遭到严重的破坏，人类自身的生存也会受到严重影响。而保护好野生动物资源，不仅有利于维护生态平衡，而且有利于保证科学研究和教育活动的正常开展，有利于促进经济发展，最终有利于人类自身。

2. 野生动物资源的状况 我国是一个幅员辽阔、自然条件复杂多样的国家，拥有丰富的野生动物资源。其中，陆生脊椎动物种类达 2 100 多种（哺乳类 450 多种、鸟类 1 180 多种、爬行类 320 多种、两栖类 210 多种）；水生野生动物中，仅海洋鱼类就有 2 000 多种，是世界上拥有野生动物种类最多的国家之一。

我国野生动物资源不仅种类丰富，而且还具有特产珍稀动物多和经济动物多的两大特点。据有关数字统计，我国有大熊猫、金丝猴、白鱀豚、扬子鳄、朱鹮、黑颈鹤、黄腹角雉、褐马鸡、中华鲟、中华白海豚等特产珍稀动物 100 多种；有熊、猕猴、马鹿、麝、狍子、野猪、黄羊、环颈雉、雁鸭类经济动物 400 多种。美国、俄罗斯、欧洲都没有灵长类动物，我国就有 16 种之多。

但随着社会经济的发展和人类活动的扩张，我国野生动物资源正在受到日益增多的威胁，一些珍稀动物濒临灭绝。野生动物保护工作任重道远。

（二）野生植物及其资源状况

1. 野生植物概念与分类 野生植物是指在自然状态下生长的植物，与人类生活和自然环境保护有着密切关系。我国法律上所要保护的野生植物，则是指原生地天然生长的珍贵植物和原生地天然生长并具有重要经济、科学研究、文化价值的濒危、稀有植物。

根据受保护程度的不同，可将受到保护的野生植物分为国家重点保护野生植物和地方重点保护野生植物。国家重点保护野生植物是指列入国家重点保护野生植物名录而被采取特别措施加以保护的植物。地方重点保护野生植物是国家重点保护野生植物以外的列入地方重点保护野生植物名录而被省、自治区、直辖市特别保护的植物。国家重点保护野生植物又可分为国家一级保护野生植物和国家二级保护野生植物；地方重点保护野生植物也分为地方一级保护野生植物和地方二级保护野生植物。

野生植物是重要的自然生态资源，是生态系统中不可替代的重要组成部分。保护和发展野生植物，对于促进经济和社会发展，以及改善生态环境都具有十分重要的意义。与野生动物相比，野生植物为整个野生动物种群提供食物，并为野生动物提供赖以生存的栖息环境，因而在自然环境保护中发挥着更为基础性的作用。

2. 野生植物资源状况　我国是世界上野生植物资源最丰富的国家之一，高等植物 32 800 多种，占世界种数的 12% 以上。其中特有的野生植物如水杉、银杉、珙桐等约 270 类、1.7 万个品种。这不仅是我国人民的宝贵财富，也是世界自然遗产的重要组成部分。

但长期以来，由于一些地方进行掠夺式开发经营，致使我国野生植物资源遭到毁灭性破坏，一些珍稀植物濒临灭绝，许多有重要科学研究价值和经济价值的植物数量急剧减少。据有关部门统计，仅我国农业野生植物就有 4~5 类、191 种处于濒危状态，这些不可再生物种一旦灭绝，将对人类及其子孙后代的生存发展造成不可挽回的损失。因此，加强野生植物保护也刻不容缓。

二、野生动物保护法律制度

为加强对野生动物的保护，全国人大常委会制定了《中华人民共和国野生动物保护法》（以下简称《野生动物保护法》），经国务院批准，农业部（现农业农村部）、林业部（现国家林业和草原局）发布了《水生野生动物保护实施条例》《陆生野生动物保护实施条例》等法规、规章。

（一）有关野生动物保护的法律法规

1. 有关野生动物资源归属的法律规范　针对长期以来人们对野生动物所持的"野生无主，谁猎谁有"的观念，我国《野生动物保护法》明确规定野生动物资源属于国家所有。这种国家所有权不因野生动物资源所依存的土地或水体的所有权而改变。同时，对于依法开发利用野生动物资源的单位和个人，国家保护其合法权益。

2. 有关野生动物生存环境保护的法律规范　国家保护野生动物的生存环境，禁止任何单位和个人破坏。

各级人民政府野生动物行政主管部门应当组织社会各方面力量，采取生物技术和工程技术措施，维护和改善野生动物的生存环境；同时要监视、监测环境对野生动物的影响，并会同有关部门调查处理环境影响对野生动物造成的危害。

国务院野生动物行政主管部门和省、自治区、直辖市人民政府应当在国家和地方重点保护野生动物的主要生息繁衍的地区和水域，划定自然保护区，加强对重点保护野生动物及其生存环境的保护管理。

建设项目对国家或者地方重点保护野生动物的生存环境产生不利影响的，建设单位应当提交环境影响报告书；环境保护部门在审批时，应当征求同级野生动物行政主管部门的意见。

3. 有关珍贵、濒危野生动物实行保护的法律规范 珍贵、濒危野生动物是野生动物保护的重点，因此，《野生动物保护法》对其规定了严格的保护制度。

（1）制定重点保护野生动物名录 国务院野生动物行政主管部门制定并调整国家重点保护野生动物名录，报国务院批准后公布；省、自治区、直辖市人民政府制定和公布地方重点保护野生动物名录，报国务院备案。

（2）禁止猎捕、杀害国家重点保护野生动物 因科学研究、驯养繁殖、展览或者其他特殊情况，需要捕捉、捕捞国家一级保护野生动物的，必须向国务院野生动物行政主管部门申请特许猎捕证；猎捕国家二级保护野生动物的，必须向省、自治区、直辖市政府野生动物行政主管部门申请特许猎捕证。

（3）禁止出售、收购国家重点保护野生动物或者其产品 因科学研究、驯养繁殖、展览等特殊情况，需要出售、收购、利用国家一级保护野生动物或者其产品的，必须经国务院野生动物行政主管部门或者其授权的单位批准；需要出售、收购、利用国家二级保护野生动物或者其产品的，必须经省、自治区、直辖市政府野生动物行政主管部门或者其授权的单位批准。

（4）运输、携带审批 运输、携带国家重点保护野生动物或者其产品出县境的，必须经省、自治区、直辖市政府野生动物行政主管部门或者其授权的单位批准。

（5）进出口审批 出口国家重点保护野生动物或者其产品的，进出口中国参加的国际公约所限制进出口的野生动物或者其产品的，必须经国务院野生动物行政主管部门或者国务院批准，并取得国家濒危物种进出口管理机构核发的允许进出口证明书。海关凭允许进出口证明书查验放行。

（6）野生动物救治 国家和地方重点保护野生动物受到自然灾害威胁时，当地政府应当及时采取拯救措施。

4. 有关非重点保护野生动物及其产品保护的法律规范 国家鼓励驯养繁殖野生动物。驯养繁殖非重点保护野生动物不需取得许可。

猎捕非国家重点保护野生动物的，必须取得狩猎证，服从猎捕量限额管理，按照狩猎证规定的种类、数量、地点和期限进行猎捕。

5. 其他保护措施法律规范

（1）野生动物行政主管部门应当定期组织对野生动物资源的调查，建立野生动物资源档案。

（2）在自然保护区、禁猎区和禁猎期内，禁止猎捕和其他妨碍野生动物生息繁衍的活动。

（3）禁止使用军用武器、毒药、炸药进行猎捕。

（4）外国人在中国境内对国家重点保护野生动物进行野外考察或者在野外拍摄电影、录像，必须经国务院野生动物行政主管部门或者其授权单位批准。

（5）建立对外国人开放的捕猎场所，必须经国务院野生动物行政主管部门批准。

（6）经营利用野生动物或者其产品的，应当缴纳野生动物资源保护管理费。

（二）保护野生动物的义务和权利

公民有保护野生动物资源的义务，并有权对侵占或者破坏野生动物资源的行为检举和控告；任何单位和个人发现受伤、病弱、饥饿、受困、迷途的国家和地方重点保护野生动物时，应当及时报告当地野生动物行政主管部门或者就近送往具备条件的单位，由其采取救护措施；有关单位和个人对国家和地方重点保护野生动物可能造成损失的应当采取防范措施；因保护国家和地方重点保护野生动物受到损失的，有权向当地人民政府野生动物行政主管部门提出补偿要求，并按规定得到补偿。

（三）违法行为和法律责任

1. 违法行为　涉及野生动物保护的违法行为主要有六种。①违法猎捕，包括非法猎捕、杀害国家重点保护的珍贵、濒危野生动物；在禁猎区、禁猎期或者使用禁用的工具、方法猎捕野生动物的；未取得狩猎证或者未按狩猎证规定猎捕野生动物。②非法收购、运输、出售国家重点保护的珍贵、濒危野生动物及其制品。③在自然保护区、禁猎区破坏国家或者地方重点保护野生动物主要生息繁衍场所。④非法进出口野生动物或者其产品。⑤伪造、倒卖、转让特许猎捕证、狩猎证、驯养繁殖许可证或者允许进出口证明书。⑥野生动物行政主管部门的工作人员玩忽职守、滥用职权、徇私舞弊。

2. 法律责任　涉及野生动物保护的违法行为的法律责任主要是行政责任和刑事责任。

（1）行政责任　对于野生动物行政主管部门的工作人员来讲，行政责任就是行政处分。对于其他人员来讲，行政责任就是行政处罚。野生动物保护行政处罚主要有以下四种类型：①责令改正，恢复原状。②没收猎获物、猎捕工具或违法所得。③罚款。④吊销特许猎捕证、狩猎证、驯养繁殖许可证等许可证件。

（2）刑事责任　违反野生动物保护违法行为的刑事责任，对于野生动物行政主管部门的工作人员来讲，主要涉及渎职犯罪。对于其他人员来讲，主要涉及四种犯罪。①《刑法》第三百四十一条第一款规定的非法猎捕、杀害国家重点保护的珍贵、濒危野生动物罪和非法收购、运输、出售国家重点保护的珍贵、濒危野生动物及其制品罪，对于这两种犯罪，依法要处五年以下有期徒刑或者拘役，并处罚金，情节严重的，处五年以上十年以下有期徒刑，并处罚金；情节特别严重的，处十年以上有期徒刑，并处罚金或者没收财产。②《刑法》第三百四十一条第二款规定的在禁猎区、禁猎期或者使用禁用的工具、方法猎捕野生动物罪，对于这种犯罪，依法要处三年以下有期徒刑、拘役、管制或者罚金。③《刑法》第二百八十条第一款规定的伪造、变造、买卖国家机关公文、证件、印章罪，依法要处三年以下有期徒刑、拘役、管制或者剥夺政治权利；情节严重的，处三年以上十年以下有期徒刑。④《刑法》第一百五十一条第二款规定的走私国家禁止进出口的珍贵动物及其制品罪，依法要处五年以上有期徒刑，并处罚金；情节较轻的，处五年以下有期徒刑，并处罚金。

三、野生植物保护法律规范

为了防止和避免植物物种受到破坏甚至灭绝，我国制定了《野生植物保护条例》等法规、规章，《森林法》《草原法》等法律也对野生植物保护作了相应规定。

（一）有关野生植物保护的法律法规

1. 保护名录制度　制定重点保护野生植物名录野生植物分为国家重点保护野生植物和地方重点保护野生植物。国家重点保护野生植物分为国家一级保护野生植物和国家二级保护野生植物。

国家重点保护野生植物名录，由国务院林业行政主管部门、农业行政主管部门（以下简称国务院野生植物行政主管部门）会同国务院环境保护、建设等有关部门制定，报国务院批准公布。

地方重点保护野生植物名录，由省、自治区、直辖市人民政府制定并公布，报国务院备案。

2. 保护野生植物生长环境法律制度　国家保护野生植物生长环境，禁止任何单位和个人非法破坏。

（1）建立自然保护区或者设立保护标志　在国家重点保护野生植物物种和地方重点保护野生植物物种的天然集中分布区，依法建立自然保护区；在其他区域，县级以上地方人民政府野生植物行政主管部门和其他有关部门可以根据实际情况建立重点保护野生植物的保护点或者设立保护标志。

（2）环境监测　野生植物行政主管部门及其他有关部门监视、监测环境对重点保护野生植物生长的影响，并采取措施维护和改善重点保护野生植物的生长条件。由于环境影响对重点保护野生植物的生长造成危害时，野生植物行政主管部门应当会同其他有关部门调查并依法处理。

（3）环境影响评价　建设项目对重点保护野生植物产生不利影响的，建设单位提交的环境影响报告书中必须对此作出评价；环境保护行政主管部门在审批环境影响报告书时，应当征求野生植物行政主管部门的意见。

（4）拯救措施　野生植物行政主管部门和有关单位对生长受到威胁的国家重点保护野生植物和地方重点保护野生植物应当采取拯救措施，保护或者恢复其生长环境，必要时应当建立繁育基地、种质资源库或者采取迁地保护措施。

3. 重点保护野生植物采集许可制度　①禁止采集国家一级保护野生植物。因科学研究、人工培育、文化交流等特殊需要，采集国家一级保护野生植物的，必须经采集地的省、自治区、直辖市人民政府野生植物行政主管部门签署意见后，向国务院野生植物行政主管部门或者其授权的机构申请采集证。②采集国家二级保护野生植物的，必须经采集地的县级人民政府野生植物行政主管部门签署意见后，向省、自治区、直辖市人民政府野生植物行政主管部门或者其授权的机构申请采集证。③采集城市园林或者风景名胜区内的国家一级或者二级保护野生植物的，在申请采集证前须先征得城市园林或者风景名胜区管理机构的同意。④采集珍贵野生树木或者林区内、草原上的野生植物的，依照《森林法》《草原法》的规定办理。

4. 重点保护野生植物的经营管理制度　①禁止出售、收购国家一级保护野生植物。②出售、收购国家二级保护野生植物的，必须经省、自治区、直辖市人民政府野生植物行政主管部门或者其授权的机构批准。③野生植物行政主管部门应当对经营利用国家二级保护野生植物的活动进行监督检查。

5. 重点保护野生植物的进出口管理　出口国家重点保护野生植物或者进出口中国参加的国际公约所限制进出口的野生植物的，必须经进出口者所在地的省、自治区、直辖市人民政府野生植物行政主管部门审核，报国务院野生植物行政主管部门批准，并取得国家濒危物种进出口管理机构核发的允许进出口证明书或者标签。海关凭允许进出口证明书或者标签查验放行。国务院野生植物行政主管部门应当将有关野生植物进出口的资料抄送国务院环境保护部门。

禁止出口未定名的或者新发现并有重要价值的野生植物。

6. 与外国人有关的特别制度 外国人不得在中国境内采集或者收购国家重点保护野生植物。外国人在中国境内对国家重点保护野生植物进行野外考察的，必须向国家重点保护野生植物所在地的省、自治区、直辖市人民政府野生植物行政主管部门提出申请，经其审核后，报国务院野生植物行政主管部门或者其授权的机构批准；直接向国务院野生植物行政主管部门提出申请的，国务院野生植物行政主管部门在批准前，应当征求有关省、自治区、直辖市人民政府野生植物行政主管部门的意见。

（二）违法行为和法律责任

1. 违法行为 根据《野生植物保护条例》的规定，违反野生植物保护的违法行为主要有以下六种：①未取得采集证或者未按照采集证的规定采集国家重点保护野生植物。②违反规定出售、收购国家重点保护野生植物。③伪造、倒卖、转让采集证、允许进出口证明书或者有关批准文件、标签。④外国人在中国境内采集、收购国家重点保护野生植物，或者未经批准对国家重点保护野生植物进行野外考察。⑤非法进出口野生植物。⑥野生植物行政主管部门的工作人员滥用职权、玩忽职守、徇私舞弊。

2. 法律责任 野生植物保护违法行为的法律责任主要是行政责任和刑事责任。

（1）行政责任 对于野生植物行政主管部门的工作人员来讲，行政责任就是行政处分。对于其他人员来讲，行政责任就是行政处罚。野生植物保护行政处罚主要有三种类型：①没收野生植物、违法所得或考察资料。②罚款。③吊销采集证。罚款的处罚标准有两种情形：一种是按照违法所得的倍数，如对于第一、二种违法行为，可以并处违法所得10倍以下的罚款；一种是按照绝对值，如对于第三、四种违法行为，可以并处5万元以下的罚款。

（2）刑事责任 野生植物保护违法行为的刑事责任，对于野生植物行政主管部门的工作人员来讲，主要涉及渎职犯罪。对于其他人员来讲，主要涉及三种犯罪。①《刑法》第一百五十一条第三款规定的走私国家禁止进出口的珍稀植物及其制品罪，依法要处五年以下有期徒刑，并处或者单处罚金；情节严重的，处五年以上有期徒刑，并处罚金。②《刑法》第二百八十条第一款规定的伪造、变造、买卖国家机关公文、证件、印章罪，依法要处三年以下有期徒刑、拘役、管制或者剥夺政治权利；情节严重的，处三年以上十年以下有期徒刑。③《刑法》第三百四十四条规定的非法采伐、毁坏珍贵树木罪，依法要处三年以下有期徒刑、拘役或者管制，并处罚金；情节严重的，处三年以上七年以下有期徒刑，并处罚金。

≪ 思考题

1. 耕地保护的制度有哪些？
2. 永久基本农田保护制度有哪些？
3. 草原保护的制度有哪些？
4. 渔业资源保护有哪些制度？
5. 野生植物保护有哪些制度？

第五章 Chapter 5

农产品质量安全监管法律制度

农产品质量安全是党中央高度重视、人民群众十分关心、全社会十分关注的民生大事。习近平总书记指出，要用最严谨的标准、最严格的监管、最严厉的处罚、最严肃的问责，加强农产品和食品安全监管，确保人民群众舌尖上的安全。农产品质量安全是食品安全的源头，确保农产品质量安全，关乎人民群众的身体健康和美好生活。本章结合近年来农产品和食品安全工作实际，介绍相关法律制度内容，为农产品安全生产经营与使用提供依据。

第一节　农产品安全法律制度概述

我国食品安全方面的法律从 20 世纪 90 年代开始引起重视，1995 年我国出台了《中华人民共和国食品卫生法》。经过多年来的实施，这部法律无论在管理体制的规范方面，还是食品安全内容的规范方面都有许多不相适应了。因此，进入 2000 年以后，我国食品安全立法步伐加快。2006 年 4 月 29 日全国人大审议通过了《中华人民共和国农产品质量安全法》，于当年 11 月 1 日正式实施。同时，我国开始研究《食品卫生法》的修改完善。经过反复

农产品质量安全法

调研，吸收外国的经验，将原《食品卫生法》改为《食品安全法》，2009 年 2 月 28 日经全国人大审议通过，于当年 6 月 1 日正式实施。为落实习近平总书记"四个最严"指示要求，2015 年、2018 年对《食品安全法》进行了两次修正。修正后的《食品安全法》被誉为是历史上最严的法律。目前全国人大已将《农产品质量安全法》修订列入立法计划，近期可望出台新的《农产品质量安全法》。

这两部法律的颁布，不仅使我国食品法律制度更加完善，而且对整个社会经济全面发展和进步，具有十分重要的意义。它不仅关系到国家的经济发展，更关系到人民的身体健康安全，是我国食品安全、农产品质量安全的重要的法律制度和保障。

（一）制定实施"两法"是生产力发展、人民生活水平提高的内在要求

无论是环境问题还是食品安全问题都必须建立在经济发展水平的基础之上。改革开放 30 年来我国经济得到较快发展，国民生产总值 1978 年 3 624 亿，2020 年突破 100 万亿；农民人均纯收入 1978 年 133 元，2020 年 17 131 元；城镇居民人均纯收入 1978 年 340 元，2020 年 43 834 元，为"两法"的制

定实施提供了物质基础条件。没有这些物质条件，"两法"就成为空中楼阁。可以想象：在一个连温饱都不能解决的国度里，重视食品安全、农产品质量安全是不可能存在的。

（二）制定实施"两法"是适应全球经济一体化，提高我国经济竞争力的迫切要求

在经济全球化的大背景下，各国都力求保护本国经济的稳定发展。在经济危机中，各个国家首先考虑的是如何将本国经济摆脱困境。过去靠什么保护？过去主要靠许可、配额、关税来限制。但加入 WTO 后，这些措施将受到限制。现在主要靠技术壁垒来保护本国经济的发展。什么是技术壁垒？其核心是质量标准。是以国家或地区的技术法规、协议、标准和认证体系（合格评定程序）等形式出现。从科学技术、卫生、检疫、安全、环保、产品质量和认证等技术性指标体系方式入手，施用于国际贸易，呈现灵活多变，名目繁多的规定，由于它以技术面目出现，所以常常被披上合法的外衣。我国加入了WTO，签订了 TBT 协定（《技术性贸易壁垒协定》）、SPS 协定（《实施卫生与植物卫生措施协定》）。

此外，日本、欧盟、美国等均制定了严格的标准，对我国农产品出口提出了严峻挑战。

（三）制定实施"两法"是保障人类身体健康安全和经济发展安全、社会发展安全的强烈要求

食品安全关系到全球。近些年来，世界上频频发生了食品安全事件，对人类健康、安全造成严重威胁。如 2004 年，发生食物中毒事件 10 613 起，死亡3 640 人；2005 年发生了 15 大食品安全事件；2006 年发生福寿螺事件、人造蜂蜜、瘦肉精事件、"口水油"沸腾鱼事件、毒猪油事件、大闸蟹事件、苏丹红（红心蛋）事件、多宝鱼事件、桂花鱼事件、陈化粮事件等十大食品安全事件；2008 年我国发生的三聚氰胺事件，整个奶业濒临倒闭，经济上受到巨大损失，特别是造成一批婴儿、儿童身体受到伤害。食品安全、农产品安全问题已成为人民群众关心的热点问题之一。

（四）制定实施"两法"是完善法制规范管理的必然要求

加入 WTO 后，我国的政策法规必须与国际接轨。一方面要废止一批不适合的法律政策，另一方面要根据 WTO 规则出台一些新的符合形势要求的法律。"两法"就是为了适应新的形势而出台的。过去是《食品卫生法》，现在改为《食品安全法》，也是顺应世界的新要求。针对过去分散的管理体制，

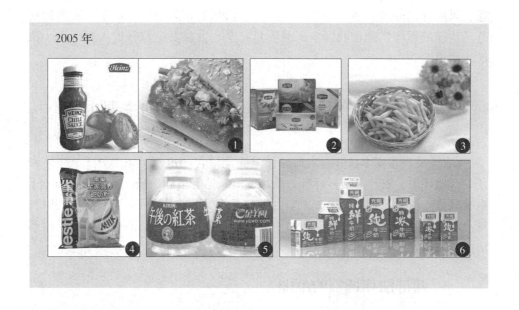

我国食品管理体制经过几次调整。2004 年，国务院专门就食品安全管理进行职能调整分工；2008 年再次进行职能调整分工。2018 年在新一轮机构改革中又对食品安全管理体制进行了再次调整。为使管理体制法制化，在出台和修订《食品安全法》中就食品管理体制进行了规范，针对我国食品安全事件的频频发生，针对过去法律的薄弱环节，如添加剂管理问题、食品检测问题、风险评估问题，重大事故处置问题、信息发布问题等，均作了系统的规范。法律的颁布实施使我国农产品质量安全、食品安全监管进入规范化、法治化轨道。

第二节　农产品质量安全法律制度的主要内容

《农产品质量安全法》对农产品质量安全监管的范围、职责分工、主体责任、产地环境、农产品质量标准、质量监测、监管措施、法律责任等方面作了系统规范。由于《食品安全法》中也对农产品质量监管作了部分规定，同时其规范的原则和部分制度，对农产品质量安全监管仍然适用。因此，本节就两部法律相关内容一并介绍。

一、两部法律调整的范围

(一) 几个概念

1. 食品　根据《食品安全法》第一百五十条规定，食品指各种供人食用或者饮用的成品和原料以及按照传统既是食品又是中药材的物品，但是不包括以治疗为目的的物品。

食品安全法

2. 食品添加剂　食品添加剂是指为改善食品品质和色、香、味以及为防腐保鲜和加工工艺的需要而加入食品中的人工合成或者天然物质，包括营养强化剂。

3. 食品安全　食品安全是指食品无毒、无害，符合应当有的营养要求，对人体健康不造成任何急性、亚急性或者慢性危害。

4. 农产品　《农产品质量安全法》第二条规定，农产品是指来源于农业的初级产品，即在农业生产活动中获得的植物、动物、微生物及其产品。具体包括大米、茶叶、植物油、分割肉、奶、蛋以及其他鲜活产品。包括农业活动获得的，即生产、采集、捕捞等农业活动中获得的食品农产品均属《农产品质量安全法》调整范围。

(二) 区分"两法"的调整范围

1. 《食品安全法》的调整范围　根据《食品安全法》第二条规定，在中华人民共和国境内从事下列活动，应当遵守本法：①食品生产和加工、食品销售和餐饮服务；②食品添加剂的生产经营；③用于食品的包装材料、容器、洗涤剂、消毒剂和用于食品生产经营的工具、设备的生产经营；④食品生产经营者使用食品添加剂、食品相关产品；⑤食品的贮存和运输；⑥对食品、食品添加剂和食品相关产品的安全管理。

供食用的农业的初级产品的质量安全管理，遵守《农产品质量安全法》的规定。但是，制定有关食用农产品的质量标准、公布食用农产品安全有关信息、农产品销售、农药使用等方面，应当遵守《食品安全法》的有关规定。

2. 《农产品质量安全法》的调整范围　从事初级农产品的生产经营、管理活动必须遵守《农产品质量安全法》。

（三）处理好"两法"及相关法律的关系

1. "两法"的关系是普通法与特别法的关系

（1）《食品安全法》是关于整个食品的生产经营、相关产品的生产经营以及管理等活动的法律规范。除法律另有规定外，均要执行本法律。

（2）《农产品质量安全法》是就食用农产品方面的特别法律规定。只要有特别法律规定，就应当使用特别法律规定（即特别法优先于普通法）。

2. 与相关行政法规的关系　行政法规，只要法律特别授权也可以优先使用。

例如：①转基因食品的标识问题。《农产品质量安全法》第三十条规定，属于农业转基因生物农产品，应当按照农业转基因生物安全管理的有关规定进行标识。②生猪定点屠宰问题。《农产品质量安全法》第五十五条规定，生猪屠宰的管理按照国家有关规定执行。我国已制定《生猪定点屠宰管理条例》。《食品安全法》第一百五十一条规定，转基因食品和食盐的食品安全管理适用本法，本法未规定的，适用其他法律、行政法规的规定。

二、食品与农产品的管理体制

我国的食品监督管理体制实行的是分段管理、权责分明的管理模式。长期以来，有"九龙治水"和"七官治猪"之说，管理分散。食品安全管理经过2004—2019 年的几次调整，形成目前的管理体制。除各级政府的统一管理职责和食品安全委员会的综合协调职责外，涉及市场、卫生、农业、出入境等四个部门。

（一）国务院卫生与健康委员会

具体职责如下：

（1）食品安全风险评估。成立由医学、农药、食品、营养等方面的专家组成的食品安全风险评估专家委员会进行食品安全风险评估。

（2）食品安全标准的制定。会同市场管理部门，制定和公布食品安全国家标准。对现行食用农产品质量标准、食品卫生标准、食品质量标准予以整合，统一公布为食品安全国家标准。

（3）其他需要国务院卫生与健康委员会综合协调的职责。

（二）县级以上农业行政部门的职责

依照《农产品质量安全法》履行对初级农产品的生产经营的监督管理工作。具体有 13 项职责：

（1）负责农产品质量的风险评估工作。与食品质量风险评估并列成立各自委员会，但专家相互渗透，信息相互通报。

（2）农产品质量安全日常监管信息发布。《食品安全法》第一百一十八条至第一百二十条对信息发布权限进行了调整。农业部门只能发布日常监管信息，目前正在制订细则，会作出具体规定。就本人理解，日常监管信息可以包括除重大食品事件信息以外或国务院统一公布的信息以外的监管信息。如监督抽查信息、行政许可信息、例行监测信息、有关产品名目、查处案件情况、专项整治情况等。

乳品质量安全
监督管理条例

（3）农产品质量标准的制定和实施工作。国务院农业农村部门协同做好有关食用农产品安全标准的制定工作。农产品标准的实施由农业农村行政部门统一组织。

（4）农产品产地环境保护。①划定生产区域：禁止生产区域的划定与公布。②禁止在有毒有害物质超过规定标准的区域生产、捕捞、采集食用农产品和建立农产品基地。划定为不能种植的区域要有标识，并做好群众安置等有关工作，依法改变土地用途和进行整治。

（5）农产品生产过程的指导与管理。制订技术操作规程、指导农民合作经济组织和农资生产企业建立生产档案。

（6）监督检查。按照《农产品质量安全法》和《食品安全法》的相关规定实施监督检查。

（7）农产品检测机构的管理。资质审核与认定，对其检测行为实施监督。

（8）农产品包装标识管理。农民合作经济组织、农产品收购的单位和个人对适合包装的农产品应当包装标识，不适合包装的应当标识。

（9）农产品质量事故处理。①报告。属于重大食品案件报告市场监管部门和本级政府，然后分别按职责权限上报。②进行现场处理，防止事故扩大。③依法进行处理。

（10）农产品质量安全标志管理。无公害农产品、绿色农产品、有机农产品、农产品地理标志的组织认证和监管。农产品生产者生产的农产品达到质量要求的，可以申请使用相应的质量标志。由农业农村部统一认证合格的产品，可以使用有关标志。目前无公害农产品标志认证已下放至省，具体规定正在制订之中。

（11）行政处罚。按照职权划定，农业行政部门仅对生产、运输（产地运输）、贮藏、生鲜乳收购等环节有处罚权，法律、行政法规规定的，从其规定。

（12）行政强制。在监督检查中，对不符合质量标准的农产品可以查封、扣押、监督无害化处理和销售。

（13）调解赔偿。对事故造成民事损害的，进行调解。

（三）市场监管部门的职责

根据机构改革对职能的调整，市场监管部门职责包括工商部门、食品药品监督管理部门、质量监督等部门的职责。对食品监管的职责应该是上述三部门相关职责的整合。

《食品安全法》规定，国务院食品安全监督管理部门依照《食品安全法》和国务院规定的职责，对食品生产经营活动实施监督管理。国务院卫生行政部门依照《食品安全法》和国务院规定的职责，组织开展食品安全风险监测和风险评估，会同国务院食品安全监督管理部门制定并公布食品安全国家标准。国务院其他有关部门依照《食品安全法》和国务院规定的职责，承担有关食品安全工作。

（1）生产经营许可（含餐饮）：颁发生产许可证。按照《食品安全法》第三十三条规定的条件（场地设施、人员、流程卫生）进行审核把关。

（2）生产经营、餐饮的监督：包括对环境卫生、设备设施卫生、人员卫生、质量管理制度、原料采购查验制度、工艺流程卫生及措施、产品出厂质量监测及出厂质量、销售记录等的监督。

（3）牵头制订食品安全标准。

（4）查处生产（食用农产品生产除外）经营（含餐饮）领域违法行为。

（5）负责生产流通领域食品的监督抽查，查处流通领域（含初级农产品部分）违法行为。

（6）广告的审查发布。

（7）负责生产流通（含餐饮）领域食品质量安全和重大食品安全（含农产品安全）信息发布及食品日常监管信息发布。

（8）处理食品应急事件有关工作。

（四）进出境检验检疫部门职责

主要职责是负责进出境食品质量监管。具体职责如下：

（1）对进出境食品进行抽检把关，查验有关证明文件资料。

（2）接受我国境内出口食品出口商或者代理商备案；接受向我国境内出口食品的境外食品生产企业的注册。

（3）向卫生、农业、市场监管等部门通报有关进出境食品安全信息。

（4）做好进出境食品安全应急处理有关工作。

（5）依法查处进出境食品违法行为。

三、食品与农产品安全监管的重要制度

（一）食品与农产品安全风险评估制度

农业转基因生物
安全管理条例

农业农村部成立农产品质量风险评估委员会；卫生与健康部门成立食品安全风险评估委员会。两个委员会的专家有交叉（前者有食品方面的专家，后者有农业投入品等方面的专家），信息相互通报交流。那么什么是风险评估制度呢？一些国际食品法典委员会（CAC）采纳的对食品危害人类健康安全的因素进行分析、管理、监控的科学管理体系，也是 WTO《技术性贸易壁垒协定》（TBT 协定）和《实施卫生与植物卫生措施协定》（SPS 协定）要求采取的措施，分三个阶段：①风险评估：包括风险识别、危害特征描述、暴露评估、风险描述。②风险管理（征求意见，完善管理措施）。③风险交流（将有关风险评估信息与有关专家、监管部门、社会进行交流）。

风险评估为食品安全管理提供依据，为控制对人的身体危害提供依据。根据风险评估，采取相应措施，及时预防，减少危害。

（二）食品与农产品生产经营许可制度

《农产品质量安全法》对农产品生产经营许可没有规定；《农业转基因生物安全管理条例》规定，生产加工农业转基因农作物的必须由省、自治区、直辖市农业农村行政主管部门颁发生产加工许可证。

根据《食品安全法》第三十五条规定，国家对食品生产经营实行许可制度。从事食品生产、食品流通、餐饮服务，应当依法取得许可。但是，销售食用农产品，不需要取得许可。许可主要包括食品生产许可、食品流通许可、餐饮服务许可。

1. 许可证的发放机关和发证条件

（1）食品生产许可证（包括食品添加剂）

①发放机关：市场监管部门。

②发证条件：《食品安全法》第三十三条第一至第四项（场所、设施设备、人员、工艺流程卫生条件等）。

（2）食品流通许可证（可以与执照同时审查）

①发证机关：市场监管部门。

②发证条件：《食品安全法》第三十三条第一至第四项。

（3）餐饮服务许可证

①发证机关：市场监管部门。

②发证条件：《食品安全法》第三十三条第一至第四项。

2. 免证条件

（1）取得食品生产许可证的食品生产者在其生产场所销售生产的食品，不需取得食品流通许可证。

（2）取得餐饮服务许可的餐饮服务提供者在餐饮服务场所出售其制作加工的食品，不需要取得食品流通许可证。

（3）农民个人销售其自产的食用农产品，不需要取得食品流通的许可。

（4）小作坊及流动商贩是否办许可证，由省市自治区人大常委会根据《食品安全法》制订具体管理办法。

（三）食品与农产品市场准入制度

一方面设定生产经营许可，对生产经营者严格把关；另一方面对食品质量进行严格把关。

根据《农产品质量安全法》第三十三条的规定，禁止销售下列农产品：①含有国家禁止使用的农药、兽药或其他化学物质的；②农药、兽药等化学物质残留或者含有的重金属等有毒有害物质不符合农产品质量标准的；③含有的致病性寄生虫、微生物或生物毒素不符合农产品质量标准的；④使用的保鲜剂、防腐剂、添加剂等标准不符合国家强制性的技术规范的；⑤其他不符合农产品质量安全标准的。

根据《食品安全法》第三十四条规定，禁止生产经营下列食品：①用非食品原料生产的食品或者添加食品添加剂以外的化学物质和其他危害人体健康物质的食品；或者用回收食品作原料的食品；②致病性微生物、农药残留、兽药残留、重金属污染物质以及其他危害人体的物质含量超过食品安全标准限量的食品；③用超过保质期的食品原料、食品添加剂生产食品、食品添加剂；④超范围、超限量使用食品添加剂的食品；⑤营养成分不符合食品安全标准的专供婴幼儿和其他特定人群的主辅食品；⑥腐败变质、油脂酸败、霉变生虫、污秽不洁、混有异物、掺杂掺假或者感官性状异常的食品；⑦病死、毒死或者死因不明的禽、畜、兽、水产动物肉类及其制品；⑧未按规定检疫或者检疫不合格的肉类，或者未经检验或者检验不合格的肉类制品；⑨被包装材料、容器、运输工具等污染的食品、食品添加剂；⑩标注假生产日期、保质期或者超过保质期的食品、食品添加剂；⑪无标签的预包装食品、食品添加剂；⑫国家为防病等特殊需要明令禁止生产经营的食品；⑬其他不符合法律、法规或者食品安全标准的食品、食品添加剂、食品相关产品。

（四）食品与农产品进出境注册备案制度

从事农产品对外贸易应当符合外贸有关法律规定，同时应遵循《食品安全法》的相关规定。根据《食品安全法》第九十三条规定，进口尚无食品安全国家标准的食品，由境外出口商、境外生产企业或者其委托的进口商向国务院卫生行政部门提交所执行的相关国家（地区）标准或者国际标准。国务院卫生行政部门对相关标准进行审查，认为符合食品安全要求的，决定暂予适用，并及时制定相应的食品安全国家标准。

根据《食品安全法》第九十六条规定，向我国境内出口食品的境外出口商或者代理商、进口食品的进口商应当向国家出入境检验检疫部门备案。向我国境内出口食品的境外食品生产企业应当经国家出入境检验检疫部门注册。已经注册的境外食品生产企业提供虚假材料，或者因其自身的原因致使进口食品发生重大食品安全事故的，国家出入境检验检疫部门应当撤销注册并公告。国家出入境检验检疫部门应当定期公布已经备案的境外出口商、代理商、进口商和已经注册的境外食品生产企业名单。

（五）食品质量监测制度

国家建立了食品、农产品质量监测制度。为保证质量监测，建立健全了检验检测体系。目前主要开展了四类监测。

1. 食品风险监测　按风险评估要求对潜在危害进行长期监测。

2. 例行监测　为管理工作需要，掌握食品质量动态，长期定点监测。

3. 监督抽查监测　对关系国计民生的重要产品，对民众反映强烈的问题突出的产品，由国家有关主管部门（实行农产品产地监督抽查由农业部门负责，其他食品抽查由市场监督管理部门进行抽查）进行不定期的全面抽查，并公告检测结果。

4. 执法办案抽样检验　为执法办案索取证据的需要进行的随时抽检。这里特别强调，根据《食品安全法》第八十七条的规定，食品安全监督管理部门对食品不得免检。

（六）食品安全标准制度

根据《食品安全法》的相关规定，对食品安全标准进行规范。

1. 调整管理体制　食品安全国家标准由国务院卫生行政部门会同国务院食品安全监督管理部门制定、公布，国务院标准化行政部门提供国家标准编号。食品中农药残留、兽药残留的限量规定及其检验方法与规程由国务院卫生行政部门、国务院农业行政部门会同国务院食品安全监督管理部门制定。屠宰畜、禽的检验规程由国务院农业行政部门会同国务院卫生行政部门制定。

2. 整合多乱杂的食品标准　将原来的食品卫生标准、农产品质量标准、食品营养标准等标准统一为食品安全标准。统一整合后发布。在未整合发布前仍采用原来的标准，其他部门不得再制定食品标准。目前我国已清理食品国家标准 1 817 项，废止 208 项，清理行业标准 2 588 项，废止 323 项。现有食品方面标准 958 项，尚在清理制订完善之中。

3. 与国际标准接轨　按我国在国际上签订的一系列协议规定，要求与国际对标的，都将逐步清理完善规范，与国际接轨。

（七）食品与农产品安全信息报告制度

食品安全信息发布，关系到人类的身体健康安全和社会的稳定，必须依法发布。

1. 信息公布主体　根据《食品安全法》和《农产品质量安全法》的规定。

（1）下列信息由国务院食品安全监督管理部门统一发布：①国家食品安全总体情况；②食品安全风险警示信息；③重大食品安全事故及其调查处理信息；④国务院确定的需要统一公布的信息。

（2）涉及本行政区域范围内的食品安全总体情况、重大食品安全事故处理信息，由省、市、自治区食品安全监督管理部门统一发布。

（3）县级以上农业农村行政等监管部门，在其职责范围内，发布有关日常性监管信息。如行政许可信息、抽样检验结果信息、查处案件信息等。

2. 信息发布要求　遵循科学的原则，做到准确、及时、客观，并对有关信息加以解释、说明，如信息来源、依据等。

3. 信息报告和通报　农业、卫生与健康、市场监管行政部门、进出境检疫机构，相互做好信息通报。同时，对重大食品安全信息，要及时逐级上报。事故发生地单位，必须及时向本级政府和市场监督管理部门报告，地方政府及市场监管部门应当主动向上级政府和市场监管部门报告，并在 2 小时之内报告省政府，也可直接向国务院和国务院市场监管部门报告。省政府和国家市场监管部门在接到报告后 2 小时内向国务院报告。

（八）重大食品与农产品安全应急处理制度

根据《食品安全法》第一百零二条规定，国务院组织制定国家食品安全事故应急预案。县级以上人民政府应当根据有关法律、法规的规定和上级人民政府的食品安全事故应急预案以及本地区的实际情况，制定本行政区域内的食品安全事故应急预案，并报上一级人民政府备案。食品生产经营企业应当制定食品安全事故处置方案，定期检查本企业各项食品安全防范措施以落实情况，及时消除食品安全事故隐患。

1. 制定应急预案意义重大　所谓应急预案是指经过一定程序制定的开展食品安全事故应急处理工作的事先指导方案。确保一旦发生食品安全事故，能够有效组织、快速反应、及时控制食品安全事故，高效开展应急救援工作，最大限度地减少食品安全事故的危害，保障人民群众身体健康安全。

2. 重大食品安全事故分级　分为特别重大食品与农产品安全事故（Ⅰ级）、重大食品与农产品安全事故（Ⅱ级）、较大食品与农产品安全事故（Ⅲ级）和一般食品与农产品安全事故（Ⅳ级）四个级别。

3. 应急预案启动

（1）赋予县级以上各级人民政府在食品与农产品安全管理中负全责的职责。统一负责、领导、组织，协调本行政区的食品安全监管工作。

（2）赋予食品生产经营企业为食品安全第一责任人职责。食品和农产品生产经营者应按照危害分析和关键控制点（HACCP）以及国际食品法典委员会（CAC）食品安全、管理体系，分环节、分阶段进行危害分析，确定关键控制点，采取相应措施，预防控制危害发生。

（3）按事故级别启动应急预案。

①一般食品安全事故。由县级人民政府成立应急指挥机构，负责组织有关部门开展应急救援工作。先由县级市场监管部门调查核实，对事故级别进行确认和评估，向县政府报告。属于一般事故的，由县政府决定启动应急预案。上级市场监管、卫生与健康部门给予指导、监督和支持。

②属于较大食品与农产品安全事故。由市级人民政府成立应急指挥机构，负责组织发生在本行政区域内的较大食品与农产品安全事故的统一领导和指挥，根据市场监管部门的报告和建议，决定启动较大食品与农产品安全事故的应急处置工作。及时向有关部门和毗邻或可能涉及的市（地）通报有关情况。

③属于重大食品安全事故。由省级人民政府根据省市场监管部门报告和建

议、实际情况，成立食品与农产品安全事故应急处理指挥机构，决定启动重大食品安全事故应急处置预案，向相关省份通报。

④属于特别重大食品安全事故。国家应急指挥部或办公室组织实施调查处理应急工作。根据评估、确认情况，启动国家特别重大食品安全应急预案。事故发生地人民政府应按照相应的预案全力以赴地组织救援，并及时报告救援工作情况。

4. 应急处理工作

（1）开展应急救援工作。

（2）封存可能导致食品与农产品安全事故的食品及其原料，并立即进行检验。

（3）封存被污染的食品与农产品工具及用具（强制措施，注意方法）。

（4）做好信息发布工作。统一、全面、及时、准确发布。

（九）食品包装标识制度

1. 食品包装标识范围

（1）初级农产品 限于农产品生产企业、农民合作经济组织、农产品收购单位和个人销售的应当包装标识的必须包装标识。不宜包装标识的必须标识。

（2）其他食品 法律没有规定哪些包装哪些不包装，但标识必须有。无论散装还是预包装食品必须有标识。

2. 标识的内容

（1）初级农产品 根据《农产品质量安全法》第二十八条规定，标明产品名称、产地、生产者、生产日期、保质期、产品质量等内容，使用添加剂的标明添加剂名称。

（2）其他食品 根据《食品安全法》第六十七条规定，标明名称、规格、净含量、生产日期，成分或者配料表，生产者名称、地址、联系方式，保质期，产品标准代号，贮存条件，所使用的食品添加剂在国家标准中的通用名称，生产许可证编号，法律法规或者食品安全标准规定必须标明的其他事项。专供婴幼儿食用的还应标明主要营养成分及含量。

散装食品应当在容器上标明名称、生产日期、保质期、生产经营者名称及联系方式等。

3. 包装标识注意事项 ①属于转基因食品与农产品按转基因产品要求标识；②食品与农产品标识不得涉及疾病预防、治疗功能；③生产者对标签、说明书上载明的内容负责；④食品添加剂的应当有包装、标签、说明书。标签内容按《食品安全法》第六十七条第一款的规定事项。

(十) 生产经营单位生产经营记录制度

1. 农产品的生产经营记录要求

（1）要求农产品生产企业、农民合作经济组织要建立生产档案记录 记录农业投入品的使用情况（名称、来源、用法、用量和使用、食用日期等）；动物疫病、植物病虫草害发生和防治情况；收获、屠宰或捕捞的日期等。

（2）要求销售企业建立进货查验记录 《农产品质量安全法》第三十七条规定，农产品批发市场建立质量抽查，查验有关文件，质量合格文件，不经检验或检验不合格的，进货抽查不合格的，不许销售，并向农业农村部门报告。

2. 加工食品的生产记录要求

（1）生产加工单位 建立两方面的记录：①原料采购查验记录。主要查验供货者的许可证和产品合格证明文件，查不到文件的，依法进行检验，记录食品原料、添加剂及相关产品名称、规格、数量、供货者名称和联系方式、进货日期等。②出厂检验记录。主要是产品名称、规格、数量、生产日期、生产批号、检验合格证号、购货者名称及联系方式、销售日期，保存不少于2年。

（2）食品经营企业 建立进货查验记录。内容与（1）相同。统一配送经营的企业，可以由总部统一查验。记录保存不少于2年。

（3）进口商建立食品进口和销售记录 记录名称、规格、数量、生产日期、生产或者进口批号、保质期、出口商和和购货者名称及联系方式、交货日期等，保存不少于2年。

(十一) 产品召回制度

许多发达国家都建立产品召回制度。美国2009年发生有史以来召回产品最多的一起食品质量案，召回销往43个州的被污染的不合格的花生酱。我国从法律制度上明确规定召回制度，是在2007年发布《食品召回管理规定》时开始。

1. 召回制度意义 ①防患于未然，充分保障消费者的身体健康和生命安全；②体现食品生产经营者是保障食品安全的第一责任人；③提高政府监管效能，变被动为主动。

2. 召回制度分级 召回制度分为三级：一级召回指已经或可能诱发食品污染、食源性疾病等对人体健康造成严重危害甚至死亡的，或者流通范围广、社会影响大的不安全食品的召回；二级召回指已经或可能引发食品污染、食源性疾病等对人体健康造成危害、危害程度一般或范围较小、社会影较小的不安全食品的召回；三级召回是指已经或可能引发食品污染、食源性疾病等对人体健康造成危害，危害程度较微的，或者有对特定人群可能引发健康危害的成分而在食品标签和说明书上已予标示，或者标示不全，不明确的不安全的食品的召回。

生产经营者为第一责任人，发现不符合质量安全标准的食品，应主动停止生产销售，召回已经上市销售的食品。

3. 责令召回　企业不主动召回，有关部门则责令召回。

（十二）监督检查制度

根据《食品安全法》第一百零九条、一百一十条等，《农产品质量安全法》第三十三条至第四十二条规定，建立监督检查制度。

1. 监管方式和手段

（1）制定监督管理计划。由县级以上地方人民政府组织有关部门制定年度监管计划，并按照年度监管计划开展工作。

（2）对生产经营场所进行定期不定期现场检查。查阅复制有关资料、票据。

（3）对生产经营产品进行监督抽查。农业农村行政主管部门根据《农产品质量安全法》第三十四条规定进行农产品质量抽查。

（4）查封、扣押有证据证明不符合食品安全标准的食品，违法使用的食品原料、食品添加剂、食品相关产品，以及用于违法生产经营或者被污染的工具、设备。

（5）查封违法从事食品生产经营活动的场所。农业部门按照《农产品质量安全法》对初级农产品实施监督管理。

2. 注意事项

（1）查封扣押只能对有证据证明不符合食品安全标准的食品、食品添加剂、原料及食品相关产品实施；不得超范围、超规定实施。

（2）监督检查，必须制订检查记录。

四、关于法律责任

（一）责任划分

1. 行政责任　包括两个方面，一是对行政机关的工作人员或执法主体工作人员违法违纪不构成犯罪的纪律惩戒，包括行政处分、引咎辞职等；二是对管理相对人违反行政法规范、法律法规，实施的行政处罚。

2. 民事责任　根据民法的规定，公民或法人在违反自己的民事义务或侵犯他人的民事权利时所应承担的法律后果。包括两个方面：①平等主体之间产生的民事、人身、财产或其他损害；②政府及其管理部门违法造成对管理相对人的人身、财产损害，应当承担赔偿责任。

3. 刑事责任 包括国家工作人员、管理相对人违法，触犯刑律的，构成犯罪的，依法追究刑事责任。

（二）责任追究

1. 对县级以上政府和监管部门及其工作人员的责任追究 根据《农产品质量安全法》第四十三、第四十四条的规定，根据《食品安全法》第一百四十二至第一百四十六条规定追究行政责任。

（1）行政责任追究

①对直接负责的主管人员和其直接责任人员给予记大过、降级、撤职或者开除的处分。行为表现：未履行职责，本行政区域出现重大食品安全事故，造成严重社会影响。

②对市场、农业、卫生与健康等管理部门或其他相关部门直接负责的主管人员和其他直接责任人员给予记大过或者降级的处分；造成严重后果的，给予撤职或者开除的处分；其主要负责人应当引咎辞职。

③根据《食品安全法》规定，食品安全监管部门以广告或者其他形式向消费者推荐食品的，依法对其直接主管的主管人员和其他直接责任人员给予记过、降级或者撤职处分。

（2）民事赔偿责任追究 根据《食品安全法》的规定，按照《反不正当竞争法》和其他相关法律规定，政府指定单位销售物质或者限制外地产品进入，保护本地产品销售，产生人民群众财产、人身安全损害的，不仅承担行政责任，还应承担民事赔偿责任。

（3）刑事责任追究 县级以上地方人民政府不履行法定职责或者滥用职权、玩忽职守、徇私舞弊，构成犯罪的，对直接负责的主管人员和其他直接责任人员要依据《刑法》第三百九十七条规定，处三年以下有期徒刑或者拘役。国家机关工作人员徇私舞弊，犯前款罪的，处五年以下有期徒刑或者拘役；情节特别严重的，处五年以上十年以下有期徒刑。

2. 对检验检测、协会等机构及其人员违法的责任追究 对检测机构实行检测机构与检测人员共同负责制。

（1）行政责任追究

①依据《食品安全法》的规定，承担食品检验检测的机构、食品行业协会、消费者协会以广告或其他形式向消费者推荐食品的，由有关主管部门没收违法所得；依法对直接负责的主管人员和其他直接责任人员给予记大过、降级或者撤职处分。

②依据《食品安全法》的规定，食品检测机构，食品检验人员出具虚假检验报告，由授予其资质的主管部门或者机构撤销该检测资格；依法对检测机构直接负责的主管人员和食品检验人员给予撤职或者开除的处分。

（2）民事责任追究　对利用虚假广告，出具虚假数据或其他形式虚假宣传，对消费者人身、财产或其他造成损害，依法承担赔偿责任。

（3）刑事责任追究　对食品检验机构、食品检验人员出具虚假检验报告，构成犯罪的，依据《刑法》第二百二十九条的规定追究刑事责任，处五年以下有期徒刑或拘役，并处罚金。前款规定的人员，索取他人财物或者非法收受他人财物犯前款罪的，处五年以上十年以下有期徒刑，并处罚金。刑满十年内不得从事检验检测工作。

受刑事处罚或者开除处分的食品检测机构人员，受到开除处分的自处分决定作出之日起十年内不得从事食品检验工作。因受到刑事处罚被开除的检测人员，终身不得从事食品检验工作。食品检验机构聘用不得从事食品检测检验工作人员的，由授予其资质的主管部门或者机构撤销该检验检测机构的检验资质。

3. 对生产经营单位的责任追究

（1）行政处罚　对违反《食品安全法》有关生产经营规范的，如非法生产经营，无证无照生产经营，生产经营不符合国家标准的食品；不按照要求实施记录和进货查验的；不按要求包装食品的；不按要求实施出厂检验和召回食品的；违法广告的；事故发生单位未依法处置报告的等，依据《食品安全法》有关条款实施行政处罚（包括警告，罚款，没收非法财物、物品，吊销许可证执照等）。

特别强调，市场开办者、展销会举办者、柜台出租者允许未取得许可的食品经营者进入，未履行检测报告义务的，给予行政处罚，吊销许可证。

被吊销许可证的食品生产经营者及其法定代表人，自处罚决定作出之日五年之内不得申请食品经营许可；被处刑罪的，终身不得从事食品生产经营管理工作。食品生产经营者聘用不得从事食品生产经营管理工作人员从事管理工作的，由原发证机关吊销其许可证。

（2）民事责任　依据《食品安全法》第一百四十八条规定，违反本法规定造成人身、财产或者其他损害的，依法承担赔偿责任。生产不符合食品安全标准的食品或者销售明知是不符合食品安全标准的食品，消费者除要求赔偿损失外，还可以向生产者或者其他销售者要求支付价款十倍或损失三倍的赔偿金，增加赔偿的金额不足一千元的，为一千元。

（3）刑事责任　食品生产经营构成犯罪，依法追究刑事责任。生产经营不符合国家标准食品的，构成非法生产经营假劣商品罪、非法生产经营有毒有害食品罪,依据《刑法》第一百四十条、第一百四十三条追究刑事责任。

4. 对信息发布机构和其他社会团体的责任追究

(1) 行政责任追究　对未依法报告的追究行政责任;对社会上擅自发布、散布虚假信息的依据有关法律给予行政处罚;依据《中华人民共和国政府信息公开条例》第三十五条规定,公开不应公开的政府信息的,对行政机关的主管人员和其他直接责任人员依法给予处分。构成犯罪依法追究刑事责任。

(2) 民事责任追究　虚假广告,广告经营者、发布者、设计者承担连带责任。虚假宣传造成人身、财产或者其他损害,应承担赔偿责任。

(3) 刑事责任追究　对提供并散布虚假事实,损害食品生产经营者的商业信誉、食品声誉,如果构成犯罪的,要依据《刑法》第二百二十一条的规定追究责任,处二年以下有期徒刑或拘役,并处或者单处罚金。

◆ **案例:三聚氰胺事件(三鹿奶粉事件)责任追究**

河北省对石家庄市政府分管农业的副市长免职处分;石家庄市免去了×××的党组书记、局长的职务;免去了石家庄质量技术监督局×××局长、党组书记职务;免除三鹿集团有限公司×××党组书记职务,同时责令她辞去了公司董事长、总经理职务。

经过中央、国务院批准,免去×××同志河北省省委常委、石家庄市委书记职务;同意接受质监总局局长辞职的请求,同意×××同志引咎辞职。有关部门对有关人员进行了行政处分。每个相关部门处分了 29 人。司法部门对涉嫌犯罪的三鹿集团董事长×××刑事审判,判处无期徒刑。对直接责任人×××以危害公共安全罪,判处死刑。对多名涉案人员判处无期徒刑或有期徒刑。

第三节　农产品质量安全违法案件查处

一、行政处罚种类

农业农村行政部门主要有九个方面的行政处罚职权。

1. 农产品质量安全检测机构伪造检测结果或者出具检测结果不实的

(1) 处罚对象:农产品质量安全检测机构。

(2) 两种情形:伪造检测结果、出具检测结果不实。

(3) 处罚方式:①对伪造检测结果:"双罚制",不仅要责令机构改正、没收违法所得,并处罚款;还要对直接负责的主管人员和其他直接责任人员罚款；情节严重的，还要撤销该机构的检测资格。②对出具检测结果不实：在造成重大损害情况下，撤销检测资格。

检测机构不因受到行政处罚而免除承担赔偿责任。

2. 农产品生产企业、农民专业合作经济组织未建立或者未按照规定保存农产品生产记录的，或者伪造农产品生产记录的

（1）处罚对象：农产品生产企业、农民专业合作经济组织。

（2）处罚情形：未建立或未按规定保存农产品生产记录的，或者伪造农产品生产记录的行为。

（3）处罚前置：责令限期改正而逾期不改。

（4）处罚方式：逾期不改正的，可以处罚款，也可以不处罚款；处罚款的，执法主体可以在 2 000 元范围内，依据违法情节酌定罚款数额。

3. 销售的农产品未按照规定进行包装、标识的

（1）处罚对象：农产品生产企业、农民专业合作经济组织以及从事农产品收购的单位或者个人。

（2）处罚情形：未按照规定进行包装标识，这里的"规定"主要是指国务院农业农村行政主管部门发布的部门规章和强制性技术规范。

（3）处罚前置：责令限期改正而逾期不改。

（4）处罚方式：2 000 元以下罚款。

4. 使用的保鲜剂、防腐剂、添加剂等材料不符合国家有关强制性的技术规范的

（1）处罚对象：农产品生产企业、农民专业合作经济组织以及从事农产品收购的单位或者个人。

（2）处罚方式：责令停止销售的行政措施和没收违法所得、罚款的行政处罚是并列关系，不能只承担一种法律责任。

5. 农产品生产企业、农民专业合作经济组织销售禁止销售的农产品的

（1）处罚对象：农产品生产企业、农民专业合作经济组织。

（2）处罚情形：《农产品质量安全法》第三十三条第一项至第三项及第五项。

（3）处罚方式：①责令停止销售，追回已经销售的农产品；②对违法销售的农产品进行无害化处理或予以监督销毁；③没收违法所得，并处 2 000 元以上 20 000 元以下罚款。

6. 农产品批发市场未设立或者委托农产品质量安全检测机构，对进场销售的农产品质量安全状况进行抽查检测、发现不符合农产品质量安全标准，未要求销售者立即停止销售，并向农业行政主管部门报告的

（1）处罚对象：农产品批发市场。

（2）处罚情形：《农产品质量安全法》第三十三条第一项至第三项及第

五项。

（3）处罚方式：在 2 000 元至 20 000 元范围内，依据违法情节酌定罚款数额。

7. 冒用农产品质量标志的

（1）处罚对象：冒用农产品标志者，包括：生产者、销售者。

（2）处罚情形：①未经认证擅自在产品上使用质量安全标志；②擅自扩大、改变质量安全标志的使用范围；③质量安全标志到期或被撤销后继续使用质量安全标志等。

（3）责令改正

（4）处罚方式：①没收违法所得；②2 000 元至 20 000 元范围的罚款。

8. 违反环境保护有关规定的，按相关法律处罚　违反《环保法》规定，生产、使用国家明令禁止生产、使用农药；被责令改正，拒不改正的，依据《农药管理条例》处罚外，对直接负责的主管人员和其他直接负责人处 5 日以上 15 日以下行政拘留。

9. 违反法律规定使用农业投入品的，按相关法律处罚　《食品安全法》第一百二十三条规定，违法使用剧毒、高毒农药的，除依照有关法律法规给予处罚外，由公安部门予以行政拘留五日以上十五日以下。根据《农药管理条例》第六十条规定，违反规定使用禁用农药的，属于农产品生产企业、食品和食用农产品仓储企业、专业化病虫害防治服务组织和从事农产品生产的农民专业合作社等单位的，处 5 万元以上 10 万元以下罚款；属于个人的，处 1 万元以下罚款。依据《食品安全法》第一百二十三条规定，可以由公安部门实施 5 日以上 15 日以下行政拘留。

二、主要条款的适用

1. 农产品质量安全检测机构伪造检测结果或者出具检测结果不实的，按照《农产品安全法》第四十四条规定处罚。目前，尚未查处的案件。

2. 农产品生产企业、农民专业合作经济组织未建立或者按照规定保存农产品生产记录，或者伪造农产品生产记录的查处，按照《农产品质量安全法》第四十七条规定处罚。

◆ **案例 1：××县××乡鸿雁茶厂未建立和未按规定保存农产品生产记录案**

2012 年 6 月 1 日，××县农业局执法人员在农产品质量安全检查中发现，当事人未建立年度茶叶生产记录。①首先调查取证。经过调查取证，责令改正为前置。②下达整改通知书。2012 年 6 月 5 日，××县农业局下达责令整改通知书。责令当事人于 7 月 5 日前改正。7 月 6 日，××县农业局来到茶厂检查，当事人强调工作忙，未予整改。③对当事人实施行政处罚。7 月 24 日，××县农业局送达了《行政处罚事先告知书》。7 月 24 日，当事人进行了陈述申辩，××县农业局认为其申辩理由不能成为免予处罚的理由。2012 年 8 月 7 日，××县农业局作出了行政处罚决定。处罚依据：认为当事人违反了《中华人民共和国农产品质量安全法》第二十四条第一款、第二款规定，其逾期（必须以责令改正为前置）不改，依据《中华人民共和国农产品质量安全法》第四十七条规定，参照《湖南省农业行政处罚自由裁量权适用规定》，作出罚款 1 000 元的行政决定，当日送达了《行政处罚决定书》。2012 年 8 月 20 日，当事人在指定银行缴纳了罚款 1 000 元。

3. 销售的农产品未按照规定进行包装、标识的，按照《农产品质量安全法》第四十八条规定处罚。

◆ 案例 2：

2012 年 7 月 16 日，××市农业局在执法检查时，发现该市城南区××农产品超市的鲜活农产品包装、标识不规范。许多产品只标名称、产地、价格，缺生产日期、保质期。①调查取证。7 月 16—17 日开始现场制作笔录，现场勘验，现场录像取证。②下达整改通知书（前置）。7 月 18 日下达限期整改通知书，要求在 7 月 25 日前整改到位。7 月 26 日，××市农业局去超市检查，仍未整改。③实施行政处罚。7 月 27 日作出行政处罚决定。认为××超市违反了《中华人民共和国农产品质量安全法》第二十八条的规定，依据第四十八条的规定，参照《湖南省农业行政处罚自由裁量权适用规定》，处以 2 000 元罚款。当事人在 15 日内到指定银行缴纳了罚款。

4. 使用的保鲜剂、防腐剂、添加剂等材料不符合国家有关强制性技术规范的处罚，违反了《农产品质量安全法》第三十三条第四项，按照第四十九条进行处罚。

◆ 案例 3：

2010 年 3 月 17 日，××市农产品质量安全检测中心向市农业行政执法支队反映，在市场上抽取的鲜青豆、鲜豌豆是将黄豆用化学制剂焦亚硫酸钠和果绿调制出来的。××市农业执法人员在某农产品批发市场进行检查时发现，当事人在该市场以 3.6 元/千克的价格销售。经现场鉴别，与市场抽查时发现的"鲜青豆、鲜豌豆"情况一样：颗粒均匀、芽体无白色、皮质较厚，闻有异味，肉质较硬。依据应实施处罚，执法人员报告农业局立案后，依法进行取证，并制作了《查封（扣押）通知书》。当事人违反了《中华人民共和国农产品质量安全法》第三十三条第四项的规定，依据第四十九条的规定，市农业局作出了处罚决定。

5. 农产品批发市场未建立或者委托农产品质量安全检测机构，对进场销售的农产品质量安全状况进行抽查检测，发现不符合农产品质量安全标准的，未要求销售者立即停止销售，并向农业行政主管部门报告的，违反《农产品质量安全法》第三十七条第一款，按照第五十条第四款进行处罚。

◆ 案例 4：

2009 年国庆节前，××市农业局执法支队在实施农产品市场监督检查时，对农产品进行抽检，发现某超市水果摊位销售的水蜜桃不合格。抽检检测出有机磷成分。经查，产品来源于某果业有限公司，该公司 1997 年成立，主要从事干鲜果及其他农副产品的批发、配送等业务，属××市的大型农产品批发市场。市农业局下达了整改通知书（不是处罚前置），责令尽快建立检测机构或委托有检测资质的检测机构对入场的农产品进行检测。15 天后，未见其整改，市农业局以违反第三十七条第一款规定为由，依据《中华人民共和国农产品质量安全法》第五十条第四款规定，处以 2 万元罚款。该公司已在 15 天内在指定银行缴纳了罚款。

注意：①被处罚主体：批发市场；②违法行为：未建立检测机构，对入场产品未检测，发现不符农产品标准产品，未责令停止销售，未向农业部门报告；③要求责令改正为前置。

6. 冒用农产品质量标志，违反《农产品质量安全法》第三十二条规定，依据第五十一条处罚。

◆ 案例 5：

2012 年 2 月 20 日××县农业局（县市）接到××市农业局案件交办函。交办函称：2012 年 2 月 17 日，××市人民政府组织相关职能部门对全市的食品质量安全进行督查，在督查中发现××连锁股份有限公司销售的部分面条产品的绿色食品标志不在有效期内（已过期），已责令停产改正。此案交××县农业局立案查处。

××县农业局迅速立案后，立即调查取证：询问笔录、现场勘验，依法取得了物证、书证，查明：当事人销售的克明面业生产的 3 个面条产品和夏桂秋面业公司生产的 6 个面条产品的绿色食品标志不在有效期内。当事人 2012 年 3 月 31 日向××县农业局提供了 1 份中国绿色食品中心中绿标函〔2011〕277 号关于《申请延期使用绿色食品标志》的复函。经核对，未包括：×××面业公司生产的 6 个产品。××县农业局对夏桂秋公司依法进行查处。认为其违反了《中华人民共和国农产品质量安全法》第三十二条的规定，依据第五十一条规定，没收违法所得 8 153.9 元，并处罚款 18 000 元。此案当事人提起行政复议和行政诉讼。当事人向××县人民政府提起了行政复议。

处罚机关认为：①面条属于初级产品；②根据《农产品质量安全法》，农产品标志由农业部门负责监管；③依据行政许可法，谁发证谁监管；④当事人自愿向农业部申请使用绿色食品标志。××县人民政府维持××县农业局决定，当事人又提起行政诉讼。××县人民法院经其审理后，第一审维持了农业部门决定。当事人又上诉到中级人民法院，中级人民法院经审理维持农业部门处罚决定。这个案例在其他省份可能有不同的判决结果。主要是基于面条是加工产品。该省这样判决主要是依据《行政许可法》的原则，谁发证谁监管。绿色食品是农业部认证颁发的标志。

思考题

1. 加强农产品质量监管法治建设的重要意义是什么？
2. 农产品生产记录的主要内容是什么？
3. 《农产品质量安全法》与《食品安全法》是如何分工的？
4. 农业农村行政部门在农产品质量安全的主要职责有哪些？

第六章 | Chapter 6

农业投入品管理法律制度

农业投入品是农业生产的重要物质保障，包括种子、肥料、农药、兽药、饲料及饲料添加剂、种畜禽、农膜、农业机械等物资设备。依法管理好农业投入品的生产、经营、使用等诸环节，严格把好质量关，有利于维护农民的合法权益，调动农民的生产积极性，促进我国农业与农村经济稳定发展。

第一节　农业投入品管理法律制度概述

一、农业投入品管理法律制度的概念

农业投入品管理法律制度，是指调整投入品的生产、经营与使用的各种法律规范的总称，也就是国家对农业投入品的生产、经营、使用以及与之相关的质量问题实行监督和管理的一系列法律、法规、规章与规范性文件。为加强对农业投入品的管理，国家已制定了一系列法律法规。

我国农业投入品监管法制发展具有如下特点或阶段：

（1）20世纪80年代为起步阶段　这个阶段的立法具有明显的行政性，法治性不强，行政处罚基本没有设定。80年代开始设定行政处罚，但非常有限，特别是农业行政部门没有行政处罚权。

（2）20世纪90年代为探索发展阶段　特别是随着加入WTO的形势要求，对法治开始重视。1996年出台《农药管理条例》、1999年出台《饲料及饲料添加剂管理条例》。这个时期的法治条例、办法，在制订程序上已经比较规范，行政处罚已普遍设定，农业行政部门的执法权力开始增多。

（3）进入21世纪后为全面推进阶段　加入WTO后，我国进一步完善农业投入品监管法制。2000年出台《种子法》，2001年修订出台《兽药管理条例》《饲料及饲料添加剂管理条例》等法规，2015年又修订出台《种子法》，使我国的农业投入品法治化进程逐步跟上发达国家的发展步伐。

二、农业投入品管理法律制度的适用范围

要弄清农业投入品管理法律制度的适用范围，首先要弄清农业投入品所指的范围。我国《农业法》第四十三条第三款规定："国家采取宏观调控措施，使化肥、农药、农用薄膜、农业机械和农用柴油等主要农业生产资料和农产品之间保持合理的比价。"第二十五条第三款规定："农业生产资料的生产者、销售者应当对其生产、销售的产品的质量负责，禁止以次充好、以假充真、以不

合格的产品冒充合格的产品，禁止生产和销售国家明令淘汰的农药、兽药、饲料添加剂、农业机械等农业生产资料"。根据农业生产实际，农业投入品主要指的是化肥、农药、农膜、种子、兽药、饲料、种畜禽、农机和农用柴油等直接用于农业生产的生产资料。因此，农业投入品管理法律制度应当主要适用于调整化肥、农药、农膜、种子、兽药、种畜禽、农机和农用柴油的生产经营与使用中所形成的各种法律关系。

第二节　农业投入品的主管部门

我国农业投入品的管理进行过多次调整。20 世纪 80 年代至 2000 年前，农业投入品监管是多部门分管时代。一般分工为：农业部门管使用环节和生产环节，工商、质监等部门管流通、加工环节，进出境检疫及海关管进出口贸易。2000 年以后，农业投入品监管体制逐步朝着集中管理发展。特别是党的十九大以后，按照一件事情原则上由一个部门监管的要求，对农业投入品监管主体进行了调整，目前的分工如下：

（1）种子的主管部门　根据《种子法》第三条规定，"国务院农业、林业主管部门分别主管全国农作物种子和林木种子工作；县级以上地方人民政府农业、林业主管部门分别主管本行政区域内农作物种子和林木种子工作。"包括生产、流通、产品质量、使用等环节的监管，主要由农业农村主管部门实施。市场监管部门负责广告宣传、商标侵权等方面的监管。进出境检疫部门、海关负责进出口贸易相关工作。

（2）农药的主管部门　根据《农药管理条例》第三条规定，"国务院农业农村主管部门负责全国的农药监督管理工作；县级以上地方人民政府农业农村主管部门负责本行政区域的农药监督管理工作；县级以上人民政府其他有关部门在各自职责范围内负责有关的农药监督管理工作。"按照职责分工：农药生产、经营、研究试验、使用诸环节的监管由农业农村部门负责；农药的进出口管理由进出境检疫部门及海关负责。

（3）兽药的主管部门　根据《兽药管理条例》第三条规定，"国务院农业农村行政管理部门负责全国的兽药监督管理工作；县级以上地方人民政府农业农村行政管理部门负责本行政区域内的兽药监督管理工作。"根据职责分工，兽药的生产、经营、研究、试验、进出口等环节的监管由农业农村部门负责；海关协助做好有关兽药的进出口工作；市场监管部门协助做好兽药广告、商标有关监管工作。

（4）饲料及饲料添加剂的主管部门　根据《饲料和饲料添加剂管理条例》

第三条规定，"国务院农业行政主管部门负责全国饲料、饲料添加剂的监督管理工作；县级以上地方人民政府负责饲料、饲料添加剂管理的部门，负责本行政区域饲料、饲料添加剂的监督管理工作。"按照各部门的职责分工，农业农村主管部门负责饲料及饲料添加剂的生产、经营、研究、试验、监测等环节的监督管理工作；市场监管部门负责广告审查、商标注册及监管；进出境检疫部门及海关负责饲料及饲料添加剂进出口等相关工作。

（5）肥料的主管部门　目前尚无专门法律法规就肥料的主管部门进行规范。农业农村部门仅依据《肥料登记管理办法》对部分肥料进行登记管理。市场监管部门可以依据《产品质量法》对所有肥料的生产经营进行监管。

（6）种畜禽的主管部门　根据《种畜禽管理条例》第五条规定，"国务院畜牧行政主管部门负责种畜禽的监督管理工作。县级以上人民政府畜牧行政部门负责本行政区域内种畜禽的管理工作。"机构改革后，目前应由农业农村部门负责管理工作。

（7）农业机械产品的主管部门　根据《农业机械化促进法》第六条的规定，"国务院农业行政主管部门和其他负责农业机械化有关工作的部门，按照各自的职责分工，密切配合，共同做好农业机械化促进工作；县级以上地方人民政府主管农业机械化工作的部门和其他有关部门，按照各自的职责分工，密切配合，共同做好本行政区域的农业机械化促进工作。"根据《农业机械安全监督管理条例》第四条规定，"县级以上人民政府应当加强对农业机械安全监督管理工作的领导，完善农业机械安全监督管理体系，增加对农民购买农业机械的补贴，保障农业机械安全的财政投入，建立健全农业机械安全生产责任制。"由此可知，农业机械的管理包括：产品质量和农机安全生产两个大的方面。从产品质量方面看，《农业机械化促进法》第十二条规定，"市场监督管理部门应当依法组织对农业机械产品质量的监督抽查，加强对农业机械产品市场的监督管理工作；国务院农业农村行政主管部门和省级人民政府主管农业农村工作的部门根据农业机械使用者的投诉情况和农业生产的实际需要，可以组织对在用的特定种类农业机械产品的适用性、安全性、可靠性和售后服务状况进行调查，并公布调查结果。"根据《农业机械化促进法》的规定，产品质量责任依据《产品质量法》规定实施；从农机安全生产方面看，根据《农业机械安全监督管理条例》的规定，由农业农村行政管理部门进行监管，包括农机维修、拼装、生产服务安全等方面的监管。

第三节　农业投入品主要法律制度

一、种业管理法律制度

种子法

《种子法》是国家保证农业生产用种数量特别是质量，严格管理种质资源，调整种子选育、生产、经营、推广、管理过程中所发生的经济权利义务关系的法律规范的总称。这里所称种子，是指粮、棉、油、麻、桑、茶、糖、菜、烟、果、药、花卉、牧草、绿肥、食用菌种等用于农业生产的籽粒、果实和根、茎、苗、芽等繁殖材料。种子立法的目的是为了加强种子管理，维护种子选育者、生产者、经营者和使用者的合法权益，促进种子生产现代化、社会化，保证种子质量，增加农业产量，提升产品质量和提高农作物种植的经济效益。

种子法是农业立法的重要组成部分。世界上最早的种子法起源于1816年瑞士伯尔尼市颁布的禁止出售掺杂三叶草种子的法令。1869年英国议会通过了不准出售丧失生命力和含杂草率高的种子的法令。1939年美国制订了《联邦种子法》，对种子生产、分级、包装、标签和质量检查等都作了具体规定。以后其他一些资本主义国家以及苏联、南斯拉夫等国也都有种子立法。中华人民共和国成立后，党和政府十分重视种子的立法工作，曾颁布过一系列有关种子的规范性文件和一些单行法规，在各个方面作了许多详细、明确的规定。1989年3月18日，国务院发布了《中华人民共和国种子管理条例》，同年5月1日起实施。全国人大常委会于2000年2月8日颁布实施《中华人民共和国种子法》，并于2015年11月4日进行修订，2016年1月1日正式实施。湖南省人大先后制定了《湖南省种子管理条例》，并在《种子法》颁布后，制定出台了《种子法实施办法》。农业农村部也制定了一系列配套规章。这些法律法规对种子的生产、经营、选育、审定、推广、使用、进出口等方面进行了规范。

（一）种质资源的管理

种子是由多种物质构成的，但最重要的是它的遗传基因。种质是载体，种质可遗传。种质资源也称遗传资源，是指决定各种遗传性状的基因资源，包括选育、生产农作物新品种的基础材料。种质资源是国家的宝贵财富，它是经过长期的自然演化和人工创造而形成的，是开展育种工作的物质基础。物质基础越丰富，越容易找到育种者所需要的基因资源，也就越有可能培育出好的新品种来。如20世纪50年代，我国水稻矮化育种的成功，关键是利用了"矮脚南特"和"矮子粘"的矮源（即矮杆品种资源）。60年代，国际水稻研究所利用我国台湾省的"低脚乌尖"的矮源，育成了一系列矮杆高产良种；国际玉米、小麦改良中心的小麦育种工作，利用了日本"农林10号"矮源，育成了小麦矮杆高产良种，使粮食大幅度增产，被称为"绿色革命"。70年代，我国育种工作者发现和利用了原产海南岛的雄性不育野生稻，使杂交水稻取得了重大突破，很快在生产上推广应用，并居世界领先地位，荣获我国第一个农业科技特等发明奖，做出突出贡献的袁隆平也因此被誉为"杂交水稻之父"。

到目前为止，人类所利用的种质资源仅仅是很小的一部分，绝大部分还没有被发掘和利用。过去一段时间，由于我国对作物种质资源的管理一无制度，二无法律规定，对种质资源的考察、搜集、保存不够重视，使有些品种资源特别是具有罕见特性的野生作物品种大量丧失，甚至随意流出国外，使国家蒙受重大损失，致使我国的遗传资源迅速减少。若不采取有效措施，那些宝贵的种质资源将会永远丧失，为此国家在法律上对种质资源的管理作了专门的规定，其主要内容有：

（1）种质资源受国家保护 农作物种质资源均属国家财富，受国家保护。国家有计划地搜集、整理、鉴定、保存和利用农作物种质资源。具体工作由农业农村部授权中国农业科学院作物品种资源研究所（简称中国农科院品资所）统一组织实施；各省、自治区、直辖市农作物种质资源的管理工作由各省、自治区、直辖市农业农村主管部门授权的有关单位负责。任何单位和个人不得损害国家规定保护的种质资源。

（2）实行两级保存制度 农作物种质资源实行长期、中期两级保存制度。长期保存由中国农科院品资所负责，中期保存由中国农科院有关作物专业所及各省、自治区、直辖市农科院负责。保存资源不仅仅是保持所搜集样本的数量，更重要的是保存各份材料的生活力和原有的遗传变异度。

（3）建立种质资源库 国务院农业农村、林业主管部门应当建立农作物种质资源库、种质资源保护区或者种质资源保护地，以做好搜集、保存、整理、鉴定和利用工作。各省、自治区、直辖市也应建立种质资源库、种质资源保护区或者种质资源保护地，具体工作由各省、自治区、直辖市农业农村行政主管部门授权的科研单位负责。

（4）加强种质资源的进出口管理 任何单位和个人向境外提供种质资源，或者与境外机构、个人开展合作研究利用种质资源的，应当向省、自治区、直辖市人民政府农业农村、林业主管部门审核，报国务院农业农村、林业部门批准；从境外引进种质资源的，依照国务院农业农村、林业主管部门的有关规定办理。

（二）品种的选育与审定

品种是指运用系统选育、杂交育种、诱变育种、单倍体多倍体育种和遗传工程育种等方法，经过多代比较淘汰，选出具有一致生物学特性和形态特征，遗传性状稳定，并与其亲本有明显区别，经济价值较高的一群农作物个体。品种选育的目标是优质、高产、稳产、多抗，生育期适中，适于机械化操作。由于种子是农业增产增收中的关键因素，所以每选育成功一个新品种，推广应用到大面积生产中去，便会获得较大的经济效益。农业生产上的每一次飞跃，都是伴随着种子科技的飞跃而发生的。

任何优良品种，从育成到推广，必须经过一个审定阶段。因为只有经过审定，才能对一个品种的早熟、高产、抗逆和其他经济性状有所了解，才能对其有无推广价值、应在什么范围内推广运用等作出正确的结论，才能达到增产增收的目的，否则会造成重大损失。为了有秩序地进行品种的选育与审定工作，国家在法律上作了明确而具体的规定，必须认真贯彻落实。

1. 品种的选育　农作物新品种（包括杂交组合）的选育，分别由县级以上人民政府农业农村主管部门会同有关主管部门，根据国家统一规划，组织有关科研、教学和生产单位进行。国家鼓励集体和个人选育农作物新品种。

2. 品种的审定

（1）审定制度　农作物品种审定实行国家和省、自治区、直辖市两级审定制度。国务院农业农村和林业主管部门设立的全国农作物品种和林木品种审定委员会，负责协调指导各省、自治区、直辖市农作物品种和林木品种审定工作，审定跨省推广的新品种，以及需由国家审定的品种。各省、自治区、直辖市人民政府或农业农村和林业主管部门设立的农作物品种和林木品种审定委员会负责本行政区域内的农作物品种和林木品种审定工作。

（2）审定的组织机构　由国务院农业农村、林业主管部门和省、自治区、直辖市人民政府农业农村和林业主管部门分别设立农作物品种和林木品种审定委员会，负责审定农作物新品种和林木品种。品种审定委员会由农业农村、林业行政部门，农业科研单位，农业院校和粮食局、科委等有关单位推荐的专业人员组成。委员会设主任一人，副主任若干人，并按不同作物设立专业组。品种审定委员会不单独设立管理机构，日常工作由同级农业农村和林业行政部门办理。

（3）报审品种应遵循的主要规定　报审品种应具备以下条件：

①主要遗传性状必须稳定一致，与亲本、其他品种有明显的区别；经过连

续 2～3 年的区域试验和 1～2 年的生产试验（两项试验可交叉进行），产量高于当地同类型的主要推广品种原种产量，并经统计分析增产显著；或者产量虽与当地同类型的主要推广品种的原种相近，但在品质、成熟期、抗病虫性、抗逆性等有一项乃至多项性状表现突出。

②报审外省（非同一生态区域的）已审定的引进品种，应附外省有关审定资料，并进行不少于 2 年的生产试验。

③报审品种应附有选育（引种）经过报告、区域试验和生产试验报告、栽培技术要点、抗病虫性鉴定、品质分析报告以及植株（籽粒）照片。杂交种应提供亲本资料及制种技术资料。

④对未具备组织区域试验和生产试验条件的某些农作物和林木品种，报审时应附有农作物和林木品种审定委员会指定场所进行性状鉴定和多点品种比较试验报告。实行选育生产经营相结合，符合国务院农业农村、林业主管部门的规定条件的种子企业，对其自主研发的主要农作物品种、主要林木品种可以按照审定办法自行完成试验、达到审定标准的，品种审定委员会应当颁发审定证书。种子企业对试验数据的真实性负责，保证可追溯，接受省级以上人民政府农业农村、林业主管部门的监督。

⑤报审程序为选育（引种）单位或个人提出申请，品种审定委员会审定。向全国农作物和林木品种审定委员会报审的品种，选育（引进）单位或个人提出申请后，需由本省农作物和林木品种审定委员会和国家区域试验组织单位签署推荐意见。

⑥经审定通过的品种，由农作物和林木品种审定委员会发给品种审定合格证书。审定合格的新品种由农作物和林木品种审定委员会审议定名、编号登记，并由农业农村和林业主管部门公布。新品种用于生产时，要按照品种的适应性，坚持试验、示范、审定、推广的原则，因地制宜逐步扩大使用范围，防止盲目推广。农作物品种审定委员会对已申报的符合要求的新品种，应当于一年内完成审定工作。

⑦未经审定或审定未通过的品种，以及经省、自治区、直辖市农业农村主管部门正式公告停止推广的品种，任何单位和个人不得生产、经营、推广、报奖和广告。

（4）建立审定档案　品种审定委员会承担主要农作物品种和主要林木品种的审定工作，应当建立包括申请文件、品种审定试验数据、种子样品、审定意见和审定结论等内容的审定档案，保证可追溯。在审定通过的品种依法公布的相关信息中应当包括审定意见情况，接受监督。

（5）品种审定实行回避制度　品种审定委员会委员、工作人员及相关测试、试验人员应当忠于职守，公正廉洁。对单位和个人举报或者监督检查发现的上述人员的违法行为，省级以上人民政府农业、林业主管部门和有关机关应当及时依法处理。

（6）审定品种的推广　通过审定的品种可以在适宜区域内推广。其他省、自治区、直辖市属于同一适宜生态区的地域引种农作物品种、林木良种的，引种者应当将引种的品种和区域报所在省、自治区、直辖市人民政府农业、林业主管部门备案。引种本地区没有自然分布的林木品种，应当按照国家引种标准通过试验。

（7）审定的撤销　审定通过的农作物品种和林木良种出现不可克服的严重缺陷等情形不宜继续推广、销售的，经原审定委员会审核确认后，撤销审定，由原公告部门发布公告，停止推广、销售。

（8）国家对部分非主要农作物实行品种登记制度　列入非主要农作物登记目录的品种在推广前应当登记；实行品种登记的农作物范围应当严格控制，并根据保护生物多样性、保证消费安全和用种安全的原则确定。登记目录由国务院农业农村主管部门制定和调整；申请者申请品种登记应当向省、自治区、直辖市人民政府农业农村主管部门提交申请文件和种子样品，并对其真实性负责，保证可追溯，接受监督检查。申请文件包括品种的种类、名称、来源、特性、育种过程以及特异性、一致性、稳定性测试报告等；省、自治区、直辖市人民政府农业农村主管部门自受理品种登记申请之日起 20 个工作日内，对申请者提交的申请文件进行书面审查，符合要求的，报国务院农业农村主管部门予以登记公告；对已登记品种存在申请文件、种子样品不实的，由国务院农业农村主管部门撤销该品种登记，并将该申请者的违法信息记入社会诚信档案，向社会公布；给种子使用者和其他种子生产经营者造成损失的，依法承担赔偿责任。

（三）种子生产管理

目前仍然存在种子生产随意扩大生产面积、自发繁殖、计划外制种现象，引发了种子市场的混乱；不按照生产技术和操作规程进行生产，种子质量低劣，导致大田用种"多、乱、杂"现象时有发生；良种推广速度慢，种源不足，买种难特别是买良种难；种子价格过高，种子纠纷不断发生，坑农害农事件频繁出现，造成大面积减产甚至失收。究其根底，计划外制种是万恶之源。计划外制种不仅冲击了市场，打乱了种子供需计划，而且由于计划外制种的亲本纯度低，隔离条件差，农民技术素质不高，有的连识别种子的能力都没有，更谈不上制种技术，生产出来的种子质量当然无保证。据调查分析，近几年种子纠纷事件的 80% 源于自发制种。种子生产环节失控，还会造成大量积压和种子公司经营亏损。因此，必须用法律来规范种子生产。

1. 种子生产基地制度 为了保证种子生产，必须有稳定的基地，以确保种子数量，提高种子质量，防止混杂退化。为此，国家必须大力推进种子产业化，有计划地建立种子生产基地，实行专业化生产。种子生产基地受法律保护，不允许侵犯。同时国家也鼓励乡、村集体经济组织和个人生产自用的良种。种子基地应当具有繁殖种子的隔离和培育条件，具有无检疫性有害生物的生产地点。国家加强种业公益性基础设施建设，对优势种子繁育基地内的耕地，划入永久基本农田保护区，实行永久保护。优势种子繁育基地由国务院农业农村主管部门会同所在省、自治区、直辖市人民政府确定。

2. 种子生产许可证制度 从事种子进出口业务的种子生产许可证，由省、自治区、直辖市人民政府农业农村、林业主管部门审核，国务院农业农村、林业主管部门核发；从事主要农作物杂交种子及其亲本种子、林木良种种子的生产经营以及实行选育生产经营相结合，符合国务院农业农村、林业主管部门规定条件的种子企业的种子生产经营许可证，由生产经营者所在地县级人民政府农业农村、林业主管部门审核，省、自治区、直辖市人民政府农业农村、林业主管部门核发。其他种子的生产经营许可证，由生产经营者所在地县级以上地方人民政府农业农村、林业主管部门核发；只从事非主要农作物种子和非主要林木种子生产的，不需要办理种子生产经营许可证。种子生产许可证载明设立分支机构的，专门经营不再分装的包装种子的，或者受具有种子生产经营许可证的种子生产经营者的书面委托生产、代销其种子的，不需要办理种子生产经营许可证，但应当向当地农业农村、林业主管部门备案。农民个人自繁自用的常规种子有剩余的，可以在当地集贸市场上出售、串换，不需要办理种子生产许可证。申请取得种子生产经营许可证的，应当具有与种子生产经营相适应的生产经营设施、设备及专业技术人员，以及法规和国务院农业农村、林业主管部门规定的其他条件。

种子生产经营许可证应当载明生产经营者名称、地址、法定代表人、生产种子的品种、地点和种子经营的范围、有效期限、有效区域等事项。禁止任何单位和个人无种子生产经营许可证或者违反种子生产经营许可证的规定生产、经营种子。禁止伪造、变造、买卖、租借种子生产经营许可证。种子生产应当执行种子生产技术规程和种子检验、检疫规程。种子生产经营者应当建立和保存包括种子来源、产地、数量、质量、销售去向、销售日期和有关责任人员等内容的生产经营档案。

（四）种子经营管理

1. 种子购储及广告制度 各级人民政府应优先保证种子生产基地的种子收购。凡列入生产计划的生产单位和个人要履行合同，按合同约定交售种子，种子经营单位要按合同收购，其他任何单位和个人不得到种子生产基地抢购、套购种子。

建立良种储存保管责任制。不同种类、不同等级的良种要分别妥善储存，规范标识，专人保管。

申请发布、刊登种子广告的，应按《广告法》规定审核批准，广告描述的主要性状与审核公告的内容一致，新闻单位凭批准文件才能作广告。

2. 种子经营质量制度 经营的种子应经过精选加工、分级包装，以达到国家或地方的种子质量标准，并附有种子检验、检疫合格证书。经营种子严禁掺杂使假，以次充好。

3. 救灾备荒储备制度 鉴于自然灾害频繁发生的情况，为确保灾年有种，应建立救灾备荒种子储备制度。

（1）国家实行分级储备种子制度。储备种子可分三个层次：一是国务院农业农村主管部门负责储备一定数量的救灾备荒种子；二是由县级以上人民政府确定有关部门储备一定数量的种子；三是由生产单位和农户储备自用的救灾备荒种子。储备数量一般根据主要农作物杂交品种种植面积和需种量，亲本种子按 10％，杂交种子按 5％的比例进行储备。为保证储备计划的落实，要有计划地建设种子储备库。

（2）储备种子所需资金，由同级财政部门解决。解决办法是由财政部门拨款或给予贴息贷款。

（3）储备种子的政策性亏损，由各级财政部门适当补贴。

（4）储备种子计划由同级人民政府批准下达，动用储备种子须报同级人民政府批准。储备种子未经批准，任何单位和个人不得动用。

（五）种子质量管理

种子质量管理的内容和要求主要是：生产、经营、储备的种子质量必须达到国家或省、自治区、直辖市规定的质量标准（分级标准）。因此，首先要对原种、杂交亲本严格把关，按原种操作规程进行；对种子生产田的各个时期进行质量检查，主要检查隔离条件，检验品种真实性、纯度。同时检查异作物、杂草、病虫害等情况，除杂去劣、防止生物学混杂；在种子收获、加工、包装运输中防止机械混杂；建立种子质量岗位责任制。其次要对收购的种子按农作物检验规程进行室内检验。室内检验以品种纯度、发芽率、净度、水分为主（棉花还应检验健籽率），并检查病、虫、杂草种子、千粒重等，对净度达不到规定的可进行再加工。

1. 种子质量监督抽查制度 农业农村、林业主管部门应当加强对种子质量监督检查。按照规定种子质量管理办法、行业标准和检验方法，对种子实施监督抽检。可以采取国家规定的快速检测方法对生产经营的种子品种进行检测，检测结果可以作为行政处罚依据。被检查人对检查结果有异议的，可以申请复检，复检不得采用同一检测方法。因检查结果错误给当事人造成损失的，依法承担赔偿责任。

2. 种子真假劣判定标准　根据《种子法》规定的对假种子和劣种子进行了规范。假种子为：以非种子冒充种子或者以此种品种冒充其他品种种子的；种子种类、品种与标签标注的内容不符或者没有标签的。劣种子为：质量低于标签标注指标的；质量低于国家规定标注的；带有国家规定的检疫性有害生物的。

3. 种子检验制度　种子检验是指国家对农业生产上的种子品质或质量进行检验、分析、鉴定的一系列工作的总称。其目的是判明种子优劣。优良种子达到纯度高、清洁、干净、充实、饱满、生活力强、水分较低、不带病虫害及杂草等。它是关系种子生产中的把关问题，是坚持良种繁育制度的重要环节。搞好种子检验，能保证种子质量，增加农作物产量；有利于贯彻优质优价政策，促进种子品质的不断提高；有利于保证种子储存、运输中的安全，同时也是实现种子质量标准化的重要保证。

（1）主要农作物杂交亲本种子由农业农村、林业主管部门统一进行纯度鉴定，其他单位鉴定在未授权情况下，一律无效。按国家统一部署，各省、自治区、直辖市在种子质量管理方面，应建立健全以部级检验中心为龙头，省级检验为主体，地市级检验为基础的三级质量检验检测体系。

（2）调出县的种子由调出单位负责检验。调入单位复检，检验要求按农作物种子检验规程执行。合格者由持证检验员签发种子质量合格证。

（3）持证检验员应具备的条件：①具有中专（或相当中专）以上的文化水平；②直接从事种子专职检验技术工作三年以上；③经省农业农村、林业主管部门种子管理机构培训，业务考核合格。

（4）凡生产、销售的种子，除必须附有持证检验员签发的种子质量合格证外，还应在包装上标明产地、品种名称、重量、质量等级和栽培技术要点，内外标签要相符。凡无种子质量合格证，包装物与实物不相符，内外标签不一致的应视为伪劣种子，严禁出售。供种前，种子公司应对每种种子的质量都要进行认真的检查，做好发芽、净度、水分等各项试验。

（5）各级种子检验部门的种子检验人员依法执行公务时，应当持有省、自治区、直辖市农业农村主管部门核发的由农业农村部种子管理机构统一制作的种子检验员证并佩戴标志，任何单位和个人不得拒绝、阻碍其执行公务。

（6）由于不可抗力为生产需要，必须使用低于国家或地方质量标准的农作物种子的，必须经用种地县级以上人民政府批准；林木种子应当经用种地省、自治区、直辖市人民政府批准。

4. 种子检疫制度 种子检疫是指根据国家检疫法规，运用一定的科学技术，对危害种子的疫病、害虫和杂草进行检疫检验和监督处理的一系列工作的总称。其目的是为了保护农业生产，有效地防止危险性病、虫、杂草的蔓延传播，同时也是保证种子质量标准的重要环节。种子检疫的具体规定是：

（1）各级植物检疫机构负责种子病虫害的检疫工作，必须加强植物检疫机构及其设施的建设。

（2）确定保存的种质资源入库前应向当地植物检疫机构申请检疫。

（3）生产农作物商品种子的基地必须无同科作物的检疫对象。任何单位和个人不得在种子生产基地作病虫害接种试验。

（4）种子生产基地交售种子时应附产地检疫合格证。

（5）到国家南繁科研育种基地（海南）繁殖种子的，须经省、自治区、直辖市农业农村主管部门报国务院农业农村主管部门批准，并依规定进行检疫。

（6）种子调运、邮寄出县的，须经调出地植物检疫机构根据检疫结果签发检疫证书，方可调出。对调入的种子，调入地植物检疫机构必要时进行复检，监督和指导引种单位进行消毒处理和隔离试种。

（7）从国外引进种子，引进单位应向所在地的省、自治区、直辖市植物检疫机构提出申请，办理检疫审批手续。从国外引进可能潜伏有危险性病虫的种子，必须隔离试种。植物检疫机构应进行调查、观察和检疫，证明确实不带危险性病虫的，方可分散种植。

5. 种子包装制度 生产的种子，应当经过精选加工，分级包装，并附中文标签、种子类别、品种名称、品种审定或者登记编号、品种适宜种植区域及季节、生产经营者及注册地、质量指标、检疫证明编号、种子生产经营许可证编号和信息代码，以及国务院农业农村、林业主管部门规定的其他事项。经营种子的单位和个人，还应向使用种子的单位和农民提供书面说明书，内容主要包括种子的品种名称、质量等级和栽培技术要点。标签和品种说明标注的内容应当与销售的种子相符。种子生产经营者对标注内容的真实性和种子质量负责。

6. 新品种保护制度

（1）国家支持与保护 国家实行植物新品种保护制度。对国家植物品种保护名录内经过人工选育或者发现的野生植物加以改良，具备新颖性、特异性、一致性、稳定性和适当命名的植物品种，由国务院农业农村、林业主管部门授予植物新品种权，保护植物新品种权所有人的合法权益。植物新品种权的内容和归属、授予条件、申请和受理、审查与批准，以及期限、终止和无效等依照《种子法》和有关法律、行政法规规定执行；国家鼓励和支持种业科技创新、植物新品种培育及成果转化。取得植物新品种权的品种得到推广应用的，育种者依法获得相应的经济利益。

（2）品种权申请与授予　一个植物新品种只能授予一项植物新品种权。两个以上的申请人分别就同一个品种申请植物新品种权的，植物新品种权授予最先申请的人；同时申请的，植物新品种权授予最先完成该品种育种的人；对违反法律，危害社会公共利益、生态环境的植物新品种，不授予植物新品种权；授予植物新品种权的植物新品种名称，应当与相同或者相近的植物属或者种中已知品种的名称相区别。该名称经授权后即为该植物新品种的通用名称。下列名称不得用于授权品种的命名：仅以数字表示的，违反社会公德的，对植物新品种的特征及特性或者育种者身份等容易引起误解的。

同一植物品种在申请新品种保护、品种审定、品种登记、推广、销售时只能使用同一个名称。生产推广、销售的种子应当与申请植物新品种保护、品种审定、品种登记时提供的样品相符。

（3）品种权人权利　完成育种的单位或者个人对其授权品种，享有排他的独占权。任何单位或者个人未经植物新品种权所有人许可，不得生产、繁殖或者销售该授权品种的繁殖材料，不得为商业目的将该授权品种的繁殖材料重复使用于生产另一品种的繁殖材料；但利用授权品种进行育种及其他科研活动或者农民自繁自用授权品种繁殖材料可以不经植物新品种权所有人许可，不向其支付使用费，但不得侵犯植物新品种权所有人依照《种子法》和有关法律、行政法规享有的其他权利。为了国家利益或者社会公共利益，国务院农业农村、林业主管部门可以作出实施植物新品种权强制许可的决定，并予以登记和公告；取得实施强制许可的单位或者个人不享有独占的实施权，并且无权允许他人实施。

7. 种子进出口和对外合作制度

（1）严格检疫把关　进口种子和出口种子必须实施检疫，防止植物危险性病、虫、杂草及其他有害生物传入境内和传出境外，具体检疫工作按照有关植物进出境检疫法律、行政法规的规定执行。

（2）严格许可管理　从事种子进出口业务的，除具备种子生产经营许可证外，还应当依照国家有关规定取得种子进出口许可。具体按国务院规定程序报批。为境外制种进口种子的，可以不受规定的限制，但应当具有对外制种合同，进口的种子只能用于制种，其产品不得在境内销售；从境外引进农作物或者林木试验用种，应当隔离栽培，收获物也不得作为种子销售。

（3）严格质量标准　进口种子的质量，应当达到国家标准或者行业标准。没有国家标准或者行业标准的，可以按照合同约定的标准执行。

（4）严格监管　禁止进出口假、劣种子以及属于国家规定不得进出口的种子。国家建立种业国家安全审查机制。境外机构、个人投资、并购境内种子企业，或者与境内科研院所、种子企业开展技术合作，从事品种研发、种子生产经营的审批管理严格依照有关法律、行政法规的规定执行。

二、农药管理法律制度

（一）农药的概念与分类

农药管理条例

农药是指用于预防、控制危害农业、林业的病、虫、草、鼠和其他有害生物以及有目的地调节植物、昆虫生长的化学合成或者来源于生物、其他天然物质的一种物质或者几种物质的混合物及其制剂。农药包括用于不同目的、场所的下列各类：

（1）预防、控制危害农业、林业的病、虫（包括昆虫、蜱、螨）、草、鼠、软体动物和其他有害生物；

（2）预防、控制仓储以及加工场所的病、虫、鼠和其他有害生物；

（3）调节植物、昆虫生长；

（4）农业、林业产品防腐或者保鲜；

（5）预防、控制蚊、蝇、蜚蠊、鼠和其他有害生物；

（6）预防、控制危害河流堤坝、铁路、码头、机场、建筑物和其他场所的有害生物。

（二）农药登记

1. 农药登记与评审机构　国务院农业农村主管部门所属的负责农药检定工作的机构负责农药登记具体工作。省、自治区、直辖市人民政府农业农村主管部门所属的负责农药检定工作的机构协助做好本行政区域的农药登记具体工作。农药生产企业、向中国出口农药的企业应当依照《农药管理条例》的规定申请农药登记，新农药研制者可以依照农药管理条例的规定申请农药登记。

国务院农业农村主管部门组织成立农药登记评审委员会，依照国务院制定的评审规则负责农药登记评审。农药登记评审委员会由下列人员组成：

（1）国务院农业农村、林业、卫生、环境保护、粮食、工业行业管理、安全生产监督管理等有关部门和供销合作总社等单位推荐的农药产品化学、药效、毒理、残留、环境、质量标准和检测等方面的专家；

（2）国家食品安全风险评估专家委员会的有关专家；

（3）国务院农业、林业、卫生、环境保护、粮食、工业行业管理、安全生产监督管理等有关部门和供销合作总社等单位的代表。

2. 农药登记程序

（1）登记试验　申请农药登记的，应当进行登记试验。农药的登记试验应当报所在地省、自治区、直辖市人民政府农业农村主管部门备案；新农药的登记试验应当向国务院农业农村主管部门提出申请。国务院农业农村主管部门应当自受理申请之日起40个工作日内对试验的安全风险及其防范措施进行审查，符合条件的，准予登记试验；不符合条件的，书面通知申请人并说明理由；登记试验应当由国务院农业农村主管部门认定的登记试验单位按照国务院农业农村主管部门的规定进行；与已取得中国农药登记的农药组成成分、使用范围和使用方法相同的农药，免予残留、环境试验，但已取得中国农药登记的农药在登记资料保护期内的，应当经农药登记证持有人授权同意。登记试验单位应当对登记试验报告的真实性负责。

（2）提出申请　登记试验结束后，申请人应当向所在地省、自治区、直辖市人民政府农业农村主管部门提出农药登记申请，并提交登记试验报告、标签样张和农药产品质量标准及其检验方法等申请资料；申请新农药登记的，还应当提供农药标准品。向中国出口农药的企业申请农药登记的，应当持《农药管理条例》第十一条第一款规定的资料、农药标准品以及在有关国家（地区）登记、使用的证明材料，向国务院农业农村主管部门提出申请。

（3）登记初审　省、自治区、直辖市人民政府农业农村主管部门应当自受理申请之日起20个工作日内提出初审意见，并报送国务院农业农村主管部门。

（4）登记评审　国务院农业农村主管部门受理申请或者收到省、自治区、直辖市人民政府农业农村主管部门报送的申请资料后，组织审查和登记评审，并自收到评审意见之日起20个工作日内作出审批决定，符合条件的，核发农药登记证；不符合条件的，书面通知申请人并说明理由。

（5）颁发登记证　农药登记证应当载明农药名称、剂型、有效成分及其含量、毒性、使用范围、使用方法和剂量、登记证持有人、登记证号以及有效期等事项。农药登记证有效期为5年。有效期届满，需要继续生产农药或者向中国出口农药的，农药登记证持有人应当在有效期届满90日前向国务院农业农村主管部门申请延续；农药登记证载明事项发生变化的，农药登记证持有人应当按照国务院农业农村主管部门的规定申请变更农药登记证。

（6）信息公告　国务院农业农村主管部门应当及时公告农药登记证核发、延续、变更情况以及有关的农药产品质量标准号、残留限量规定、检验方法、经核准的标签等信息。

（7）保密事项　国家对取得首次登记的、含有新化合物的农药的申请人提交的其自己所取得且未披露的试验数据和其他数据实施保护。自登记之日起6

年内，对其他申请人未经已取得登记的申请人同意，使用前款规定的数据申请农药登记的，登记机关不予登记；但是，其他申请人提交其自己所取得的数据的除外。登记机关除公共利益需要或已采取措施确保该类信息不会被不正当地进行商业使用外，不得披露上述相关数据。

（三）农药生产

1. 农药生产许可　国家实行农药生产许可制度。农药生产企业应当具备下列条件，并按照国务院农业农村主管部门的规定向省、自治区、直辖市人民政府农业农村主管部门申请农药生产许可证。

（1）有与所申请生产农药相适应的技术人员；

（2）有与所申请生产农药相适应的厂房、设施；

（3）有对所申请生产农药进行质量管理和质量检验的人员、仪器和设备；

（4）有保证所申请生产农药质量的规章制度；

（5）法律、行政法规规定的其他条件。

省、自治区、直辖市人民政府农业农村主管部门应当自受理申请之日起20个工作日内作出审批决定，必要时应当进行实地核查。符合条件的，核发农药生产许可证；不符合条件的，书面通知申请人并说明理由。农药生产许可证应当载明农药生产企业名称、住所、法定代表人（负责人）、生产范围、生产地址以及有效期等事项；农药生产许可证有效期为 5 年。有效期届满，需要继续生产农药的，农药生产企业应当在有效期届满 90 日前向省、自治区、直辖市人民政府农业农村主管部门申请延续；农药生产许可证载明事项发生变化的，农药生产企业应当按照国务院农业农村主管部门的规定申请变更农药生产许可证。

2. 生产管理　农药生产企业采购原材料，应当查验产品质量检验合格证和有关许可证明文件，不得采购、使用未依法附具产品质量检验合格证、未依法取得有关许可证明文件的原材料；农药生产企业应当建立原材料进货记录制度，如实记录原材料的名称、有关许可证明文件编号、规格、数量、供货人名称及其联系方式、进货日期等内容。原材料进货记录应当保存 2 年以上；农药生产企业应当严格按照产品质量标准进行生产，确保农药产品与登记农药一致。农药出厂销售，应当经质量检验合格并附具产品质量检验合格证；农药生产企业应当建立农药出厂销售记录制度，如实记录农药的名称、规格、数量、生产日期和批号、产品质量检验信息、购货人名称及其联系方式、销售日期等内容。农药出厂销售记录应当保存 2 年以上。

3. 农药包装　农药包装应当符合国家有关规定，并印制或者贴有标签。国家鼓励农药生产企业使用可回收的农药包装材料；农药标签应当按照国务院农业农村主管部门的规定，以中文标注农药的名称、剂型、有效成分及其含量、毒性及其标识、使用范围、使用方法和剂量、使用技术要求和注意事项、生产日期、可追溯电子信息码等内容；剧毒、高毒农药以及使用技术要求严格的其他农药等限制使用农药的标签还应当标注"限制使用"字样，并注明使用的特别限制和特殊要求。用于食用农产品的农药的标签还应当标注安全间隔期；农药包装过小，标签不能标注全部内容的，应当同时附具说明书，说明书的内容应当与经核准的标签内容一致。

（四）农药经营

1. 农药经营许可　国家实行农药经营许可制度，但经营卫生用农药的除外。农药经营者应当具备下列条件，并按照国务院农业农村主管部门的规定向县级以上地方人民政府农业农村主管部门申请农药经营许可证。

（1）有具备农药和病虫害防治专业知识，熟悉农药管理规定，能够指导安全合理使用农药的经营人员。

（2）有与其他商品以及饮用水水源、生活区域等有效隔离的营业场所和仓储场所，并配备与所申请经营农药相适应的防护设施。

（3）有与所申请经营农药相适应的质量管理、台账记录、安全防护、应急处置、仓储管理等制度。经营限制使用农药的，还应当配备相应的用药指导和病虫害防治专业技术人员，并按照所在地省、自治区、直辖市人民政府农业农村主管部门的规定实行定点经营。

（4）法律、行政法规规定的其他条件。

县级以上地方人民政府农业农村主管部门应当自受理申请之日起20个工作日内作出审批决定。符合条件的，核发农药经营许可证；不符合条件的，书面通知申请人并说明理由；农药经营许可证应当载明农药经营者名称、住所、负责人、经营范围以及有效期等事项；农药经营许可证有效期为5年。有效期届满，需要继续经营农药的，农药经营者应当在有效期届满90日前向发证机关申请延续；农药经营许可证载明事项发生变化的，农药经营者应当按照国务院农业农村主管部门的规定申请变更农药经营许可证；取得农药经营许可证的农药经营者设立分支机构的，应当依法申请变更农药经营许可证，并向分支机构所在地县级以上地方人民政府农业农村主管部门备案，其分支机构免予办理农药经营许可证。农药经营者应当对其分支机构的经营活动负责。

2. 经营行为规范

（1）农药经营者采购农药应当查验产品包装、标签、产品质量检验合格证以及有关许可证明文件，不得向未取得农药生产许可证的农药生产企业或者未取得农药经营许可证的其他农药经营者采购农药。

（2）农药经营者应当建立采购台账，如实记录农药的名称、有关许可证明文件编号、规格、数量、生产企业和供货人名称及其联系方式、进货日期等内容。采购台账应当保存2年以上。

（3）农药经营者除经营卫生用农药外应当建立销售台账，如实记录销售农药的名称、规格、数量、生产企业、购买人、销售日期等内容。销售台账应当保存2年以上。

（4）农药经营者除经营卫生类农药外应当向购买人询问病虫害发生情况并科学推荐农药，必要时应当实地查看病虫害发生情况，并正确说明农药的使用范围、使用方法和剂量、使用技术要求和注意事项，不得误导购买人。

（5）农药经营者不得加工、分装农药，不得在农药中添加任何物质，不得采购、销售包装和标签不符合规定，未附具产品质量检验合格证，未取得有关许可证明文件的农药；经营卫生用农药的，应当将卫生用农药与其他商品分柜销售；经营其他农药的，不得在农药经营场所内经营食品、食用农产品、饲料等。

（6）境外企业不得直接在中国销售农药。境外企业在中国销售农药的，应当依法在中国设立销售机构或者委托符合条件的中国代理机构销售；向中国出口的农药应当附具中文标签、说明书，符合产品质量标准，并经出入境检验检疫部门依法检验合格。禁止进口未取得农药登记证的农药；办理农药进出口海关申报手续，应当按照海关总署的规定出示相关证明文件。

（五）农药使用

1. 开展技术指导与服务　县级以上人民政府农业农村主管部门应当加强农药使用指导、服务工作，建立健全农药安全、合理使用制度，并按照预防为主、综合防治的要求，组织推广农药科学使用技术，规范农药使用行为。林业、粮食、卫生等部门应当加强对林业、储粮、卫生用农药安全、合理使用的技术指导，环境保护主管部门应当加强对农药使用过程中环境保护和污染防治的技术指导。应当组织植物保护、农业技术推广等机构向农药使用者提供免费技术培训，提高农药安全、合理使用水平；鼓励农业科研单位、有关学校、农民专业合作社、供销合作社、农业社会化服务组织和专业人员为农药使用者提供技术服务。

2. 推行减量计划　国家通过推广生物防治、物理防治、先进施药器械等措施，逐步减少农药使用；县级人民政府应当制定并组织实施本行政区域的农药减量计划；对实施农药减量计划、自愿减少农药使用量的农药使用者，给予鼓励和扶持。

3. 规范安全使用　农药使用者应当遵守国家有关农药安全、合理使用制度，妥善保管农药，并在配药、用药过程中采取必要的防护措施，避免发生农药使用事故；限制使用农药的经营者应当为农药使用者提供用药指导，并逐步提供统一用药服务；农药使用者应当严格按照农药的标签标注的使用范围、使用方法和剂量、使用技术要求和注意事项使用农药，不得扩大使用范围、加大用药剂量或者改变使用方法。标签标注安全间隔期的农药，在农产品收获前应当按照安全间隔期的要求停止使用。农药使用者不得使用禁用的农药。剧毒、高毒农药不得用于防治卫生害虫，不得用于蔬菜、瓜果、茶叶、菌类、中草药材的生产，不得用于水生植物的病虫害防治。

4. 严格使用管理

（1）农药使用者应当保护环境，保护有益生物和珍稀物种，不得在饮用水水源保护区、河道内丢弃农药、农药包装物或者清洗施药器械。

（2）严禁在饮用水水源保护区内使用农药，严禁使用农药毒鱼、虾、鸟、兽等。

（3）农产品生产企业、食品和食用农产品仓储企业、专业化病虫害防治服务组织和从事农产品生产的农民专业合作社等应当建立农药使用记录，如实记录使用农药的时间、地点、对象以及农药名称、用量、生产企业等。农药使用记录应当保存 2 年以上。国家鼓励其他农药使用者建立农药使用记录。

（4）国家鼓励农药使用者妥善收集农药包装物等废弃物；农药生产企业、农药经营者应当回收农药废弃物，防止农药污染环境和农药中毒事故的发生。

（5）发生农药使用事故，农药使用者、农药生产企业、农药经营者和其他有关人员应当及时报告当地农业农村主管部门。接到报告的农业农村主管部门应当立即采取措施，防止事故扩大，同时通知有关部门采取相应措施。造成农药中毒事故的，由农业农村主管部门和公安机关依照职责权限组织调查处理，卫生主管部门应当按照国家有关规定立即对受到伤害的人员组织医疗救治；造成环境污染事故的，由环境保护等有关部门依法组织调查处理；造成储粮药剂使用事故和农作物药害事故的，分别由粮食、农业农村等部门组织技术鉴定和调查处理。

（6）因防治突发重大病虫害等紧急需要，国务院农业农村主管部门可以决定临时生产、使用规定数量的未取得登记或者禁用、限制使用的的农药，必要时应当会同国务院对外贸易主管部门决定临时限制出口或者临时进口规定数量、品种的农药。这些农药，应当在使用地县级人民政府农业农村主管部门的监督和指导下使用。

（六）农药质量管理

1. 假劣农药认定标准　假农药为：以非农药冒充农药；以此种农药冒充

他种农药；农药所含有效成分种类与农药的标签、说明书标注的有效成分不符。禁用的农药，未依法取得农药登记证而生产、进口的农药，以及未附具标签的农药，按照假农药处理。劣质农药为：不符合农药产品质量标准；混有导致药害等有害成分。超过农药质量保证期的农药，按照劣质农药处理。

2. 假劣农药处置 假农药、劣质农药和回收的农药废弃物等应当交由具有危险废物经营资质的单位集中处置，处置费用由相应的农药生产企业、农药经营者承担；农药生产企业、农药经营者不明确的，处置费用由所在地县级人民政府财政列支。

三、兽药管理法律制度

(一) 兽药的概念与分类

兽药是指用于预防、治疗、诊断家畜、家禽、鱼类、蜜蜂、蚕以及其他人工饲养的动物疾病，有目的地调节其生理机能并规定作用、用途、用法、用量的物质（含饲料药物添加剂）。兽药包括以下三大类：①血清、菌（疫苗）、诊断液等生物制品；②兽用的中药材、中成药、化学原料药及其制剂；③抗生素、生化药品、放射性药品。

兽药管理条例

随着近年来药物使用动物范围的不断扩大及饲料药物添加剂的迅速发展，"兽药"一词已不能准确地表示所有动物所用的药品。同时国家实行兽用处方药和非处方药分类管理制度。兽用处方药和非处方药分类管理的办法和具体实施步骤，由国务院农业农村行政管理部门规定。

(二) 新兽药研制

1. 新兽药的概念与种类 新兽药是指我国新研制的兽药原料药品及其制剂。兽药新制剂是指用国家已批准的兽药原料药品新研制、加工出的兽药制剂。已批准生产的兽药制剂，凡改变处方、剂型、给药途径和增加新的适应证的亦属兽药新制剂。

2. 新兽药研制所需条件

（1）研制新兽药，应当具有与研制相适应的场所、仪器设备、专业技术人员、安全管理规范和措施；研制新兽药，应当进行安全性评价。从事兽药安全性评价的单位，应当经国务院农业农村行政管理部门认定，并遵守兽药非临床研究质量管理规范和兽药临床试验质量管理规范。

（2）研制新兽药，应当在临床试验前向省、自治区、直辖市人民政府农业农村行政管理部门提出申请，并附具该新兽药实验室阶段安全性评价报告及其他临床前研究资料；省、自治区、直辖市人民政府农业农村行政管理部门应当自收到申请之日起 60 个工作日内将审查结果书面通知申请人；研制的新兽药属于生物制品的，应当在临床试验前向国务院农业农村行政管理部门提出申请，国务院农业农村行政管理部门应当自收到申请之日起 60 个工作日内将审查结果书面通知申请人。

（3）研制新兽药需要使用一类病原微生物的，还应当具备国务院农业农村行政管理部门规定的条件，并在实验室阶段前报国务院农业农村行政管理部门批准。

（4）临床试验完成后，新兽药研制者向国务院农业农村行政管理部门提出新兽药注册申请时，应当提交该新兽药的样品和下列资料：①名称、主要成分、理化性质；②研制方法、生产工艺、质量标准和检测方法；③药理和毒理试验结果、临床试验报告和稳定性试验报告；④环境影响报告和污染防治措施。

研制的新兽药属于生物制品的，还应当提供菌（毒、虫）种、细胞等有关材料和资料。菌（毒、虫）种、细胞由国务院农业农村行政管理部门指定的机构保藏；研制用于食用动物的新兽药，还应当按照国务院农业农村行政管理部门的规定进行兽药残留试验并提供休药期、最高残留限量标准、残留检测方法及其制定依据等资料。

3. 新兽药评审　国务院农业农村行政管理部门应当自收到申请之日起 10 个工作日内，将决定受理的新兽药资料送其设立的兽药评审机构进行评审，将新兽药样品送其指定的检验机构复核检验，并自收到评审和复核检验结论之日起 60 个工作日内完成审查。审查合格的，发给新兽药注册证书，并发布该兽药的质量标准；不合格的，应当书面通知申请人。

4. 数据保护　国家对依法获得注册的、含有新化合物的兽药的申请人提交的其自己所取得且未披露的试验数据和其他数据实施保护；自注册之日起 6 年内，对其他申请人未经已获得注册兽药的申请人同意，使用前款规定的数据申请兽药注册的，兽药注册机关不予注册；但是，其他申请人提交其自己所取得的数据的除外；兽药注册机关除公共利益需要或已采取措施确保该类信息不会被不正当地进行商业使用外，不得披露上述相关数据。

（三）兽药生产

1. 兽药许可证　设立兽药生产企业，应当符合国家兽药行业发展规划和产业政策，并具备下列条件：

（1）与所生产的兽药相适应的兽医学、药学或者相关专业的技术人员。

（2）与所生产的兽药相适应的厂房、设施。

（3）与所生产的兽药相适应的兽药质量管理和质量检验的机构、人员、仪器设备。

（4）符合安全、卫生要求的生产环境。

（5）兽药生产质量管理规范规定的其他生产条件。

符合前款规定条件的，申请人方可向省、自治区、直辖市人民政府农业农村行政管理部门提出申请，并附具符合前款规定条件的证明材料；省、自治区、直辖市人民政府农业农村行政管理部门应当自收到申请之日起 40 个工作日内完成审查。经审查合格的，发给兽药生产许可证；不合格的，应当书面通知申请人。兽药生产许可证应当载明生产范围、生产地点、有效期和法定代表人姓名、住址等事项。兽药生产许可证有效期为 5 年。有效期届满，需要继续生产兽药的，应当在许可证有效期届满前 6 个月到原发证机关申请换发兽药生产许可证；兽药生产企业变更生产范围、生产地点的，应当依照《兽药管理条例》第十一条的规定申请换发兽药生产许可证，申请人凭换发的兽药生产许可证办理工商变更登记手续；变更企业名称、法定代表人的，应当在办理工商变更登记手续后 15 个工作日内，到原发证机关申请换发兽药生产许可证。

2. 兽药生产行为规范

（1）兽药生产企业应当按照国务院农业农村行政管理部门制定的兽药生产质量管理规范组织生产；省级以上人民政府农业农村行政管理部门，应当对兽药生产企业是否符合兽药生产质量管理规范的要求进行监督检查，并公布检查结果。

（2）兽药生产企业生产兽药，应当取得国务院农业农村行政管理部门核发的产品批准文号，产品批准文号的有效期为 5 年。兽药产品批准文号的核发按国务院农业农村行政管理部门制定的相关办法实施。

（3）兽药生产企业应当按照兽药国家标准和国务院农业农村行政管理部门批准的生产工艺进行生产。兽药生产企业改变影响兽药质量的生产工艺的，应当报原批准部门审核批准。同时，应当建立生产记录，生产记录应当完整、准确。

（4）生产兽药所需的原料、辅料，应当符合国家标准或者所生产兽药的质量要求；直接接触兽药的包装材料和容器应当符合药用要求。

（5）兽药出厂前应当经过质量检验，检验合格附产品质量合格证，不符合质量标准的不得出厂。禁止生产假、劣兽药。

（6）兽药生产企业生产的每批兽用生物制品，在出厂前应当由国务院农业农村行政管理部门指定的检验机构审查核对，并在必要时进行抽查检验；未经审查核对或者抽查检验不合格的，不得销售；强制免疫所需兽用生物制品，由国务院农业农村行政管理部门指定的企业生产。

3. 兽药包装　兽药包装应当按照规定印有或者贴有标签，附具说明书，并在显著位置注明"兽用"字样；兽药的标签和说明书经国务院农业农村行政管理部门批准并公布后，方可使用；兽药的标签或者说明书，应当以中文注明兽药的通用名称、成分及其含量、规格、生产企业、产品批准文号（进口兽药注册证号）、产品批号、生产日期、有效期、适应证或者功能主治、用法、用量、休药期、禁忌、不良反应、注意事项、运输贮存保管条件及其他应当说明的内容。有商品名称的，还应当注明商品名称。兽用处方药的标签或者说明书还应当印有国务院农业农村行政管理部门规定的警示内容，其中兽用麻醉药品、精神药品、毒性药品和放射性药品还应当印有国务院农业农村行政管理部门规定的特殊标志；兽用非处方药的标签或者说明书还应当印有国务院农业农村行政管理部门规定的非处方药标志。

4. 质量监测　国务院农业农村行政管理部门，根据保证动物产品质量安全和人体健康的需要，可以对新兽药设立不超过 5 年的监测期；在监测期内，不得批准其他企业生产或者进口该新兽药。生产企业应当在监测期内收集该新兽药的疗效、不良反应等资料，并及时报送国务院农业农村行政管理部门。

（四）兽药经营

1. 兽药经营许可　经营兽药的企业，应当具备下列条件：
（1）与所经营的兽药相适应的兽药技术人员。
（2）与所经营的兽药相适应的营业场所、设备、仓库设施。
（3）与所经营的兽药相适应的质量管理机构或者人员。
（4）兽药经营质量管理规范规定的其他经营条件。

符合规定条件的，申请人方可向市、县人民政府农业农村行政管理部门提出申请，并附具符合前款规定条件的证明材料；经营兽用生物制品的，应当向省、自治区、直辖市人民政府农业农村行政管理部门提出申请，并附具相关条件的证明材料；县级以上地方人民政府农业农村行政管理部门，应当自收到申请之日起 30 个工作日内完成审查。审查合格的，发给兽药经营许可证；不合格的，应当书面通知申请人。申请人凭兽药经营许可证办理工商登记手续；兽药经营许可证应当载明经营范围、经营地点、有效期和法定代表人姓名、住址等事项；兽药经营许可证有效期为 5 年。有效期届满，需要继续经营兽药的，应当在许可证有效期届满前 6 个月到原发证机关申请换发兽药经营许可证；兽药经营企业变更经营范围、经营地点的，应当依照《兽药管理条例》第二十二条的规定申请换发兽药经营许可证，申请人凭换发的兽药经营许可证办理工商变更登记手续；变更企业名称、法定代表人的，应当在办理工商变更登记手续后 15 个工作日内，到原发证机关申请换发兽药经营许可证。

2. 兽药经营规范

（1）兽药经营企业，应当遵守国务院农业农村行政管理部门制定的兽药经营质量管理规范。县级以上地方人民政府农业农村行政管理部门，应当对兽药经营企业是否符合兽药经营质量管理规范的要求进行监督检查，并公布检查结果。

（2）兽药经营企业购进兽药，应当将兽药产品与产品标签或者说明书、产品质量合格证核对无误，并向购买者说明兽药的功能主治、用法、用量和注意事项。销售兽用处方药的，应当遵守兽用处方药管理办法。兽药经营企业销售兽用中药材的，应当注明产地。禁止兽药经营企业经营人用药品和假、劣兽药。

（3）兽药经营企业购销兽药，应当建立购销记录。购销记录应当载明兽药的商品名称、通用名称、剂型、规格、批号、有效期、生产厂商、购销单位、购销数量、购销日期和国务院农业农村行政管理部门规定的其他事项。

（4）兽药经营企业，应当建立兽药保管制度，采取必要的冷藏、防冻、防潮、防虫、防鼠等措施，保持所经营兽药的质量；兽药入库、出库，应当执行检查验收制度，并有准确记录；强制免疫所需兽用生物制品的经营，应当符合国务院农业农村行政管理部门的规定。

（5）兽药广告的内容应当与兽药说明书内容相一致，在全国重点媒体发布兽药广告的，应当经国务院农业农村行政管理部门审查批准，取得兽药广告审查批准文号。在地方媒体发布兽药广告的，应当经省、自治区、直辖市人民政府农业农村行政管理部门审查批准，取得兽药广告审查批准文号；未经批准的，不得发布。

（五）兽药进出口

1. 进出口许可要求　首次向中国出口的兽药，由出口方驻中国境内的办事机构或者其委托的中国境内代理机构向国务院农业农村行政管理部门申请注册，并提交下列资料和物品：

（1）生产企业所在国家（地区）兽药管理部门批准生产、销售的证明文件。

（2）生产企业所在国家（地区）兽药管理部门颁发的符合兽药生产质量管理规范的证明文件。

（3）兽药的制造方法、生产工艺、质量标准、检测方法、药理和毒理试验结果、临床试验报告、稳定性试验报告及其他相关资料；用于食用动物的兽药的休药期、最高残留限量标准、残留检测方法及其制定依据等资料。

（4）兽药的标签和说明书样本。

（5）兽药的样品、对照品、标准品。

（6）环境影响报告和污染防治措施。

（7）涉及兽药安全性的其他资料。

申请向中国出口兽用生物制品的，还应当提供菌（毒、虫）种、细胞等有关材料和资料。

2. 进出口许可审批　国务院农业农村行政管理部门，应当自收到申请之日起 10 个工作日内组织初步审查。经初步审查合格的，应当将决定受理的兽药资料送其设立的兽药评审机构进行评审，将该兽药样品送其指定的检验机构复核检验，并自收到评审和复核检验结论之日起 60 个工作日内完成审查。经审查合格的，发给进口兽药注册证书，并发布该兽药的质量标准；不合格的，应当书面通知申请人；在审查过程中，国务院农业农村行政管理部门可以对向中国出口兽药的企业是否符合兽药生产质量管理规范的要求进行考查，并有权要求该企业在国务院农业农村行政管理部门指定的机构进行该兽药的安全性和有效性试验；国内急需兽药、少量科研用兽药或者注册兽药的样品、对照品、标准品的进口，按照国务院农业农村行政管理部门的规定办理。

3. 颁发注册证书　进口兽药注册证书的有效期为 5 年。有效期届满，需要继续向中国出口兽药的，应当在有效期届满前 6 个月到原发证机关申请再注册。

（1）境外企业不得在中国直接销售兽药。境外企业在中国销售兽药，应当依法在中国境内设立销售机构或者委托符合条件的中国境内代理机构；进口在中国已取得进口兽药注册证书的兽用生物制品的，中国境内代理机构应当向国务院农业农村行政管理部门申请允许进口兽用生物制品证明文件，凭允许进口兽用生物制品证明文件到口岸所在地人民政府农业农村行政管理部门办理进口兽药通关单；进口在中国已取得进口兽药注册证书的其他兽药的，凭进口兽药注册证书到口岸所在地人民政府农业农村行政管理部门办理进口兽药通关单。海关凭进口兽药通关单放行。兽药进口管理办法由国务院农业农村行政管理部门会同海关总署制定；兽用生物制品进口后，应当依照本条例第十九条的规定进行审查核对和抽查检验。其他兽药进口后，由当地农业农村行政管理部门通知兽药检验机构进行抽查检验。

（2）禁止进口下列兽药：①药效不确定、不良反应大以及可能对养殖业、人体健康造成危害或者存在潜在风险的；②来自疫区可能造成疫病在中国境内传播的兽用生物制品；③经考查生产条件不符合规定的；④国务院农业农村行政管理部门禁止生产、经营和使用的。

（3）向中国境外出口兽药，进口方要求提供兽药出口证明文件的，国务院农业农村行政管理部门或者企业所在地的省、自治区、直辖市人民政府农业农村行政管理部门可以出具出口兽药证明文件。国内防疫急需的疫苗，国务院农业农村行政管理部门可以限制或者禁止出口。

（六）兽药使用

1. 兽药使用规范

（1）兽药使用单位，应当遵守国务院农业农村行政管理部门制定的兽药安全使用规定，并建立用药记录。

（2）禁止使用假、劣兽药以及国务院农业农村行政管理部门规定禁止使用的药品和其他化合物。禁止使用的药品和其他化合物目录由国务院农业农村行政管理部门制定公布。

（3）有休药期规定的兽药用于食用动物时，饲养者应当向购买者或者屠宰者提供准确、真实的用药记录；购买者或者屠宰者应当确保动物及其产品在用药期、休药期内不被用于食品消费。

（4）禁止在饲料和动物饮用水中添加激素类药品和国务院农业农村行政管理部门规定的其他禁用药品；经批准可以在饲料中添加的兽药，应当由兽药生产企业制成药物饲料添加剂后方可添加。禁止将原料药直接添加到饲料及动物饮用水中或者直接饲喂动物。

（5）禁止将人用药品用于动物。

2. 兽药质量监测

（1）国务院农业农村行政管理部门，应当制定并组织实施国家动物及动物产品兽药残留监控计划；县级以上人民政府农业农村行政管理部门，负责组织对动物产品中兽药残留量的检测。兽药残留检测结果，由国务院农业农村行政管理部门或者省、自治区、直辖市人民政府农业农村行政管理部门按照权限予以公布。动物产品的生产者、销售者对检测结果有异议的，可以自收到检测结果之日起 7 个工作日内向组织实施兽药残留检测的农业农村行政管理部门或者其上级农业农村行政管理部门提出申请，由受理申请的农业农村行政管理部门指定检验机构进行复检。

（2）兽药残留限量标准和残留检测方法，由国务院农业农村行政管理部门制定发布。

（3）禁止销售含有违禁药物或者兽药残留量超过标准的食用动物产品。

3. 假劣兽药标准

（1）假兽药　以非兽药冒充兽药或者以他种兽药冒充此种兽药的；兽药所

含成分的种类、名称与兽药国家标准不符合的，同时按假兽药处理的有：国务院农业农村行政管理部门规定禁止使用的；依照本条例规定应当经审查批准而未经审查批准即生产、进口的，或者依照本条例规定应当经抽查检验、审查核对而未经抽查检验、审查核对即销售、进口的；变质的；被污染的；所标明的适应证或者功能主治超出规定范围的等。

（2）劣兽药　成分含量不符合兽药国家标准或者不标明有效成分的；不标明或者更改有效期或者超过有效期的；不标明或者更改产品批号的；其他不符合兽药国家标准，但不属于假兽药的。

四、饲料及饲料添加剂法律制度

（一）饲料及饲料添加剂的概念与分类

饲料是指经工业化加工、制作的供动物食用的产品，包括单一饲料、添加剂预混合饲料、浓缩饲料、配合饲料和精料补充料；饲料添加剂，是指在饲料加工、制作、使用过程中添加的少量或者微量物质，包括营养性饲料添加剂和一般饲料添加剂。饲料原料目录和饲料添加剂品种目录由国务院农业行政主管部门制定并公布。

饲料及饲料添加剂的类别按成分、用途与配比不同，包括如下几种：

（1）饲料原料，是指来源于动物、植物、微生物或者矿物质，用于加工制作饲料但不属于饲料添加剂的饲用物质。

（2）单一饲料，是指来源于一种动物、植物、微生物或者矿物质，用于饲料产品生产的饲料。

（3）添加剂预混合饲料，是指由两种（类）或者两种（类）以上营养性饲料添加剂为主，与载体或者稀释剂按照一定比例配制的饲料，包括复合预混合饲料、微量元素预混合饲料、维生素预混合饲料。

饲料和饲料
添加剂管理条例

（4）浓缩饲料，是指主要由蛋白质、矿物质和饲料添加剂按照一定比例配制的饲料。

（5）配合饲料，是指根据养殖动物营养需要，将多种饲料原料和饲料添加剂按照一定比例配制的饲料。

（6）精料补充料，是指为补充草食动物的营养，将多种饲料原料和饲料添加剂按照一定比例配制的饲料。

（7）营养性饲料添加剂，是指为补充饲料营养成分而掺入饲料中的少量或者微量物质，包括饲料级氨基酸、维生素、矿物质微量元素、酶制剂、非蛋白氮等。

（8）一般饲料添加剂，是指为保证或者改善饲料品质、提高饲料利用率而掺入饲料中的少量或者微量物质。

（9）药物饲料添加剂，是指为预防、治疗动物疾病而掺入载体或者稀释剂的兽药的预混合物质。

（二）饲料及饲料添加剂审定和登记

1. 申请要求　研制的新饲料、新饲料添加剂投入生产前，研制者或者生产企业应当向国务院农业农村行政主管部门提出审定申请，并提供该新饲料、新饲料添加剂的样品和下列资料：①名称、主要成分、理化性质、研制方法、生产工艺、质量标准、检测方法、检验报告、稳定性试验报告、环境影响报告和污染防治措施；②国务院农业农村行政主管部门指定的试验机构出具的该新饲料、新饲料添加剂的饲喂效果、残留消解动态以及毒理学安全性评价报告。

申请新饲料添加剂审定的，还应当说明该新饲料添加剂的添加目的、使用方法，并提供该饲料添加剂残留可能对人体健康造成影响的分析评价报告。

2. 评审机构与评审程序

（1）评审机构　成立全国评审委员会。全国饲料评审委员会由养殖、饲料加工、动物营养、毒理、药理、代谢、卫生、化工合成、生物技术、质量标准、环境保护、食品安全风险评估等方面的专家组成。全国饲料评审委员会对新饲料、新饲料添加剂的评审采取评审会议的形式，评审会议应当有 9 名以上全国饲料评审委员会专家参加，根据需要也可以邀请 1 至 2 名全国饲料评审委员会专家以外的专家参加，参加评审的专家对评审事项具有表决权。评审会议应当形成评审意见和会议纪要，并由参加评审的专家审核签字；有不同意见的，应当注明。参加评审的专家应当依法公平、公正履行职责，对评审资料保密，存在回避事由的，应当主动回避。

（2）评审程序与要求　全国饲料评审委员会应当自收到新饲料、新饲料添加剂的样品和申请资料之日起 9 个月内出具评审结果并提交国务院农业农村行政主管部门；但是，全国饲料评审委员会决定由申请人进行相关试验的，经国务院农业农村行政主管部门同意，评审时间可以延长 3 个月；国务院农业农村行政主管部门应当自收到评审结果之日起 10 个工作日内作出是否核发新饲料、新饲料添加剂证书的决定；决定不予核发的，应当书面通知申请人并说明理由。同时按照职责权限公布该新饲料、新饲料添加剂的产品质量标准；新饲料、新饲料添加剂的监测期为 5 年。新饲料、新饲料添加剂处于监测期的，不受理其他就该新饲料、新饲料添加剂的生产申请和进口登记申请，但超过 3 年不投入生产的除外；生产企业应当收集处于监测期的新饲料、新饲料添加剂的质量稳定性及其对动物产品质量安全的影响等信息，并向国务院农业农村行政主管部门报告；国务院农业农村行政主管部门应当对新饲料、新饲料添加剂的质量安全状况组织跟踪监测，证实其存在安全问题的，应当撤销新饲料、新饲料添加剂证书并予以公告。

3. 进口饲料及饲料添加剂登记要求

（1）提交申请　向中国出口中国境内尚未使用但出口国已经批准生产和使用的饲料、饲料添加剂的，由出口方驻中国境内的办事机构或者其委托的中国境内代理机构向国务院农业农村行政主管部门申请登记，并提供该饲料、饲料添加剂的样品和下列资料：①商标、标签和推广应用情况；②生产地批准生产、使用的证明和生产地以外其他国家、地区的登记资料；③主要成分、理化性质、研制方法、生产工艺、质量标准、检测方法、检验报告、稳定性试验报告、环境影响报告和污染防治措施；④国务院农业农村行政主管部门指定的试验机构出具的该饲料、饲料添加剂的饲喂效果、残留消解动态以及毒理学安全性评价报告；⑤申请饲料添加剂进口登记的，还应当说明该饲料添加剂的添加目的、使用方法，并提供该饲料添加剂残留可能对人体健康造成影响的分析评价报告。

（2）评审　国务院农业农村行政主管部门依照法律法规规定的新饲料、新饲料添加剂的评审程序组织评审，并决定是否核发饲料、饲料添加剂进口登记证。首次向中国出口中国境内已经使用且出口国已经批准生产和使用的饲料、饲料添加剂的，国务院农业农村行政主管部门应当自受理申请之日起 10 个工作日内对申请资料进行审查；审查合格的，将样品交由指定的机构进行复核检测；复核检测合格的，国务院农业农村行政主管部门应当在 10 个工作日内核发饲料、饲料添加剂进口登记证；饲料、饲料添加剂进口登记证有效期为 5 年。进口登记证有效期满需要继续向中国出口饲料、饲料添加剂的，应当在有效期届满 6 个月前申请续展。

（3）数据保护　国家对已经取得新饲料、新饲料添加剂证书或者饲料、饲料添加剂进口登记证的、含有新化合物的饲料、饲料添加剂的申请人提交的其自己所取得且未披露的试验数据和其他数据实施保护；自核发证书之日起 6 年内，对其他申请人未经已取得新饲料、新饲料添加剂证书或者饲料、饲料添加剂进口登记证的申请人同意，使用前款规定的数据申请新饲料、新饲料添加剂审定或者饲料、饲料添加剂进口登记的，国务院农业农村行政主管部门不予审定或者登记。但是，其他申请人提交其自己所取得的数据的除外。国务院农业农村行政主管部门除公共利益需要或已采取措施确保该类信息不会被不正当地进行商业使用外，不得披露上述相关数据。

（三）生产、经营和使用

1. 生产企业设立条件 设立饲料、饲料添加剂生产企业，应当符合饲料工业发展规划和产业政策，并具备下列条件：①有与生产饲料、饲料添加剂相适应的厂房、设备和仓储设施；②有与生产饲料、饲料添加剂相适应的专职技术人员；③有必要的产品质量检验机构、人员、设施和质量管理制度；④有符合国家规定的安全、卫生要求的生产环境；⑤有符合国家环境保护要求的污染防治措施；⑥国务院农业农村行政主管部门制定的饲料、饲料添加剂质量安全管理规范规定的其他条件。

2. 企业设立申请与审核 申请设立饲料添加剂、添加剂预混合饲料生产企业，申请人应当向省、自治区、直辖市人民政府农业农村管理部门提出申请。省、自治区、直辖市人民政府农业农村管理部门应当自受理申请之日起20个工作日内进行书面审查和现场审核，并将相关资料和审查、审核意见上报国务院农业农村行政主管部门。国务院农业农村行政主管部门收到资料和审查、审核意见后应当组织评审，根据评审结果在10个工作日内作出是否核发生产许可证的决定，并将决定抄送省、自治区、直辖市人民政府农业农村管理部门；申请设立其他饲料生产企业，申请人应当向省、自治区、直辖市人民政府农业农村管理部门提出申请。省、自治区、直辖市人民政府农业农村管理部门应当自受理申请之日起10个工作日内进行书面审查；审查合格的，组织进行现场审核，并根据审核结果在10个工作日内作出是否核发生产许可证的决定。申请人凭生产许可证办理工商登记手续。生产许可证有效期为5年。生产许可证有效期满需要继续生产饲料、饲料添加剂的，应当在有效期届满6个月前申请续展。

3. 产品批准文件核发 饲料添加剂、添加剂预混合饲料生产企业取得国务院农业农村行政主管部门核发的生产许可证后，由省、自治区、直辖市人民政府农业农村管理部门按照国务院农业农村行政主管部门的规定，核发相应的产品批准文号。

4. 生产管理规范

（1）饲料、饲料添加剂生产企业应当按照国务院农业农村行政主管部门的规定和有关标准，对采购的饲料原料、单一饲料、饲料添加剂、药物饲料添加剂、添加剂预混合饲料和用于饲料添加剂生产的原料进行查验或者检验。

（2）饲料生产企业使用限制使用的饲料原料、单一饲料、饲料添加剂、药物饲料添加剂、添加剂预混合饲料生产饲料的，应当遵守国务院农业农村行政主管部门的限制性规定。禁止使用国务院农业农村行政主管部门公布的饲料原料目录、饲料添加剂品种目录和药物饲料添加剂品种目录以外的任何物质生产饲料。

（3）饲料、饲料添加剂生产企业应当如实记录采购的饲料原料、单一饲料、饲料添加剂、药物饲料添加剂、添加剂预混合饲料和用于饲料添加剂生产的原料的名称、产地、数量、保质期、许可证明文件编号、质量检验信息、生产企业名称或者供货者名称及其联系方式、进货日期等。记录保存期限不得少于2年。

（4）饲料、饲料添加剂生产企业，应当按照产品质量标准以及国务院农业农村行政主管部门制定的饲料、饲料添加剂质量安全管理规范和饲料添加剂安全使用规范组织生产，对生产过程实施有效控制并实行生产记录和产品留样观察制度。

（5）饲料、饲料添加剂生产企业应当对生产的饲料、饲料添加剂进行产品质量检验；检验合格的，应当附具产品质量检验合格证。未经产品质量检验、检验不合格或者未附具产品质量检验合格证的，不得出厂销售。

（6）饲料、饲料添加剂生产企业应当如实记录出厂销售的饲料、饲料添加剂的名称、数量、生产日期、生产批次、质量检验信息、购货者名称及其联系方式、销售日期等。记录保存期限不得少于2年。

5. 产品包装标签　《饲料和饲料添加剂管理条例》第二十条规定，出厂销售的饲料、饲料添加剂应当包装，包装应当符合国家有关安全、卫生的规定。饲料生产企业直接销售给养殖者的饲料可以使用罐装车运输。罐装车应当符合国家有关安全、卫生的规定，并随罐装车附具符合规定的标签。易燃或者其他特殊的饲料、饲料添加剂的包装应当有警示标志或者说明，并注明储运注意事项。第二十一条规定，饲料、饲料添加剂的包装上应当附具标签。标签应当以中文或者适用符号标明产品名称、原料组成、产品成分分析保证值、净重或者净含量、贮存条件、使用说明、注意事项、生产日期、保质期、生产企业名称以及地址、许可证明文件编号和产品质量标准等。加入药物饲料添加剂的，还应当标明"加入药物饲料添加剂"字样，并标明其通用名称、含量和休药期。乳和乳制品以外的动物源性饲料，还应当标明"本产品不得饲喂反刍动物"字样。

（四）饲料及饲料添加剂经营

1. 经营条件　饲料、饲料添加剂经营者应当符合下列条件：①有与经营饲料、饲料添加剂相适应的经营场所和仓储设施；②有具备饲料、饲料添加剂使用、贮存等知识的技术人员；③有必要的产品质量管理和安全管理制度。

2. 经营行为规范

（1）饲料、饲料添加剂经营者进货时应当查验产品标签、产品质量检验合格证和相应的许可证明文件。

（2）饲料、饲料添加剂经营者不得对饲料、饲料添加剂进行拆包、分装，不得对饲料、饲料添加剂进行再加工或者添加任何物质。

（3）禁止经营用国务院农业农村行政主管部门公布的饲料原料目录、饲料添加剂品种目录和药物饲料添加剂品种目录以外的任何物质生产的饲料。

（4）饲料、饲料添加剂经营者应当建立产品购销台账，如实记录购销产品的名称、许可证明文件编号、规格、数量、保质期、生产企业名称或者供货者名称及其联系方式、购销时间等。购销台账保存期限不得少于2年。

3. 进口规范

（1）向中国出口的饲料、饲料添加剂应当包装，包装应当符合中国有关安全、卫生的规定，并附具符合规定的标签。

（2）向中国出口的饲料、饲料添加剂应当符合中国有关检验检疫的要求，由出入境检验检疫机构依法实施检验检疫，并对其包装和标签进行核查。包装和标签不符合要求的，不得入境。

（3）境外企业不得直接在中国销售饲料、饲料添加剂。境外企业在中国销售饲料、饲料添加剂的，应当依法在中国境内设立销售机构或者委托符合条件的中国境内代理机构销售。

（五）饲料及饲料添加剂使用

《饲料和饲料添加剂管理条例》第二十五条规定，养殖者应当按照产品使用说明和注意事项使用饲料。在饲料或者动物饮用水中添加饲料添加剂的，应当符合饲料添加剂使用说明和注意事项的要求，遵守国务院农业农村行政主管部门制定的饲料添加剂安全使用规范。养殖者使用自行配制的饲料的，应当遵守国务院农业农村行政主管部门制定的自行配制饲料使用规范，并不得对外提供自行配制的饲料。使用限制使用的物质养殖动物的，应当遵守国务院农业农村行政主管部门的限制性规定。禁止在饲料、动物饮用水中添加国务院农业农村行政主管部门公布禁用的物质以及对人体具有直接或者潜在危害的其他物质，或者直接使用上述物质养殖动物。禁止在反刍动物饲料中添加乳和乳制品以外的动物源性成分。第二十七条规定，饲料、饲料添加剂在使用过程中被证实对养殖动物、人体健康或者环境有害的，由国务院农业农村行政主管部门决定禁用并予以公布。第二十八条规定，饲料、饲料添加剂生产企业发现其生产的饲料、饲料添加剂对养殖动物、人体健康有害或者存在其他安全隐患的，应当立即停止生产，通知经营者、使用者，向饲料管理部门报告，主动召回产品，并记录召回和通知情况。召回的产品应当在饲料管理部门监督下予以无害化处理或者销毁。饲料、饲料添加剂经营者发现其销售的饲料、饲料添加剂具有前款规定情形的，应当立即停止销售，通知生产企业、供货者和使用者，向饲料管理部门报告，并记录通知情况。养殖者发现其使用的饲料、饲料添加剂具有本条第一款规定情形的，应当立即停止使用，通知供货者，并向饲料管理部门报告。

五、种畜禽管理的法律制度

国务院为加强种畜禽的管理，1994 年制定出台《种畜禽管理条例》（2018 年进行修订）。其主要规范包括如下几个方面。

种畜禽管理条例

（一）畜禽品种资源保护

国家对畜禽品种资源实行分级保护。国务院畜牧行政主管部门和省、自治区、直辖市人民政府有计划地建立畜禽品种资源保护区（场）、基因库和测定站，对有利用价值的濒危畜禽品种实行特别保护；县级以上人民政府要扶持对畜禽品种资源的普查、鉴定、保护、培育和利用。

（二）畜禽品种培育和审定

建立种畜禽场，应根据良种繁育体系规划，合理布局。建立地方种畜禽场，必须经省、自治区、直辖市人民政府农业农村行政主管部门批准；建立国家级种畜禽场，必须经省、自治区、直辖市人民政府农业农村行政主管部门审核同意，并报国务院农业农村行政主管部门批准。跨省、自治区、直辖市的畜禽品种的认可与新品种的鉴定命名，必须经国家畜禽品种审定委员会或其委托的省级畜禽品种审定委员会评审后，报国务院农业农村行政主管部门批准；地方畜禽品种的认可与新品种的鉴定命名，必须经省级畜禽品种审定委员会评审后，由省、自治区、直辖市人民政府农业农村行政主管部门批准，并报国务院农业农村行政主管部门备案。经过评审并批准的畜禽品种，方可推广。

（三）种畜禽生产经营

生产经营种畜禽的单位和个人，符合下列条件方可向县级以上人民政府农业农村行政主管部门申领《种畜禽生产经营许可证》。即：①符合良种繁育体系规划的布局要求；②所用种畜禽合格、优良，来源符合技术要求，并达到一定数量；③有相应的育种资料和记录、防疫设施及畜牧兽医技术人员。生产经营畜禽冷冻精液、胚胎或其他遗传材料的，由国务院农业农村行政主管部门或省、自治区、直辖市人民政府农业农村行政主管部门核发《种畜禽生产经营许可证》。生产经营种畜禽的单位和个人，必须按照规定的生产品种、品系、代别和利用年限从事生产经营；必须遵守技术规程，建立生产和育种档案，并依照《动物防疫法》及有关兽医卫生规定，建立和实施防疫制度。销售的种畜禽，应当达到国家标准、行业标准、地方标准，并附有《种畜禽合格证》、种畜系谱。进行畜禽专业配种（包括人工授精）、孵化的，必须使用从种畜禽场引进并附有《种畜禽合格证》、种畜系谱的种畜禽。

六、肥料管理法律制度

目前，肥料监管尚无专门法律规范，监管的法律依据主要是《中华人民共和国产品质量法》，因此执法主体为市场监管部门，这里仅就农业农村部颁布的《肥料登记管理办法》作简要介绍。

（一）肥料的概念与种类

《肥料登记管理办法》所称肥料是指用于提供、保持或改善植物营养和土壤物理、化学性能以及生物活性，能提高农产品产量，或改善农产品品质，或增强植物抗逆性的有机、无机、微生物及其混合物料。包括配方肥、叶面肥、床土调酸剂、微生物肥料、有机肥料、有机-无机复混肥、复合肥等。有关含义分述如下。

1. 配方肥　指利用测土配方技术，根据不同作物的营养需要、土壤养分含量及供肥特点，以各种单质化肥为原料，有针对性地添加适量中、微量元素或特定有机肥料，采用掺混或造粒工艺加工而成的，具有很强的针对性和地域性的专用肥料。

肥料登记
管理办法

2. 叶面肥　指施于植物叶片并能被其吸收利用的肥料。

3. 床土调酸剂　指在农作物育苗期，用于调节育苗床土酸度（或 pH）的制剂。

4. 微生物肥料　指应用于农业生产中，能够获得特定肥料效应的含有特定微生物活体的制品，这种效应不仅包括了土壤、环境及植物营养元素的供应，还包括了其所产生的代谢产物对植物的有益作用。

5. 有机肥料　指来源于植物和/或动物，经发酵、腐熟后，施于土壤以提供植物养分为其主要功效的含碳物料。

6. 精制有机肥　指经工厂化生产的，不含特定肥料效应微生物的，商品化的有机肥料。

7. 复混肥　指氮、磷、钾三种养分中，至少有两种养分标明量的肥料，由化学方法和/或物理加工制成。

8. 复合肥 指仅由化学方法制成的复混肥。

（二）肥料登记

实行肥料产品登记管理制度，未经登记的肥料产品不得进口、生产、销售和使用，不得进行广告宣传。

农业农村部负责全国肥料登记和监督管理工作。省、自治区、直辖市人民政府农业农村行政主管部门协助农业农村部做好本行政区域内的肥料登记工作。县级以上地方人民政府农业农村行政主管部门负责本行政区域内的肥料监督管理工作。

1. 登记范围 肥料应当经过登记，才能生产经营和使用。但对经农田长期使用，有国家或行业标准的下列产品免予登记：硫酸铵、尿素、硝酸铵、氰氨化钙、磷酸铵（磷酸一铵、二铵）、硝酸磷肥、过磷酸钙、氯化钾、硫酸钾、硝酸钾、氯化铵、碳酸氢铵、钙镁磷肥、磷酸二氢钾、单一微量元素肥、高浓度复合肥。同时对没有生产国使用证明（登记注册）的国外产品，不符合国家产业政策的产品，知识产权有争议的产品，不符合国家有关安全、卫生、环保等国家或行业标准要求的产品不予受理登记。

2. 登记申请 凡经工商注册，具有独立法人资格的肥料生产者均可提出肥料登记申请。肥料生产者申请肥料登记，应按照《肥料登记资料要求》提供产品化学、肥效、安全性、标签等方面资料和有代表性的肥料样品。境内生产者申请肥料临时登记，其申请登记资料应经其所在地省级农业农村行政主管部门初审后，向农业农村部种植业管理司或其委托的单位提出申请。复混肥、配方肥（不含叶面肥）、精制有机肥、床土调酸剂的登记审批、登记发证和公告工作由省农业农村主管部门负责。肥料生产者申请上述产品登记应当向省、自治区、直辖市农业农村主管部门申请。

3. 登记受理 农业农村部种植业管理司负责或委托办理肥料登记受理手续，并审查登记申请资料是否齐全；生产者申请肥料临时登记前，须在中国境内进行规范的田间试验。

4. 登记审批 农业农村部聘请技术专家和管理专家组织成立肥料登记评审委员会，负责对申请登记肥料产品的产品化学、肥效和安全性等资料进行综合评审，根据肥料登记评审委员会的综合评审意见，审批、发放肥料临时登记证或正式登记证。肥料登记证使用《中华人民共和国农业农村部肥料审批专用章》。

5. 免予登记范围 农业农村部对符合下列条件的产品直接审批、发放肥料临时登记证：

（1）有国家或行业标准，经检验质量合格的产品。

（2）经肥料登记评审委员会建议并由农业农村部认定的产品类型，申请登记资料齐全，经检验质量合格的产品。

6. 肥料登记证时效　肥料正式登记证有效期为五年。肥料正式登记证有效期满，需要继续生产、销售该产品的，应当在有效期满六个月前提出续展登记申请，符合条件的经农业农村部批准续展登记。续展有效期为五年；登记证有效期满没有提出续展登记申请的，视为自动撤销登记。登记证有效期满后提出续展登记申请的，应重新办理登记；经登记的肥料产品，在登记有效期内改变使用范围、商品名称、企业名称的，应申请变更登记；改变成分、剂型的，应重新申请登记。取得登记证的肥料产品，在登记有效期内证实对人、畜、作物有害，经肥料登记评审委员会审议，由农业农村部宣布限制使用或禁止使用。

（三）登记管理

1. 包装标签　肥料产品包装应有标签、说明书和产品质量检验合格证。标签和使用说明书应当使用中文，并符合下列要求：
（1）标明产品名称、生产企业名称和地址。
（2）标明肥料登记证号、产品标准号、有效成分名称和含量、净重、生产日期及质量保证期。
（3）标明产品适用作物、适用区域、使用方法和注意事项。
（4）产品名称和推荐适用作物、区域应与登记批准的一致。
禁止擅自修改经过登记批准的标签内容。

2. 质量监测　农业农村行政主管部门应当按照规定对辖区内的肥料生产、经营和使用单位的肥料进行定期或不定期监督、检查，必要时按照规定抽取样品和索取有关资料，有关单位不得拒绝和隐瞒。对质量不合格的产品，要限期改进。对质量连续不合格的产品，肥料登记证有效期满后不予续展。

七、农业机械产品管理法律制度

农业机械是指用于农业生产及其产品初加工等相关农事活动的机械设备。农业机械的管理包括对农机产品生产经营的管理和农业机械产品在农事活动中的安全管理。国家制定了《产品质量法》《农业机械化促进法》和《农业机械安全监督管理条例》等法律法规，主要依据这些法律法规进行监督管理。其中，《产品质量法》监督管理的范围包括加工、制作用于销售的产品，包括农业机械产品在内。这部法律对

农业机械化
促进法

于产品的生产、经营、使用等方面均做了系统规范，因这部法律的执法主体是市场监管部门，农业农村行政部门在涉及农机产品生产、经营的行政处罚，不能依据这部法律，而仅可依据《农业机械化促进法》《农业机械安全监督管理条例》规定的相关职权实施监管措施。《农业机械化促进法》的立法宗旨是为了鼓励、扶持农民和生产经营组织使用先进适用的农业机械，促进农业机械化，主要围绕促进农业机械化。《农业机械安全监督管理条例》主要是为了在农业机械安全监督管理中，预防和减少农业机械事故，保障人民生命和财产安全制定的。对农业机械的生产、销售、维修、使用操作、事故处理等方面进行了规范。这三部法律是目前农业机械产品生产、经营、科研、推广、使用诸环节的主要法律依据。

(一)农业机械科研开发

省级以上人民政府及其有关部门应当组织有关单位采取技术攻关、试验、示范等措施，促进基础性、关键性、公益性农业机械科学研究和先进适用的农业机械的推广应用；国家支持有关科研机构和院校加强农业机械化科学技术研究，根据不同的农业生产条件和农民需求，研究开发先进适用的农业机械；支持农业机械科研、教学与生产、推广相结合，促进农业机械与农业生产技术的发展要求相适应；国家支持农业机械生产者开发先进适用的农业机械，采用先进技术、先进工艺和先进材料，提高农业机械产品的质量和技术水平，降低生产成本，提供系列化、标准化、多功能和质量优良、节约能源、价格合理的农业机械产品；国家支持引进、利用先进的农业机械、关键零配件和技术，鼓励引进外资从事农业机械的研究、开发、生产和经营。

(二)农业机械质量保障

国家加强农业机械化标准体系建设，制定和完善农业机械产品质量、维修质量和作业质量等标准。对农业机械产品涉及人身安全、农产品质量安全和环境保护的技术要求，应当按照有关法律、行政法规的规定制定强制执行的技术规范；市场监督管理部门应当依法组织对农业机械产品质量的监督抽查，加强对农业机械产品市场的监督管理工作；国务院农业农村行政主管部门和省级人民政府主管农业农村工作的部门根据农业机械使用者的投诉情况和农业生产的实际需要，可以组织对在用的特定种类农业机械产品的适用性、安全性、可靠性和售后服务状况进行调查，并公布调查结果；农业机械生产者、销售者应当对其生产、销售的农业机械产品质量负责，并按照国家有关规定承担零配件供应和培训等售后服务责任。同时应当按照国家标准、行业标准和保障人身安全的要求，在其生产的农业机械产品上设置必要的安全防护装置、警示标志和中文警示说明。

农业机械产品不符合质量要求的，农业机械生产者、销售者应当负责修理、更换、退货；给农业机械使用者造成农业生产损失或者其他损失的，应当依法赔偿损失。农业机械使用者有权要求农业机械销售者先予赔偿。农业机械销售者赔偿后，属于农业机械生产者的责任的，农业机械销售者有权向农业机械生产者追偿；因农业机械存在缺陷造成人身伤害、财产损失的，农业机械生产者、销售者应当依法赔偿损失；列入依法必须经过认证的产品目录的农业机械产品，未经认证并标注认证标志，禁止出厂、销售和进口；禁止生产、销售不符合国家技术规范强制性要求的农业机械产品。禁止利用残次零配件和报废机具的部件拼装农业机械产品。

（三）农业机械推广使用

国家支持向农民和农业生产经营组织推广先进适用的农业机械产品。推广农业机械产品，应当适应当地农业发展的需要，并依照农业技术推广法的规定，在推广地区经过试验证明具有先进性和适用性。农业机械生产者或者销售者，可以委托农业机械试验鉴定机构，对其定型生产或者销售的农业机械产品进行适用性、安全性和可靠性检测，作出技术评价。农业机械试验鉴定机构应当公布具有适用性、安全性和可靠性的农业机械产品的检测结果，为农民和农业生产经营组织选购先进适用的农业机械提供信息。县级以上人民政府可以根据实际情况，在不同的农业区域建立农业机械化示范基地，并鼓励农业机械生产者、经营者等建立农业机械示范点，引导农民和农业生产经营组织使用先进适用的农业机械。国务院农业农村行政主管部门会同国务院财政部门、经济综合宏观调控部门，根据促进农业结构调整、保护自然资源与生态环境、推广农业新技术与加快农机具更新的原则，确定、公布国家支持推广的先进适用的农业机械产品目录，并定期调整。省级人民政府主管农业机械化工作的部门会同同级财政部门、经济综合宏观调控部门根据上述原则，确定、公布省级人民政府支持推广的先进适用的农业机械产品目录，并定期调整；列入目录的产品，应当由农业机械生产者自愿提出申请，并通过农业机械试验鉴定机构进行的先进性、适用性、安全性和可靠性鉴定。

（四）农业机械社会化服务

农民、农业机械作业组织可以按照双方自愿、平等协商的原则，为本地或者外地的农民和农业生产经营组织提供各项有偿农业机械作业服务。有偿农业机械作业应当符合国家或者地方规定的农业机械作业质量标准；国家鼓励跨行政区域开展农业机械作业服务。各级人民政府及其有关部门应当支持农业机跨行政区域作业，维护作业秩序，提供便利和服务，并依法实施安全监督管理。各级人民政府应当采取措施，鼓励和扶持发展多种形式的农业机械服务组织，推进农业机械化信息网络建设，完善农业机械化服务体系。农业机械服务组织应当根据农民、农业生产经营组织的需求，提供农业机械示范推广、实用技术培训、维修、信息、中介等社会化服务。国家设立的基层农业机械技术推广机构应当以试验示范基地为依托，为农民和农业生产经营组织无偿提供公益性农业机械技术的推广、培训等服务。

（五）农业机械扶持措施

国家采取措施，鼓励和支持农业机械生产者增加新产品、新技术、新工艺的研究开发投入，并对农业机械的科研开发和制造实施税收优惠政策；中央和地方财政预算安排的科技开发资金应当对农业机械工业的技术创新给予支持。中央财政、省级财政应当分别安排专项资金，对农民和农业生产经营组织购买国家支持推广的先进适用的农业机械给予补贴。补贴资金的使用应当遵循公开、公正、及时、有效的原则，可以向农民和农业生产经营组织发放，也可以采用贴息方式支持金融机构向农民和农业生产经营组织购买先进适用的农业机械提供贷款。国家对从事农业机械生产作业服务的收入，给予税收优惠并根据农业和农村经济发展的需要，对农业机械的农业生产作业用燃油安排财政补贴。燃油补贴直接给从事农业机械作业的农民和农业生产经营组织发放。地方各级人民政府应当采取措施加强农村机耕道路等农业机械化基础设施的建设和维护，为农业机械化创造条件。

（六）农业机械生产、销售和维修

1. 农业机械生产规范　国务院工业主管部门负责制定并组织实施农业机械工业产业政策和有关规划；国务院标准化主管部门负责制定发布农业机械安全技术国家标准，并根据实际情况及时修订。农业机械安全技术标准是强制执行的标准；农业机械生产者应当依据农业机械工业产业政策和有关规划，按照农业机械安全技术标准组织生产，并建立健全质量保障控制体系；对依法实行工业产品生产许可证管理的

产品质量法

农业机械，其生产者应当取得相应资质，并按照许可的范围和条件组织生产；应当按照农业机械安全技术标准对生产的农业机械进行检验；农业机械经检验合格并附具详尽的安全操作说明书和标注安全警示标志后，方可出厂销售；依法必须进行认证的农业机械，在出厂前应当标注认证标志，上道路行驶的拖拉机，依法必须经过认证的，在出厂前应当标注认证标志，并符合机动车国家安全技术标准；农业机械生产者应当建立产品出厂记录制度，如实记录农业机械的名称、规格、数量、生产日期、生产批号、检验合格证号、购货者名称及联系方式、销售日期等内容，出厂记录保存期限不得少于3年。禁止生产不符合农机安全技术标准，未取得许可证、未经认证、利用残次零配件和报废的农业机械配件、国家明令淘汰的农业机械。

2. 农业机械进口规范　进口的农业机械应当符合我国农业机械安全技术标准，并依法由出入境检验检疫机构检验合格。依法必须进行认证的农业机械，还应当由出入境检验检疫机构进行入境验证。

3. 农业机械销售规范　农业机械销售者对购进的农业机械应当查验产品合格证明。对依法实行工业产品生产许可证管理、依法必须进行认证的农业机械，还应当验明相应的证明文件或者标志；农业机械销售者应当建立销售记录制度，如实记录农业机械的名称、规格、生产批号、供货者名称及联系方式、销售流向等内容。销售记录保存期限不得少于3年；应当向购买者说明农业机械操作方法和安全注意事项，并依法开具销售发票；禁止生产、销售不符合农业机械安全技术标准的，未取得许可证的，未经认证的，利用残次零配件或者报废农业机械配件拼装的农机产品，国家明令淘汰的。

4. 农业机械维修规范　从事农业机械维修经营，应当有必要的维修场地，有必要的维修设施、设备和检测仪器，有相应的维修技术人员，有安全防护和环境保护措施，取得相应的维修技术合格证书。申请农业机械维修技术合格证书，应当向当地县级人民政府农业机械化主管部门提交下列材料：①农业机械维修业务申请表；②申请人身份证明、营业执照；③维修场所使用证明；④主要维修设施、设备和检测仪器清单；⑤主要维修技术人员的国家职业资格证书。

农业机械化主管部门应当自收到申请之日起20个工作日内，对符合条件的，核发维修技术合格证书；对不符合条件的，书面通知申请人并说明理由。维修技术合格证书有效期为3年；有效期满需要继续从事农业机械维修的，应当在有效期满前申请续展。农业机械维修经营者应当遵守国家有关维修质量安全技术规范和维修质量保证期的规定，确保维修质量。不得使用不符合农业机械安全技术标准的零配件、拼装和改装农业机械整机、承揽维修已经达到报废条件的农业机械及法律、法规和国务院农业农村主管部门规定的其他禁止性行为。

5. 农业机械使用操作规范　农业机械操作人员可以参加农业机械操作人员的技能培训，可以向有关农业农村主管部门、人力资源和社会保障部门申请职业技能鉴定，获取相应等级的国家职业资格证书；拖拉机、联合收割机投入使用前，其所有人应当按照国务院农业农村主管部门的规定，持本人身份证明和机具来源证明，向所在地县级人民政府农业农村主管部门申请登记。拖拉机、联合收割机经安全检验合格的，农业农村主管部门应当在 2 个工作日内予以登记并核发相应的证书和牌照；拖拉机、联合收割机使用期间登记事项发生变更的，其所有人应当按照国务院农业农村主管部门的规定申请变更登记；拖拉机、联合收割机操作人员经过培训后，应当按照国务院农业农村主管部门的规定，参加县级人民政府农业农村主管部门组织的考试。考试合格的，农业农村主管部门应当在 2 个工作日内核发相应的操作证件；拖拉机、联合收割机操作证件有效期为 6 年；有效期满，拖拉机、联合收割机操作人员可以向原发证机关申请续展。未满 18 周岁不得操作拖拉机、联合收割机。操作人员年满 70 周岁的，县级人民政府农业农村主管部门应当注销其操作证件；拖拉机、联合收割机应当悬挂牌照。拖拉机上道路行驶，联合收割机因转场作业、维修、安全检验等需要转移的，其操作人员应当携带操作证件。

拖拉机、联合收割机操作人员不得有下列行为：

（1）操作与本人操作证件规定不相符的拖拉机、联合收割机。

（2）操作未按照规定登记、检验或者检验不合格、安全设施不全、机件失效的拖拉机、联合收割机。

（3）使用国家管制的精神药品、麻醉品后操作拖拉机、联合收割机。

（4）患有妨碍安全操作的疾病操作拖拉机、联合收割机。

（5）违反规定载人。

（6）国务院农业农村主管部门规定的其他禁止行为。

（七）农业机械事故处理

县级以上地方人民政府农业农村主管部门负责农业机械事故责任的认定和调解处理。

1. 农业机械事故的概念　农业机械事故，是指农业机械在作业或者转移等过程中造成人身伤亡、财产损失的事件。

2. 农业机械事故处理分工　农业机械在道路上发生的交通事故，由公安机关交通管理部门依照道路交通安全法律、法规处理；拖拉机在道路以外通行时发生的事故，公安机关交通管理部门接到报案的，参照道路交通安全法律、法规处理。农业机械事故造成公路及其附属设施损坏的，由交通主管部门依照公路法律、法规处理；在道路以外发生的农业机械作业事故的由农业农村部门处理。发生事故的操作人员和现场其他人员应当立即停止作业或者停止农业机械的转移，保护现

农业机械安全
监督管理条例

场，造成人员伤害的，应当向事故发生地农业农村主管部门报告；造成人员死亡的，还应当向事故发生地公安机关报告。造成人身伤害的，应当立即采取措施，抢救受伤人员。因抢救受伤人员变动现场的，应当标明位置。接到报告的农业农村主管部门和公安机关应当立即派人赶赴现场进行勘验、检查，收集证据，组织抢救受伤人员，尽快恢复正常的生产秩序。

3. 农业机械事故处理规范　对经过现场勘验、检查的农业机械事故，农业农村主管部门应当在 10 个工作日内制作完成农业机械事故认定书；需要进行农业机械鉴定的，应当自收到农业机械鉴定机构出具的鉴定结论之日起 5 个工作日内制作农业机械事故认定书；农业机械事故认定书应当载明农业机械事故的基本事实、成因和当事人的责任，并在制作完成农业机械事故认定书之日起 3 个工作日内送达当事人；当事人对农业机械事故损害赔偿有争议，请求调解的，应当自收到事故认定书之日起 10 个工作日内向农业农村主管部门书面提出调解申请。调解达成协议的，农业农村主管部门应当制作调解书送交各方当事人。调解书经各方当事人共同签字后生效。调解不能达成协议或者当事人向人民法院提起诉讼的，农业农村主管部门应当终止调解并书面通知当事人。调解达成协议后当事人反悔的，可以向人民法院提起诉讼。农业农村主管部门应当为当事人处理农业机械事故损害赔偿等后续事宜提供帮助和便利。因农业机械产品质量原因导致事故的，农业农村主管部门应当依法出具有关证明材料；农业农村主管部门应当定期将农业机械事故统计情况及说明材料报送上级农业农村主管部门并抄送同级安全生产监督管理部门；农业机械事故构成生产安全事故的，应当依照相关法律、行政法规的规定调查处理并追究责任。

第四节　农业投入品法律责任

农业投入品管理法律制度中，每件法律法规规章均设置了专章对法律责任进行了专门规范，这是保障法律实施的强制措施和重要手段。法律责任是指因违反了法定义务或行使法律权利、权力所产生的，由行为人承担的不利后果。法律责任包括民事责任、行政责任和刑事责任、违宪责任和国家赔偿责任。这里主要介绍民事责任、行政责任和刑事责任。

一、民事责任

民事责任是指由于违反民事法律、违约或者由于民法规定所应承担的一种法律责任。主要包括停止侵害，排除妨碍，消除危险，返还财产，恢复原状，修理、重作、更换，赔偿损失，支付违约金，消除影响，恢复名誉，赔礼道歉等。农业投入品法律制度所指的民事责任，主要是监管、生产、经营、使用农业投入品过程中造成对其他关系人的损害，所应承担的赔偿责任。如：《种子法》规定，种子使用者因种子质量问题遭受损失的，出售种子的经营者应当予以赔偿；属于种子生产者或者其他经营者责任的，经营者有权向生产者或者其他经营者追偿。如果存在行政主管部门指定使用者购买种子的行为，行政主管部门应当承担赔偿责任。《农药管理条例》规定，生产、经营的农药造成农药使用者人身、财产损害的，农药使用者可以向农药生产企业要求赔偿，也可以向农药经营者要求赔偿。属于农药生产企业责任的，农药经营者赔偿后有权向农药生产企业追偿。《兽药管理条例》《饲料及饲料添加剂管理条例》等法律法规均作了类似规定。赔偿的数量原则上是与损失相当，采用的价款赔偿是依据《消费者权益保护法》第五十五条规定，经营者提供商品或者服务有欺诈行为的，应当按照消费者的要求增加赔偿其受到的损失，增加赔偿的金额为消费者购买商品价款或者接受服务费用的 3 倍；增加赔偿的数额不足 500 元的，为 500 元。法律另有规定的，依照其规定，如《食品安全法》规定的赔偿标准是十倍，不足 1 000 元的为 1 000 元。但根据不同产品的专业特性，除原则按上述规定外，也有一些特别规定。如种子方面的赔偿标准。各省、市、自治区人大制定的《种子法实施办法》中作了明确规定。《湖南省实施〈种子法〉办法》第十六条规定，种子使用者因种子质量问题或者因种子标签和使用说明标注内容不真实，遭受损失要求赔偿的，赔偿数额包括购种价款、可得利益损失和其他损失。购买价款即购买种子时实际支出的货款总额。农作物种子的可得利益损失，按照其所在乡镇前三年同种作物的单位平均年产值乘以实际种植面积减去实际收入计算；无参照作物的，按照资金投入和劳动力投入的一倍以上二倍以下计算。林木种子的可得利益损失，按照本地种植同种树木的单位平均年产值乘以实际种植面积减去其实际收入计算；其他损失包括购买种子支出的合理的交通费、误工费、鉴定费和其他支出费用。

二、行政责任

行政责任是指因违反行政法规或因行政法规应承担的法律责任。分为：行政处分（行政机关内部制裁措施）、行政处罚两种。其中行政处分包括警告、记过、记大过、降级、撤职、开除。行政处罚包括警告、罚款、没收违法所得、没收非法财物、责令停产停业、暂扣或吊销许可证、暂扣或吊销执照、行政拘留及法律、行政法规规定的其他处罚。根据现行农业投入品法律制度，除依法对行政机关内部工作人员违法行为实施行政处分外，对违法当事人实施行政处罚。对当事人的行政责任追究包括如下几种：

（一）未经许可、登记或违反法律规定许可登记的责任追究

《种子法》第七十七条规定，对未取得种子生产经营许可证生产经营种子的，以欺骗、贿赂等不正当手段取得种子生产经营许可证的，未按照种子生产经营许可证的规定生产经营种子的，伪造、变造、买卖、租借种子生产经营许可证的，由县级以上人民政府农业农村、林业主管部门责令改正，没收违法所得和种子；违法生产经营的货值金额不足 1 万元的，并处 3 000 元以上 3 万元以下罚款；货值金额 1 万元以上的，并处货值金额 3 倍以上 5 倍以下罚款；可以吊销种子生产经营许可证。《兽药管理条例》第五十六条规定，无兽药生产许可证、兽药经营许可证生产、经营兽药的，或者虽有兽药生产许可证、兽药经营许可证，生产、经营假、劣兽药的，或者兽药经营企业经营人用药品的，责令其停止生产、经营，没收用于违法生产的原料、辅料、包装材料及生产、经营的兽药和违法所得，并处违法生产、经营的兽药（包括已出售的和未出售的兽药）货值金额 2 倍以上 5 倍以下罚款，货值金额无法查证核实的，处 10 万元以上 20 万元以下罚款；无兽药生产许可证生产兽药，情节严重的，没收其生产设备；生产、经营假、劣兽药，情节严重的，吊销兽药生产许可证、兽药经营许可证；构成犯罪的，依法追究刑事责任；给他人造成损失的，依法承担赔偿责任。受到刑事责任追究的生产、经营企业的主要负责人和直接负责的主管人员终身不得从事兽药的生产、经营活动。《农药管理条例》《饲料及饲料添加剂管理条例》《肥料登记管理办法》等均有类似规定。

（二）生产经营假劣产品的责任追究

《种子法》第七十五条规定，生产经营假种子的，由县级以上人民政府农业农村、林业主管部门责令停止生产经营，没收违法所得和种子，吊销种子生产经营许可证；违法生产经营的货值金额不足 1 万元的，并处 1 万元以上 10 万元以下罚款；货值金额 1 万元以上的，并处货值金额 10 倍以上 20 倍以下罚款。第七十六条规定，生产经营劣种子的，没收违法所得和种子；违法生产经营的货值金额不足 1 万元的，并处 5 000 元以上 5 万元以下罚款；货值金额 1 万元以上的，并处货值金额 5 倍以上 10 倍以下罚款；情节严重的，吊销种子生产经营许可证。《农药管理条例》第五十二条第三款规定，农药生产企业生产劣质农药的，由县级以上地方人民政府农业农村主管部门责令停止生产，没收违法所得、违法生产的产品和用于违法生产的工具、设备、原材料等，违法

生产的产品货值金额不足 1 万元的，并处 1 万元以上 5 万元以下罚款，货值金额 1 万元以上的，并处货值金额 5 倍以上 10 倍以下罚款；情节严重的，由发证机关吊销农药生产许可证和相应的农药登记证；构成犯罪的，依法追究刑事责任。第五十五条、五十六条分别对经营者经营假劣农药的法律责任进行了规范。《肥料登记管理办法》第二十六条对生产、销售肥料产品有效成分或含量与登记内容不符的产品，规定处 3 万元以下罚款。《农业机械安全监督管理条例》第三十条规定，对生产销售有缺陷的农业机械的行为，依据《产品质量法》规定处罚。

（三）违反法律规定包装标识的责任追究

《种子法》第八十条规定，销售的种子应当包装而没有包装的，销售的种子没有使用说明或者标签内容不符合规定的，涂改标签的等行为，由县级以上人民政府农业农村、林业主管部门责令改正，处 2 000 元以上 2 万元以下罚款。《农药管理条例》第五十三条规定，对生产的农药包装、标签、说明书不符合规定的，责令改正，没收违法所得、违法生产的产品和用于违法生产的原材料等，违法生产的产品货值金额不足 1 万元的，并处 1 万元以上 2 万元以下罚款，货值金额 1 万元以上的，并处货值金额 2 倍以上 5 倍以下罚款；拒不改正或者情节严重的，由发证机关吊销农药生产许可证和相应的农药登记证。该条例第五十七条对采购、销售未附具产品质量检验合格证或者包装、标签不符合规定的，没收违法所得和违法经营的农药，并处 5 000 元以上 5 万元以下罚款。《饲料及饲料添加剂管理条例》第四十三条对经营无产品标签、无生产许可证、无产品质量检验合格证的饲料、饲料添加剂的，责令改正，没收违法所得和违法经营的产品，违法经营的产品货值金额不足 1 万元的，并处 2 000 元以上 2 万元以下罚款，货值金额 1 万元以上的，并处货值金额 2 倍以上 5 倍以下罚款；情节严重的，责令停止经营，并通知市场监管部门，由市场监管部门吊销营业执照。《兽药管理条例》第六十条规定，兽药的标签和说明书未经批准的，责令其限期改正；逾期不改正的，按照生产、经营假兽药处罚；有兽药产品批准文号的，撤销兽药产品批准文号；给他人造成损失的，依法承担赔偿责任。兽药包装上未附有标签和说明书，或者标签和说明书与批准的内容不一致的，责令其限期改正；情节严重的，按上述规定处罚。《肥料登记管理办法》《农业机械安全监督管理条例》均有相关规定。

（四）违反法律规定未建立生产、经营档案的责任追究

《种子法》第八十条规定，对未按规定建立、保存种子生产经营档案的，责令改正，处 2 000 元以上 2 万元以下罚款。《兽药管理条例》第六十二条规

定，未按照国家有关兽药安全使用规定使用兽药的、未建立用药记录或者记录不完整真实的，或者使用禁止使用的药品和其他化合物的，或者将人用药品用于动物的，责令其立即改正，并对饲喂了违禁药物及其他化合物的动物及其产品进行无害化处理；对违法单位处1万元以上5万元以下罚款；给他人造成损失的，依法承担赔偿责任。《农药管理条例》第五十八条规定，不执行农药采购台账、销售台账制度的，责令改正，拒不改正或者情节严重的，处2 000元以上2万元以下罚款，并由发证机关吊销农药经营许可证。《饲料及饲料添加剂管理条例》第四十一条规定，饲料、饲料添加剂生产企业不依照规定实行采购、生产、销售记录制度或者产品留样观察制度的，由县级以上地方人民政府饲料管理部门责令改正，处1万元以上2万元以下罚款；拒不改正的，没收违法所得、违法生产的产品和用于违法生产饲料的饲料原料、单一饲料、饲料添加剂、药物饲料添加剂、添加剂预混合饲料以及用于违法生产饲料添加剂的原料，处2万元以上5万元以下罚款，并可以由发证机关吊销、撤销相关许可证明文件。该条例第四十四条对不依照规定实行产品购销台账制度的，责令改正，没收违法所得和违法经营的产品，并处2 000元以上1万元以下罚款。其他法律法规如《产品质量法》对生产经营记录制度作了规定。

（五）违反进出口规定的责任追究

《种子法》第七十九条规定，对未经许可进出口种子的，为境外制种的种子在境内销售的，从境外引进农作物或者林木种子进行引种试验的收获物作为种子在境内销售的，进出口假、劣种子或者属于国家规定不得进出口的种子的，责令改正，没收违法所得和种子；违法生产经营的货值金额不足1万元的，并处3 000元以上3万元以下罚款；货值金额1万元以上的，并处货值金额3倍以上5倍以下罚款；情节严重的，吊销种子生产经营许可证。《兽药管理条例》第六十一条规定，境外企业在中国直接销售兽药的，责令其限期改正，没收直接销售的兽药和违法所得，并处5万元以上10万元以下罚款；情节严重的，吊销进口兽药注册证书；给他人造成损失的，依法承担赔偿责任。此外，有关对外贸易的法律制度，对进出口产品进行了系统规定。违法者，必须承担相应的法律责任。

（六）不履行废弃物回收、产品召回等义务的责任追究

《农药管理条例》第五十八条规定，对不履行农药废弃物回收义务的，责令改正。拒不改正或者情节严重的，处2 000元以上2万元以下罚款，并由发证机关吊销农药经营许可证。该条例第五十七条规定，对不停止销售依法应当

召回的农药，由农业农村主管部门责令改正，没收违法所得和违法经营的农药，并处 5 000 元以上 5 万元以下罚款；拒不改正或者情节严重的，由发证机关吊销农药经营许可证。其他法律法规也有类似规定。

（七）侵犯知识产权的责任追究

《种子法》第七十三条规定，有侵犯植物新品种权行为的，除依法获得赔偿外，为了维护社会公共利益，可以实施责令停止侵权行为，没收违法所得和种子；货值金额不足 5 万元的，并处 1 万元以上 25 万元以下罚款；货值金额 5 万元以上的，并处货值金额 5 倍以上 10 倍以下罚款。假冒授权品种的，由县级以上人民政府农业农村、林业主管部门责令停止假冒行为，没收违法所得和种子；货值金额不足 5 万元的，并处 1 万元以上 25 万元以下罚款；货值金额 5 万元以上的，并处货值金额 5 倍以上 10 倍以下罚款。

（八）违反法律规定，使用农业投入品的责任追究

《农药管理条例》第六十条规定，不按照农药的标签标注的使用范围、使用方法和剂量、使用技术要求和注意事项、安全间隔期使用农药；使用禁用的农药；将剧毒、高毒农药用于防治卫生害虫，用于蔬菜、瓜果、茶叶、菌类、中草药材生产或者用于水生植物的病虫害防治；在饮用水水源保护区内使用农药；使用农药毒鱼、虾、鸟、兽等；在饮用水水源保护区、河道内丢弃农药、农药包装物或者清洗施药器械。农药使用者为农产品生产企业、食品和食用农产品仓储企业、专业化病虫害防治服务组织和从事农产品生产的农民专业合作社等单位的，处 5 万元以上 10 万元以下罚款；农药使用者为个人的，处 1 万元以下罚款。构成犯罪的，依法追究刑事责任。《兽药管理条例》第六十八条规定，在饲料和动物饮用水中添加激素类药品和国务院农业农村行政管理部门规定的其他禁用药品，依照《饲料和饲料添加剂管理条例》的有关规定处罚；直接将原料药添加到饲料及动物饮用水中，或者饲喂动物的，责令其立即改正，并处 1 万元以上 3 万元以下罚款；给他人造成损失的，依法承担赔偿责任。《饲料及饲料添加剂管理条例》作了类似规定。

三、刑事责任

刑事责任是指行为人因其犯罪行为所必须承受的，由司法机关代表国家确定的否定性法律后果。包括主刑和附加刑。其中，主刑包括管制、拘役、有期徒刑、无期徒刑、死刑。附加刑包括罚金、剥夺政治权利、没收财产、驱逐出境。农业违法行为对应的刑事责任包括两个方面。一方面是当事人的刑事责

任：包括非法经营罪，非法制造、买卖、运输、储存危险物质罪，危险物品肇事罪，生产、销售伪劣商品罪，伪造、变造、买卖国家公文、证件、证件、印章等，妨害公务罪等罪种。如违反《种子法》《农药管理条例》《兽药管理条例》《饲料及饲料添加剂管理条例》规定，无证经营或经营无登记证产品，非法经营数额 5 万元以上或者违法所得数额达 1 万元以上的，单位非经营数额达 50 万元以上，或者违法所得 10 万元以上的，构成非法经营罪。违反农业法律法规规定，生产经营假劣种子、农药、兽药、饲料等农业投入品，销售金额 5 万元以上的，或使生产者造成 2 万元以上损失的，构成了生产经营假劣商品罪，依据《刑法》第一百四十条、第一百四十七条量刑追责；伪造、变造、买卖许可证、登记证、检疫证明等证件和农业农村部门印章的，情节严重的，构成伪造、变造买卖国家文件、证件、印章罪等。另一方面，国家工作人员触犯刑律的罪种包括：渎职罪、受贿罪。根据《刑法》第三百九十七条规定，追究刑事责任。行政机关工作人员在履行种子、农药、兽药、饲料及饲料添加剂等农业投入品管理职责中，玩忽职守、滥用职权或索贿、受贿，构成犯罪的，依法追究相应的刑事责任。

附：典型案例评析①

◆ 案例 1：某种业有限公司生产经营假种子案

【阅读提示】种子案件中违法所得如何认定？当事人存在三个不同的违法行为，如何定性处罚？

【案情简介】2011 年 4 月 25 日，A 省农业厅接到举报，称 A 省 B 县某种业有限公司生产销售以"某 409"和"某 407"冒充"某优 409"和"某优 407"水稻种子。B 县农业局先行对某种业公司分公司生产经营情况进行调查，发现该公司存在非法生产、经营水稻种子的行为。2011 年 6 月 2 日，B 县农业局以某公司生产经营假水稻种子为由立案调查。B 县农业局在后续调查过程中查明该种业有限公司存在其他三个违法行为：一是销售的种子品种未经 A 省审定；二是经查某种业公司经营所在地的生产许可证，其许可证号为（X）农种生许字〔2010〕第 008079 号，该批号不存在，属于伪造种子生产许可证；三是生产经营假种子。经查证，"某优 409"和"某优 407"品种组合及品种特性与该公司生产的种子品种组合及品种特性不同，该公司为了使种子销量更好，将"某 409""某 407"组合生产包装了 430 千克假"某优 409"和 360 千克假"某优 407"水稻种子。2011 年 3 月 20 日以 12 元/千克的价格销售了 400 千克假"某优

---

① 案例来源《农资监管案例评析》(农业部农产品质量安全监管局、农业部管理干部学院编，法律出版社 2012 年出版)。

409"和 350 千克假"某优 407"水稻种子，违法所得共计 9 000 元。

以上事实有农作物种子生产档案、种子经营档案、出仓单、种子销售信誉卡、询问笔录、现场勘验笔录、某优 409 和某优 407 品种组合及品种特性、该公司生产的种子品种组合及品种特性等 15 组证据为证。

B 县农业局拟按照生产经营假种子行为对该种业公司给予行政处罚。2011 年 7 月 6 日，B 县农业局向该公司发出《行政处罚事先告知书》，拟给予：没收违法所得人民币 9 000 元、处以罚款 45 000 元的行政处罚。该公司要求听证，B 县农业局决定组织听证，并于 2011 年 7 月 15 日向该公司送达了《行政处罚听证会通知书》，于 2011 年 7 月 23 日组织听证。

听证过程中案件调查人员提交了该公司违法的事实、证据、行政处罚的建议和依据。该公司在陈述中认可调查人员提出的违法事实和证据，同时出示了被处罚当事人李某的行政处罚决定书和案发后李某、王某将假种子退回和转商的退单、信誉卡和托运单等证据，认为主动收回大部分销售出去的假种子，减轻了社会危害，请求从轻处罚。调查人员认为退回属于事后补救措施，并不影响对违法所得的认定，只是一个可以从轻的情节，行政机关在拟进行行政处罚的时候已经依法从轻处理。另外，当事人出示的处罚决定书被处罚当事人为李某，不是本案当事人，不影响本案处罚。

B 县农业局依据《种子法》第五十九条及听证情况，于 2011 年 7 月 29 日，对某公司作出如下行政处罚：没收违法所得人民币 9 000 元；处以违法所得 5 倍罚款，即罚款人民币 45 000 元。罚没款共计 54 000 元。

处罚决定书送达后，当事人在法定期限内没有申请行政复议，也没有提出行政诉讼，并履行了处罚决定。

【案例评析】* 本案主要涉及种子违法所得认定和案件定性、正确适用法律问题。

1. 违法所得的认定　本案中当事人有违法所得收入，《种子法》（2004 修正）对"违法所得"如何认定并没有明确的规定。在执法实践中，关于"违法所得"的认定理解不一致，有的认为应当以销售收入计算，有的认为应当以利润计算，造成处罚标准不统一，为此，农业部 2005 年 11 月在向全国人大法工委递交的《关于〈中华人民共和国种子法〉有关条款的解释的请示》中提出："种子违法所得如何计算？我部建议明确种子生产、经营中的'违法所得'，是指从事种子生产、经营活动所取得的销售收入，即指种子经营者销售产品时取得的收入，包括成本和利润。"全国人大法工委答复称："来函所提的其他涉及行政执法中的具体问题，可以依照 1981 年全国人大常委会关于加强法律解释

---

* 案例评析，都是以案件发生时的适用法律作为分析依据。

工作的决议第三条的规定办。"1981 年《全国人民代表大会常务委员会关于加强法律解释工作的决议》第 3 条规定："不属于审判和检察工作中的其他法律、法令如何具体应用的问题，由国务院及主管部门进行解释。"农业部于 2006 年《关于认定违法所得问题的复函》（农办政函〔2006〕3 号），对种子生产、经营中违法所得解释如下，种子违法案件中的违法所得，是指违反《种子法》的规定，从事种子生产、经营活动所取得的销售收入。由此可知，全国人大法工委同意了农业部关于明确种子生产、经营中的"违法所得"的意见，指的是销售收入。因此在本案中，当事人的违法所得为销售种子的数量×单价，即（400＋350）×12＝9 000 元。

2. 多个违法行为并存的定性 B 县农业局调查过程中查实"某优 409"和"某优 407"品种的特征特性与该公司生产的种子品种的特征特性不同，属于生产、经营假种子情形，同时查明还存在未审先推、伪造种子生产许可证行为。本案中存在三种违法行为并存的情形，那本案到底应该如何定性呢？

本案当事人存在三个不同的违法行为，触犯不同的法律规范，根据调查可知本案中 B 公司推广、经营未经审定的品种和伪造生产许可证号（×）农种生许字〔2010〕第 008079 号，利用"某 409""某 407"组合生产包装假"某优 409"和假"某优 407"水稻种子，目的是让假种子的销量更好。尽管伪造种子生产许可证行为与未审先推和生产经营假种子行为之间有密切的联系，但是伪造行为本身就是法律严厉打击的对象，应独立处罚。生产经营假种子的处罚与未审先推相比较更为严重，可以按照生产经营假种子定性，适用《种子法》第五十九条进行处罚，可以达到惩处的目的。

需要指出的是本案中，当事人生产包装了 400 千克假"某优 409"和 350 千克假"某优 407"水稻种子，销售了 400 千克假"某优 409"和 350 千克假"某优 407"水稻种子，对于未销售的 30 千克假"某优 409"和 10 千克假"某优 407"水稻种子却无任何说明，依据《种子法》第五十九条的规定，对生产经营的假种子应当予以没收，本案也未按照法律规定进行没收。

◆ 案例 2：汪某经营许可证过期生产种子案

【阅读提示】 种子代销行为如何认定？

【案情简介】 2009 年 5 月 25 日，A 市农业局在市场检查中对当事人汪某（个人）销售的由某蔬菜种子公司生产的"××一号"大豆种子进行检查，该大豆种子标签标注：①经营许可证：（×）农种经许字〔2001〕第 920002 号；②生产许可证：（×）农种生许字〔2001〕第 920002 号；③种子质量指标：纯度≥95%，净度≥98%，芽率≥85%，水分≥7%，净含量 150 克等。经调查核实，该品种大豆种子标签上所标注的种子经营、生产许可证均已过期。当事人汪某从某蔬菜公司共购入"××一号"大豆种子500包，已全部售完，销售价格每包2.5元，获得违法所得1 250元。

以上事实有现场检查（勘验）笔录、询问笔录、营业执照复印件、身份证复印件等为证据。A市农业局于2009年6月8日下达了《行政处罚事先告知书》，拟作出以下行政处罚：①没收违法所得1 250元；②处以罚款3 150元。告知汪某有陈述、申辩的权利，未告知听证的权利，在法定期限内，当事人未提出陈述申辩。6月16日，A市农业局认为当事人的行为违反了《种子法》第六十条第1项、第2项的规定，依据《种子法》第六十条的规定，作出如下行政处罚决定：没收违法所得1 250元；罚款3 150元。

当事人于7月6日缴纳了相关罚没款，未提起行政复议或行政诉讼。

【案例评析】本案主要涉及代销商的认定及其法律责任、听证程序的启动问题。

1. 种子代销和种子经营行为的区别

（1）种子代销行为的概念　《种子法》（2004修正）规定种子经营实行许可制度。受具有种子经营许可证的种子经营者书面委托、领取经营范围为"代销包装种子"的营业执照和委托者加盖公章的经营许可证复印件开展种子代销业务的，通常称为种子代销。种子代销是实施种子经营许可制度的一种方式，但绝不是种子经营许可制度的例外。执法者、种子经营者对种子代销的法律性质和应用条件应当十分清楚，否则，将会混淆种子经营者和种子代销者的权利义务和法律责任。

（2）种子经营和种子代销的主要区别　从行为内容来讲，种子经营包括种子加工、种子包装、种子贮藏、种子运输、种子销售等一系列活动；种子代销仅是代理种子销售一种活动。从追求目的来讲，种子经营者追求通过经营获取利润；种子代销者追求通过代销获得劳动报酬，尽管实践中多以由代销者占有销售利润的方式获得报酬。从客体归属来讲，种子经营者经营的是自有种子；种子代销者销售的是种子经营者的种子。从法律后果讲，种子经营者对经营的种子质量负责；种子代销者销售种子的质量由被代理的种子经营者负责。

2. 种子代销的法律性质　种子代销是实施种子经营许可制度的一种方式，是农业行政主管部门对因具有种子经营许可证的种子经营者的书面委托，间接许可不具有种子经营许可证的种子经营者代理销售种子。具有种子经营许可证的种子经营者经营种子，是经农业行政主管部门直接许可；不具有种子经营许可证的种子经营者经具有种子经营许可证的种子经营者书面委托和持有委托者加盖公章的经营许可证复印件开展种子代销业务，是经农业行政主管部门间接许可。

《种子法》第二十九条规定的代理销售种子是一种间接许可。间接许可与直接许可的关系：一是直接许可是间接许可的前提。种子经营者必须在取得农业行政主管部门的直接许可后，才可以书面委托的方式委托他人代销其经营的种子；直接许可和间接许可的先后顺序不得错位。二是直接许可对间接许可具有拘束力。具有种子经营许可证的种子经营者必须在农业行政主管部门许可的经营范围、有效区域和有效期限内书面委托他人代销其经营的种子。三是直接许可和间接许可都受经营许可证约束。具有种子经营许可证的种子经营者和代销者，都必须在经营许可证许可的经营范围、有效区域和有效期限内开展业务。

3. 种子代销者的法定要件 农业部和国家工商行政管理总局《关于加强农作物种子生产经营审批及登记管理工作的通知》（农农发〔2001〕20号）规定，"受委托的经营者凭营业执照、书面委托和委托者加盖公章的经营许可证复印件开展种子代销业务。"依据上述规定，种子代销必须具备三个要件：一是取得具有种子经营许可证的种子经营者签发的符合其种子经营许可证的经营范围、有效区域和有效期限的书面委托，委托书必须写明代理的经营范围、有效区域和有效期限；二是取得具有种子经营许可证的种子经营者加盖公章的经营许可证复印件；三是领取市场监管机关核发的经营范围为"代销包装种子"的营业执照。上述的书、证、照三样必须俱全，才可开展种子代销业务。

4. 种子代销者的法律责任 种子代销制度借鉴了《民法通则》*里的代理制度。依据《民法通则》第六十三条和第六十四条的规定，公民、法人可以通过代理人实施民事法律行为。代理人在代理权限内，以被代理人的名义实施民事法律行为。被代理人对代理人的代理行为，承担民事责任。依照法律规定或者按照双方当事人约定，应当由本人实施的民事法律行为，不得代理。代理包括委托代理法定代理和指定代理。委托代理人按照被代理人的委托行使代理权，法定代理人依照法律的规定行使代理权，指定代理人按照人民法院或者指定单位的指定行使代理权。

此外，《民法通则》还规定了代理的法律责任。

（1）本人与代理人的连带责任 《民法通则》第六十五条规定，民事法律行为的委托代理，可以用书面形式，也可以用口头形式 法律规定用书面形式的，应当用书面形式。书面委托代理的授权委托书应当载明代理人的姓名或者名称、代理事项、权限和期限，并由委托人签名或盖章。委托书授权不明的，被代理人应当向第三人承担民事责任，代理人负连带责任。种子代销商要经过种子经营者的书面委托。《民法通则》第六十七条规定，代理人知道被委托代

---

* 2020年5月28日，十三届全国人大三次会议通过了《中华人民共和国民法典》，自2021年1月1日起施行。《中华人民共和国民法通则》同时废止。

理的事项违法仍然进行代理活动的，或者被代理人知道代理人的代理行为违法不表示反对的，由被代理人和代理人负连带责任。

（2）代理人与第三人的连带责任　《民法通则》第六十六条规定，代理人和第三人串通、损害被代理人的利益的，由代理人和第三人负连带责任；第三人知道行为人没有代理权、超越代理权或者代理权已终止还与行为人实施民事行为给他人造成损害的，由第三人和行为人负连带责任。《种子法》第四十一条规定，种子使用者因种子质量问题遭受损失的，出售种子的经营者应当予以赔偿，赔偿额包括购种价款、有关费用和可得利益损失。经营者赔偿后，属于种子生产者或者其他经营者责任的，经营者有权向生产者或者其他经营者追偿。第六十九条规定，强迫种子使用者违背自己的意愿购买、使用种子给使用者造成损失的，应当承担赔偿责任。在这两条里，种子代销商也要承担法律责任。

本案中，区分汪某到底是代销者还是经营者，要看汪某是否符合代销商的情形，最简单的方法是先查看市场监管机关核发的营业执照的经营范围是"代销包装种子"还是"经营不再分装的包装种子"，若填写的是"代销包装种子"，再进一步核实其他两个要件。汪某若是代销者，就应该知道某蔬菜种子公司种子经营、生产许可证过期的事实，所以汪某应当承担法律后果。

5. 对公民实施行政处罚时听证程序的启动问题　《行政处罚法》第四十二条规定，行政机关作出责令停产停业、吊销许可证或者执照、较大数额罚款等行政处罚决定之前，应当告知当事人有要求举行听证的权利。《农业行政处罚程序规定》第四十二条规定，农业行政处罚机关作出责令停产停业、吊销许可证或者执照、较大数额罚款的行政处罚决定前，应当告知当事人有要求举行听证的权利。当事人要求听证的，农业行政处罚机关应当组织听证。前款所指的较大数额罚款，地方农业行政处罚机关按省级人大常委会或者人民政府规定的标准执行；农业部及其所属的经法律、法规授权的农业管理机构对公民罚款超过3 000元、对法人或其他组织罚款超过3万元属较大数额罚款。本案对当事人为公民的罚没款超过3 000元，但本案在行政处罚事先告知书只告知当事人有陈述申辩的权利，未依法告知当事人有申请听证的权利。

◆ 案例3：某公司经营未经审定水稻种子案

【阅读提示】设定品种审定制度有何意义？先行登记保存与没收有什么区别？

【案情简介】2010年5月20日，A省B市农业局在检查种子市场发现某公司涉嫌销售未经审定的金优432、丰优189、万丰5号、丰优2188、丰优109、岳优104共6个品种水稻种子。B市农业局立案后，5月26日执法人员对涉案的 6 个品种共 3 740 千克种子进行就地登记保存。6 月 1 日下达了《登记保存物品处理通知书》，决定依法定程序没收登记保存的 6 个品种的种子共计 3 740 千克，并向国家和省品种审定委员会查证，金优 432、丰优 189、万丰 5 号、丰优 2188、丰优 109、岳优 104 未经审定。

6 月 10 日，B 市农业局进行立案，通过调查取证，取得了当事人销售种子的凭证、欠条、营业执照种子包装标签等相关证据。经查，金优 432、丰优 189、万丰 5 号、丰优 2188、丰优 109 为当事人自己生产的，共计生产 4 250 千克，销售 660 千克，销售收入 15 160 元；岳优 104 为当事人从另一公司购进，共购进 300 千克，销售 150 千克，销售收入 4 800 元。

B 市农业局按照法定程序于 6 月 28 日向当事人送达了《行政处罚事先告知书》，拟没收剩余种子 3 740 千克，没收违法所得 20 160 元，罚款 30 000 元。7 月 1 日，当事人认为罚款金额太多，申请听证。7 月 12 日，B 市农业局组织了听证，并制作了《听证会报告书》。但报告书未写明听证结论和处理意见，未报 B 市农业局负责人审查。7 月 18 日，B 市农业局向 A 省农业厅发函，认为该案涉案品种较多，数量较大，情节严重，建议吊销某公司的《种子经营许可证》。

2010 年 7 月 18 日，B 市农业局以当事人违反了《种子法》第十五条、第十六条、第十七条规定，依据第六十四条规定，并根据听证会议报告，要求当事人责令改正，并做出如下行政处罚：没收剩余种子 3 740 千克；没收违法所得 20 160 元；罚款人民币 10 000 元。

2010 年 8 月 3 日，B 市农业局将没收的种子统一运到农业局仓库保存，向饲料企业作转商处理。

【案例评析】本案主要涉及对未审先推的认定及登记保存物品与没收之间的区别等问题。

1. 未审先推问题

（1）审定制度的意义依据 《种子法》第十五条和第十七条第一款规定，主要农作物品种和主要林木品种在推广应用前应当通过国家级或者省级审定，申请者可以直接申请省级审定或者国家级审定。由省、自治区、直辖市人民政府农业、林业行政主管部门确定的主要农作物品种和主要林木品种实行省级审定。应当审定的农作物品种未经审定通过的，不得发布广告，不得经营、推广。国家设立主要农作物品种审定制度，一是保证生产上所推广的新品种具有较好的特性，至少在产量、品质、抗性等某一方面具有优势，而在其他方面的表现均不低于对照品种，加速新品种的推广，同时，也可以加速新品种对原有产量与其他方面表现较差的品种的替代，加速科技成果向现实生产力的转化。二是对新品种的审定，实际上宣告了新育成品种的创新成功与否。通过审定的品种，表明它与对照品种相比，在生产上具有利用价值，并可为生产带来新增的经济效益。三是通过品种审定，在实行品种权利保护的条件下，可以使育种者的权利得到有效的保护，使育种者的品种知识产权不被侵犯，劳动成果得到尊重，从而调动育种者的积极性，鼓励其积极投身到新品种选育活动中来。

（2）对未审先推的认定　根据实践总结，"未审先推"行为的表现形式主要有以下几种：①经营推广应当审定而未经审定通过的农作物品种种子的行为。②农作物品种未经审定，种子经营者自己随意起名，以试验示范为幌子，进行推广、销售种子的行为。③农作物品种虽然通过国家审定，但适宜种植区域不包括本地，种子经营者以国审比省审层次更高的名义，误导种子使用者购买种子的行为。④其他形式的"未审先推"行为。

本案中，当事人属于上述第一种情形的未审先推行为，应依据《种子法》第六十四条处罚。

2. 以《登记保存物品处理通知书》来没收种子不妥　本案在 2010 年 5 月 6 日对涉案的违法种子进行登记保存，2010 年 6 月 1 日以登记保存物品处理通知书没收涉案种子，2010 年 6 月 10 日进行立案，2010 年 7 月 18 日作出行政处罚决定，没收种子。没收种子只能作出处罚决定才能生效。证据先行登记保存是取证中的重要环节和手段，发现违法物品进行先行登记保存既能保护好证据，还能防止违法物品进一步造成损害。但是，《行政处罚法》第三十七条第 2 款也规定，在证据可能灭失或者以后难以取得的情况下，经行政机关负责人批准，可以先行登记保存，并应当在 7 日内作出处理决定。《农业行政执法文书制作规范》第二十四条规定，登记保存物品处理通知书，是指农业行政处罚机关在规定的期限内对被登记保存的物品作出处理决定并告知当事人的文书。因此，《登记保存物品处理通知书》不能代替《行政处罚决定书》来没收登记保存的物品。

在行政执法实践中，混淆使用"没收""先行登记保存"这两个概念的现象时常发生，有的执法人员认为没收与登记保存完全是一回事，可以等同使用。之所以会产生这种错误认识，究其原因主要是执法人员对这两个概念的内涵没有弄清楚，因而在使用上产生了困惑。下面，编者就这两个概念的区别作一简要分析。

（1）两者的概念及法律依据

①没收是指在行政相对人在违反有关法律法规的前提下，有处罚权的行政主体依法将其违法所得和非法财物收归国有的处罚形式。依《行政处罚法》第八条"行政处罚的种类"中的规定，行政机关可以没收违法所得和没收非法财物。但作出没收的法律依据必须依据实体法的相关规定。违法所得，是指违法行为人从事非法经营等获得的利益；非法财物，是指违法者用于从事违法活动

的违法工具、物品和违禁品等。

②先行登记保存是在证据可能灭失或者以后难以取得的情况下，行政机关对该证据进行登记，并保存于一定地点，任何人不得予以销毁或者转移的一种重要的证据保全措施。采取先行登记保存措施，一般情况下行政管理机关应当采用就地保存的方式，只有对特殊物品或就地保存有困难的，才可以指定他人或有保管条件的场所进行保管，以避免保存不当而导致所保存物品丧失证据作用。先行登记保存的法律依据主要是《行政处罚法》第三十七条第二款，行政机关在收集证据时，可以采取抽样取证的方法；在证据可能灭失或者事后难以取得的情况下，经行政机关负责人批准，可以先行登记保存，并应当在 7 日内及时作出处理决定，在此期间，当事人或者有关人员不得销毁或者转移证据。

（2）两者的区别

①性质不同。没收是行政处罚措施的一种，是行政机关为达到对违法者予以惩戒，促使其以后不再犯，进而有效实施行政管理，维护公共利益和社会秩序这一目的，而给予违法者的一种财产处罚。先行登记保存是行政机关在行政处罚过程中的一种证据保全手段，它仅是具体行政行为的一个环节。

②实施条件不同。没收违法所得、没收非法财物的实施条件为只要是违法行为人的违法所得和非法财物即可收归国家所有，且要有明确的实体法规定。先行登记保存的实施条件是只要在相关证据可能灭失或者以后难以取得的情况下都可以实施，具有强制性。

③适用条件不同。没收作为行政处罚的一种，只能在行政处罚阶段以处罚决定的形式作出，其处罚对象是违法行为人的违法所得和非法财物。先行登记保存则是在证据可能永远不复存在，或者虽然事实上存在但以后难以再取得此证据时使用。其实施对象为证据而并非与违法行为有关的一切财产。

④时限不同。没收主要指将违法行为人的违法所得与非法财物收归国有，因此可以当场没收，也可以依据一定的法律形式没收，故无统一的时间限制。先行登记保存则是一种取证行为，故 7 日内应当作出处理决定。

3. 建议吊销农作物种子经营许可证不当　行政处罚要严格依据法律、法规的规定，不能自行设置。本案中当事人经营未经审定的农作物品种的行为依据《种子法》第六十四条的规定，可以没收种子和违法所得，并处以 10 000 元以上 50 000 元以下罚款。但该条没有设置吊销种子生产、经营许可证的处罚，不能自行扩大《种子法》规定的吊销许可证的罚则有两条。一是第五十九条规定："违反本法规定，生产、经营假、劣种子的，由县级以上人民政府农业、林业行政主管部门或者市场监管机关责令停止生产、经营，没收种子和违法所得，吊销种子生产许可证、种子经营许可证或者营业执照，并处以罚款；有违法所得的，处以违法所得五倍以上十倍以下罚款；没有违法所得的，处以二千元以上五万元以下罚款；构成犯罪的，依法追究刑事责任"。二是第六十条规定："违反本法规定，有下列行为之一的，由县级以上人民政府农业、林业行政主管部门责令改正，没收种子和违法所得，并处以违法所得一倍以上三倍以下罚款；没有违法所得的，处以一千元以上三万元以下罚款；可以吊销违法行为人的种子生产许可证或者种子经营许可证；构成犯罪的，依法追究刑事责任：（一）未取得种子生产许可证或者伪造、变造、买卖、租借种子生产许可证，或者未按照种子生产许可证的规定生产种子的；（二）未取得种子经营许可证或者伪造、变造、买卖、租借种子经营许可证，或者未按照种子经营许可证的规定经营种子的"。本案中，B市农业局向A省农业厅发函，认为该案涉案品种较多，数量较大，情节严重，建议吊销某公司的种子经营许可证，这种行为有失妥当。

4. 案件中未说明没收种子的处理情况　《行政处罚法》第五十六条规定："行政机关对当事人进行处罚不使用罚款、没收财物单据或者使用非法定部门制发的罚款、没收财物单据的，当事人有权拒绝处罚，并有权予以检举。上级行政机关或者有关部门对使用的非法单据予以收缴销毁，对直接负责的主管人员和其他直接责任人员依法给予行政处分。"《农业行政处罚程序规定》第六十二条规定："除依法应当销毁的物品外，依法没收的非法财物必须按照国家有关规定处理。罚款、没收的违法所得或者拍卖非法财物的款项，必须全部上缴国库，农业行政处罚机关或者个人不得以任何形式截留、私分或者变相私分。"本案中，2010年8月3日，执法人员将没收的种子统一运到B市农业局仓库保存，向饲料企业作转商处理。根据A省出台的罚没物品处理办法相关规定，对于没收的种子应向当事人出具没收财务的票据，并妥善处理没收的种子，处理所得的款项上缴国库，并在案卷中注明处理结果。

综上所述，本案适用法律基本正确，但处罚机关提出的吊销经营许可证的建议有失妥当，此外，还应在案件归档时说明没收种子的处罚情况。

◆ 案例4：商某经营未经审定的种子案

【阅读提示】品种审定的适宜区域如何认定？减轻处罚如何适用？

【案情简介】2010年3月3日，A省B市C区农业执法人员在检查中发现该区一个体工商户商某门市部经营的"×玉17"玉米种子涉嫌"同意引种但不在适宜种植区域内"。执法人员从当事人商某处提取了某种业公司B市配送中心售种卡、B市种子种苗零售统一凭证，证明该批种子是当事人商某于2010年1月14日从某种业公司B市配送中心冯某处购进，共购进80千克，购进价为14元/千克，截至调查时，已销售14千克，销售价为22元/千克，销售收入为306元。为了进一步了解该案情况，执法人员制作了现场检查勘验笔录抽样取证凭证，并对未销售种子予以证据登记保存，同时对当事人商某进行询问制作了询问笔录。经查证，"X 玉 17"玉米种子 2004 年通过国家审定，审定公告适宜种植区域不含 A 省；2003 年 A 省公告引进种植，引种号〔2003〕398 号，但审定公告适宜种植区域不含 B 市 C 区，有审定公告和引种函为证。在调查过程中，商某能够积极配合，并主动收回了已销售的玉米种子。

C 区农业局认为当事人商某经营同意引种但不在适宜种植区域内的玉米种子的行为事实清楚，证据充分，责令商某立即停止经营、推广"X 玉 17"玉米种子，认为其行为违反了《A 省农作物种子管理条例》第七条第三款之规定：审定通过或者同意引种但不在适宜种植区域内的不得经营、推广。鉴于当事人只售出 14 千克种子，数量较小，且及时收回已售出的种子，未产生社会危害后果，依据《中华人民共和国行政处罚法》第二十七条第一款：主动消除或者减轻违法行为危害后果应当依法从轻或减轻行政处罚；《A 省农作物种子管理条例》第三十条规定：违法本条例第七条规定之一的，责令改正，没收种子和违法所得，并处 1 万元以上 5 万元以下罚款；《A 省农业行政处罚自由裁量规范》自由裁量标准六：经营、推广未经审定、引种同意，不在适宜种植区域内，已停止使用种子的，数量 50 千克以下的，责令停止经营、推广，没收种子和违法所得，并处 1 万元罚款；《A 省农业行政处罚自由裁量规范》第六条第二款：对人身健康、生命安全、公共安全、社会安定、环境保护造成影响较小，或尚未产生社会危害后果的，可依法从轻或减轻处罚，经集体讨论对商某作出以下处罚决定：没收"X 玉 17"玉米种子 80 千克和违法所得 306 元；罚款 2 000 元整。

【案例评析】本案主要涉及种子品种审定的地域效力和应否减轻处罚的问题。

1. 定性准确　品种审定是对新育成和引进的品种，由专门的组织根据品种区域试验、生产试验结果，审查评定其推广价值和适应范围的活动。

《种子法》第十五条规定："主要农作物品种在推广应用前应当通过国家级或者省级审定。"但是，经过国家或是省级审定后的种子是否就可以在全国或是全省范围内推广呢？答案是否定的。因为我国幅员辽阔，各地气候、土壤等自然条件差异很大，适合此地种植的品种不一定适合他地种植，否则可能出现"南橘北枳"的现象甚至导致颗粒无收。因此，《种子法》第十六条对审定品种的适宜种植区域作了规定："通过国家级审定的主要农作物品种和主要林木良种由国务院农业、林业行政主管部门公告，可以在全国适宜的生态区域推广。通过省级审定的主要农作物品种和主要林木良种由省、自治区、直辖市人民政府农业、林业行政主管部门公告，可以在本行政区域内适宜的生态区域推广；

相邻省、自治区、直辖市属于同一适宜生态区的地域，经所在省、自治区、直辖市人民政府农业、林业行政主管部门同意后可以引种。"农作物品种审定通过后，只能在审定公告确定的适宜区域推广，不在该区域推广的，应当重新申请国家级或省级审定，获得通过后方可进行。否则，不在适宜区域推广的，该品种仍属未经审定通过的品种。《种子法》第十七条还规定："应当审定的农作物品种未经审定通过的，不得发布广告，不得经营、推广。"《农业部办公厅关于〈种子法〉有关条款适用的函》（农办政函〔2006〕8号）中对《种子法》第六十四条的含义作出解释："应当审定而未经审定通过包括以下两种情形：一是未经过国家级审定通过，也未经过省级审定通过；二是在审定公告的适宜生态区域外推广的"。

　　本案中，商某经营的"×玉17"玉米种子虽然经过了国家农作物品种审定委员会审定，但审定公告适宜种植区域不含A省，2003年A省同意引进种植，但引种公告适宜种植区域不含B市C区，属于《农业部办公厅关于〈种子法〉有关条款适用的函》对"应当审定而未经审定通过"规定范围，故商某在C区销售"×玉17"玉米种子的行为依法定性为"经营、推广应当审定而未经审定通过的种子"是准确的。

　　2. 处罚得当　　减轻行政处罚是指行政机关对违法行为人在法定处罚幅度以下予以行政处罚，较从轻处罚更轻，介于从轻处罚和免予处罚之间。减轻处罚要根据当事人违法行为情节，首先确定当事人的行为应该受到行政处罚，其次应当考虑是否具有《行政处罚法》规定的减轻处罚的情节。

　　本案中，商某经营、推广应当审定而未经审定通过的种子，违反了《种子法》第十七条第一款的规定，依据《种子法》第六十四条"违反本法规定，经营、推广应当审定而未经审定通过的种子的，由县级以上人民政府农业、林业行政主管部门责令停止种子的经营、推广，没收种子和违法所得，并处以1万元以上5万元以下罚款。"显然，应当给予商某责令停止种子经营、推广，没收种子和违法所得，并处1万元以上5万元以下罚款的行政处罚。也就是说最低罚款应该是1万元。但根据《行政处罚法》第二十七条："当事人有下列情形之一的，应当依法从轻或者减轻行政处罚：（一）主动消除或者减轻违法行为危害后果的；（二）受他人胁迫有违法行为的；（三）配合行政机关查处违法行为有立功表现的；（四）其他依法从轻或者减轻行政处罚的。违法行为轻微并及时纠正，没有造成危害后果的，不予行政处罚。"本案中，商某只售出14千克种子，数量较小，且及时收回已销售出的种子，未产生社会危害后果，属法定减轻处罚情节，故C区农业局经集体讨论对当事人处以2 000元罚款，低于《种子法》第六十四条规定的最低罚款下限1万元，是比较适当的。

　　3. 本案存在的不足　　本案不足之处在于应追本溯源，查案件源头。在本案中，商某只是个体销售，销售的种子来源于C市配送中心，执法机关应当进一步检查B市C区种子市场，彻底查清"××玉17"杂交玉米种子在B市C区的供货和销售情况，最大限度地降低农业生产风险。

综上所述，本案证据充分，定性准确，处罚得当，适用法律准确，其不足是应当追本溯源，查案件源头。

◆ 案例5：某农资店经营假农药案

【阅读提示】法律对农药经营主体资格是如何规定的？

【案情简介】2010年6月3日，某省A县农业局执法人员在对王某的农资店（无营业执照）进行检查时，发现其经营的50%甲胺磷乳油属于禁销禁用农药，执法人员当场对库存的38瓶50%甲胺磷乳油进行了证据登记保存。2010年6月4日，经A县农业局领导批准予以立案，并开展调查取证。

2010年6月10日，执法人员对当事人作了询问笔录，以进价140元/件在B市农资市场进货2件，规格：300克/瓶×20瓶/件，共40瓶，自用1瓶，销售1瓶，售价9元/瓶。因当事人不能提供进货凭证，A县农业局无法认定当事人的销售数量和违法所得。2010年6月10日，A县农业局将该产品送到农业部农药质量监督检验测试中心（某市）检验，6月29日收到检验报告，检验结果甲胺磷有效成分含量为零。检验结果送达当事人后，当事人无异议。以上事实有当事人身份证复印件、产品照片、现场检查（勘验）笔录、《证据登记保存清单》、抽样取证凭证、询问笔录、检验报告、送达回证等证据。

2010年7月10日，A县农业局向王某送达了《行政处罚事先告知书》，在规定时间内当事人未提出陈述、申辩。2010年7月13日，A县农业局根据《农药管理条例》第三十一条第二款第二项"所含有效成分的种类、名称与产品标签或者说明书上注明的农药有效成分的种类、名称不符的"之规定，认定该产品为假农药。认为当事人经营假农药的行为违反了《农药管理条例》第三十一条第一款规定，事实清楚，证据确凿，应当予以处罚。依照《农药管理条例》第四十三条规定，作出如下处罚决定：没收假农药38瓶；罚款2 000元。

【案例评析】本案主要涉及农药经营主体资格、法律适用等方面的法律适用问题。

1. 关于农药经营主体资格问题 依据《农药管理条例》第十八条规定，下列单位可以经营农药：①供销合作社的农业生产资料经营单位；②植物保护站；③土壤肥料站；④农业、林业技术推广机构；⑤森林病虫害防治机构；⑥农药生产企业；⑦国务院规定的其他经营单位。《农药管理条例》第十九条规定，农药经营单位应当具备技术人员、营业场所、设备、仓储设施等基本条件和有关法律、行政法规规定的条件，并依法向市场监管机关申请领取营业执照后，方可经营农药。按照上述规定，经营者不仅应当是《农药管理条例》规定的单位，而且应当是具备规定条件，并领取营业执照的单位。

2009 年 3 月 9 日，国家发展和改革委员会、中华全国供销合作总社等八部委联合下发《关于完善农业生产资料流通体系的意见》，提出尽快开发农资流通渠道，允许具备条件的各类投资主体从事农资经营。最新的《农药管理条例修改征求意见稿》也是遵循放开经营，从资金、场地、技术人员等方面提高准入门槛的原则。目前对开放农药经营主体限制的呼声比较高。虽然经营农药的主体受到政策限制，但实际情况却是放开经营。本案中，当事人不是法定的可以经营农药的单位，也没有领取营业执照，但其经营假农药的违法行为是存在的，不能因为当事人应当领取证照而没有领取，而不对违法行为进行处罚。A 县农业局将实际经营者作为违法行为当事人是正确的。

2. 关于调查取证问题　A 县农业局通过依法调查，查清了当事人经营的 50％甲胺磷乳油共进货 2 件，规格：300 克/瓶×20 瓶/件，共 40 瓶，库存 38 瓶，检验结果甲胺磷有效成分含量为零，当事人的违法事实清楚。需要指出的是，在《行政处罚决定书》中，没有载明 40 瓶农药的来源和 2 瓶农药的去向，也没有载明进价和销价，其实当事人在《询问笔录》中已陈述，在 B 市农资市场进货 2 件，进价 140 元/件，自用 1 瓶，销售 1 瓶，售价 9 元/瓶。违法事实决定处罚种类和幅度，表述一定要完整、清晰，包括发生时间、产品名称、生产企业、审定情况、产品来源、销售去向、规格、质量、数量、单价等都要有准确表述。

3. 关于法律适用问题　甲胺磷是国家明令禁止生产、经营和使用的农药，当事人经营的虽然是标称含 50％甲胺磷乳油的农药，但检验结果甲胺磷有效成分含量为零。因此不能按《农药管理条例》关于禁用农药的规定进行处罚，只能按《农药管理条例》关于经营假农药的规定进行处罚。A 县农业局根据《农药管理条例》第三十一条第二款第二项"所含有效成分的种类、名称与产品标签或者说明书上注明的农药有效成分的种类、名称不符的"的规定，认定该产品为假农药，并依照《农药管理条例》第四十三条关于"生产、经营假农药、劣质农药的"的规定进行处罚是正确的。

4. 关于行政处罚决定法条引用问题　需要指出的是，《行政处罚决定书》存在法条引用不具体等问题。由于当事人不一定完全了解法条内容，因此《行政处罚决定书》法条引用应当具体，尽量原文完整表述。编者认为如下表述可能更好：本机关认为，当事人经营假农药的行为违反了《农药管理条例》第三十一条第一款关于"禁止生产、经营和使用假农药"的规定，事实清楚，证据确凿，应当予以处罚。依照《农药管理条例》第四十三条"关于生产、经营假农药、劣质农药的……没收假农药、劣质农药和违法所得，并处违法所得 1 倍以上 10 倍以下的罚款；没有违法所得的，并处 10 万元以下的罚款……"的规定，作出如下处罚决定：……。

综上所述，A 县处罚主体适格，违法事实认定清楚，证据确实充分，适用依据正确，处罚程序合法，但在执法文书上的细节上还需要进一步改进。

◆ **案例 6：某农资公司经营假农药案**

【阅读提示】经营假农药如何处罚？

【案情简介】2007 年 11 月 12 日，A 省农业厅下发通知要求对 C 县某农资公司涉嫌经营质量和标签不合格农药产品违法行为进行查处。B 市农业局接到通知后，于 2007 年 12 月 7 日安排执法人员前往 C 县某农资公司调查，并于 2007 年 12 月 10 日立案。执法人员询问了该公司负责人，负责人承认是其门市部销售的产品，但负责人对所进购的产品并不知情（承包给别人经营）。公司于 2007 年 3 月从外地调来 2 件 50％辛氰乳油农药，每件 20 瓶。每件进价为 110 元，销价为 120 元，已经全部销完，共计收入 240 元。

调查结束后，B 市农业局经审查认为，根据《农业部关于 2007 年小麦和水稻病虫害防治用农药监督抽查结果的通报》，该农资公司所经营的 50％辛氰乳油农药在抽查中未检测到该产品所标注的有效成分，依据《农药管理条例》第三十一条第二款规定，该产品应定性为假农药，该农资公司的行为违反了《农药管理条例》第三十一条规定，依据《农药管理条例》第四十三条规定拟对其作出行政处罚。B 市农业局于 12 月 24 日发布《行政处罚事先告知书》，在规定期限内，当事人没有进行申辩。

2008 年 1 月 7 日，B 市农业局在责令该公司纠正违法行为的同时，给予如下行政处罚：没收违法所得 240 元；罚款 2 400 元。

当事人在规定的期限内主动履行了行政处罚决定。

【案例评析】本案主要涉及假农药的认定和"检打联动"机制问题。

本案在行政处罚的同时要求该公司整改错误的举措值得肯定，它是行政处罚与教育相结合原则的体现。《行政处罚法》第五条规定："实施行政处罚，纠正违法行为，应当坚持处罚与教育相结合，教育公民、法人或者其他组织自觉守法。"对违法者给予行政处罚的同时，更应强调教育。处罚机关要求当事人进行整改活动，有利于增强当事人的守法经营意识，有利于督促当事人建立健全农药经营管理制度，有助于当事人避免今后继续从事相关违法行为。

1. 关于假农药的认定 农药的生产、经营涉及农业生产、人身健康、生命财产安全、环境污染等相关问题，各国对其采用严格的监管措施。生产假劣农药更是监管部门严厉打击的对象。《农药管理条例》第三十一条第二款对假农药作出明确界定：一是以非农药冒充农药或者以此种农药冒充他种农药的；

二是所含有效成分的种类名称与产品标签或者说明书上注明的农药有效成分的种类、名称不符的。依据《农药管理条例》第三十二条第二款的规定，劣质农药包括三类；一是不符合农药产品质量标准的；二是失去使用效能的；三是混有导致药害等有害成分的。

对劣质农药"不符合农药产品质量标准的"的认定，要具体查明农药有效成分总量低于产品质量标准以及乳液稳定性、悬浮率等重要辅助指标不合格及具体指标。对"失去使用效能"的认定，要查明是否过了有效期。对"混有导致药害等有害成分"的认定，要查明混有其他导致药害发生的农药成分是什么。

假农药与劣质农药容易混淆的有两点：一是"以此种农药冒充他种农药"与"混有导致药害等有害成分的"，例如，杀虫剂冒充除草剂视为假农药，杀虫剂中掺杂了除草剂视为劣质农药；二是"所含有效成分的种类、名称与产品标签或者说明书上注明的农药有效成分的种类、名称不符"与"不符合农药产品质量标准"，没有标称的农药有效成分的农药为假农药，虽含有标称的有效成分但含量低于标称指标的为劣质农药。

本案中，该公司经营的 50%辛氰乳油农药在抽查中未检测到该产品所标注的有效成分，可能有两种情况：一种是不含有辛氰乳油，也不含有其他农药成分；另一种是不含有辛氰乳油，但含有其他农药成分。如果要适用假农药的第一项"此种农药冒充他种农药的"规定，就必须继续检测到底含有什么有效成分。出于执法成本和效率的考虑，执法人员没有继续检测，而是适用了假农药的第二项"所含有效成分的种类、名称与产品标签或者说明书上注明的农药有效成分的种类、名称不符的"规定，也并无不妥。

2. 关于"检打联动"机制 "检打联动"是农业行政主管部门在日常监督抽查管理工作中，通过对例行监测中发现问题的农业投入品开展抽查，对发现的违法行为及时处理的一种工作机制。本案是实施"检打联动"查处违法行为的典型案例。B市农业局在接到上级的抽查结果通报后，能够迅速立案调查，查处违法行为使监督抽查的作用落到了实处。

3. 本案的不足之处 本案调查取证比较粗糙，主要集中在对违法产品数量的认定上。在调查中，执法人员只是对该公司负责人进行了询问，违法产品数量只能听信该公司负责人的一面之词，没有进行现场检查，没有对门市部承包人进行询问，也没有调取抽样凭证（上面反映了该批农药产品的代表量）、进销货凭证、承包合同等证据资料。另外，没有进一步追查供货者。实施"检打联动"类案件一般案情简单、定性明确，关键是准确认定涉案违法产品数量。由于从抽检到出具检测结果再到查处之间存在时间差，往往导致查处时在经营场所查不到违法产品或所剩无几。经营者也以多种借口，不提供真实进销货情况，常常造成难以准确认定涉案违法产品数量，影响了打击力度。

编者认为，对此问题，可考虑以下举措。第一，要提高抽检效率，早抽样早检测，最好在销售旺期就能查获违法产品。第二，要求执法人员在做好经营者思想工作、使其积极主动配合调查的同时，认真分析现场检查和询问笔录中的疑点，尽量用多种办法搜集证据资料，从正反两方面予以印证，从而查清进销货的真实情况。第三，加强日常监管，建立健全各种管理手段，如进销台账、黑名单制度、建立诚信档案、实行分类监管、问题农资消费预警、开展诚信经营示范店创建活动、正面典型引导反面警示教育等活动，树立农业部门的监管权威。

综上所述，本案定性准确，适用法律正确，不过对涉案产品的数量认定不够清楚，有待进一步提高。

◆ 案例 7：某化妆品有限公司无证生产农药产品案

【阅读提示】生产防蚊蛇胆花露水需要取得农药登记许可证吗？

【案情简介】2010 年 4 月 20 日，A 市农业行政执法大队执法人员在对该市某化妆品有限公司检查中发现，该化妆品有限公司生产的防蚊蛇胆花露水的标签上未标有农药登记证（生产日期为 2010 年 3 月 18 日），执法人员现场以询问通知书形式要求当事人提供该产品有效的《农药登记证》或《农药临时登记证》，并当场作了现场检查（勘验）笔录、现场拍照、抽样取证等初步调查。根据《农药管理条例》第六条规定，当事人涉嫌生产未取得农药登记证或农药临时登记证的农药产品，经委领导同意，于 4 月 29 日立案调查。

在规定的期限内，当事人没能提供有效的农药登记证或农药临时登记证，并声称公司没有这方面的证件。执法人员通过"中国农药信息网"与《农药管理信息汇编》查询，该公司的防蚊蛇胆花露水没有进行农药登记，即没有取得《农药登记证》或《农药临时登记证》。经调查，该公司于 2010 年 3 月 18 日生产防蚊蛇胆花露水 57 箱，30 瓶/箱，195 毫升/瓶，并于 3 月 28 日打包入库，目前还没有销售（即无违法所得）。

A 市农业委员会依据《农药管理条例》第四十条第一项规定，责令该公司停止以上违法行为，并依法给予人民币 12 000 元的罚款。

当事人在规定期限内履行了行政处罚决定。

【案例评析】本案是一起典型未取得农药登记证或农药临时登记证，擅自生产、经营农药的违法案件，主要涉及案件定性问题。

1. "防蚊蛇胆花露水"是否属于农药 根据《农药管理条例》第二条的规定，本条例所称农药，是指用于预防、消灭或者控制危害农业、林业的病、虫、草和其他有害生物以及有目的地调节植物、昆虫生长的化学合成或者来源于生物、其他天然物质的一种物质或者几种物质的混合物及其制剂。前款农药包括用于不同目的、场所的下列各类：①预防、消灭或者控制危害农业、林业的病、虫（包括昆虫、蜱、螨）、草和鼠、软体动物等有害生物的；②预防、消灭或者控制仓储病、虫、鼠和其他有害生物的；③调节植物、昆虫生长的；④用于农业、林业产品防腐或者保鲜的；⑤预防、消灭或者控制蚊、蝇、蜚蠊、鼠和其他有害生物的；⑥预防、消灭或者控制危害河流堤坝、铁路、机场、建筑物和其他场所的有害生物的。《农药管理条例实施办法》第四十五条第一款第三项对《农药管理条例》第二条（五）解释如下：预防、消灭或者控制蚊、蝇、蜚蠊、鼠和其他有害生物的是指用于防治人生活环境和农林业中养殖业用于防治动物生活环境卫生害虫的。根据上述规定，可知"防蚊蛇胆花露水"属于农药的范畴，应依法纳入农药的管理范畴，必须遵守《农药管理条例》的有关规定。本案定性准确，"防蚊蛇胆花露水"使用避蚊胺，属于卫生用农药。

2. 是否须经登记　农药登记证是农药这种特殊商品进入市场销售必须要取得的证件。取得农药登记证的产品表明该产品已经在药效、毒性、残留、环境等方面经过农药登记主管单位的审查认可，符合进入市场对农作物病虫草鼠害或媒介生物防治的条件。农药登记证分为正式登记证和临时登记证。对田间使用的农药，其临时登记证号以"LS"标识，如LS2009××××；正式登记证号以"PD"标识，如PD2009××××。对于卫生用农药，其临时登记证号以"WL"标识，如WL2009××××，正式登记证号以"WP"标识，如WP2009××××。《农药管理条例》第六条规定："国家实行农药登记制度。生产农药和进口农药（包括原药生产、制剂加工和分装，下同），必须进行登记。"据此，认定该化妆品有限公司生产未取得农药登记证的行为属于违法行为，公司应当根据《农药管理条例》《农药管理条例实施办法》《农药登记资料规定》要求依法进行登记。

3. 关于违法所得的认定　《农药管理条例》中所规定的没收违法所得，是指行政机关依法将行政相对人通过违法行为获取的财产收归国有的处罚形式，这种处罚形式的指向是非法财物。根据《农药管理条例实施办法》第四十一条"'违法所得'是指违法生产、经营农药的销售收入"的规定，可以认定非法销售"防蚊蛇胆花露水"的销售额为违法所得。该案中当事人并没有开始销售，即无违法所得，认定正确。

4. 瑕疵与不足　本案确定的处罚幅度值得商榷。根据《农药管理条例》第四十条第一款第一项规定，"有下列行为之一的，依照刑法关于非法经营罪或者危险物品肇事罪的规定，依法追究刑事责任；尚不够刑事处罚的，由农业行政主管部门按照以下规定给予处罚：未取得农药登记证或者农药临时登记证，擅自生产、经营农药的，或者生产、经营已撤销登记的农药的，责令停止生产、经营，没收违法所得，并处违法所得 1 倍以上 10 倍以下的罚款；没有违法所得的，并处 10 万元以下的罚款"。法律设置的行政处罚自由裁量权较大，编者认为，行政机关可从以下几方面进行理解、把握。

（1）应当遵循过罚相当的原则和处罚与教育相结合的原则，严格遵守法律、行政法规和部门规章规定的程序，依法维护公民、法人和其他组织的合法权益，确保行政处罚自由裁量权行使的合法性和合理性。

（2）全面分析违法行为的主体、客体、主观方面、客观方面等因素，综合裁量，合理确定是否应当给予行政处罚或者应当给予行政处罚的种类、幅度。给予行政处罚的种类、幅度应当与违法行为的事实、性质、情节以及社会危害程度相当。

（3）对同一类违法主体实施的性质相同、情节相近或者相似、危害后果基本相当的违法行为，在行使行政处罚自由裁量权时，适用的法律依据、处罚种类应当基本一致，处罚幅度应当基本相当。

而本案中，处罚机关没有对该处罚的数额进行充分的说理和论证，说理不全面，处罚决定没有说服力。

综上所述，本案事实认定清楚、证据确凿、定性准确、程序合法，不过所确定的处罚幅度缺乏分析与说明，有所不足。

◆ 案例 8：某种业公司农资销售部经营未取得农药登记证的农药案

【阅读提示】生产厂家的产品确认单能否作为认定当事人销售假农药的证据？

【案情简介】2010 年 4 月 26 日，A 省 B 县农业局接到 C 省某化工股份有限公司举报，称 B 县某种业公司农资销售部经营由塑料桶封装的 45％杀虫双可溶性粉剂，其农药包装袋上标注了 C 省某化工股份有限公司的名称、地址、商标等信息，但 C 省某化工股份有限公司从未生产过塑料桶封装的上述产品。C 省某化工股份有限公司称，其农药包装袋上的图案和颜色与正版包装袋明显不同，怀疑是假冒产品，要求 B 县农业局依法查处。

接到投诉后，B 县农业局当日立案，并迅速派出执法人员对某种业公司农资销售部进行调查。调查发现：某种业公司农资销售部经营的 45％杀虫双可溶性粉剂，农药标签上标注的农药登记证号 LS2001××××，包装规格 100 包/桶、70 克/包，生产日期为 2010 年 3 月 10 日，库存量为 1 237 包；当事人未能提供有效的销售票据；该农药标签上没有杀虫剂红色标志带；中国农药信息网登记公告的内容与农药标签上标注的登记使用作物范围和防治对象不相符；C省某化工股份有限公司提供的产品包装袋与B县某种业公司农资销售部销售的45%杀虫双可溶性粉剂的包装袋有明显不同。

2010年4月24日，B县农业局从某种业公司农资销售部抽取上述农药样品送达C省某化工股份有限公司进行确认。4月27日，该公司回函称"该产品非我公司生产，属假冒我公司名称、地址、商标等的假冒产品。"

综合上述证据材料，B县农业局认为当事人经营假农药，违反了《农药管理条例》第三十一条第二款第一项"以非农药冒充农药或者以此种农药冒充他种农药"的规定，依据《农药管理条例》第四十三条规定，作出如下处罚决定：没收45%杀虫双可溶性粉剂1 237包；罚款3 000元。

【案例评析】本案主要涉及案件违法事实认定及处罚问题。

本案中，对当事人认定准确、立案及时、程序合法。此外，取证较为扎实，不仅做了现场检查（勘验）笔录、询问笔录，并将提取的包装袋与正版包装袋相对比，还与某化工股份有限公司进行确认取证工作，通过不同渠道，全面获取各种证据的做法值得借鉴。但还存在以下不足之处。

1. 关于定性问题　B县农业局对当事人违法事实的定性有待商榷。要认定当事人是否经营假农药，关键要准确理解"假农药"的定义。《农药管理条例》第三十一条第二款规定："下列农药为假农药：（一）以非农药冒充农药或者以此种农药冒充他种农药的；（二）所含农药成分的种类、名称与产品标签或者说明书上注明的农药有效成分的种类、名称不符的。"从本案调查所取得的有关证据来看，所涉及的内容都是有关标签、生产企业的名称、地址、包装袋等方面的内容，即使C省某化工股份有限公司出具产品确认证明，也只能说明该农药产品不是该公司生产，这些都不能作为判定假农药的依据。B县农业局应抽样送法定机构检验，再根据检验结果，来判定是否定性为经营假农药或劣质农药。如果检验结果符合产品标准，则不能定性为经营假农药或劣质农药，可以向农药登记管理部门核实该农药的登记核准情况，认定当事人违反《农药管理条例》第三十条第二款"任何单位和个人不得生产、经营、进口或者使用未取得农药登记证或者农药临时登记证的农药"的规定，将其定性为"经营未取得农药登记证或者农药临时登记证的农药案"。

2. 关于违法行为的处罚问题　由于B县农业局对当事人的违法事实的证据收集存在瑕疵，导致定性乃至处罚有误。在没有对涉案农药进行检测的情形下，依据《农药管理条例》第四十三条的规定处罚，不妥，应依据《农药管理条例》第四十条第一项"未取得农药登记证或者农药临时登记证，擅自生产、经营农药的，或者生产、经营已撤销登记的农药的，责令停止生产、经营，没收违法所得，并处违法所得1倍以上10倍以下的罚款；没有违法所得的，并处10万元以下的罚款"的规定进行处罚。

综上所述，尽管 B 县农业局做了大量取证工作，但是遗漏了主要的证据，致使该案定性错误，适用法律错误，作出的行政处罚决定难以成立。

◆ 案例 9：某农业开发有限责任公司经营撤销登记农药和劣质农药案

【阅读提示】对经营撤销登记的农药如何处罚？

【案情简介】2009 年 3 月 30 日，A 省 B 县农业局执法人员对 B 县某农业开发有限责任公司进行检查，并对其经营的"20％三唑酮乳油""70％甲基硫菌灵粉剂"进行抽样，送 A 省农药检定所对有效成分含量进行检验。2009 年 4 月 9 日收到的《检验报告》结论为判定"20％三唑酮乳油"所检项目不合格，属不符合农药产品质量标准的劣质农药；"70％甲基硫菌灵粉剂"为合格农药产品。

B 县农业局于 2009 年 4 月 16 日向某农业开发有限责任公司送达了不合格农药产品《检验报告》，当事人在规定期限内未提出任何异议。经查，某农业开发有限责任公司于 2009 年 3 月从该省省城某农药经销商处购进"20％三唑酮乳油"2 000 瓶，以每瓶 2.5 元的价格销售 1 657 瓶，获得销售收入 4 142.5 元，B 县农业局对某农业开发有限责任公司存放未销完的"20％唑酮乳油"劣质农药 340 瓶进行了查封（抽样送检 3 瓶）。

2009 年 4 月 15 日，B 县农业局执法人员依法对该公司某店门市部进行检查时，发现该门市部经营的"2.5％甲基 1605 粉剂（甲基对硫磷）"属国家撤销登记的高毒禁用农药产品（执法人员经查阅农业部农药检定所相关资料证实，2005 年 1 月 1 日起已撤销该农药产品登记），经询问，该产品系从 B 县某农业开发有限责任公司进货，经进一步调查，查实 2009 年 2 月 16 日某农业开发有限责任公司从路过门市部开车送货的人手中购进"2.5％甲基 1605 粉剂（甲基对硫磷）"农药 40 千克，以每千克 1.5 元的价格全部销售给某店门市部，获得销售收入 60 元。

B 县农业局执法人员通过全面调查取证，认定某农业开发有限责任公司违法经营农药行为成立，当事人对其违法事实也予以承认。因此，B 县农业局认为，某农业开发有限责任公司经营撤销登记农药和劣质农药产品的行为，违反了《农药管理条例》第三十二条第一款和第三十六条的规定，依照《农药管理条例》第四十条第一项、第四十三条和《农药管理条例实施办法》第三十八条第一款第一项、《A 省农业行政处罚自由裁量实施标准》（农药）之规定，责令停止经营已撤销登记的"2.5％甲基 1605 粉剂（甲基对硫磷）"农药产品，作出如下处罚决定：没收劣质农药"20％三唑酮乳油"340 瓶；没收经营撤销登记的农药的违法所得 60 元和经营劣质农药的违法所得 4 142.5 元；并处经营撤销登记的农药"2.5％甲基1605粉剂（甲基对硫磷）"的违法所得2倍的罚款120元，并处经营劣质农药"20％三唑酮乳油"的违法所得6倍的罚款24 855元。

当事人某农业开发有限责任公司在法定期限内履行了行政处罚决定。

【案例评析】本案主要涉及两个违法行为并罚和正确适用法律的问题。

1. 需要肯定之处　农业行政机关对违法行为人给予行政处罚的基本要求是事实清楚、证据充分、适用法律法规正确、程序合法。本案中，B县农业局在违法行为的认定和全面适用法律规范方面值得肯定。

（1）对违法行为的认定　对涉嫌违反农药管理法规的事实进行调查，确认本案对经营"20％三唑酮乳油"劣质农药据以定案的重要证据来自鉴定结论。涉嫌假劣的农药，经法定检验机构检验，出具合法有效的检验报告，该检验报告成为认定当事人经营假劣农药的主要证据。所以，在执法实践中，凡是对某些农资产品涉嫌存在质量问题时，都应当送检，取得合法有效的检验报告和鉴定结论，不能凭执法人员的感观和产品的包装标识来认定产品质量问题。本案中，B县农业局按照法定程序抽样送检，取得了A省农药检定所出具的"所检项目不合格"鉴定结论，并依据《农药管理条例》第三十二条第二款第一项"不符合农药产品质量标准的"之规定，判定该产品为劣质农药，有效地证明了当事人违法事实的存在。

本案认定经营的"2.5％甲基1605粉剂（甲基对硫磷）"属已撤销登记农药，主要根据农业部发布的规范性文件。农业部第322号公告明确规定，自2005年1月1日起，除原药生产企业外，撤销其他企业含有甲胺磷、甲基对硫磷等五种高毒有机磷农药的制剂产品的登记。另外，2008年1月9日，国家发改委、农业部等六部委发布了《关于停止甲胺磷等五种高毒有机磷农药生产流通和使用的公告》，明确规定自公告发布之日起，废止甲胺磷、甲基对硫磷等五种农药产品登记证，同时禁止在国内的生产、流通和使用。因此，B县农业局确认该产品属国家已撤销登记的高毒禁用农药是正确的。

（2）对违法所得进行依法认定　农业部发布的《农药管理条例实施办法》（2007年第9号令修订）第四十一条规定，本《实施办法》所称的"违法所得"，是指违法生产、经营农药的销售收入。在执法实践中，违法行为人的违法所得一般是通过销售发票、财物账表以及行为人认可的违法行为的销售金额来证明。本案中，B县农业局执法人员在确认当事人构成违法经营农药的行为以后，依法开展调查取证，通过财务账目、销售凭据及进货数量和存货数量的对比等，对当事人获得的违法所得进行了准确认定。

（3）准确、适用的法律规范　本案中，当事人经营劣质农药的行为，违反了《农药管理条例》第三十二条第一款"禁止生产、经营和使用劣质农药"之规定；同时，当事人经营撤销登记农药的行为，违反了《农药管理条例》第三十六条"任何单位和个人不得生产、经营和使用国家明令禁止生产或者撤销登记的农药"之规定。在这种情况下，当事人同时具有了两种违法行为，由于这两种违法行为相互独立，故应当分别给予处罚，合并执行。

B县农业局在做出处罚决定时，不仅注意准确适用法规，还注意根据违法行为性质、情节公正行使自由裁量权，同时还将两个违法行为的处罚在处罚决定中进行区分，使当事人明确每一处罚的具体幅度。如对违法经营撤销登记农药的罚款处罚，《农药管理条例》规定是没收违法所得，并处违法所得1倍以上10倍以下的罚款，《A省农业行政处罚自由裁量实施标准》（农药）的规定是违法所得在5 000元以下的，没收违法所得，并处违法所得1倍以上2倍以下的罚款，B县农业局据此作出了没收违法所得60元，并处违法所得两倍的罚款120元。这种处理方式，既维护了法律的规定，又正确行使了行政处罚自由裁量权。

但是，这里需要进一步讨论的问题是：甲基对硫磷是国家撤销登记的农药，也是国家禁止生产、销售和使用的23种高毒农药之一，更是严重危及了农产品质量安全的农药产品，其非法制售是各级农业等行政管理部门严厉打击的违法行为。本案中，B县农业局做出予以违法所得2倍的罚款虽然合法合规，但针对经营禁用高毒农药违法行为的惩戒力度显得略轻。在执法实践中，检查发现的禁用高毒农药基本是地下黑窝点生产，经销形式隐蔽，不能出具有效的销售凭证，且多为假农药。因此，可以送到法定检测机构检验，辨别真假，如为假农药根据《农药管理条例实施办法》第三十八条第一款第一项规定处以违法所得5~10倍的罚款；也可以因违法嫌疑人不能提供有效的进货凭证，无法界定获得的具体销售收入，按没有违法所得对经营撤销登记农药产品行为予以严厉查处，如按照《A省农业行政处罚自由裁量实施标准》（农药）规定，对经营国家撤销登记或明令禁止生产的农药，其处罚为没有违法所得的，并处10 000元以下的罚款，从而加大对经营国家禁用农药违法行为的震慑力度，从源头上保障农产品质量安全。

对违法经营劣质农药的罚款处罚，《农药管理条例》规定是没收违法所得，并处违法所得1倍以上10倍以下的罚款，而《农药管理条例实施办法》和《A省农业行政处罚自由裁量实施标准》（农药）的规定是劣质农药有效成分总含量低于产品质量标准30%（含30%）的，没收违法所得，并处违法所得5倍以上10倍以下的罚款，B县农业局根据鉴定结论作出了没收违法所得4 142.5元，并处违法所得6倍的罚款24 855元。该处罚决定虽然没有按罚款上限对违法行为予以顶格处罚，是充分考虑了违法行为的事实、性质、情节以及社会危害程度，符合过罚相当的原则。

2. 瑕疵或不足　但是，值得注意的是，本案的处理仍有两方面值得商榷之处。

（1）关于查封涉案农药方面　查封是行政强制措施之一，查封必须依据法律、法规的规定才能实施，当前赋予农业行政主管部门实施查封强制措施的法律法规主要有《农产品质量安全法》《植物新品种保护条例》等。《农药管理条例》并未赋予农业行政主管部门查封的权力，故本案查封涉案农药不当。正确的做法，应当对未销售完的20％三唑酮乳油劣质农药采取先行登记保存方式处理，根据《农药管理条例》第四十三条作出处罚时，转化为没收劣质农药的处罚。

（2）关于深挖源头方面　本案的处理存在"只管经营户，不管生产商"问题，客观上放纵了生产厂商的违法行为。这也是基层农业执法中普遍存在的问题，需要引起特别注意。比较适当的做法是：对较重大的案件，首先核实产品标签标注的生产单位真实性，看是否假冒；其次向生产单位发出《产品确认通知书》，通过产品确认，一方面对违法行为进行定性，督促生产企业整改，加强质量控制，做到依法生产；另一方面通知被侵权企业，使其积极协助打击违法行为。同时依据管辖权的规定，在辖区内会同公安、工商、质监等职能部门联合查处，对涉嫌犯罪的依法及时移交司法机关，坚决杜绝"以罚代刑"；对不在管辖范围内的，及时向上级农业行政机关报告或向生产、经销商所在地的农业行政机关通报，追根溯源，严厉打击违法行为。

综上所述，尽管本案的处理仍有需要完善之处，但是认定事实清楚、适用法律正确、证据充分、程序合法，因此，处罚决定成立。

◆ 案例10：某农场经营假农药和标签残缺不清农药案

【阅读提示】农药登记证号、生产批号等相关信息模糊不清，能否以标签残缺不清定性处罚？

【案情简介】2009年9月10日，A县农林局接到群众投诉，称在该县某农场购买的40％三唑磷乳油和5％井冈霉素水剂，在水稻上使用后，水稻表现为不孕穗、不抽穗等症状。A县农业行政执法人员，对当事人经营两种农药的情况进行了调查，发现40％三唑磷乳油合格证仅标注了由B省某农药实验有限公司生产，包装规格25千克/桶，生产批号模糊不清，未标注农药登记证或临时登记证、批准文号、产品性能、毒性等其他相关内容；发现5％井冈霉素水剂合格证仅标注了C省某生物化工有限公司生产，包装规格220千克/桶，生产批号20090803，生产日期2009年8月14日，未标注农药登记证或临时登记证、批准文号、产品性能、毒性等其他相关内容。其中，三唑磷乳油的销售数额无法确定，井冈霉素销售数额10 560元。9月14日，A县农林局对涉案产品依法采取了登记保存措施，并组织有关农技专家对使用上述农药的水稻进行田间实地鉴定。鉴定结论：导致水稻不抽穗或穗、剑叶短小畸形、颖壳畸形的原因是水稻孕穗至抽穗期使用某种农药药害所致。

A 县农林局在规定的期限内，对登记保存的上述产品进行抽样，将处理决定告知当事人，委托 B 省某市产品质量监督检验所检测，结果为标注的含量合格，投诉人对 40％三唑磷乳油的检测结果有异议申请复检，A 县农林局委托中国某测试中心农药行业测试点进行复检，经采用 GC－MS 的方法定性检测除了含有三唑磷外还含有治螟磷、毒死蜱，经定量检测治螟磷含量 0.48％、毒死蜱含量 0.11％。12 月 31 日，A 县农林局执法人员向当事人送达检验结果通知书和检验报告时，上述农药已被当事人处理，在法定期限内当事人未申请复检。经 B 省某农药实验有限公司确认，未在市场上销售 40％三唑磷乳油产品。2010 年 1 月 9 日，向当事人送达《行政处罚事先告知书》，当事人在法定期限内未进行陈述申辩、申请听证。

综合上述证据材料查明，当事人经营 40％三唑磷乳油假农药的行为违反了《农药管理条例》第三十一条第二款第二项的有关规定，当事人经营 5％井冈霉素水剂农药的行为违反了《农药管理条例》第三十三条的有关规定。A 县农林局依据《农药管理条例》第四十三条的规定，作出如下处罚决定：警告；没收违法所得 10 560 元；罚款 15 560 元（井冈霉素按违法所得 1 倍罚款 10 560 元、三唑磷乳油按违法所得无法认定罚款 5 000 元）。

两项合并执行 26 120 元，在规定期限内当事人缴纳了罚没款。

【案例评析】本案主要涉及正确适用法律的问题。

1. 需要肯定之处　A 县农林局在调查取证阶段做得很好。一方面，9 月 14 日接到农民投诉后，及时对相关农药产品采取证据登记保存，防止当事人藏匿或转移农药；另一方面，有利于防止涉案农药流入市场，扰乱农资市场秩序，再次给农民造成损失。

此外，在证据收集方面，执法人员不仅调查了当事人、投诉人，组织了有关农技专家对使用农药的水稻进行田间实地鉴定，确定了由于使用农药造成药害的鉴定结论；调查了相关企业，给相关的农药企业发出产品确认通知书，厂家确认 40％三唑磷乳油不是他们厂生产，未在市场上销售该产品；并对农药抽样检测，根据复检结果证明当事人经营的 40％三唑磷乳油为假农药的事实；通过查询农药信息公告，证明当事人经营的 5％井冈霉素水剂标签标注内容与登记内容不符的事实，从不同的角度证明当事人经营假农药和标签残缺不清农药的违法事实，形成比较完整的证据链条。

2. 不足之处

（1）关于对假农药 40％三唑磷乳油的追踪问题　本案在调查过程中，未调查清楚假农药三唑磷的进货量、库存量，未调查具体的销售量，销往何处，因是假农药，应及时将销售出去的该农药予以追回，以减少不必要的损失及可能带来的隐患，但本案中，该假农药被当事人处理，可能会给农资市场及农产品质量安全带来隐患。

（2）关于对假农药处罚数额问题　依据《农药管理条例》第四十三条"生产、经营假农药、劣质农药的"，依照《刑法》关于生产、销售伪劣产品罪或者生产、销售伪劣农药罪的规定，依法追究刑事责任。尚不够刑事处罚的，由农业行政主管部门或者法律、行政法规规定的其他有关部门没收假农药、劣质农药和违法所得，并处违法所得 1 倍以上 10 倍以下的罚款；没有违法所得的，并处 10 万元以下的罚款。《农药管理条例实施办法》第三十八条第一款规定，对生产、经营假农药、劣质农药的，由农业行政主管部门或者法律、行政法规规定的其他有关部门，按以下规定给予处罚："（一）生产、经营假农药的，劣质农药有效成分总含量低于产品质量标准30％（含30％）或者混有导致药害等有害成分的，没收假农药、劣质农药和违法所得，并处违法所得 5 倍以上 10 倍以下的罚款；没有违法所得的并处 10 万元以下的罚款……"。本案中尽管销售三唑磷乳油的数额无法确定，但按违法所得无法认定仅罚款 5 000 元，明显有点过轻。

综上所述，尽管本案有些不足，但执法主体，案件定性都比较准确，本案处罚决定成立。

◆ 案例 11：某生物工程有限公司无证生产、经营兽药案

【阅读提示】当同一当事人无证生产和无证经营的是不同种类的兽药时，如何定性处罚？农业行政机关在查处兽药违法案件时如何收集证据？

【案情简介】2010 年 6 月 16 日，A 市农林局对该市某生物工程有限公司进行日常检查时，发现该公司微生物发酵车间生产线旁码放着包装标签标示生产商"B 市某兽药有限公司"的"碘杀"兽药 15 件和生产该产品所用原料"聚维酮碘"的 3 个包装桶，当事人涉嫌无兽药生产许可证生产"碘杀"兽药。经请示 A 市农林局领导批准，执法人员进行立案调查。A 市农林局执法人员对无证生产的 15 件"碘杀"兽药进行了证据登记保存。调查取证过程中，执法人员在当事人的电子文档中还发现记载有"炎敌"和"三黄散"两个兽药产品的销售记录情况。执法人员对当事人的成品仓库进行现场检查，发现存有包装标签标示生产商为"B 市某兽药有限公司"的两个兽药产品：60 箱"炎敌"和 10 箱"三黄散"。6 月 22 日，A 市农林局派执法人员前往 B 市某兽药有限公司调查，并向该公司发出了"碘杀""三黄散"和"炎敌"三个兽药的产品确认通知书。B 市某兽药有限公司确认"炎敌"产品为其生产，确认"碘杀"

"三黄散"两个产品不是其生产，并向 A 市农林局提供了与某生物工程有限公司兽药业务往来的有关资料。

执法人员经调查，查明：某生物工程有限公司在无兽药经营许可证的情况下，于 2009 年 10 月从 B 市某兽药有限公司购进"炎敌"220 箱，并以 110 元/箱的价格销售"炎敌"160 箱。2009 年 11 月开始，某生物工程有限公司购进原料"聚维酮碘"和三黄散复配剂生产"碘杀"196 箱、"三黄散"100 箱，并自行印制标识 B 市某兽药有限公司名称及兽药批准文号的"碘杀""三黄散"产品标签对产品进行包装销售，已经以 100 元/箱的价格销售"碘杀"181 箱，以 60 元/箱的价格销售"三黄散"90 箱。目前库存"炎敌"60 箱、"碘杀"15 箱、"三黄散"10 箱、"碘杀"产品标签 1 366 个和"三黄散"产品标签 4 420 个。三种兽药产品的销售金额为 41 100 元，库存尚未销售的三种兽药产品的货值金额为 8 700 元，当事人违法生产、经营三种兽药的货值金额总计 49 800 元。用于违法生产"碘杀""三黄散"兽药的原料已经全部使用完毕。

调查期间，A 市某生物工程有限公司主动召回已经销售的兽药产品"炎敌"50 箱、"碘杀"121 箱和"三黄散"20 箱。A 市某生物工程有限公司实际销售"炎敌"110 箱、"碘杀"60 箱和"三黄散"70 箱，召回的已销售兽药产品货值金额合计 18 800 元，A 市某生物工程有限公司实际违法销售货值金额 22 300 元。

A 市农林局执法人员对某生物工程有限公司法定代表人孙某和生产厂长张某分别进行了询问并制作了询问笔录，A 市农林局依法对库存的 85 箱兽药产品和回收的 191 箱兽药产品进行了证据登记保存。A 市农林局调查过程中共形成了询问笔录、现场检查笔录、证据登记保存清单、登记保存物品处理通知书、货物托运单、生产记录、印制产品标签结算单、包装箱送货单、产品网购业务记录、产品价目表、合作协议、发货清单收款收据和产品确认通知书等 26 项 131 份证据材料。

A 市农林局认为某生物工程有限公司无证生产、经营兽药的行为违反了《兽药管理条例》第十一条和第二十二条的规定，根据《兽药管理条例》第五十六条第一款的规定，对某生物工程有限公司拟作出没收违法生产、经营的兽药及产品标签，没收违法所得 22 300 元并处实际生产、经营货值金额 49 800 元 2 倍罚款的行政处罚。A 市农林局依法向当事人送达了行政处罚事先告知书，并告知当事人享有申请听证的权利，当事人在法定期限内未申请听证。

根据《兽药管理条例》第五十六条第一款的规定，A 市农林局责令某生物工程有限公司停止无证生产、经营兽药"碘杀""三黄散"和"炎敌"行为，并作出如下行政处罚：①没收违法生产的兽药"碘杀"136 箱、"三黄散"30 箱，没收用于违法生产的 1 366 个"碘杀"兽药产品标签和 4 420 个"三黄散"

兽药产品标签；没收违法经营的兽药"炎敌"110箱；②没收违法生产兽药"碘杀""三黄散"的违法所得10 200元，没收违法经营兽药"炎敌"的违法所得12 100元，共计人民币22 300元；③处违法生产兽药"碘杀""三黄散"货值金额25 600元的2倍51 200元罚款，处违法经营的兽药"炎敌"货值金额24 200元的2倍48 400元罚款，共计人民币99 600元。

【案例评析】本案主要涉及无证生产和无证经营兽药违法行为的定性、处罚内容的表述、主动召回违法产品对兽药行政处罚的影响、货值金额的计算和证据收集等问题。

1. 无证生产和无证经营兽药违法行为的定性、处罚问题　《兽药管理条例》第十一条规定："设立兽药生产企业，应当符合国家兽药行业发展规划和产业政策，并具备下列条件：（一）与所生产的兽药相适应的兽医学、药学或者相关专业的技术人员；（二）与所生产的兽药相适应的厂房、设施；（三）与所生产的兽药相适应的兽药质量管理和质量检验的机构、人员、仪器设备；（四）符合安全、卫生要求的生产环境；（五）兽药生产质量管理规范规定的其他生产条件。符合前款规定条件的，申请人方可向省、自治区、直辖市人民政府农业农村行政管理部门提出申请，并附具符合前款规定条件的证明材料；省、自治区、直辖市人民政府农业农村行政管理部门应当自收到申请之日起20个工作日内，将审核意见和有关材料报送国务院农业农村行政管理部门。国务院农业农村行政管理部门，应当自收到审核意见和有关材料之日起40个工作日内完成审查。经审查合格的，发给兽药生产许可证；不合格的，应当书面通知申请人。申请人凭兽药生产许可证办理工商登记手续。"第二十二条规定："经营兽药的企业，应当具备下列条件：（一）与所经营的兽药相适应的兽药技术人员；（二）与所经营的兽药相适应的营业场所、设备、仓库设施；（三）与所经营的兽药相适应的质量管理机构或者人员；（四）兽药经营质量管理规范规定的其他经营条件。符合前款规定条件的，申请人方可向市、县人民政府农业农村行政管理部门提出申请，并附具符合前款规定条件的证明材料；经营兽用生物制品的，应当向省、自治区、直辖市人民政府农业农村行政管理部门提出申请，并附具符合前款规定条件的证明材料。县级以上地方人民政府农业农村行政管理部门，应当自收到申请之日起30个工作日内完成审查。审查合格的，发给兽药经营许可证；不合格的，应当书面通知申请人。申请人凭兽药经营许可证办理工商登记手续。"依据《兽药管理条例》第十一条和第二十二条的规定，生产兽药应当具备兽药生产许可证，经营兽药应当具备兽药经营许可证。本案中，某生物工程有限公司生产兽药"碘杀"和"三黄散"，依法应当具备相应的兽药生产许可证，经营兽药"炎敌"，依法应当具备相应的兽药经营许可证。某生物工程有限公司无证生产兽药"碘杀"和"三黄散"的行为违反了《兽药管理条例》第十一条的规定，当事人无证销售"炎敌"的行为违反了《兽药管理条例》第二十二条的规定，当事人无证生产兽药行为和无证经营兽药行为属于两个性质不同的违法行为，依法应当分别定性处罚。本案中，A市农林局对当事人的两个违法行为能够正确区分定性准确。

2. 无证生产和无证经营兽药违法行为的处罚内容的表述问题　对于同一个行政处罚案件中，同时存在两个性质不同的行政违法行为，应当按照其各自违反的法律规定，分别定性处罚。本案中，某生物工程有限公司无证生产兽药"碘杀"和"三黄散"的行为违反了《兽药管理条例》第十一条的规定，应当按照《兽药管理条例》第五十六条关于无证生产的规定进行处罚。A市某生物工程有限公司无证经营兽药"炎敌"的行为违反了《兽药管理条例》第二十二条的规定，应当按照《兽药管理条例》第五十六条关于无证经营的规定进行处罚。

尽管本案中对性质不同的无证生产兽药行为和无证经营兽药行为都按照第五十六条进行处罚，由于这是两个不同的违法行为，虽然行政处罚决定可以一并作出，但是在行政处罚决定书中不同违法行为的处罚内容应当分别表述。本案中，A市农林局在行政处罚决定书中对无证生产兽药的处罚内容和无证经营兽药的处罚内容进行了分别表述："没收违法生产的兽药'碘杀'136箱、'三黄散'30箱，没收用于违法生产的1 366个'碘杀'兽药产品标签和4 420个'三黄散'兽药产品标签；没收违法经营的兽药'炎敌'110箱"。这种表述较好地体现了对违法行为的处罚。

3. 关于主动召回违法产品对兽药行政处罚的影响

（1）召回违法产品对违法行为成立的影响　当事人一旦实施违法行为，就成为既定的违法事实，主动召回违法产品只是减轻或者消除违法行为的危害后果，对违法行为性质及其成立均不构成影响。《行政处罚法》第二十七条第一款规定了依法从轻或者减轻行政处罚的情形，召回违法产品的行为应当作为从轻或者减轻处罚的事实依据，对处罚的种类、幅度等有影响。本案中，某生物工程有限公司主动召回违法生产、经营的兽药"碘杀""三黄散"和"炎敌"的行为不影响违法生产、经营兽药行为的成立。

（2）召回违法产品对违法所得认定的影响　本案中，某生物工程有限公司一旦实施无证生产兽药"碘杀""三黄散"的行为，无证生产兽药的行为即宣告成立；同样一旦实施无证销售兽药"炎敌"的行为，无证销售兽药行为即宣告成立。某生物工程有限公司事后召回违法产品的行为，不能改变已经成立的违法事实。因此，在违法所得的计算上，对无证生产兽药行为违法所得的认定就应当按照已经生产并销售"碘杀""三黄散"兽药的所得认定；同样，对无证经营兽药行为违法所得的认定，应当按照已经销售"炎敌"兽药的所得认定。特别值得注意的是，对召回的违法产品不应当排除在违法所得计算范围之外。本案中，对召回的已经销售的兽药产品"炎敌"50 箱、"碘杀"121 箱和"三黄散"20 箱，没有纳入无证生产、经营行为违法所得计算范围，属于违法所得计算错误。

4. 关于货值金额的计算　根据《兽药管理条例》第五十六条规定，对无兽药生产许可证、兽药经营许可证生产、经营兽药的，"没收用于违法生产的原料、辅料、包装材料及生产、经营的兽药和违法所得，并处违法生产、经营的兽药（包括已出售的和未出售的兽药，下同）货值金额 2 倍以上 5 倍以下罚款"。因此，对于货值金额应当按照已出售的和未出售的兽药的总货值金额计算。本案中，无证生产兽药行为的货值金额包括已经销售的 181 箱"碘杀"、90 箱"三黄散"和库存的 15 箱"碘杀"、10 箱"三黄散"的货值金额，计25 600 元；无证经营兽药行为的货值金额包括已经销售的 160 箱"碘杀"60箱"三黄散"和库存的 15 箱"炎敌"的货值金额，计 24 200 元，两项共计违法货值金额 49 800 元。本案对违法生产、经营兽药的货值金额计算正确，处以违法生产、经营兽药货值金额 2 倍罚款的做法符合法律规定，也兼顾了从轻情节。

从上述分析可知，召回违法产品的行为不影响违法行为的成立，也就是不影响认定已经出售的兽药数量和未出售的兽药数量，因此召回违法产品的行为对货值金额计算没有影响，但却可能符合从轻或减轻行政处罚的法定情节。

5. 关于证据收集问题　证据是作出行政处罚的事实依据，是行政执法的核心和关键所在。证据要同时具备合法性、关联性和客观性，才能作为定案依据。

（1）收集的证据要具备合法性　收集证据要通过合法渠道、采取合法形式进行，以违反法律禁止性规定或者侵犯他人合法权益的方法取得的证据，不能作为认定案件事实的依据。2002 年发布的《最高人民法院关于行政诉讼证据若干问题的规定》具体规定了严重违反法定程序收集的证据材料、以偷拍、偷录、窃听等手段获取侵害他人合法权益的证据材料和以利诱、欺诈胁迫、暴力等不正当手段获取的证据材料，都不能作为合法有效的定案证据。行政机关收集证据应当符合法定的程序性要求和规定，如执法人员调查收集证据时不得少于 2 人，调查收集证据前应当向被调查人表明执法身份等。本案中，处罚机关对现场进行了检查，依法对法定代表人和生产厂长进行了询问，专门对 B 市某兽药有限公司进行调查并发送产品确认书，采取的调查措施都是合法的，由此获得的询问笔录、现场检查笔录、产品确认书等都是合法的证据，可以作为定案证据。

（2）收集的证据要具备关联性　其一，要做到全面收集证据。《行政处罚法》第三十六条规定："行政机关发现公民、法人或者其他组织有依法应当给予行政处罚的行为的，必须全面、客观、公正地调查，收集有关证据。"行政执法机关应当全面收集与案件事实有联系的、能够证明案件事实的证据。既要收集证明当事人有违法行为的证据，又要收集不利于当事人的证据，也要收集有利于当事人的证据。具体而言，既要收集当事人需要加重处罚的证据，也要收集有从轻或者减轻处罚的证据，从而保证定案证据能够尽可能反映案件事实全貌，避免证据收集的片面性导致案件事实认定发生偏差，影响案件处理的公正性。本案中，行政机关不仅收集当事人违法生产、经营兽药的证据，同时也收集了当事人积极配合调查，主动召回违法生产、经营兽药的证据，做到了全面收集证据。其二，行政机关收集的证据要与案件的事实有关联。例如，证据要与案件发生的时间、地点、主体、经过、结果等几个要素之间存在某种联系，能够证明案件事实的发生、发展。证据之间要形成有关联性的、完整的链条，环环相扣，且能够相互印证。本案收集的生产记录、印制产品标签结算单、包装箱送货单、产品网购业务记录、产品价目表、合作协议发货清单、收款收据进货凭证和询问笔录、现场检查笔录、证据登记保存清单、登记保存物品处理通知书等都与案件违法生产、经营兽药的事实有关联，可以对案件违法事实的发生和违法数量的确定起到证明作用。

（3）收集的证据要具备客观性　收集的证据必须是客观真实的，而不是编造的或者是伪造的。客观性是证据的本质属性，不具有客观性的材料或实物从根本上说不属于证据的范畴，无法作为证据使用。本案中，A市农林局调查取证时进行了现场检查，对库存和回收的违法兽药品种和数量进行核定并制作了现场检查笔录，有助于保证收集证据的客观真实性。通过产品确认书、电子生产、经营档案记录、询问笔录、产品网购业务记录、兽药销售合作协议、发货清单和收款收据进货凭证等确定了违法兽药的实际生产者，违法行为发生时间，违法生产、经营的兽药的种类和数量等关键性案件事实，避免了通过凭主观判断认定案件事实。

此外，为了防止环境改变或者人为因素影响导致证据灭失，行政机关还应当注意及时收集和固定证据。《行政处罚法》第三十七条规定："在证据可能灭失或者以后难以取得的情况下，经行政机关负责人批准，可以先行登记保存，并应当在7日内及时作出处理决定，在此期间，当事人或者有关人员不得销毁或者转移证据。"农业行政机关对当事人违法行为的证据要尽快采取合法手段保存和固定证据，防止证据的自然灭失或者是违法行为人转移和销毁证据，以致丧失追究违法行为的有利时机。本案中，A市农林局执法人员在发现当事人涉嫌无证生产"碘杀"兽药时，对15件"碘杀"兽药进行了证据登记保存，做到了及时收集证据；在第二次对当事人进行现场检查时，及时制作了现场检查笔录，并进行了拍照；对库存和回收的 200 件兽药产品及时进行了证据登记保存，防止当事人转移和销毁证据。

综上所述，本案事实清楚、证据确凿，处罚决定成立。但是，违法产品的违法所得计算有误，有待进一步改进。

◆ 案例 12：王某无兽药经营许可证经营兽药案

【阅读提示】行政罚款的计算依据有哪些？如何认定违法所得？如何正确适用"过罚相当"原则？

【案情简介】2010 年 5 月，A 县农业局接到群众举报，称该县王某涉嫌无证经营"甲壳爽"兽药。A 县农业局立案之后，派执法人员对张某、李某和吴某三家养殖户和当事人王某进行了调查询问。三家养殖户证实分别从王某处购买了价值 4 000 元、8 000 元和 8 600 元的兽药，王某本人也承认了无证经营兽药的违法事实。经调查，查明：王某于 2010 年 3 月至 5 月无兽药经营许可证擅自经营"甲壳爽"兽药，并分别向张某、李某和吴某三家养殖户销售了 4 000 元、8 000 元、8 600 元的兽药，违法经营的兽药已经销售完毕，没有库存。A 县农业局认为王某经营兽药行为违反了《兽药管理条例》第二十二条的规定，根据《兽药管理条例》第五十六条第一款的规定，拟对王某给予没收违法所得 20 600 元，并处货值金额 2 倍 41 200 元罚款的处罚，A 县农业局依法向王某送达了行政处罚事先告知书，并依法告知王某享有申请听证的权利。王某在规定的期限内未提出听证申请。

A 县农业局根据《兽药管理条例》第五十六条第一款的规定，责令王某停止经营兽药，并对王某作出如下行政处罚决定：没收违法所得 20 600 元；处货值金额 2 倍 41 200 元的罚款。

王某对行政处罚决定不服，在法定期限内向该县县政府申请行政复议。在行政复议过程中，王某提出 A 县农业局直接以销售金额作为违法所得并予以没收，属于计算错误，违背了过罚相当的原则，应当以兽药销售金额减去兽药成本获得的数额计算违法所得额。A 县农业局认为，农业部农政函〔1999〕4 号文件《关于如何认定违法所得问题请示的复函》中要求对《兽药管理条例实施细则》规定的"违法所得"应按产品的"销售额"计算。虽然新版《兽药管理条例》在 2004 年 11 月 1 日起施行，但是农业部对于其中的"违法所得"没有新的解释，按照法律的延续性和稳定性推断，仍应该以"销售额"认定违法所得。县政府经过复议认为，《兽药管理条例》第五十六条第一款规定的"违法所得"数额不应为销售金额减去成本后所得利润数额，应直接以销售额或者货值计算。最终，县政府作出了维持原具体行政行为的决定。

【案例评析】本案主要涉及兽药违法案件行政处罚罚款计算依据、违法所得的认定和"过罚相当原则"问题。

1. 关于行政罚款的计算依据 依据相关法律法规之规定，行政处罚的计算依据通常包括两类：一是将违法所得作为罚款的计算依据，二是将货值金额作为罚款的计算依据。

（1）将违法所得作为罚款的计算依据。例如，《植物新品种保护条例》第三十九条第三款规定："省级以上人民政府农业、林业行政部门依据各自的职权处理品种权侵权案件时，为维护社会公共利益，可以责令侵权人停止侵权行为，没收违法所得，可以并处违法所得 5 倍以下的罚款。"实践中，以违法所得作为罚款计算依据，存在查明违法所得比较困难的问题。

（2）将货值金额作为罚款的计算依据。例如，《兽药管理条例》第五十六条明确规定："无兽药经营许可证经营兽药的，没收用于违法生产的原料辅料包装材料及生产、经营的兽药和违法所得，并处违法生产、经营的兽药（包括已出售的和未出售的兽药）货值金额 2 倍以上 5 倍以下罚款。"本案中，处罚机关 A 县农业局以兽药销售金额作为罚款计算依据，符合法律规定。从实践来看，查明货值金额相对简单，以货值金额作为罚款计算依据，便于执法。

2. 关于违法所得的认定 法律法规虽然规定了没收违法所得，但是往往没有明确规定违法所得本身的含义，因此适用没收违法所得的处罚，首先就需要明确违法所得的内涵。违法所得通常是指行为人通过法律禁止的手段获取的具有经济价值的物质实体，即非法钱款和非法财物，这是违法所得最常见的表现形式。由于不同种类违法行为的性质不同、具体情节不同、危害大小不同，对违法所得的认定也存在两种主要观点。

第一种观点认为应以违法成本加违法利润作为违法所得，可称为"全部说"。农办政函〔2010〕9 号《农业部办公厅关于〈中华人民共和国动物防疫法〉违法所得问题的函》[1]、《食品卫生行政处罚办法》[2]、《卫生部关于对如何认定食品生产经营违法所得的批复》（卫监督发〔2004〕370 号）[3]、《安全生产违法行为行政处罚办法》[4] 等都按照"全部说"计算。

第二种观点认为应以违法行为利润部分作为违法所得，即"获利说"。

---

[1] 《中华人民共和国动物防疫法》（以下简称《动物防疫法》）第八十一条和第八十二条所规定的"违法所得"，是指违反《动物防疫法》规定从事动物诊疗活动所取得的全部收入。

[2] 《食品卫生行政处罚办法》第七条规定："本办法所称违法所得，系指违反《食品卫生法》，从事食品生产经营活动所取得的全部营业收入（包括成本和利润）"。

[3] 根据《食品卫生法》及《食品卫生行政处罚办法》有关规定，食品生产经营违法所得一般包括成本和利润两部分。如食品售出后尚未收到货款，此款仍计入违法所得。

[4] 《安全生产违法行为行政处罚办法》（国家安全生产监督管理总局令第 15 号）第五十七条规定："本办法所称的违法所得，按照下列规定计算：（一）生产、加工产品的，以生产、加工产品的销售收入作为违法所得；（二）销售商品的，以销售收入作为违法所得。"

2009 年 1 月 1 日实施的《工商行政管理机关行政处罚案件违法所得认定办法》中规定"违法所得"原则上按照"获利说"计算①。但是对某些种类的违法行为，其又采取了"全部说"的计算方式，例如第六条"违反法律、法规的规定，为违法行为提供便利条件的违法所得按当事人的全部收入计算"，而第三条②和第四条③都进行了相应的扣减，两者对比可以发现，显然对提供便利条件的违法行为的处罚力度大于一般的生产和销售违法行为，这一点在第八条④表现得尤为明显。这也说明对违法所得的认定在法律没有作出统一规定的情况下，处罚机关根据具体违法行为的性质、情节和危害程度对违法所得的内涵作出了不同解释，同时这种关于"违法所得"差异化的理解和实践也反映了不同处罚机关对不同违法行为不同等的打击力度。

现行的《兽药管理条例》是 2004 年起实施的新条例，它规定以全部货值金额作为处罚的计算依据。对于兽药违法所得的认定，不能适用农业部《关于如何认定违法所得问题请示的复函》（农政函〔1999〕4 号），A 县农业局认为应当适用该答复的意见不当。但是，就本案来说，由于没有库存，处罚机关应当直接以兽药销售金额作为违法所得。无证经营兽药，既不符合国家有关兽药经营的管理规定、严重扰乱了兽药市场管理秩序，而且会严重危及养殖业和动物产品质量安全。从无证经营兽药违法行为的法律性质、社会危害程度等方面考虑，以销售额计算违法所得的做法，有利于加大对无证经营兽药违法行为的打击力度，同时也预防可能出现的其他无证经营兽药行为，有利于维护正常的兽药管理秩序。因此，本案中当事人提出的应当以兽药销售金额减去兽药成本获得的违法利润计算违法所得额的申辩理由不成立，本案采用以销售额计算违法所得的做法适当。

3. 关于过罚相当原则　过罚相当原则是行政处罚的基本原则之一，是指行政主体对违法行为人适用行政处罚，所科罚种和处罚幅度要与违法行为人的违法过错程度相适应，既不轻过重罚，也不重过轻罚，避免畸轻畸重的不合

---

①《工商行政管理机关行政处罚案件违法所得认定办法》第二条规定："工商行政管理机关认定违法所得的基本原则是：以当事人违法生产、销售商品或者提供服务所获得的全部收入扣除当事人直接用于经营活动的适当的合理支出，为违法所得。本办法有特殊规定的除外。"

②《工商行政管理机关行政处罚案件违法所得认定办法》第三条规定："违法生产商品的违法所得按违法生产商品的全部销售收入扣除生产商品的原材料购进价款计算。"

③《工商行政管理机关行政处罚案件违法所得认定办法》第四条规定："违法销售商品的违法所得按违法销售。"

④《工商行政管理机关行政处罚案件违法所得认定办法》第八条规定："在传销违法活动中，拉人头、骗取入门费式传销的违法所得按当事人的全部收入计算；团队计酬式传销的违法所得，销售自产商品的，按违法销售商品的收入扣除生产商品的原材料购进价款计算；销售非自产商品的，按违法销售商品的收入扣除所售商品的购进价款计算。"

理、不公正的情况。本案中，当事人王某认为在没收违法所得和罚款同时适用的情况下，罚款按照货值金额的倍数处罚，如果违法所得也按销售金额进行计算，这种处罚违背了"过罚相当"原则（王某认为本案中"违法所得"应按照违法获利计算）。编者认为，加大查处兽药市场违法行为，有效维护兽药市场秩序，2004 年的《兽药管理条例》在罚则中普遍加大了对违法行为的处罚力度。从当时的立法背景来看，立法者是希望加大对违法行为的处罚力度，从这一角度看，应当选择处罚力度较大的销售额作为认定违法所得的依据，本案认定违法所得按照"全部说"是必要的，也是合理的，是符合立法精神的。

此外，《兽药管理条例》第五十六条规定："违反本条例规定，无兽药生产许可证、兽药经营许可证生产、经营兽药的，或者虽有兽药生产许可证、兽药经营许可证，生产、经营假、劣兽药的，或者兽药经营企业经营人用药品的，责令其停止生产、经营，没收用于违法生产的原料、辅料、包装材料及生产、经营的兽药和违法所得，并处违法生产、经营的兽药（包括已出售的和未出售的兽药，下同）货值金额 2 倍以上 5 倍以下罚款，货值金额无法查证核实的，处 10 万元以上 20 万元以下罚款。"对于无证经营兽药的行为，需要给予当事人 2~5 倍的罚款，本案根据违法事实，在法律允许的范围内给予了当事人 2 倍的最轻程度的罚款，在处罚幅度之内。

综上所述，本案以货值金额作为罚款的计算标准正确，处罚幅度符合过罚相当原则，处罚决定成立，县政府作出的维持原具体行政行为的复议决定正确。

◆ 案例 13：某渔需部经营假兽药案

【阅读提示】在移送管辖中，已取得的证据材料应当如何处理？处罚内容遗漏了部分法律责任应如何处理？

【案情简介】2010 年 5 月 19 日，A 市农牧局接到本市某农场养鱼户孙某的举报电话，称其可能因为使用从 B 市某渔需部购买的兽药"轮虫净"导致其鱼塘鱼死亡。执法人员与 A 市水产技术服务中心工作人员立即赶往孙某鱼塘进行调查。执法人员经请示农牧局批准，决定对 B 市某渔需部涉嫌销售假兽药的行为进行立案调查。随后执法人员对该鱼塘承包人孙某及其亲属刘某就鱼塘养殖、用药、购药、遭受损失等情况进行了询问。

经调查，查明：B 市某渔需部具有合法有效的个体工商户营业执照和兽药经营许可证，营业执照经营者登记为朱某。朱某确认 A 市孙某所使用的兽药"轮虫净"是由其供货，该批兽药是从生产厂家 C 省某药业有限公司购入的，共购入 15 箱，108 元/箱，总货值为 1 620 元。该批兽药有 10 箱已经按照 190

元的单价销售给孙某等 8 户养殖户，销售所得为 1 900 元。经水产技术推广站组织相关专业人员对事故现场进行勘察、诊断和鉴定，得出结论，排除鱼因水质污染、养殖鱼类自身病害及缺氧死亡，建议对其使用的兽药进行质量检测。5 月 24 日，A 市农牧局委托兽药饲料监察所对涉案兽药"轮虫净"进行检验。经检验，该兽药的有效成分"氯氰菊酯"含量为 0，为不合格产品。A 市农牧局将案件移送给 B 市农牧局处理。

B 市农牧局认为某渔需部销售有效成分"氯氰菊酯"含量为 0 的兽药行为属经营假兽药行为，违反了《兽药管理条例》第二十七条第三款和第四十七条第一款第二项的规定。根据《兽药管理条例》第五十六条第一款的规定，B 市农牧局拟对朱某作出没收违法所得 1 900 元、处货值金额 5 倍 14 250 元罚款的行政处罚。B 市农牧局依法向朱某送达了行政处罚事先告知书，并告知了其享有申请听证的权利，朱某未在规定的期限内提出听证申请。

根据《兽药管理条例》第五十六条第一款的规定，B 市农牧局责令朱某停止销售假兽药，并对其作出以下行政处罚决定：没收违法所得 190 元；并处货值 5 倍 14 250 元罚款。并要求违法当事人在收到处罚决定书之日起 15 日内持处罚决定书到 B 市市政大厅缴纳罚没款。

【案例评析】本案主要涉及经营假兽药案件定性、调查取证、移送管辖中证据材料处理、遗漏法律责任和罚缴分离等问题。

1. 关于案件定性　《兽药管理条例》第四十七条第一款第二项规定，兽药所含成分的种类、名称与兽药国家标准不符合的为假兽药。经检验机构检验，涉案兽药的有效成分"氯氰菊酯"含量为 0，为假兽药。本案中，A 市农牧局认为某渔需部的行为属于销售假兽药，其定性准确。

2. 关于调查取证方法　A 市农牧局在调查取证阶段做得较好。一方面，在接到举报后，A 市农牧局立即组织执法人员、专业技术人员进行现场调查，并制作了现场勘验笔录，及时保存了证据；另一方面，在对涉案兽药进行质量检测之前，水产技术推广站组织相关专业人员通过现场勘察、诊断和鉴定，排除了水质污染、养殖鱼类自身病害及缺氧等原因导致鱼死亡的可能，基本确定使用的兽药存在质量问题。这一工作既有利于确定兽药质量问题，也节约了盲目检测带来的检测成本。在此基础上，委托兽药饲料监察所对涉案兽药进行检验，使得检验结果具有法律效力，能够证明该兽药属于《兽药管理条例》所界定的假兽药。

在执法实践中，农业行政处罚过程中确定当事人的法律责任，有时可以采用排除法。排除法是对逻辑推理的运用，是从已知到未知的证明方法之一。它是根据已知的事实，反推造成这种事实的各种可能性，再在多种可能性中，通过合理的推理论证逐一排除，从而推导出导致事实的主要原因。本案中，A

市农业局根据鱼死亡这一事实后果，反推出水质污染、养殖鱼类自身病害、缺氧、兽药质量问题等造成这一后果的各种可能性，再通过水产技术推广站的专业鉴定，逐一排除非兽药质量问题致鱼死亡的各种可能性后，基本确定兽药存在质量问题。A 市农业局委托专门的检验机构对涉案兽药进行检验，通过具有法律效力的检验结果进一步证明了违法事实。当然，通过排除法确定当事人的责任，由于存在多种可能性，办案过程中，通过充分的逻辑推理论证后还需要结合具体鉴定作出案件事实的准确判断。

3. 关于移送管辖中证据材料处理　在行政处罚实践中，经常会发生某一行政机关在受理或调查违法案件过程中，发现该案不属于本机关管辖的情况。此时，该行政机关应当按照《农业行政处罚程序规定》第十三条"农业行政处罚机关发现受理的行政处罚案件不属于自己管辖的，应当移送有管辖权的行政处罚机关处理"的规定将案件依法移送至具有管辖权的机关处理，具有管辖权的行政机关也应当依法接收案件。本案中，A 市农牧局将案件证据和有关材料及时移送 B 市农牧局处理，B 市农牧局及时对移送的案件进行了审查，在决定接收后进行立案调查，根据案情决定是否全面调查或进行必要的调查。对 A 市农牧局移送的相关调查材料和证据，要根据案件事实进行审查，对能够证明案件事实，且具有客观真实性、合法性及关联性的证据予以保留，对证明案件事实的重要证据也应经过当事人通过签章重新确认，不宜将 A 市农牧局移送的证据和材料不经审查和确认而直接采用，以免由于当事人反悔或虚假陈述致使随后作出的处罚决定出现重大疏漏或瑕疵。

4. 关于处罚内容遗漏了相关法律责任问题　本案中，B 市农牧局对当事人作出了责令停止销售假兽药、没收违法所得、罚款货值 5 倍的行政处罚。根据《兽药管理条例》相关规定，这一行政处罚遗漏了对销售假兽药违法行为的其他处罚方式，在适用法律方面存在瑕疵。《兽药管理条例》第五十六条第一款规定："违反本条例规定，无兽药生产许可证、兽药经营许可证生产、经营兽药的，或者虽有兽药生产许可证、兽药经营许可证，生产、经营假、劣兽药的，或者兽药经营企业经营人用药品的，责令其停止生产、经营，没收用于违法生产的原料、辅料、包装材料及生产、经营的兽药和违法所得，并处违法生产、经营的兽药（包括已出售的和未出售的兽药，下同）货值金额 2 倍以上 5 倍以下罚款"。《兽药管理条例》对违法经营的假兽药规定应予没收，目的在于防止涉案假兽药再次流入市场造成农民损失。本案中依照处罚法定原则，对某渔需部经营假兽药的行为进行处罚时，除责令停止经营、没收违法所得和并处罚款外，还应作出没收其经营的假兽药的处罚。

综上所述，定性准确，依法移送管辖，但是处罚内容存在遗漏法律责任的问题，需要加以改进。

◆ **案例 14：某动物药业有限公司生产性状不符合规定兽药案**

【阅读提示】劣兽药如何判定？违法兽药货值金额如何计算？行政处罚中如何正确理解和适用"一事不再罚"原则？

【案情简介】2010 年 4 月，A 市农业委员会接到省农业厅的查案通知，称《农业部关于发布 2009 年第四期兽药抽检情况的通报》登载标示为 A 市某动物药业有限公司生产的复合酚兽药在 B 市经销商处被抽检，经法定检验机构检验，复合酚兽药标准要求性状应当为"深红褐色黏稠液，有特臭"，但是检验结果为"黄色澄明液体，有特臭"，根据农业部 2003 年版《兽药质量标准》判定：该复合酚兽药性状不符合兽药质量标准规定。A 市农业行政执法人员随即前往某动物药业有限公司进行了兽药产品确认，该公司承认该批次复合酚兽药系其生产，并提供了生产记录。A 市农业委员会立即对当事人予以立案调查。

经调查，查明：某动物药业有限公司的兽药生产许可证、GMP 证书和兽药批准文号齐全。该公司于 2009 年 3 月 7 日试生产了一批复合酚兽药 500 瓶，该品种兽药为新研制产品，产品全部销售给 B 市某经销商，标示销售单价和实际销售单价均为 6 元/瓶，总共获得销售收入人民币 3 000 元。以上事实有现场检查（勘验）笔录、询问笔录、兽药生产记录、兽药产品标签、兽药销售凭证和检验报告证明。

A 市农业委员会认为某动物药业有限公司生产劣兽药行为违反了《兽药管理条例》第十八条第三款的规定，根据《兽药管理条例》第五十六条第一款的规定，拟对某动物药业有限公司给予没收违法所得人民币 3 000 元、处货值金额 3 倍 9 000 元罚款的处罚，A 市农业委员会依法向某动物药业有限公司送达了行政处罚事先告知书。当事人在法定期限内提出 B 市经销商经营该批次兽药已经被当地农业行政主管部门行政处罚，不应该再次进行罚款。该申辩理由未被 A 市农业委员会采纳。

A 市农业委员会依据《兽药管理条例》第五十六条第一款的规定，责令某动物药业有限公司停止生产劣兽药，并作出如下行政处罚：没收违法所得人民币 3 000 元；处货值金额 3 倍人民币 9 000 元的罚款。

【案例评析】本案主要涉及劣兽药判定、货值金额计算方法和一事不再罚等问题。

1. 关于劣兽药的判定问题　关于劣兽药的判定，《兽药管理条例》第四十八条作了明确界定："有下列情形之一的，为劣兽药：（一）成分含量不符合兽药国家标准或者不标明有效成分的；（二）不标明或者更改有效期或者超过有效期的；（三）不标明或者更改产品批号的；（四）其他不符合兽药国家标准，但不属于假兽药的。"因此，劣兽药包括以下八种情形：①成分含量不符合兽药国家标准的；②不标明有效成分的；③不标明有效期的；④更改有效期的；⑤超过有效期的；⑥不标明产品批号的；⑦更改产品批号的；⑧其他不符合兽药国家标准，但不属于假兽药的。按照处罚法定原则，只有法律明确规定属于劣兽药情形的才能按照劣兽药进行处罚。

虽然在实践中假、劣兽药经常被一同提到，但是假、劣兽药还是有严格区分的。如果农业行政主管部门对于当事人的违法行为定性错误，在行政复议和行政诉讼时将面临行政处罚被撤销或败诉的风险。本案中，某动物药业有限公司生产的复合酚兽药经检验为"黄色澄明液体"，根据农业部《兽药质量标准》（2003年版）判定"性状不符合规定"，应属于兽药的辅助指标不符合国家标准，即劣兽药判定标准的第8种情形"其他不符合兽药国家标准，但不属于假兽药的"。因此，A市农业委员会对该批次兽药定性为劣兽药是正确的。

法律不仅明确禁止生产劣兽药，而且还规定了生产劣兽药的法律责任。《兽药管理条例》第十八条第三款规定"禁止生产假、劣兽药"，第五十六条第一款规定"生产、经营假、劣兽药的，或者兽药经营企业经营人用药品的，责令其停止生产、经营，没收用于违法生产的原料、辅料、包装材料及生产、经营的兽药和违法所得，并处违法生产、经营的兽药（包括已出售的和未出售的兽药，下同）货值金额2倍以上5倍以下罚款，货值金额无法查证核实的，处10万元以上20万元以下罚款"。本案中，某动物药业有限公司生产劣兽药货值金额为3 000元，A市农业委员会按照第五十六条第一款的规定，作出了处以货值金额3倍人民币9 000元罚款的决定，符合法律规定。

2. 关于"货值金额"计算方法 关于兽药货值金额的具体计算方法，《兽药管理条例》第七十一条规定："本条例规定的货值金额以违法生产、经营兽药的标价计算；没有标价的，按照同类兽药的市场价格计算。"该规定规范了货值金额的计算，减少了农业行政执法中的主观随意性。依据《兽药管理条例》第五十六条和第七十一条的规定，对于生产企业来说，按照兽药销售标价计算而不是生产成本价格计算；对于兽药经营企业来说，兽药货值金额按照兽药的销售标价计算，而不能按照兽药的进货价格计算。如果不能查清兽药销售价的，生产企业和经营企业货值金额都按照同类兽药的市场销售价格计算。本案按照标价6元计算销售价格3 000元的做法是正确的。

3. 关于对"一事不再罚"的理解 《行政处罚法》第二十四条规定："对当事人的同一违法行为不得给予两次以上罚款的行政处罚。"这就是关于"一事不再罚"原则的法律规定。"一事不再罚"，是针对同一个当事人的一个违法行为不作两次罚款。因此，对于不同当事人的不同违法行为不适用"一事不再罚"原则；即便同一违法行为有多个当事人，每个当事人都应当承担责任，不能以"一事不再罚"原则进行抗辩。就本案来说，某动物药业有限公司生产劣兽药的违法行为与 B 市经销商经营劣兽药的违法行为性质不同，且非同一违法主体，因此，某动物药业有限公司提出 B 市经销商经营该批次兽药已经被当地农业行政主管部门行政处罚，不应该再次进行罚款的申辩理由不成立，A 市农业委员会未采纳的做法正确。

编者认为，正确把握"一事不再罚"原则，应当准确理解"一事"和"再罚"的含义。"一事"指"同一当事人的同一个违法行为"，本案中，虽然是同一批次的劣兽药，却是两个完全不同的当事人，某动物药业有限公司和 B 市经销商应分别承担生产劣兽药和经营劣兽药的法律责任，两者不能混为一谈。"再罚"是指给予两次以上罚款。应当看到限制条件是对同一主体的同个违法行为不得给予两次罚款，即便同一性质的违法行为进行过处罚，再次发生该类违法行为，也不妨碍再次对其进行处罚。本案中，A 市农业委员会是对某动物药业有限公司违法生产劣兽药的行为进行第一次处罚，不存在再罚的问题。

综上所述，本案定性准确，适应法律准确，处罚得当，处罚决定成立。

◆ 案例 15：某兽药经营部经营人用药、经营标签与登记批准内容不一致兽药案

【阅读提示】兽药经营者违法经营人用药品如何处罚？经营标签与登记批准内容不一致的兽药如何处理？经营假兽药的数量无法查证核实应如何处罚？

【案情简介】2010 年 8 月 26 日，A 市农业局执法人员对该市闻某经营的某兽药经营部进行执法检查，发现当事人存在违法经营人用药品头孢他啶和经营的瘟毒清兽药标签与登记批准内容不一致的情况，并且无法提供完整台账。执法人员经请示 A 市农业局领导后决定对闻某进行立案调查。执法人员对当事人进行了询问，当事人口头叙述了每个产品的进货和销货价格、进货和销售数量、进货来源和销货去向（散户）。执法人员依法做了现场检查笔录，并对相关台账物品等采取登记保存措施。当事人对无证经营人用药品和标签与登记批准内容不一致的兽药等违法行为均予以承认。

调查查明：当事人自 2009 年 4 月通过网络联系，购入 20 瓶人用药品头孢他啶进行经营，标识价格为 38 元/瓶，目前尚未售出；自 2009 年 7 月开始经营标签与登记批准内容不一致的兽药瘟毒清，共购入 20 盒，销售标识价格为 35 元/盒，目前尚未售出（该案件由于缺乏完整台账，当事人交代数量较少，无法准确查明违法经营兽药的数量）。上述事实有现场检查笔录、询问笔录、登记保存清单等证据为证。

A 市农业局认为闻某经营人用药品头孢他啶的行为，违反了《兽药管理

条例》第二十七条第三款的规定，认为经营标签与登记批准内容不一致的兽药瘟毒清的行为违反了《兽药管理条例》第二十六条的规定。依据《兽药管理条例》第五十六条第一款的规定，拟作出没收违法经营的人用药品头孢他啶、兽药瘟毒清，并给予货值金额 4 倍 5 840 元罚款和吊销兽药经营许可证的处罚。A 市农业局依法向当事人送达了行政处罚事先告知书，并依法告知其享有申请听证的权利。当事人在规定的期限内未提出听证申请。

A 市农业局依据《兽药管理条例》第五十六条第一款的规定，责令闻某停止经营人用药品和标签与登记批准内容不一致的兽药，并作出如下处罚决定：没收违法经营的兽药瘟毒清；给予货值金额 4 倍 5 840 元罚款；吊销兽药经营许可证。当事人在指定期限内缴纳了罚款。

【案例评析】本案主要涉及经营人用药品、经营标签与登记批准内容不一致的兽药和经营假兽药数量无法查证核实的处罚问题。

1. 关于违法经营人用药品问题 《兽药管理条例》第二十七条第三款规定："禁止兽药经营企业经营人用药品和假、劣兽药。"判断是兽药还是人用药最简单的方法是看批准文号，例如兽药的批准文号为"兽药字（2008）×××××××"，而人用药的批准文号为"国药字 H2001××××"。对于兽药经营企业经营人用药品的处理问题，有观点认为应按照假兽药进行处罚，依据是《兽药管理条例》第五十六条。编者认为，这是对该条款的误解。《兽药管理条例》第五十六条规定："违反本条例规定，无兽药生产许可证、兽药经营许可证生产、经营兽药的，或者虽有兽药生产许可证、兽药经营许可证，生产、经营假、劣兽药的，或者兽药经营企业经营人用药品的，责令其停止生产、经营，没收用于违法生产的原料、辅料、包装材料及生产、经营的兽药和违法所得，并处违法生产、经营的兽药（包括已出售的和未出售的兽药，下同）货值金额 2 倍以上 5 倍以下罚款，货值金额无法查证核实的，处 10 万元以上 20 万元以下罚款。"需要注意的是，在责令停止生产、经营之后，没收的是经营的兽药和违法所得，并处违法生产、经营的兽药（包括已出售的和未出售的兽药）货值金额 2 倍以上 5 倍以下罚款，也就是说，没收的只能是兽药和兽药的违法所得，罚款依据的是兽药的货值金额。对于当事人所经营的人用药品，农业部门没有没收的权力，也不能将其纳入货值金额的范围内计算罚款数额。因此，本案中，处罚机关责令当事人停止经营人用药品的做法是正确的。但是，除了责令停止经营人用药品外，应当将经营人用药品的案件移送到相关职能部门管辖。

2. 关于经营标签与登记批准内容不一致的兽药问题 《兽药管理条例》第六十条规定："违反本条例规定，兽药的标签和说明书未经批准的，责令其限期改正；逾期不改正的，按照生产、经营假兽药处罚；有兽药产品批准文号的，撤销兽药产品批准文号；给他人造成损失的，依法承担赔偿责任。兽药包装上未附有标签和说明书，或者标签和说明书与批准的内容不一致的，责令其限期改正；情节严重的，依照前款规定处罚。"因此，兽药经营者应按照《兽药管理条例》第二十六条的规定，将兽药产品与产品标签或者说明书、产品质量合格证核对无误。反之，经营标签违法的兽药产品，将会受到农业农村行政管理部门的处罚。

3. 关于前置类责令改正问题　本案中，对当事人经营标签与登记批准内容不一致的兽药的违法行为，应当依照《兽药管理条例》第六十条的规定，通常先责令改正，而不能直接进行处罚，也就是将责令改正作为行政处罚的前置条件。如果当事人逾期不改正的，对其进行处罚。本案中，A市农业局对当事人经营标签与批准的内容不一致的违法行为，没有责令其改正，而是直接对当事人进行了处罚，违反了《兽药管理条例》第六十条的规定，法律适用错误。B市农业局应当就经营标签与批准的内容不一致的违法行为，单独作出前置类责令限期改正，制作《责令改正通知书》；在规定期限内改正的，不再作出行政处罚；逾期不改正的，可作出没收、并处罚款等行政处罚。

4. 经营假兽药数量无法查证核实时如何处罚　本案所涉及的假兽药台账不齐，如何适用《兽药管理条例》第五十六条的处罚条款成了争论的焦点。一种观点认为，当事人经营的部分假兽药从标签标注与登记批准内容不一致，加之购销台账严重不齐，性质较为严重，口头叙述的数量和该店实际经营现状明显不符，无法核实货值金额，主张按照货值金额无法查证核实的，按照10万元以上20万元以下的罚款进行处罚。另一种观点认为，虽然当事人经营假兽药的性质比较恶劣，但在第一次询问时，当事人在台账很不齐全的情况下，仅凭口头回忆叙述了每个产品的进货和销货价格、进货和销售数量、进货来源和销货去向，执法人员已经予以登记。在没有相反证据予以推翻的情况下，应该具有法律效力，主张按照货值金额2倍以上5倍以下罚款。

编者认为，第一种观点基于案件的客观事实，主张"过罚相当原则"对当事人处以较重的罚款有一定的道理，但这种观点在一定程度上混淆了案件的客观事实和法律事实之间的关系，同时在有当事人询问笔录和无相反证据的情况下，采用货值金额无法查证核实的处罚条款，行政处罚机关将面临巨大的法律风险。行政诉讼中要求行政机关作出行政处罚的事实依据和法律依据非常清楚，行政机关本身并不掌握足以推翻询问笔录的有力证据，采用高额罚款的处罚条款将可能面临处罚事实依据不足的问题，面临败诉的风险。第二种观点体现了对法律精神的尊重，但也存在放纵违法行为的可能性。因此，应当采取各种途径从进货渠道、销货渠道等方面积极查找证据，核实违法销售兽药数量、种类，积极查明违法行为，尽最大努力查明事实真相，为打击违法行为、作出处罚决定提供有力的证据支持，而不能简单地进行证据采信或者是排斥当事人的陈述的做法。本案中，行政机关没有做到最大限度查明案件事实、查清证据就作出处罚决定，这一做法需要进一步改进。

综上所述，本案定性准确，但在法律适用和对违法行为调查取证方面需要作出进一步的改进。

◆ 案例 16：某农技中心销售未取得肥料登记证的肥料产品案

【阅读提示】认定销售未取得肥料登记证的肥料产品案应取得哪些证据？

【案情简介】2007 年 11 月 10 日，A 市农业局行政综合执法支队执法人员在对本市肥料生产、销售企业的登记状况进行检查中，发现某农技中心销售的本省 B 市生产的××牌复混肥涉嫌为无肥料登记证产品。A 市农业局行政综合执法支队决定对该中心立案调查。经调查，当事人共销售该肥料产品 4 吨，每吨售价 1 000 元，违法所得 4 000 元。执法人员收集了该产品外包装复印件、销售票据等证据材料，制作询问笔录、现场检查笔录，并书面请省肥料管理部门对产品的登记信息进行了核对（省饲料管理部门回函予以确认）。

根据查明的事实，A 市农业局行政综合执法支队认为该中心经营未经登记肥料产品的行为事实清楚，证据确凿，违反了《肥料登记管理办法》第五条的规定，依法应当予以行政处罚。12 月 6 日，A 市农业局向该中心送达了《行政处罚事先告知书》，告知拟根据《肥料登记管理办法》第二十七条第一项的规定，决定给予其警告、处以违法所得 1 倍罚款 4 000 元。当事人在规定期限内没有提出陈述和申辩。A 市农业局根据《肥料登记管理办法》第二十七条第一项的规定，给予当事人如下行政处罚：警告；处以违法所得 1 倍罚款 4 000 元。

A 市农业局向该中心送达了《农业行政处罚决定书》。当事人在法定期限内履行了处罚决定。

【案例评析】本案主要涉及违法事实的认定问题。

1. 需要肯定之处

（1）证据链比较完整　A 市农业局在调查取证方面做得比较完善，证据链比较完整。证据包括该产品外包装复印件、销售票据、当事人询问笔录、现场检查笔录等证据材料。违法事实认定不仅以当事人的询问笔录为依据，更重要的是请求上级肥料主管部门对违法事实进一步予以确认，从而对案件违法事实的认定更确凿。

（2）适用法律准确、处罚幅度适当　《肥料登记管理办法》第五条规定："国家实行肥料产品登记管理制度，未经登记的肥料产品不得进口、生产、销售和使用，不得进行宣传"。违反上述规定的，依据第二十七条规定，生产、销售未取得登记证的肥料产品，由县级以上农业行政主管部门给予警告，并处违法所得 3 倍以下罚款，但最高不得超过 30 000 元；没有违法所得的，处 10 000 元以下罚款。根据当事人共销售该肥料产品 4 吨，每吨售价 1 000 法所得 4 000 元的违法事实，处罚机关对当事人予以警告，并处以违法所得 1 倍罚款，法律适用准确、处罚幅度适当（3 倍以下）。

2. 瑕疵与不足 瑕疵主要是 A 市农业局未通过协查通报方式深挖无登记证肥料产品的生产源头。对肥料产品进行登记是农业部门对有国家或行业标准，经检验质量合格的肥料的产品化学、肥效和安全性等资料进行田间试验、综合评审，评审合格方准予登记。那么未经登记的肥料产品，其质量、肥效和安全性没有经过法定部门的检验试验和评估，直接用于农业生产存在很大的安全隐患。本案中，处罚机关应当将本省 B 市××牌复混肥的生产厂家生产未经登记肥料产品的行为向省级肥料管理部门汇报或向 B 市农业部门通报，由上级主管部门或 B 市农业部门对生产企业无证生产行为进行查处，真正做到彻查源头，维护肥料市场的生产经营秩序，保障农业生产安全。

综上所述，本案事实清楚、证据确凿、程序合法、处罚适当，行政处罚决定成立。

◆ 案例 17：某化肥门市部销售未取得肥料登记证的肥料案

【阅读提示】调查取证程序中应注意哪些关键证据？

【案情简介】2007 年 7 月 5 日，A 县农业局执法人员依法对当事人袁某的化肥门市部进行执法检查，发现当事人袁某正在销售某化肥厂生产的"××牌"有机肥料，门市部存货数量 43 包。该肥料包装袋上标注"肥料登记证：×农肥临字 208 号，总养分：有机质≥30%，氮＋磷＋钾≥7%，执行标准：Q/YHH01—2001，备案登记证：450000—5753，净含量：50kg"。

A 县农业局当日以当事人涉嫌经营假冒肥料登记证的肥料产品为由进行立案调查，并依法制作了现场检查笔录、询问笔录、抽样取证凭证和证据登记保存清单。7 月 19 日，A 县农业局对证据登记保存的肥料作出停止销售并退回厂家的处理。当事人提供的"×农肥临字 208 号"肥料登记证（有机质≥30%，氮＋磷＋钾≥7%）技术指标虽与该肥料相符，但有效期至 2004 年 4 月。A 县农业局认为该肥料包装袋上标注的肥料登记证已不存在，可视为假冒肥料登记证的肥料。由于当事人没能提供该肥料相关的经营台账及有效的进货凭证和销售凭证，无法确认其违法所得。

A 县农业局认为当事人行为已违反《肥料登记管理办法》第五条的规定，依照《肥料登记管理办法》第二十七条第二项之规定，拟对当事人作出如下处罚：①对当事人经营假冒肥料登记证的肥料的行为给予警告；②罚款人民币3 000元（未告知申请听证的权利）。当事人在收到A县农业局《行政处罚事先告知书》后，向A县农业局提出申辩，以自己是下岗职工、假冒肥料登记证是厂家行为，且所销售该肥料数量不多为由，请求给予减免处罚。

A县农业局于7月17日召开执法案件集体讨论会，认为当事人申辩理由合理，同意将《行政处罚事先告知书》中对当事人的罚款部分由3 000元减至1 000元，并于7月19日作出《行政处罚决定书》，7月24日当事人履行了行政处罚决定。

【案例评析】本案主要涉及法律适用、事实认定和证据采集等问题。

这是一起通过市场检查发现当事人销售未取得肥料登记证的肥料产品案件，具有代表性。本案处罚主体为A县农业局，对本案具有管辖权；个体经营者袁某为当事人，认定准确。执法人员发现案情后能及时立案调查取证，处罚机关对当事人的申辩理由能通过召开执法案件集体讨论会进行讨论再作出处罚决定，执法程序正确，处罚幅度适当。

不过，本案仍存在以下四个方面的问题。

1. 适用法律不够准确　准确适用法律是正确实施行政处罚的前提。本案依据《肥料登记管理办法》第二十七条第二项"假冒、伪造肥料登记证、登记证号的，由县级以上农业行政主管部门给予警告，并处违法所得3倍以下罚款，但最高不得超过30 000元；没有违法所得的，处10 000元以下罚款"进行处罚不准确。肥料登记证有效期限届满未进行续展登记则须重新申请登记，因此，本案属于销售未取得肥料登记证的肥料产品。故本案处罚应该根据《肥料登记管理办法》第二条第一项的规定，销售未取得登记证的肥料产品，由县级以上农业行政主管部门给予警告，并处违法所得3倍以下罚款，但最高不得超过30 000元；没有违法所得的，处10 000元以下罚款。相应地，本案的案由"经营假冒肥料登记证的肥料产品"应为"销售未取得肥料登记证的肥料产品"更为妥当。

2. 未告知处罚对象有申请听证的权利　在《行政处罚事先告知书》中处罚机关拟对当事人袁某罚款3 000元，依据该省《行政执法程序规定》的相关规定，行政执法机关作出责令停产停业、吊销许可证或者执照，以及县级人民政府所属行政执法机关对公民个人在非经营性活动中的违法行为作出2 000元以上或在经营性活动中的违法行为作出3 000元以上，对法人或者其他组织在非经营性活动中的违法行为作出3 000元以上或在经营性活动中的违法行为作出10 000元以上罚款等行政处罚决定之前，应告知相对人有要求举行听证的权利；相对人要求听证的，行政执法机关应按本规定组织听证。本案处罚对象为个人，罚款数额为3 000元，应在行政处罚决定前告知相对人有要求举行听证的权利，但是本案行政处罚决定机关出具的《行政处罚事先告知书》中没有告知相对人这一权利，此为本案的一大瑕疵。

3. 调查取证不够充分　本案中，肥料产品的生产日期是认定该肥料有无登记证的关键，但是这个问题 A 县农业局没有调查清楚。尽管"×农肥临字208 号"证号是真实的，即便有效期仅到 2004 年 4 月止，但是，如果涉案肥料产品系 2004 年 4 月前生产，便不存在销售无登记证肥料产品问题。

4. 证据登记保存处理不符合程序规定　《农业行政处罚程序规定》第三十五条规定："实施证据登记保存应当在 7 日内作出处理决定并告知当事人：（一）需要进行技术检验或者鉴定的，送交有关部门检验或者鉴定；（二）对依法应予没收的物品，依照法定程序处理；（三）对依法应当由有关部门处理的，移交有关部门；（四）为防止损害公共利益，需要销毁或者无害化处理的，依法进行处理；（五）不需要继续登记保存的，解除登记保存。"本案对涉案肥料产品进行了证据登记保存，但 7 日内未对登记保存的肥料作出处理，而是逾期（7 月 19 日）对证据登记保存的肥料作出"停止销售并退回厂家"的处理。另外，A 县农业局关于先行登记保存的肥料产品"停止销售并退回厂家"的处理方式缺乏依据，该肥料若属不需要继续登记保存的情形，应于 7 日内解除登记保存。

综上所述，本案调查取证不够充分，处罚程序上存在重大瑕疵，因此，行政处罚决定难以成立。

◆ 案例 18：某农资经营店销售含量与登记批准内容不符的肥料案

【阅读提示】如何认定违法所得？

【案情简介】2010 年 5 月 10 日，A 县农业局执法人员对个体经营者陈某的农资经营店销售的××牌有机无机复混肥料［标称 $N+P_2O_3+K_2O \geqslant 25\%$（11-5-9），有机质 $\geqslant 20\%$，肥料登记证号：×农肥准字（2009）××号）］进行例行抽样（样单未标明该批肥料生产日期）。同时对该农资经营店进行现场检查并拍照取证，制作了现场检查笔录和询问笔录。样品经送到有资质的检测机构检验，检验结果是本批次有机无机复混肥总养分含量为 23.5%（技术指标为 $\geqslant 25.0\%$），有机质含量为 33%（技术指标为 $\geqslant 20\%$）。

A 县农业局以销售有效成分含量与登记批准内容不符的肥料产品为由，于 7 月 10 日立案，并于 7 月 14 日将《检验报告》送达当事人。在询问笔录中当事人称该肥料是 2010 年 3 月 24 日从某化肥批发部购进，进货 20 包，进价为 140 元/包，有进货凭证。至 5 月 10 日已销售 2 包，售价 175 元/包，但当事人未能提供经营台账及销售凭证。

综合上述证据材料，A县农业局执法人员认为当事人销售含量与登记批准内容不符的肥料产品的行为，违反了《肥料登记管理办法》第二十七条第三项的规定，依据《肥料登记管理办法》第二十七条第三项的规定，对当事人给予警告，并罚款1 000元人民币。该案《行政处罚事先告知书》于8月12日送达，《行政处罚决定书》于8月15日送达。当事人于8月16日缴纳罚款。A县农业局于8月17日结案。

【案例评析】本案主要涉及调查取证、办案程序、适用法律等问题。本案案情比较简单，执法主体明确、合法；对涉案肥料能及时送有资质的检测机构进行检验，对当事人经营场所也进行了现场检查和拍照取证，并制作了现场检查笔录和询问笔录，这些证据的取得对违法事实的认定起到了重要作用。但是仍存在如下四点不足之处。

1. 关于调查取证问题 本案关键证据缺乏。本案以"含量与登记批准内容不符的肥料产品"立案，然而执法人员在取证时没有要求当事人提供肥料登记证的相关信息，仅从肥料包装袋的标识判定肥料登记证的真实性，证据不确凿。编者认为，可请肥料登记管理部门协查，并提供该肥料登记证的相关信息，以作为更有力的证据。

2. 关于办案程序问题 《行政处罚事先告知书》于8月12日送达，《行政处罚决定书》于8月15日送达，间隔时间不满3日。根据《农业行政处罚程序规定》第三十八条的规定，在作出行政处罚决定之前，农业行政处罚机关应当制作《行政处罚事先告知书》，送达当事人，告知拟给予的行政处罚内容及其事实、理由和依据，并告知当事人可以在收到告知书之日起3日内，进行陈述、申辩。符合听证条件的，告知当事人可以要求听证。当事人无正当理由逾期未提出陈述、申辩或者要求听证的，视为放弃上述权利。本案的《行政处罚告知书》于8月12日送达，8月15日是第3日，而本案的《行政处罚决定书》于8月15日已送达，也就是说，该行政处罚决定书在处罚告知书送达未满3日便已经送达，显然不符合相关程序规定。

3. 关于违法所得问题 本案中当事人未能提供经营台账及销售凭证，执法人员无法确定违法所得。虽然执法人员在做笔录时，当事人称"已销售2包，价格为175元/包，但只有进货凭证，没有销售凭证和台账记录"，执法人员凭此认为"无法确定违法所得"，证据是不够充分的。就本案来说，虽然在收集直接证据，如销售发票、买卖合同等方面存在较大的困难，但执法人员可以针对该肥料销售价格作进一步的取证，如通过询问农资店的其他知情人员、询问购买该肥料的农户、询问经营同类肥料的上下家等方式来收集间接证据，通过间接证据与当事人调查笔录陈述的内容相互佐证来证明和认定其违法所得。

综上所述，本案中送达处罚决定书未遵循法定时限要求，且违法所得事实未能查清，因此，处罚决定不成立。

◆ 案例19：李××无证生产动物源性饲料产品案

【阅读提示】生产动物源性饲料除需要取得《动物源性饲料生产企业安全卫生合格证》外，是否还需要取得生产许可证？

【案情简介】2008年10月21日，A市农业局执法支队执法人员对饲料加工企业进行检查时，发现位于B县的一家厂房在生产肉骨粉、羽毛粉，执法人员随即对该厂房进行检查，发现该加工厂在未办理《动物源性饲料生产企业安全卫生合格证》的情况下进行加工生产，负责人为李××，执法人员对相关情况进行了调查取证。

据调查，当事人于2008年年初开始加工销售肉骨粉、羽毛粉，共计3吨，每吨售价2 000元。认定上述违法事实的证据主要有：询问笔录3份、现场勘验笔录1份、当事人身份证复印件1份、现场拍摄照片6张。

A市农业局认为，当事人未取得《动物源性饲料生产企业安全卫生合格证》生产、销售动物源性饲料的违法事实清楚、证据确凿，违反了《动物源性饲料产品安全卫生管理办法》第四条、第十九条之规定。2008年10月30日A市农业局向当事人送达了《行政处罚事先告知书》，在法定期限内当事人未进行陈述申辩、申请听证。2008年11月10日，A市农业局责令当事人立即停止违法生产、销售行为，依据《动物源性饲料产品安全卫生管理办法》第二十六条规定，处以违法所得3倍即6 000元罚款的处罚。

当事人于2008年11月10日将罚款缴至农业银行罚没专户。

【案例评析】本案主要涉及正确适用法律和准确确定管辖机关的问题。

1. 关于正确适用法律问题　《动物源性饲料产品安全卫生管理办法》第四条规定："设立动物源性饲料产品生产企业，应当向所在地省级人民政府饲料管理部门提出申请，经审查合格，取得《动物源性饲料产品生产企业安全卫生合格证》后，方可办理企业登记手续。"依据该条款之规定，生产动物源性饲料产品应申请办理《动物源性饲料产品生产企业安全卫生合格证》，另外，只有"企业"才具备申请《动物源性饲料产品生产企业安全卫生合格证》的主体资格。本案中，当事人李××所负责的加工厂未取得《动物源性饲料产品生产企业安全卫生合格证》，鉴于该加工厂的负责人为李××，案由应为"李××无证生产动物源性饲料产品案"。

《动物源性饲料产品安全卫生管理办法》第二十六条规定："未取得或假冒伪造《动物源性饲料生产企业安全卫生合格证》生产动物源性饲料产品，有违法所得的，处违法所得3倍以下罚款，但最高不超过3万元；无违法所得的，处 1 万元以下罚款"。本案中，当事人李××未取得《动物源性饲料生产企业安全卫生合格证》、违法获利 6 000 元（加工销售肉骨粉、羽毛粉，共计 3 吨，每吨售价 2 000 元），A 市农业局罚款 6 000 元整，在违法所得 3 倍以下的幅度之内，处罚得当。

两个需要探讨的问题是：当事人李××是否还应取得《生产许可证》？应当适用《动物源性饲料产品安全卫生管理办法》第二十六条，还是《饲料和饲料添加剂管理条例》第二十四条之规定进行处罚？在办案过程中，有人认为当事人李××还应办理生产许可证，理由是违反了《饲料和饲料添加剂管理条例》第二十四条之规定，应对当事人处以"责令停止生产，没收违法生产的产品和违法所得，并处违法所得 1 倍以上 5 倍以下的罚款"的行政处罚。由此可知，是否应取得《生产许可证》是正确适用法律的前提与关键，即如果当事人还应取得《生产许可证》，那么，尽管案由无误，但是可能涉及适用法律错误、处罚决定内容错误的问题。

编者认为，要解决这个问题，关键是要准确理解《饲料和饲料添加剂管理条例》第二十四条的规定。《饲料和饲料添加剂管理条例》第 24 条规定："违反本条例规定，未取得生产许可证，生产饲料添加剂、添加剂预混合饲料的，由县级以上地方人民政府饲料管理部门责令停止生产，没收违法生产的产品和违法所得，并处违法所得 1 倍以上 5 倍以下的罚款；对已取得生产许可证，但未取得产品批准文号的，责令停止生产，并限期补办产品批准文号。"该条款的意思是：①生产饲料添加剂、添加剂预混合饲料，需要取得生产许可证；②如果未取得生产许可证，生产饲料添加剂、添加剂预混合饲料的，则由县级以上地方人民政府饲料管理部门责令停止生产，并作出相应的行政处罚；③只有生产饲料添加剂、添加剂预混合饲料才需要取得生产许可证。换言之，生产单一饲料、浓缩饲料、配合饲料和精料补充料，不需要取得生产许可证。依据《动物源性饲料产品安全卫生管理办法》第三条第一款之规定，动物源性饲料产品是指以动物或动物副产物为原料，经工业化加工、制作的单一饲料，因此，生产动物源性饲料产品不需要取得生产许可证，不能适用《饲料和饲料添加剂管理条例》第二十四条的规定处理本案。所以，本案适用法律正确。

2. 关于准确确定管辖机关问题　本案中，违法所在地位于 A 市 B 县，正确的管辖机关是 B 县农业局还是 A 市农业局？

《动物源性饲料产品安全卫生管理办法》第二条规定："农业部负责全国动物源性饲料产品的管理工作。县级以上地方人民政府饲料管理部门负责本行政区域内动物源性饲料产品的管理工作。"《饲料和饲料添加剂管理条例》第三条规定："国务院农业行政主管部门负责全国饲料、饲料添加剂的管理工作。县级以上地方人民政府负责饲料、饲料添加剂管理的部门（以下简称饲料管理部门），负责本行政区域内的饲料、饲料添加剂的管理工作。"因此，本案中，对李××无证生产动物源性饲料产品案的管辖机关应是 B 县以上地方人民政府饲料管理部门。

《行政处罚法》第二十条规定："行政处罚由违法行为发生地的县级以上地方人民政府具有行政处罚权的行政机关管辖。法律、行政法规另有规定的除外。"《农业行政处罚程序规定》第十一条规定："上级农业行政处罚机关在必要时可以管辖下级农业行政处罚机关管辖的行政处罚案件。下级农业行政处罚机关认为行政处罚案件重大复杂或者本地不宜管辖，可以报请上级农业行政处罚机关管辖。"据此，在通常情况下，一般违法案件由县级以上地方人民政府具有行政处罚权的行政机关管辖；在特定情况下，可由上级人民政府具有行政处罚权的行政机关管辖。就本案来说，通常情况下应由 B 县农业局管辖，A 市及以上农业行政部门亦可管辖。鉴于 A 市农业局在执法检查中发现违法行为，为了及时查处案件防止当事人逃避侦查，由 A 市农业局调查、处罚并无不当。因此，本案管辖机关正确。

综上所述，本案管辖机关正确、适用法律正确，行政处罚决定成立。

◆ 案例 20：某饲料有限公司无生产许可证生产预混饲料案

【阅读提示】无证生产预混饲料会受到怎样的行政处罚？

【案情简介】A 省 B 市农业局根据省饲料办提供的举报线索，于 2006 年 12 月 28 日组织市农业行政执法支队、市动物防疫监督所和市农产品质量安全检验检测中心开展的农业执法联合突击检查行动，执法人员经过调查，在某工业园区内的生产车间当场查获标明"某饲料有限公司"生产的猪混合预混料 5 种，数量 670 包，重量 13.4 吨。执法人员依法现场制作了《现场检查（勘验）笔录》。2007 年 1 月 8 日，B 市农业局正式立案。

经调查，查明：2005 年 11 月 1 日，当事人和某维生素股份有限公司签订合作协议书，以每年 3.6 万元的租金，租用某维生素股份有限公司在某工业园区内的 260 平方米的生产车间，并使用某维生素股份有限公司的预混料生产许可证及批准文号［证书编号：饲预（2004）××××］，生产销售"××"品牌的预混饲料，当事人每生产 1 吨需向某维生素股份有限公司交纳 25 元的生产管理费。根据当事人法定代表人潘某、原某维生素股份有限公司负责洽谈的动保事业部经理齐某的陈述，协议约定当事人的预混饲料生产销售是自主独立组织生产与销售的，即当事人自主采购生产设备、自主安排生产、自主招收工人及支付工资、自行承担经营风险和获取收益。又查明：当事人销售 234 包，重量 4.68 吨，销售收入 15 680 元。以上事实有询问笔录、合作协议、协助调查函、现场检查（勘验）笔录、抽样取证凭证、管理费清单复印件、当事人营业执照复印件（载明的经营范围仅限于"销售饲料"）、法定代表人身份证复印件、当事人提供的出仓单等证据予以证明。

根据以上事实，B 市农业局认为当事人通过与某维生素股份有限公司签订合作协议书，使用某维生素股份有限公司的预混饲料生产许可证及批文批号生产销售预混饲料的行为违反了《饲料和饲料添加剂管理条例》第十条和《饲料添加剂和添加剂预混合饲料产品批准文号管理办法》（农业部令第 23 号）第十条第二款之规定。依据《饲料和饲料添加剂管理条例》第二十四条的规定，责令当事人停止生产，并作出如下行政处罚：没收违法生产的预混饲料 13.4 吨；没收违法所得人民币 15 680 元；并处罚款人民币 39 200 元。罚没款合计人民币 54 880 元。

《行政处罚事先告知书》于 2007 年 3 月 16 日送达，《行政处罚决定书》于 2007 年 3 月 30 日送达，已履行完毕并结案。

对于某维生素股份有限公司涉嫌违法使用预混料生产许可证和批文批号行为，B 市农业局函告并移送至 A 省饲料管理部门依法查处。

【案例评析】本案主要涉及准确适用法律问题。

《饲料和饲料添加剂管理条例》第九条规定："设立饲料、饲料添加剂生产企业，除应当符合有关法律、行政法规规定的企业设立条件外，还应当具备下列条件：（一）有与生产饲料、饲料添加剂相适应的厂房、设备、工艺及仓储设施；（二）有与生产饲料、饲料添加剂相适应的专职技术人员；（三）有必要的产品质量检验机构、检验人员和检验设施；（四）生产环境符合国家规定的安全、卫生要求；（五）污染防治措施符合国家环境保护要求。经国务院农业行政主管部门或者省、自治区、直辖市人民政府饲料管理部门按照权限审查，符合前款规定条件的，方可办理企业登记手续。"第十条规定："生产饲料添加剂、添加剂预混合饲料的企业，经省、自治区、直辖市人民政府饲料管理部门审核后，由国务院农业行政主管部门颁发生产许可证。前款企业取得生产许可证后，由省、自治区、直辖市人民政府饲料管理部门核发饲料添加剂、添加剂预混合饲料产品批准文号。"

本案中，当事人某饲料有限公司不具备《饲料和饲料添加剂管理条例》第九条所设立的生产企业应具备的条件，更未获得《饲料和饲料添加剂管理条例》第十条所要求的生产许可证。这一点其企业法人营业执照即可证明。其企业法人营业执照载明的经营范围仅限于"销售饲料"，故当事人不具备生产饲料的资格。

《饲料和饲料添加剂管理条例》第二十四条规定："违反本条例规定，未取得生产许可证，生产饲料添加剂、添加剂预混合饲料的，由县级以上地方人民政府饲料管理部门责令停止生产，没收违法生产的产品和违法所得，并处违法所得1倍以上5倍以下的罚款；对已取得生产许可证，但未取得产品批准文号的，责令停止生产，并限期补办产品批准文号。"依据该规定，B市农业局对当事人作出的没收违法产品、没收违法所得、处违法所得2.5倍罚款的处罚决定符合法律规定。综上所述，本案处罚主体适格、证据确实充分、适用法律准确，处罚决定成立。

◆ 案例21：某种禽养殖孵化有限公司违反规定使用含违禁物质"三聚氰胺"饲料案

【阅读提示】在饲料中添加三聚氰胺，如何定性处罚？

【案情简介】2007年4月8日，A市B区兽药饲料监察所按计划对A市某种禽养殖孵化有限公司生产的自配鸭料进行例行抽检。4月29日的检验结果显示该饲料含有"三聚氰胺"成分，并且其含量达到439毫克/千克。随即，A市B区兽药饲料监察所对当事人相关饲料及鱼粉等蛋白原料进行复检筛选，又查出两批蛋鸭配合料的"三聚氰胺"含量分别是393毫克/千克和446毫克/千克。

2007年5月5日，A市农业委员会对当事人涉嫌违反规定使用含违禁物质"三聚氰胺"饲料的行为进行立案，执法人员赶赴现场进行检查，制作了现场检查笔录，并对涉案鱼粉、自配料等进行证据登记保存（在以后的办案过程中，并未制发《登记保存物品处理通知书》）。经调查查明，所产鸭蛋作种蛋孵化用，未作食用销售。

A市农业委员会认为，A市某种禽养殖孵化有限公司的行为违反了《饲料和饲料添加剂管理条例》第十八条第一款、第十九条第二款及《农业部关于严厉打击非法生产经营和使用"蛋白精"违法行为的通知》（农牧发〔2007〕8号）、《农业部关于严厉查处饲料中人为添加三聚氰胺违法行为的通知》（农明字〔2008〕第124号）的规定，依据《饲料和饲料添加剂管理条例》第二十八条、第二十九条第二款的规定，于2007年5月14日对A市某种禽养殖孵化有限公司作出没收违法产品、罚款10 000元的行政处罚。

【案例评析】本案主要涉及准确适用法律和证据登记保存问题。

1. 值得肯定之处 本案管辖主体正确、证据充分，值得肯定。

（1）管辖主体正确 《饲料和饲料添加剂管理条例》第三条第二款规定，县级以上地方人民政府负责饲料、饲料添加剂管理的部门（以下简称饲料管理部门），负责本行政区域内的饲料、饲料添加剂的管理工作，因此，A市农业委员会有权查处当事人违反规定使用含违禁物质"三聚氰胺"饲料的行为。

（2）认定事实清楚、证据充分 通过检查、现场勘验，将依法定程序抽样的涉案饲料送法定检验机关检验和复检，A 市农业局准确、全面地掌握了当事人违反规定使用含违禁物质"三聚氰胺"饲料的事实，违法事实清楚，证据确实充分。

2. 关于正确适用法律问题　《饲料和饲料添加剂管理条例》第十八条第一款规定："禁止生产、经营停用、禁用或者淘汰的饲料、饲料添加剂以及未经审定公布的饲料、饲料添加剂。"第十九条第二款规定："禁止使用本条例第十八条规定的饲料、饲料添加剂。禁止在饲料和动物饮用水中添加激素类药品和国务院农业行政主管部门规定的其他禁用药品。"第二十八条规定："违反本条例规定，生产、经营已经停用、禁用或者淘汰以及未经审定公布的饲料、饲料添加剂的，依照刑法关于非法经营罪的规定，依法追究刑事责任；尚不够刑事处罚的，由县级以上地方人民政府饲料管理部门责令停止生产、经营，没收违法生产、经营的产品和违法所得，并处违法所得 1 倍以上 5 倍以下的罚款。"第二十九条第二款规定："使用本条例第十八条规定的饲料、饲料添加剂，或者在饲料和动物饮用水中添加激素类药品和国务院农业行政主管部门规定的其他禁用药品的，由县级以上地方人民政府饲料管理部门没收违禁药品、可以并处 1 万元以上 5 万元以下的罚款。"A 市农业委员会认为当事人违反了上述规定，并给予行政处罚。编者认为，第十八条第一款是关于生产、经营停用、禁用、淘汰或未经审定公布的饲料、饲料添加剂的禁止性规定。第十九条第二款是关于添加禁用药品的禁止性规定。因此，判断本案适用法律是否正确的关键在于三聚氰胺是否属于停用、禁用、淘汰或未经审定公布的饲料添加剂，是否属于药品。

农业部于 2009 年 6 月 8 日发布的第 1218 号公告指出："三聚氰胺是一种化工原料，广泛应用于塑料、涂料、黏合剂、食品包装材料生产。"农业部《关于严厉打击非法生产经营和使用"蛋白精"违法行为的通知》（农牧发〔2007〕8 号）指出："根据《饲料和饲料添加剂管理条例》，我部在《饲料添加剂品种目录》（农业部公告第 658 号）中公布了尿素等 9 种非蛋白氮饲料添加剂，并仅限在反刍动物饲料中使用。三聚氰胺、羟甲基羧基氮等非蛋白氮添加剂未经农业部审定批准，是非法饲料添加剂，禁止在任何饲料生产中使用。"鉴于三聚氰胺属于化工原料，自然不属于药品。但是，在饲料中添加三聚氰胺应当如何定性？编者认为，正确定性的关键在于对农业部第 1218 号公告的准确把握。农业部公告第 1218 号规定"我部已明令禁止在饲料中人为添加三聚氰胺，对非法在饲料中添加三聚氰胺的，依法追究法律责任。三聚氰胺污染源调查显示，三聚氰胺可能通过环境饲料包装材料等途径进入到饲料中，但含量极低。大量动物验证试验及风险评估表明，饲料中三聚氰胺含量低于 2.5 毫克/千克时，不会通过动物产品残留对食用者健康产生危害。为确保饲料产品质量安全，保证养殖动物及其产品安全，现将饲料原料和饲料产品中三聚氰胺限量值定为 2.5 毫克/千克，高于 2.5 毫克/千克的饲料原料和饲料产品一律不得销售。"因此，编者认为，在 2009 年农业部发布饲料中三聚氰胺残留限量前，可适用第十九条第二款和第二十九条第二款规定，认定为使用未经审定的饲料添加剂；限量发布后，应认定为不符合产品质量标准的行为，应当适用《饲料和饲料添加剂管理条例》第三十条第三项"生产、经营的饲料、饲料添加剂不符合饲料、饲料添加剂产品质量标准的"之规定，依照刑法关于生产、销售伪劣产品罪的规定，依法追究刑事责任；尚不够刑事处罚的，由县级以上地方人民政府饲料管理部门作出责令停止生产、经营，没收违法生产、经营的产品和违法所得，并处违法所得 1 倍以上 5 倍以下的罚款（情节严重的，并由国务院农业行政主管部门吊销生产许可证）的行政处罚。值得注意的是，特别是《乳品质量安全监督管理条例》颁布实施之后，国家加大对非法使用三聚氰胺的打击力度。因此，在当前的实践中，通常都将案件移交至司法机关，追究其刑事责任。鉴于本案发生在公告之前，基于法不溯及既往原则，A 市农业委员会给予相对人行政处罚措施并无不当。

3. 关于证据登记保存问题　本案中，A 市农业委员会于 5 月 5 日对涉案鱼粉、自配料等进行证据登记保存，但在以后的办案过程中未制发《登记保存物品处理通知书》的做法是违反《行政处罚法》和《农业行政处罚程序规定》的。

《行政处罚法》第三十七条第二款规定，行政机关在收集证据时，可以采取抽样取证的方法；在证据可能灭失或者以后难以取得的情况下，经行政机关负责人批准，可以先行登记保存，并应当在 7 日内及时作出处理决定，在此期间，当事人或者有关人员不得销毁或者转移证据。《农业行政处罚程序规定》第三十五条规定，农业行政处罚机关对先行登记保存的证据，应当在 7 日内作出下列处理决定并告知当事人：①需要进行技术检验或者鉴定的，送交有关部门检验或者鉴定；②对依法应予没收的物品，依照法定程序处理；③对依法应当由有关部门处理的，移交有关部门；④为防止损害公共利益，需要销毁或者无害化处理的，依法进行处理；⑤不需要继续登记保存的，解除登记保存。根据上述规定，农业行政执法部门对涉嫌违法的物品依法实施先行登记保存时，需填写《证据登记保存清单》；之后，应当在 7 日内依法作出相关决定并告知当事人，这时需填写《登记保存物品处理通知书》。这是一个前后对应的过程，实际办案过程中不能有始无终、虎头蛇尾。本案中，A 市农业委员会最终对当事人作出了没收违法产品的行政处罚，那么就应当在对涉案产品进行证据登记保存后的 7 日内，依照上述《农业行政处罚程序规定》第三十五条规定作出处理决定，制作《登记保存物品处理通知书》并告知当事人。

综上所述，本案违法事实清楚、证据确凿、定性准确，当事人的违法行为应依法受到行政处罚。存在的问题是适用法律错误、执法程序有瑕疵。

≪≪ 思考题

1. 什么是农业投入品？
2. 农业投入品监管的主要法律制度有哪些？
3. 引种应遵守哪些法律规定？
4. 农机安全事故处理的程序包括哪些？
5. 农药安全使用有哪些规定？

动植物检疫
法律制度

第一节　动植物检疫法律制度概述

中华人民共和国成立后，我国动植物检疫工作受到党和政府的高度重视和关怀。1952年外贸部组建中国商品检验总局，负责对外动植物检疫工作，1954年对外贸易部经政务院批准颁发《输出入动植物检疫暂行办法》《输出入动植物应施检疫种类与检疫对象名单》，并从1952年起至1955年连续举办培训班，奠定了动植物检疫工作的基础。由商品检验性质的动植物病虫害检验转为植物检疫，即对所有进出口动植物及其产品，不论属于商品或非商品，包括邮包及旅客携带的有关物品实行动植物检疫。1954年公布了《邮寄输入动植物检疫的补充规定》。1956年在海关监管下开展对旅客携带植物检疫的业务。农业部当时主要负责国内动植物检疫。1957年国务院批准农业部公布《国内动植物检疫试行办法》，以及国内动植物检疫对象和应受检疫的动植物、动植物产品名单。

法律制度建设主要从20世纪80年代开始。国务院1983年1月发布《植物检疫条例》，1992年进行修订；1995年2月农业部修改颁发《植物检疫条例实施细则（农业部分）》；林业部1994年6月修改颁发《植物检疫条例实施细则（林业部分）》；1997年颁布了《中华人民共和国动物防疫法》（2007年、2013年两次修正）。1991年颁布实施《中华人民共和国进出境动植物检疫法》、1996年国务院颁布《中华人民共和国进出境动植物检疫法实施条例》。各省、自治区、直辖市也相继出台相关地方法规、规章。农业部、林业部出台了配套规章，使我国动植物检疫法律制度逐步完善。

第二节　植物检疫法律制度

一、植物检疫机构

植物检疫机构是指依照国家有关的植物检疫法律、法规而设立的，由政府授权管理生产、经营、运输过程中植物及其产品检疫工作的职能部门。它的任务和职责范围以及活动方式，由国家有关植物检疫法规加以规定。

《植物检疫条例》明确规定，国务院农业农村主管部门、林业主管部门主管全国的植物检疫工作；各省、自治区、直

植物检疫条例

辖市农业农村主管部门、林业主管部门主管本地区的植物检疫工作。

二、植物检疫对象与范围

(一) 植物检疫对象

《植物检疫条例》第四条规定：凡局部地区发生危险性大、能随植物及其产品传播的病、虫、杂草应列为检疫对象。《植物检疫条例》及其实施细则对全国植物检疫对象名单和应施检疫的植物、植物产品名单，以及各省、自治区、直辖市的应检疫对象补充名单的制定与发布程序均有明确的规定，对制定权限也有严格的限制。全国植物检疫对象名单由农业农村部、林业部分别制定和公布；省、自治区、直辖市的补充检疫对象名单由省、自治区、直辖市农业农村、林业主管部门分别制定和公布。省、自治区、直辖市以下各地农业农村、林业主管部门无权制定检疫对象名单。

为了严格地审查和科学地确定植物检疫对象名单，更好地贯彻《植物检疫条例》，有效地保护农业生产安全，农业农村部、林业部成立了全国植物检疫对象审定委员会，该委员会是审定全国植物检疫对象的技术咨询组织，由农业农村、林业、检疫管理、科研教学和技术推广等部门的有关领导、专家和技术人员组成。它的主要任务是：审定植物检疫对象名单及应施检疫的植物、植物产品名单和国外引种检疫审批应注意的危险性病虫杂草名单；协调、指导省、自治区、直辖市植物检疫对象名单审定工作。

(二) 全国植物检疫对象名单

1. 农业植物检疫对象名单（共 32 种） 水稻细菌性条斑病、小麦矮腥黑穗病、玉米霜霉病、马铃薯癌肿病、大豆疫病、棉花黄萎病、柑橘黄龙病、柑橘溃疡病、木薯细菌性枯萎病、烟草环斑病毒病、番茄溃疡病、鳞球茎茎线虫、稻水象甲、小麦黑森瘿蚊、马铃薯甲虫、美洲斑潜蝇、柑橘大实蝇、蜜柑大实蝇、柑橘小实蝇、苹果蠹蛾、苹果绵蚜、美国白蛾、葡萄根瘤蚜、谷斑皮蠹、菜豆象、四纹豆象、芒果果肉象甲、芒果果实象甲、咖啡旋皮天牛、假高粱、毒麦、菟丝子属。

2. 林业植物检疫对象名单（共 32 种） 杨干象、杨干透翅蛾、黄斑星天牛、松突圆蚧、日本松干蚧、湿地松粉蚧、落叶松种子小蜂、泰加大树蜂、大痣小蜂、柳蝙蛾、双钩异翅长蠹、美国白蛾、锈色粒肩天牛、双条杉天牛、梨园蚧、枣大球蚧、杏仁蜂、松材线虫病、松疱锈病、松针红斑病、松针褐斑病、冠瘿病、杨树花叶病毒病、落叶松枯梢病、毛竹枯梢病、杉木缩顶病、桉树焦枯病、猕猴桃溃疡病、肉桂枝枯病、板栗疫病、香石竹枯萎病、菊花叶枯线虫病。

（三）植物检疫范围

《植物检疫条例实施细则（农业部分）》第八条规定：农业植物检疫范围包括粮、棉、油、麻、桑、茶、糖、烟、果（干果除外），药材、花卉、牧羊、绿肥、热带作物等植物的各部分，包括种子、块根、块茎、球茎、鳞茎、接穗、砧木、试管苗、细胞繁殖体等繁殖材料，以及来源于上述植物，未经加工或虽经加工但仍有可能传播疫情的植物产品。

（四）应施检疫的植物、植物产品名单

1. 农业应施检疫的植物、植物产品名单　①稻、麦、玉米、高粱、豆类、薯类等作物的种子、块根、块茎及其他繁殖材料和来源于上述植物运出发生疫情的县级行政区域的植物产品；②塑、麻、烟、茶、桑、花生、向日葵、芝麻、油菜、甘蔗、甜菜等作物的种子、种苗及其他繁殖材料和来源于上述植物运出发生疫情的县级行政区域的植物产品；③西瓜、甜瓜、哈密瓜、香瓜、葡萄、苹果、梨、桃、李、杏、沙果、梅、山楂、柿、柑、橘、橙、柚、猕猴桃、柠檬、荔枝、枇杷、龙眼、香蕉、菠萝、芒果、咖啡、可可、腰果、番石榴、胡椒等作物的种子、苗木、接穗、砧木、试管苗及其他繁殖材料和来源于上述植物运出发生疫情的县级行政区域的植物产品；④花卉的种子、种苗、球茎、鳞茎等繁殖材料及切花、盆景花卉；⑤中药材；⑥蔬菜作物的种子、种苗和运出发生疫情的县级行政区域的蔬菜产品；⑦牧草（含草坪草）、绿肥、食用菌的种子、细胞繁殖体等；⑧麦麸、麦秆、稻草、芦苇等可能受疫情污染的植物产品及包装材料。

2. 林业应施检疫的森林植物及其产品　①林木种子、苗木和其他繁殖材料；②乔木、灌木、竹类、花卉和其他森林植物；③木材、竹材、药材、果品、盆景和其他林产品。

（五）必须实施检疫的其他应检物品

1. 凡列入应施检疫的植物和植物产品名单，从疫区运出之前，或从其他地区运入保护区之前，必须经过检疫。

2. 凡种子、苗木和其他繁殖材料，不论是否列入应施检疫的植物和植物产品名单与运往何地，在调运之前，都必须经过检疫。

3. 可能被植物检疫对象污染的包装材料、运载工具、场地、仓库等也应实施检疫。

三、植物检疫程序

（一）产地检疫

产地检疫就是植物检疫机构对种子、苗木及应施检疫的植物、植物产品在原产地进行的检疫检查。

产地检疫程序

（1）生产者或经营者须按计划确定生产地并征得当地植检部门同意后，于播种前向所在地植物检疫机构申报并填写申报表，按照植检机构提出的要求，做好以下工作：①按照规定作好生产地的选择和种、苗、繁殖材料的消毒处理工作；②派员协助植检人员开展田间检验，并现场确认检疫结果，听取处理意见；③若发现疫情，听从植检人员意见做好防疫工作；④服从植检机构的最终结论意见，对不能作种苗、繁殖材料或不宜调出的植物产品就地改变用途或作其他检疫处理。

（2）农林院校、科研单位用于试验、示范、推广的种菌及其他繁殖材料须遵守下列检疫规定：①对检疫对象的研究不得在检疫对象非疫区进行；②特殊情况确需在非疫区进行的，属于全国检疫对象的要业务归口，分别报农业农村部或林业局批准，属于省、自治区、直辖市补充检疫对象的报省级农业农村、林业局批准，但必须采取严密的防范措施；③试验、示范、推广的种子、苗木及其他繁殖材料，须事先经植物检疫机构产地检疫或调运检疫合格，并取得植物检疫证书，方可使用和推广。

（3）植物检疫机构须严格按照国家颁发的《种苗产地检疫规程》，做好产地检疫：①接受生产者或经营者产地检疫申报，分类建立田间检疫档案；②指导生产者或经营者，选择种苗基地，监督检查实施种苗进行播种前的种子消毒处理，以及作物生长期的田间防疫工作；③定期进行田间检疫调查；④发现可疑症状，采集标本带回室内鉴定；⑤根据田间调查和室内检测鉴定，作出最终结论。

（4）种苗经产地检疫不携带政府或有关产地检疫规程规定的检疫对象，或未超过规程规定应检疫病虫杂草限量标准的，可签发产地检疫合格证，作为该批种苗交换或调运时换取植物检疫证书的凭证。

（5）种苗或应施检疫的植物及其产品经产地检疫不符合国家检疫要求的，签发产地检疫处理通知单，明确该产地某作物不能作种子、苗木、繁殖材料用。特殊情况经植检机构审定，并检查监督进行消毒处理后在疫情发生区使用，不能作种用的应检植物、植物产品就地加工、销售，一般不准外运。

(二) 调运检疫

调运检疫指植物检疫机构对种子、苗木及应施检疫的植物、植物产品在调运过程中进行的检疫检查。

一些危险性病虫杂草可以随着植物及其产品的调运而传播到一个新区。通过调运过程中的检疫检查可以及时发现这些危险性病、虫、草，采取相应的阻止措施，防止传播蔓延，保护新区不受侵染。

1. 调运检疫程序　应施检疫的植物、植物产品的调运，必须在运寄前 15 天内办理检疫手续：①引进种苗的单位或个人必须事先征得当地植物检疫机构的同意，领取检疫要求书，向调出地的植物检疫机构提出检疫要求；②供应种苗的单位或个人必须根据调入地植物检疫机构的检疫要求，向当地植物检疫机构申请检疫，填写《植物检疫申报单》，并按章交纳检疫费；③植物检疫机构查核产地检疫证明，或派员现场抽样，带回室内检疫检验，并根据产地检疫或抽样检测的结果，出具植物检疫证书或检疫处理通知单。

2. 签发植物检疫证书　各级植物检疫机构应按照法规规定的管辖权限，区别不同情况，决定签发植物检疫证书：①在零星发生植物检疫对象的地区调运种子苗木等繁殖材料时，应凭产地检疫合格证签发检疫证书；②对产地植物检疫对象发生情况不清楚的种苗等繁殖材料，必须按《植物检疫操作规程》的规定进行抽样，经室内检测，证明不带植物检疫对象的，签发检疫证书；③调运检疫过程中，发现有检疫对象的。经严格消毒处理合格后，签发检疫证书。未经消毒或处理不合格的，不准放行。

3. 调运检疫过程中发现应检疫对象的货物处理　①由植物检疫机构签发检疫处理通知单；②提出灭害处理的措施和要求；③作出退货，或改变用途、或销毁的决定；④因实施检疫需要的一切费用及出现的损失，由货主负责承担。

4. 使用检疫证书注意事项　植物检疫证书是确认植物种苗及应检货物符合国家检疫要求的凭证，是种子、苗木、应检植物及其产品交换调运必备的公证手续。在使用证书时应注意的事项：①植物检疫证书式样由国务院农业农村、林业主管部门统一制定。证书一式四份，正本交货主随货寄运；副本一份交邮寄、运输承运单位核查；副本一份寄交收货单位或个人所在地的县级植物检疫机构；副本一份留签证植检机构备查。②省间调运种子、苗本等繁殖材料及其他应施检疫的植物、植物产品，由省级植检机构及其授权的地（市）县植检机构签发植物检疫证书；省内种苗的调运检疫由地（市）级或县级植检机构签发植物检疫证书。③植检证书须由签证机关盖章，由"专职"植物检疫员签发。④调运的植物和植物产品的名称、调运单位或个人、调运数量、起运地点和收货地点的单位或个人必须清楚，并与所调的货物完全相符。⑤植物检疫证书不得买卖和转让。

（三）国外引进种子、苗木检疫审批程序

1. 国外引种检疫审批程序　根据国家《国外引种检疫审批管理办法》规定，从国外引种必须办理检疫审批手续。凡从国外引种，引种单位或个人须按照下列程序办理审批手续：①在填写订货卡片的同时，要填报《引进种子、苗木检疫审批单》。属于国务院有关部门在京单位的引种，按业务分工（农业种苗和林业种苗）分别由农业农村部全国植物保护总站和林业部林政保护司审批；京外单位及各省、自治区、直辖市有关部门引种的，由所在省、自治区、直辖市农业农村（林业）厅局植保植检站或森保站审批。②承办引种的单位凭订货卡片和审批单办理对外引种手续，并将检疫审批单中的检疫要求列入合同和有关协议。③当种苗到达口岸前或到达口岸时，收货单位或其代理人应按规定向种苗入境口岸检疫机关办理报检手续。报验时缴验引进种苗检疫审批单（第二联）。无检疫审批单的，口岸检疫机关不予检疫放行，并视情况罚款后分别作限期补办审批手续、退回或没收处理。④从国外引进可能潜伏有危险性病、虫的种苗繁殖材料，引种单位在申请引种前，先要安排好试种计划，否则，不予办理检疫审批手续。

2. 从国外引种者应履行的义务　①引进种苗前，事先办理检疫审批手续，以便按照审批要求，制定出隔离试种计划；②种苗到货之前，按规定做好隔离试种的各项准备工作；③种苗到达口岸后，在履行种苗入境检疫手续的同时，应主动与试种地植物检疫机构联系，以便在当地检疫机构的指导和监督下，按审批要求隔离试种；④隔离试种期间，发现疫情，按检疫要求及时处理；⑤提供隔离试种期间因工作所需的检疫工作条件、交通工具和经费等。

3. 国外引进种苗试种观察期间的疫情处理　①应立即向有关植检机构（试种地和审批单位的植检机构等）报告，拟订出封锁、扑灭措施；②采取严格的封锁和隔离措施，防止疫情扩散和传出；③在植物检疫机构的指导和监督下，按检疫要求彻底处理疫情。

（四）法律责任

凡违反植物检疫法规定，有下列行为之一的，由植物检疫机构予以相应的行政处罚。

（1）在报检过程中故意谎报受检物品种类、品种，隐瞒受检物品数量、受检作物面积，提供虚假证明材料的，予以罚款。

（2）在调运过程中擅自开拆验讫的植物、植物产品，调换或者夹带其他未经检疫的植物、植物产品，或者擅自将非种用植物、植物产品作种用的，予以罚款，经检疫的货物责令当事人销毁或作除害处理。

（3）伪造、涂改、买卖、转让植物检疫单证、印章、标志、封识的予以罚款。

（4）违反《植物检疫条例》规定，擅自调运植物、植物产品的，予以罚款，引起疫情扩散的，责令当事人销毁或除害处理，造成损失的，责令其赔偿。

（5）违反规定，试验、生产、推广带有植物检疫对象的种子、苗木和其他繁殖材料，或不在指定地点种植或不按要求隔离试种的，予以罚款，引起疫情扩散的，责令其赔偿。

有上述行为之一，以营利为目的，植物检疫机构可以没收违法人的违法所得。

第三节　动物防疫法律制度

一、动物防疫法律制度的原则与作用

家畜家禽传染病是危害畜禽生产最严重的一类疾病。它不仅可能造成大批畜禽死亡和畜禽产品损失，影响人民生活和对外贸易，而且某些人畜共患的传染病还能给人民健康带来严重威胁。中华人民共和国成立以来，我国畜禽防疫防病工作取得了巨大成就，但随着农村经济体制改革的进一步深入，社会主义市场经济的蓬勃发展，经营渠道增多，畜禽传染病的传播机会也随之增加，同时，为发展畜牧业的需要，
从国外引进的畜禽也日益增多，国外畜禽传染病的传入也难以杜绝。因此，以立法的形式加强畜禽的防疫检疫工作，是十分必要的。1997年7月全国人大常委会颁布了《动物防疫法》，这对加强动物防疫工作的管理，预防、控制和扑灭动物疫病，促进养殖业发展，保护人体健康，具有十分重大的意义。2007年8月30日第十届全国人民代表大会常务委员会第二十九次会议第一次修订，根据2013年6月29日第十二届全国人民代表大会常务委员会第三次会议《关于修改〈中华人民共和国文物保护法〉等十二部法律的决定》第一次修正，根据2015年4月24日第十二届全国人民代表大会常务委员会第十四次会议《关于修改〈中华人民共和国电力法〉等六部法律的决定》第二次修正，2021年1月22日第十三届全国人民代表大会常务委员会第二十五次会议第二次修订。

（一）我国动物防疫法律制度的基本原则

1. 国家对动物防疫实行统一领导，分级管理的原则　《动物防疫法》第九条规定："国务院农业农村主管部门主管全国的动物防疫工作。县级以上地方人民政府农业农村主管部门主管本行政区域的动物防疫工作。县级以上人民政府其他有关部门在各自职责范围内做好动物防疫工作。"畜禽防疫工作是一项与农业、商业、外贸、卫生、交通等部门密切关系的重要工作，只有在各级政府的领导下，有关部门密切配合。从全局出发，大力合作，统一部署，全局安排，才能把畜禽防疫工作做好。

2. 坚持群众路线，贯彻"预防为主"的方针　充分发动群众，依靠群众，搞好饲养管理、防疫卫生、预防接种、检疫、隔离、消毒等综合性防疫措施，以达到提高畜禽的健康水平和抗病能力，控制和杜绝传染病的传播蔓延，降低发病率和死亡率。认真做好平时的预防工作，很多传染病不易发生，一旦发生传染病，也能及时得到控制。

（二）动物防疫法律制度的作用

通过对生产、经营诸环节的规范，确保畜禽生产经营及产品质量的安全。

1. 防止畜禽疫病的传播　一些畜禽传染病的暴发流行，往往可以追溯到病畜禽及其产品的流通上来，因此，屠宰场的肉品检验，实际上是对社会上畜禽病起了监督作用，一旦发现病畜禽，不仅可以及时处理，还可以追溯来源，尽早地扑灭疫病，有利于畜牧业生产的发展。

2. 保障人民生命健康　在畜禽传染病和寄生虫病中约有 30 多种可以传染给人，畜禽防疫检疫就是要把患有人畜共患病的病畜禽检查出来，认真处理，以防止人畜共患病的传播。

二、动物防疫的范围和对象

根据《动物防疫法》规定，动物防疫包括动物疫病的预防、控制、诊疗、净化、消灭和动物、动物产品的检疫，以及病死动物、病害动物产品的无害化处理。而第三条更加明确了：本法所称动物是指家畜家禽和人工饲养、捕获的其他动物。动物产品是指动物的肉、生皮、原毛、绒、脏器、脂、血液、精液、卵胚胎、骨、蹄、头、角、筋以及可能传播动物疫病的奶、蛋等。因此上述动物、动物产品及运输动物、动物产品的运输工具、包装、垫着物均属动物防疫检疫范围。检疫对象指的是动物传染病、寄生虫病。检疫对象名录由农业农村部发布。

三、动物疫病的预防和控制

（一）动物疫病的预防

根据《动物防疫法》的规定，国务院农业农村主管部门制定并组织实施动物疫病净化、消灭规划，并根据国内外动物疫情和保护养殖业生产及人体健康的需要，及时会同国务院卫生健康等有关部门对动物疫病进行风险评估，并制定、公布动物疫病预防、控制、净化、消灭措施和技术规范。国家还对严重危害养殖业生产和人体健康的动物疫病实施强制免疫。

为了预防动物疫病的发生及传播，《动物防疫法》具体规定了如下措施：①饲养动物的单位和个人应当履行动物疫病强制免疫义务，按照强制免疫计划和技术规范，对动物实施免疫接种，并按照国家有关规定建立免疫档案、加施畜禽标识，保证可追溯。②种用、乳用动物应当符合国务院农业农村主管部门规定的健康标准。③动物、动物产品的运载工具、垫料、包装物、容器等应当符合国务院农业农村主管部门规定的动物防疫要求。④采集、保存、运输动物病料或者病原微生物以及从事病原微生物研究、教学、检测、诊断等活动，应当遵守国家有关病原微生物实验室管理的规定。⑤禁止屠宰、经营、运输下列动物和生产、经营、加工、贮藏、运输下列动物产品：封锁疫区内与所发生动物疫病有关的；疫区内易感染的；依法应当检疫而未经检疫或者检疫不合格的；染疫或者疑似染疫的；病死或者死因不明的；其他不符合国务院农业农村主管部门有关动物防疫规定的。

（二）动物疫病的控制

发生一类动物疫病时，所在地县级以上地方人民政府农业农村主管部门应当立即派人到现场，划定疫点、疫区、受威胁区，调查疫源，及时报请本级人民政府对疫区实行封锁。在封锁期间，禁止染疫、疑似染疫和易感染的动物、动物产品流出疫区，禁止非疫区的易感染动物进入疫区，并根据需要对出入疫区的人员、运输工具及有关物品采取消毒和其他限制性措施。

发生二类动物疫病时，所在地县级以上地方人民政府农业农村主管部门应当划定疫点、疫区、受威胁区；县级以上地方人民政府根据需要组织有关部门和单位采取隔离、扑杀、销毁、消毒、无害化处理、紧急免疫接种、限制易感染的动物和动物产品及有关物品出入等措施。

四、动物和动物产品的检疫

动物卫生监督机构依照《动物防疫法》和国务院农业农村主管部门的规定对动物、动物产品实施检疫。动物卫生监督机构的官方兽医具体实施动物、动物产品检疫。动物饲养场、屠宰企业的执业兽医或者动物防疫技术人员，应当协助官方兽医实施检疫。

屠宰、经营、运输的动物，以及用于科研、展示、演出和比赛等非食用性利用的动物，应当附有检疫证明；经营和运输的动物产品，应当附有检疫证明、检疫标志。

五、病死动物和病害动物产品的无害化处理

从事动物饲养、屠宰、经营、隔离以及动物产品生产、经营、加工、贮藏等活动的单位和个人，应当按照国家有关规定做好病死动物、病害动物产品的无害化处理，或者委托动物和动物产品无害化处理场所处理。从事动物、动物产品运输的单位和个人，应当配合做好病死动物和病害动物产品的无害化处理，不得在途中擅自弃置和处理有关动物和动物产品。任何单位和个人不得买卖、加工、随意弃置病死动物和病害动物产品。

六、监督管理

县级以上地方人民政府农业农村主管部门依照《动物防疫法》规定，对动物饲养、屠宰、经营、隔离、运输以及动物产品生产、经营、加工、贮藏、运输等活动中的动物防疫实施监督管理。

为控制动物疫病，县级人民政府农业农村主管部门应当派人在所在地依法设立的现有检查站执行监督检查任务；必要时，经省、自治区、直辖市人民政府批准，可以设立临时性的动物防疫检查站，执行监督检查任务。

七、对违反动物防疫法行为的处罚

《动物防疫法》第十一章"法律责任"，作了明确规定。

第四节　进出境动植物检疫法律制度

一、进出境动植物检疫的目的和作用

进出境动植物检疫法

《中华人民共和国进出境动植物检疫法》第一条明确规定："为防止动物传染病、寄生虫病和植物危险性病、虫、杂草以及其他有害生物传入、传出国境，保护农、林、牧、渔业生产和人体健康，促进对外经济贸易的发展，制定本法。"从这个规定可以看出，动植物检疫的目的是：防止动物传染病、寄生虫病和植物危险性病、虫、杂草以及其他有害生物传入、传出国境。但允许有益的动植物品种资源引

进，保护和促进农业生产和对外经济贸易的发展，保护人民群众的身体健康；同时也履行国际义务，不让病虫害传出国境。因此，检疫工作既有维护国家主权，保护国家根本利益的一面，也有促进对外开放和正常交往的一面。检疫并非消极防疫把关，更有积极服务与促进的意义。口岸动植物检疫工作业务的指导思想是："搞好检疫工作，发挥把关作用，服务对外开放，方便进出往来。"进出境动植物检疫的作用是：

1. 保护农、林、牧、渔业生产 由于自然条件和人为活动的原因，动植物病虫害的传播蔓延受到一定限制，许多在国外危害严重的动植物病虫害种类，目前在我国还没有发生分布，必须采取有效的强制性的措施来防止外来危险性病虫害的侵入。为此，国家颁布《进出境动植物检疫法》，设立各级口岸动植物检疫机关，并赋予他们进出境动植物检疫职权。农业农村部规定动物一类、二类传染病、寄生虫病和植物危险性病、虫、杂草都是绝对禁止传入的种类。

2. 促进对外经济贸易的发展 防止动植物病虫害的传入、传出国境，把好检疫关，并不是排斥动植物及其产品的输出和输入，而是通过对进出境动植物及其产品的检疫，促进对外经济贸易的发展。

3. 保护人体健康 动植物及其产品某些方面的病虫害会危害人体健康。据统计，在动植物病疫中，有196种属于人畜共患病。例如，口蹄疫、鹦鹉热、动物炭疽病、沙门氏菌等。据疫情记载，某市有一家皮件厂，在加工皮件时有几位女工曾因染上炭疽病而死去。1996年3月，轰动全球的英国"疯牛病"（牛海绵状脑病），属危险性人畜共患病，英国因此宰杀1 180万头牛，损失300多亿美元。在植物检疫中，有害杂草，如毒麦、曼陀罗、豚草等曾发生严重的人畜中毒事例。因此，加强动植物检疫对保护人民身体健康也有重要的现实意义。

二、进出境动植物检疫机构

1. 国家动植物检疫机构 根据《进出境动植物检疫法》规定，国务院设立国家动植物检疫机构，即：中华人民共和国动植物检疫局，统一管理全国进出境动植物检疫工作，负责拟订对外动植物检疫法令、规章制度、操作规程和技术措施等，发布国外动植物疫情，并代表国家与有关国家或地区签订动植物检疫协定、协议及条款。

2. 口岸动植物检疫机构 国家动植物检疫局在对外开放的城市口岸和进出境动植物检疫业务集中的地点设立口岸动植物检疫机构。目前，在全国（除台湾省外）30个省、市、自治区的海、陆、空口岸设立了动植物检疫机构200

多个，其中，国家局直属的口岸动植物检疫局 40 多个，在内地多数省会还设置了动植物检疫所或植物检疫所，负责当地出口检疫及部分进口后检疫监管处理的任务，由当地农业农村厅管理，国家局对其实行业务领导。

三、进出境动植物检疫范围

1. 业务划分　进出境动植物检疫，依专业可分为：动物检疫和植物检疫；依检疫范围可分为：货物检疫、旅客携带物检疫、邮寄物检疫、装载容器（如集装箱等）检疫、包装物检疫和运输工具检疫；依受检疫物流向可分为：进境检疫和过境检疫；依贸易方式可分为：进出口贸易检疫、边境贸易检疫、对台贸易检疫和保税品检疫等；依检疫地点可分为：产地检疫、口岸检疫、现场检疫、隔离检疫等。

2. 检疫范围　进出境动植物检疫的检疫范围是依据防止病虫害传入和传出国境这一原则划定的。《进出境动植物检疫法》总则和有关条目，明确规定了进出境动植物检疫的范围包括三个方面：

（1）进出境的货物、物品和携带、邮寄进出境的物品，包括动物、植物、动物产品、植物产品，以及其他应检疫物品。

（2）装载容器和包装物，包括装载进出境动植物、动植物产品和其他检疫物的装载容器；装载进出境动植物、动植物产品和其他检疫物的包装物；装载过境动物的装载容器；装载过境植物、动植物产品和其他检疫物的包装物。

（3）运输工具，包括来自动植物疫区的船舶、飞机、火车；进境供拆船用的废旧船舶；装载出境动植物、动植物产品和其他检疫物的运输工具；装载过境动植物、动植物产品和其他检疫物的运输工具；进境的车辆（包括机动车、非机动车、畜力车等）。

四、进出境动植物检疫的基本程序

进出境动植物检疫的基本程序是：检疫审批、报检、检疫、检疫处理和签证放行等。

1. 检疫审批　凡输入动物、动物产品、植物种子、种苗及其他繁殖材料，其承办人或单位，必须事先向农业农村部或省农业农村、林业主管部门提出申请，办理检疫审批手续。

因科学研究等特殊需要引进国家禁止进境物和携带、邮寄植物种子、种苗及其他繁殖材料进境的，必须事先提出申请，办理检疫审批手续。

要求运输动物过境的，必须事先征得中国国家动植物检疫机关同意。货主或其代理人办理检疫审批手续时，应附必要的文件和单证，经检疫审批同意进境的应检物品，必须符合审批单位提出的检疫要求。

2. 报检　货主或其代理人在输入、输出动植物产品和其他检疫物时，必须向口岸动植物检疫机关报检，填写报检单。

进出境的检疫报检，应分别持有输出国家或地区的检疫证书，贸易合同和信用证等有效单证。进出境动物应在进出境前一定时间内提前报检，由口岸动植物检疫机关指定隔离场。

过境的检疫报检，由承运人或押运人持货运单和输出国或地区的检疫证书，在进境时办理报检手续。

携带动植物、动植物产品和其他检疫物入境的，携带人应向海关申报，并接受植物检疫机关检疫。

3. 检疫　检疫包括现场检疫、实验室检疫和隔离检疫。

（1）现场检疫　输出输入动植物、动植物产品和其他检疫物，在到达口岸时，检疫人员实施登机、登船、登车或到货物停放地进行现场检疫。对进出境的动物作临床观察，检查有无烈性传染病的临床症状；对植物、动植物产品等检查货物本身及其包装物有无受病虫害侵染，并根据实际需要，采集样品供实验室检测用。

（2）实验室检疫　根据双边协定、协议合同或信用证、检疫条款，需要作动物疫病、植物病害检疫、虫害鉴定的进出境应检物品，以及在现场检疫中发现疫情需要在实验室中进一步检疫检测的，均需在实验室内检疫。

（3）隔离检疫　动物在进境后与出境前，必须在指定的隔离场所作隔离检疫，大中动物一般为 45 天；小动物为 30 天。进境的植物种子、种苗及其他繁殖材料，需在检疫隔离圃中种植，至少经一个生长周期的隔离检疫。

4. 检疫处理　经检疫不合格的应检物品，由动植物检疫机关签发"检疫处理通知单"，依照进出境动植物检疫法的有关条款规定，通知货主或其代理人分别作除害、退回或销毁处理。

5. 签证放行　经检疫合格或经除害处理后合格的进出境应检物品，进境的签发"检疫放行通知单"或在报关单上加盖放行章验放；出境的签发检疫证书或"检疫放行单"验放。

五、进出境动植物检疫的法律责任

1. 应当处罚的违法行为和处罚对象

（1）未报检的。

（2）未依法办理检疫审批手续的。

（3）未经口岸动植物检疫机关许可擅自将进境动植物、动植物产品和其他检疫物卸离运输工具的，应给予行政处罚。处罚的对象是擅自决定卸离运输工具的单位或者直接责任人员，可能是货主或者其代理人，也可能是承运人或者其他有关单位或人员。

（4）对运递未经口岸动植物检疫机关检疫装有检疫物的邮件，给予行政处罚。处罚的对象是国际邮寄互换局。

（5）对擅自调离在口岸动植物检疫机关指定的隔离场所中隔离检疫的动植物的，给予行政处罚。处罚的对象是决定调离的单位或者直接责任人员，可能是货主或者其代理人，也可能是其他人员，如隔离场所的工作人员。

（6）对擅自处理在口岸动植物检疫机关指定的隔离场所中隔离检疫的动植物的，应给予行政处罚。处罚的对象是决定处理的单位或者直接责任人员。

（7）对报检的动植物、动植物产品和其他检疫物与实际不符的，给予行政处罚。所谓"不符"，主要指报检的检疫物、接受检疫的检疫物同实际进出境的检疫物名称、数量、规格、原产地等不符。处罚的对象是货主或者其代理人。

（8）对擅自开拆过境动植物、动植物产品和其他检疫物包装的，给予行政处罚。处罚的对象是承运人或者押运人，或者其他开拆包装的工作人员。

（9）对擅自将过境动植物、动植物产品和其他检疫物卸离运输工具的，给予行政处罚。处罚的对象是承运人或押运人，或者其他卸离检疫物的人员。

（10）对擅自抛弃过境动物尸体、排泄物、铺垫材料或者其他废弃物的，给予行政处罚。处罚的对象是承运人或押运人。

（11）对擅自抛弃进出境运输工具上的泔水、动植物性废弃物的，给予行政处罚。处罚的对象是运输工具负责人或主要责任人。

（12）不按规定接受动植物检疫机关检疫检验、检疫处理和检疫监督的行为，包括下列几种情况：①对不接规定接受口岸动植物检疫机关对进境机动、非机动车辆作防疫消毒处理的，给予行政处罚。处罚的对象是车辆所有人或操作人；②对运输动物过境未按照国家动植物检疫机关规定的要求和指定的路线运行的，给予行政处罚。处罚的对象是承运人或者押运人；③对来自动植物疫区的船舶、飞机、火车抵达口岸时，不按规定接受口岸动植物检疫机关检疫的，给予行政处罚。处罚的对象是运输工具所有人或负责人；④对携带动植物、动植物产品和其他检疫物进境，虽向海关申报但未接受口岸动植物检疫机关检疫的行为，给予行政处罚。处罚的对象是旅客和其他进境人员；⑤对不按规定接受动植物检疫机关对进出境动植物、动植物产品的生产、加工、存放过程实施检疫监督的，给予行政处罚。处罚的对象是生产、加工、存放场所的负责人或货主及其代理人；⑥对输入、输出动植物、动植物产品和其他检疫物经检疫不合格，未按口岸动植物检疫机关的要求作退回、扑杀、销毁、隔离观察或者除害处理的，给予行政处罚。处罚的对象是货主或者其代理人。

（13）对擅自开启、损毁动植物检疫机关加施于检疫物上的封志的，给予行政处罚。处罚的对象是货主或者其代理人。

除上述外，对擅自输入、带入、寄入国家禁止进境各类物品的；拒不交纳检疫费的，也给予行政处罚。

2. 处罚形式　处罚的形式有两种：一是罚款；二是吊销检疫单证。罚款适用于上述所有的违法行为；吊销检疫单证仅限于对第7种违法行为的处罚。

3. 行使处罚权的机关　出口岸动植物检疫机关行使处罚权。但涉及过境检疫监督的，可以由国家动植物检疫机关处罚，也可以由口岸动植物检疫机关处罚。

4. 刑事处罚　刑事处罚是指对违反刑事法律的规定，构成犯罪的，依据刑事法律的规定给予处罚。刑事处罚的目的是要通过惩罚达到改造罪犯、预防犯罪。《中华人民共和国进出境动植物检疫法》也作了对违反进出境动植物检疫法律、法规的以下行为构成犯罪的，追究刑事责任的规定：

（1）违反《进出境动植物检疫法》，引起重大动植物疫情发生的；

（2）伪造、变更动植物检疫单证、印章、标志、封识的；

（3）以暴力手段、威胁等方式阻挠和妨碍动植物检疫机关依法执行公务的。

<<< **思考题**

1. 动植物检疫的任务是什么？

2. 动植物检疫的程序分别包括哪些？

3. 经营无检疫证或检疫不合格的种子，应当如何处理？

4. 屠宰场同步检疫应遵守哪些规定？

NONGYE NONGCUN FALÜ ZHISHI DAOXUE

农业农村法律知识导学

下　册

严德荣　编著

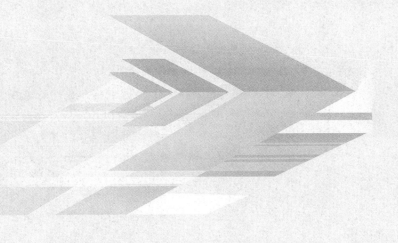

中国农业出版社
北　京

严德荣，原湖南省农业农村厅副巡视员（副厅级），现任中国农业农村法治研究会副会长、国家行政学院公共管理硕士（MPA）校外导师、湖南省人大立法咨询专家等。1959 年农历五月十五日生于道县江村人民公社严家村（现双牌县江村镇）。1977 年恢复高考当年考入湖南农学院农学系农学专业学习，2003—2005 年在中国政法大学就读在职研究生。

1982 年 1 月大学毕业，被分配到湖南省农业厅科教处工作。1986 年 4 月加入中国共产党。1992 年 9 月挂职湖南省长沙农业学校，任校长助理（享受副处级待遇）。1995 年回省农业厅工作。先后在政策法规处、政策法规与市场信息处、农产品质量安全监管处等处室工作，任副处长、处长等职，2017 年后先后任省农业委员会、省农业农村厅副巡视员（副厅级）。

2014 年 5 月起任中国农业农村法治研究会副会长、湖南省法学会理事。1997 年被湖南省委党校、湖南省行政学院聘为客座教授。2010 年起被中南大学法学院聘为法律硕士兼职导师。2014 年起被国家公务员局聘为全国公务员培训兼职教师、国家行政学院公共管理硕士（MPA）校外导师。2018 年被湖南农业大学聘为客座教授。2019 年被湖南省人大常委会聘为立法咨询专家。

发表农业政策、农业经济、农业教育、农业法治等方面的文章 200 余篇，承担农业农村部和湖南省委、省政府农业农村政策法治研究课题 40 余项，编著出版《农村常用法律知识问答》《农村政策法规》《农产品质量安全知识问答》等书籍，参与湖南省"四五""五五"普法读本编写工作，主导起草湖南农业地方法规、规章 20 多部，参与国家和湖南省立法草案制修订 100 余件。其中《湖南省耕地质量管理条例》《湖南省外来物种管理条例》等四部地方法规为全国首创。2006年、2011 年先后两次被中宣部、司法部授予全国法制宣传教育先进个人称号。2010 年入选湖南省十大最具影响力法治人物。先后四次被农业部（现农业农村部）评为全国农业政策法规、综合执法先进个人。2011 年被中共湖南省委授予全省优秀共产党员称号，享受省部级劳模待遇，被列入湖南精彩名人录。

前 言
FOREWORD

　　党的十九大发出了实施乡村振兴战略的总号令，提出了乡村振兴的总目标、总方针、总要求。法治既是乡村振兴的制度保障，又是乡村振兴的重要内容。乡村振兴要求产业兴旺、生态宜居、乡风文明、治理有效、生活富裕。这无一不与法治紧密联系。产业兴旺需要法治保驾护航，规范生产过程、维护农民权益和生产安全；生态宜居要求依法治理乡村环境、保护乡村生态资源，实现乡村生态文明；乡风文明和治理有效，要求通过"三治（自治、法治、德治）"结合，实现乡村善治；生活富裕需要法治保护。乡村振兴要求建立与之相适应的制度保障体系，法治是其核心内容。然而，长期以来农业农村法治建设滞后于农业农村社会经济发展。有法不依、执法不严、违法不究的情况还非常突出。曾经出现的"听不听三分钟，再不听龙卷风"的野蛮行政、假冒伪劣充斥乡村市场、坑农害农现象时有发生，以及乡村自治的无序状态，村霸、路霸、市霸横行的一幕幕再现，严重制约了乡村社会经济的发展，严重影响了广大人民群众的幸福安宁生活。法治成为人民的呼唤和时代的强音。随着乡村振兴的深入推进，法治成为最忠实可靠的伴侣，成为乡村社会的共同愿望和追求。

　　作者长期从事农业政策法治的研究与实践，对农业农村法治有着浓厚的情怀，为实现农业农村法治和乡村治理现代化而奋斗是作者的梦想和追求。为了助推乡村振兴、推进乡村法治化进程和乡村治理现代化，作者认真学习领会党的十九大精神和习近平法治思想，潜心研究现行农业农村法律法规，查阅大量文献资料，编著此书。全书共 15 章，约 70 万字。涵盖了农业农村法治方方面面，既包含农业农村法治建设方略、目标、方针、方式，又包含农业农村环境资源利用与保护、农产品与食品质量安全、土地承包经营、农业投入品监管、农民权益保护、农业知识产权保护、农业内外贸易、农业行政执法等具体实施内容，特别是将党的农村法规的内容、要求与实施纳入其中，凸现了党对农业农村法治工作的领导和保障作用；既有原文原意解读，又有案例分析，具有很强的针对性、实用性；既可作为广大农业农村工作者学法用法参考用书，又可作为农业院校、行政部门、培训机构的适用教材。作者企盼本书的出版发行能够实现其编写宗旨，在助推乡村法治建设和乡村治理现代化中发挥其应有的作用，实现其应有的价值。

编著者

2020 年 9 月 10 日

目 录
CONTENTS

前言

下　　册

第八章

Chapter 8

农村土地承包
法律制度

实行以家庭承包经营为基础、统分结合的双层经营体制，是农村改革的重大成果，是我国宪法确立的农村基本经营制度。依据宪法制定的农村土地承包法，是一部直接关系亿万农民生存发展的重要法律。《中华人民共和国农村土地承包法》（以下简称《土地承包法》），2002年8月29日第九届全国人民代表大会常务委员会第二十九会议通过，2009年8月27日第十一届全国人民代表大会常务委员会第十次会议《关于修改部分法律的决定》第一次修正。根据2018年12月29日第十三届全国人民代表大会常务委员会第七次会议《关于修改〈中华人民共和国农村土地承包法〉的决定》第二次修正。这部法律自2003年实施以来，对稳定农村基本经营制度，维护农村土地集体所有权和广大农民的土地承包经营权，促进农村土地承包关系的稳定，促进农业、农村经济健康发展和农村社会和谐稳定，发挥了重要作用。本章就《土地承包法》的内容进行阐述。

第一节　家庭联产承包责任制的建立与完善

党的十一届三中全会作出了《关于加快农业发展若干问题的决定（草案）》后，农村逐步实行经济体制改革。1979年开始到1981年，全国普遍推行了家庭联产承包责任制，建立了以家庭经营为基础、农户分散经营与集体统一经营相结合的双层经营体制。极大地调动了农民生产经营的积极性，激发了农民的生产热情，使农业生产获得了迅速发展。

家庭联产承包责任制不断完善、不断发展，大致经历了五个阶段：

第一阶段（1981—1984年）：主要是打破旧的统一经营模式，实行分户承包经营，承包期1～5年不等。1984年，根据中央精神，做了延长承包期的工作。针对因人地矛盾频繁调整耕地，田块分割过小，乱占滥用耕地，粗放经营等问题，各地总结推广了人口预测、留机动田、"两田制"、开荒造田、以退补进和发展二、三产业安排劳动力就业等办法。同时从田土承包扩展到山林、水面和其他各业承包。

第二阶段（1985—1987年）：主要是从农民最关心的集体财务入手，全面开展了村级财务清理整顿，针对一些地方集体财产被分光、公益事业无人过问，致使村级集体经济十分薄弱等问题，建立了财务核算制度。

第三阶段（1988—1992年）：主要是加强农业承包合同管理，壮大集体经济，搞好统一服务，完善双层经营体制。实行联产承包初期，农业承包合同大都是"任务通知书"，内容简单，手续和程序不完备，随意抛荒，仗势承包，任意毁约现象时有发生。为克服和纠正出现的问题，1989年，湖南省人民政府颁发了《湖南省农村合作经济承包合同管理办法（试行）》，1992 年国务院《批转农业部〈关于加强农业承包合同管理意见〉的通知》，不仅为完善农业承包工作提供了政策依据，而且大大加快了农业承包合同规范化、制度化管理的进程。

第四阶段（1993—2001 年）：主要是延长土地承包期，建立土地流转制度，进一步稳定和完善以家庭承包为主的土地承包关系。1993 年国家颁布了《农业法》，对农业承包的范围、形式及其法律关系的调整等作了明确规定。同年针对 15 年承包期将要到期的实际，中共中央、国务院在《关于当前农业和农村经济发展的若干政策措施》中规定，在原定的耕地承包期到期之后，再延长 30 年不变。开垦荒地、营造林地、治沙改土等从事开发性生产的，承包期可以更长。提倡实行"增人不增地、减人不减地"、建立土地流转制度，在坚持土地集体所有和不改变土地用途的前提下，经发包方同意，允许土地使用权依法有偿转让等。1995 年国务院批转农业部《关于稳定和完善土地承包关系意见的通知》，对延长土地承包期，建立土地流转机制的有关问题作了进一步补充。1998 年中共中央《关于农业和农村工作若干重大问题的决定》，再次明确：家庭承包经营方式不仅适应以手工劳动为主的传统农业，也能适应采用先进科学技术和生产手段的现代农业，具有广泛的适应性和旺盛的生命力，必须长期坚持，绝不能动摇。决定要求：要坚定不移也贯彻土地承包期再延长 30 年的政策；同时要抓紧制定确保农村土地承包关系长期稳定的法律法规。赋予农民长期而有保障的土地使用权。1998 年中共湖南省委《关于贯彻〈中共中央关于农业和农村工作重大问题的决定〉的实施意见》对家庭承包经营规定得更加具体：对第一轮承包到期的，要抓紧做好延包工作；对未到期的，要在做好群众工作的基础上尽快办理延包手续；对已办理延包手续但不足 30 年的，一律延长到 30 年。

第五阶段（2002 年以后）：国家于 2002 年颁布实施《中华人民共和国农村土地承包法》，2018 年根据党的十九大精神，又进行了修订，给《土地承包法》赋予新的内涵。主要有：由过去长期不变改为长久不变，在过去承包期到期后，再延长三十年，草地、林地承包期相应延长；实行"三权"分置，即集体所有权、承包权、经营权三权分置，允许经营权依法、自愿、有偿流转；赋予土地经营权融资担保权能；更好地保护进城农户土地承包经营权，承包期内不得随意收回承包地，不得随意调整承包地。党的十八届五中全会决定提出：推进农业转移人口市民化，逐步把符合条件的农村转移人口转为城镇居民，维护进城落户农民土地承包权、宅基地使用权、集体收益分配权，支持引导其依法自愿有偿转让上述权益。明确不得以退出上述权益作为进城落户的条件；建立工商企业流转土地经营权监管法律制度。对工商企业长时间、大面积租赁农户承包地要有明显的上限要求，建立健全资格审查、项目审核、风险保障金制度等，防止耕地"非农化"，完善保护妇女土地承包权益的法律规定，增加规定农户内家庭成员平等地享有承包土地各项权益。明确要求登记机构颁发的土地承包经营权证等证书应当将具有土地承包经营权的全部家庭成员列入。避免因承包纠纷、损害家庭其他成员、特别是妇女的合法权益。

第二节　农村土地承包法的主要内容[①]

《土地承包法》共设五章七十条，对承包经营范围、方式、实施主体及基本原则、承包合同管理、法律责任等进行了系统规范。

土地承包法

一、农村土地承包法宗旨与实施主体

《土地承包法》宗旨是为了巩固和完善以家庭承包经营为基础、统分结合的双层经营体制，保持土地承包关系稳定并长久不变，维护农村土地承包经营当事人的合法权益，促进农业、农村经济发展和农村社会和谐稳定。同时规定国务院农业农村、林业和草原主管部门分别依照各自职责，负责本行政区域内农村土地承包经营及承包经营合同管理。乡（镇）人民政府负责本行政区域内农村土地承包经营及承包经营合同管理。

二、农村土地承包的范围与方式

《土地承包法》规定，农村土地是指依法由农民集体使用的耕地、林地、草地以及其他依法用于农业的土地。国家实行农村土地承包经营制度。农村土地承包采取农村集体经济组织内部的家庭承包方式，不宜采取家庭承包方式的荒山、荒沟、荒丘、荒滩等农村土地，可以采取招标、拍卖、公开协商等方式进行。

---

①　参阅、引用《中华人民共和国农村土地承包法释义》（何宝玉主编，中国民主法制出版社 2019年出版）中相关部分资料。

三、农村土地承包的原则与程序

（一）农村土地承包的原则

1. 农村承包土地不得买卖的原则　农村土地承包后，土地的所有权性质不变，承包地不得买卖。其他土地也必须依法征收后才能买卖。农村经营性建设用地依法转让、出租。

2. 公平、公正、公开的原则　正确处理国家、集体、个人三者的利益关系。任何组织和个人不得剥夺和非法限制农村集体经济组织成员承包土地的权利；农村土地承包，妇女和男子享有平等的权利。承包中应当保护妇女的合法权益，任何组织和个人不得剥夺、侵害妇女应当享有的土地承包经营权。特别是出嫁女、离婚妇女的承包经营权不得侵犯。

3. 依法自愿、有偿的原则　国家保护承包方依法、自愿、有偿流转土地经营权、保护土地经营权人的合法权益，任何组织和个人不得侵犯。承包方承包土地后，享有土地承包经营权，可以自己经营，也可以保留土地承包权，流转其承包地的土地经营权，由他人经营。

4. 用途管制的原则　农村土地承包经营应当遵守法律、法规，保护土地资源的合理开发和持续利用。未经依法批准不得将承包地用于非农建设。

5. 民主决策的原则　承包方案应当依法经本集体经济组织成员的村民会议三分之二以上成员或三分之二以上村民代表的同意。

6. 非法定程序不可变更的原则　承包期内，发包方不得收回承包地。国家保护进城农户的土地承包经营权。不得以退出土地承包经营权作为农户进城落户的条件；承包期内，不得调整承包地。因自然灾害严重毁损承包地等特殊情形对个别农户之间承包的耕地和草地需要适当调整的，必须经本集体经济组织的村民会议三分之二以上成员或者三分之二以上村民代表的同意，并报乡（镇）人民政府和县农业农村、草原、林业等主管部门的批准。

（二）农村土地承包的程序

土地承包应当按照以下程序进行：

（1）本集体经济组织成员的村民会议选举产生承包工作小组；

（2）承包工作小组依照法律、法规的规定拟订并公布承包方案；

（3）依法召开本集体经济组织成员的村民会议，讨论通过承包方案；

（4）公开组织实施承包方案；

（5）签订承包合同。

四、发包方、承包方的权利与义务

(一) 发包方的权利与义务

1. 权利 发包方的权利包括发包本集体所有的或者国家所有依法由集体使用的农村土地;监督承包方依照承包合同约定的用途合理利用和保护土地;制止承包方损害承包地和农业资源的行为以及法律、行政法规规定的其他权利。

2. 义务 发包方的义务包括维护承包方的生产经营自主权,不得干涉承包方依法进行正常的生产经营活动;依照承包合同约定为承包方提供生产、技术、信息等服务;执行县、乡(镇)土地利用总体规划,组织本集体经济组织内的农业基础设施建设以及法律、行政法规规定的其他义务。

(二) 承包方的权利与义务

根据《土地承包法》第十六条释义,家庭承包的承包方是本集体经济组织的农户。农户内家庭成员依法平等享受土地承包的各项权益。

1. 权利 承包方的权利包括依法享有承包地使用、收益的权利,有权自主组织生产经营和处置产品;依法互换、转让土地承包经营权;依法流转土地经营权;承包地被依法征收、征用、占用的,有权依法获得相应的补偿以及法律、行政法规规定的其他权利。

2. 义务 承包方的义务包括维持土地农业用途,未经依法批准不得用于非农建设;依法保护和合理利用土地,不得给土地造成永久性损害以及法律、行政法规规定的其他义务。

五、土地承包期限及合同签订

(一) 承包期限

根据《土地承包法》规定,耕地的承包期为三十年。草地的承包期为三十年至五十年,林地的承包期为三十年至七十年。按照党的十九大报告提出的"第二轮土地承包期后再延长'三十年'"的要求,新修订的《土地管理法》已作了规定。

(二) 承包合同签订

承包合同是明确发包方、承包方的权利义务关系并具有法律效力的文书,是承包方依法承包集体所有土地的合法依据。土地承包到户后,应当签订书面承包合同，明确发包方、承包方的权利义务。因为土地承包期限较长，内容较复杂，采取口头合同的形式，一旦出现争议，双方口说无凭，难以收集证据，分清责任。发包方与承包方签订合同，是发包方的义务。承包合同应当包括下述内容：

1. 承包方的名称和发包方负责人的姓名（通常是集体经济组织负责人或者村民委员会主任）、承包方的名称和承包方代表的姓名（通常是承包户的户主）、住所。发包方应当在承包合同上盖章，由负责人签字；承包方代表应当在承包合同上签字、盖章或者画押（摁手印）。

2. 承包土地的名称、坐落、面积和质量等级。其中承包土地的坐落应当尽可能标明土地的四至，质量等级可以找找有关部门测定的质量分类，也可以是大体上的分类（如好、中、差）。

3. 承包期限和起止日期，即承包的期限多长，并具体写明从何年何月何日止。

4. 承包土地用途。承包地必须用于农业生产，按照国家有关规定和双方意愿，可以写明从事种植业、畜牧业、林业、渔业等用途。

5. 发包方和承包方的权利和义务。《土地承包法》第十四条、第十五条规定了发包方的权利和义务，第十七条、第十八条规定了承包方的权利和义务。

6. 违约责任。当事人一方不履行合同义务或者履行义务不符合约定的，应当依法承担违约责任。双方当事人产生承包合同纠纷的，按照《土地承包法》第五十五条的规定解决。

（三）承包合同生效时间

根据《土地承包法》第二十三条的规定，承包合同自成立之日起生效。承包方自承包合同生效取得土地承包经营权。

根据《合同法》的有关规定，合同的成立与生效时间原则上是统一的。即依法成立的合同，自合同成立时生效；但是也有一些例外：①法律、行政法规规定应当办理批准、登记等手续才能生效的，合同自依法批准、登记时生效。②合同当事人可以对合同的效力约定条件，构成附生效条件的合同，这种合同自所附条件成熟时生效。③合同当事人还可以对合同的效力约定时限，构成附生效期限的合同，这种合同自约定的期限届至时生效。

家庭承包合同，是按照法定程序和地方人民政府的有关规定统一组织承包后，由发包方与承包方签订的确定双方权利义务的合同，合同的生效一般不应附有条件、期限，也没有经过批准、登记。同时全国人大常委会制订土地承包法时，全国各地已经基本完成第二轮土地承包，签订了承包合同，但土地承包经营权登记颁证还在进行，法律规定承包方自承包合同成立即取得土地承包经营权，更有利于保护广大农民的土地承包权益。因此，土地承包法第二十三条作出承包合同应当自成立之日起生效的规定。承包双方不应附加生效条件和期限，否则无效。同时，进一步明确承包合同生效之时，承包方即取得土地承包经营权，无经办理其他批准、登记手续。在实践中也有违反规定造成承包方签订承包合同后，难以或不能及时取得土地承包经营权的。遇到这种情形，承包方可以依法维护自己的权益。

六、土地承包经营权的流转

(一) 关于土地承包经营权流转的原则

依据《土地承包法》规定，土地承包经营权流转，要遵循如下原则：

1. 依法、自愿、有偿的原则　土地承包经营权流转的双方当事人是平等的民事主体关系。流转的形式、内容、条件和期限，均由双方协商确定。依法是指双方都必须依照法律规定开展土地承包经营权流转，不得违反有关法律法规的规定；自愿是指双方当事人进行土地承包经营权流转都是自愿的，不受其他任何人强迫或者胁迫；有偿是指承包方进行土地承包经营权流转，除互换承包经营权只需面积对等或双方议定质量补偿条件外，其他流转土地经营权必须坚持有偿为前提。流转方应当取得适当酬金（或租金），酬金的具体数额、支付时间和方式等由双方协商确定。

2. 不改变土地所有权和农用地用途原则　土地承包经营权流转的对象是承包方依法享有的土地承包经营权，不是土地的所有权。因此，土地承包经营权的流转不得改变承包地的所有权权属关系，不得损害土地所有者的权益。承包地的用途只能限于作为农用地。土地承包经营权流转后也不能擅自改变土地的农业用途，将土地用于非农建设。同时不得采取不合理经营方式破坏农业综合生产能力和农业生态环境，确保土地综合生产能力提升、土地资源得到合理有效利用。

3. 流转期限应当限定在承包期以内的原则　流转合同规定的流转期限不能超过承包合同尚未履行的剩余时间，即应当扣除承包合同已经履行的时间。例如，30年承包合同履行了20年后进行土地承包经营权流转，流转的期限不得超过10年。即原承包合同未履行的时间。

4. 受让方须有农业经营能力或者资质的原则　根据《土地承包法》第三十八条释义，土地承包经营权流转主要应当在农户之间进行。工商企业进入农业应主要从事产前、产后和"四荒"资源开发，采取公司加农户和订单农业的方式，带动农户发展产业化经营。2014年11月中办、国办印发的《关于引导农村土地经营权有序流转发展农业适度规模经营的意见》明确指出，对工商企业长时间、大面积租赁农户承包地要有上限控制，建立健全资格审查、项目审核、保险保障金制度。《土地承包法》修订后的四十五条规定，县级以上人民政府应当建立工商企业等社会资本通过流转土地经营权的资格审查、项目审核和风险防范制度。工商企业等社会资本通过流转取得土地经营权的，本集体经济组织可以收取适量管理费用。设置以上制度主要是为了防止没有能力的企业占用农用地用于非农建设或者浪费土地资源。工商企业等大面积占用农用地，有可能造成兼并，失地农民或者无业流民增多，危及社会稳定。

5. 同等条件下本集体经济组织成员享有优先权的原则　本集体经济组织成员应当享有优先获得土地承包经营权的权利，但必须在流转费、流转期限和内容等方面的条件相同。本集体经济组织成员应当及时行使优先权，否则，其优先权也会落空。根据 2005 年 7 月发布的《最高人民法院关于审理涉及农村土地承包纠纷案件适用法律问题的解释》第十一条规定：土地承包经营权流转中，本集体经济组织成员在流转价款、流转期限等主要内容相同的条件下，主张优先权的，应予支持。但下列情形除外：①在书面公示的合理期限内未提出优先主张的；②未经书面公示，在本集体经济组织以外的人开始使用承包地两个月内未提出优先主张的。因为集体经济组织成员在公示的合理期限内未提出优先主张，其行使优先权的条件已不具备，其优先权灭失。

（二）关于土地承包经营权流转

1. 土地承包经营权的互换与转让　《土地承包法》第三十三条、第三十四条分别对土地承包经营权互换、转让作出明确规定。即：承包方之间为方便耕种或者各自需要，可以对属于同一集体经济组织土地的土地经营权进行互换，但需向发包方备案；经发包方同意，可以将全部或部分土地承包经营权转让给本集体经济组织的其他农户，由该农户同发包方确立新的承包关系，原承包方与发包方在该土地上的承包关系即行终止。

所谓互换是指允许同一集体经济组织的承包方之间对土地承包经营权进行互换，同时要求承包方进行互换后，应当向发包方备案，让发包方了解情况，便于进行监督管理。但需注意：①土地承包经营权互换必须坚持双方自愿、协商一致的原则，由双方协商确定。②土地承包经营权互换应限于属于同一集体经济组织的承包地，双方当事人都应是本集体经济组织的农户。根据《土地承包法》第三十三条释义，不属于同一集体经济组织的承包地，其土地承包经营权互换的，应当按照土地管理法等有关法律规定办理。③土地承包经营权互换，当事人可以向登记机构申请登记，分别将互换后的土地承包经营权变更登记到双方当事人名下。未经登记，不得对抗善意第三人。

所谓转让是指土地承包关系的彻底变更。土地承包经营权的转让是最为彻底的土地承包经营权流转方式。土地承包经营权以其他方式流转的，承包方与发包方的承包关系不变，但土地承包经营权转让，承包方可以将全部或者部分承包地的土地承包经营权，在剩余承包期内完全让渡给他人，承包方与发包方在该承包地上的承包关系随之终止，由受让的农户与发包方确立新的承包关系。承包期内，随着工业化和农村城镇化，一部分农民可能在城市找到稳定的工作或者有稳定的收入来源，不再依赖承包地作为最后的生存保障，愿意将全部或者部分土地承包经营权彻底转让给其他人。为切实保障农民的土地承包经营权依法流转的权利，《土地承包法》明确承包方可以转让其全部或部分土地的承包经营权，土地承包经营权转让后，由受让方与集体经济组织确立新的承包关系，承包方在该承包地上与集体经济组织的承包关系终止。但明确了两个方面的限制。即：①需要经发包方同意。因为土地承包经营权转让后，承包方与发包方就该土地上的承包关系即相应的权利义务随之终止，并由受让方与发包方确立新的承包关系。承包方未经发包方同意就转让其土地承包经营权，发包方的权利就难以得到保障。而且，经发包方同意，也可以防止承包方因被债务所迫等原因轻易转让土地承包经营权，影响家庭生活。当然，发包方应当尊重承包方的流转意愿，不得以此为借口阻碍承包方依法转让土地承包经营权。②受让方是本集体经济组织的其他农户，即在集体经济组织内部，因为转让是土地承包经营权的让渡，将其限于集体经济组织内部农户之间比较稳安，便于集体经济组织的监督管理，也可以防止受让方利用承包地从事非农活动。依照法律规定，土地承包经营权的转让，当事人可以向登记机构申请登记，未经登记，不得对抗善意第三人。

2. 关于出租（转包）、入股或者其他方式流转土地经营权　《土地承包法》第三十六条规定，承包方可以自主决定依法采取出租（转包）、入股或者其他方式向他人流转土地经营权，并向发包方备案。本条主要有三层含义：①承包方享有土地承包经营权流转的自主权，可以自主决定进行土地经营权流转，是否流转、采用什么形式流转，都有承包方自主决定，不受发包方或者其他单位、个人的干涉。②土地经营权流转的方式是多样化的，承包方可以采取出租（转包）、入股或者其他方式进行土地经营权流转，具体方式由承包方确定。③承包方进行土地经营权流转应当向发包方备案，发包方依照承包合同或者相关法律规定，有权督促承包方履行承包合同，履行维护承包地的生产能力和生态环境的义务，有必要及时了解承包地的土地经营权的变动情况。因此，承包方进行流转后，应当向发包方备案。但不需征得发包方同意，备案不是承包方进行土地经营权流转的前置程序和条件，只是事后告知。承包方未向发包方备案的，不影响土地经营权的效力。需要注意的是，承包方进行土地经营权流转以及依法向发包方备案，最好采取书面形式，以免产生纠纷后无据可依。

3. 关于土地承包经营权流转的合同签订与登记　土地经营权流转涉及双方甚至三方当事人的利益，为保护各方利益，预防纠纷发生或为调解纠纷提供依据，流转承包经营权应当签订书面合同（代耕不超过一年的，可以不签订书面合同，具体由当事人双方确定）。

根据《土地承包法》第四十条第二款的规定，土地经营权流转合同一般包括以下条款：①双方当事人的姓名、住所。②流转土地的名称、坐落、面积、质量等级。③流转期限和起止日期，即流转多长时间，从何时起，到何时止。流转期限不超过承包合同的剩余期限（承包合同的承包期扣除已经履行的时间后所剩的期限）。④流转土地用途。流转不能改变承包地农业用途，也不能改变原承包合同规定的土地用途。⑤双方当事人的权利与义务。双方当事人可以自主协商约定各自的权利与义务，这一点与家庭承包合同有所区别。家庭承包合同双方当事人的权利和义务，必须服从《土地承包法》第十四条、第十五条和第十七条、第十八条的规定。但是，流转的受让方享受的权利，不得超过承包方在承包合同中享有的权利，即承包方不能把自己不享有的权利流转给受让方。⑥流转价款及支付方式。流转价款是指受让方应当支付的流转费、租金、转让费等数额。在实践中，有的承让方提出国家补贴归属问题，应当由双方协商确定。其实这与流转价款紧密相连，如果归属调整，势必影响价款的调整变化；支付方式是指以什么具体方式支付价款，包括一次性付清、分期付款等。⑦土地被依法征收、征用、占用时有关补偿费的归属，即在流转期限内，承包地被依法征收、征用、占用时，如何确定有关补偿费的分配。⑧违约责任，即当事人发生违反合同的行为应当承担的责任。

根据《土地承包法》规定，土地经营权流转期限为五年以上的，当事人可以向登记机构申请土地经营权登记。未经登记，不得对抗善意第三人。这一规定，主要是出于对目前流转期限不同的受让方对土地的经营管理、预期效益、登记确权需求不同考虑的。从土地经营权流转的实践看，通过流转取得土地经营权的情形多样，有的是小规模、短期的，有的是大规模、长期的。而且，不同受让方支付的价款标准不一定相同，利用承包地从事生产经营活动不同。因此不同的受让方对土地经营权登记的需求也存在差异，有的迫切希望进行土地经营权登记颁证，确认其土地经营权，确保土地经营权长期稳定有保障，特别是运用土地经营权证进行土地经营权融资担保；有的只是从事短期的粮食种植，灵活性较大，并且流转双方是亲朋好友、熟人邻居，可能认为没有必要进行土地经营权登记。一般来说，流转期限较长、规模较大的新型经营主体，通常进行规模化经营，投资较多，资金需求量大，更希望获得稳定而有保障的土地经营权，并且用土地承包经营权证进行融资担保，对土地经营权登记颁证的需求更加强烈。因此，赋予当事人的自主选择的权利，适合目前的农情。

七、农业承包经营权的权益与保护

（一）土地承包法有关规定

《土地承包法》对农户承包经营权益保护作了全面的规定，主要有：

1. 承包期内发包方不得收回承包地　承包期内不得调整承包地是立法的核心内容，《土地承包法》第二十七条明确规定，"承包期内，发包方不得收回承包地"，使广大农民真正感到承包的土地和土地承包经营权是有切实保障的，从而调动他们在土地上进行长期投入的积极性，提高土地肥力和产出水平，促进农业生产和农村经济持续、稳定发展。

2. 保护进城农户的土地承包经营权　随着工业化、城镇化的迅速发展，大量农民进城务工，有的离土又离乡，继续耕种承包地就面临现实困难，他们的土地承包经营权比较容易受侵害。为维护进城落户农户的土地承包权益，促进城镇化发展，中共十八届五中全会决定提出：推进农业转移人口市民化，逐步把符合条件的农业转移人口转为城镇居民。维护进城落户农民土地承包权、集体收益分配权、支持引导其依法自愿有偿转让上述权益。2014年7月发布的《国务院关于进一步维护户籍制度的改革意见》明确指出：现阶段，不得以退出土地承包经营权、宅基地使用权、集体收益分配权作为农民进城落户的条件。据此，《土地承包法》作出不得以退出土地承包经营权作为农户进城落户的条件，就是要防止有些地方在农户进城落户时侵害其土地承包经营权。

3. 承包期内发包方不得调整承包地　在实践中，发包方通过行政手段调整承包地的情况时有发生，这是造成土地承包关系不稳定的主要原因。这一方面影响了农民对土地投入的积极性。频繁调整承包地，承包方就不愿意对土地进行长期投资，造成土地肥力下降、生产能力降低；另一方面经常调整不利于推广使用先进农业技术和机械化耕作；再是个别干部借调整之机谋一己私利，引发矛盾纠纷。因此，1993年中共中央、国务院发布的《关于当前农业和农村经济发展若干政策措施》指出，为避免承包耕地的频繁变动，防止耕地经营规模不断细分，提倡在承包期内实行"增人不增地，减人不减地"的办法。考虑到在现阶段，土地不仅是农民重要的生产资料，也是他们的生活保障，30年承包期内情况会发生很大变化，可能遇到自然灾害等特殊性情况使承包方丧失承包地，完全不允许调整承包地实际难以做到。法律规定，承包期内，因特殊情形矛盾突出，需要对个别农户之间承包的耕地和草地适当调整的，允许按法定程序进行个别调整。①只有出现自然灾害等特殊情况，才允许进行个别调整；②个别调整只限个别农户之间，不得扩大范围进行调整；③允许调整的承包地只限于耕地和草地，不包括林地；④个别调整必须严格遵循法律规定的程序，即必须先经集体经济组织成员的村民会议三分之二以上成员或三分之二以上村民代表的同意，报乡（镇）人民政府批准后，再报县级人民政府农业农村、林业和草原等主管部门批准。但承包合同已约定承包期内不得调整的，不得再以任何理由调整承包地。

4. 保护妇女的土地承包权益 土地承包经营过程中，妇女的合法权益得不到很好的保护是一个需要重视的问题。侵害妇女的土地承包经营权的现象时有发生，在一些地方还比较严重，产生了许多纠纷。主要表现在：①违反法律规定歧视妇女。《妇女权益保障法》第三十二条明确规定："妇女在农村土地承包经营、集体经济组织收益分配、土地征收或者征用补偿费施用以及宅基地使用等方面，享有与男子平等的权利"。但一些地方在土地承包中，不分或少分给妇女承包地。②剥夺出嫁、离婚、丧偶妇女的土地承包经营权。妇女出嫁后发包方要求收回承包地，妇女离婚、丧偶时土地承包经营权更容易受到侵害，有的收回离婚妇女的承包地，有的强行将离婚妇女的户口迁回娘家，娘家所在地也不会分给其承包地。③集体经济组织分配利润、土地征用补偿费时侵犯妇女的权益，不分给或少分给妇女。因此，法律规定，承包期内，妇女结婚在新居住地未取得承包地的，发包方不得收回其承包地，妇女离婚或者丧偶，仍在原居住地生活或者不在原居住地生活但在新居住地未取得承包地的，发包方不得收回其原承包地。

5. 权属证书应当将家庭成员全部列入 家庭承包的承包方是本集体经济组织内部农户，实践中，通常都是按照集体经济组织统一组织发包时各户的集体经济组织成员人数计算承包土地面积，以户为单位进行承包的，各户大都是由户主作为代表与集体经济组织签订承包合同，证书只登记户主的名字。承包期内因家庭成员变化，特别是妇女离婚、丧偶时，因为土地承包经营权证等权属证书未登记全部家庭成员，经常发生纠纷，损害了其他家庭成员的合法权益。因此，法律作出规定，权属证书应当将家庭成员全部列入。

6. 变更或解除 承包合同生效后，发包方不得因承办人或者负责人的变动而变更或者解除，也不得因集体经济组织的分立或者合并而变更或者解除。合同一旦生效，受到法律保护。

（二）土地承包经营权益的保护内容

1. 优先承包权 优先承包权包括两个方面的内容：一是本组织成员的优先承包权，这是较外部成员而言的，属于一种天然的权利。即按照本身集体经济组织成员民主议定的承包原则和方式，本组织成员有优先获得集体所发包的土地等生产资料的权利。因为集体所有的土地等生产资料属于本组织成员共同所有，而且在绝大多数地方土地等生产资料还是本组织成员谋生和致富的基本手段。因此，必须赋予本组织成员优先承包权。二是承包期满，承包人在同等条件下，对原承包项目有优先承包权。其目的主要是为了稳定承包关系，巩固家庭承包经营的基础地位，使承包经营者预期长远，增加投入，从而避免实践中大量发生的承包方在承包期届满时，进行粗放经营和掠夺经营的行为。如何获得优先权本章前面已有阐述。

2. 经营决策权　所谓生产经营决策权或经营自主权是指在生产经营过程中，决定干什么、干多少、怎么干的权利。

1983 年中央一号文件指出："联产承包责任制迅速发展，绝不是偶然的。它以农户或小组为承包单位，扩大农民的自主权，发挥小规模经营的长处，克服了管理过于集中、劳动'大呼隆'和平均主义的弊病"。党的十四大《报告》进一步总结到："八亿农民获得对土地的经营自主权，加上取消了农产品的统购派购，放开大部分农产品价格，从而使农业生产摆脱长期停滞的困境，……"。经营自主权是构成联产承包责任制的重要环节，是区别于人民公社旧体制的标志之一。

根据《土地承包法》第十七条，承包方有权自主组织农业生产经营活动，自主决定种植养殖项目规模，不受其他组织和个人的干涉。

3. 收益权　可以说，收益权是联产承包责任制的基本内核。公社化旧体制最大的弊端，也是农民最反感的就是分配上的"大锅饭"，即劳动报酬与劳动的数量、质量以及最终成果不挂钩，出现了干多干少一个样，干好干坏一个样，使农民的生产积极性受到挫伤。联产承包责任制的锋芒直指这一祸根。最初实行的"小段包工、定额计酬"解决了劳动报酬与劳动数量的挂钩，实现第一次飞跃（即包工）。进而它又被"联产到劳"和"包产到户"所替代，实现了第二次飞跃（即包产）。但农民感到方法不简便、利益不直接（产量换算成工分，既很复杂，又打折扣），"包干到户"很快覆盖全国98％以上的生产队。"大包干"的分配是"交够国家的，留够集体的，剩下全是自己的"，实现了第三次飞跃（即包干）。它废弃了工分制，方法简便、利益直接、便于操作。在目前，保护承包者的收益权对于稳定家庭联产承包制，具有特殊的意义。

4. 产品处理权　产品处理权与收益权的几次飞跃有相似之处．也是不断充实，逐步扩大的。"大包干"全面推行后，承包经营者获得了较充分的产品处理权，只是要完成国家农产品定购任务。随着农产品流通和价格的开放，国家定购任务也基本由市场调节。因此，就目前而言，承包者具有农村改革以来最充分的产品处理权，承包者对自己的生产成果有了占有和处置的权利。

5. 土地承包经营权转包、转让权　所谓转包，是指承包方在承包期内，将所承包的土地等生产资料的部分或者全部出让给第三方，由第三方进行生产经营。承包方与第三方确定转包关系后，承包方与发包方所订立的承包合同不变，仍由承包方向发包方履行合同规定的义务，并享有合同规定的权利。所谓转让，是指承包方在承包期内，将土地等生产资料承包合同出让给第三方，由第三方向发包方履行承包合同规定的义务，并享有合同规定的权利。承包合同一经转让，原承包方与发包方依据承包合同规定的权利和义务关系即行终止。

转包和转让的对象，包括耕地、林地、草原、荒地、滩涂、水面等。

6. 继承权　《中华人民共和国农业法》规定，承包人在承包期内死亡的，其继承人可以继续承包。《土地承包法》规定承包人应得到的承包收益依照继承法的规定继承，林地承包的承包人死亡，其继承人可以在承包期内继续承包。《中华人民共和国继承法》第四条规定："个人承包应得的个人收益，依照本法规定继承。个人承包，依照法律允许由继承人继续承包的，按照承包合同办理"。国发（1995）7号文件规定：承包人以个人名义承包的土地（包括耕地、荒地等）、山岭、草原、滩涂、水面及集体所有的畜禽、水利设施、农机具等，如承包人在承包期内死亡，该承包人的继承人可以继续承包，承包合同由继承人继续履行直至承包合同到期。为保护集体资产和促进生产发展，对技术要求较高的专业性承包项目，如第一顺序继承人（配偶、子女、父母）中只有不满16周岁的子女，或者只有不能辨认或不能完全辨认自己行为的精神病人，集体可收回承包项目，重新公开发包。但死者个人承包应得的个人收益，由发包方或接续承包合同者给予合理补偿，其补偿作为遗产，依法继承。

第三节　承包合同纠纷解决与法律责任追究

《土地承包法》对土地承包纠纷的解决和侵害土地承包经营权等法律责任进行了系统规定。

一、关于土地承包经营权纠纷的含义

因土地承包经营发生的纠纷，是指当事人之间因承包土地的使用、收益、流转、调整、收回以及承包合同的履行等事项发生的争议。土地承包纠纷既包括侵权纠纷，也包括违法纠纷；既可发生在承包土地的农民之间，也可能发生在承包土地的农民与农村集体经济组织或者政府有关部门之间。

二、解决土地承包经营纠纷的途径

(一)当事人协商解决

即当事人之间发生土地承包经营权纠纷后,在自愿互谅的基础上,依照法律规定直接进行协商、自行解决纠纷。协商解决应是首选或最佳选择,可以减少当事人耗费的时间、精力和费用,也有利于化解矛盾。

(二)调解解决

当事人可以请求村民委员会、乡(镇)人民政府等调解解决。通常是当事人自愿选择彼此信任的第三人从中斡旋,通过相互谅解、让步、达成一致,解决纠纷。调解必须在当事人自愿的基础上进行,这种自愿贯穿解决的全过程,在调解的任何阶段,当事人可以对调解提出异议。当事人不同意调解或者无法达成调解协议的,调解即为失效;虽然达成了调解协议,但当事人任何一方在履行调解协议过程中反悔的,也可以随时终止履行。需要注意的是:①村民委员会、乡(镇)人民政府调解解决土地承包经营纠纷,必须在当事人自愿请求的前提下进行,绝不能强迫当事人接受调解。②除村民委员会、乡(镇)人民政府外,当事人也可以自愿请求其他组织和个人调解解决纠纷。

(三)仲裁解决

1. 农村土地承包仲裁的特点　当事人之间不愿协商、调解或者通过协商、调解方式不能解决纠纷的,可以向农村土地承包机构申请仲裁。农村土地承包经营纠纷的仲裁是一种特殊的经济纠纷仲裁。农村土地承包经营纠纷仲裁不适用仲裁法。农村土地承包经营纠纷的仲裁与一般经济纠纷仲裁的主要区别是:①申请程序不同。农村土地承包经营纠纷的仲裁管辖,不需要当事人达成仲裁协议,一方当事人申请,有关的仲裁机构即可受理。②仲裁机构不同。农村土地承包仲裁机构设置不同于仲裁法规定的仲裁机构,大部分市、县、乡都设有农村土地承包仲裁机构,以方便农民群众。③仲裁解决的效力不同。土地承包经营纠纷的仲裁裁决不是终局的,当事人对仲裁裁决不服的,可以向人民法院起诉,当事人逾期不起诉的,仲裁裁决发生法律效力;当事人及时起诉的,由人民法院裁定。

2. 农村土地承包仲裁机构组成与程序

(1)组建仲裁委员会

①机构设立:根据解决农村土地承包经营纠纷的实际需要设立。农村土地承包仲裁委员会可以在县和不设区的市设立,也可以在设区的市或者市辖区设

立。农村土地承包仲裁委员会在当地人民政府指导下设立。设立农村土地承包仲裁委员会的，其日常工作由当地农村土地承包管理部门承担。

②人员组成：农村土地承包仲裁委员会由当地人民政府及其有关部门的代表、有关人员团体代表、农村集体经济组织代表、农民代表和法律、经济等相关专业人员兼任组成，其中农民代表和法律、经济等相关专业人员不得少于组成人员的二分之一。

③职责定位：农村土地承包仲裁委员会依法履行如下职责：聘任、解聘仲裁员，受理仲裁申请，监督仲裁活动。

④制定章程：农村土地仲裁委员会应当根据仲裁法律规定制定章程，对其组成人员的产生方式及任期、议事规则等作出规定。农村土地承包经营仲裁规则和农村土地承包仲裁委员会示范章程，由国务院农业农村、林业行政主管部门依法共同制定，并予颁布。各农村土地承包仲裁委员会结合本地实际，制定细化，便于操作。

（2）聘任仲裁员　农村土地仲裁委员会应当从公道正派的人员中聘任仲裁员。仲裁员应当符合下列条件之一：

①从事农村土地承包管理工作满五年；

②从事法律工作或者人民调解工作满五年；

③在当地威信较高，并熟悉农村土地承包法律以及国家政策的居民。

（3）实施仲裁

①申请：农村土地承包经营纠纷申请仲裁的实效期间为二年，自当事人知道或者应当知道其权利被侵害之日起计算。在二年内，当事人可以依法向纠纷涉及的土地所在地的农村土地仲裁委员会申请。仲裁申请书应当载明申请人和被申请人基本情况，仲裁请求和所根据的事实、理由，并提供相应的证据和证据来源；书面申请确有困难的，可以口头申请，由农村土地承包仲裁委员会记入笔录，经申请人核实后由其签名、盖章或者按手印。申请仲裁应当符合条件，即：申请人与纠纷有直接的利害关系；有明确的被申请人；有具体的仲裁请求和事实、理由；属于农村土地承包仲裁委员会受理范围。仲裁申请书可以邮寄或者委托他人代交。

②受理：农村土地承包仲裁委员会应当对仲裁申请予以审查，认为符合法定条件的，应当受理。对于不符合申请条件的或人民法院已受理该纠纷或法律规定该纠纷应当由其他机构处理或对该纠纷已有生效判决、裁定、仲裁裁决、行政处理决定的，不予受理。决定受理的应当自收到仲裁申请之日起五个工作日内，将受理通知书、仲裁规则和仲裁员名册送达申请人。同时，将受理通知书、仲裁申请书副本、仲裁规则和仲裁员名册送达被申请人；决定不受理或终止仲裁程序的，应当自收到仲裁申请或者发现终止仲裁程序情

形之日起五个工作日内书面通知申请人，并说明理由。被申请人应当自收到仲裁申请书副本之日起十日内向农村土地承包仲裁委员会提交答辩书。书面答辩确有困难的，可以口头答辩，由农村土地承包仲裁委员会记入笔录，经被申请人核实后由其签名、盖章或按手印。农村土地承包仲裁委员会自收到答辩书之日起五个工作日内将答辩书副本送达申请人。被申请人未答辩的，不影响仲裁程序进行。

③申请财产保全：一方当事人因另一方当事人的行为或其他原因，可能使仲裁不能执行或者难以执行的，如：土地被种植或作物被收割等等，一方当事人可以申请财产保全。当事人申请财产保全的，农村土地承包仲裁委员会应当将当事人申请提交被申请人住所地或者财产所在地的基层人民法院。申请有错误的，申请人应当赔偿被申请人因财产保全所遭受的损失。

④组成仲裁庭：仲裁庭由三名仲裁员组成，首席仲裁员由当事人共同选定，其他二名仲裁员由当事人各自选定；当事人不能选定的，由农村土地承包仲裁委员会主任指定。事实清楚、权利义务关系明确、争议不大的农村土地承包经营纠纷，经双方当事人同意，可以由一名仲裁员仲裁。仲裁员由当事人共同选定或者由农村土地承包仲裁委员会主任指定。农村土地承包仲裁委员会应当自仲裁组成之日起二个工作日内将仲裁庭组成情况通知当事人。

⑤申请回避：仲裁员有下列情形之一的，必须回避，当事人也有权以口头或者书面形式申请其回避，即：是本案当事人或者当事人、代理人的近亲属；与本案有利害关系；私自会见本案当事人、代理人或者接受当事人、代理人的请客送礼。当事人提出回避申请，应当说明理由，在首次开庭前提出。回避事由在首次开庭后知道的，可以在最后一次开庭终结前提出。农村土地承包仲裁委员会对回避申请应当及时作出决定，以口头或者书面形式通知当事人，并说明理由。仲裁员是否回避，由农村土地承包仲裁委员会主任决定；农村土地承包仲裁委员会主任担任仲裁员时，由农村土地承包仲裁委员会集体决定。仲裁员因回避或者其他原因不履行职责的，应当依法重新选定或者指定仲裁员。

⑥开庭审理：农村土地承包经营纠纷仲裁应当开庭进行。开庭可以在纠纷涉及的土地所在地的乡（镇）或者村进行，也可以在农村土地承包仲裁委员会所在地进行。当事人双方要求在乡（镇）或者村开庭的，应当在乡（镇）或者村开庭。开庭应当公开，但涉及国家秘密、商业秘密和个人隐私以及当事人约定不公开的除外。仲裁庭应当在开庭五个工作日前将开庭的时间、地点通知当事人和其他仲裁参与人。当事人有正当理由的，可以向仲裁庭请求变更开庭的时间、地点，是否变更由仲裁庭决定。当事人申请仲裁后，可以自行和解。达成和解协议的，可以请求仲裁庭根据和解协议作出裁决，也可以撤回仲裁申

请。申请人可以放弃或变更仲裁请求。被申请人可以承认或者反驳仲裁请求，有权提出反请求。仲裁庭作出裁决前，申请人撤回仲裁申请的，除被申请人提出反申请的外，仲裁庭应当终止仲裁。申请人经书面通知，无正当理由不到庭或者未经仲裁庭许可中途退庭的，可以视为撤回仲裁申请。被申请人经书面通知，无正当理由或者未经仲裁庭许可中途退庭的，可以缺席裁决。当事人在开庭过程中有权发表意见、陈述事实和理由、提供证据、进行质证和辩论。对不通晓当地通用语言文字的当事人，农村土地承包仲裁委员会应当为其提供翻译。当事人应当对自己的主张提供证据，与纠纷有关的证据由作为当事人的一方的发包方等掌握管理的，该当事人应当在仲裁庭制定的期限内提供，逾期不提供的，应当承担不利后果。仲裁庭认为必要搜集的证据，可以自行搜集。仲裁庭对专门性问题认为需要鉴定的，可以交由当事人约定的鉴定机构鉴定；当事人没有约定的，由仲裁庭指定的鉴定机构鉴定。根据当事人的请求或者仲裁庭的要求，鉴定机构应当派鉴定人参加开庭。当事人经仲裁庭许可，可以向鉴定人提问。证据应当在开庭时出示，但涉及国家秘密、商业秘密和个人隐私的证据不得在公开开庭时出示。仲裁庭应当依照仲裁规则的规定开庭。给予双方当事人平等陈述、辩论的机会，并组织当事人进行质证。当事人在证据可能灭失或者以后难以取得的情况下，可以申请证据保全。农村土地承包仲裁委员会应当将当事人的申请提交证据所在地的基层人民法院。对权利义务关系明确的纠纷，经当事人申请仲裁庭可以先行裁定维持现状、恢复农业生产及停止取土、占地等行为。一方当事人不履行先行裁决的，另一方当事人可以向人民法院申请执行，但应当提供相应的担保，如提供错误证据，造成对方当事人损失的，应当承担民事赔偿责任。

⑦裁决：仲裁庭应当将开庭情况记入笔录，由仲裁员、记录人员、当事人和其他仲裁参与人签名、盖章或者按指印。当事人和其他仲裁参与人认为对自己陈述的记录有遗漏或者由差错的，有权申请补正，如果不予补正，应当记录该申请。仲裁庭应当根据认定的事实和法律及国家政策作出裁决并作出裁决书。裁决应当按照多数仲裁员意见作出，少数仲裁员的不同意见可以记入笔录。仲裁庭不能形成多数意见时，裁决应当按照首席仲裁员的意见作出。裁决书应当写明仲裁请求、争议事实、裁决理由、裁决结果、裁决日期以及当事人不服裁决的起诉权利、期限，由仲裁员签名，加盖农村土地承包仲裁委员会印章。仲裁农村土地承包经营纠纷，应当自受理仲裁申请之日起六十日内结束。案件复杂需要延期的，经农村土地承包仲裁委员会主任批准可以延长，并书面通知当事人，但延长期限不得超过三十日。

⑧送达：农村土地承包仲裁委员会应当在裁决作出之日起三个工作日内将裁决书送达当事人，并告知当事人不服仲裁裁决的起诉权利、期限。送达按民

事诉讼送达规则实施。

⑨执行：当事人对发生法律效力的调解书、裁决书，应当依照规定的期限履行。一方当事人不履行的，另一方当事人可以向被申请人住所地或财产所在地的基层人民法院申请执行。受理申请的人民法院应当依法执行。

（四）诉讼

当事人不愿协商，或者通过协商、调解方式不能解决纠纷，也不愿进行仲裁的，可以直接向人民法院起诉，通过诉讼方式保护自己的土地承包经营权。2015年7月发布的最高人民法院关于审理涉及农村土地承包经营权侵权纠纷、承包经营权流转纠纷、承包地征收补偿费用分配纠纷、承包经营权继承纠纷等涉及农村土地承包民事纠纷的，人民法院应当依法受理。但是，集体经济组织成员因未实际取得土地承包经营权提起民事诉讼的，人民法院应当告知其向有关行政主管部门申请解决。集体经济组织成员就用于分配的土地补偿费数额提起的民事诉讼，人民法院不予受理。在具体运用法律规定时，应当注意以下方面：

（1）区分土地权属争议与土地承包经营权争议　土地权属争议是指因土地所有权、土地使用权的归属产生的争议。根据土地管理法规定，土地所有权和使用权的争议，由当事人协商解决；协商不成的，由人民政府处理。单位之间的争议，由县级以上人民政府处理；个人之间、个人与单位之间的争议，由乡级人民政府或者县级以上人民政府处理。因此，土地承包权属问题纠纷，即土地所有权、使用权属于谁的争议，由地方人民政府解决，不能向人民法院起诉；其他非权属问题的土地承包经营权纠纷可以向人民法院起诉。

（2）区分土地承包经营权纠纷与因取得土地承包经营权产生的纠纷　土地经营权纠纷是指承包方依法取得土地承包经营权后发生的纠纷，应当属于土地承包经营权纠纷范围；当事人未签订土地承包合同，未取得土地承包经营权，只是因是否取得土地承包经营权的纠纷，则不属于土地承包经营权纠纷，因为当事人尚未取得土地承包经营权。这类争议可以采取协商、调解、申请人民政府有关主管部门处理等方式解决。

（3）选准诉讼当事人　根据《最高人民法院关于审理涉及农村土地承包纠纷案件适用法律问题解释》的规定，土地承包经营权纠纷的诉讼主体是取得土地承包经营权的承包户，具体由该户的代表人进行诉讼，代表人是土地承包经营权证等证书上记载的人，或者在承包合同上签字的人或者家庭成员推选的人为代表进行诉讼。以个人或者家庭成员的名义起诉，不符合法律关于诉讼主体的规定，人民法院应当不予受理或者予以驳回。

三、侵害土地承包经营权的主要行为

实践中发生的发包方侵害承包方经营权的现象，主要有八种侵权行为表现：

（1）干涉承包方依法享有的生产经营自主权。例如，发包方强制规定种植品种，指定使用农业投入品，指定产品销售渠道，截留产品销售收入等。

（2）违反土地承包法规定收回、调整承包地。发包方违反承包期间非法定情形不得收回、调整承包地的规定，擅自收回、调整承包地，这是对土地承包经营权最大的侵害。

（3）强迫或者阻碍承包方进行土地承包经营权互换、转让或者土地经营权流转。根据《土地承包法》规定，承包方取得土地承包经营权依法进行互换、转让和土地经营权流转，是承包方的一项重要权利。国家保护承包方依法、自愿、有偿地进行土地经营权的互换、转让和土地经营权流转。承包方除依法向发包方备案外，不需要征得发包方同意，发包方无权干涉。但实践中，非法干涉农户互换、转让、流转的行为时有发生，对土地承包经营者依法转让、互换、流转的权益造成了侵害。

（4）借少数服从多数强迫承包方放弃或者变更土地承包经营权。一些地方出现了集体经济组织或者村民自治组织操纵成员或者村民大会（代表会议）以少数服从多数的形式对承包地进行调整，或者"返租倒包"形式流转的不正常现象，是法律所不允许的。

（5）以划分"口粮田"和"责任田"等为由收回承包地搞招标投标承包。责任田高价招标承包是对农民承包土地经营权利的侵害，同时带来了基层干部以权谋私等负面影响，应当予以禁止。

（6）将承包地收回抵顶欠款。将收回承包地作为化解基层债务的措施侵害了农民的承包经营权益。

（7）剥夺、侵害妇女依法享有的土地承包经营权。

（8）其他侵害土地承包经营权的行为。

四、法律责任

（一）民事责任追究

1. 民事责任概念　发包方、承包方在土地承包经营过程中发生的侵害对方合法权益应当承担的法律责任。

2. 民事责任承担方式

（1）停止侵害　这是指土地承包经营权被侵害的承包方有权请求发包方停

止或者请求农村土地承包仲裁机构、人民法院责令发包方停止正在实施的侵权行为。发包方应当立即停止侵害行为。

（2）排除妨碍 发包方干涉、阻碍、妨害承包方行使土地承包经营权，承包方有权请求发包方或请求农村土地承包仲裁机构、人民法院责令发包方，排除其行使权利的障碍。如：停水、停电、设置障碍等。

（3）消除危险 发包方侵害土地承包经营权的行为对承包方的财产安全造成威胁，或者存在损害承包方财产的可能，承包方有权请求发包方或请求农村土地承包仲裁机构、人民法院责令发包方，采取有效措施，停止具有危险因素的行为或者消除损害可能。

（4）返还财产 发包方非法占用承包方的承包地或其他财产，承包方有权请求发包方或者请求农村土地承包仲裁机构、人民法院责令发包方，将其非法占有的承包地或其他财产返还承包方。包括原物及占用期间原物孳息一并返还。

（5）恢复原状 受侵害方有权请求侵害方或请求土地承包仲裁机构、人民法院责令将受到损坏的财产恢复到原来状态。

（6）赔偿损失 受侵害方有权请求侵害方或者请求农村土地承包仲裁机构、人民法院责令发包方，以其财产赔偿被侵害方所受损失。

3. 民事责任法定情形

（1）承包合同中违背承包方意愿或违反法律、行政法规有关不得收回、调整承包地等强制的约定无效。农村土地承包合同是设定的土地承包经营权的合同，是一种民事法律行为，承包方与发包方的权利义务应当依照法律、行政法规的规定来确定。对家庭承包而言，《土地承包法》规定了承包方、发包方的权利和义务，承包合同条款应当是双方当事人依法协商一致的结果。承包过程中，发包方处于优势地位，可能采取多种手段要求承包方签订违背其真实意愿、同意发包方不公平要求的合同。《民法典》第一百四十三条规定，具备下列条件的民事法律行为有效：①行为人具有相应的民事行为能力；②意思表示真实；③不违反法律、行政法规的强制性规定，不违背公序良俗。不具备这些条件的民事行为是无效或者可撤销的民事行为。为保护承包方的合法权益，《土地承包法》作出规定，承包合同中违背承包方真实意愿的约定无效，违反法律、行政法规有关不得收回、调整承包地等强制性规定的约定无效。但本规定承包合同的无效条款属于部分无效规定，并不影响其他条款的效力。承包方依然可以依据承包合同取得承包经营权。

（2）当事人一方不履行合同义务或者履行义务不符合约定的，应当依法承担违约责任。《土地承包法》就土地承包合同和采取招标、拍卖、公开协商等其他方式承包中发包方、承包方的权利义务作了规定。当事人违反规定不履行义务的，应当承当违约责任。根据合同法规定，当事人一方不履行合同义务或者履行义务不符合规定，即构成违约行为。不履行合同义务，是当事人有条件履行而拒绝履行。履行义务不符合约定，是指虽有履行行为但未按合同约定的条件履行，履行不符合合同的要求。对违约行为，合同法规定了继续履行、采取补救措施、赔偿损失、违约金、定金5种承担违约责任方式；还对不可抗力的免责、受害方违约责任请求权与侵权责任请求权的选择作了规定。

（3）任何组织和个人强迫进行土地承包经营权互换、转让或者土地经营权流转的，该互换、转让或者流转无效。强迫承包方进行土地承包经营权互换、转让或者土地经营权流转，违背了承包方的意愿，是侵害承包方土地承包经营权的行为，不符合民法典有关民事法律行为应当具备的条件是无效的。《土地承包法》规定的任何组织和个人，是指农民集体经济组织、村民自治组织、基层政府及其有关部门或者所属单位、国家公务人员、各种组织的工作人员、村民等，强迫承包方进行土地承包经营权互换、转让或者土地经营权流转的，均属无效的。同时，任何组织和个人擅自截留、扣缴土地承包经营权互换、转让或者土地经营权流转收益的，应当退还。

（4）非法征收、征用、占用土地或者贪污、挪用土地征收、征用补偿费用，造成他人损害的，应当承担损害赔偿责任。违反《土地管理法》等法律规定征收、征用、占用土地的行为是非法行为。《土地管理法》规定了7种行为：无权批准征用、使用土地的单位或者个人非法批准的；超过批准的数量占用土地的；未经批准或采取欺骗手段骗取批准；非法占用土地的；农村村民未经批准或采取欺骗手段骗取批准，非法占用土地建住宅的；依法收回国有土地使用权时当事人不交出土地的；临时使用土地期满拒不归还的。除构成犯罪的外，造成他人损害的，应当承担损害赔偿，返还财产、恢复原状等民事责任。

（5）承包方给承包地造成永久性损害的，发包方有权制止，并有权要求承包方赔偿由此造成的损失。根据《土地承包法》规定，承包方有"依法保护和合理利用土地，不得给土地造成永久性损害"的义务。所谓给土地造成永久性损害，是指由于对土地的不合理耕作、掠夺式经营，建永久性建筑物或者构筑物、取土、采矿及其他不合理的行为，造成土地荒漠化、盐渍化、破坏耕作层等严重破坏种植条件的情况，以一般的人力、物力难以恢复或者根本无法恢复种植条件的损害。对此，发包方有权依照法律规定，予以制止，并要求承包方赔偿由此造成的损失。发包方可以要求承包方停止违法行为，也可以请求农村土地承包仲裁机构或者人民法院责令承包方停止违法行为，承包方应当立即停止违法行为，并承担赔偿责任。对于承包方连续两年以上弃耕抛荒承包地的，发包方可以收取一定费用，用于土地耕作；连续三年以上弃耕抛荒承包地的，发包方可以依照法定程序收回承包地，重新发包。

（6）土地经营权人擅自改变土地农业用途，弃耕抛荒连续两年以上，给土地造成严重损害或者严重破坏土地生态环境，承包方在合理期限内不解除土地经营权流转合同的，发包方有权要求终止土地经营权合同。土地经营权人对土地和土地生态环境造成损害的应予以赔偿。以上是指土地流转后，土地经营权人违反合同甚至违法的行为，承包方应当在合理的期限内解除土地经营权流转合同。但实践中，发生承包方未解除合同的情形。对此，发包方在承包方不及时采取行动的情况下，享有终止土地经营权流转合同的请求权，发包方有权要求终止土地经营权流转合同，收回土地经营权。

（二）行政责任追究

1. 行政责任概念　发包方、承包方、土地经营权人、国家机关工作人员等违反土地承包法等法律法规规定应当承担的行政法律责任。包括对违法者实施行政处罚或行政处分。

2. 行政责任的法定情形

（1）对承包方、土地经营权人违法将承包地用于非农建设的行政处罚。根据《土地承包法》第十八条的规定，承包方有"维持土地的农业用途，未经依法批准不得用于非农建设"的义务。《土地管理法》对农业用地转为建设用地规定了严格的转用审批程序和征地、用地批准程序，承包方未履行《土地管理法》规定的批准手续或者采取欺骗手段骗取批准，将承包地用于非农建设的，应当依照《土地管理法》的规定，由县级以上人民政府土地行政主管部门给予行政处罚。

（2）国家机关及其工作人员有利用职权干涉农村土地承包经营，变更解除承包经营合同，干涉承包经营当事人依法享有的生产经营自主权，强迫、阻碍承包经营当事人进行土地承包经营权互换、转让或者土地经营权流转等侵害土地承包经营权、土地经营权的行为，给承包经营当事人造成损失的，除承担赔偿责任外，情节严重的由上级机关或者所在单位给予直接责任人行政处分。

（三）刑事责任追究

1. 刑事责任概念　违反刑法有关规定应当承担的刑事法律责任。

2. 刑事责任的法定情形

（1）违反《土地管理法》规定，非法征收、征用、占用土地或者贪污、挪用土地征收、征用补偿费用，构成犯罪的，依据《刑法》第三百四十二条的规定追究非法占用农用地罪的刑事责任；依据《刑法》第三百八十二条、第三百八十三条和第三百八十四条的规定，以贪污罪、挪用公款罪追究刑事责任；

（2）违反《土地管理法》和《土地承包法》规定，将承包地用于非农建设的，依据《刑法》第三百四十二条的规定，追究非法占用农用地的刑事责任。根据《刑法》第四百一十条的规定，追究非法批准征收、征用、占用土地罪的刑事责任。

（3）国家机关工作人员利用职权干涉农村土地承包经营，变更、解除承包合同，干涉承包经营当事人依法享有的生产经营自主权，强迫、阻碍承包经营当事人进行土地承包经营互换、转让或者土地经营权流转等侵害土地承包经营权，构成犯罪的，依据《刑法》第三百九十七条和第三百九十九条的规定，追究直接责任人滥用职权罪的刑事责任。

≪≪ 思考题

1. 2018年新修订的《中华人民共和国土地承包法》作了哪些重要修改？如何运用？

2. 承包地承包合同与林地等其他方式承包合同要求有什么不同，在实践中如何运用？

3. 国家工作人员在土地承包中应如何依法履职，防止违法犯罪？

4. 土地承包与经营权人如何依法履行土地承包经营义务、防止违法？

第九章 | Chapter 9

减轻农民负担
法律制度

党和政府十分重视农民利益的保护，党的十一届三中全会以来，制订了一系列有关的法律、法规和政策措施，使农民利益的保护逐步制度化、法制化。在我国，农民利益除受《宪法》《民法典》《合同法》《消费者权益保护法》《农业法》等法律、法规的保护外，还在减轻农民负担，保护农民合法经营权利等方面制定了专门法规和政策。如：1991 年国务院发布的《农民承担费用和劳务管理条例》；1990 年中共中央、国务院《关于坚决制止乱收费、乱罚款和各种摊派的决定》；中共中央办公厅、国务院办公厅《关于涉及农民负担项目审核意见的通知》；1994 年 5 月农业部《关于转发〈国家计委、财政部关于农业系统涉及农民负担收费项目修改意见的通知〉的通知》；2006 年中共中央作出了取消农业税、农业特产税的决定；2007 年国务院下发国办发〔2007〕4号《关于转发农业部村民一事一议筹资筹劳管理办法的通知》，对减轻农民负担进行了全面规范；同时各省、直辖市、自治区制定了有关地方法规、规章、规范性文件，如 1997 年湖南省人民政府修改颁布的《湖南省实施〈农民承担费用和劳务管理条例〉细则》；1993 年 4 月湖南省委办公厅、省政府办公厅《关于贯彻中共中央办公厅国务院办公厅〈关于切实减轻农民负担的紧急通知〉的通知》。土地承包权益保护、贸易权益保护、购买农业投入品权益保护、知识产权权益保护等在本书其他章节有介绍。本章重点介绍减轻农民负担法律制度。

第一节　农民负担的概念

《农民承担费用和劳务管理条例》农民负担有广义和狭义之分。广义的农民负担，即农民对国家、集体和社会其他方面所提供的各种有偿的或无偿的，直接的或间接的，有形的或隐形的，以货币、实物或劳务形式承担的经济负担之总称。狭义的农民负担，即国务院《农民承担费用和劳务管理条例》所称的农民承担的费用和劳务，是指农民依照法律、法规所承担的费用。后一种农民负担，是农民负担监督管理的主要对象。

农民负担既包括合理负担，也包括不合理负担。农民的合理负担，是指依照法律、法规的规定，经过规定程序进行审核批准，由农民或农村集体经济组织所承担的财力、物力和劳务，也就是法定的负担为农民合理负担。农民不合理负担，是指没有法律、法规依据，未经合法程序审核，无偿地、非自愿地要求农民或者农村集体经济组织提供的财力、物力和劳务。

农民承担费用和
劳务管理条例

第二节　减轻农民负担法律制度的主要内容

（一）主要的法律、法规及规章

1.《农业法》的有关规定 《农业法》第九章专门对农民权益保护作了专门规定。规范内容为：任何机关或者单位向农民或者农业生产经营组织收取行政、事业性费用必须依据法律、法规的规定，收费的项目、范围和标准应当公布。没有法律、法规依据的收费，农民和农业生产经营组织有权拒绝；任何机关或者单位对农民或者农业生产经营组织进行罚款处罚，必须依据法律、法规、规章的规定，没有法律、法规、规章依据的罚款，农民和农业生产经营组织有权拒绝；除法律、法规另有规定的外，任何机关或者单位不得以任何方式向农民或者经营组织进行摊派，不得以任何方式要求农民或者农业生产经营组织提供人力、财力、物力。农民和农业生产经营组织有权拒绝任何方式的摊派；各级人民政府及其有关部门和所属单位不得以任何方式向农民或者农业生产经营组织集资。没有法律、法规依据或者未经国务院批准，任何机关或者单位不得在农村进行任何形式的达标、升级、验收活动。税务机关及代扣、代收税款的单位应当依法征税，不得违法摊派税款及以其他违法方式征税；农村义务教育除按国务院规定收取的费用外，不得向农民和学生收取其他费用。禁止任何机关或者单位通过农村中小学校向农民收费；任何单位和个人不得截留、挪用农民和农村集体经济组织依法获得的征地补偿；农村集体经济组织或者村民委员会为发展生产或者兴办公益事业，需要向其成员（村民）筹资筹劳的，应当经成员（村民）会议或者成员（村民）代表会议过半数通过后，方可进行。农村集体经济组织和村民委员会依规定筹资筹劳的，不得超过省级以上人民政府规定的上限控制标准，禁止强行以资代劳；任何单位和个人向农民或者农业生产经营组织提供生产、技术、信息、文化、保险等有偿服务，必须坚持自愿原则，不得强迫农民和农业生产经营组织接受服务；农产品收购单位在收购农产品时，不得压级压价，除法律法规规定外，不得在支付价款中扣缴任何费用等。

2.《农民承担费用和劳务管理条例》的有关规定 《农民承担费用和劳务管理条例》（以下简称《条例》）于1991年12月7日以国务院第92号令发布施行。《条例》的发布，为正确处理国家、集体、个人三者关系，减轻农民负担，保护农民的合法权益提供了法律依据。《条例》共6章41条。《条例》规定：向国家缴纳税金，完成国家农产品定购任务，承担村提留、乡统筹、其他费用和劳务，是农民应尽的义务。除此以外要求农民无偿提供财力、物力和劳务的，均为非法行为，农民有权拒绝。《条例》对村提留、乡统筹费、劳务的标准、使用范围、提取和管理，其他项目的监督管理，奖励和处罚进行了具体规定。集体经济组织应加强对集体资金的管理和实行内部审计监督制度。其他收费、集资等项目需经合法的审批程序批准。对严格执行《条例》，成绩显著，有突出贡献的，各级政府给予表彰或者奖励；对违反《条例》的人和事，给予严肃查处。随着我国"三农"政策的调整，2006 年取消了农业税、农业特产税，并给农民多项补贴，农业政策已由过去"多取"向"少取"放活转变，《条例》所涉及的"三提"均逐步消失，农民负担也越来越轻。

3.《村民一事一议筹资筹劳管理办法》（国发办〔2007〕4 号）**的规定**
为规范村名一事一议筹资筹劳（以下简称筹资筹劳），加强农民负担监督管理，保护农民合法权益，促进农村基层民主政治建设和推进社会主义新农村建设，国务院转发了农业部《村民一事一议筹资筹劳管理办法》，该《办法》对新时期农民负担问题进行了全面规范。

（1）筹资筹劳的范围与对象　筹资筹劳的适用范围包括：村内农田水利基本建设、道路修建、植树造林、农业综合开发有关的土地治理项目和村民认为需要兴办的集体生产生活等其他公益事业项目。对符合当地农田水利建设规划，政府给予补贴资金支持的相邻村共同直接受益的小型农田水利设施项目，先以村级为基础议事，涉及的村所有议事通过后，报经县级人民政府农民负担监督管理部门审核同意，可纳入筹资筹劳的范围；属于明确规定由各级财政支出的项目，以及偿还债务、企业亏损、村务管理等所需费用和劳务，不得列入筹资筹劳的范围。筹资筹劳的议事范围为建制村。筹资的对象为本村户籍在册人口或者所议事项受益人口，筹劳的对象为本村户籍在册人口或者所议事项受益人口中的劳动力。五保户、现役军人不承担筹资筹劳任务；退出现役的伤残军人、在校就读的学生、孕妇或者分娩未满一年的妇女不承担筹劳任务。

（2）筹资筹劳减免对象　属于下列情况之一的，由当事人提出申请，经符合规定的民主程序讨论通过，给予减免。一是家庭确有困难，不能承担或者不能完全承担筹资任务的农户可以申请减免筹资；二是因病、伤残或者其他原因不能承担或者不能完全承担劳务的村民可以申请减免筹劳。

（3）筹资筹劳的程序　①筹资筹劳事项提出：筹资筹劳事项可由村民委员会提出，也可由 1/10 以上的村民或者 1/5 以上的村民代表联名提出。②民主讨论通过：需要村民出资出劳的项目、数额及减免等事项，应当经村民会议讨论通过，或者经村民会议授权由村民代表会议讨论通过。③事前公告与签字：对提交村民会议或者村民代表会议审议的事项，会前应当向村民公告，广泛征求意见。提交村民代表会议审议和表决的事项，会前应当由村民代表逐户征求所代表农户的意见并经农户签字认可。④召开村民会议：应当有本村18周岁以上的村民过半数参加，或者有本村2/3以上农户的代表参加。召开村民代表会议，应当有代表2/3以上农户的村民代表参加；村民委员会在召开村民会议或者村民代表会议前，应当做好思想发动和动员组织工作，引导村民积极参与民主议事。在议事过程中要充分发扬民主，吸收村民合理意见，在民主协商的基础上进行表决；村民会议所做筹资筹劳方案应当经到会人员的过半数通过。村民代表会议表决时按一户一票进行，所做方案应当经到会村民代表所代表的户过半数通过；村民会议或者村民代表会议表决后形成的筹资筹劳方案，由参加会议的村民或者村民代表签字。⑤相互协调：相邻村村民共同直接受益的筹资筹劳项目，应当由受益村协商、乡镇人民政府协调，按照分村议事、联合申报、分村管理资金和劳务的办法实施。⑥逐级审核：筹资筹劳方案报经乡镇人民政府初审后，报县级人民政府农民负担监督管理部门复审。对符合本办法规定的，县级人民政府农民负担监督管理部门应当在收到方案的7个工作日内予以答复；对不符合筹资筹劳适用范围、议事程序以及筹资筹劳限额标准的，县级人民政府农民负担监督管理部门应当及时提出纠正意见。

(4) 筹资筹劳的管理　①报批标准：省级人民政府农民负担监督管理部门应当根据当地经济发展水平和村民承受能力，分地区提出筹资筹劳的限额标准，报省级人民政府批准。②上卡登记：对经审核的筹资筹劳事项、标准、数额，乡镇人民政府应当在省级人民政府农民负担监督管理部门统一印制或者监制的农民负担监督卡上登记；村民委员会将农民负担监督卡分发到农户，并张榜公布筹资筹劳的事项、标准、数额；村民委员会按照农民负担监督卡登记的筹资筹劳事项、标准、数额收取资金和安排出劳。同时，应当向出资人或者出劳人开具筹资筹劳专用凭证。③督促实施：村民应当执行经民主程序讨论通过并经县级人民政府农民负担监督管理部门审核的筹资筹劳方案。对无正当理由不承担筹资筹劳的村民，村民委员会应当进行说服教育，也可以按照村民会议通过的符合法律法规的村民自治章程、村规民约进行处理。④民主理财：筹集的资金应单独设立账户、单独核算、专款专用；村民民主理财小组负责对筹资筹劳情况实行事前、事中、事后全程监督。筹资筹劳的管理使用情况经民主理财小组审核后，定期张榜公布，接受村民监督。

(5) 严格监管　地方人民政府农民负担监督管理部门应当将筹资筹劳纳入村级财务公开内容，并对所筹集资金和劳务的使用情况进行专项审计；属于筹劳的项目，不得强行要求村民以资代劳。村民自愿以资代劳的，由本人或者其家属向村民委员会提出书面申请，可以以资代劳；以资代劳工价标准由省级人民政府农民负担监督管理部门根据不同地区的实际情况提出，报经省级人民政府批准后予以公布；由村民筹资筹劳，开展村内集体生产生活等公益事业建设的，政府可采取项目补助、以奖代补等办法给予支持，实行筹补结合；对政府给予扶持资金的筹资筹劳项目，有关项目管理部门在进行项目审核、审批时，农民负担监督管理部门应就项目筹资筹劳是否符合村民一事一议的有关规定进行审查，并参与对项目筹资筹劳和资金使用情况的监督。

（6）责任追究　违反本办法规定要求村民或者村民委员会组织筹资筹劳的，县级以上人民政府农民负担监督管理部门应当提出限期改正意见；情节严重的，应当向行政监察机关提出对直接负责的主管人员和其他直接责任人员给予处分的建议；对于村民委员会成员，由处理机关提请村民会议依法罢免或者作出其他处理；违反本办法规定强行向村民筹资或者以资代劳的，县级以上地方人民政府农民负担监督管理部门应当责令其限期将收取的资金如数退还村民，并依照本办法第十九条规定对相关责任人提出处理建议；违反本办法规定强制村民出劳的，县级以上地方人民政府农民负担监督管理部门应当责令其限期改正，按照当地以资代劳工价标准，付给村民相应的报酬，并依照本办法第十九条规定对相关责任人提出处理建议。

4. 各省、市、自治区制订的筹资筹劳办法（以湖南为例）　根据有关法律法规和《中共中央、国务院关于进一步加强农村工作，提高农业综合生产能力若干政策的意见》（中发〔2005〕1号）的规定，2005年湖南省制定了村内一事一议筹资筹劳办法（试行）（湘政发〔2005〕17号），对湖南省"一事一议"筹资筹劳进行了规范。

（1）"一事一议"的原则　"一事一议"筹资筹劳要坚持"村民自愿、量力而行、共同受益、民主决策、上限控制、程序规范、使用公开"的原则。

（2）"一事一议"的范围　"一事一议"筹资筹劳只限于村内兴办小型农田水利基本建设、修建村组道路桥梁、植树造林等集体生产公益事业；涉及几个村村民共同受益的集体生产公益事业建设项目（如左右岸同渠、上下游共渠的渠道和塘坝的新建、清淤、维护，村连村之间道路的建设、保养等），在征得受益村多数村民同意后，纳入"一事一议"筹资筹劳范围，实行分村议事，分村申报，分村管理所筹资金和劳务，由乡镇政府协商受益村共同组织施工。

下列事项不得纳入"一事一议"筹资筹劳范围。即：非本村的集体生产公益事业建设所需资金和劳务（如水利干渠、支渠的修缮、清淤，乡到村的公路修建等）确需调工的，要实行有偿；农村电网改造、学校危房改造、五保户供养、村组干部报酬、畜禽防疫和水利工程水电费等有明确经费渠道及确定收费对象和开支规定的资金和劳务；偿还村级债务、兴办企业亏损等不属于村内集体生产公益事业的资金和劳务。

（3）"一事一议"项目提出　每年年初，村民委员会对有十分之一以上村民和五分之一以上村民代表联名提出的集体生产公益事业项目进行筛选，提出符合议事范围的筹资筹劳预案。预案内容包括：建设项目、投资概算、筹资筹劳渠道、筹资筹劳额度、分摊办法和减免措施等；筹资筹劳预案须经村民小组长会议初审通过后形成正式议案，印发给全体村民。在充分讨论酝酿的基础上，适时召开村民会议或经村民会议授权召开村民代表会议进行审议和表决。

（4）"一事一议"决策会议召开　审议"一事一议"筹资筹劳方案的村民会议须有本村18周岁以上过半数村民参加，或者本村三分之二以上户的代表参加。村民代表会议须有本村三分之二以上村民代表会议成员参加。村民代表会表决时按一户一票制进行；人数较多、居住分散的村，可以村民小组为单位或者分片召开村民会议进行审议；所议事项须经村民会议或村民代表会议过半数以上投票赞成并签字认可后，方能形成筹资筹劳正式决议。

（5）筹资筹劳标准　"一事一议"筹资按人口计算，每年每人最高不超过15元（属国家和省扶贫开发重点县的，原则上不向村民筹资）；所筹劳务按本村劳动力计算（男性18～55周岁、女性18～50周岁），每年每个劳动力最多不超过10个标准工日。向村民筹劳，只限于适合村民直接投工的项目，不得以筹劳名义变相集资。严禁强制村民以资代劳。村民自愿以资代劳的，可由村民委员会雇请其他劳动力完成投工。以资代劳工价标准由县级农民负担监督管理部门制定，并向群众公布。

（6）方案审批及分解　经村民会议或村民代表会议审议通过的筹资筹劳决议形成后，由村民委员会报乡镇农民负担监督管理部门初审，经乡镇人民政府审核并报县级农民负担监督管理部门批准；村民委员会要及时将经县（市、区）农民负担监督管理部门批准的筹资筹劳方案分解到户，造具到户花名册，并分户填制由省农民负担监督管理领导小组办公室统一印制的《农民负担与补贴监督卡》，村民依卡出资出劳。

（7）筹资筹劳管理　"一事一议"所筹资金属于集体资金，由村民委员会依卡收取，并向出资人出具合法票据；村民委员会要建立严格的财务管理制度，对"一事一议"所筹资金实行专户储存，专账核算，只能用于所议集体生产公益事业项目，不得挪作他用，更不得用于村级管理费开支，并接受上级业务主管部门的监督；"一事一议"所筹劳务由村民委员会根据集体生产公益事业工作进度统一调度，原则上安排在农闲季节进行；村民委员会对所筹劳务，要加强管理，制定合理的劳动定额，以提高劳动效率。项目结束后，要对各户所出劳务进行决算，并按统一工价平衡找补；村民有依照本办法履行"一事一议"筹资筹劳的义务，无正当理由，不得拒绝。对现役军人、伤残退伍军人、在校学生、孕妇或分娩未满一年的妇女和因天灾人祸履行确有困难的村民，经本人申请，村民代表会议同意，可予减免。

（8）项目决算　"一事一议"筹资筹劳项目完成后，村民委员会必须在30个工作日内办理好项目决算，并向村民主理财小组和乡镇农民负担监督管理部门提交决算报告。经村民主理财小组审查通过后的决算报告，要向村民专项公布。公布的重点是：计划筹资筹劳情况、实际筹资筹劳情况、减免情况、资金使用详细项目及金额等。对村民有异议的决算报告，村民委员会应负责解释，经解释后群众仍不满意的，县（市、区）、乡镇农民负担监督管理部门应进行复查或专项审计；属于跨年度"一事一议"项目决算，可采取分段决算，即以年度为时段，一年一决算，定期公布或一次性决算（所跨年度在3年内），即全部项目完毕后再决算公布，但在年度财务公开时，应将其执行情况单列公布。

（9）严格监督与问责　各级人民政府的主要负责人对本地"一事一议"筹资筹劳负全面责任，各级人民政府农民负担监督管理部门具体负责。乡镇农民负担监督管理部门要对"一事一议"筹资筹劳使用情况每年进行一次财务审计。村民意见较大的，县（市、区）农民负担监督管理部门应组织专门力量进行重点审计，对确有问题的，要按财务管理的有关规定严肃处理。对违反有关法律法规的，要依法移交司法机关处理。对凡因违反规定而引发涉及农民负担的严重群体事件和恶性案件的，除按规定上追一级责任单位和领导人的责任外，还实行"一票否决"。

有下列情形之一的筹资筹劳，县市区、乡镇农民负担监督管理部门应责令限期改正，限期退还向农民收取的资金或支付用工报酬，情节严重的，要按照省委办公厅、省政府办公厅《印发〈关于对涉及农民负担案（事）件实行责任追究的实施细则〉的通知》（湘办发〔2003〕20号）的规定追究责任：

①未经村民会议或村民代表会议讨论的；

②经村民会议或村民代表会议讨论但未通过的；

③经村民会议或村民代表会议讨论通过但未按有关程序办理申报、审查的；

④经有关程序申报、审查后但又擅自增项加码的；

⑤未按规定填制、发放《农民负担与补贴监督卡》的；

⑥农民负担监督管理工作人员玩忽职守，造成不良后果的。

第三节 农民负担管理

一、农民负担监督卡制度

农民负担监督卡制度是指农民负担的一项主要监督管理制度。它是依据国家和地方有关农民负担的法律、法规和政策、规定，按照法定的预算审批程序，把当年农民应承担的劳务、费用分解到户的一种文书形式。它在明确农民合法权益的同时，也明确了农民应承担的义务，对增加农民群众的法律观念，推动农民负担监督管理工作规范化、法制化建设具有十分重要的意义。

二、农民负担资金管理

合同内农民负担管理主要是资金管理。我们在日常管理中，除认真搞好农民负担预决算方案审批制度、农民负担监督卡制度外，还要建立健全集体资金统一管理制度和农民负担专项审计制度。

1. 统一管理集体资金 依法收取的资金属集体所有。要加强对集体所有资金的管理，要实行一个漏斗向下，一条鞭管理，民主理财，民主监督，统一管理集体资金。

2. 开展农民负担专项审计 村里依法收取的资金，属村集体所有，应当实行严格的财务管理制度，做到分户立账，分项核算、专款专项专用，接受上一级农民负担监督管理部门的监督。要加强农民负担专项审计监督工作，开展决算审计、专项审计、问题审计等多种审计形式，完善集体经济组织内部监督机制。

三、其他费用（社会负担）的管理

1. 行政事业性收费的管理 行政性收费是国家行政机关以及其他依法行使行政管理职权的单位进行行政管理活动中，按照法律、行政法规规定向公民、法人和其他组织实施的收费。事业性收费是机关、事业单位向公民、法人和其他组织提供服务，按照法律、行政法规规定实施的收费。

面向农民的行政事业性收费，必须有法律、法规的依据。其项目设置、标准的制定和调整，须经省人民政府物价、财政主管部门会同农民负担监督管理部门批准。未经省农民负担监督管理部门共同审核的涉农行政事业性收费是违法收费；省直其他部门以及省以下各级政府、各部门自行出台的行政事业性收费，是违法收费。涉农行政事业性收费单位必须接受物价、财政和农民负担监督管理部门的监督检查，如实提供账册、专用收款收据等有关资料。涉农行政事业性收费案件由物价、财政会同农民负担监督管理部门查处。

2. 集资的管理 集资是为了兴办某项事业和某项建设，向社会筹集资金的行为。向农民集资，必须在法律、法规和国务院有关政策允许的范围内进行，并遵循自愿、适度、出资者受益、资金定向使用的原则。集资项目的设置和范围的确定，须经省人民政府农民负担监督管理部门会同计划、财政主管部门批准，省直其他部门和省以下各级政府、各部门无权设立集资项目。

农民负担监督管理部门要加强对集资的审批、管理、监督和执法检查工作。对违反自愿、适度、出资者受益、资金定向使用者，对未经审批、越权审批、超越审批额集资者，农民负担监督管理部门有权责令如数退还，并处收费单位以及直接负责人、主管负责人罚款。农民集资资金属集体资金性质。对农民集资兴建的项目，要明晰集体资产产权关系，进行集体资产登记和管理，要加强对集资资金的专项审计工作。

3. 罚款、基金的管理 罚款，是国家机关、司法机关和法律、法规授权的机构依据法律、法规，强制违犯行政法规的公民、法人和其他组织缴纳一定金额的一种行政处罚。在法律、法规之外，任何地方、部门和个人无权擅自设置罚款项目。严禁非法向农民罚款和没收财物，对乱罚款的行为，农民负担监督管理部门有权责令如数退还，情节严重的，由农民负担监督管理部门，对罚款单位和直接负责人、主管负责人依法处理或追责。

基金，是按国家、企业和居民特定需要有计划地建立起来的有特定用途的专用资金。在农村建立各种基金，须经国务院财政主管部门会同农民负担监督管理部门和有关主管部门批准，重要项目须经国务院批准。未经财政部、农业农村部或国务院批准，擅自设立基金的行为，属违法行为，农民负担监督管理部门有权责令如数退还，情节严重的，由农民负担监督管理部门对违法单位和直接责任人、主管负责人依法处理或追责。

4. 摊派的管理 摊派是指依照国家法律、法规规定，要求农民或者农业生产经营组织提供人力、财力、物力的行为。在法律、法规规定之外强制要求农民或生产经营组织提供人力、物力、财力的摊派行为是违法的。为农民提供经济、技术、劳务、信息等有偿服务，向农民发行有价证券、征订报刊和书籍，组织农民参加储蓄、募捐、保险和文娱体育等活动，应当遵循自愿原则，应当遵守法律、法规的规定，收税应该严格遵守税法。禁止任何单位和个人以任何名义向农民摊派。对用摊派手段收取税费者、强制有偿服务者，农民负担监督管理部门有权责令如数退还，情节严重的，由农民负担监督管理部门对收费单位和直接负责人、主要负责人依法处理或追责。

第四节　对违反农民负担法律规定的处罚

根据《中华人民共和国农业法》《国务院农民承担费用和劳务管理条例》的规定，对违反农民负担法律法规规定的处罚主要有：

（1）对违反《条例》和《细则》及国家有关的规定设置的收费、集资和基金项目，由农民负担监督管理部门或者有关部门报请同级人民政府予以撤销。

（2）违法向农民或者农业生产经营组织收费、摊派或者强制集资的，由农民负担监督部门或有关部门报请同级人民政府责令如数返还非法收取的款物。

（3）违反《条例》和《细则》和国家有关规定加重农民负担的单位负责人和直接责任人员，由农民负担监督管理部门提请上述人员所在单位或者监察机关给予行政处分，情节严重、构成犯罪的，依法追究刑事责任。

（4）对检举、揭发、控告和抵制向农民乱收费、乱集资、乱罚款和进行各种摊派的单位和人员打击报复，属于违反《中华人民共和国行政监察条例》的，由行政监察机关依法处理；属于违反《中华人民共和国治安管理条例》的由公安机关依法处罚；构成犯罪的，由司法机关依法追究刑事责任。

第五节　农民负担的监督

农民负担的监督由农民负担监督管理部门的监督、其他部门的监督、群众的监督、司法的监督和舆论的监督五部分组成。

1. 主管部门的监督　根据《条例》和《细则》规定：县级以上人民政府农民负担监督管理部门主管本行政区域内的农民负担监督管理工作。乡（镇）人民政府主管本乡（镇）农民负担监督管理工作，日常工作由乡农业经营管理站负责。农民负担监督管理部门的主要职能是：①搞好农民负担的宣传和政策调研工作，进行政策调研和示范点、观察点工作，为领导决策当好参谋；②加强农民负担监督网络建设，建立农民负担监督员队伍，健全减负办事机构，完善农民负担情况通报和汇报制度；③开展执法监督，查处加重农民负担的案件，进行农民负担专项审计。

2. 其他部门的监督　监察、法制、物价、财政等部门是农民负担监督工作中的主要行政管理职能部门，他们的主要职能是：①开展执法监察，保证政令畅通；②查处涉及减轻农民负担的案件；③进行有关法律、法规、规章和规范性文件的制定、修改或者废止；④加强对涉农收费的规范化、法制化管理；

⑤加强行政事业性收费、集资、基金管理，把好立项审批关；⑥协调立法、执法和执法监督的关系，加强执法监督检查。

3. 群众的监督　提高农民自我保护的意识和能力，增强群众的监督是抵制各种不合理负担的一条重要途径，在农民负担问题上农民拥有以下权利：一是农民有权要求收费机关出示法律、法规和文件，收费机关应当向农民开具法定收款凭证；二是对不合理负担农民有权拒绝；三是对不合理负担农民有权依法申请行政复议、提起行政诉讼或者向农民负担监督管理部门、监察等部门申诉、检举、控告，有关部门必须依法受理。另外，要重视信访工作，认真做好群众来信来访的处理。

4. 司法的监督　对违法犯罪的，依法追究有关人员的责任。

5. 舆论的监督　对重大违法行为、重大案件予以曝光，督促依法处理。

思考题

1. 我国减轻农民负担的法律法规主要有哪些？
2. 国务院关于农民承担劳务和费用有何新的规定？
3. 实践中还存在哪些侵害农民权益的现象？
4. 我国农业税法律制度是哪年废除的？

第十章 | Chapter 10

农业内外贸易
法律制度

农业经济贸易法律制度是调整平等民事主体的法人、其他经济组织、个体工商户、农村承包经营户相互之间发生的经济贸易关系的法律规范的总和。中华人民共和国成立以来农业经济贸易法律制度的历史发展可分为三个阶段：新中国成立后至党的十一届三中全会前为第一阶段，该阶段基本上是按苏联的产品经济模式安排经济建设的。在农业生产上片面强调"以粮为纲"，其主要的法律规范为当时的关于农产品计划收购与供应的决定与通知等。党的十一届三中全会后至党的十四大前为第二阶段，该阶段由产品经济转变为公有制基础上的有计划的商品经济，推行家庭联产承包责任制，规定了农村承包经营户的经营自主权，这一阶段的主要法律规范有《经济合同法》等。党的十四大至今为第三阶段，其明显的特点是公有制基础上实行计划经济转变为社会主义市场经济。在市场经济条件下的农业经济贸易，要求已经放开的农产品应当继续放开，没有放开的农产品应创造条件逐步放开，逐步实现按市场经济规律与市场规则开展农业经济贸易活动。这一阶段的法律规范比较多，重要的有《农业法》《公司法》《反不正当竞争法》《对外贸易法》等。而1998年又新颁布了《粮食收购条例》，1999年又通过了新的《合同法》，进一步为农业经贸活动夯实了法律基础。

第一节　农业经济贸易的主体

一、农业经济贸易主体的分类

农业经济贸易法律制度是调整农业经济关系的法律制度，实际上也可以说它是规范农业经济贸易主体在贸易活动中行为的法律制度。

农业经济贸易的主体主要分为：

1. 法人　法人，是与自然人相对而言的，是社会化组织的"人格化"。《民法典》第五十七条规定："法人是具有民事权利能力和民事行为能力，依法独立享有民事权利和承担民事义务的组织"。我国将法人分为如下几类：①企业法人。企业法人是以营利为目的，依法自主经营、自负盈亏的工业、农业、商业、服务业等经济组织。企业法人必须按照法律规定的程序成立，有一定的组织机构和独立的财产，并

民法典

享有民事权利能力和民事行为能力。党的十一届三中全会以后，我国已由产品经济逐步转变为有计划的商品经济，单一的公有制向以公有制为主体的多种所有制形式转变，出现了全民所有制企业法人、集体所有制企业法人、私营企业

法人、中外合资经营企业法人、中外合作经营企业法人和外资企业法人等企业法人。这种分类标准强调的是所有制形式，即强调企业的性质。随着改革的深化，我国正由计划经济向社会主义市场经济过渡，逐步建立起既符合国情又与国际惯例接轨的具有中国特色的现代企业制度，出现了有限责任公司法人和股份有限公司法人，它的分类标准强调的是复合的公司关系，而不问投资者所有制的性质。随着社会主义市场经济的建立和发展，公司法人将在企业法人中占据重要的地位，但在目前阶段，该两类企业法人将长期共同存在。②机关法人。机关法人是从事国家领导或者行政管理职能，以国家预算拨款作为独立活动经费的法人。主要包括各级党委机关、国家权力机关、政府机关、司法机关、军事机关等。要特别注意的是，国家机关具有双重身份，一方面它可以作为国家的权力机关执行管理职能、行使权力，另一方面它也可以作为民事主体从事民事活动。譬如市场行政管理部门行使市场管理权，对农贸市场进行监督管理，这时它同市场内各经营者之间是管理与被管理的关系，它们的相互地位是不平等的；同样，市场行政管理部门为解决职工福利，也可以同市场内的经营者签订农副产品购销合同，这时它们的相互地位是平等的。③事业单位法人。事业单位法人是以谋求某种社会利益为目的，拥有独立经费，从事某项具体事业，并受国家机关直接管理的社会组织，如教育、科研等单位。④社会团体法人。社会团体法人是由公民自愿结合成立，有独立财产或者经费，从事政治、社会公益、学术研究、宗教等活动的各种社会组织，主要包括政治团体、群众团体、文艺团体、学术研究团体、宗教团体等。

2. 其他经济组织 其他经济组织是指有一定的组织机构和财产，依法经过核准登记，领取《营业执照》，获准从事生产经营，但又不具备法人资格的组织。主要包括：①依法登记领取营业执照的私营企业。②依法登记领取营业执照的合伙型联营企业；③依法登记领取中国营业执照的中外合作经营企业、外资企业；④经核准登记领取营业执照的乡镇、街道、村办企业；⑤法人依法设立并领取营业执照的分支机构等。

3. 个体工商户 《民法典》第五十四条规定："自然人从事工商业经营，经依法登记，为个体工商户。"为规范个体工商户管理，国务院发布了《城乡个体工商户管理暂行条例》，个体工商户必须依法经核准、登记，取得营业执照。个体工商户的债务，个体经营的，以个人财产承担；家庭经营的，以家庭财产承担；其中以家庭共有财产承担责任时，应当保留家庭成员的生活必需品和必要的生产工具。

4. 农村承包经营户 《民法典》第五十五条规定："农村集体经济组织的成员，依法取得土地承包经营权，从事家庭承包经营，为农村承包经营户"。农村承包经营户不需要经过核准登记，它通过同集体组织订立承包合同而取得集体所有或者国家所有由集体使用的土地、山岭、果园及其他生产资料的承包经营权，便具有了农村承包经营户的民事主体资格。农村承包经营户对外承担债务同个体工商户一样是承担无限责任。

农业经济贸易的客体是指农业经济贸易主体之间的权利和义务共同指向的对象。它主要包括：农产品及其加工品、农业生产资料、农业劳务、科技成果和劳动成果等，有关各客体的具体内容，由于篇幅有限，这里不作详述。

二、公司

1993 年 12 月 29 日，第八届全国人大常委会第五次会议通过了《公司法》，已于 1994 年 7 月 1 日正式施行。1999 年 12 月 25 日第九届全国人民代表大会常务委员会作了第一次修正。2004 年 8 月 28 日第十届全国人民代表大会常务委员会作了第二次修正。2005 年 10 月 27 日第十届全国人民代表大会常务委员会进行了第三次修正，2006 年 1 月 1 日起施行。2018 年 10 月 26 日全国人民代表大会常务委员会第四次修正。《公司法》的颁布和施行，为中国企业走向现代化提供了法律依据，也为中国市场经济的建立提供了法律保障。

（一）有限责任公司

有限责任公司是指股东以其出资额为限对公司承担责任，公司以其全部资产对公司的债务承担责任的企业法人。

1. 组成人数与出资额　《公司法》第二十四条规定："有限责任公司由五十个以下股东出资设立"。有限责任公司的股东仅以其出资额为限对公司承担责任，即把股东投入公司的财产同他的其他财产脱钩，这就是"有限责任"的含义。股东的出资额则由股东自己或者股东之间的协议、公司

公司法

章程来决定。股东之间的出资额不要求等额，出资形式也比较自由，《公司法》第二十七条规定："股东可以用货币出资，也可以用实物、知识产权、土地使用权等可以用货币估价并可以依法转让的非货币财产作价出资；但是，法律、行政法规规定不得作为出资的财产除外。对作为出资的非货币财产应当评估作价，核实财产，不得高估或者低估作价。法律、行政法规对评估作价有规定的，从其规定。"股东的出资额多少决定其在有限责任公司权利的大小，《公司法》第三十四条规定："股东按照实缴的出资比例分取红利。"第四十二条规定："股东会会议由股东按照出资比例行使表决权。"第三十五条规定："公司成立后，股东不得抽逃出资。"第七十一条规定："股东之间可以相互转让其全部或者部分股权；股东向股东以外的人转让其股权，必须经全体

股东过半数同意；经同意转让的股权，在同等条件下，其他股东对该股权有优先购买权。"

2. 风险承担 有限责任公司以其全部资产对公司承担责任。《公司法》规定有限责任公司是企业法人，因此，有限责任公司对外承担的责任也是有限的。其全部资产包括公司设立时的股东出资及公司设立后经营所产生或控制的各种财产、债权和其他权利。

3. 组织机构 有限责任公司的组织机构主要指股东会、董事会、经理和监事会，它们在公司内各司其职，各负其责，相互分工合作，使公司的生产经营活动有序、顺利地开展。①股东会。《公司法》第三十六条规定："有限责任公司股东会由全体股东组成，股东会是公司的权力机构，依照本法行使职权。"股东会会议由股东按照出资比例行使表决权，《公司法》第四十三条规定："股东会对公司修改公司章程、增加或者减少注册资本的决议、合并、分立、合并、解散或者变更公司形式的决议作出决定，必须经代表三分之二以上表决权的股东通过。"②董事会。董事会是由股东会选举出来的有限责任公司的执行机构，对股东会负责。董事会的成员一般为三人至十三人。设董事长一人，可以设副董事长。董事长、副董事长的产生办法由公司章程规定。但是《公司法》第五十条规定，股东人数较少或者规模较小的有限责任公司，可以设一名执行董事，不设董事会。③经理。有限责任公司可以设经理，由董事会决定聘任或者解聘。公司经理是有限责任公司负责并控制公司及其分支机构各生产部门或者其他业务单位的高级职员，对公司事务进行具体管理，并能全权代表公司从事交易活动。经理由董事会聘任，对董事会负责。④监事会。监事会是对董事、经理执行业务活动实行监督的机关。《公司法》第五十一条规定："有限责任公司，经营规模较大的，设立监事会，其成员不得少于三人。股东人数较少或者规模较小的有限责任公司，可以设一至二名监事，不设监事会。监事会应当包括股东代表和适当比例的公司职工代表，其中职工代表的比例不得低于三分之一，具体比例由公司章程规定。监事会中的职工代表由公司职工通过职工代表大会、职工大会或者其他形式民主选举产生。"

（二）股份有限公司

股份有限公司是指公司的全部资本分为等额股份，股东以其所持股份为限对公司承担责任，公司以其全部资产对公司的债务承担责任的企业法人。

1. 设立 股份有限公司的设立，必须经过国务院授权的部门或者省级人民政府批准，可以采取发起设立或者募集设立的方式。发起设立是指由发起人认购公司应发行的全部股份而设立的公司；募集设立是指出发起人认购公司应发行股份的一部分，其余部分向社会公开募集而设立的公司。发起人认购公司股份，不得少于公司股份总数的百分之三十五，可以用货币出资，也可以用实物、工业产权、非专利技术、土地使用权作价出资，对于作为出资的实物、工业产权、非专利技术或者土地使用权必须进行评估作价、核实财产，并折合为股份。发起人向社会公开募集股份时，必须向国务院证券管理部门递交申请书，未经批准，不得以社会公开募集股份；必须公告招股说明书，制作认股书；应当由依法设立的证券经营机构承销，签订承销协议；应当同银行签订代收股款协议等等。

2. 组织机构 股份有限公司同有限责任公司一样，主要组织机构有股东大会、董事会、经理和监事会。①股东大会。《公司法》第九十八条规定："股份有限公司股东大会由股东组成。股东大会是公司的权力机构，依照本法行使职权。"股东大会由董事会召集、董事长主持。股东出席股东大会，所持每一股份有一表决权。股东大会作出决议，必须经出席会议的股东所持表决权的半数以上通过，其中对公司合并、分立或者解散公司以及修改公司章程的决议，必须经出席股东大会的股东所持表决权的三分之二以上通过。②董事会。《公司法》第一百零八条规定："股份有限公司设董事会，其成员为五人至十九人。"董事会由股东大会选举产生，对股东大会负责。董事会设董事长一人，为公司的法定代表人。③经理。股份有限公司设经理，由董事会聘任，对董事会负责。④监事会。监事会由股东代表和适当比例的公司职工代表组成，其成员不得少于三人。董事、经理及财务负责人不得兼任监事。

3. 股份和股票 股份是构成股份有限公司资本的最小单位，是公司全部资本分成的均等份额，它是确定股东权利、义务大小的基础，股份在股份有限公司成立后，以股票形式出现。

公司的股份按投资主体可分为：①国家股。国家股是指有权代表国家投资的政府部门或者机构以国有资产投入公司形成的股份。国家股由国务院授权的部门或者机构，或者根据国务院决定，由地方人民政府授权的部门或者机构持有，并委派股权代表。②法人股。法人股是指企业以其依法可支配资产投入公司形成的股份，或者具有法人资格的事业单位和社会团体以国家允许用于经营的资产向公司投资形成的股份。③个人股。个人股是社会个人以个人合法财产投入公司形成的股份。此外，还有外资股，是指外国和我国香港、澳门、台湾地区投资者以购买人民币特种股票形式向公司投资形成的股份。

股票是股份有限公司签发的证明股东所持股份的凭证。股票有以下特征：①股票是一种权利义务证书。股东合法持有股票，就有权利分享公司的利益，参与公司的决策和管理，同时也要承担公司的责任和风险。②股票是种有价证券，它既不是债权证券，也不是物权证券，而是种具有财产内容的权利。它可以自由流通和转让，也可以赠与、继承和抵押。③股票具风险性。股票一经购买，便不能退还本金。股东能否获得预期利润，完全取决于公司的生产经营状况和股票价格升降以及其他诸因素，当公司破产时可能连本金都收不回，在储蓄、债券、股票投资中，股票投资是风险性最大的。

股东持有的股份可以依法转让，但股东转让其股份，必须在依法设立的证券交易所进行。相对于有限责任公司的股份转让而言，股份有限公司的股份转让是相当自由的，但也并不是没有任何限制，《公司法》第一百四十一条规定："发起人持有的本公司股份，自公司成立之日起一年内不得转让。"第一百四十二条规定："公司不得收购本公司股份。但是，有下列情形之一的除外：（一）减少公司注册资本；（二）与持有本公司股份的其他公司合并；（三）将股份用于员工持股计划或者股权激励；（四）股东因对股东大会作出的公司合并、分立决议持异议，要求公司收购其股份；（五）将股份用于转换上市公司发行的可转换为股票的公司债券；（六）上市公司为维护公司价值及股东权益所必需。公司因前款第（一）项、第（二）项规定的情形收购本公司股份的，应当经股东大会决议；公司因前款第（三）项、第（五）项、第（六）项规定的情形收购本公司股份的，可以依照公司章程的规定或者股东大会的授权，经三分之二以上董事出席的董事会会议决议。公司依照本条第一款规定收购本公司股份后，属于第（一）项情形的，应当自收购之日起十日内注销；属于第（二）项、第（四）项情形的，应当在六个月内转让或者注销；属于第（三）项、第（五）项、第（六）项情形的，公司合计持有的本公司股份数不得超过本公司已发行股份总额的百分之十，并应当在三年内转让或者注销。上市公司收购本公司股份的，应当依照《中华人民共和国证券法》的规定履行信息披露义务。上市公司因本条第一款第（三）项、第（五）项、第（六）项规定的情形收购本公司股份的，应当通过公开的集中交易方式进行。公司不得接受本公司的股票作为质押权的标的。"

三、企业

（一）全民所有制企业

全民所有制企业是指依法自主经营、自负盈亏、独立核算的社会主义商品生产和经营单位。企业的财产属于全民所有，国家依照所有权和经营权分离的原则授予企业经营管理。企业对国家授予其经营管理的财产享有占有、使用和依法处分的权利。企业依法取得法人资格，以国家授予其经营管理的财产承担民事责任。全民所有制企业包括全民所有制工业、交通运输、邮电、地质勘探、建筑安装、商业、外贸、物资、农林、水利等企业，现在一般统称为国有企业。

(二)集体所有制企业

集体所有制企业是指财产属于劳动群众集体所有、实行共同劳动、在分配方式上以按劳分配为主体的社会主义经济组织。集体所有制企业分为城镇集体所有制企业和乡村集体所有制企业两类。《城镇集体所有制企业条例》第六条规定:"集体企业依法取得法人资格,以其全部财产独立承担民事责任。"《乡村集体所有制企业条例》第六条规定:"乡村集体所有制企业实行自主经营,独立核算,自负盈亏。"

(三)私营企业

私营企业是指企业资产属于私人所有,雇工3人以上的营利性的经济组织。私营企业必须在国家法律、法规和政策规定的范围内从事经营活动。私营企业分为独资企业、合伙企业、有限责任公司三种。《私营企业暂行条例》第七条规定:"独资企业是指一人投资经营的企业。独资企业投资者对企业债务负无限责任"。第八条规定:"合伙企业是指二人以上按照协议投资、共同经营、共负盈亏的企业。合伙人对企业债务负连带无限责任"。

(四)中外合资经营企业、中外合作经营企业

外资公司、企业和其他经济组织或者个人,按照平等互利的原则,经中国政府批准,在中华人民共和国境内,同中国的公司、企业或者其他经济组织共同举办的合营企业称为中外外合资经营企业。中外合资经营企业是股权式企业:分配利润、风险亏损承担均以股权大小分担。《中外合资经营企业法》第四条规定:"合营企业的形式为有限责任公司"。

中外合作经营企业是指外国的企业和其他经济组织或者个人按照平等互利的原则,同中华人民共和国的企业或者其他经济组织在中国境内共同举办的合作经营企业。中外合作经营企业是契约式企业,《中外合作经营企业法》第二条规定:"中外合作者举办合作企业,应当依照本法的规定,在合作企业合同中约定投资或者合作条件、收益或者产品的分配、风险和亏损的分担、经营管理的方式和合作企业终止时财产的归属等事项。"

(五)外资企业

1986年发布的《外资企业法》经过2000年、2016年、2019年三次修订,其第二条规定:"本法所称的外资企业是指依照中国有关法律在中国境内设立的全部资本由外国投资者投资的企业,不包括外国的企业和其他经济组织在中国境内的分支机构。"《外资企业法实施细则》第十八条同时规定:"外资企业

的组织形式为有限责任公司，经批准也可以为其他责任形式。外资企业为有限责任公司的，外国投资者对企业的责任以其认缴的出资额为限。外资企业为其他责任形式的，外国投资者对企业的责任适用中国法律、法规的规定。"

第二节 市场竞争法律制度

市场经济要求以公平、合理、自由为原则，支持和鼓励市场主体的正当竞争，禁止不正当竞争，最大限度地维护市场竞争秩序。1993年全国人大常委会通过的《反不正当竞争法》，2017年、2019年全国人大常委会曾2次修订。该法系统规定了各类市场主体应当遵循的原则、不正当竞争行为表现、对反不正当竞争的调查及法律责任等，对规范市场秩序，促进市场经济健康有序发展将发挥越来越重要的作用。

一、市场交易原则

反不正当竞争法

《反不正当竞争法》明确规定：经营者在生产经营活动中，应当遵循自愿、平等、公平、诚信的原则，遵守法律和商业道德。

法律规定的不正当竞争行为，是指经营者在生产经营活动中，违反法律规定，扰乱市场竞争秩序，损害其他经营者或者消费者的合法权益的行为。法律规定的经营者，是指从事商品生产、经营或者提供服务（以下所称商品包括服务）的自然人、法人和非法人组织。

二、不正当竞争监管主体

法律规定要求各级人民政府应当采取措施，制止不正当竞争行为，为公平竞争创造良好的环境和条件。国务院建立反不正当竞争工作协调机制，研究决定反不正当竞争重大政策，协调处理维护市场竞争秩序的重大问题；县级以上人民政府履行市场行政管理职责的部门对不正当竞争行为进行查处；法律、行政法规规定由其他部门查处的，依照其规定；国家鼓励、支持和保护一切组织和个人对不正当竞争行为进行社会监督。国家机关及其工作人员不得支持、包庇不正当竞争行为。行业组织应当加强行业自律，引导、规范会员依法竞争，维护市场竞争秩序。

三、不正当竞争行为表现

不正当竞争行为主要表现为如下几个方面：

（1）经营者实施下列混淆行为，引人误认为是他人商品或者与他人存在特定联系：①擅自使用与他人有一定影响的商品名称、包装、装潢等相同或者近似的标识；②擅自使用他人有一定影响的企业名称（包括简称、字号等）、社会组织名称（包括简称等）、姓名（包括笔名、艺名、译名等）；③擅自使用他人有一定影响的域名主体部分、网站名称、网页等；④其他足以引人误认为是他人商品或者与他人存在特定联系的混淆行为。

（2）经营者采用财物或者其他手段贿赂下列单位或者个人，以谋取交易机会或者竞争优势：①交易相对方的工作人员；②受交易相对方委托办理相关事务的单位或者个人；③利用职权或者影响力影响交易的单位或者个人。经营者在交易活动中，可以以明示方式向交易相对方支付折扣，或者向中间人支付佣金。经营者向交易相对方支付折扣、向中间人支付佣金的，应当如实入账。接受折扣、佣金的经营者也应当如实入账。经营者的工作人员进行贿赂的，应当认定为经营者的行为；但是，经营者有证据证明该工作人员的行为与为经营者谋取交易机会或者竞争优势无关的除外。

（3）经营者对其商品的性能、功能、质量、销售状况、用户评价、曾获荣誉等作虚假或者引人误解的商业宣传，欺骗、误导消费者。经营者不得通过组织虚假交易等方式，帮助其他经营者进行虚假或者引人误解的商业宣传。

（4）经营者不得实施下列侵犯商业秘密的行为：①以盗窃、贿赂、欺诈、胁迫、电子侵入或者其他不正当手段获取权利人的商业秘密；②披露、使用或者允许他人使用以前项手段获取的权利人的商业秘密；③违反保密义务或者违反权利人有关保守商业秘密的要求，披露、使用或者允许他人使用其所掌握的商业秘密；④教唆、引诱、帮助他人违反保密义务或者违反权利人有关保守商业秘密的要求，获取、披露、使用或者允许他人使用权利人的商业秘密。经营者以外的其他自然人、法人和非法人组织实施前款所列违法行为的，视为侵犯商业秘密。第三人明知或者应知商业秘密权利人的员工、前员工或者其他单位、个人实施本条第一款所列违法行为，仍获取、披露、使用或者允许他人使用该商业秘密的，视为侵犯商业秘密。《反不正当竞争法》所称的商业秘密，是指不为公众所知悉、具有商业价值并经权利人采取相应保密措施的技术信息、经营信息等商业信息。

（5）经营者进行有奖销售不得存在下列情形：①所设奖的种类、兑奖条件、奖金金额或者奖品等有奖销售信息不明确，影响兑奖；②采用谎称有奖或者故意让内定人员中奖的欺骗方式进行有奖销售；③抽奖式的有奖销售，最高奖的金额超过五万元。

（6）经营者编造、传播虚假信息或者误导性信息，损害竞争对手的商业信誉、商品声誉。

（7）经营者利用技术手段，通过影响用户选择或者其他方式，实施下列妨碍、破坏其他经营者合法提供的网络产品或者服务正常运行的行为：①未经其他经营者同意，在其合法提供的网络产品或者服务中，插入链接、强制进行目标跳转；②误导、欺骗、强迫用户修改、关闭、卸载其他经营者合法提供的网络产品或者服务；③恶意对其他经营者合法提供的网络产品或者服务实施不兼容；④其他妨碍、破坏其他经营者合法提供的网络产品或者服务正常运行的行为。

四、对涉嫌不正当竞争行为的调查

（1）监督检查部门调查涉嫌不正当竞争行为，可以采取下列措施：①进入涉嫌不正当竞争行为的经营场所进行检查；②询问被调查的经营者、利害关系人及其他有关单位、个人，要求其说明有关情况或者提供与被调查行为有关的其他资料；③查询、复制与涉嫌不正当竞争行为有关的协议、账簿、单据、文件、记录、业务函电和其他资料；④查封、扣押与涉嫌不正当竞争行为有关的财物；⑤查询涉嫌不正当竞争行为的经营者的银行账户。采取前款规定的措施，应当向监督检查部门主要负责人书面报告，并经批准。采取前款第④项、第⑤项规定的措施，应当向设区的市级以上人民政府监督检查部门主要负责人书面报告，并经批准。

监督检查部门调查涉嫌不正当竞争行为，应当遵守《中华人民共和国行政强制法》和其他有关法律、行政法规的规定，并应当将查处结果及时向社会公开。

（2）监督检查部门调查涉嫌不正当竞争行为，被调查的经营者、利害关系人及其他有关单位、个人应当如实提供有关资料或者情况。

（3）监督检查部门及其工作人员对调查过程中知悉的商业秘密负有保密义务。

（4）监督检查部门应当向社会公开受理举报的电话、信箱或者电子邮件地址，并为举报人保密。对实名举报并提供相关事实和证据的，监督检查部门应当将处理结果告知举报人。

五、违反《反不正当竞争法》的责任追究

1. 民事责任　经营者违反《反不正当竞争法》规定，给他人造成损害的，

应当依法承担民事责任。经营者的合法权益受到不正当竞争行为损害的，可以向人民法院提起诉讼。因不正当竞争行为受到损害的经营者的赔偿数额，按照其因被侵权所受到的实际损失确定；实际损失难以计算的，按照侵权人因侵权所获得的利益确定。经营者恶意实施侵犯商业秘密行为，情节严重的，可以在按照上述方法确定数额的一倍以上五倍以下确定赔偿数额。赔偿数额还应当包括经营者为制止侵权行为所支付的合理开支。经营者违反《反不正当竞争法》第六条、第九条规定，权利人因被侵权所受到的实际损失、侵权人因侵权所获得的利益难以确定的，由人民法院根据侵权行为的情节判决给予权利人五百万元以下的赔偿。

2. 行政责任 经营者违反《反不正当竞争法》规定，应当受到行政处罚。《反不正当竞争法》规定了如下行政处罚，并由监督管理部门记入信用记录，依法公示。

（1）经营者违反第六条规定实施混淆行为的，由监督检查部门责令停止违法行为，没收违法商品。违法经营额五万元以上的，可以并处违法经营额五倍以下的罚款；没有违法经营额或者违法经营额不足五万元的，可以并处二十五万元以下的罚款。情节严重的，吊销营业执照。经营者登记的企业名称违反本法第六条规定的，应当及时办理名称变更登记；名称变更前，由原企业登记机关以统一社会信用代码代替其名称；

（2）经营者违反本法第七条规定贿赂他人的，由监督检查部门没收违法所得，处十万元以上三百万元以下的罚款。情节严重的，吊销营业执照；

（3）经营者违反本法第八条规定对其商品作虚假或者引人误解的商业宣传，或者通过组织虚假交易等方式帮助其他经营者进行虚假或者引人误解的商业宣传的，由监督检查部门责令停止违法行为，处二十万元以上一百万元以下的罚款；情节严重的，处一百万元以上二百万元以下的罚款，可以吊销营业执照。经营者违反本法第八条规定，属于发布虚假广告的，依照《中华人民共和国广告法》的规定处罚；

（4）经营者以及其他自然人、法人和非法人组织违反本法第九条规定侵犯商业秘密的，由监督检查部门责令停止违法行为，没收违法所得，处十万元以上一百万元以下的罚款；情节严重的，处五十万元以上五百万元以下的罚款；

（5）经营者违反本法第十条规定进行有奖销售的，由监督检查部门责令停止违法行为，处五万元以上五十万元以下的罚款；

（6）经营者违反本法第十一条规定损害竞争对手商业信誉、商品声誉的，由监督检查部门责令停止违法行为、消除影响，处十万元以上五十万元以下的罚款；情节严重的，处五十万元以上三百万元以下的罚款；

（7）经营者违反本法第十二条规定妨碍、破坏其他经营者合法提供的网络产品或者服务正常运行的，由监督检查部门责令停止违法行为，处十万元以上五十万元以下的罚款；情节严重的，处五十万元以上三百万元以下的罚款；

（8）经营者违反本法规定从事不正当竞争，有主动消除或者减轻违法行为危害后果等法定情形的，依法从轻或者减轻行政处罚；违法行为轻微并及时纠正，没有造成危害后果的，不予行政处罚；

（9）妨害监督检查部门依照本法履行职责，拒绝、阻碍调查的，由监督检查部门责令改正，对个人可以处五千元以下的罚款，对单位可以处五万元以下的罚款，并可以由公安机关依法给予治安管理处罚。同时，监督检查部门的工作人员滥用职权、玩忽职守、徇私舞弊或者泄露调查过程中知悉的商业秘密的，依法给予处分。

3. 刑事责任　违反《反不正当竞争法》规定，构成犯罪的，依法追究刑事责任。

第三节　涉外贸易法律制度

对外贸易法

涉外贸易法律制度是调整中国的公司、企业和其他经济组织与外国（包括地区）的公司、企业、经济组织或者个人之间的经济贸易关系的法律规范的总和。随着我国社会主义市场经济的建立和改革开放的进一步加强，对外贸易，包括农副产品的对外贸易将会进一步加强。为规范对外贸易行为，促进对外贸易发展，1994年5月12日八届全国人大常委会第七次会议通过颁布了《对外贸易法》，2004年、2016年全国人大常委会两次修订，是我国对外贸易的主要法律依据。

（一）农业对外贸易的监管主体

《对外贸易法》适用于对外贸易以及与对外贸易有关的知识产权保护。对外贸易，是指货物进出口、技术进出口和国际服务贸易。农业对外贸易是指农产品及农业技术进出口和国际农业服务贸易。国务院对外贸易主管部门依照《对外贸易法》规定主管全国对外贸易工作。国家实行统一的对外贸易制度，鼓励发展对外贸易，维护公平、自由的对外贸易秩序。农业农村部负责农业对外贸易的相关工作。例如：根据《转基因生物安全管理条例》第三十条规定，从中华人民共和国境外引进农业转基因生物用于研究、试验的，引进单位应当向国务院农业农村行政主管部门提出申请，由农业农村行政主管部门依法审查，符合条件的予以批准。第三十一条规定，境外公司向中华人民共和国出口转基因种子、种畜禽、水产种苗和利用农业转基因生物生产的或者含有农业转基因生物成分的植物种子、种畜禽、水产苗种、农药、兽药、肥料和添加剂的，应当向国务院农业农村行政主管部门提出申请，由农业农村行政主管部门审批。

(二) 农业对外贸易原则

中华人民共和国根据平等互利的原则，促进和发展同其他国家和地区的贸易关系，缔结或者参加关税同盟协定、自由贸易区协定等区域经济贸易协定，参加区域经济组织；中华人民共和国在对外贸易方面根据所缔结或者参加的国际条约、协定，给予其他缔约方、参加方最惠国待遇、国民待遇等待遇，或者根据互惠、对等原则给予对方最惠国待遇、国民待遇等待遇。任何国家或者地区在贸易方面对中华人民共和国采取歧视性的禁止、限制或者其他类似措施的，中华人民共和国可以根据实际情况对该国家或者该地区采取相应的措施。

(三) 农业对外贸易主体

《对外贸易法》所称对外贸易经营者，是指依法办理工商登记或者其他执业手续，依照法律、行政法规的规定从事对外贸易经营活动的法人、其他组织或者个人。农业对外贸易主体是从事农业对外贸易的法人、其他组织或个人，包括：农业企业、农民合作经济组织、种养大户、家庭农场、农业协会等或其他法人、组织或个人。

从事货物进出口或者技术进出口的对外贸易经营者，应当向国务院对外贸易主管部门或者其委托的机构办理备案登记；但是，法律、行政法规和国务院对外贸易主管部门规定不需要备案登记的除外。根据《对外贸易经营者备案登记办法》规定办理备案登记手续。对外贸易经营者未按照规定办理备案登记的，海关不予办理进出口货物的报关验放手续。国家可以对部分货物的进出口实行国营贸易管理。实行国营贸易管理货物的进出口业务只能由经授权的企业经营；但是，国家允许部分数量的国营贸易管理货物的进出口业务由非授权企业经营的除外。实行国营贸易管理的货物和经授权经营企业的目录，由国务院对外贸易主管部门会同国务院其他有关部门确定、调整并公布。对外贸易经营者可以接受他人的委托，在经营范围内代为办理对外贸易业务。对外贸易经营者应当按照国务院对外贸易主管部门或者国务院农业农村等其他有关部门依法作出的规定，向农业农村等有关部门提交与其对外贸易经营活动有关的文件及资料。对外贸易、农业农村等有关部门应当为提供者保守商业秘密。

(四) 农业货物进出口与技术进出口

（1）国家准许农业货物与技术的自由进出口。但是，法律、行政法规另有规定的除外。

（2）国务院对外贸易主管部门基于监测进出口情况的需要，可以对部分自由进出口的货物实行进出口自动许可并公布其目录。实行自动许可的进出口货物，收货人、发货人在办理海关报关手续前提出自动许可申请的，国务院对外贸易主管部门或者其委托的机构应当予以许可；未办理自动许可手续的，海关不予放行。进出口属于自由进出口的技术，应当向国务院对外贸易主管部门或者其委托的机构办理合同备案登记。

（3）国家基于下列原因，可以限制或者禁止有关货物、技术的进口或者出口：①为维护国家安全、社会公共利益或者公共道德，需要限制或者禁止进口或者出口的；②为保护人的健康或者安全，保护动物、植物的生命或者健康，保护环境，需要限制或者禁止进口或者出口的；③为实施与黄金或者白银进出口有关的措施，需要限制或者禁止进口或者出口的；④国内供应短缺或者为有效保护可能用竭的自然资源，需要限制或者禁止出口的；⑤输往国家或者地区的市场容量有限，需要限制出口的；⑥出口经营秩序出现严重混乱，需要限制出口的；⑦为建立或者加快建立国内特定产业，需要限制进口的；⑧对任何形式的农业、牧业、渔业产品有必要限制进口的；⑨为保障国家国际金融地位和国际收支平衡，需要限制进口的；⑩依照法律、行政法规的规定，其他需要限制或者禁止进口或者出口的；⑪根据我国缔结或者参加的国际条约、协定的规定，其他需要限制或者禁止进口或者出口的。

（4）国务院对外贸易主管部门会同国务院其他有关部门，依照《对外贸易法》第十六条和第十七条的规定，制定、调整并公布限制或者禁止进出口的货物、技术目录。国务院对外贸易主管部门或者由其会同国务院农业农村等其他有关部门，经国务院批准，可以在《对外贸易法》第十六条和第十七条规定的范围内，临时决定限制或者禁止前款规定目录以外的特定货物、技术的进口或者出口。

（5）国家对限制进口或者出口的货物，实行配额、许可证等方式管理；对限制进口或者出口的技术，实行许可证管理。实行配额、许可证管理的货物、技术，应当按照国务院规定经国务院对外贸易主管部门或者经其会同国务院其他有关部门许可，方可进口或者出口。国家对部分进口货物可以实行关税配额管理。

（6）进出口货物配额、关税配额，由国务院对外贸易主管部门或者国务院农业农村等其他有关部门在各自的职责范围内，根据国务院规定的办法，按照公开、公平、公正和效益的原则进行分配。

（7）国家实行统一的商品合格评定制度，根据有关法律、行政法规的规定，对进出口商品进行认证、检验、检疫。

（8）根据国务院的规定，对进出口货物进行原产地管理。2005年1月1日我国实施的《中华人民共和国进出口货物原产地条例》适用于实施最惠国待遇、反倾销和反补贴、关税配额等非优惠性贸易措施。

（9）野生动物、植物及其产品等，法律、行政法规有禁止或者限制进出口规定的，依法执行。

（五）农业国际服务贸易

（1）中华人民共和国在国际服务贸易方面根据所缔结或者参加的国际条约、协定中所作的承诺，给予其他缔约方、参加方市场准入和国民待遇；国务院对外贸易主管部门和国务院农业农村等其他有关部门，依照法律、行政法规的规定，对国际服务贸易进行管理。

（2）国家基于下列原因，可以限制或者禁止有关的国际服务贸易：①为维护国家安全、社会公共利益或者公共道德，需要限制或者禁止的；②为保护人的健康或者安全，保护动物、植物的生命或者健康，保护环境，需要限制或者禁止的；③为建立或者加快建立国内特定服务产业，需要限制的；④为保障国家外汇收支平衡，需要限制的；⑤依照法律、行政法规的规定，其他需要限制或者禁止的；⑥根据我国缔结或者参加的国际条约、协定的规定，其他需要限制或者禁止的。

（3）国务院对外贸易主管部门会同国务院其他有关部门，依照《对外贸易法》第二十六条、第二十七条和其他有关法律、行政法规的规定，制定、调整并公布国际服务贸易市场准入目录。

（六）与对外贸易有关的农业知识产权保护

（1）国家依照有关知识产权的法律、行政法规，保护与对外贸易有关的知识产权。进口货物侵犯知识产权，并危害对外贸易秩序的，国务院对外贸易主管部门可以采取在一定期限内禁止侵权人生产、销售的有关货物进口等措施。

（2）知识产权权利人有阻止被许可人对许可合同中的知识产权的有效性提出质疑、进行强制性一揽子许可、在许可合同中规定排他性返授条件等行为之一，并危害对外贸易公平竞争秩序的，国务院对外贸易主管部门可以采取必要的措施消除危害。

（3）其他国家或者地区在知识产权保护方面未给予中华人民共和国的法

人、其他组织或者个人国民待遇，或者不能对来源于中华人民共和国的货物、技术或者服务提供充分有效的知识产权保护的，国务院对外贸易主管部门可以依照《对外贸易法》等法律、行政法规的规定，并根据中华人民共和国缔结或者参加的国际条约、协定，对与该国家或者该地区的贸易采取必要的措施。

（七）农业对外贸易秩序

（1）在对外贸易经营活动中，不得违反有关反垄断的法律、行政法规的规定实施垄断行为。在对外贸易经营活动中实施垄断行为，危害市场公平竞争的，依照有关反垄断的法律、行政法规的规定处理。有前款违法行为，并危害对外贸易秩序的，国务院对外贸易主管部门可以采取必要的措施消除危害。

（2）在对外贸易经营活动中，不得实施以不正当的低价销售商品、串通投标、发布虚假广告、进行商业贿赂等不正当竞争行为。在对外贸易经营活动中实施不正当竞争行为的，依照有关反不正当竞争的法律、行政法规的规定处理。有前款违法行为，并危害对外贸易秩序的，国务院对外贸易主管部门可以采取禁止该经营者有关货物、技术进出口等措施消除危害。

（3）在对外贸易活动中，不得有下列行为：①伪造、变造进出口货物原产地标记，伪造、变造或者买卖进出口货物原产地证书、进出口许可证、进出口配额证明或者其他进出口证明文件；②骗取出口退税；③走私；④逃避法律、行政法规规定的认证、检验、检疫；⑤违反法律、行政法规规定的其他行为。

（4）对外贸易经营者在对外贸易经营活动中，应当遵守国家有关外汇管理的规定。

（5）违反《对外贸易法》规定，危害对外贸易秩序的，国务院对外贸易主管部门可以向社会公告。

（八）农业对外贸易调查

为了维护对外贸易秩序，国务院对外贸易主管部门可以自行或者会同国务院其他有关部门，依照法律、行政法规的规定对下列事项进行调查：①货物进出口、技术进出口、国际服务贸易对国内产业及其竞争力的影响；②有关国家或者地区的贸易壁垒；③为确定是否应当依法采取反倾销、反补贴或者保障措施等对外贸易救济措施，需要调查的事项；④规避对外贸易救济措施的行为；⑤对外贸易中有关国家安全利益的事项；⑥为执行《对外贸易法》第七条、第二十九条第二款、第三十条、第三十一条、第三十二条第三款、第三十三条第三款的规定，需要调查的事项；⑦其他影响对外贸易秩序，需要调查的事项。

启动对外贸易调查，由国务院对外贸易主管部门发布公告。调查可以采取书面问卷、召开听证会、实地调查、委托调查等方式进行。国务院对外贸易主管部门根据调查结果，提出调查报告或者作出处理裁定，并发布公告。

有关单位和个人应当对对外贸易调查给予配合、协助。国务院对外贸易主管部门和国务院农业农村等其他有关部门及其工作人员进行对外贸易调查，对知悉的国家秘密和商业秘密负有保密义务。

（九）农业对外贸易救济

（1）其他国家或者地区的产品以低于正常价值的倾销方式进入我国市场，对已建立的国内产业造成实质损害或者产生实质损害威胁，或者对建立国内产业造成实质阻碍的，国家可以采取反倾销措施，消除或者减轻这种损害或者损害的威胁或者阻碍。

（2）其他国家或者地区的产品以低于正常价值出口至第三国市场，对我国已建立的国内产业造成实质损害或者产生实质损害威胁，或者对我国建立国内产业造成实质阻碍的，应国内产业的申请，国务院对外贸易主管部门可以与该第三国政府进行磋商，要求其采取适当的措施。

（3）进口的产品直接或者间接地接受出口国家或者地区给予的任何形式的专向性补贴，对已建立的国内产业造成实质损害或者产生实质损害威胁，或者对建立国内产业造成实质阻碍的，国家可以采取反补贴措施，消除或者减轻这种损害或者损害的威胁或者阻碍。

（4）因进口产品数量大量增加，对生产同类产品或者与其直接竞争的产品的国内产业造成严重损害或者严重损害威胁的，国家可以采取必要的保障措施，消除或者减轻这种损害或者损害的威胁，并可以对该产业提供必要的支持。

（5）因其他国家或者地区的服务提供者向我国提供的服务增加，对提供同类服务或者与其直接竞争的服务的国内产业造成损害或者产生损害威胁的，国家可以采取必要的救济措施，消除或者减轻这种损害或者损害的威胁。

（6）因第三国限制进口而导致某种产品进入我国市场的数量大量增加，对已建立的国内产业造成损害或者产生损害威胁，或者对建立国内产业造成阻碍的，国家可以采取必要的救济措施，限制该产品进口。

（7）与中华人民共和国缔结或者共同参加经济贸易条约、协定的国家或者地区，违反条约、协定的规定，使中华人民共和国根据该条约、协定享有的利益丧失或者受损，或者阻碍条约、协定目标实现的，中华人民共和国政府有权要求有关国家或者地区政府采取适当的补救措施，并可以根据有关条约、协定中止或者终止履行相关义务。

（8）国务院对外贸易主管部门依照法律的规定，进行对外贸易的双边或者多边磋商、谈判和争端的解决。

（9）国务院对外贸易主管部门和国务院其他有关部门应当建立货物进出

口、技术进出口和国际服务贸易的预警应急机制，应对对外贸易中的突发和异常情况，维护国家经济安全。

（10）国家对规避本法规定的对外贸易救济措施的行为，可以采取必要的反规避措施。

第四节　世界贸易组织农业法律制度①

2001 年 12 月 11 日，我国正式加入世界贸易组织（World Trade Organization，WTO，简称世贸组织），成为第 143 个成员。加入世贸组织，既给我国经济发展带来了许多机遇，也使我国有关行业面临前所未有的冲击和挑战。农业是弱质产业，无疑首当其冲，承受很大的压力。能否将压力转化为动力乃至发展机遇，关键在于我们能否充分利用世贸组织有关农业方面的规则，加快发展我国农业和农村经济，促进农产品对外贸易。

一、世贸组织概述

（一）世贸组织的建立

1944 年 7 月，在美国召开的布雷顿森林会议上，与会各国设想成立国际贸易组织（International Trade Organization），作为战后支撑全球经济的三大支柱之一来调节国际贸易关系，推动全球经济的复苏和发展。1948 年 3 月，《国际贸易组织宪章》在古巴哈瓦那召开的联合国贸易与就业大会上最终达成协议，但却未能得到某些国家议会特别是美国国会的批准，导致国际贸易组织胎死腹中。不过，在此之前的 1947 年，23 个国家和地区同意将正在起草的国际贸易组织宪章草案中涉及关税与贸易的条款单列出来，构成一个单独的协定，以削减并约束关税，尽快推动贸易自由化，这就是《关税与贸易总协定》（General Agreement on Tariffs and Trade，GATT）。《关税与贸易总协定》于 1948 年 1 月 1 日起生效，最初的 23 个发起方成为创始成员。在寻求成立国际贸易组织的努力失败后，许多国家先后签订了《关税与贸易总协定》，其成员最后发展到 135 个，成为世界贸易组织（World Trade Organization）成立前协调国际贸易的唯一的多边国际协议。

世贸组织并不是《关税与贸易总协定》的简单扩大，而是具有与其明显不

---

① 参阅、引用《农业法概论》（农业部产业政策与法规司、中国农业经济法研究会编，中国农业出版社 2004 年出版）中的相关部分资料。

同的特征：①世贸组织及其协议是永久性的，有关协议规定了世贸组织如何运作，并得到成员国立法机构的批准；而《关税与贸易总协定》是临时性的，没有建立组织的条款，也未得到成员国立法机构的批准。②世贸组织的参加方称为"成员"（Member），而《关税与贸易总协定》的参加方称为"缔约方"（Contracting parties），世贸组织是一个正式组织，而《关税与贸易总协定》只是一个法律文本。③世贸组织不仅处理货物贸易，还涉及服务贸易和知识产权；而《关税与贸易总协定》仅处理货物贸易。④世贸组织的争端解决机制更快、更有自动性，与《关税与贸易总协定》争端解决机制相比，不易受到障碍的影响，争端裁决的执行更容易得到保证。

（二）世贸组织协议

世贸组织是基于成员间的协议建立起来的国际组织。这些协议的官方正式文本是《乌拉圭回合多边贸易谈判结果最后文件》，它包括约 60 个协议、附件、决定、谅解和部长宣言等。

世贸组织的大部分协议都与农业有关。其中专门针对农业领域的协议有《农业协定》和《实施卫生与植物检疫措施协定》。《农业协定》的内容主要包括市场准入、国内支持和出口竞争三个方面，《实施卫生与植物检疫措施协定》主要规范各国为保护本国的人类、动物或植物的生命或健康免受进口外国产品的威胁而采取的卫生与植物检疫措施。

此外，《反倾销协定》和《保障措施协定》对我国农产品的出口有很大影响。《纺织品与服装协定》《技术性贸易壁垒协定》《与贸易有关的投资措施协定》《原产地规则协定》《进口许可程序协定》《补贴与反补贴措施协定》《服务贸易总协定》《与贸易有关的知识产权协定》《关于争端解决规则与程序的谅解》和《贸易政策审议机制》等协议，也都不同程度地与农业有关。

（三）世贸组织基本原则

1. 非歧视待遇原则　非歧视待遇原则又称为差别待遇原则，它要求世贸组织所有成员之间要公平对待、一视同仁，不得在其他成员间、本国与外国间造成歧视。这一原则又可分为两项原则：

（1）最惠国待遇原则　最惠国待遇原则强调各国一般不得在其成员贸易伙伴问题造成歧视，一成员给予另一成员的特殊优惠，必须同样给予其他成员。这意味着当某一成员国降低贸易壁垒或开放某一市场时，必须给予所有其他世贸组织成员的同类产品或服务以同等待遇，无论这些贸易伙伴的贫富强弱。因此，最惠国待遇原则实质上是要求平等对待其他成员。

最惠国待遇原则也有一些例外，如个别成员国间签订自由贸易协定、成立关税同盟等带来的优惠可不适用于其他成员；一国对来自特定国家的被认为是进行了不公平贸易的产品设置壁垒并不违反最惠国待遇原则；发展中国家享有的特殊待遇和差别待遇也不能被视为最惠国待遇由各成员国共享。

（2）国民待遇原则　国民待遇原则是指成员国在国内市场上应当给予其他成员国的产品、服务和商标、版权、专利等知识产权与本国相应的产品、服务和知识产权同等的待遇。因此，国民待遇原则实质上是要求在贸易领域要平等对待外国人和本国国民。

国民待遇原则只有在产品、服务或具有知识产权的产品进入市场后才可适用。因此，尽管不对本国产品征收关税，但却可对进口产品征收进口关税，这并不违反国民待遇原则。

2. 市场开放原则　在国际贸易中，很多国家都希望将本国的产品和服务更多地出口到其他国家，同时又企图通过关税或非关税壁垒尽可能地将外国产品和服务阻挡于国门之外。这一状况极大地限制了国际贸易的健康发展，也是关贸总协定和世贸组织成立的直接动因。

《关税与贸易总协定》和世贸组织的主要宗旨之一就是促成成员相互开放市场，推动国际间更自由的贸易，这就是市场开放原则。在世贸组织成立前进行的 8 轮贸易谈判中，各缔约方的关税水平得到大幅度降低。特别是在1986—1994 年进行的乌拉圭回合谈判更是在关税削减方面取得了重大进展，如在关税水平方面，发达国家在完成谈判规定的大部分关税减让后，其工业品关税将被削减 40%，平均税率将从 6.3% 降至 3.8%；在约束关税的比例方面，发达国家由谈判前的 78% 增加到 99%，转型经济国家由 73% 增加到98%，发展中国家由 21% 增加到 73%。此外，在非关税壁垒方面及服务贸易和知识产权等领域的谈判也取得了较大进展，这都使得世贸组织相应成员国间的市场开放程度得到进一步提高。

3. 透明度和可预见性原则　在透明度方面，世贸组织规则要求成员的贸易规则应当尽可能明确而不是含糊或模棱两可；所有的贸易政策和措施应当公开（或在国内公开，或通知世贸组织），人人都可查阅。世贸组织还建立了贸易政策审议机制，对各成员贸易政策进行定期监督，这是督促成员贯彻透明度原则的重要方式。

在可预见性原则方面，世贸组织规则要求成员的贸易政策应当稳定，并应遵守自己的承诺，而不得随意变更。如在约束税率方面，世贸组织规则要求各成员的进口关税不得超过其承诺的约束税率；确需改变的，也只能在与其贸易伙伴谈判后方可进行，但这很可能意味着要对对方的贸易损失进行补偿，因而在很大程度上制止了成员突破约束税率的冲动，提高了贸易政策的稳定性和可预见性。

4. 公平竞争原则　世贸组织建立了一套保障公平竞争的规则，以确定哪些做法是公平的、哪些做法是不公平的，以及其他成员对某一成员妨碍公平竞争的做法可以采取哪些反制措施。这一精神不仅体现在有关最惠国待遇和国民待遇的规定上，而且体现在有关倾销和补贴的规则上。例如，发达国家基于其雄厚的财力，往往对出口的农产品给予补贴，使得其出口的农产品在价格方面极具竞争力，但这种做法却扭曲了该国农产品的真实价格，妨碍了无力提供补贴的发展中国家的农产品出口。因此，世贸组织努力限制各成员采用倾销或补贴等不公平的贸易手段来进行不公平的贸易竞争。一旦出现违反世贸协议规定的不公平贸易情况，世贸组织允许受害方根据世贸组织条款采取相应的反倾销或反补贴措施，以恢复公平竞争的秩序，补偿因不公平贸易所造成的损失。

5. 鼓励经济改革和发展原则　世贸组织在具体制度安排上始终注意照顾发展中国家特别是最不发达国家的利益，鼓励它们进行经济改革，最终促进各国经济和世界经济的持续发展。世贸组织的有关协议一方面继承了原《关税与贸易总协定》中有关允许为发展中国家提供特别援助和对它们进行贸易减让的条款；另一方面，也为发展中国家履行有关义务规定了过渡期，允许它们利用比发达国家更多的时间来为履行有关义务做准备；此外，还给予了最不发达国家在实施协议方面更多的灵活性，以帮助发展中国家和最不发达国家进行经济改革和发展本国经济。

（四）贸易争端解决机制

世贸组织的争端解决程序大体上可分为以下四个阶段。

1. 磋商和调解　贸易争端发生后，在采取任何行动之前，争端各方都必须进行磋商，以寻求自行解决彼此间的分歧。如果磋商失败，他们也可以要求世贸组织总干事进行调解，或以其他任何方式对争端解决提供帮助。磋商阶段的时间最长可达 60 天。

2. 初步裁决　当磋商和调解失败后，起诉方有权要求成立专家组进行裁决。此时"被告方"可以行使阻挠权，不同意成立专家组，寻求继续磋商或其他解决途径，但阻挠权只能行使一次。在争端解决机构召开第二次会议时，除非各方协商一致反对任命专家组，否则"被告方"不能再阻止专家组的成立。

专家组成员一般由争端各方磋商确定。在争端各方不能达成一致时，则由世贸组织总干事直接任命，但这种情况很少发生。专家组由 3 名（有时是 5 名）来自不同成员的专家组成，专家组成员以个人身份任职，向争端解决机构负责，不接受任何政府的指示。

专家组成立后，在举行第一次听证前，争端各方有权以书面形式向专家组提交各种与案情有关的材料。在听证会上，各方有权陈述案情、书面反驳并进行口头辩论。根据听证情况，专家组将报告中的描述部分（事实与论据，不含调查结果和结论）提交各方，并给出两周时间作出评论。在考虑各方评论后，专家组向双方提交一份中期报告（包含结果和结论），并给出时间作出审议。审议的时间不超过两周。审议后，专家组制作最终报告提交各方，3 周后传达全体世贸组织成员。除非各方协商一致否决报告，否则报告将在 60 天内成为争端解决机构的裁决或建议。

专家组的报告通常应在 6 个月内提交争端各方。在紧急案件中，包括那些与易腐货物有关的案件，期限可缩短为 3 个月。

3. 上诉和最终裁决 对于专家组作出的初步裁决，争端各方均可提出上诉。上诉只涉及法律问题，对于事实问题不能提出上诉。上诉案件由争端解决机构设立的常设上诉机构中的 3 名成员负责审理，他们可以确认、变更或推翻专家组的法律调查结果和结论。一般情况下，上诉审理不应超过 60 天，最长不超过 90 天。对于上诉机构的报告，争端解决机构必须在 80 天内接受或否决上诉报告，而否决只有在协商一致的情况下才可以。

4. 裁决的执行 对于最终裁决，败诉方应当立即执行裁决中的建议；如果立即执行建议证明是不切实际的，该成员将被给予合理期限来这样做。如果在合理期限内仍未能做到，则要通过谈判给予起诉方补偿。如果 20 天后，争端各方未能就补偿达成协议，起诉方可要求争端解决机构允许其对另一方进行有限的贸易制裁（取消在世贸组织框架下给予对方的贸易优惠待遇）。除非各方协商一致反对该项请求，争端解决机构应在合理期限结束后 80 天内给予上述授权。因此，裁决的执行很大程度上取决于争端各方的经济实力和自我的道义约束。

二、市场准入

(一) 市场准入的概念

市场准入（market access）问题，是世贸组织各项协议的规范重点，也是农业协定的重要内容。它是关于他国产品和服务进入本国市场的规定，即一国在多大程度上允许他国商品和服务进入，其本质是开放市场的问题。

长期以来，为保护本国产品、服务免受他国商品、服务的冲击，很多国家都对本国产品或行业进行保护，尽可能地阻止外国商品、服务进入本国。这些保护措施大体可分为两类：一是征收关税，使进口产品、服务不具有价格优势；二是各种非关税措施（即非关税壁垒），包括进口数量限制、进口禁令、技术性壁垒、任意性进口许可证等，以减少国外产品、服务进入本国的渠道。各国出于政治、经济、社会等多方面的考虑，给予农业较之其他产业更多的保护，使得农产品的市场准入问题一直是关贸总协定谈判的难点。经过不懈努力和各方妥协，这一难点问题在乌拉圭回合谈判中取得突破，并反映在《农业协定》中。

（二）《农业协定》关于市场准入的规定

《农业协定》有关市场准入的规定，主要涉及非关税壁垒的关税化、关税减让、关税配额以及关税化的例外等方面。

1. 非关税壁垒的关税化 非关税壁垒的关税化，就是把各种非关税措施转化为与其保护程度相等的关税措施。从理论上讲，关税化之后，贸易保护的程度并没有发生变化，但却增加了贸易保护的透明度和可预见性，为进一步降低贸易壁垒奠定了基础。

乌拉圭回合在农产品市场准入谈判方面最显著的成果，就是贸易保护措施的关税化。根据《农业协定》所确定的"单一关税制（tariff only regime）"原则，所有对农产品的进口数量限制、进口差价税、最低进口价格、任意性进口许可证、通过国营贸易企业维持的非关税措施、自动出口限制或其他非关税措施均须转化为进口关税，各成员不得维持、采取或重新使用。

根据 1993 年 12 月 20 日的《确定改革计划下具体约束承诺的模式》的规定，关税化的内容主要包括：

（1）以 1986—1988 年为基期，将既存的非关税壁垒措施转化为相应的关税等值（即关税化后的关税额）。某种农产品的关税等值＝该产品的国内市场平均价格－该产品或相近产品的国际市场平均价格；农产品加工品的关税等值＝作为原料的农产品的关税等值×作为原料的农产品占农产品加工品的比重。

（2）以关税等值来确定农产品进口的从量税或从价税（即建立相应的关税）。如果计算出的关税等值低于现行的约束税率或为负值，则可以按现行的约束税率或该国对该产品的出价税率确定关税等值。

《农业协定》及附件还规定了关税化的例外情形，主要有三种：一是为维护国际收支平衡而采取的非关税措施；二是依据《1994 年关税与贸易总协定》规定的普遍义务而采取的与农业无关的非关税措施；三是符合《农业协定》附件 5 规定的"特别处理"条件的任何指定产品。

2. 关税减让 根据《农业协定》及有关文件，各成员应从 1995 年开始，分年度进行关税减让，具体包括以下内容：

（1）以 1986—1988 年为基期，按简单算术平均法计算，发达国家的平均税率削减 36%，发展中国家削减 24%；发达国家每项产品的平均关税税率至少削减 15%，发展中国家至少削减 10%。

（2）约束所有关税（包括关税化后的关税），即各成员的任何一项农产品进口关税，均不得超出其所承诺的减让水平。

（3）从 1995 年起算，发达国家关税减让的实施期限为 6 年，发展中国家为 10 年，最不发达国家不需要进行削减。

（4）关税削减起点（基础税率）的计算，依产品具体情况的不同而适用不同的方法。已受约束的关税，关税削减起点适用约束税率。未受约束的关税，以 1986 年 9 月 1 日实际实施的关税税率为削减起点，发展中国家也可对这些产品确定一个新的最高关税，即上限约束。对于受非关税措施影响的产品，以关税化的税率或上限约束税率为基础税率，发展中国家可以提供上限约束，并承诺取消非关税措施。

3. 关税配额 《农业协定》要求这些成员必须以相对较低的关税进口一定数量的产品，这种数量规定即关税配额。使用关税配额的成员，需承诺每年的关税配额准入量。配额以内的进口产品按较低税率（一般为 1%～3%）征收关税，超过配额准入量的进口产品则按较高的税率（可以高达 100% 以上）征收关税。根据世贸组织规定，关税配额准入量至少要保持在现行实际市场准入水平，具体为不低于最近 3 年的平均进口量；如果这一进口量不到国内近 3 年平均消费量 3% 的话，则应以消费量的 3% 确定配额量，并承诺一定的增量，到实施期末时达到国内消费量的 5%。

关税配额规定的数量并不是实际进口量或义务，而只是一种市场机会的承诺。实际进口量如何，则由进口国国内市场需求和国内外市场价格的比较关系决定的。如果国内市场价格足够高于国际市场价格，从而使进口有利可图，那么关税配额就会获得充分使用。如果国内市场价格低于国际市场价格，进口是无利可图的，此时关税配额就不会得到使用。

4. 特殊保障措施 《农业协定》允许名成员可以采取特殊保障措施，征收附加关税，但须符合以下三叶条件：一是该产品属于已实施关税化的产品；二是必须是一国关税减让表中注明可使用特殊保障措施的产品；三是必须达到以价格或数量为基础的触发标准。

可以采取特别保障措施的情况有两种：一是进口数量剧增加的"数量触发"；二是进口价格大幅度下降时的"价格触发"。触发方式不同，征收的附加关税方式和水平也不同。

（1）数量触发 数量触发根据市场准入机会和进口量变化幅度确定。市场准入机会以近三年实际进口量占国内消费的比例（自给率情况）计算。数量触发水平是实际进口同前三年平均进口量的比例。不同的市场准入机会，对触发数量的要求不同。市场准入机会越小（自给率越高），数量触发水平就越高；市场准入机会越大（自给率越低），数量触发水平就越低：①市场准入机会小于或等于 10% 的，数量触发水平为 125%。②市场准入机会为 10%～30% 的，数量触发水平为 110%。③市场准入机会高于 30% 的，数量触发水平为 105%。

数量触发而征收的附加关税不能超出该产品当年正常关税的 1/3，且只能征收到当年年底。

（2）价格触发　价格触发是根据实际进口价格与基期参照价格的差额来确定的。触发价格一般采取 1986—1988 年的平均到岸价格。如果实际进口价格低于触发价格，并且差额较大，就可以采取特殊保障措施，征收附加关税。附加关税的数额按以下规定计算，分段累加：①如果进口价格低于触发价格的幅度（简称差额）小于 10%，不征收附加关税。②如果差额高于 10% 而低于或等于 40%，则附加关税应当为超出 10% 部分的 30%。③如果差额大于 40% 而小于或等于 60%，则对超出部分征收 50% 的附加关税。④如果差额大于 60% 而小于或等于 75%，则对超出部分征收 70% 的附加关税。⑤如果差额大于 75%，则对超出部分征收 90% 的附加关税。

采取特殊保障措施，不需要对受影响的其他成员给予补偿，但应事先通知世贸组织农业委员会，并与有利害关系的成员进行磋商。

5. 特别处理　由于一些成员在实施非关税措施的关税化方面存在困难，同时考虑到粮食安全和环境保护等非贸易因素，《农业协定》附件 5 允许一些成员暂时保留对某些产品的非关税措施，但同时要求这些成员必须确定最低市场准入量，以促进农产品贸易自由化，这被称为"特别处理"。适用特别处理的产品须满足下列条件：

（1）基期（1986—1988 年）内某产品的进口数量不足国内消费量的 3%。

（2）从 1986 年起未对该产品进行出口补贴。

（3）对初级农产品实施有效的限产措施。

发达国家对于符合上述条件的初级农产品或加工农产品可以实施最低市场准入，实施期自 1995 年起至 2000 年止。1995 年的最低市场准入水平不得低于基期（1986—1988 年）国内消费量的 4%，此后在实施期内其余各年，每年以基期内国内消费量的 0.8% 比例增长，到实施期满市场准入水平应占基期内国内消费量的 8%。

发展中国家只能对初级农产品实施最低市场准入，实施期为 10 年。1995 年的最低市场准入水平不得低于基期（1986—1988 年）国内消费量的 1%，此后每年均等增长，到实施期满市场准入水平应达到基期内国内消费量的 4%。

实施期满后仍要适用特别处理措施的，该成员须在期满前完成与有关成员的谈判，若各方同意该成员继续适用，则该成员应给予其他各方额外的和可接受的减让。对于停止适用特别处理措施的产品，有关成员仍应维持一个最低市场准入水平。

（三）我国关于农产品市场准入的承诺

我国加入世贸组织时在农产品市场准入方面作出了以下承诺：

（1）对所有农产品的关税均实行上限约束，并且将算术平均关税率由21%降至 2004 年的 17%。关税削减采取在执行期内每年按相等比例的方式。到实施期末，我国的农产品关税率将保持在 0%～65%。

（2）对于过去实行外贸计划管理的重要农产品，我国在入世后将继续保留国有贸易制度，但将采取关税配额制度进行管理。这一措施涉及粮食、植物油、棉花、羊毛、食糖和橡胶等商品。我国承诺对配额内的进口将继续实行目前的低关税，同时在执行期内逐步降低配额外关税，并逐年增加配额数量。配额应当采取以历史业绩为主要标准的分配方式；我国应在每年初将一定比例的配额发放给具有资格的非国有企业；到 9 月中旬，如果获得进口配额的国有贸易企业未能用完配额，剩余部分将收回后重新对所有具有资格的企业进行分配。

（3）中国不使用特殊保障措施来保护本国产品。这意味着，当遇到农产品进口激增或价格大幅度下降的情况时，我国只能根据 WTO 协议的一般保障条款来对本国市场提供保护，或启动反补贴、反倾销措施。

三、国内支持

（一）国内支持概念

国内支持是指成员国政府通过各种国内政策，以农业和农民为扶持资助对象所进行的各种财政支出措施。市场准入在于减少国外农产品与本国农产品的竞争，国内支持在于维持本国农业的发展并增强其竞争力（尽管实际效果并不必然如此）。

《农业协定》将所有国内支持措施，按照对生产和贸易影响的不同，划分为不同类别，并做出了不同的规定。后来人们形象地将这些不同类别的国内支持政策称为"绿箱"政策、"黄箱"政策和"蓝箱"政策。简单来说，"绿箱"政策是指那些对生产和贸易不会造成扭曲影响或者影响非常小的政策，对"绿箱"政策，《农业协定》既不要求削减，也不限制将来扩大和强化使用；"黄箱"政策是指对生产和贸易有直接扭曲作用的政策，《农业协定》要求对其限制和逐步削减；"蓝箱"政策是"黄箱"政策中的特例，是指在限产计划下给予的直接支付，"蓝箱"政策也免于减让且无上限约束。

（二）"绿箱"政策

根据《农业协定》附件 2 的规定，符合下列条件的国内支持方属"绿箱"

政策措施：①通过政府公共政策提供（包括政府税收减免）而非来自消费者的转移，因为消费者转移意味着价格扭曲和贸易扭曲。②不能具有或产生与价格支持相同的效果，因为价格支持具有直接的贸易扭曲效果。③对生产和贸易没有扭曲或者影响很小。

由于"绿箱"政策属于免于减让的范围，因而《农业协定》还对其提出如下要求：一是要有透明性，事先有明确规定和标准；二是不能与生产类型和产量高低挂钩；三是不能与价格有关；四是属于补偿类型的补贴不能过高，不能超过实际损失。

具体来看，"绿箱"政策包括以下几个方面：

1. 政府的一般服务　这类政策涉及与向农业或农村提供服务或利益有关的支出（或税收减免），但不得直接将这些钱支付给生产者或加工者。这类政策主要涉及以下情形：

（1）农业科研，包括一般研究、环境项目研究和特定农产品研究等。

（2）病虫害控制，包括一般性控制和针对特定农产品的控制，如病虫害的预报服务、检疫和杀灭行动等。

（3）培训服务，包括针对农业科技人员和生产操作者的一般和专门服务，以及建设培训教育设施等。

（4）技术推广和咨询服务，如向生产者和加工者提供生产技术、传播信息和研究成果等。

（5）检验服务，包括一般性检验和出于卫生、安全、分级或标准化的目的而对特定农产品进行的检验。

（6）营销和促销服务，如提供市场信息和营销咨询及承担促销策划等，但不包括未列明目的、销售者可用以降低售价或授予购买者直接经济利益的支出。

（7）农业基础设施建设，如电网、道路和其他运输方式、市场和港口设施、供水设施、防洪、排水及环保项目的建设等，但这类支出只能直接用于基础设施工程项目的建设，并且除可普遍获得的公用设施网络化建设外，不得包括提供补贴的农场设施。支出也不得包括对投入或运营成本的补贴或优惠使用费。

2. 粮食安全储备　《农业协定》允许政府直接以财政开支（或税收减免）来维持粮食安全储备，或为私人储备提供财政补贴。但这类开支或补贴均不得表现为高价收购或低价销售储备粮。并且，储备性补贴必须保持充分透明和符合储备需要（即粮食储备性补贴不得过度）。

3. 国内粮食援助　赈济本国（地区）饥民和保障低收入居民粮食供给是各国政府应当承担的责任，为此目的而列出的财政开支或对非政府援助行动的税收减免均是正当的补贴。国内食品援助必须透明，且只能采取向符合受援资格的居民免费或以补贴价格提供粮食的方式，政府采购的援助粮食必须按市价采购（即不得高价采购）。

4. 不挂钩收入支持　不挂钩收入支持是指补贴按基期标准确定后，就不得再与实际生产的产品类型或数量相关，不得与实际价格水平相关，不得与实际使用的生产要素相关，不得要求接受者进行生产作为给予此类支付的条件。这类支持必须基于合理的和明确的标准（如收入标准、农业生产者身份或土地所有者身份标准、生产水平标准等），并且要保证不会使接受补贴者获得额外的生产优势。

5. 政府在收入保险方面的补贴　这类补贴必须符合以下规定：

（1）接受补贴的生产者收入损失量超过前三年（或者前五年中的居中三年）平均值的30％以上。

（2）有关补贴应仅针对收入的减少，而不应针对产品、产量、价格和生产要素。

（3）补贴数额不能超过损失额的70％。

（4）若收入减少有自然灾害因素，则可同时适用收入保险补贴和自然灾害救济，但补贴总量必须低于收入损失量的100％。

6. 自然灾害救济　自然灾害救济可以政府直接补贴或通过作物保险补贴的方式提供。只有在政府主管机关正式认可已发生或正在发生自然灾害或同类灾害（包括一切不可抗拒的突发事故）后，方可具备获得此类补贴的资格。补贴仅适用于因自然灾害导致的收入、牲畜、土地及其他生产要素的损失，补贴量（如果同年还接受收入保险补贴，则两者总量）不得超过实际损失量，且不得要求或规定将来生产的类型或产量。

7. 对生产者退休计划的结构调整资助　农业生产者退休或从事非农业生产活动，有利于农业集约化生产和提高生产效率，因而国家可以给予其补贴。但补贴的发放必须基于合理而明确的标准，并应以接受支付者完全和永久地脱离商品农产品生产为条件。

8. 资源停用计划的结构调整援助　该援助的援助对象是退出商品农产品生产的土地或包括牲畜在内的其他资源。土地休耕至少三年以上，牲畜以被屠宰为前提，方可获得该项援助。此类援助不得与利用休耕外的土地或其他资源生产的产品数量或价格相关，也不得要求利用停用土地或其他资源进行其他商品农产品生产。

9. 对结构调整提供的投资补贴　该项补贴旨在协助生产者针对经营中的结构性缺陷进行结构调整。在对土地重新私有化时，也可提供该项补贴。该项补贴不得与以后的生产种类、产量多少和国内外价格有关，且只能在进行投资的期间内给予，补贴数额不得超出为补偿结构调整缺陷所必需的数额。同时，可以要求获得补贴者不再生产某种产品，但不得要求其必须生产某种产品。

10. 环境计划下的补贴　获得此类补贴的资格应为属于明确的政府环境保护计划的一部分，且满足该计划规定的特定条件。补贴数量应限于为遵守政府计划而支出的额外费用或收入损失。

11. 地区性援助　获得此类补贴的资格应限于依据法定标准确定的贫困地区的所有生产者。补贴额应限于该地区的平均生产成本高出一般平均生产成本的部分。如果补贴与生产要素投入有关，则在要素投入超过一定的临界水平后，补贴幅度应随要素投入的增加而递减。

（三）"黄箱"政策

1. "黄箱"政策的范围　《农业协定》将那些对生产和贸易产生扭曲作用的政策称为"黄箱"政策，要求各成员对它们进行削减。"黄箱"政策主要包括以下政策措施：①价格支持。②营销贷款。③按产品种植面积补贴。④牲畜数量补贴。⑤种子、肥料、灌溉等投入补贴。⑥对贷款的补贴。

2. 综合支持量（AMS）　《农业协定》规定用综合支持量（Aggregate Measurement of Support，简称 AMS）来衡量"黄箱政策"补贴数额的大小，它是指"对基本农产品生产者生产某种特定农产品提供的，或者对全体农业生产者生产非特定农产品提供的年度支持措施的货币价值"。简单来讲，综合支持量就是扶持农民的国内政策支出之和。作为衡量国内支持的尺度和标准，综合支持量等于农产品的国内价格与世界市场价格的差额乘以符合支持标准的商品量，再加上不按产量或价格提供的国内补贴的总和。

综合支持量可分为四种类型：特定农产品综合支持量、非特定农产品综合支持量、特定农产品支持等值、综合支持总量。

（1）特定农产品综合支持量　特定农产品综合支持量是指政府对一些具体农产品所实施的市场价格支持、非免除直接支付等政策的货币价值。《农业协定》规定，如果发展中国家特定农产品综合支持量低于该产品生产总值的10%，发达国家特定农产品综合支持量低于该产品生产总值的5%，则可免除减让承诺。

①市场价格支持。政府计划中的稳定价格措施、触发干预价、触发直接支付（如价格补贴）或最低收入水平均属市场价格支持措施。市场价格支持的计算方法为外部固定参考价格与实际管理价格之差乘以有资格得到该实际管理价格的农产品数量。

②非免除直接支付。非免除直接支付涉及政府给予生产者直接支付的政策措施的货币价值，其计算方法有二：一是固定参考价格与实际管理价格之差乘以可得到该实际管理价格的农产品数量；二是以预算支出额代替。

(2) 非特定农产品综合支持量 非特定农产品综合支持量是指没有或不能被包含在特定农产品综合支持量中的措施，如信贷支持、非价格补贴、财政的投入援助等。对于发展中国家，如果能证明其非特定农产品综合支持量没有超过农业产值的 10%，则可不计入现行总综合支持量，也不要求其削减。

(3) 特定农产品支持等值 对于一些难以计算综合支持量（如有关农产品的国际市场价格不能确定）的特定农产品的市场价格支持，根据《农业协定》附件 4 的规定，应通过计算其支持等值来衡量。在计算上可用"应用的管理价格（第一销售点或次销售点的市场价格）"乘以"有资格获得管理价格的生产量"获得；如果此方法不可行，则用维持生产者价格的预算支出来计算。在有益于特定农产品生产者的情况下，对以该产品为加工原料的加工者提供的市场价格支持应计算其支持等值，但农业生产者支付的农业税费应从相应的支持等值中扣除。

(4) 综合支持总量（Total AMS） 综合支持总量是所有有利于农业生产者的国内支持措施的货币价值和支持等量的总和，在数值上等于所有特定农产品的综合支持量、所有非特定农产品的综合支持量及所有特定农产品的支持等值之和。若综合支持总量为正值，则表示农业获得了正保护，政府对农业的支持超过了对农业的征税，正值越大，政府对农业的支持和保护程度越高；若综合支持总量为负值，则表示农业得到的是负保护，政府对农业的征税大于对农业的支持。

3. 《农业协定》关于削减国内支持的规定 《农业协定》规定，各成员的国内支持要以 1986—1988 年"综合支持总量"的平均水平为基础进行削减。自 1995 年开始，发达国家在 6 年内逐步削减 20% 的综合支持量，发展中国家在 10 年内逐步削减 13% 的综合支持量，最不发达成员则免于削减。执行期间，各国每年的综合支持总量不能超过已经减让了的上年水平。

同时，《农业协定》还规定，如果对于某一特定产品的本应削减的国内支持总额不超过该国该年该产品总产值的 5%，则不需要纳入计算和削减；对于非特定农产品的国内支持，只要支持总额不超过该国农业总产值的 5%（发展中国家为 10%），也不需要纳入计算和削减。这被称为"微量允许"。

(四) "蓝箱"政策

"蓝箱"政策措施也是国内支持削减的一种例外，目前只有欧盟采用。它是指以农民控制生产数量为前提给予的直接支付。"蓝箱"政策措施可以免于削减而且无上限约束，但它必须满足下列要求之一：

(1) 按固定面积或产量提供的补贴。

(2) 享受补贴的产品数量不超过基期（即 1986—1988 年）平均生产水平

的 85％。

（3）按固定的牲畜头数所提供的补贴。"蓝箱"政策措施与"绿箱"政策措施都属于免除减让义务的范围，但两者也有明显的区别："蓝箱"政策措施中的补贴应在现行综合支持总量中扣除，实际上是对执行"黄箱"政策的一种变通；"绿箱"政策措施不要求包括在 1986—1988 年基期综合支持量中，因而也不可能反映在年度承诺水平中。

（五）我国关于国内支持的承诺

根据《农业协定》，符合微量允许标准的国内支持免于减让，但发达国家和发展中国家的微量允许标准不同，发达国家为该国农业总产值的 5％，发展中国家为该国农业总产值的 10％。在谈判中，美国、欧洲等发达国家要求中国接受适用于发达国家的微量允许标准，我国政府则坚持要求获得适用于发展中国家的 10％这一微量允许标准。在最后达成的入世议定书中，我国作出如下承诺：

（1）中国在基期中的综合支持量水平为零，最终约束承诺水平也为零。

（2）中国用于整个农业的一般性支持和用于特定农产品的支持均采用 8.5％这一微量允许标准，这一幅度介于适用于发展中国家成员和发达国家成员的一般标准之间。

（3）计算中国的综合支持量指标时，将包括按照《农业协定》第六条第二款给予发展中国家特殊豁免的三项措施开支，即为了鼓励农业和农村发展，给予所有农民的一般性投资补贴，给予资源贫乏地区农户的投入补贴和引导农民停种非法麻醉作物的补贴。

（4）中国的综合支持量按每年的实际产值比例计算，而不是固定在某一特定基期时的水平。

理论上讲，上述承诺确实限制了我国政府今后对农业的扶持力度。但考虑到我国的经济发展水平，今后一个时期内我国还不能给予农业与发达国家一样的支持。同时，国内外的实践也表明，给予农业过度支持并不利于增强农业的竞争力，提高农业效益。

四、出口补贴

（一）出口补贴概念

根据《农业协定》第一条第五款的规定，出口补贴是指视农产品出口实绩而给予的补贴。出口补贴与同为支持措施的国内支持相比，存在着两点不同：第一，国内支持主要针对农业生产者，出口补贴主要针对农产品经营者。第二，国内支持尽管也会对农产品国际贸易产生影响，但由于主要针对农业生产领域，因而其影响大多是间接的；出口补贴由于直接针对农产品出口，因而对农产品国际贸易的影响更直接，更容易导致不公平竞争。实际上，一国往往在农产品国内市场价格高于国际市场价格时使用出口补贴。乌拉圭回合之前的各轮谈判尽管也曾试图对出口补贴进行限制，但并没有多大建树，直到乌拉圭回合谈判时，农产品出口补贴的削减才真正取得了实质性进展。《农业协定》要求成员以减让基期的出口补贴为尺度，在一定的实施期内逐步削减农产品出口补贴；除符合该协定和该成员减让表中列明的承诺外，每一成员保证不以其他方式提供出口补贴，从而正式将农产品出口补贴问题正式纳入规范化的轨道。

（二）削减出口补贴的范围

根据《农业协定》第九条第一款的规定，下列出口补贴应受削减承诺的约束：

（1）政府或其代理机构视出口实绩而向企业、行业、农产品生产者、农产品生产者的合作社或其他协会或销售局提供的直接补贴，包括实物支付。

（2）政府或其代理机构为出口而销售或处理非商业性的农产品库存，价格低于对国内市场中同类产品购买者收取的可比价格。

（3）依靠政府措施供资的对于农产品出口的支付，无论是否涉及自公共账户的支出，包括由对有关农产品或对产生该出口产品的农产品征税的收入供资的支付。

（4）为减少出口农产品的营销成本而提供的补贴（可广泛获得的出口促进和咨询服务除外），包括处理、升级和其他加工成本补贴，以及国际运输成本和运费补贴。

（5）政府提供或授权提供的出口装运货物的国内运费，其条件优于国内装运货物。

（6）视出口产品中所含农产品的情况而对该农产品提供的补贴。

（三）出口补贴削减承诺

根据《农业协定》第九条第二款的规定，出口补贴削减采取数量削减和价值削减两种方式（农产品加工品的出口补贴只需进行价值削减）。两者均应以1986—1990年的平均水平为基础（在某些出口补贴已经增加的条件下，以1991—1992年的平均水平为基础），每年等量削减。

1. 数量削减　数量削减是指将享受补贴的农产品出口数量削减。《农业协定》规定，以1986—1990年的平均水平为基础，发达国家在1995—2000年的6年间，必须将有补贴的农产品出口数量削减21％，执行期第一年必须首次削减 3.5%，以后每年等量削减；发展中国家在 1995—2004 年的 10 年间，须将有补贴的农产品出口数量削减 14%。

2. 价值削减　价值削减是指将出口补贴本身的数额削减。《农业协定》规定，以 1986—1990 年的平均水平为基础，发达国家在 1995—2000 年的 6 年间，必须将出口补贴预算开支削减 36%，执行期第一年必须首次削减 6%，以后每年等量削减；发展中国家在 1995—2004 年的 10 年间，须将出口补贴预算开支削减 24%。

为控制出口补贴的扩大，《农业协定》规定如果一成员在基期（1986—1990 年）没有对某种农产品进行出口补贴，则禁止该成员将来对该产品的出口给予补贴。同时，允许发展中国家成员不就出口农产品营销补贴和国内运费优惠两项补贴作出削减承诺，但这些补贴不得以规避出口削减承诺的方式实施（即该成员总的削减承诺仍须完成）。

（四）防止规避出口补贴削减承诺

为防止成员利用出口信贷、国际食品援助等方式规避出口补贴削减承诺，《农业协定》第十条规定：

（1）未列入削减范围的出口补贴不得以产生或威胁导致规避出口补贴承诺的方式实施，也不得使用非商业性交易以规避此类承诺。

（2）各成员承诺努力制定关于管理提供出口信贷、出口信贷担保或保险计划的国际间议定的纪律，并保证在就此类纪律达成一致后，仅以符合这些纪律的方式提供出口信贷、出口信贷担保或保险计划。

（3）任何声称未对超过削减承诺水平的出口数量提供补贴的成员，必须证实未对所涉出口数量提供出口补贴，无论此类出口补贴是否属于须削减的出口补贴范围。

（4）捐赠国际粮食援助的成员应保证：①国际粮食援助的提供与对受援国的农产品商业出口无直接或间接联系。②国际粮食援助交易，包括货币化的双边粮食援助，应依照联合国粮食及农业组织《剩余食品处理原则和协商义务》的规定进行，在适当时，还应依照通常营销要求（UMRS）制度。③此类援助应尽可能以完全赠与的形式提供或以不低于《1986 年粮食援助公约》第四条规定的条件提供。

（五）我国出口补贴承诺

出口补贴是增强农产品出口竞争力的重要手段。我国曾在 1986—1990 年存在出口补贴，但在 1994 年贸易体制改革后，我国政府决定停止使用出口补贴。在入世谈判中，我国曾于 1997 年承诺入世后停止使用农产品出口补贴措施。但从 1997 年开始，我国出现了严重的农产品过剩现象，农产品价格普遍下滑，农民收入增速减缓；同时，农产品国际市场价格也出现大幅度下降。为此，我国对个别农产品的出口进行了一定扶持。此后，国内农产品的成本迅速上升，我国农产品的低价优势逐渐消失，而且其他世贸组织成员仍尽可能地使用农产品出口补贴，给我国农产品的竞争力带来了严重挑战。因此，在此后的入世谈判中，中国提出希望保留使用出口补贴的权利，且提交的减让表金额按当时汇率计算高于美国的出口补贴水平。但美国认为，在 1986—1990 年，中国农产品国内价格低于国际市场价格，出口应具有较强的竞争力，而在此期间提供的出口补贴可能基于出口公司的经营不善，因而对这些补贴是否属于贸易规则意义下的补贴提出异议。经过多次谈判，我国在 1999 年中美双边协议中，同意在入世后立即取消农产品出口补贴。在最终达成的入世议定书中，我国重申了这一承诺。由于我国已取消出口补贴，因而也就免于履行削减出口补贴的义务。

五、动植物卫生检疫措施

(一) 动植物卫生检疫措施的范围

《实施动植物卫生检疫措施协定》（简称《SPS 协定》）适用于所有可能直接或间接影响国际贸易的动物卫生与植物卫生检疫措施。同时，附件 1 的第一款列出了动植物卫生检疫措施的目的，用以：①保护成员境内的动物或植物的生命或健康免受虫害、病害、带病有机体或致病有机体的传入、定居或传播产生的风险。②保护成员境内的人类或动物的生命或健康免受食品、饮料或饲料中的添加剂、污染物、毒素或致病有机体产生的风险。③保护成员境内的人类的生命或健康免受动物、植物或动植物产品携带的病害，或虫害的传入、定居或传播产生的风险。④防止或控制成员境内因虫害的传入、定居或传播所产生的其他损害。

在形式方面，动植物卫生检疫措施包括所有有关的法律、法令、规定、要求和程序，特别包括：最终产品标准；工序和生产方法；检测、检验、认证和批准程序；检疫处理，包括与动物或植物运输有关或与在运输途中为维持动植物生存所需物质有关的要求；有关统计方法、抽样程序和风险评估方法的规定；以及与食品安全直接相关的包装和标签要求。

(二) 成员的基本权利和义务

《SPS 协定》第二条对成员的基本权利和义务作了规定。根据该规定，各成员的基本权利是有权在不抵触该协定的前提下，采取为保护人类、动物或植物的生命或健康所必需的动植物卫生检疫措施。

成员的基本义务主要有两项：

（1）确保任何动植物卫生检疫措施的实施不超过为保护人类、动物或植物的生命或健康所必需的程度；并以科学原理为依据，如无充分的科学依据则不再实施。但在有关科学依据不充分的情况下，一成员可根据现有的有关信息，包括来自有关国际组织和其他成员方实施的动植物卫生检疫措施的信息，临时采取某种卫生和植物检疫措施。在这种情况下，各成员应寻求获取必要的补充信息，以便更加客观地评估风险，并相应地在合理的期限内评价该动植物卫生检疫措施。

（2）各成员应确保其动植物卫生检疫措施不在情形相同或情形相似的成员之间，包括在成员自己境内和其他成员领土之间构成任意或不合理的歧视。动植物卫生检疫措施的实施不得对国际贸易构成变相的限制。

（三）国际标准的适用

尽管《SPS 协定》强调实施动植物卫生检疫措施要有科学依据，但它并没有制定出具体的动植物检疫技术标准，如果各成员在这方面自行其是，制定和使用任意的标准，则制定《SPS 协定》的目的仍然难以达到。因此，《SPS 协定》第三条要求各成员尽可能广泛地协调动植物卫生检疫措施。

（1）各成员应依据现有的国际标准、准则或建议制定动植物卫生检疫措施。符合此标准的动植物卫生检疫措施应被视为是保护人类、动物或植物的生命或健康所必需的，并符合世贸组织的有关协议。

（2）各成员可采用或维持比依据有关国际标准、准则或建议制定的措施所提供的保护水平更高的动植物卫生检疫措施，但要有科学依据，或者根据《SPS 协定》第五条有关"风险评估和适当的动植物卫生保护水平的确定"的规定，该措施所提供的保护水平是适当的。此类措施也不得违背《SPS 协定》其他任何条款的规定。

（3）各成员应尽可能充分参与有关国际组织及其附属机构，特别是国际食品法典委员会、国际兽疫局以及在《国际植物保护公约》框架下运行的有关国际和区域组织，以促进在这些组织中制定和定期审议有关动植物卫生检疫措施的标准、准则和建议。

（4）动植物卫生检疫措施委员会应制定程序，以监督国际协调进程，并在这方面和有关国际组织协同努力。

关于国际标准、准则和建议的范围，《SPS 协定》附件 1 第三款规定：在食品安全方面，指国际食品法典委员会制定的有关食品添加剂，兽药和除虫剂残余物、污染物，分析和抽样方法的标准、准则和建议，以及卫生惯例的守则和准则；在动物健康和寄生虫病方面，指国际兽疫局主持制定的标准、准则和建议；在植物健康方面，指《国际植物保护公约》秘书处与在该公约框架下运行的区域性组织合作制定的国际标准、准则和建议；在上述机构未尽事宜方面，指经动植物卫生检疫措施委员会确认、向所有成员开放的其他有关国际组织公布的适当标准、准则和建议。

（四）风险评估和适当动植物卫生保护水平的确定

除要求以科学为依据外，《SPS 协定》第五条更进一步要求各成员应保证其动植物卫生检疫措施的制定以对人类、动物或植物的生命或健康所进行的、适合有关情况的风险评估为基础，并限于适当的动植物保护水平上。这主要是为了防止各成员仅凭怀疑和猜测随意制定检疫措施，或以检疫为名行贸易保护之实。

1. 风险评估 根据《SPS 协定》附件 1 第四款的规定，风险评估是指根据可能实施的动植物卫生检疫措施来评价虫害或病害在进口成员境内传入、定居或传播的可能性，以及相关潜在的生物学和经济后果；或评价食品、饮料或饲料中存在的添加剂、污染物、毒素或致病有机体对人类或动物的健康所产生的潜在不利影响。

根据《SPS 协定》第五条的规定，各成员在进行风险评估时，应考虑以下因素：

（1）有关国际组织制定的风险评估技术。

（2）可获得的科学证据，有关工序和生产方法，有关的检查、抽样和检验方法，特定病害或虫害的流行，病虫害非疫区的存在，相关的生态和环境条件，以及检疫或其他处理方法。

（3）经济因素，包括：由于虫害或病害的传人、定居或传播，对生产或销售造成损失的潜在损害；在进口成员境内控制或根除病虫害的成本；以及采用其他方法控制风险的相对成本效益。

2. 适当的动植物卫生保护水平 适当的动植物卫生保护水平也被很多成员称为"可接受的风险水平"，它是指为保护领土内的人类、动物或植物的生命或健康而制定动植物卫生检疫措施的成员认为适当的保护水平。

根据《SPS 协定》第五条的规定，各成员在确定适当的动植物卫生保护水平时，应当注意以下问题：

（1）应考虑将对贸易的消极影响减少到最低程度。

（2）避免在不同的情况下任意或不合理地实施不同的保护水平，以免产生歧视或变相限制。

（3）保证制定的动植物卫生检疫措施对贸易的限制不超过为达到适当的动

344

植物卫生保护水平所要求的限度，并考虑其技术和经济可行性。

（4）如果一成员有理由确信另一成员实施的动植物卫生检疫措施正在限制其出口或有限制其出口的潜在可能性，且该措施并非基于有关的国际标准、准则或建议，该成员可要求对方说明采取该措施的理由，对方应予说明。

（五）病虫害非疫区和低度流行区

以科学为依据和从风险评估出发，一成员对于来自不存在特定检疫病虫害或检疫病虫害低度流行地区产品的检疫措施应区别于其他地区。《SPS 协定》第六条对于与检疫措施有关的病虫害非疫区和低度流行区作了规定。

根据《SPS 协定》附件 1 第六、第七款的规定，病虫害非疫区是经主管机关确认的未发生特定虫害或病害的地区，可以是一国的全部或部分地区，或几个国家的全部或部分地区。病虫害低度流行区是指经主管机关确认的特定虫害或病害发生水平低，且已采取有效监测、控制或根除措施的地区，可以是一国的全部或部分地区，或几个国家的全部或部分地区。

《SPS 协定》要求各成员应保证其动植物卫生检疫措施适应产品的产地和目的地的动植物卫生特点，并特别认识到病虫害非疫区和低度流行区的概念。在评估一地区的动植物卫生特点时，各成员应特别考虑特定病害或虫害的流行程度、是否存在根除或控制计划以及有关国际组织可能制定的适当标准或准则。

在确定病虫害非疫区和低度流行区时，各成员应根据地理、生态系统、流行病监测以及动植物卫生控制的有效性等因素。声明其境内地区属病虫害非疫区或低度流行区的出口成员，应提供必要的证据，以便向进口成员客观地证明此类地区属于且有可能继续属于病虫害非疫区或低度流行区。为此目的，出口成员应当根据进口成员的要求，给予其进行检查、检验及其他有关程序的合理机会。

（六）透明度要求

《SPS 协定》在透明度方面的要求更高。

在法规的公布方面，《SPS 协定》附件 2 要求各成员迅速公布所有已采用的动植物卫生检疫法规，以便有利害关系的成员知晓；除紧急情况外，各成员应在动植物卫生检疫法规的公布和生效之间留出合理的时间间隔，使出口成员特别是发展中国家的生产者有时间使其产品和生产方法适应进口成员的要求。

《SPS 协定》还要求每一成员应设立咨询点（enquiry point），负责对有利害关系的成员提出的所有合理问题作出答复，并提供与下列内容有关的文件：①在其境内已采用或提议的任何动植物卫生检疫法规。②在其境内实施的任何控制和检查程序、生产和检疫处理方法、杀虫剂残留允许量和食品添加剂批准程序。③风险评估程序、考虑的因素以及适当的动植物卫生保护水平的确定。④成员或其境内相关机构在国际和区域性动植物卫生检疫组织和体系内，及在该协定范围内的双边和多边协定和安排中的成员资格和参与情况，及此类协议和安排的文本。除递送成本外，如对索要上述文件副本的成员收费，收费标准应与对本国国民的收费一致。

一成员在制定动植物卫生检疫法规时，如相应的国际标准、准则或建议不存在，或者拟议中的法规内容与相应的国际标准、准则或建议的内容有实质性不同，且该法规对其他成员的贸易有重大影响，则该成员须履行通知义务，包括：提前公告，使有利害关系的成员知晓制定特定法规的提议；在拟议法规仍可修正和提出的意见仍可考虑时，通过秘书处通知其他成员法规所涵盖的产品，并对拟议法规的目的和理由作出简要说明；根据其他成员请求向其提供拟议法规的副本，只要可能，还应标明与国际标准、准则或建议有实质性偏离的部分；无歧视地给予其他成员合理的时间以提出书面意见，应请求讨论这些意见，并对这些书面意见和讨论的结果予以考虑。在一成员面临健康保护的紧急问题或面临发生此问题的紧急威胁时，该成员对上述程序可进行必要省略，但核心内容（通知和听取意见）不得缺失。各国应指定一中央政府机构负责实施有关通知程序。

（七）特别规定

发展中国家和最不发达国家由于经济、科技实力的限制，在实施《SPS 协定》方面存在困难。为此，协议针对这两类成员作了特别规定。

1. 赋予特殊和差别待遇 第一，各成员在制定和实施动植物卫生检疫措施时，应考虑到发展中国家成员，特别是最不发达国家成员的特殊需要。第二，在适当的动植物卫生检疫保护水平允许留有分阶段采用新的动植物卫生检疫措施的余地时，应给予发展中国家成员有利害关系的产品较长的适应期，以维持其出口机会。第三，为确保发展中国家成员能够遵守《SPS 协定》，动植物卫生检疫措施委员会有权根据这些成员的要求，并视其财政、贸易和发展的需要，给予其对于《SPS 协定》项下的全部或部分义务具体和有时限的例外。第四，各成员应鼓励和促进发展中国家成员积极参加有关的国际组织。

2. 给予技术援助 各成员同意促成以双边形式或通过适当的国际组织向其他成员，特别是发展中国家成员提供技术援助。此类援助可特别针对加工技术、研究和基础设施，包括成立国家管理机构等；并可采取建议、信贷、捐赠和转让，包括以寻求技术知识为目的的培训和提供设备等方式，以使这些国家能调整并遵守为达到其出口市场上的适当的动植物卫生检疫保护水平所必需的动植物卫生检疫措施。当发展中国家出口成员为达到进口成员的动植物卫生检疫要求而需要大量投资时，后者应考虑提供这类技术援助，以使发展中国家成员得以维持和扩大其相关产品市场准入的机会。

（八）其他规定

1. 等效措施　一般来说，如某一进口产品所采用的动植物卫生检疫措施不符合本国实施的动植物卫生检疫措施所要求的标准，那么进口成员就可限制该产品的进口。但《SPS 协定》第四条规定，如果出口成员客观地向进口成员证明它所采用的动植物卫生检疫措施达到了进口成员适当的动植物卫生检疫保护水平，则即使这些措施不同于进口成员自己的措施，或不同于从事同一产品贸易的其他成员所采用的措施，各成员也应将这些措施作为等效措施予以接受。为此目的，出口成员应根据进口成员的请求，给予其进行检查、检验及其他有关程序的合理机会。各成员应根据其他成员的要求进行磋商，以便就承认动植物卫生检疫措施的等效性问题达成双边和多边协定。

2. 控制、检查和批准程序　与动植物卫生检疫有关的控制、检查和批准程序关系到《SPS 协定》能否真正落实，《SPS 协定》附件 3 对成员实施上述程序作了一些基本要求：一是程序应当快捷，不应有不适当延迟；二是对进口产品实施的方式不应严于国内同类产品；三是标准处理期限应当公布，有关程序应当透明，便利申请人；四是不应要求申请人提供不必要的信息，并应为申请人保密；五是对单个样品的控制、检查和批准应当必要和合理；六是收费公平，不高于实际发生的成本；七是建立对投诉的审查程序；八是若为食品安全目的实行进口许可制度，则进口成员应考虑使用有关国际标准作为审查依据，直到作出最后决定为止。

3. 动植物卫生检疫措施委员会　根据《SPS 协定》第十二条的规定，成立了动植物卫生检疫措施委员会，向世贸组织成员开放。主要职能有：一是提供磋商场所，鼓励和促进各成员间就特定的动植物卫生检疫问题进行不定期的磋商或谈判；二是在动植物卫生检疫领域同有关国际组织合作，以为执行《SPS 协定》提供现有最佳的科学和技术咨询，并确保避免不必要的重复工作；三是制定程序，监督国际协调的进程及国际标准、准则或建议的采用；四是审议和修订协议。

（九）我国动植物卫生检疫措施承诺

中国承诺在加入世贸组织后 30 天内，向世贸组织通知所有有关动植物卫生检疫措施的法律、法规及其他措施，包括产品范围和有关国际标准、准则和建议。

有关动植物卫生检疫措施方面的承诺主要体现在中美双方于 1999 年 4 月

达成的《中美农业合作协议》中，主要涉及小麦、柑橘、肉类等美国产品进口的动植物检疫问题。

在小麦和其他谷物方面，根据协议，中国解除因小麦矮腥黑穗病（TCK）而对美国西北太平洋地区七个州小麦采取的进口禁令。只要每 50 克小麦样品中的 TCK 低于 30 000 个，中国将进口来自美国所有地区的各种小麦到中国所有的港口。对可能被 TCK 污染的其他谷物，也适用同样的容忍水平。中国同意不采取任何其他的限制，包括要求运货船改变目的地，也不实行其他任何突出的能禁止美国小麦出口的植物检疫措施。

在柑橘方面，中国解除美国柑橘的进口限制。前两个收获季节，亚利桑那州、得克萨斯州、佛罗里达州和加利福尼亚州经批准的县，将被允许出口柑橘（没有果蝇的地区和来自果蝇发作区 20 千米以外的地区）到中国。取消限制后，中国将向美国开放橘子、广柑和其他柑橘类水果的市场，每年贸易将达到 12 亿美元。

在肉类方面，中国将解除对美国所有获得美国农业部安全卫生证明的肉类、家禽的进口禁令，但保留对美国工厂抽查的权利，同时中国仍旧有权随时通过动植物检查以及通过入口港对进口的美国产品的安全检查，稽核美国的安全证明制度。

此外，中美同意加强在高技术领域的相互合作，鼓励研究及农业企业在高技术研究发展上的合作。具体领域包括：野生和园艺类产品，生物技术，肉、家禽和牲畜，水产品及自然资源和环境。

《SPS 协定》及我国对美国所作的承诺在一定程度上增加了有关病虫害传入我国的风险，同时也使我国难以利用检疫措施来减缓进口农产品对我国农业生产的冲击。在进口方面，由于我国的技术标准、检验检测体系不健全，检疫标准不够科学和严格，面对大量涌入的进口农产品，无法利用《SPS 协定》来保护自己；在出口方面，由于环境和生产过程中的污染，我国农产品的质量安全水平较低，西方发达国家也屡屡利用检疫手段来限制我国农产品的出口，在入世后这一问题更加突出。这就要求我们加强对动植物卫生检疫措施的研究，进一步完善我国的农产品检疫制度，保护我国农业免受外来病虫害的侵害；同时，加大治理农业环境的力度，加强对农产品质量安全的全程性监管，提高我国农产品在质量方面的竞争力。

《《《 **思考题**

1. 农业对外贸易的主体是指什么？
2. 农村承包户是指什么？

3. 有限责任公司的组织机构有哪些？

4. 合同签订的原则与程序有哪些？

5. 世界贸易组织的基本原则有哪些？

6. 加入世界贸易组织对我国农业法制建设有哪些影响？

7. 《农业协定》关于市场准入的规定有哪些？我国在农产品市场准入方面作出了哪些承诺？

8. "绿箱"政策的内容包括哪些方面？

9. 什么是"黄箱"政策？我国在农产品国内支持方面作出了哪些承诺？

10. 《SPS协定》对我国农产品进出口产生的影响是什么？

第十一章 | Chapter 11

农业知识产权法律制度

我国是一个农业大国，加入世界贸易组织后，农业面临巨大的国际竞争压力，特别是面对美国等发达国家在知识产权保护方面给予我国的压力，要使我国农业在国际竞争中立于不败之地，必须十分重视知识产权的保护，了解和掌握知识产权的基本内容，研究农业领域中的知识产权保护问题，加大我国农业知识产权的保护力度，提升我国农业的竞争力。我国农业知识产权保护法律制度逐步完善。1997 年颁布实施《中华人民共和国植物新品种保护条例》，2015 年新修订的《中华人民共和国种子法》将植物新品种保护写入，提升了保护力度。同时，在《中华人民共和国农产品质量安全法》中对农产品质量标志保护进行了规范。另外，我国其他知识产权法律制度的完善，使我国农业知识产权保护在全领域具备了法律依据。

第一节　农业知识产权法律制度概述①

农业知识产权是知识产权保护的一部分，与农业生产直接相关的知识产权保护主要是植物新品种保护、农产品地理标志等质量标志保护，还包括涉农的著作权、商标权等知识产权保护等，农业知识产权保护也非常广泛，是一个特殊系统。

一、知识产权概念与特点

（一）知识产权的概念

知识产权（intellectual property）是国家依法赋予民事主体对其在科学技术、文学艺术和生产经营领域通过智力活动所创造的成果和经营管理活动中的标志等所享有的专有权利。

知识产权一词源于 17 世纪的法国，主要倡导者为法国学者卡普佐夫（Carpzov），比利时法学家皮卡第发展了这一概念。皮卡第认为，知识产权是一种特殊的权利范畴，从根本上不同于对物的所有权。知识产权概念进入中国后，先后出现过"智力财产""精神财产""精神财产权""智力成果权"等译名，至 1980 年 6 月 3 日中国成为世界知识产权组织（WIPO）的正式成员后，"知识产权"逐渐取代了"智力成果权"。1986 年《中华人民共和国民法通则》首次以立法的形式设专节将其确认为一种独立的基本民事权利，标志着我国立

---

① 参阅《农业法概论》（农业部产业政策与法规司、中国农业经济法研究会编，中国农业出版社 2004 年出版）。

法正式采用了"知识产权"这一概念。

知识产权有广义和狭义之分。狭义的知识产权，即传统意义上的知识产权，包括著作权、专利权、商标权等三个主要部分。广义的知识产权包括著作权、邻接权、商标权、地理标志权、工业品外观设计权、专利权、集成电路布图设计权和未披露过的信息专有权（商业秘密）等各种权利。世界贸易组织《与贸易有关的知识产权协议》（简称 TRIPS 协议）第二部分第一节至第七节所列举的所有知识产权的内容，就是指广义的知识产权。

（二）知识产权的特点

知识产权是一种民事权利，是一种有别于有形财产所有权的无形财产权。知识产权的客体即知识产品（又称智力成果），是一种没有形体的精神财富，具有非物质性的特点。

与动产、不动产等有形财产相比较，知识产权具有不同的存在、利用和处分形态：①不发生有形控制的占有。②不发生有形损耗的使用。③不发生消灭知识产品的事实处分与有形交付的法律处分。

与债权这一无形财产相比，知识产权具有如下特点：①可以被有形载体多次复制利用。②可以同时被许多人使用。③其价值的实现须通过有形财产的结合和转化。基于上述特点，国家有必要赋予知识产品创造者以知识产权，并对这种权利实行有别于传统财产权的法律保护制度。

（三）知识产权的法律特征

1. 知识产权的客体属无形财产　知识产权所保护的客体是一种没有形体的精神财富。客体的非物质性是知识产权的本质属性和特征，也是该项权利与有形财产所有权相区别的最根本标志。

2. 知识产权须经法律直接确认　知识产权没有形体，不占有空间，难以实际控制。因此，虽然法律规定知识产权是一种民事权利，并不意味着每个公民对自己头脑中的知识和聪明才智享有民事权利。法律仅承认该种民事权利的客体是智力成果，而非智力本身。因而，知识产权的承认与保护通常需要法律上的直接具体规定。

3. 知识产权具有专有性　智力成果可以同时为多个主体使用，但多数知识产权具有法律授予的独占权，它的排他性使同一项智力成果不能同时存在两个或两个以上的所有权人。

4. 知识产权具有地域性　地域性指依据一国法律所取得的知识产权仅在该国范围内有效，在其他国家不发生效力。

5. 知识产权具有时间性　知识产权都有法定的保护期限，有效期限一旦届满，权利就自行终止或消灭，相关智力成果即成为整个社会的共同财富，任何人均可以自由利用。

二、农业知识产权的主要内容

我国农业知识产权主要涉及专利权、著作权、商标权、商业秘密权、植物新品种权和地理标志权。

1. 专利权　专利权是指申请人就其发明创造向国家专利行政部门提出专利申请，经依法审查合格后，被授予在一定期限内对该发明创造享有的专有权利。我国专利权保护的客体包括发明、实用新型和外观设计三种。

根据《中华人民共和国专利法》，我国很多农业科技成果和农业生产经营中的实用新型和外观设计均可申请专利，如农机具的发明、改进，肥料和饲料配方，培养动植物新品种的方法等。我国"秦油2号"油菜的育种方法不但已获得专利权，而且已向国外转让。

2. 著作权　著作权是指作者及其他著作权人依法对文学、艺术、科学作品所享有的独占权利。根据《中华人民共和国著作权法》的规定，作品要成为著作权客体，应当具备独创性、可复制性和合法性的特征。

根据《著作权法》的规定，凡是农业科技人员在其科技活动中产生的著作、论文、录像、工程设计图纸及说明、农业科技及科普电影、电视剧本等作品，其作者均享有专有的著作人身权和著作财产权。其中，著作人身权包括发表权、署名权、修改权和保护作品完整权；著作财产权包括复制权、发行权、展览权、表演权、播放权、制片权、演绎权等。

3. 商标权　商标权是商标所有人依法对其注册商标所享有的专有权利。根据《中华人民共和国商标法》第三条第一款的规定，经商标局核准注册的商标为注册商标，商标注册人享有商标专用权，受法律保护。商标专用权主要包括商标的专有使用权、禁止他人使用权、转让权、许可使用权和续展权等权能。

根据《商标法》的规定，农业科研单位、农业生产经营组织和个人可以通过在农产品上注册而取得商标的专用权。取得商标权后，有权在被注册的商品上及有关广告、商业信函、包装、发票、说明书上使用该商标；同时有权禁止他人在相同或相似的商品上，以及与商品有关的广告等上面使用相同或相似的商标；有权禁止他人擅自制造或销售有关商标标识。

4. 商业秘密权　商业秘密是指不为公众所知悉、能为权利人带来经济利益并经权利人采取保密措施的技术信息和经营信息。商业秘密应当同时具备三个特征：①不为公众所知晓。②必须有商业价值，能使权利人获利。③必须采

355

取保密措施。

农业科研单位、农业生产经营组织和个人从事科学研究和生产，需要注意保守的商业秘密主要有：准备或已经申请专利的发明创造技术信息；准备或已经申请专利的植物新品种；准备或已经申请发明奖、自然科学奖、科技进步奖的成果；处在研究开发工作中的阶段性技术和信息；准备转让或已经转让的技术信息；准备或已经生产的产品技术信息、销售网络等。

5. 植物新品种权 植物新品种权，国外又称植物育种者权利，是指由植物新品种保护审批机关依照法律、法规的规定，赋予品种权人对其新品种的专有权利。任何单位或者个人未经品种权所有人许可，不得为商业目的生产或者销售该授权品种的繁殖材料，不得为商业目的将该授权品种的繁殖材料重复使用于生产另一品种的繁殖材料。

根据《中华人民共和国种子法》《中华人民共和国植物新品种保护条例》的规定，对经过人工培育或对发现的野生植物加以开发，具备新颖性、特异性、一致性和稳定性并有适当命名的植物品种，均可申请品种权。

6. 地理标志权 地理标志是指某商品来源于某地区，该商品的特定质量、信誉或者其他特征，主要由该地区的自然因素或者人文因素所决定的标志。农产品的品质通常受当地气候和土壤等特殊地理因素的影响，形成独特的质量与信誉，加强对地理标志的保护，对于维护特定农产品的声誉和销路具有十分重要的意义。

三、农业知识产权保护法律制度

农业知识产权法是调整人们在农业知识产权取得、保护和利用方面所形成的各种关系的法律规范的总称。它不仅调整作为平等民事主体的知识产权所有人、使用人和其他人之间的民事关系，而且调整知识产权保护机关与管理相对人之间所形成的行政关系。

目前，与农业知识产权保护有关的法律法规主要有：《中华人民共和国专利法》《中华人民共和国专利法实施细则》《中华人民共和国著作权法》《中华人民共和国著作权法实施条例》《中华人民共和国商标法》《中华人民共和国商标法实施条例》《中华人民共和国反不正当竞争法》《中华人民共和国植物新品种保护条例》。此外，国务院有关部门还制定了与知识产权保护有关的一系列规章，如《中华人民共和国植物新品种保护条例实施细则（农业部分）》等。农业方面直接管理的主要有植物新品种保护、地理标志和农产品其他质量标志的保护。在立法方面有《种子法》《植物新品种保护条例》《农产品质量安全法》等法律法规。

四、农业知识产权保护管理体制

我国目前对农业知识产权保护实行分部门管理的体制。

国务院专利行政部门负责管理全国的专利工作；统一受理和审查专利申请，依法授予专利权；并设立专利复审委员会，负责处理专利争议事宜。省、自治区、直辖市人民政府管理专利工作的部门负责本行政区域内的专利管理工作，主要是处理侵权行为。

国务院著作权行政管理部门主管全国的著作权管理工作；各省、自治区、直辖市人民政府的著作权行政管理部门主管本行政区域的著作权管理工作。

国务院市场行政管理部门主管全国商标注册和管理的工作。国务院市场行政管理部门设立商标评审委员会，负责处理商标争议事宜。

国务院农业农村、林业行政管理部门按照职责分工共同负责植物新品种权申请的受理和审查，并对符合规定的植物新品种授予植物新品种权。其中，国务院农业农村行政主管部门负责农业植物新品种的保护，包括粮食、棉花、油料、麻类、糖料、蔬菜（含西甜瓜）、烟草、桑树、茶树、果树（干果除外）、观赏植物（木本除外）、草类、绿肥、草本药材等植物以及橡胶等热带作物、食用菌的新品种保护工作。国务院林业行政主管部门负责林业植物新品种的保护，包括林木、竹、木质藤本、木本观赏植物（包括木本花卉）、果树（干果部分）及木本油料、饮料、调料、木本药材等植物新品种保护工作。两部门均设立植物新品种复审委员会，负责处理植物新品种争议事宜。

五、保护农业知识产权的意义

加强农业知识产权保护，不仅有利于保护知识产权人的合法权益，而且有利于促进文化、科技成果的合理使用。推广和引进国外先进技术，对于我国农业和农村经济的发展还有重要的现实意义。

1. 有利于促进农业科技进步，增强农业竞争力　我国加入世贸组织后，与农产品贸易有关的市场准入、国内支持和出口补贴等WTO规则已在我国实施，而基因工程作物的市场准入以及与农业有关的环境、卫生和安全等也将可能成为新规则的内容，农业面临着巨大的挑战。应对这一挑战的一个重要措施就是大力开展农业基础研究和高新技术研究，提高我国农业科技水平，这就需要强有力的知识产权保护支持体系。因此，实施知识产权保护战略来促进农业高新技术产业的发展，是我国加入世贸组织后对传统农业进行改造升级、增强国际竞争力的必然选择。

2. 有利于保护我国农业知识产权不受侵犯，保护我国农业产业发展　目前，世界发达国家都把知识产权保护作为经济发展战略，纷纷抢先到国外申请专利权、商标权，国际知识产权纠纷也时常发生。如泰国茶花稻米一案就足以说明知识产权保护的重要性。据《中国知识产权报》报道：美国遗传专家正在佛罗里达州种植一种稻米，几乎与泰国最受欢迎的特级茶花稻米完全相同。而过去认为，由于气候原因，这种稻米在那里是不可能生长的。美国每年从泰国进口大约 30 万～40 万吨茶花稻米，如果美国在这种稻米的育种技术上获得成功，泰国肯定会失去在美国和其他国家的部分市场份额。泰国是世界上最大的稻米出口国，每年生产大约 300 万吨茶花稻米，共计约 2 400 万吨稻米，向120 个国家出口，赚取 15 亿美元外汇。因此，泰国非政府组织要求泰国政府采取坚定态度，阻止美国公司利用遗传技术开发泰国的茶花稻米和美国专利商标局授予其专利的行为。

我国知识产权保护工作起步比较晚，一些科研单位以及科研工作者的知识产权意识比较淡薄。近年来，我国每年取得的"国家级科技成果" 3 万多项，除极少数申请专利或采取技术秘密方式保护外，大部分没有取得专利保护，有的甚至已经通过发表论文、成果鉴定、学术讨论等形式公之于众。这就提醒我们在今后的国际农业经济、技术交流与合作中要充分认识保护农业知识产权的重要性。否则，投入了大量人力、财力、物力获得的农业科技成果一旦被他人抢注专利或商标，我们不但不能独占国际市场，而且还有可能会"侵犯他人的知识产权"。

3. 有利于维护科技人员合法权益，增强科技人员创新动力　如果科技人员的创新成果无偿地被窃取利用，真正获得成果的科技人员的权益受到随意侵害，就会造成无序竞争，挫伤科技人员积极性。科技成果只有得到有效保护，才能激发科技人员的创新热情，增强其创新动力。

第二节　植物新品种保护法律制度

一、植物新品种与植物新品种权概念

（一）植物新品种

《植物新品种保护条例》根据《国际植物新品种保护公约》的界定，植物品种是指已知植物最低分类单元中单一的植物群。不论授予品种权的条件是否充分满足，该植物群可以是：①以某一特定基因型或基因型组合表达的特性来确定。②至少表现出上述的一种特性，以区别于任何其他植物群。③作为一个分类单元，其适用性经过繁殖不发生变化。根据《植物新品种保护条例》的规定，植物新品种是指经过人工培育的或者对发现的野生植物加以开发，具备新颖性、特异性、一致性和稳定性并有适当命名的植物品种。

《种子法》《植物新品种保护条例》中可以获得品种权的"植物新品种"与品种审定上的新品种是有差异的，主要表现在：①从范围来看，品种审定的新品种可以是新育成的品种，也可以是新引进的品种；品种权的新品种，既可以是新育成的新品种，也可以是对发现的野生品种加以开发所形成的新品种。②从品种构成的要素来看，品种保护，除要求新品种具有相对稳定的遗传特性，在生物学、形态学性状方面具有相对一致性，并与同种植物的其他品种在特征、特性上

植物新品种
保护条例

有所区别以及拥有适当的名称外，还必须具备新颖性，即该申请保护的新品种在申请日以前不能在市场上销售或者在市场上销售不能超过规定的期限；而作为审定的品种，对新颖性则不作要求。③从特异性的要求来看，品种审定突出品种的产量和抗性，要求新品种的产量水平高于当地同类主推品种的5％以上，或者产量与当地主推品种的原种相近，但在品质、成熟期和抗性等方面有一项乃至多项性状表现突出；申请品种权的新品种要求被保护的新品种在植物学形态上至少有一个特征、特性明显区别于已知品种，并不要求高于已知品种的产量或抗性。④从使用价值来看，审定通过的新品种，一定可以在生产上推广应用，而申请品种权的品种既可以通过审定在生产上推广应用，也可以作为科研育种材料加以开发。

植物新品种可以划分为农业植物新品种和林业植物新品种。农业植物新品种包括粮食、棉花、油料、麻类、糖料、蔬菜（含西甜瓜）、烟草、桑树、茶树、果树（干果除外）、观赏植物（木本除外）、草类、绿肥、草本药材等植物以及橡胶等热带作物的新品种。林业植物新品种包括林木、竹、木质藤本、木本观赏植物（包括木本花卉）、果树（干果部分）及木本油料、饮料、调料、木本药材等植物品种。

（二）植物新品种权

植物新品种权是国家植物新品种保护审批机关依照法律、法规的规定，授予品种权人在一定的期限内所享有的独占繁殖、生产、使用、销售、进口和转让授权品种的一种专有权利。它包括品种权人所享有的人身权利和财产权利。植物品种权是植物新品种保护的核心，整个植物新品种保护都是围绕品种权的取得和保护而开展的。

二、植物新品种保护立法

目前，从国际上看，植物新品种保护的立法模式主要有专利法和植物新品种专门保护法两种。对生产植物品种的方法，各国均给予专利保护。对于植物品种本身，多数国家或者国际组织采用植物新品种专门保护法的形式给予保护，如中国、澳大利亚、欧盟等；少数国家以专利法来保护，如法国、日本、丹麦；极少数国家采用专利法和专门法共同进行保护，如美国。

20 世纪 30 年代前，植物品种一直被排除在专利保护制度之外，其理由在于植物新品种是生物，具有自身生长繁殖的特性。此后，美国和德国率先对植物新品种加以法律保护，并最终导致国际植物品种保护制度的产生。

美国 1930 年由国会颁布了世界上第一部植物专利法——《植物专利法》，将无性繁殖的植物品种（块茎植物除外）纳入了专利保护范畴。1931 年 8 月 18 日美国专利与商标局授予了第一个植物专利，开创了人类利用专利制度保护植物育种者权利的先河。其内容后被并入 1952 年美国《专利法》第一百六十一条至一百六十四条。第一百六十一条将植物专利规定为：无论谁发明或者发现无性繁殖任何独特的和新颖的植物品种，包括培育的变种、异种、胚种和新发现的秧苗，以及非试管培植的植物或者在未培育状况下的发现，均可取得专利。1970 年美国颁布《植物品种法》对有性繁殖产生的植物新品种提供一种类似专利的保护，即由美国农业部植物品种保护办公室审查并颁发植物品种保护证书。由此可见，美国对植物品种的保护采用植物专利、普通专利、品种保护三种方式进行的"多轨制"全面保护。德国 1953 年颁布了《种子材料法》，开创性地对育种者的权利进行专门保护。

1957 年 2 月 22 日，法国外交部邀请 12 个国家和保护知识产权联合国际局（BIRPI）、联合国粮食及农业组织（FAO）、欧洲经济合作组织（OEEC），参加同年 5 月 7 日至 11 日在法国召开的第一次植物新品种保护外交大会，形成会议决议。在此基础上，拟定《国际植物新品种保护公约》。1961 年，为协调国际间植物新品种保护的法律规定，国际植物新品种保护联盟宣告成立，并于 1961 年 12 月 2 日在巴黎通过了《保护植物新品种国际公约》。该公约旨在确认和保护植物新品种育种者的权利，并由公约缔约国组成植物新品种保护联盟，实行专门方式保护植物新品种的法律制度体系，从而初步形成当代国际植物知识产权体系的基础，为国际间开展优良品种的研究、开发、技术转让、合作交流以及新产品贸易提供了法律框架。该公约于 1968 年生效，其后分别于 1972 年、1978 年、1991 年进行三次修改，至 2003 年 1 月 5 日，公约参加国已达 52 个。我国于 1999 年 3 月加入了该公约，成为其第 39 个成员。

世界贸易组织《与贸易有关的知识产权协定》（TRIPS 协定）在专利一节涉及了植物新品种保护问题。该协议规定，成员可以将"除微生物之外的动植物，以及生产动植物的、主要是生物的方法"排除在可获专利之外。"但成员应以专利制度或有效的专门制度，或以任何组合制度，给植物新品种以保护。对本项规定应在建立世界贸易组织协议生效的四年之后进行检查。"这一规定对各国植物品种知识产权保护立法产生了重要影响。

我国对植物新品种的保护采用单轨制，即不授予专利权而只授予植物新品种权。1985 年颁布的《中华人民共和国专利法》只对动物和植物品种的生产方法和药品的生产方法予以保护。1992 年《专利法》第二十五条第一款第四项排除对植物和动物品种的保护，该条第二款只规定对动物和植物品种的生产方法可以获得专利保护。1997 年 3 月 20 日，国务院颁布了《中华人民共和国植物新品种保护条例》，农业部和国家林业局也先后于 1999 年 6 月 16 日、8 月 10 日发布了《中华人民共和国植物新品种保护条例实施细则》农业部分和林业部分，2015 年修订的《中华人民共和国种子法》将植物新品种保护作专章规范，对植物新品种实施专门保护，使得我国植物新品种保护法律制度日臻完善。

三、植物新品种国际保护制度

《保护植物新品种国际公约》（以下简称《公约》）建立了植物新品种保护基本制度。

1. 基本原则　《公约》在确定一般国际公约所具有的国民待遇原则和互惠原则的同时，确定了优先权原则和品种权独立原则。

优先权原则，指申请人在任何一个成员国内第一次提出保护申请后，在 12 个月内可在其他成员国家享有优先权。

品种权独立原则，指同一个植物品种在不同成员国所受的保护相互独立，一国的批准、驳回或失效并不影响其他国家的保护效力。

2. 植物新品种保护范围　《公约》1991 年文本扩大了植物品种的保护范围，要求成员国将保护范围扩大到所有植物品种，并要求新成员在加入公约最迟 10 年内，保护所有植物品种。因而最迟到 2009 年 3 月，我国植物新品种保护范围应扩大到所有植物品种。

3. 植物新品种保护条件　《公约》第五条对授予植物新品种的保护条件作出了规定，即要求具备新颖性、特异性、稳定性、一致性和品种命名。

4. 育种者权利和权利限制

（1）育种者权利《公约》规定，育种者享有商业目的生产销售其品种的繁殖材料专有权。具体包括：

①以商业目的而繁殖、销售受保护的植物品种。

②在观赏植物或插花生产中作为繁殖材料而用于商业目的时，保护范围扩大到以正常销售为目的而非繁殖用的观赏植物部分植株。

③为开发其他品种而将受保护品种商业性地反复使用。

④对于侵权品种的进口，权利人有权予以禁止。

（2）权利限制

①强制性例外。品种权保护不适用于私人的非商业性活动、试验性活动和培育其他新品种的活动。

②非强制性例外。由各缔约方在适当的范围内确定。

5. 植物新品种保护期 《公约》第十九条规定，对不同类的植物新品种，其保护期可以有所不同。一般保护期，自批准之日起不少于 20 年；对于树木和藤本植物，保护期限不少于 25 年。

四、我国植物新品种保护制度

《种子法》《植物新品种保护条例》初步建立了我国植物新品种保护制度。

（一）植物新品种权获得条件

根据《植物新品种保护条例》的规定，申请品种权的植物新品种应当属于国家植物品种保护名录范围的植物属或者种，授权品种权的植物新品种应当具备新颖性、特异性、一致性、稳定性和命名性。

1. 新颖性 新颖性是指申请品种权的植物新品种在申请日前该品种繁殖材料未被销售，或者经育种者许可，在中国境内销售该品种繁殖材料未超过 1 年；在中国境外销售藤本植物、林木、果树和观赏树木品种繁殖材料未超过 6 年，销售其他植物品种繁殖材料未超过 4 年。

2. 特异性 特异性是指申请品种权的植物新品种应当明显区别于在申请以前已知的植物品种。特异性条件强调的是申请品种与现有品种之间的差异。如与现有品种相比，申请品种具有早熟、抗病能力，就是具备了特异性条件。

3. 一致性 一致性是指申请品种权的植物新品种经过繁殖，除可以预见的变异外，其相关的特征或者特性一致。受外界环境因素的影响，植物品种的某些特征、特性会发生一定的变化，如植物的株高和生育期等的变化，这些变化是可以预见的变异，是允许的。

4. 稳定性 稳定性是指申请品种权的植物新品种经过反复繁殖后或者在特定繁殖周期结束时，其相关的特征或者特性保持不变。这里的相关特征或特性保持不变是指申请品种权的植物新品种的特异性是稳定的，在一定的繁殖世代中它们相对稳定不发生变化。

5. 命名性　授予品种权的植物新品种应当具备适当的名称，并与相同或者相近的植物属或者种中已知品种的名称相区别。该名称经注册登记后即为该植物新品种的通用名称。但下列名称不得用于品种命名：①仅以数字组成的。②违反社会公德的。③对植物新品种的特征、特性或者育种者的身份等容易引起误解的。同时，《植物新品种保护条例实施细则（农业部分）》进一步规定，有下列情形之一的，不得用于农业植物新品种命名：①违反国家法律或者社会公德或者带有民族歧视性的。②以国家名称命名的。③以县级以上行政区划的地名或者公众知晓的外国地名命名的。④同政府间国际组织或者其他国际国内知名组织及标识名称相同或者近似的。⑤属于相同或相近植物属或者种的已知名称的。⑥夸大宣传的。

（二）植物新品种权内容

1. 独占权　完成育种的单位或者个人对其授权品种，享有排他的独占权。任何单位或者个人未经品种权所有人（以下称品种权人）许可，不得为商业目的生产或者销售该授权品种的繁殖材料，不得为商业目的将该授权品种的繁殖材料重复使用于生产另一品种的繁殖材料；但法律、法规规定的对植物新品种权的限制除外。

品种权与专利权一样都是一种排他性的独占权。二者的相同点在于：权利人都有权禁止他人未经许可而对受保护对象进行商业性的生产、销售和使用，同一对象只能授予一项权利，权利的授予实行先申请原则。二者的差异主要表现在保护对象上：专利权保护的对象是构成发明创造的技术方案和设计，而不是依技术方案和设计生产的产品；品种权保护的对象是种子、苗木、块根、块茎等特定植物品种的繁殖材料。

2. 转让权　植物新品种的申请权和品种权可以依法转让。转让申请权或者品种权的，当事人应当订立书面合同，并向审批机关登记，由审批机关予以公告。

中国的单位或者个人就其在国内培育的植物新品种向外国人转让申请权或者品种权的，应当经审批机关批准。国有单位在国内转让申请权或者品种权的，应当按照国家有关规定报请批准。

3. 权利限制

（1）正当使用　使用授权品种符合下列情形的，可以不经品种权人许可，不向其支付使用费，但是不得侵犯品种权人依照《植物新品种保护条例》享有的其他权利：①利用授权品种进行育种及其他科研活动。②农民自繁自用授权品种的繁殖材料。

（2）强制许可　为了国家利益或者公共利益，审批机关可以作出实施植物新品种强制许可的决定，并予以登记和公告。取得实施强制许可的单位或者个人应当付给品种权人合理的使用费，其数额由双方商定；双方不能达成协议的，由审批机关裁决。品种权人对强制许可决定或者强制许可使用费的裁决不服的，可以自收到通知之日起3个月内向人民法院提起行政诉讼。

根据《植物新品种保护条例实施细则（农业部分）》的规定，有下列情形之一的，农业部（现农业农村部）可以作出生产、销售等实施新品种强制许可的决定：

①为了国家利益或者公共利益的需要。

②品种权人无正当理由自己不实施，又不许可他人以合理条件实施的。

③对重要农作物品种，品种权人虽已实施，但明显不能满足国内市场需求，又不许可他人以合理条件实施的。

（3）名称限制　不论授权品种的保护期是否届满，销售该授权品种应当使用其注册登记的名称。

（三）植物新品种权归属

植物新品种权原则上属于完成育种的单位或者个人。

1. 职务育种品种权的归属　职务育种是指执行本单位的任务或者主要是利用本单位的物质条件所完成的育种。对于植物育种，植物新品种的申请权属于该单位。

所谓"本单位的物质条件"是指本单位的资金、仪器设备、试验场地以及单位所有或者持有的尚未允许公开的育种材料和技术资料等。

根据《植物新品种保护条例实施细则（农业部分）》的规定，下列情形属于职务育种：①在本职工作中完成的育种。②履行本单位交付的本职工作之外的任务所完成的育种。③退职、退休或者调动工作后3年内完成的与其在原单位承担的工作或者原单位分配的任务有关的育种。

2. 非职务育种品种权的归属　非职务育种的植物新品种申请权属于完成育种的个人。申请被批准后，品种权属于申请人。

所谓完成育种的个人，是指对新品种的培育作出创造性贡献的人。仅负责组织管理工作、为物质条件提供方便或者从事其他辅助工作的人不能被视为完成育种的个人。

3. 委托育种和合作育种品种权的归属　委托育种或者合作育种的品种权归属由当事人在合同中约定，没有合同约定的，品种权属于受委托完成或者共同完成育种的单位或者个人。

4. 申请在先和完成在先原则　一个植物新品种只能授予一项品种权。两个以上的申请人分别就同一个植物新品种申请品种权的，品种权授予最先申请的人；同时申请的，品种权授予最先完成该植物新品种育种的人。主张权利的单位或者个人负有举证的责任。

（四）植物新品种权申请和审批

1. 植物新品种权申请

（1）申请人　中国的单位和个人申请植物新品种权的，可以直接或者委托代理机构向审批机关提出申请。外国人、外国企业或者外国其他组织在中国申请品种权的，应当按其所属国和中华人民共和国签订的协议或者共同参加的国际条约办理，或者根据互惠原则，依照《植物新品种保护条例》办理。

申请人委托代理机构申请品种权或者办理其他品种权事务的，应当同时提交委托书，明确委托权限。申请人有两个以上而未委托代理机构的，应当明确一方为代表人。

（2）申请文件　申请品种权的，应当向审批机关提交符合规定格式要求的请求书、说明书和该品种的照片。申请文件应当使用中文书写。

根据《植物新品种保护条例实施细则（农业部分）》的规定，申请品种权的，应当向品种保护办公室提交申请书、说明书（包括说明书摘要、技术问卷）、照片各一式两份。具体要求是：

申请书应当包括：①新品种的暂定名称。②新品种所属的属或者种的中文名称和拉丁文名称。③培育人的姓名。④申请人的姓名或者名称、地址、邮政编码、联系人、电话、传真。⑤申请人的国籍。⑥申请人是外国企业或者其他组织的，其总部所在的国家。⑦新品种的培育起止日期和主要培育地。

说明书应当包括：①新品种的暂定名称，该名称应当与申请书的名称一致。②新品种所属的属或者种的中文名称和拉丁文名称。③有关该新品种与国内外同类品种对比的背景材料说明。④育种过程和育种方法，包括系谱、培育过程和所使用的亲本或者繁殖材料说明。⑤有关销售情况说明。⑥对该新品种特异性、一致性和稳定性的详细说明。⑦适于生长的区域或者环境以及栽培技术说明。说明书中不得含有贬低其他植物品种或者夸大其使用价值的言辞。其技术问卷可以在缴纳审查费时提交。

照片应当符合以下要求：①照片有利于说明申请品种的特异性。②一种性状的对比应在同一张照片上。③照片应为彩色。必要时，品种保护办公室可以要求申请人提供黑白照片。④照片规格为 8.5 厘米×12.5 厘米或者 10 厘米×15 厘米。⑤对照片用简要文字说明。

（3）申请日　审批机关收到品种权申请文件之日为申请日；申请文件是邮

寄的，以寄出的邮戳日为申请日。

申请人自在外国第一次提出品种权申请之日起 12 个月内，又在中国就该植物新品种提出品种权申请的，依照该国同中华人民共和国签订的协议或者共同参加的国际条约，或者根据相互承认优先权的原则，可以享有优先权。申请人要求优先权的，应当在申请时提出书面说明，并在 3 个月内提交经原受理机关确认的第一次提出的品种权申请文件副本；未依照《植物新品种保护条例》规定提出书面说明或者提交申请文件副本的，视为未要求优先权。

在中国没有经常居所或者营业所的申请人，申请品种权或者要求外国优先权的，品种保护办公室认为必要时，可以要求其提供下列文件：①国籍证明。②申请人是企业或者其他组织的，其营业所或者总部所在地的证明。③外国人、外国企业、外国其他组织的所属国，承认中国单位和个人可以按照该国国民的同等条件，在该国享有品种申请权、优先权和其他与品种权有关权利的证明文件。

（4）受理　对符合规定格式要求的申请，审批机关应予受理，明确申请日、给予申请号，并自收到申请之日起 1 个月内通知申请人缴纳申请费。

根据《植物新品种保护条例实施细则（农业部分）》规定，品种权申请文件有下列情形之一的，不予受理：①缺少申请书、说明书或者照片之一的。②未使用中文的。③不符合规定格式的。④文件未打印的。⑤字迹不清或者有涂改的。⑥缺少申请人姓名或者名称、地址、邮政编码的。

2. 植物新品种权审批

（1）初步审查　申请人缴纳申请费后，审批机关对品种权申请的下列内容进行初步审查：①是否属于植物品种保护名录列举的植物属或者种的范围。②外国人、外国企业或者外国其他组织在中国申请品种权的，其所属国是否与中华人民共和国签订有协议或者共同参加了有关国际条约，或者是否符合互惠原则。③是否符合新颖性的规定。④植物新品种的命名是否适当。

审批机关自受理品种权申请之日起 6 个月内完成初步审查。对经初步审查合格的品种权申请，审批机关予以公告，并通知申请人在 3 个月内缴纳审查费。对经初步审查不合格的品种权申请，审批机关通知申请人在 3 个月内陈述意见或者予以修正；逾期未答复或者修正后仍然不合格的，驳回申请。

（2）实质审查　申请人按照规定缴纳审查费后，审批机关对申请品种权的特异性、一致性和稳定性进行实质审查。申请人未按照规定缴纳审查费的，品种权申请视为撤回。

审批机关主要依据申请文件和其他有关书面材料进行实质审查。审批机关认为必要时，可以委托指定的测试机构进行测试或者考察业已完成的种植或者其他试验的结果。因审查需要，申请人应当根据审批机关的要求提供必要的资料和该植物新品种的繁殖材料。申请人送交的繁殖材料应当与品种权申请文件中所描述的该植物新品种繁殖材料相一致，并符合下列要求：①不得遭受意外的损害和药物的处理。②无检疫性有害生物。③送交的繁殖材料为种子的，种子应当是最近收获的。

（3）授予品种权　对经实质审查符合条例规定的品种权申请，审批机关应当作出授予品种权的决定，颁发品种权证书，并予以登记和公告。品种权人应当自被授予品种权的当年开始缴纳年费，并且按照审批机关的要求提供用于检测的该授权品种的繁殖材料。

《植物新品种保护条例实施细则（农业部分）》规定，品种保护办公室发出办理授予品种权的通知后，申请人应当自收到通知之日起 3 个月内办理领取品种权证书和缴纳第 1 年年费手续。对按期办理的，农业部（现农业农村部）授予品种权，颁发品种权证书，并予以公告。品种权自颁发品种权证书之日起生效。期满未办理的，视为放弃取得品种权的权利。

品种权被授予后，对在自初步审查合格公告之日起至被授予品种权之日止的期间，未经申请人许可，为商业目的生产或者销售该授权品种繁殖材料的单位和个人，品种权人享有追偿的权利。

（4）复审　对经实质审查不符合规定的品种权申请，审批机关予以驳回，并通知申请人。

对审批机关驳回品种权申请的决定不服的，申请人可以自收到通知之日起 3 个月内，向植物新品种复审委员会请求复审。植物新品种复审委员会应当自收到复审请求书之日起 6 个月内作出决定，并通知申请人。

申请人对植物新品种复审委员会决定不服的，可以自接到通知之日起 15 日内向人民法院提起诉讼。

(五) 植物新品种权保护期限

我国植物新品种权的保护期限，自授权之日起，藤本植物、林木、果树和观赏树木为 20 年，其他植物为 15 年。

(六) 植物新品种权的终止

植物新品种权在保护期限届满之日终止。但有下列情形之一的，品种权在其保护期限届满前终止：

（1）品种权人以书面声明放弃品种权的。

（2）品种权人未按照规定缴纳年费的。

（3）品种权人未按照审批机关的要求提供检测所需该授权品种繁殖材料的。

（4）经检测该授权品种不再符合被授予品种权时的特征和特性的。

品种权的终止，由审批机关登记和公告。

（七）植物新品种权无效

自审批机关公告授予品种权之日起，植物新品种复审委员会可以依据职权或者依据任何单位或者个人的书面请求，对不符合新颖性、特异性、一致性和稳定性规定的植物品种，宣告品种权无效；对不符合名称规定的，予以更名。

宣告品种权无效或者更名的决定，由审批机关登记和公告，并通知当事人。对植物新品种复审委员会的决定不服的，可以自收到通知之日起 3 个月内向人民法院提起诉讼。

被宣告无效的品种权视为自始不存在。宣告品种权无效的决定，对在宣告前人民法院作出并已执行的植物新品种侵权的判决、裁定，省级以上人民政府农业农村、林业行政部门作出并已执行的植物新品种侵权处理决定，以及已经履行的植物新品种实施许可合同和植物新品种权转让合同，不具有追溯力。但是，因品种权人的恶意给他人造成损失的，应当给予合理赔偿。品种权人或者品种权转让人不向被许可实施人或者受让人返还使用费或者转让费，明显违反公平原则的，品种权人或者品种权转让人应当向被许可实施人或者受让人返还全部或者部分使用费或者转让费。

（八）行政强制措施

根据《种子法》《植物新品种保护条例》的规定，省级以上人民政府农业、林业行政部门查处品种权侵权案件和假冒授权品种案件时，根据需要，可以封存或者扣押与案件有关的植物品种繁殖材料，查阅、复制或者封存与案件有关的合同、账册及有关文件。

（九）违法行为和法律责任

1. 违法行为　根据《植物新品种保护条例》，植物新品种权违法行为主要有以下四种：①未经品种权人许可，以商业目的生产或者销售授权品种的繁殖材料。②假冒授权品种。③销售授权品种未使用其注册登记的名称。④县级以上人民政府农业农村、林业行政部门及有关部门的工作人员在植物新品种保护工作中滥用职权、玩忽职守、徇私舞弊、索贿受贿。

2. 法律责任　植物新品种权违法的法律责任，既包括行政责任，也包括民事责任和刑事责任。

（1）行政责任　包括行政处分和行政处罚两种。行政处分仅针对农、林等有关部门工作人员在植物新品种保护工作中的违纪和轻微违法行为，适用于第四种情形。行政处罚适用于前三种情形。①对于第一种违法行为，责令侵权人停止侵权行为，没收违法所得和种子，货值金额不足 5 万元的，并处 1 万以上 25 万元以下罚款；货值金额 5 万元以上的，并处货值金额 5 倍以上 10 倍以下罚款。②对于第二种违法行为，责令停止假冒行为，没收违法所得和种子，货值金额不足 5 万元的，并处 1 万以上 25 万元以下罚款；货值金额 5 万元以上的，并处货值金额 5 倍以上 10 倍以下罚款。③对于第三种违法行为，责令限期改正，可以处 1 000 元以下罚款。

（2）民事责任　适用于违法行为给植物新品种权人造成损失的情形。品种权人或者利害关系人可以请求省级以上人民政府农业、林业行政部门依据各自的职权进行处理，也可以直接向人民法院提起诉讼。省级以上人民政府农业、林业行政部门依据各自的职权，根据当事人自愿的原则，对侵权所造成的损害赔偿可以进行调解。调解达成协议的，当事人应当履行。侵犯植物新品种权的赔偿数额按照权利人因被侵权所受到的实际损失确定；实际损失难以确定的，可以按照侵权人因侵权所获得的利益确定。权利人的损失或者侵权人获得的利益难以确定的，可以参照该植物新品种许可使用费的倍数合理确定。赔偿数额应当包括权利人为制止侵权行为所支付的合理开支。侵犯植物新品种权，情节严重的，可以在上述方法确定数额的 1 倍以上 3 倍以下确定赔偿数额。权利人的损失、侵权人获得利益和植物新品种许可使用费均难以确定的，人民法院可以依据植物新品种权的类型、侵权行为的性质和情节等因素，确定给予 300 万元以下的赔偿；调解未达成协议的，品种权人或者利害关系人可以依照民事诉讼程序向人民法院提起诉讼。

（3）刑事责任　第二种违法行为情节严重的，构成刑法上的生产、销售伪劣商品罪；第四种违法行为情节严重的，构成刑法上的渎职罪和贪污贿赂罪，依法应当追究刑事责任。

（十）植物新品种纠纷司法处理

2000 年 12 月 25 日最高人民法院通过了《关于审理植物新品种纠纷案件若干问题的解释》，对植物新品种纠纷的司法处理作了相应的规定。

1. 受案范围　符合下列条件的植物新品种纠纷案件，人民法院应当受理：

（1）申请人对植物新品种复审委员会的决定不服的，可以自接到通知之日起 15 日内向人民法院提起诉讼。

（2）宣告授予的植物新品种权无效或者维持植物新品种权的纠纷案件，对植物新品种复审委员会的决定不服的，可以自收到通知之日起 3 个月内向人民法院提起诉讼。

（3）授予品种权的植物新品种更名纠纷案件，对植物新品种复审委员会的决定不服的，可以自收到通知之日起 3 个月内向人民法院提起诉讼。

（4）实施强制许可的纠纷案件，为了国家利益或者公共利益，审批机关可以作出实施植物新品种强制许可的决定，品种权人对强制许可决定不服的，可以自收到通知之日起 3 个月内向人民法院提起诉讼。

（5）实施强制许可使用费的纠纷案件，取得实施强制许可的单位或者个人应当付给品种权人合理的使用费，双方不能达成协议的，由审批机关裁决，品种权人对裁决不服的，可以自收到通知之日起 3 个月内向人民法院提起诉讼。

（6）植物新品种申请权案件。

（7）植物新品种权权利归属案件。

（8）转让植物新品种申请权和转让植物新品种权的纠纷案件。

（9）侵犯植物新品种权纠纷案件，未经品种权人许可，以商业目的生产或者销售授权品种的繁殖材料，品种权人或者利害关系人可以请求省级以上人民政府农业农村、林业行政部门依据各自的职权进行处理，也可以直接向人民法院提起诉讼。省级以上人民政府农业农村、林业行政部门依据各自的职权，根据当事人自愿的原则，对侵权所造成的损害赔偿可以进行调解。调解未达成协议的，品种权人或者利害关系人可以依照民事诉讼程序向人民法院提起诉讼。

（10）不服省级以上农业农村、林业行政部门依据职权对侵犯植物新品种权处罚的纠纷案件。

（11）不服县级以上人民政府农业农村、林业行政部门依职权对假冒授权品种处罚的纠纷案件。

这些案件绝大多数属于行政诉讼案件，但植物新品种申请权案件、植物新品种权权利归属案件、转让植物新品种申请权和转让植物新品种权纠纷案件、侵犯植物新品种权纠纷案件等，如无行政机关介入因素，则属民事诉讼，应以对方当事人为被告，向人民法院提起民事诉讼。

2. 受诉法院　植物新品种纠纷案件所涉及的技术难度大、专业性强、法律问题复杂，考虑到人民法院审判力量配置、发案数量和方便人民群众诉讼等因素，根据《民事诉讼法》和《行政诉讼法》的规定，这类案件的受诉法院应当相对集中，统一由最高人民法院确定的中级人民法院作为第一审人民法院。其中前列第（1）至（5）类案件，由于涉及国家植物新品种审批机关的住所地在北京市第二中级人民法院的辖区内，因此，规定由该院作为第一审人民法院审理；第（6）至（11）类案件，由各省、自治区、直辖市人民政府所在地和最高人民法院指定的中级人民法院作为第一审人民法院审理。

第三节　农产品地理标志

一、地理标志概念

地理标志（geographical indications）又称地理标记、地理标识，是世界贸易组织《与贸易有关的知识产权协定》（简称《TRIPS协定》）规定的一种知识产权制度。根据该协定，地理标志是指确认某商品来源于缔约国特定地域内，或该地域中特定区域或地方，而该商品的特有质量、声誉或其他特征，主要与该地理相关联的标志。我国《商标法》第十六条第二款规定，地理标志，是指标示某商品来源于某地区，该商品的特定质量、信誉或者其他特征，主要由该地区的自然因素或者人文因素所决定的标志。

（一）地理标志与原产地名称、货源标志

1. 原产地名称　地理标志是由"原产地名称"逐步发展而来的。原产地名称是1958年《保护原产地名称及其国际注册里斯本协定》中所作的规定，指由产品起源或服务来源的国家、地区或特定地方的名称组成，用于指示一项产品来源于该地，其品质或特色完全或主要取决于该地地理环境（包括自然和人为的因素在内）的名称。

原产地名称一般由地理名称和产品通用名称构成，原产地名称除了表明产品的地理来源之外，更重要的是把该地理来源与产品的特色或品质联系起来，是一种质量证明标志。这种证明标志用以表明产品所具有的特殊品质与产地的地理环境以及传统制作工艺等人文条件之间的内在联系。

1999年国家质量技术监督局发布的《原产地域产品保护规定》和2001年国家出入境检验检疫局发布的《原产地标记管理规定》均与《里斯本协定》的有关规定相衔接。

2. 货源标志　货源标志也称产地标记，是指标示一种产品来源于某个国家、地区或地方的说明标记，通常由名称、标记或符号组成。这些名称标记或符号如"made in China""中国制造"等，均标示出商品的真实产地，可以使消费者了解该产品的真实来源，在何处生产、何处制造。但这种标识只代表产品的来源而与产品的质量没有直接联系，更不能表明受地理环境影响的特定产品质量和品质。

由上述分析可以看出，地理标志、原产地名称、货源标志三者之间存在着互相交叉的关系。如对地理标志作广义理解，则其可以包含原产地名称和货源

标志两种概念，因为货源标志经过长期的使用，也可能与特定产品的质量产生联系。相反，如对货源标志作广义理解，它也可以包含地理标志和原产地名称两种概念，因为这两种概念的直接作用也是标明产品的产地来源。因此，应当结合有关公约、法律、法规和规章的特定语境来理解和适用这些概念。但总的来看，地理标志和原产地名称在范围和内容上还是近似乃至一致的。实际上，《TRIPS协定》所定义的地理标志就是比照《保护工业产权巴黎公约》的原产地名称来定义的。一般地说，地理标志的定义比原产地名称的定义要宽。换句话说，所有的原产地名称都是地理标志，但一些地理标志却不是原产地名称。

（二）地理标志与注册商标

1. 地理标志与注册商标的区别　注册商标是企业为使其商品或服务有别于其他企业的商品或服务所使用的一种标识，它与地理标志存在明显区别。

（1）注册商标赋予其所有人排除他人使用该商标的权利，而地理标志则是告诉消费者一件产品是在某地生产并具备了某些与该生产地有关的特性。

（2）商标用于识别提供特定的商品或服务的企业，地理标志用于识别生产使用该地理标志的产品的一家或多家企业所在的地理区域。

（3）商标一般由同一家或几家企业使用；地理标志则可以由很多家企业使用，只要其遵守特定的质量要求。

（4）地理标志不得任意转让或许可他人使用，商标则可被任意转让或许可他人使用。

2. 地理标志与注册商标的联系　在英美等国，地理标志可以作为商标注册。我国《商标法实施条例》第六条第一款也规定，地理标志可以作为证明商标或集体商标注册。其中，证明商标是指由对某种商品或者服务具有监督能力的组织所控制，而由该组织以外的单位或者个人使用于其商品或者服务，用以证明该商品或者服务的原产地、原料、制造方法、质量或者其他特定品质的标志。集体商标是指以团体、协会或者其他组织名义注册，供该组织成员在商事活动中使用，以表明使用者在该组织中的成员资格的标志。

二、地理标志权

地理标志权是指商品的产地符合特定条件的商品生产者对地理标志所拥有的权利。地理标志是特殊种类的商业标志，经某一区域内经营者的代表机构注册，该地域内符合条件的经营者都可以使用。

享有地理标志权的主体是商品产地内符合特定条件的所有生产者。产地外的生产者，即使采用同样的原料、技术生产出同样品质的商品，也不能使用该地理标志。而产地内不符合特定条件的生产者也不能使用该地理标志。

地理标志权具有独有的特征。

1. 地理标志权是一种共有权　地理标志权属于某项商品的产地内符合一定条件的所有生产者，他们共同享有地理标志权，不具有独占性。任何一个生产者都不能独自将地理标志申请注册为商标，排斥他人的使用，而只能由符合一定条件的生产者共有。

2. 地理标志权是一种永续权　地理标志权保护的期限没有时间的限制，取决于产地特有的地理环境、自然条件、人文背景等因素。只要由该地理环境所决定的商品的特有品质存在，地理标志权在理论上就应当存在。但是，当产地内决定商品特有品质的地理环境已不复存在时，地理标志权由于失去了存续的基础，不能再受到法律的保护。

3. 地理标志权不能任意转让和许可他人使用　地理标志权的宗旨是保护消费者免受虚假地理标志的欺骗或误导，保护该标志本身所包含的集体商誉。地理标志权是基于某项商品产地内的自然环境和人文环境产生的权利，如果允许任意转让或者许可他人使用，则地理标志表示某个产地内商品特定品质的功能将不复存在。这样，地理标志权不但不具有任何意义，而且还会混淆商品的来源，损害消费者的利益，扰乱社会经济秩序。因此，地理标志权与一般商标权、专利权不同，权利人既不能任意转让，也不能任意许可他人使用。

地理标志权被单独作为一项知识产权予以保护，是从禁止不正当竞争的角度提出的。按照《TRIPS 协定》提出的要求，各成员应提供法律措施以使利害关系人阻止第三人以不正当手段注册和使用地理标志，避免导致公众对商品真实地理来源产生误解和损害地理标志的集体商誉。

三、地理标志国际保护

假冒地理标志的行为，不但会损害地理标志权利人的利益，破坏正常的竞争秩序，而且也会损害消费者的合法权益。因此，保护地理标志权已成为国际社会的共识，许多国际条约都规定了保护地理标志权的内容。

1883 年《保护工业产权巴黎公约》是最早对地理标志权加以保护的国际公约。该公约第一条明确将地理标志列入工业产权保护范围；该公约第十条规定成员国应对直接或间接使用虚假的地理标志的行为采取进口时扣押商品、禁止商品进口或在国内扣押商品等制裁措施。1891 年《制止商品产地虚假或欺骗性标志马德里协定》规定，成员国均应依据国内法律对在商品上标示虚假或欺骗性标志的行为采取禁止该商品进口、在进口时扣押等制裁措施，这些措施适用于虚假或欺骗性地理标志。1958 年《保护原产地名称及其国际注册里斯本协定》明确了原产地名称的内涵，规定通过建立原产地名称国际注册制度给予原产地名称以保护。20 世纪 60 年代通过的《发展中国家原产地名称和产地标记示范法》规定了保护条件、注册程序和法律责任等内容，为广大发展中国家提供了制定专门的原产地名称保护法律的示范文本。

1994 年的《TRIPS 协定》是对地理标志保护力度最强、最新的国际协议。该协定对地理标志作了更为明确的界定，要求成员采取法律措施以阻止侵犯地理标志权的行为；并针对发生纠纷最多的酒类商品的地理标志，作出了补充性保护规定。《TRIPS 协定》标志着 WTO 框架下地理标志国际保护制度的最终形成。

1. 地理标志保护基本规则 《TRIPS 协定》第二十二条要求缔约方必须采取"法律手段"防止地理标志的滥用，防止以并非商品真实原产地域的地理名称作为其原产地标志使用，防止采用不正当竞争方式使用原产地标志，包含未能标明商品真实原产地的地理标志或字面真实但实际能产生误导效果的地理标志不得注册或使其失效。

《TRIPS 协定》并未规定保护地理标志的具体法律手段，而是留给成员方自行解决。另外，与协议不相符的地理标志的使用，如果是真实的地理来源，则另行对待，换句话说就是，标明真实地理来源，不误导公众的地理标志的使用，根据协议第二十二条，不应被认定为违反协议。

2. 关于葡萄酒、烈酒的地理标志特殊保护 《TRIPS 协定》第二十三条规定了旨在加强个别地理标志的重新谈判机制，对葡萄酒和烈酒的地理标志规定了特殊的保护措施，要求成员方向利害关系人提供法律措施，拒绝注册有关商标或使其失效，给予葡萄酒同音异义地理标志平等的保护，加强多边磋商，以促进葡萄酒的地理标志保护。

3. 地理标志保护问题的国际谈判 《TRIPS 协定》第二十四条第一款至第三款规定，在协议理事会内谈判建立葡萄酒地理标志通知和注册的国际制度。这是协议理事会中一直争论不休的一个问题。对葡萄酒、烈酒地理标志的传统保护不能代表南北差异。支持延伸保护的国家认为只保护葡萄酒、烈酒地理标志是对其他产品的不可接受的歧视。

4. 地理标志保护的例外 《TRIPS 协定》第二十四条第四款至第九款中规定了一些例外情况，包括在先使用、商标的在先注册、通用名称、产地国的保护等。地理标志在产地国不受保护或停止保护，或在产地国停止使用，则成员方无保护此地理标志的义务。这是地理标志保护的黄金条款，因此，地理标志的国外保护取决于国内的持续保护。

综上所述，《TRIPS 协定》规定了对地理标志的三种保护水平：对所有产品地理标志的最低水平保护，对葡萄酒、烈酒地理标志的特殊额外保护，对葡萄酒地理标志的保护。前两种保护水平的不同在于第二十二条只对误导不正当竞争行为的地理标志进行保护，而第二十三条对误导或不正当竞争行为的葡萄酒或烈酒地理标志进行保护，第二十三条的保护水平高于第二十二条的保护水平，且易操作。第二十四条得出第二十二条、二十三条规定的例外情形。因此，《TRIPS 协定》是给予地理标志最宽泛保护的第一个国际条约。

四、国外地理标志保护

国外主要通过注册商标或者地理标志专门保护方式对地理标志进行保护。

1. 注册商标保护 英美等国家主要是运用《商标法》对地理标志进行商标注册保护。这些国家允许将地理标志作为集体商标或证明商标注册。美国《商标法》规定，按照现行适用的关于注册商标的规定，集体商标和证明商标，包括原产地名称，应予以注册，并且在注册后，有权享受该法为商标提供的保护。采用注册商标的方式对地理标志予以保护的依据是地理标志与商标本质上是一致的，均可区别商品来源，均须具有显著特征，并且均不得与在先权利相冲突。

2. 专门保护 专门保护是指不采用商标注册方式，而是通过专门立法对地理标志予以保护的方式。法国 1919 年制定了《保护原产地名称法》，并于 1966 年、1990 年、1996 年对该法进行了修改和补充。此外，还颁布了有关葡萄酒、烈酒和奶酪的特殊保护措施，构成了保护原产地名称的整体措施。在法国，原产地名称不能作为商标注册，因为商标法不允许以指出商品主要质量的标记作为商标。

此外，一些国家如德国、日本等，也采用《反不正当竞争法》对地理标志予以保护。

《反不正当竞争法》主要从禁止误导的角度，制止在并非出产于有关地区的商品或服务上使用该地区的地理标识，以免侵害消费者特别是真正有权使用该标识的人的声誉。不过，这种保护仅适用于特定诉讼程序的当事人，仅在于侵权行为发生后补救权利人的损失，故其保护力度有限。

五、我国地理标志保护

我国目前对地理标志存在两种保护方式：一类是注册商标保护方式，一类是专门的原产地名称保护方式。

1. 注册商标保护 我国制定了《商标法》及其《商标法实施条例》。《商标法》第十六条明确了地理标志的概念，并规定商标中有商品的地理标志，而该商品并非来源于该标志所标示的地区，误导公众的，不予注册并禁止使用；但是，已经善意取得注册的继续有效。《商标法实施条例》第六条规定，地理标志，可以依照《商标法》和《商标法实施条例》的规定，作为证明商标或者集体商标申请注册。以地理标志作为证明商标注册的，其商品符合使用该地理标志条件的自然人、法人或者其他组织可以要求使用该证明商标，控制该证明商标的组织应当允许；以地理标志作为集体商标注册的，其商品符合使用该地理标志条件的自然人、法人或者其他组织，可以要求参加以该地理标志作为集体商标注册的团体、协会或者其他组织，该团体、协会或者其他组织应当依据其章程接纳为会员；不要求参加以该地理标志作为集体商标注册的团体、协会或者其他组织的，也可以正当使用该地理标志，该团体、协会或者其他组织无权禁止。

2. 专门保护　　目前，我国没有制定保护地理标志的专门性法律，有关保护地理标志的规定体现在《中华人民共和国农业法》《中华人民共和国反不正当竞争法》《中华人民共和国产品质量法》《中华人民共和国农产品质量安全法》《中华人民共和国对外贸易法》和《中华人民共和国原产地标记管理规定》等法律法规和有关部门规章中。

《农业法》第二十三条第三款规定，符合规定产地及生产规范要求的农产品可以依照有关法律或者行政法规的规定申请使用农产品地理标志。《农产品质量安全法》第三十二条规定，农产品质量符合国家规定的有关优质农产品标准的，生产者可以申请使用相应的农产品质量标志；禁止冒用农产品质量标志。这里的农产品质量标志包括：农产品地理标志和认证标志。《产品质量法》第三十条、第三十七条规定，生产者、销售者不得伪造产地，否则要承担相应的法律责任。《对外贸易法》第三十四条规定，对外贸易经营者不得伪造、变造或者买卖进出口货物原产地证明，违反者要承担行政责任，甚至刑事责任。

国家质量技术监督局于 1999 年 8 月 17 日公布了《原产地域产品保护规定》，明确原产地域产品是指利用产自特定地域的原材料，按照传统工艺在特定地域内所生产的，质量、特色或者声誉在本质上取决于其原产地域地理特征并依照本规定经审核批准以原产地域进行命名的产品。符合规定的产品，经该局注册登记后，即可以在其产品上使用原产地域产品专用标志，获得原产地域产品保护。任何单位和个人不得擅自使用原产地域产品专用标志、不得使用与原产地域产品专用标志相近的、易产生误解的产品名称或者产品标识。

国家出入境检验检疫局于 2001 年 3 月 5 日发布《原产地标记管理规定》，

明确原产地标记包括原产国标记和地理标志。其中，原产国标记是指用于指示一项产品或服务来源于某个国家或地区的标识、标签、标志、文字、图案以及与产地有关的各种证书等，实质上属于"货源标志"；地理标志是指一个国家、地区或特定地方的地理名称，用于指示一项产品来源于该地，且该产品的质量特征完全或主要取决于该地的地理环境、自然条件、人文背景等因素。原产地标记的注册坚持自愿申请原则，原产地标记经注册后方可获得保护。

思考题

1. 我国农业知识产权保护有哪些法律制度？
2. 植物新品种权的侵权案件处理程序是什么？
3. 植物新品种权的归属有哪几种情形？
4. 植物新品种权在其保护期限届满前终止，有哪几种情形？
5. 什么是地理标志权？如何进行保护？

第十二章 Chapter 12

农业科技推广法律制度

党的十一届三中全会以来，我国农业科学技术有了长足的发展，取得了丰硕的科技成果。目前，全国农业方面每年有 6 000 多项科技成果通过鉴定。我国科技进步因素在农业增产中的份额已达到 56%，为我国农业和农村经济的发展作出了重要贡献，推动了我国农业现代化建设的进程。随着农业科技的发展，农业科技法律制度进一步完善。《中华人民共和国农业技术推广法》《中华人民共和国科学技术进步法》《中华人民共和国促进科技成果转化法》《中华人民共和国计量法》《中华人民共和国标准化法》等法律以及配套的行政法规、地方性法规，构成了农业科技法律制度体系。

第一节　农业科技法律制度概述

农业科技法律是我国农业法律制度的重要组成部分，其在促进科技进步、加快科技成果转化运用、推动农业农村生产力水平的提升发挥着越来越重要的作用。

农业科技法律是调整农业科技活动中所形成的各种社会关系的法律规范的总和。在农业科技活动中所形成的各种社会关系，是指在农业科技管理、农业科技研究和农业技术推广等过程中所形成的各种关系，包括农业科技管理机关之间、农业科技管理机关与农业科技研究机构之间、农业科技研究机构之间、农业科技研究机构与农技推广机构之间、与农业有关的企事业单位之间以及农业科技研究机构内部等关系。其中有上级与下级间领导和服从的行政关系，也有权利义务对等的协作、委托、买卖关系。因此，农业科技法律是一个多层次的法律规范的结合体。

农业科技法律规范，按其具体调整对象和功能，可以分成若干小的部类。具有相同的具体调整对象和功能的那一类法规的集中化和体系化，就构成若干农业科技法律制度。主要有以下几种：

1. 农业科技法人制度　法人制度是关于法人权利、义务、活动原则等一系列法律规范的总称，是我国民事法律的一项重要制度。在农业科技领域建立健全法人制度，是发展我国农业科技的重大举措。在法人制度下，农业科研机构和推广机构的法人地位受到法律的保护，其合法权益不许侵害。可以根据自己的需要和能力，在法律允许的范围内，制定农业科研规划，选择科研项目，并通过签订合同的方式同有关企事业单位进行农业科技合作、科技承包、科技服务和农业技术成果的有偿转让。

2. 农业科技合同制度　合同制度，是社会主义市场经济的必然产物。农业科技成果是复杂劳动的结晶，是一种特殊商品。因此进行农业科学研究和某些农技推广服务，必须实行合同制度，用法律形式明确各自的权利和义务，并按法定程序严格执行。这是提高农业科研机构的经营管理水平，加强经济核算，保障国家农业科研计划的顺利完成，使农业科学技术更好地服务于农业生产的一项重要措施。

3. 农业技术成果转让制度 农业技术成果作为一种特殊的商品，必然要进入流通领域。指导、保障和制约农业技术成果转让的一套法律制度，就是农业技术成果的转让制度。农业技术成果原则上实行有偿转让，但一些农业技术的重点推广项目，除法律有特别规定的以外，应实行无偿转让服务。

4. 农业科技奖励制度 农业科技奖励制度是农业科技行政管理制度之一。农业科技研究机构和科技人员在农业科技上取得独创性研究成果，经向国家主管机关申报，审查合格后，国家予以奖励，这就是农业科技奖励制度。两个以上的人共同发现发明的，共同获得奖励；内容相同的发现、发明，奖励首先提出申请者，但对后提出申请者也可酌情予以相应的奖励。对于压制、剽窃、封锁或故意歪曲、隐瞒他人科学发现和科技发明的，要追究法律责任。

5. 农业科技仲裁与诉讼制度 农业科技仲裁与诉讼制度主要包括农业科技合同仲裁与诉讼制度、专利仲裁与诉讼制度，以及其他与农业科技活动相联系的仲裁与诉讼制度。目前，在农业科技合同和专利方面，国家已规定由专门的行政管理机关和审判机关，分别负责仲裁与审判。而日常农业科技活动中发生的纠纷由上级主管部门负责解决，从而形成专门行政机关、综合行政机关和审判机关分工合作、各负其责的管理体制。

除了上述基本制度以外，还有农业专利制度、农业科技版权制度、农业科技税收制度，以及农业科技行政管理的各项制度，如行政、财政、人事、物资、计划、经营、档案等各项管理制度。

第二节 农业科技管理法律制度

一、农业科技计划管理法律制度

（一）农业科技计划管理的含义及其作用

农业科技计划管理是整个农业科技管理的重点之一。农业科技计划，是对未来一定时期内与国民经济和社会发展相协调的农业科技发展所作的安排。科学地安排农业科技计划，能调动农业科技人员的积极性，保证农业科学技术沿着正确的方向发展，充分合理地利用自然资源，集中人力、财力、物力，保证重点攻关项目，引进先进的农业技术，加速科技进步，有计划地解决农业生产和农村经济发展中的重大技术问题，卓有成效地推动农村经济的振兴和社会的发展。

农业科技计划管理的作用是多方面的。第一，农业科技计划的制订和实施，是落实农业科技方针政策的重要手段。农业科技的方针政策，为我们指出了农业科技发展的方向，规定了任务和目标。而任务与目标的实现，只有用计划的方式确定下来，才能使其落到实处。第二，农业科技计划的制订和实施，是实现农业科技与经济紧密结合的有效方法。农业科技管理部门将农业经济建设的重大技术问题用计划的形式组织攻关研究，然后又将农业科技成果有计划地组织推广开发，从而使科研与生产紧密结合起来。第三，农业科技计划管理，是农业科技管理工作的重要环节。制定农业科技计划，首先应确定研究课题，解决农业科研人员"做什么"的问题。如果课题选错了，将一错再错，不仅造成人财物不必要的浪费，而且还会损失相当宝贵的时间。农业科技选题，确定方向，是农业科技计划管理最关键的一步，也是整个农业科技管理的中心环节。

(二) 农业科技计划管理的一般程序

各类计划从选题到鉴定验收，其管理程序不完全相同，但必须共同遵守下列程序。

1. 发布指南，做好农业科技计划的导向工作　每年根据经济和科技规划的总需求和前段攻关的基础，针对本地农业重大科技问题，提出当地农业重点科技项目选题指南，供有关研究机构、部门和单位在农业科技选题时参考。

2. 组织选题　各地农业部门原则上可根据"指南"范围，按照"以需要为前提，以效益为目的，以资源作基础，以人才作保证。考虑技术先进，生产可行，投资省，见效快，效益大，有利于发展优质、高产、高效农业"的原则组织选题。

3. 科学论证　各地农业科技主管部门要对上报项目进行择优筛选并组织论证。项目论证后，应请专家、农业科技主管部门签署意见并盖章，然后上报地方科委，将符合条件的项目纳入预备计划。

4. 综合平衡　将筛选项目和中标项目进行分类归纳，按照经费总盘子，根据"保证重点，照顾一般，成果配套，合理布局"的原则进行安排。

5. 上级审批　将计划送审稿交有关主管机关审批，并根据审批意见进行修改。

6. 下达任务　下达计划任务，一般要签订责任合同，任务完成期限及预期的经济技术指标都用合同的方式确定下来。

7. 组织协调　任务下达后，要将任务进行合理分工、明确协作关系。

8. 审查鉴定（或验收） 农业科技项目任务完成后，承担单位要按农业科技成果鉴定或验收资料的要求准备好技术资料，送主管部门审查。主管部门按照计划任务书或责任合同书的要求，审查是否达到预期效果。如果各项经济技术指标都已达到，且资料齐全，数据准确，即可签署"同意鉴定"或"同意验收"的意见，请有关主管部门组织鉴定或验收。

二、农业科技成果管理法律制度

（一）农业科技成果管理的含义

《促进科技成果转化法》所称科技成果，是指通过科学研究与技术开发所产生的具有实用价值的成果。农业科技成果是农业科学技术研究成果的简称，它是在农业科技领域，通过调查、考察、观察、记载、试验、运用科学分析方法，进行研究、试制或辩证思维活动，所取得的在科学技术上具有一定实用价值或学术意义的创造性成果。它包括研究解决农业、牧业、渔业、农业机械化、农村能源、农业科技管理、农业科技情报、农业信息、农业志、农业科普宣传、农业科技档案管理、农业计量、农业标准、环境保护、重大农业政策和经济问题等方面的科学技术难题，消化、吸收、引进、推广某项农业科学技术，阐明某一自然现象、特性或规律而取得的科技成果。农业科技成果必须同时具备新颖性、先进性和实用性。

农业科技成果管理，是农业科技管理的重要组成部分，是对农业科技成果进行鉴定、统计分析、推广应用等一系列管理活动的统称。

（二）农业科技成果管理的主要内容

农业科技成果管理的主要内容包括农业科技成果的鉴定评审、申报登记、保密审查、建档统计、奖励表彰、推广应用和技术市场等。在社会主义市场经济条件下，农业科技成果管理应明确了以下几项制度：①农业科技成果的鉴定制度；②农业科技成果的登记管理制度；③农业科技成果的统计分析制度；④农业科技成果的应用和推广制度。

三、农业科技成果转化法律制度

农业科技成果转化，是指为提高生产力水平而对科学研究与技术开发所产生的具有实用价值的科技成果所进行的后续试验、开发、应用、推广直到形成新产品、新材料，发展新产业等活动。为了促进科技成果转化为现实生产力，规范科技成果转化活动，加速科学技术进步，推动经济建设和社会发展。1996 年第八届全国人大常委会第十九次会议通过了《中华人民共和国促进科技成果转化法》，2015 年对此进行了修订，为农业科技成果的转化提供了法律依据。

（一）农业科技成果转化的组织实施

农业科技成果转化的组织实施主要有如下规定：

（1）国务院和地方各级人民政府将农业科技成果的转化纳入国民经济和社会发展计划，并组织协调实施有关农业科技成果的转化；国务院科学技术行政部门、经济综合管理部门和农业农村行政主管部门依照国务院规定的职责，管理、指导和协调农业科技成果转化工作；地方各级人民政府负责指导和协调本行政区域内的农业科技成果转化工作。

促进科技成果
转化法

（2）国家鼓励农业科研机构、农业试验示范单位独立或者与其他单位合作实施农业科技成果；农业科研机构为推进其科技成果转化，可以依法经营其独立研究开发或者与其他单位合作研究开发并经过审定的优良品种。

（3）国家鼓励企业、事业单位和农村科技经济合作组织进行农业试验示范、农业技术创新和农业技术服务活动。

（4）农业企业为采用新技术、新工艺、新材料和生产新产品，可以自行发布信息或者委托技术交易中介机构征集其所需的科技成果，或者征寻科技成果转化的合作者。农业企业依法有权独立或者与境内外企业、事业单位和其他合作者联合实施科技成果转化；农业企业可以通过公平竞争。独立或者与其他单位联合承担政府组织实施的科技研究开发和科技成果转化项目。

（5）国家鼓励农业研究开发机构、高等院校等事业单位与生产企业相结合，联合实施科技成果转化。农业研究开发机构、高等院校等事业单位，可以参与政府有关部门或者企业实施科技成果转化的招标投标活动。他们所取得的具有实用价值的职务科技成果，本单位未能适时地实施转化的，科技成果完成人和参加人在不变更职务科技成果权属的前提下，可以根据与本单位的协议进行该项科技成果的转化，并享有协议规定的权益。该单位对上述科技成果转化活动应当予以支持。科技成果完成人或者课题负责人，不得阻碍职务科技成果的转化，不得将职务科技成果及其技术资料和数据占为己有，侵犯单位的合法权益。

（6）依法设立的从事技术交易的场所或者机构，可以进行下列推动科技成果转化的活动：①介绍和推荐先进、成熟、实用的科技成果；②提供科技成果转化需要的经济、技术、环境和其他有关信息；③进行技术贸易活动；④为科技成果转化提供其他咨询服务。在技术交易中从事代理或者居间等有偿服务的中介机构，须按照国家有关规定领取营业执照；在该机构中从事经纪业务的人员，须按照国家有关规定取得资格证书。

（二）农业科技成果转化的基本要求与方式

1. 基本要求 ①农业科技成果转化活动应当有利于提高经济效益、社会效益和保护环境与资源，有利于促进经济建设、社会发展和国防建设；遵循自愿、互利、公平、诚实信用的原则，依法或者依照合同的约定，享受利益，承担风险。科技成果转化中的知识产权受法律保护；遵守法律、维护国家利益，不得损害社会公共利益。②科技成果完成单位、科技成果转化实施单位和科技成果转化投资单位，就科技成果的后续试验、开发、应用和生产经营进行合作，应当签订合同，约定各方享有的权利和承担的风险。③科技成果转化活动中对科技成果进行检测和价值评估，必须遵循公正、客观的原则，不得提供虚假的检测结果或者评估证明；国家设立的研究开发机构、高等院校和国有企业与中国境外的企业、其他组织或者个人合作进行科技成果转化活动，必须按照国家有关规定对科技成果的价值进行评估；科技成果转化中的对外合作，涉及国家秘密事项的，依法按照规定的程序事先经过批准。④科技成果转化的试验产品，按照国家有关试销产品的规定，经有关部门批准，可以在核定的试销期内试销。试产、试销上述产品应当符合国家有关技术、质量、安全、卫生等标准。

2. 转化方式 农业科技成果持有者可以采用下列方式进行科技成果转化：①自行投资实施转化；②向他人转让该科技成果；③许可他人合作该科技成果；④以该科技成果作为合作条件，与他人共同实施转化；⑤以该科技成果作价投资，折算股份或者出资比例。

（三）保障措施与技术权益

1. 保障措施 ①科技成果转化财政经费，主要用于科技成果转化的引导资金、贷款贴息、补助资金和风险投资以及其他促进科技成果转化的资金用途；②国家依照有关税收法律、行政法规规定对科技成果转化活动实行税收优惠；③国家鼓励银行业金融机构在组织形式、管理机制、金融产品和服务等方面进行创新，鼓励开展知识产权质押贷款、股权质押贷款等贷款业务，为科技成果转化提供金融支持；④国家鼓励政策性金融机构采取措施，加大对科技成果转化的金融支持；⑤国家鼓励保险机构开发符合科技成果转化特点的保险品种，为科技成果转化提供保险服务；⑥国家完善多层次资本市场，支持企业通过股权交易、依法发行股票和债券等直接融资方式为科技成果转化项目进行融资；⑦国家鼓励创业投资机构投资科技成果转化项目；⑧国家设立的创业投资引导基金，应当引导和支持创业投资机构投资初创期科技型中小企业；⑨国家鼓励设立科技成果转化基金或者风险基金，其资金来源由国家、地方、企业、事业单位以及其他组织或者个人提供，用于支持高投入、高风险、高产出的科技成果的转化，加速重大科技成果的产业化。科技成果转化基金和风险基金的设立及其资金使用，依照国家有关规定执行。

2. 技术权益

（1）科技成果完成单位与其他单位合作进行科技成果转化的，应当依法由合同约定该科技成果有关权益的归属。合同未作约定的，按照下列原则办理：①在合作转化中无新的发明创造的，该科技成果的权益，归该科技成果完成单位；②在合作转化中产生新的发明创造的，该新发明创造的权益归合作各方共有；③对合作转化中产生的科技成果，各方都有实施该项科技成果的权利，转让该科技成果应经合作各方同意。

（2）科技成果完成单位与其他单位合作进行科技成果转化的，合作各方应当就保守技术秘密达成协议；当事人不得违反协议或者违反权利人有关保守技术秘密的要求，披露、允许他人使用该技术。

（3）企业、事业单位应当建立健全技术秘密保护制度，保护本单位的技术秘密。职工应当遵守本单位的技术秘密保护制度；企业、事业单位可以与参加科技成果转化的有关人员签订在职期间或者离职、离休、退休后一定期限内保守本单位技术秘密的协议；有关人员不得违反协议约定，泄露本单位的技术秘密和从事与原单位相同的科技成果转化活动；职工不得将职务科技成果擅自转让或者变相转让。

（4）国家设立的研究开发机构、高等院校转化科技成果所获得的收入全部留归本单位，在对完成、转化职务科技成果做出重要贡献的人员给予奖励和报酬后，主要用于科学技术研究开发与成果转化等相关工作。

（5）职务科技成果转化后，由科技成果完成单位对完成、转化该项科技成果做出重要贡献的人员给予奖励和报酬。科技成果完成单位可以规定或者与科技人员约定奖励和报酬的方式、数额和时限。单位制定相关规定，应当充分听取本单位科技人员的意见，并在本单位公开相关规定。

（6）科技成果完成单位未规定、也未与科技人员约定奖励和报酬的方式和数额的，按照下列标准对完成、转化职务科技成果做出重要贡献的人员给予奖励和报酬：①将该项职务科技成果转让、许可给他人实施的，从该项科技成果转让净收入或者许可净收入中提取不低于50%的比例；②利用该项职务科技成果作价投资的，从该项科技成果形成的股份或者出资比例中提取不低于50%的比例；③将该项职务科技成果自行实施或者与他人合作实施的，应当在实施转化成功投产后连续3～5年，每年从实施该项科技成果的营业利润中提取不低于 5% 的比例。国家设立的研究开发机构、高等院校规定或者与科技人员约定奖励和报酬的方式和数额应当符合上述规定的标准。④国有企业、事业单位依照法律规定对完成、转化职务科技成果做出重要贡献的人员给予奖励和报酬的支出计入当年本单位工资总额,但不受当年本单位工资总额限制、不纳入本单位工资总额基数。

(四)法律责任

(1)利用财政资金设立的科技项目的承担者未依照科技成果转化法规定提交科技报告、汇交科技成果和相关知识产权信息的,由组织实施项目的政府有关部门、管理机构责令改正;情节严重的,予以通报批评,禁止其在一定期限内承担利用财政资金设立的科技项目。

国家设立的研究开发机构、高等院校未依照法律规定提交科技成果转化情况年度报告的,由其主管部门责令改正;情节严重的,予以通报批评。

(2)在科技成果转化活动中弄虚作假,采取欺骗手段,骗取奖励和荣誉称号、诈骗钱财、非法牟利的,由政府有关部门依照管理职责责令改正,取消该奖励和荣誉称号,没收违法所得,并处以罚款。给他人造成经济损失的,依法承担民事赔偿责任。构成犯罪的,依法追究刑事责任。

(3)科技服务机构及其从业人员违反规定,故意提供虚假的信息、实验结果或者评估意见等欺骗当事人,或者与当事人一方串通欺骗另一方当事人的,由政府有关部门依照管理职责责令改正,没收违法所得,并处以罚款;情节严重的,由工商行政管理部门依法吊销营业执照。给他人造成经济损失的,依法承担民事赔偿责任;构成犯罪的,依法追究刑事责任。

科技中介服务机构及其从业人员违反规定泄露国家秘密或者当事人的商业秘密的,依照有关法律、行政法规的规定承担相应的法律责任。

(4)科学技术行政部门和其他有关部门及其工作人员在科技成果转化中滥用职权、玩忽职守、徇私舞弊的,由任免机关或者监察机关对直接负责的主管人员和其他直接责任人员依法给予处分;构成犯罪的,依法追究刑事责任。

(5)违反《促进科技成果转化法》规定,以唆使窃取、利诱胁迫等手段侵占他人的科技成果,侵犯他人合法权益的,依法承担民事赔偿责任,可以处以罚款;构成犯罪的,依法追究刑事责任。

(6)违反《促进科技成果转化法》规定,职工未经单位允许,泄露本单位的技术秘密,或者擅自转让、变相转让职务科技成果的,参加科技成果转化的有关人员违反与本单位的协议,在离职、离休、退休后约定的期限内从事与原单位相同的科技成果转化活动,给本单位造成经济损失的,依法承担民事赔偿责任;构成犯罪的,依法追究刑事责任。

第三节　农业技术推广法律制度

一、农业技术推广法律制度概述

农业技术是指应用于种植业、林业、畜牧业、渔业的科研成果和实用技术，包括良种繁育、栽培、肥料施用和养殖技术，植物病虫害、动物疫病和其他有害生物防治技术，农产品收获、加工、包装、贮藏、运输技术，农业投入品安全使用、农产品质量安全技术，农田水利、农村供排水、土壤改良与水土保持技术，农业机械化、农用航空、农业气象和农业信息技术，农业防灾减灾、农业资源与农业生态安全和农村能源开发利用技术，以及其他农业技术。所谓农业技术推广，是指通过试验、示范、培训、指导以及咨询服务等，把农业技术普及应用于农业生产产前、产中、产后全过程的活动。农业技术推广法是国家制定的调整农业技术推广关系的法律规范的总称。中华人民共和国成立以来，党和政府十分重视农业和农业技术推广工作，特别是党的十一届三中全会以来，我国的农业技术推广工作逐步走上了法制的轨道。

为了促进农业科研成果和实用技术尽快应用于农业生产，保障农业的发展，1993年八届全国人大常委会第2次会议通过了《中华人民共和国农业技术推广法》（以下简称《农业技术推广法》）。2012年8月31日第十一届全国人民代表大会常务委员会第二十八次会议《关于修改〈中华人民共和国农业技术推广法〉的决定》修正，自2013年1月1日起施行。各省、自治区人大先后制定了实施办法，国家农业农村行政主管部门也制订了相关配套规章。这些法律法规是农业技术推广的依据和保障。

二、农业技术推广体系

根据《农业技术推广法》的规定，实行国家农业技术推广机构与农业科研单位、有关学校、农业专业合作社、涉农企业、群众性科技组织、农民技术人员等相结合的推广体系。

（一）国家设立的农业技术推广机构

各级国家农业技术推广机构属于公共服务机构，履行下列公益性职责：

（1）各级人民政府确定的关键农业技术的引进、试验、示范；

（2）植物病虫害、动物疫病及农业灾害的监测、预报和预防；

（3）农产品生产过程中的检验、检测、监测咨询技术服务；

（4）农业资源、森林资源、农业生态安全和农业投入品使用的监测服务；

（5）水资源管理、防汛抗旱和农田水利建设技术服务；

（6）农业公共信息和农业技术宣传教育、培训服务；

（7）法律、法规规定的其他职责。

乡镇国家农业技术推广机构，可以实行县级人民政府农业技术推广部门管理为主或者乡镇人民政府管理为主、县级人民政府农业技术推广部门业务指导的体制，具体由省、自治区、直辖市人民政府确定。

国家农业技术推广机构的岗位设置应当以专业技术岗位为主。乡镇国家农业技术推广机构的岗位应当全部为专业技术岗位，县级国家农业技术推广机构的专业技术岗位不得低于机构岗位总量的80％，其他国家农业技术推广机构的专业技术岗位不得低于机构岗位总量的70％。国家农业技术推广机构的专业技术人员应当具有相应的专业技术水平，符合岗位职责要求。国家农业技术推广机构聘用的新进专业技术人员，应当具有大专以上有关专业学历，并通过县级以上人民政府有关部门组织的专业技术水平考核。自治县、民族乡和国家确定的连片特困地区，经省、自治区、直辖市人民政府有关部门批准，可以聘用具有中专有关专业学历的人员或者其他具有相应专业技术水平的人员。

（二）农业科研单位和有关学校、群众性科技组织

农业科研单位和农业大、中专院校，要发挥自身的技术优势，在从事农业科研、教学工作的同时，积极开展农业技术开发和推广工作。可以通过多种方式转让自有的科技成果，自办经济实体；也可以与企业联合开发新产品或者创办科技开发机构，推广农业科技成果，加快先进技术在农业生产中的普及应用。还可以协同各级农业技术推广机构采取多种形式培训农业技术推广人员，提高他们的技术业务水平。

教育部门应积极兴办农业职业学校，对农村青年进行技术培训，提高新一代农业劳动者的科技文化素质。农村普通中小学应当设立农业科技知识课程，为农业生产培养后备人才。

各级科学技术协会及所属的学术团体应积极配合农业技术推广机构，开展实用技术培训、科普宣传、成果展览、评比竞赛等工作，为农业劳动者从事生产经营活动提供信息、技术等服务。

(三) 农民技术人员和科技示范户

乡、村农民技术员,要在乡镇以上农业技术推广机构的指导下,深入本乡农业生产第一线,指导科技示范户,办好示范点;要根据作物的生长季节和生产环节中的关键性问题,及时提出技术措施,运用多种形式,把技术服务到户;及时向农民宣讲农业科普知识和技术;同时要注意掌握农业生产情况,及时向有关部门反映。

农村科技示范户在农业技术推广机构和农业技术推广人员的指导下进行农业技术应用示范。科技示范户,是农业科技推广体系的雄厚基础,它能够为推广农业技术提供广阔的试验示范场地,又可以调动大量有聪明才智的人员,成为技术推广工作的骨干力量,还能帮助农技推广部门及时准确地掌握农业科技信息,更好地指导农业生产。

此外,国家还鼓励和支持农民专业合作社、其他涉农企事业单位、社会团体以及社会各界的科教人员,到农村开展农业技术推广服务活动。

三、农业技术的推广与应用

(一) 农业技术推广的特征与原则

1. 农业技术推广的特征 农业技术推广的主要特征是:

(1) 围绕农业生产的产前、产中、产后不同环节展开,既包含农业的生产、加工、储藏和运输技术,也包含农业经营管理技术。

(2) 推广的组织形式具有多样化,既有国家农业技术推广机构,如种子站、土肥站、植保站等,又包含社会各方面的力量。其中,国家农业技术推广体系在农业技术的推广中发挥着主导作用。

(3) 从农业技术传播的方式看,既有有偿的技术推广,也有无偿的技术推广。其中,公益性、关键性的技术应当由国家农业技术推广机构无偿向农民传播。

(4) 农业技术推广的对象是广大农民,基于当前我国农民的科技和文化素质现状,试验、示范是农业技术推广的重要手段。

(5) 农业生产经营活动受自然条件影响较大,而各地的资源禀赋具有较大差异性,因此,因地制宜、因时制宜是农业技术推广的重要原则。

2. 农业技术推广的原则 根据《农业技术推广法》第四条的规定,农业技术推广应当遵循下列原则:

(1) 有利于农业、农村经济可持续发展和增加农民收入。农业技术推广的根本任务和作用,就是通过推广活动促使农业科研成果和实用技术尽快应用于农业生产，保障农业的发展，实现农业农村现代化。农业技术推广工作应该始终围绕有利于农业农村经济发展和农民收入增加这一主题开展，目前我国农业正在由增产导向向提质导向转变，农业技术推广要围绕绿色农业、质量农业转型，改变服务方式，提升服务水平，为乡村振兴、农民富裕积极贡献。

（2）尊重农业劳动者和农业生产经营组织的意愿。尊重农业劳动者的意愿就是按照自愿的原则推广农业技术，不得强制农业劳动者和农业生产经营组织应用农业技术，否则就是对农业劳动者和农业生产经营组织生产经营自主权的侵犯。根据《农业技术推广法》的规定，如果强制农业劳动者和农业生产经营组织应用农业技术，给其造成损失的，应当承担民事赔偿责任，直接负责的主管人员和其他直接责任人员可以由所在单位或者上级机关给予行政处分。

（3）因地制宜，经过试验、示范。向农业劳动者推广的农业技术，必须符合当地的人文和自然条件，必须在推广地区经过试验证明具有先进性和适用性，推广时应当选择有条件的农户，进行应用示范。向农业劳动者推广未在推广地区经过试验证明具有先进性和适用性的农业技术，给农业劳动者造成损失的，应当承担民事赔偿责任，直接负责的主管人员和其他直接责任人员可以由其所在单位或者上级机关给予行政处分。

（4）公益性推广与经营性推广分类管理。农业技术推广实行技物结合的技术服务，既开方又卖药，提高技术服务效果，也为推广机构的正常运行提供有益补充。但也存在一些事与愿违的现象，有的仅重视经济效益，忽视社会效益和生态效益。有的甚至把主要精力放在经营生产资料上，把技术服务放到一边。实行公益性推广与经营性推广分类管理，规定农业技术推广机构的公益服务职能，明确其义务。对经营性推广划定边界和原则，加强监管，防止政策偏离，从而确保农技推广健康运行。

（5）兼顾经济效益，社会效益，注重生态效益。

（二）农业技术推广与应用项目的实施

各级农业技术推广机构推广农业技术应当根据当地实际情况制定农业技术推广项目，经县级以上农业技术推广行政部门批准后实施。重点农业技术推广项目应当列入国家和地方的科技发展规划，由农业技术推广行政部门和科技行政部门按照各自的职责，相互配合，组织实施。

农业技术推广机构、农业科研单位和有关学校、社会团体、企事业单位和个人进行农业技术推广活动，应接受当地农业技术推广行政部门的监督管理。

农业科研单位和有关学校应当把农业生产中需要解决的技术问题列为研究课题，其科研成果可以通过农业技术推广机构推广，也可以由该农业科研单位、该学校直接向农业劳动者和农业经营组织推广。

农业劳动者和农业生产经营组织在生产中应用先进的农业技术，有关部门和单位应当在技术培训、资金、物质和产品销售等方面给予扶持。国家鼓励和支持农业劳动者和农业生产经营组织参与农业技术推广活动。

四、农业技术推广的保障措施

国家对农业技术推广的保障措施，主要包括三个方面：

1. 经费保障 国家逐步提高对农业技术推广事业的资金投入，保证该项资金逐年增长，并提高其在农业总投入中的比重。各级人民政府通过财政拨款以及从农业发展基金中提取一定数额的资金筹集农业技术推广专项资金，用于实施农业技术推广项目。中央财政对重大农业技术推广给予补助。任何机关或单位都不得削减截留或挪用农业技术推广的资金。

2. 人员保障 各级人民政府要采取措施，保障和改善从事农业技术推广工作的专业科技人员的工作条件和生活条件，改善他们的待遇，依照国家规定给予补贴，保持国家农业技术推广队伍的稳定。对在县、乡镇、村从事农业技术推广工作的专业科技人员的职称评定，应当以考核其推广工作的业务技术水平和实绩为主，保证农业技术推广人员以主要精力从事农业技术推广工作。

农业技术推广部门和县级以上国家农业技术推广机构，应当有计划地对农业技术推广人员进行技术培训，组织专业进修，使其不断更新知识，提高业务水平。

3. 物质保障 各级人民政府应当采取措施，保障国家农业技术推广机构获得必需的试验场所、办公场地、推广和培训设施设备等工作条件，以便进行农业技术的试验、示范、培训。各级人民政府必须保障国家农业技术推广机构的试验示范场所、生产资料和其他财产不受侵害。

五、违反农业技术推广法律的法律责任

在农业技术推广工作中，有下列行为之一，根据情节轻重，分别给予处理：

（1）各级人民政府有关部门及其工作人员未依照《农业技术推广法》规定履行职责的，对直接负责的主管人员和其他直接责任人员依法给予处分。

（2）国家农业技术推广机构及其工作人员未依照《农业技术推广法》规定履行职责的，由主管机关责令限期改正，通报批评；对直接负责的主管人员和其他直接责任人员依法给予处分。

（3）违反《农业技术推广法》规定，向农业劳动者、农业生产经营组织推广未经试验证明具有先进性、适用性或者安全性的农业技术，造成损失的，应当承担赔偿责任。

（4）强迫农业劳动者、农业生产经营组织应用农业技术，造成损失的，依法承担赔偿责任。

（5）截留或者挪用用于农业技术推广的资金的，对直接负责的主管人员和其他直接责任人员依法给予处分；构成犯罪的，依法追究刑事责任。

<<< **思考题**

1. 我国科技成果转化的途径有哪些？
2. 地方政府在科技成果转化中的职责是什么？
3. 农业职业教育有哪些法律规定？
4. 基层农技推广机构如何定性和管理？

第十三章 Chapter 13

农业行政执法

法律的生命在于实施，法律的权威在于实施。农业法律的实施是保障农民合法权益，确保农业农村经济健康持续发展的重要手段。农业行政执法是保证农业法律实施的关键环节。农业农村行政执法机关及执法人员要准确有效地执行法律，就必须明确农业法律实施的特征和基本原则，明确农业行政执法主体及其职权，熟悉《中华人民共和国行政许可法》《中华人民共和国行政处罚法》和《中华人民共和国行政强制法》以及农业领域的法律法规的内涵要求，并能够严格依照法律规定的行政执法程序的基本原则和基本制度行使行政执法权。

第一节　农业行政执法概述[①]

一、农业行政执法概念和分类

（一）农业行政执法概念与要素构成

农业行政执法包括广义的农业行政执法和狭义的农业行政执法。前者是指农业农村行政机关为实施法律法规所采取的一系列措施，包括制定制度规范、依法实施行政许可、行政裁决、行政调解、行政强制、行政处罚、监督检查抽查等；后者是指农业行政机关依法实施行政处罚、行政强制、监督检查等，即与查处违法案件相关的行政行为，也就是指农业行政机关及其农业行政执法人员为了实现国家行政管理农业和农村社会事务目的，依照法定职权和法定程序，执行农业法律、法规和规章，直接对特定的行政相对人和特定的农村行政事务采取措施并影响权利义务的行为。农业行政执法行为包括三个要素：

（1）主体要素　农业行政执法行为是农业行政机关的行为，非农业行政机关的其他国家机关、社会团体、企业事业单位等不能作为农业行政执法主体。当然在某些特殊条件下，如法律、法规授权的农业管理机构或县级以上人民政府农业行政主管部门根据法律、法规、规章的规定依法委托的农业管理机构行使农业行政执法权，也可成为特殊的农业行政执法主体。

（2）权力要素　农业行政执法行为应是运用农业行政执法权的行为，运用其他国家权力而实施的行为则不能构成农业行政执法行为，包括农业行政机关所作的不是农业行政执法权的行为，如技术推广等，也不是农业行政执法。

（3）法律要素　农业行政执法行为应当是具有法律意义、产生法律效果的行为。否则，也不作为农业行政执法行为。所谓法律意义、法律效果，是指能

---

① 本章部分内容参考了《农业法概论》（农业部产业政策与法规司、中国农业经济研究会编写，中国农业出版社 2004 年出版）。

够产生、变更或者消灭法律上的权利义务的行为。

（二）农业行政执法的一般特征

农业行政执法具有行政执法的一般特征，它包括：①农业行政执法的目的在于落实农业法律规范。即为了实现立法意图，具体实施农业法律、法规或者规章的规定，使农业法律规范的要求在现实生活中得以实现，促进农村社会活动按照法定规则运行。②农业行政执法内容直接影响权利义务。农业行政执法是直接赋予行政相对人一定权利或者课予一定义务（包括实体性的权利义务和程序性的权利义务）的行为，且仅为一次性适用和产生一次性效力。③农业行政执法对象为特定的人和事。农业行政执法是涉及特定的行政相对人的权益或者具体的农村行政管理事务的具体行政行为，不具有普遍适用性和向后的拘束力。④农业行政执法主体具有单一对应性。农业行政机关及其农业行政执法人员通过农业行政执法行为与行政相对人之间形成的关系属于单一对应的法律关系，即管理与被管理的隶属性法律关系。⑤农业行政执法具有强制性。农业行政执法权是宪法和法律赋予的行政职权。这一职权的行使，是以国家强制力为后盾的。

（三）农业行政执法的自身特征

农业行政执法除了具有一般行政执法特征外，还具有自身鲜明的特征。它包括：①农业行政执法涉及内容或领域具有广泛性。它不仅包括种植业的执法内容，而且还包括林业、畜牧业、渔业、农垦、农机、乡镇企业、饲料工业等的农业行政执法内容。具体划分又包括种子、植物检疫、农药、基本农田、草原、草原防火、畜禽检疫、兽药、饲料添加剂、种畜禽、渔业资源、水生野生动物、渔港水域交通安全、渔船检疫、渔业水域环境污染事故处理、农机管理、进出境动植物检疫等方面，涵盖了七大产业二十多项。②农业行政执法具有复杂性。农业生产门类繁多，同时，农业生产受自然影响大，而且地域性很强，这就大大增加农业行政执法的难度。③农业行政执法具有技术性。目前，农业行政执法，多数是由农业行政机关委托事业单位进行的，其原因是农业行政执法专业性、技术性强。如种子审定、动植物检疫、兽药审批、农药登记等，都需要运用专业知识，借助于科学技术。为此，农业行政执法的这一特点，对执法人员提出了更高的要求，要求执法人员不仅要有农业法律知识，还要熟悉农业专业知识。④农业行政执法具有艰巨性。农业行政执法主要面对的是广大农民（包括渔牧民），目前，农民普遍文化程度低、法律意识淡薄。农村违法案件量大、面广，而执法机构人员少、设施差，因此执法工作极为艰巨。⑤农业行政违法后果的扩散性。农业生产涉及生物的繁殖生产，违法行为人的行为后果具有扩散性，如极少量带有检疫性病害的动植物一经传入，就会造成大面积动植物发生病害，导致大量绝产及动植物大量死亡；有些病一旦传入，很难根除，后果不堪设想。

（四）农业行政执法的依据

农业行政执法的依据是由国家和权力机关制定和认可的，以国家强制力保证实施的，农业行政机关及其农业行政执法人员据以作出农业行政执法行为的法律规范。农业行政执法依据的主要特征是：①没有统一完整的农业行政执法法典或行政执法法典。②内容的广泛性。农业行政执法如上所述的涉及七大产业二十多项内容，几乎与国家农业行政管理的各个领域相关。③规范的易变性。其主要原因是农村社会经济处于经常变动之中，作为调整农业行政执法关系的农业法律规范也经常进行立、改、废，农业行政执法也要适应这种变动。④实体与程序结合。农业行政执法依据中的实体性规范与程序性规范往往结合在一起，共存于一个农业法律规范文件之中。

农业行政执法依据的具体表现形式，主要是宪法、农业法律、农业行政法规、农业地方性法规、农业部门规章和地方性规章、涉及农业和农村社会关系的司法解释以及涉农其他相关法律法规。

二、农业行政执法基本原则

农业行政执法基本原则是农业行政法治原则在农业行政执法领域中的延伸和细化。农业行政执法基本原则分为行政合法原则和行政合理原则。

（一）行政合法原则

行政合法原则，要求行政执法权力的存在和运用，必须依据法律、符合法律，而不与法律相抵触。对行政合法原则中的"法"，应作广义的理解，不仅指权力机关制定的法律、地方性法规，也包括行政机关制定的法律规范，如国务院制定的行政法规、国务院部委和地方政府有权制定的规章。

行政合法原则的具体要求是：①执法权力应当依法取得，即由法设定与依法授予。②行政主体合法。③行政执法范围合法。④行政执法内容合法。⑤行政执法程序合法。

（二）行政合理原则

行政合理原则，要求行政机关在行政执法中行使自由裁量权要客观、适度和符合常理。

行政合理原则的内容应包括：①行使行政自由裁量权的动因应符合法律授

予该权力的目的。法律总是基于一定的目的而授予行政主体自由裁量权。从一般意义上讲，法律授予行政主体自由裁量权的目的，是为了使政府有效地管理国家和社会公共事务，更好地维护社会秩序，实现公共利益。除了一般的目的之外，法律授予每一项自由裁量权还有其特定的目的。法律授权的目的是对自由裁量权的一个重要的限制。没有这种限制，自由裁量权就容易成为随意裁量权，就很难保证行使决定的合理性。②行政自由裁量权的行使应建立在正当考虑的基础上。所谓正当考虑就是指依照正常人的经验、知识和理解水平所应当考虑或不考虑的情形。如执法人员发现一人无证生产杂交水稻种子，当即责令其停止并准备处罚，但当此人出示了某高级领导机关的工作证时，执法人员因此而放弃了对其处罚。这种考虑行为人的职位高低决定是否处罚，就是不正当的考虑。正当考虑具体包括两个方面的要求，一方面是要求行政主体行使自由裁量权时尽可能充分全面地考虑与行政行为相关的各种因素，另一方面要排除与该行为无关的因素。③行政主体行使自由裁量权应符合行政惯例。具体要求，行政主体行使自由裁量权在作出行政决定时应当参考以往所处理的相同或类似的问题，尽可能做到相同（类似）问题相同（类似）处理，不同情况不同对待。如果行政主体在行使自由裁量权时不遵循自己的行政惯例，在没有正当理由的情况下违背或改变农业行政执法惯例，就可以认为其行为是不合理的。④行使自由裁量权的过程和方式应当具有公正性。具体说就是，在法律没有明确规定行政行为的程序和方法时，行政主体应当尽可能使自由裁量权的行使过程和方式符合社会一般的公平正义观念。⑤行使自由裁量权的结果应当符合客观规律和社会的公平正义理念。

合理性原则对行政自由裁量权的控制归根到底是要使自由裁量权的行使达到一个合理的结果。而衡量行使自由裁量权的结果是否合理的基本标准就是这种结果是否符合客观规律，是否符合社会一般的公平正义理念。符合客观规律的结果才具有可行性；而符合社会一般的公平正义理念的结果才能为社会公众所接受和认可。如果行政主体行使行政自由裁量权所作出的决定违背了客观规律，在实际中行不通，或者虽然客观上行得通，但与社会一般的公平正义观念相悖，它就是不合理的。

第二节　农业行政执法主体

一、农业行政执法主体范围

农业行政执法主体是实施农业行政执法行为的组织，包括农业行政执法机关、授权的农业管理机构和依法委托的农业管理机构。根据《农业行政处罚程序规定》，县级以上人民政府农业农村主管部门是农业行政处罚机关，在法定的职权范围内实施行政处罚。其依法成立的农业综合执法机构，以及县级以上人民政府依照国家有关规定在沿海、大江大湖、边境交界等水域设立的渔政执法机构，具体承担并集中行使本部门农业或渔业行政处罚以及行政处罚有关的行政强制、行政检查职能，以所在农业农村主管部门名义具体实施行政处罚。其他行政执法职能按照其他法律法规的规定及行政职能划分实施。

(一) 农业行政机关

农业行政机关是指以自己的名义实施农业行政执法权力，并对行为后果独立承担法律责任的农业农村行政管理部门。广义的农业农村行政管理部门是指国家依法设立专门管理农业的行政机关或与农业相关的执法机关或部门，包括农业农村部、水利部、自然资源部、林业和草原局及地方各级人民政府依法设立的农业农村厅、农业农村局、水利厅、水利局等。狭义的农业农村行政管理部门，是指政府职能部门中，具体行使种植业、畜牧业、渔业、农垦、乡镇企业、饲料工业和农业机械化、农业承包经营、乡村事业发展、乡村治理等职能的行政管理机关。

(二) 法律、法规授权的农业管理机构

农业行政执法授权是指特定的国家机关把某些农业和农村经济管理中的行政权力授予非行政机关的组织行使，该组织取得了行政管理的主体资格，即可以以自己的名义独立地行使这些权力，同时以自己的名义独立地承担因行使这些权力引起的法律后果。农业行政执法授权的条件：①农业行政执法授权主体只能是具有立法权的国家机关。②把农业行政执法权授予其他组织实施，必须具备授权依据，即必须是法律、法规或者规章明确规定。③被授权的对象必须是依法成立的具有管理公共事务职能的组织。

现行农业法律、行政法规授权农业管理机构实施农业行政执法的有：《动物防疫法》授权县级以上地方人民政府的动物卫生监督机构负责动物、动物产品的检疫工作；《植物检疫条例》授权植物检疫机构实施植物检疫执法工作；《渔业法》授权渔政渔港监督管理机构实施渔政渔港监督执法工作；《渔业船舶检验条例》授权渔业船舶检验机构实施渔船检验执法工作；《草原法》授权草原面积较大的省、自治区的县级以上地方人民政府草原行政管理部门设立草原监督管理机构，负责草原法律、法规执行情况的监督检查工作。这些授权在机构改革职权调整及综合执法改革后，将有所改变。法律法规将作相应修改。

（三）委托的农业管理机构

农业行政执法委托是指农业行政主管部门依照规定将自己职能范围内的行政执法权委托给符合法定条件的农业管理机构行使，受委托实施农业行政执法行为的农业管理机构在委托职权范围内，以委托机关的名义，实施农业行政执法权，并公告委托书。

根据《行政处罚法》的规定，涉及行政委托的规则主要有：①委托必须有法定依据，即行政机关必须在法律、法规或者规章规定可以委托的条件下，才能委托。没有法定依据的委托，为"自行委托"，是不合法的，也是无效的。②委托必须在法定权限内，即行政机关只能在自己的职权范围内进行委托，超越权限的委托当然无效。③受托组织必须符合法定条件，即必须是依法成立的管理公共事务的事业组织；具有熟悉有关法律、法规、规章和业务的工作人员。④受托组织必须以委托机关的名义实施行政执法行为，该行为的后果，由委托机关承担法律责任。⑤受托组织必须在委托的范围内实施行政执法行为。超越委托范围而作的行为，由此产生的法律后果，委托机关不承担，应由受托组织自行负责。⑥受托组织不得再委托其他任何组织或者个人实施行政执法行为。⑦从委托的形式要件上看，委托应当以书面的形式进行，委托书应当载明委托机关和被委托组织的名称、住址、法定代表人的姓名，委托的权限及其适用范围，委托期限以及违反委托权限的法律责任等。

此外，根据《行政处罚法》第二十四条规定，省、自治区、直辖市根据当地实际情况，可以决定将基层管理迫切需要的县级人民政府部门的行政处罚权交由能够有效承接的乡镇人民政府、街道办事处行使，并定期组织评估。决定应当公布。承接行政处罚权的乡镇人民政府、街道办事处应当加强执法能力建设，按照规定范围、依照法定程序实施行政处罚。有关地方人民政府及其部门应当加强组织协调、业务指导、执法监督，建立健全行政处罚协调配合机制，完善评议、考核制度。

二、农业行政执法主体的职权

根据《农业法》第八十八条的规定，为了确保农业行政主管部门及其执法人员履行法定的检查监督职责，农业行政主管部门及其执法人员在监督检查时享有下列职权：

（1）调查取证权。即要求被检查单位或者个人说明与监督检查事项有关的情况；提供有关资料，包括与监督检查事项有关的各种文件、资料，以及被检查单位或者个人的有关证照，如营业执照等。

（2）现场处理权。即农业行政主管部门及其执法人员在履行执法监督检查职责时，发现被检查单位或者个人有违反法律规定的行为的，有权当场要求其停止违法行为并予以改正，履行法定的义务。

对于农业执法人员依法进行的监督检查，有关单位或者个人应当积极配合，为执法人员依法履行职责提供便利条件，提供给执法人员依法要求提交的有关当事人的说明情况、有关资料，执行执法人员责令停止违法行为的行政决定。被检查单位或者个人不履行这项法定义务时，应承担相应的法律责任。当然，农业行政执法人员必须依法履行监督检查职责，不得滥用职权，不得提出不合理的要求。

第三节　农业行政执法行为

一、农业行政执法行为分类

农业行政执法行为是农业行政执法主体依法对相对人采取的具体的直接影响其权利义务或者对相对人的权利义务的行使和履行情况进行监督检查的行为。典型的农业执法行为包括行政许可、行政处罚、行政强制、行政征收等；农业管理中的一些强制性检验或检疫也属于农业执法行为，如植物检疫、动物检疫等。但对一些一般性技术检验、检测、鉴定、认证和日常管理工作不应纳入农业行政执法范畴，如种子检验、农业环境污染事故鉴定或动植物疫病疫情的预测预报等。根据不同划分标准，农业行政执法行为可以分为不同的类别。

（一）羁束行为与自由裁量行为

这是按照行政执法受主观意志参与程度和法律对其约束程度不同进行的分类。羁束行为，是指行政机关只能严格按照法律、法规或者规章的明确具体的规定执行而没有选择余地的行为。行政主体在作出羁束行为时，必须严格依照法律、法规或者规章的规定进行，不能将自己的意志参与其间，即不能自行斟酌、选择或判断。例如，农业行政机关发放种子生产许可证必须严格按照《种子法》规定的程序办理，不能自行变动、增加或者减少某一个环节。自由裁量行为，是指行政机关在法律、法规或者规章规定可以适当选择的幅度或者范围内，根据行政管理的实际需要和具体情况，自主作出认为恰当的行政执法行为。如《种子法》第八十七条规定，"违反本法第五十四条规定，在种子生产基地进行检疫性有害生物接种试验的，由县级以上人民政府农业、林业主管部门责令停止试验，处五千元以上五万元以下罚款。"五千元以上五万元以下罚款，则属农业行政执法机关根据违法情节轻重自由裁量的范围。但在自由裁量的范围内处罚偏重、偏轻或者畸重、畸轻，则属于不当或者严重不当的行为。

（二）依职权执法行为和依申请执法行为

这是按照行为启动方式不同进行的分类。依职权执法行为是指农业行政执法机关依法定职权主动实施，而无须行政相对人申请的行政行为，此种行为又称主动的行政执法行为或积极的行政执法行为。例如，农业行政执法机关对违反种子管理规定的违法行为人进行罚款、吊销种子生产许可证、责令停产停业等行政处罚行为。依申请执法行为是指农业行政执法机关必须根据行政相对人的申请才能实施的行政行为，这种行为也称被动的行政执法行为或消极的行政执法行为。如，农业行政机关颁发兽药经营许可证时，都是以相对人是否申请为前提条件。

（三）要式执法行为与非要式执法行为

这是按照行为是否必须具备法定形式为标准进行的分类。要式执法行为是指法律法规规定必须具备某种方式或形式才能产生法律效力的执法行为。例如，杂交水稻种子生产必须颁发生产许可证，农业行政处罚必须制作处罚决定书等。法律法规规定的"方式"或"形式"包括书面形式以及名称、特定格式、加盖公章和行政首长签字等事项。非要式执法行为是指法律法规未规定执法行为的具体方式或形式，农业行政执法机关可以自行选择和采用适当的方式或形式进行，并可产生法律效力的执法行为。

（四）实体性行为与程序性行为

这是按照行政执法行为的性质不同进行的分类。实体性行为是指农业行政执法机关依据实体法所作的行为。如实施行政处罚的行为。如果超出职权而作处罚，是实体性违法。程序性行为是指农业行政执法机关依照程序法而作的行为。如把行政处罚决定书送达当事人的行为。如果应当送达而未送达，则构成程序性违法。

此外，按照执法权力的来源不同，可分为职权行为、授权行为与委托行为等。广义的农业行政执法内容主要包括农业行政许可、农业行政处罚、农业行政强制、农业行政检查、农业行政裁决、农业行政确认、农业行政调解等行为。狭义的农业行政执法主要是农业行政处罚、农业行政强制、农业行政检查等。

二、农业行政许可

（一）农业行政许可概念与种类

许可制度是世界各国普遍使用的对社会和经济进行管理的一种重要的法律制度。农业行政许可是农业行政机关根据相对人的申请，赋予其某种权利能力或资格，准许相对人从事某种活动的行政行为。

农业行政许可的形式多样，种类繁多。但归纳起来，农业行政许可主要有以下几种：

1. 行为许可和资格许可

（1）行为许可　农业行政机关根据相对人的申请，允许其从事某种活动，可以实施某种行为，称为行为许可。也就是说，在这种许可中，首先要有法律法规规定可以从事某种活动的条件，具备条件的相对人由农业行政机关发给许可证。行为许可的特点是：

①行政机关发放的许可证，是从事某种活动的证明，也就是说，非经许可，任何人不得从事该项活动。

②许可仅限于某种行为活动，不含有资格权能的特别证明。

③申请该项许可不必经过严格的考试程序。目前，大部分农业行政许可属于行为许可。

（2）资格许可　指农业行政机关，根据相对人的申请，通过考试核发证明文件，允许证件持有人从事某一种职业或者进行某种活动。资格许可的特点是：

①许可证是一个人具有某种资格的证明，如拖拉机驾驶证。

②资格许可证能在较长的时间内起到资格证明的作用。

资格许可与行为许可的主要区别在于取得资格许可一般要经过专门的训练和考试。

2. 授权许可和委托许可

（1）授权许可　授权许可是指通过立法将许可事项授权给农业管理机构行使。如《植物检疫条例》将植物检疫许可授权给植物检疫机构行使。

（2）委托许可　委托许可是农业行政机关在特定情况下把行政许可权委托给其他行政机关行使的一种许可形式。被委托行政机关以委托机关的名义行使行政许可权，并且要接受委托机关监督，委托机关要对被委托机关的许可行为承担法律后果。目前，农业法律法规中尚无委托许可的规定。

3. 单独许可和附条件许可

（1）单独许可　单独许可是行政机关发放的许可证或其他书面文件，就足以证明允许持证人从事某项活动或取得某种资格，无须其他文件加以说明，许可证照本身已就持证人的活动范围、方式、时间作了足够的规定，如《渔业法》规定的捕捞许可证。这种独立的许可不依附于其他证照而独立存在和生效。

（2）附条件许可　附条件许可则需要附加其他文件加以说明，其本身不足以说明持证人获得许可的全部内容。如相对人要经营农作物种子，必须获得营业执照和经营许可证，才能经营种子，不能缺少任何一种。

4. 权利性许可和附义务性许可

（1）权利性许可　权利性许可是许可证持有人，可以自由放弃许可证所赋予的权利，且不因此而承担法律后果。如在我国管辖水域从事捕捞的单位和个人，均应按照规定办理渔业捕捞许可证。申请人一旦取得许可证，就有权在许可的范围内从事捕捞活动，任何人不得非法干预。但由于这种许可证没有在赋予持证人权利的同时附加义务，所以持证人可以行使被许可的权利，也可以放弃这种权利。

（2）附义务许可　附义务许可是指持有人在获得许可证的同时要承担在一定期限内从事该项活动的义务。如果在此期限没有从事该项活动，要承担一定法律后果。例如，按照《渔业法》规定，领取养殖许可证后没有正当理由使水面、滩涂荒芜一年以上的，发证机关可以责令限期开发利用，逾期未开发利用的，可以吊销养殖许可证。

除了上述类别的许可外，还有长期许可和短期许可、一般许可和特别许可、有数额限制许可和无数额限制许可等。

（二）农业行政许可实施

农业行政许可的实施，是指国家行政机关和有关组织依法为公民、法人或者其他组织具体办理行政许可的行为。

1. 实施农业行政许可的主体　实施行政许可的主体，就是谁有权具体办理行政许可以及如何办理行政许可，行政许可法对此作了明确规定。

（1）实施行政许可主体的一般规定　行政许可权是行政权的重要组成部分，其性质决定了实施行政许可的主体应当是行政机关。目前，实施农业行政许可的主体有两种：①行政许可由具有行政许可权的农业行政机关在其法定职权范围内实施。②法律、法规授权的具有管理公共事务职能的农业管理机构，在法定授权范围内，以自己的名义实施行政许可，如植物检疫机构、动物防疫机构等。

（2）集中办理行政许可的制度　在实践中有的行政许可事项需要由行政机关内设的多个机构办理，申请人往往要在同一部门的不同内设机构之间来回奔波，实际上将实施行政许可的内部程序外部化。针对这一问题，农业农村行政主管部门和有的地方农业部门实行了行政审批综合办公制度，将该部门的行政许可事项集中起来，确定一个机构统一受理行政许可申请，统一送达行政许可决定。

2. 实施农业行政许可的程序 实施行政许可的程序，是指实施行政许可的机关从受理行政许可申请到作出决定的步骤、方式和时限。实施行政许可的程序是规范行政许可行为，防止滥用权力，保证正确行使权力的重要环节。

（1）农业行政许可申请 按照《行政许可法》的规定，农业行政许可申请应当符合以下要求：①行政许可申请书需要采用格式文本的，行政机关应当向申请人提供申请书格式文本。②允许申请人通过信函、电报、传真、电子数据交换和电子邮件等方式提出申请，不必事事都亲自到行政机关去申请。③行政机关应当将法律、法规、规章规定的有关行政许可的事项、依据、条件、数量、程序、期限以及需要提交的全部材料的目录和申请书示范文本等在办公场所公示。申请人对公示内容有疑问的，行政机关应当给予说明、解释，并提供准确、可靠的信息。④申请材料存在可以当场更正的错误的，允许申请人当场更正。⑤对于申请材料不齐全或者不符合法定形式的，行政机关应当当场或者在 5 日内一次告知申请人需要补正的全部内容。⑥提倡行政机关发展电子政务，方便申请人通过网站了解有关行政许可的规定以及采取数据电文等方式提出行政许可申请。

（2）行政许可审查和决定程序 按照《行政许可法》的要求，农业行政许可审查和决定要体现行政许可公开、公平、公正的原则，并符合以下要求：①行政机关对行政许可申请进行审查时，发现行政许可事项直接关系他人重大利益的，应当告知该利害关系人，并听取申请人、利害关系人的意见。②申请人的申请符合法定条件、标准的，行政机关应当依法作出准予行政许可的书面决定；对不予行政许可的，应当说明理由，并告知其有申请行政复议或者提起行政诉讼的权利。③规定有数量限制的行政许可，两个或者两个以上的申请均符合法定条件、标准的，行政机关原则上应当根据"先来后到"的顺序作出准予行政许可的决定。④行政机关作出的准予行政许可的决定应当公开，公众有权查阅。⑤对涉及公共利益的重大行政许可事项或者直接涉及申请人与他人之间重大利益关系的行政许可事项，规定了听证程序，并要求行政机关应当根据听证笔录作出行政许可决定。⑥除当场作出行政许可决定的以外，行政机关应当原则上自受理申请之日起 20 日内作出行政许可决定。

（3）实施农业行政许可的特别程序 不同种类的行政许可的实施程序具有共性，例如，申请与受理等，这些都适用于一般程序规定。同时，不同种类的行政许可在性质、功能、适用条件方面各不相同，这就决定了它们在实施程序上各有特点，仅有一般程序还不能完全适应正确实施行政许可的需要。因此，不同种类的农业行政许可还应当遵守专门的程序规定：①对有限自然资源开发利用等赋予特定权利的农业行政许可，应当通过招标、拍卖等公平竞争方式作出决定；行政机关违反规定，不采用招标、拍卖方式，或者违反招标、拍卖程序，损害申请人合法权益的，申请人可以依法申请行政复议或者提起行政诉讼。②对赋予公民特定资格的行政许可，如种子检验员资格，依法应当举行国家考试的，应当根据考试成绩和其他法定条件作出行政许可决定；公民特定资格的考试应当公开举行，行政机关或者行业组织应当事先公布资格考试的报名条件、报考办法、考试科目以及考试大纲；行政机关或者行业组织不得组织强制性的资格考试的考前培训，不得指定教材或者其他助考材料。③对应当按照技术标准、技术规范依法进行检验、检测、检疫的行政许可，如植物检疫、动物检疫等，农业行政管理机构应当根据检验、检测、检疫所得出的结果作出行政许可决定；不需要对检验、检测、检疫结果作进一步技术分析即可认定设备、设施、产品、物品是否符合技术标准、技术规范的，行政机关应当当场作出行政许可决定；行政机关根据检验、检测、检疫结果，作出不予行政许可决定的，应当书面说明不予行政许可所依据的技术标准、技术规范。④实施登记事项的行政许可，申请人提交的申请材料齐全、符合法定形式的，行政机关应当依法当场予以登记。

3. 行政许可的撤销与注销

（1）行政许可的撤销　撤销行政许可有三种情形，一是因农业行政机关过错，应予撤销的行政许可，包括以下几种情况：①工作人员滥用职权，玩忽职守准予许可。②超越职权准予许可。③违反法定程序准予许可（步骤、方式、时限、顺序）。④不具备法定条件准予许可。⑤法律、法规规定的其他情形。因行政许可机关过错，违法许可被撤销后，造成被许可人合法权益损害的，应予赔偿。二是被许可人以欺骗、贿赂等不正当手段取得行政许可的，应予撤销，其利益不受保护。撤销许可的责任应由被许可人自负，不予赔偿。三是撤销许可可能对公共利益造成重大损害的，不予撤销。违法行政行为应予撤销，这是行政法的一般原则。但在许可领域里，撤销许可有可能造成各方面利益的损害，行政机关需要慎重和区别对待；撤销许可所维护的公共利益明显小于维护行政许可所保护的被许可人的利益及维护社会关系稳定所体现的利益的，不予撤销。这是违法具体行政行为应予撤销的例外情况。

（2）行政许可的注销　基于特定事实的出现，由行政机关依据法定条件收回许可证件或公告其无效。办理注销的情形有：①有效期届满未延续的。②赋予特定资格的公民死亡或丧失行为能力。③法人或其他组织依法终止的。④许可被撤销、撤回或吊销的。⑤因不可抗力导致许可事项无法实现的。⑥法律、法规规定的其他情形。

4. 实施行政许可不得收费　行政机关实施行政许可和对行政许可事项进行监督检查不得收取任何费用，除非法律、行政法规另有规定。即使按照法律、行政法规规定要收取费用的，也要按照公布的法定项目和标准执行，所收取的费用必须全部上缴国库，并严格执行收支两条线的规定。

(三) 农业行政许可监督与责任制度

针对农业行政许可实践中存在的行政许可实施机关重事前许可、轻事后监管或者只许可、不监管，不该准予许可的乱许可或者该许可的又不许可等问题，按照《行政许可法》的规定，应当不断加强行政许可的监督，强化实施行政许可的责任。

1. 监督检查制度　实施行政许可的监督有两方面：一是行政机关内部的层级监督；二是行政许可实施机关对被许可人的监督。

(1) 行政机关内部的层级监督　主要是指上级农业行政机关应当对下级行政机关实施行政许可的监督检查，及时纠正行政许可实施中的违法行为。

(2) 行政许可机关对被许可人的监督　对被许可人的监督检查主要有四项制度。

①书面检查制度。按照行政许可法规定，农业行政机关应当建立健全监督制度，通过核查反映被许可人从事行政许可事项活动情况的有关材料，履行监督责任。行政机关对被许可人的监督，原则上都要采取书面监督的方式。这样既可以保证监督的效果，又可以防止监督扰民。同时，行政机关应将监督检查情况和处理结果归档，供公众查阅，这对增强行政机关工作人员的责任心，促进被许可人诚实守信具有重要作用。

②实地监督检查制度。在一些情况下，通过书面监督方式难以达到监督效果时，需要进行实地检查、核验、检测。因此，农业行政机关可以对被许可人生产经营的产品依法进行抽样检查、检验、检测，对其生产经营场所依法进行实地检查。

③属地管辖制度。一般来说，作出行政许可决定的行政机关负有对被许可人从事行政许可事项的活动进行监督检查的责任。但是，如果被许可人在作出许可决定的行政机关管辖区域外从事行政许可事项活动，作出许可决定的行政机关就不便对其直接进行监督。为了明确监督责任，防止行政机关互相推诿，以实施有效监督，被许可人在作出行政许可决定的行政机关管辖区域外违法从事行政许可事项活动的，违法行为发生地农业行政机关应当依法查处，并将被许可人的违法事实、处理结果抄告作出行政许可决定的农业行政机关。

④举报制度。对被许可人的监督不可能通过行政机关的"人盯人"来实现，而必须调动全社会的力量。对此，个人和组织发现违法从事行政许可事项的活动，有权向行政机关举报，各级农业行政机关应当及时核实、处理。这里，需要着重说明的是，农业行政机关实施监督检查，不得妨碍被许可人正常的生产经营活动，不得索取或者收受被许可人的财物，不得谋取其他利益。

2. 法律责任制度

（1）农业行政机关违法实施行政许可的法律责任　按照权责一致的原则，农业行政机关实施行政许可过程中有下列违法行为的，应当负法律责任：一是违反法定程序实施行政许可。比如，该公示有关材料的不公示，该履行告知义务的不履行，该说明理由的不说明。二是办理行政许可、实施监督检查，索取、收受他人财物或者谋取其他利益。三是违反法定条件实施行政许可。比如，对该许可的不许可，对不该许可的乱许可。四是违反行政许可收费规定。比如，对不该收费的乱收费；对应该收费的，不按照法定项目和标准收费；截留、挪用、私分或者变相私分实施行政许可依法收取的费用等。

对以上违法行为，由其上级农业行政机关或者监察机关责令改正，对直接负责的主管人员和其他直接责任人员依法给予行政处分；构成犯罪的，依法追究刑事责任。同时，《行政许可法》还规定，行政机关违法实施行政许可，给当事人的合法权益造成损失的，应当依法承担赔偿责任。

（2）实施许可后不履行监督职责的法律责任　农业行政机关不依法履行监督职责或者监督不力，造成严重后果的，由其上级行政机关或者监察机关责令改正，对直接负责的主管人员和其他直接责任人员依法给予行政处分；构成犯罪的，依法追究刑事责任。

三、农业行政处罚

（一）行政处罚的一般规定

行政处罚法

1. 行政处罚的概念　行政处罚是指国家行政机关、法律法规授权的组织或行政机关依法委托的组织，依法对违反行政管理秩序的公民、法人或其他组织实施制裁的具体行政行为。行政处罚这一概念包含四层含义：①行政处罚的承受者只能是公民、法人或其他组织。②行政处罚只适应于公民、法人或其他组织未履行政管理秩序的行为。③行政处罚只能由行政机关、法律法规授权的组织或行政机关依法委托的组织依照法定程序实施。④行政处罚是一种较为严厉的具体行政行为，可以直接限制或剥夺违法行为人的人身、财产权，从而发挥制裁功能。

（1）行政处罚不同于行政处分，二者的区别表现在：①行政处罚是对实施了违反行政管理秩序的行政相对人的制裁，而行政处分是对违反政纪的国家公务员的惩戒。②行政处罚属于外部行政行为，如行政相对人不服可以申请行政复议或提起行政诉讼，而行政处分属于内部行政行为，被处分者不服只能申诉，不能申请复议也不能提起行政诉讼。③行政处罚的主体是享有相应对外管理权限的行政执法机关或法律、法规授权的组织，而行政处分的主体是公务员所属的行政机关或行政监察机关。④行政处罚的对象既可以是公民，也可以是法人或其他组织，而行政处分的对象一般只能是公务员个人。

（2）行政处罚也不同于行政强制措施，二者主要区别表现在：①行政处罚的直接目的是为了制裁违法行为，而行政强制措施的直接目的是为了保障某种行政决定或某种法定义务的履行。②行政处罚的对象是具体实施了某种违法行为的公民、法人或其他组织，相对人违法是行政主体实施行政处罚的前提；而行政强制措施的对象则是不履行某种义务或对社会具有某种危害性的公民、法人或其他组织，其不一定实施了违法行为。如强制检疫、强制治疗的对象是具有或可能具有某种严重传染病的人。行政主体对他们采取强制措施不是因为他们有违法行为，而是因为他们已染上或可能染上了疾病，构成了对他人生命健康的威胁。③行政处罚是一种法律制裁措施，行政执法主体实施该行为是因为相对人违法，故行政处罚后通常要在相对人档案中予以记载、保留；而行政强制措施在很多情况下只是为了保障行政处理、行政处罚决定的实现，并不以相对人实施了违法行为为前提，即使是独立的行政强制措施，其相对人的行为也不具违法要素，故对于行政强制措施，一般不在相对人的档案中予以记载和保留。

2. 行政处罚的基本原则

（1）处罚法定原则 行政处罚法定原则包含四个方面含义：

第一，行政机关对公民、法人或其他组织实施行政处罚必须有法定依据，无明文规定不能处罚。公民、法人或其他组织的违法行为，只有在法律、法规或者规章明确规定应予以处罚、给予何种处罚时，才受处罚；没有规定的，不受处罚。行政处罚实行法定原则，一是法治原则的要求；二是为了解决目前乱处罚问题比较严重的客观实际的需要；三是改革开放以来我国立法方面已取得很大进展，采取法定原则条件成熟。

第二，行政处罚法定原则要求主要由行政机关实施行政处罚。这就是说，行政处罚的实施主要由行政机关实施，但法律、行政法规或地方性法规授权的具有管理公共事务职能的组织也可以行使某些行政处罚权，同时也表明并不是所有的行政机关都实施行政处罚权，而是要依照法律或者法规明确规定的职能违法行为和给予的行政处罚，实施行政处罚。

第三，行政处罚法定原则要求行政处罚设定权，只能由法律规定的国家机关在法定职权范围内行使。

第四，行政处罚法定原则要求行政处罚必须依法定程序作出，既包括《行政处罚法》规定的程序，也包括其他法律、法规或规章关于执法程序方面的规定。程序合法是法治的一项基本原则。从法制史上看，我国一向"重实体、轻程序"，表现在法律制度的建设上，实体法制定得多，且详尽；表现在执法上，认为只要抓准了、处理对了，程序上差一些没关系。可以说，《行政处罚法》在很大程度上是一部程序法，是对行政机关如何实施行政处罚进行规范。它一方面保障行政机关有效实施行政管理，另一方面也要在程序上进行规范，防止滥施处罚，保护公民、法人或其他组织的合法权益，如规定了对作出行政处罚决定之前要向当事人说明作出行政处罚的事实、理由和依据，要听当事人的陈述、申辩，重大行政处罚要举行听证，如果没有事先告知当事人依法享有的权利，作出的行政处罚将被认定为无效。根据《行政处罚法》的规定，结合农业行政处罚的实际情况，农业部 2006 年制定了《农业行政处罚程序规定》（2019年已经农业农村部第 12 次常务会议修订），对农业行政处罚的程序作了较为全面的规范。

（2）处罚与教育相结合的原则　处罚与教育相结合原则要求行政处罚的设定和实施要同时发挥其强制惩戒与转变思想的作用，防止将行政处罚变为国家对违法行为简单机械的报复和制裁，应重在纠正违法行为，使被处罚者不致再危害社会，并做到自觉守法。这样，首先就必须给予惩罚，否则就不足以制止违法行为和恢复正常秩序，不足以维护统治安全和弥补国家和社会因不法侵害所遭受的损失，也不能使违法行为人通过受到处罚的痛苦而警觉自醒；其次是通过处罚促使当事人变为守法者。法律规定被处罚者必须是有责任能力，有选择行为方式的自由，因而也是可以教育和变化的人。任何放弃教育努力的处罚都不符合处罚与教育相结合的原则。

（3）公正、公开原则　公正原则即通常所说的"罚责相当"，指违法行为所应承担的责任和所受到的处罚相适应。行政处罚机关应当首先查明违法事实和情节，并对违法行为的性质和社会危害程度作出正确评价，然后再依法给予处罚。任何畸轻畸重、罚责失当的处罚，都是背离公正原则的。

公开原则的基本要求有两方面：一是关于行政处罚的国家有关规定必须是通过公开程序向社会公布的，未经公布的规定不能作为处罚的依据；二是对违法行为的处罚决定和处罚程序是公开的，允许当事人和社会了解、知道。前者便于全社会一体遵行，后者便于当事人和社会监督。

（4）权利救济原则　正确处理惩罚与保护的相互关系，是行政处罚立法的重要指导思想。《行政处罚法》在保障国家行政机关有效实施行政管理的同时，对保护公民、法人和其他组织的合法权益规定了新的内容，并将保护当事人合法权益作为重要原则确定下来。《行政处罚法》赋予当事人两项权利：一是在作出行政处罚决定过程中的陈述权、申辩权和其他程序权；二是行政处罚决定作出后的申请复议权、提起行政诉讼权和提出行政赔偿权等救济权。这些权利是公民、法人和其他组织对国家公权力的监督形式或救济途径，可以要求国家机关依法做什么或不做什么，对于监督国家机关依法行使职权具有重要意义。如前所述，在行政处罚过程中，尊重当事人的程序权还是行政处罚有效成立的法定条件之一。保护当事人权利原则的基本要求是使无辜的人不受行政处罚，使违法行为人受到公正处理，使遭受违法侵害的人得到及时有效的补救。

3. 行政处罚的种类　根据《行政处罚法》规定，行政处罚种类包括：警告、通报批评，罚款、没收违法所得、没收非法财物，暂扣许可证件、降低资质等级、吊销许可证件，限制开展生产经营活动、责令停产停业、责令关闭、限制从业，行政拘留，法律、行政法规规定的其他行政处罚。我国有关农业法律、法规充分考虑到农业管理的现状，充分发挥行政处罚在农业管理中的规范作用，设定了比较齐全的行政处罚种类现简要说明如下：

（1）警告和通报批评，属于申戒罚，它是指农业行政管理机关对管理相对人违反农业行政管理法律规范的行为的谴责和训诫。其目的是通过对违法相对人给予一种精神上的惩戒，以申明其有违法行为，并促使其以后不再违法。否则，就要受到更加严厉的制裁。警告既适用于公民，也适用于法人和其他组织。

需要指出的是，目前许多法律、法规和农业农村部发布的部门规章中都规定了通报批评，并把通报批评和警告作为申戒罚的两种形式。然而《行政处罚法》过去没有把通报批评作为一种行政处罚种类加以规定，这是因为警告与通报批评在性质、目的上没有什么太大的区别，只不过是形式和告知的范围不同而已。警告通常仅限于告知行为人，而通报批评告知的范围不仅限于告知行为人自己，还包括告知与行为人有关的公民、法人或其他组织。因此，只要警告告知的范围不仅限于行为人自己，还包括其他有关人员甚至全社会，警告就可以代替通报批评，或者说包括通报批评。可见，《行政处罚法》实际上是承认通报批评属于行政处罚的，只不过过去没有作为一种独立的行政处罚，而是作为警告的一种特殊形式，在实际工作中，对于法律、法规或规章规定的通报批评应以警告的方式出现和实施。新修订的《行政处罚法》已将通报批评作为一种处罚方式，这是对过去规定的完善。同时，我们还要注意警告和通报批评是一种要式行政行为。行政处罚决定必须有执行处罚的机关作出书面裁决，并向本人宣布并送交本人。

（2）罚款，属于财产罚，它是指行政机关强迫违法行为人缴纳一定数额的货币，从而依法损害或剥夺行为人某些财产权的一种处罚。罚款就是对违法行为人合法财产权的剥夺，不管行为是否侵犯了他人的财产权利，只要违反了法律、法规或者规章的规定，侵犯了行政管理秩序，就可以依法予以罚款。

这里需要注意的是，行政处罚中的罚款与在公园里游玩时损坏花草、不遵守公共秩序等诸多社会规范的罚款有本质上的区别。行政处罚的罚款是一种行政权，不缴纳罚款就会导致国家强制力的实施；对罚款有异议的，《行政处罚法》设定了一系列的救济程序，如可以申请行政复议、提起行政诉讼等。而在公园里游玩时损坏花草给予的罚款是一种民事行为，是一种赔偿责任，这里所谓的实施罚款和接受罚款是一种合同关系，是基于当事人双方的协定产生的，而不是法律上的单方服从关系。当然社会团体、事业单位甚至行政机关随意设定罚款也是不规范的，应当更正为损害赔偿即可。

罚款作为一种行政制裁手段，与我国《刑法》规定的罚金也有本质的区别。罚金是法院判处犯罪分子向国家交纳一定数额金钱的刑罚方法。罚款由行政机关和法律法规授权的组织及依法受委托的组织适用，而罚金只能由法院适用；罚款是独立的行政处罚形式，而罚金是刑罚种类中的附加刑的一种；罚款适用于尚未构成犯罪的行政违法行为，而罚金适用于犯罪行为。当然，行政相对人的违法行为触犯刑律，若已给予罚款行政处罚的，罚款可以折抵罚金。

（3）没收违法所得，属于财产罚是指行政机关依法将行政相对人通过违法行为获取的财产收归国有的处罚形式。违法所得是违法行为人通过违法手段获取的财产，其本身并不构成行为人的合法财产，且不受国家法律的保护。《种子法》第九章法律责任中，凡是涉及有违法所得的，均设置了没收违法所得的处罚。这也是其他法律法规普遍采用的，也就是说违法所得应当没收。

没收违法所得与罚款的最大区别是：罚款指向的是合法财产，而没收违法所得则是非法财物。

没收违法所得也不同于《刑法》中的没收财产。没收违法所得是行政机关对违反行政法律法规的行政相对人给予行政处罚的形式之一；而没收财产，是法院判处的将犯罪分子个人所有财产的一部分或全部强制无偿收归国有的刑罚方法。

（4）没收非法财物，属于财产罚是指行政机关依法将违禁物品或者用以实施违法行为的工具收归国有的处罚形式。违禁物品是法律、法规禁止生产、销售、储存、运输的物品，如《种子法》第七十七条规定，对未取得种子生产经营许可证生产经营的种子等违法行为，处没收违法所得和种子，其中种子即非法财物。

（5）责令停产停业，属于能力罚，是指行政机关责令违法当事人停止生产、经营活动，从而限制或者剥夺违法行为人从事某种生产、经营活动权利的一种处罚。责令停产停业具有以下特点：一是责令停产停业是限制违法行为人能力的处罚，与罚款、没收财物等财产罚不同。责令停产停业不是直接限制或剥夺违法行为人的财产权，而是责令违法行为人停止其所从事的生产经营及其他各种业务活动，通过限制其行为能力，间接影响其财产权。二是责令停产停业是对违法行为人处以不作为的义务。这与某些法律中规定对违法行为人"责令赔偿损失"等作为义务的责令处理有区别。三是责令停产停业是附条件的处罚。责令停产停业只是在一定时期内限制或剥夺违法行为人的生产经营权，并未最终剥夺其从事生产经营的资格。如果违法行为人在法定期限内及时纠正了违法行为，履行了法定义务，仍可以继续从事曾被停止的生产经营活动。四是责令停产停业是对较为严重的违法行为的处罚。责令停产停业虽然不直接涉及违法行为人的财产权，但其对违法行为人的行为能力的限制间接造成的财产损失往往大于其他形式的制裁。因此，一般来说，只有对较为严重的行政违法行为才给予责令停产停业的行政处罚。同时，《行政处罚法》为了防止责令停产停业的恣意行使，还规定了对责令停产停业的听证程序，有利于保护相对人的合法权利。《种子法》第七十五条规定，对生产经营假劣种子的，设定了责令停业生产经营等处罚。新修订的《行政处罚法》增加了限制开展生产经营活动、责令关闭、限制从业规定，这是根据新的发展形势要求而设定的，均属此类。

（6）暂扣许可证件、降低资质等级、吊销许可证件，属于能力罚，是指行政机关依法暂时扣押或者撤销违法行为人已获得的从事某种活动的资格证书，以限制或者剥夺违法行为人从事某种活动的权利和资格的处罚形式。许可证是行政机关根据行政法律法规的规定，依相对人的申请，对符合法定条件的申请人核发的，准许其从事某种特定活动、享有某种资格的法律凭证。核发许可证的前提条件是符合法定条件，当这种条件发生变化或行为人不符合这一条件时，行政机关就要依法不予承认行为人原来所取得的某种资格或能力，其表现形式就是暂扣或吊销许可证。暂扣许可证是行政机关对违法行为人采取的暂时中止其从事某种经营活动的资格的处罚形式。被处以暂扣许可证的违法行为人，在其改正违法行为后或者经过一定时期，再发还证件，恢复其行为资格，允许其重新享有该权利和资格。如《种子法》第七十五条规定，"对生产经营假劣种子的，由县级以上人民政府农业、林业主管部门责令停止生产经营，没收违法所得和种子，吊销种子生产经营许可证；违法生产经营的货值金额不足一万元的，并处一万元以上十万元以下罚款；货值金额一万元以上的，并处货值金额十倍以上二十倍以下罚款。"吊销许可证是行政机关撤销允许相对人从事某种活动的资格和权利的凭证，终止其继续从事该凭证所允许的活动的处罚形式。在我国，暂扣或吊销许可证等有关证照，是对相对人的权利影响比较大的一种比较严重的处罚形式，因此在具体执行过程中需要严格依照法律法规的规定办理，应该慎重进行。同时，《行政处罚法》对吊销许可证照还规定听证程序，有利于保护相对人的合法权利，对保证行政机关依法行政具有重要作用。

（二）农业行政处罚管辖

1. 行政处罚管辖的概念 行政处罚管辖是与违法行为的处罚规则相关联的一个问题，它具体是指行政机关或者组织实施行政处罚的权限划分和分工，也就是指确定对某个行政违法行为应由哪一级或者哪一个行政机关实施处罚的法律制度。行政处罚的管辖权与行政处罚权既有区别又有联系。行政处罚权是国家赋予一定的行政机关对违反行政管理秩序的行为实施行政处罚的权力；而管辖权是指对某个具体行政违法案件在行政机关内部应当由哪里的、哪一级行政机关实施处罚。二者的联系表现在，一方面，行政机关对违法行为有处罚权是确定管辖权的基础和前提，凡是不属于行政机关或者该行政机关行使行政处罚权范围内的事项，行政机关无权管辖；另一方面，管辖权是行政处罚权的进一步落实，行政处罚权只能通过管辖权来行使和体现。因此，凡是确定了对某些违法行为某行政机关或者授权、委托的组织有管辖权，这个行政机关或者授权、委托的组织对该项违法行为就有权实施行政处罚，也有义务实施处罚。对属于自己管辖的行政违法活动不依法处罚，对不属于自己管辖的违法行为实施处罚都是违法的。

2. 管辖的基本原则 按照《农业行政处罚程序规定》，对农业行政违法案件，一般按照以下原则来确定农业行政违法案件的管辖机关。

（1）级别管辖 所谓级别管辖是指划分上下级行政机关或者组织之间实施行政处罚的分工和权限的方式。根据新修订的《行政处罚法》第二十四条规定，"省、自治区、直辖市根据当地实际情况，可以决定将基层管理迫切需要的县级人民政府部门的行政处罚权交由能够有效承接的乡镇人民政府、街道办事处行使，并定期组织评估。决定应当公布。"级别管辖主要解决不同级别的行政机关分别管辖哪些行政违法行为，也就是说哪些行政违法行为可以由低一个层次的行政机关处罚，哪些行政违法行为只能由高一个层次的行政机关处罚。根据农业农村部制定的《农业行政处罚程序规定》的规定，各级农业行政处罚机关对违反农业和农村经济管理法律、法规的违法案件的管辖按照以下原则进行分工。①县级农业行政处罚机关管辖本行政区域内的行政违法案件。在我国的行政处罚实践中，在大多数情况下，行政处罚由县级农业行政处罚机关管辖，有利于处罚机关调查收集证据，有利于当事人申辩或陈述意见，也有利于打击违法行为，以生动的案例进行法制宣传教育。②设区的市、自治州的农业行政处罚机关和省级农业行政处罚机关管辖本行政区域内重大、复杂的行政违法案件。这样规定，是因为有些违法行为涉及范围较大，县级农业行政处罚机关很难处理。何谓"重大、复杂的行政违法案件"，一般认为，是指案件自身复杂，涉及面较广，处理结果影响大，远远超过县级农业行政处罚机关辖区范围。至于在本辖区内哪些案件属于"重大、复杂"，目前尚无列举性规定，实践中，应从以下三个方面来考虑：一是根据案情的繁简程度；二是根据案件涉及违法财物或违法所得数额的大小；三是案件在该地区的经济上和政治上的影响如何。③农业农村部及其所属的经法律、行政法规授权的农业管理机构管辖全国重大、复杂的行政违法案件。一般地认为，行政处罚由违法行为发生地的县级以上"地方"政府有行政处罚权的行政机关管辖，中央行政机关不直接实施行政处罚权。但是，由于农业和农村经济管理的特殊性，一些违反农业和农村经济管理法律、法规的违法行为，其影响可能涉及全国，其危害性可能威胁到国家的粮食安全或食品供给，因此，在某些农业和农村经济管理法律中，规定了国务院农业行政主管部门或其所属的农业管理机构具有行政处罚权。如《农业转基因生物安全管理条例》第四十二条规定，从事Ⅲ、Ⅳ级农业转基因生物研究或者进行中间试验，未向国务院农业农村行政主管部门报告的，由国务院农业农村行政主管部门责令暂停研究或者中间试验，限期改正；第四十三条规定，未经批准擅自从事环境释放、生产性试验的，已获批准但未按照规定采取安全管理、防范措施的，或者超过批准范围进行试验的，由国务院农业农村行政主管部门或者省、自治区、直辖市人民政府农业农村行政主管部门依据职权，责令停止试验，并处 1 万元以上 5 万元以下的罚款。

（2）地域管辖　地域管辖是指划分不同地区的农业行政处罚机关实施行政处罚的权限的方式。包括一般地域管辖、共同管辖、特定管辖。

①一般地域管辖是"行政处罚由违法行为发生地的"县级以上农业行政处罚机关管辖。法律、行政法规、部门规章另有规定的，从其规定。这次新修定的《农业行政处罚程序规定》将新出现的电子商务平台经营者和通过自建网站、其他网络服务销售商品和提供服务的电子商务经营者的农业违法行为归为农业农村行政部门管辖。违法行为发生地既包括实施违法行为地，也包括危害结果发生地，它囊括了行为人实施行政违法行为的全过程，无论违法行为人在实施违法行为的哪个阶段被发现，都可以立即依法就地给予行政处罚。如何确定违法行为发生地，是实施行政处罚首先要解决的问题。应当说，行为人实施了行政违法行为，在其实施过程中任何一个阶段被发现，该地方都可以成为违法行为发生地。如贩卖假劣农药的违法行为。李某在甲地制造假劣农药到丁地

销售，运输过程中经过乙地、丙地，依照《行政处罚法》和《种子行政处罚程序规定》的规定，甲乙丙丁四地都可能成为违法行为发生地，当地农药行政管理机关如发现这一违法行为，都有权对其实施行政处罚。但如果这一违法行为是在丁地销售假劣种子时才被查获，只需由丁地农业农村行政管理机关实施处罚就可以了，甲乙丙三地就不应再实施行政处罚，因为行为人在这几地实施的制造和运输假劣种子行为是前期准备，当然，丁地在给予李某销售假劣种子行为实施处罚时应当考虑到其实施的制造、运输假劣种子行为，依法给予并处。但是，如果制造、运输、销售假劣种子不是同一个人，情况就不同了。甲地制造假劣种子的是张某，贾某从张某处收购假劣种子，运输经过乙地、丙地，到丁地由王某销售，丁地农业农村行政管理机关查获后对王某给予销售假劣种子的行为作出处罚，同时也应对李某制造、贾某运输假劣种子的行为予以处罚，至于对李某、贾某的处罚是在甲、乙、丙地作出，还是丁地农业农村行政管理机关一并作出，从法律规定看都可以，但应当考虑到既便于处罚实施，又有利于提高执法效率的原则。

②共同管辖是指两个以上机关或者组织依法对同一违法行为都有行政处罚管辖权。同一违法行为是指同一个主体的一个行为违反了一个法律规范。例如：一个经营种子的经营者，经营了假劣种子。这批种子是同一个时间同批次的产品，这个批次产品销售时被依法查处后，又经营又一批次假劣产品，则不属于同一个违法行为。需要重新立案查处。对同一违法行为因法律的分工交叉或规范角度不同，出现法条重合或法律重合现象，即：出现一个违法行为有两个以上行政部门共同管辖。共同管辖随着机构改革职能理顺逐步减少，一件事情交由一个部门管的格局正在形成。共同管辖实施"先查处"原则，先查处机关管辖，但非本部门职权未能履行的处罚可以移送有关机关实施处罚。

③特定管辖主要是源于行政管理的复杂性，有些情况很难根据行为发生地或者共同管辖的原则来确定管理机关。

由于行政处罚面对的违法活动错综复杂，实施违法行为的主体地位不同，违法的性质和严重程度不同，实施处罚的种类和幅度不同，违法行为的社会影响也不同。因此，在对一些特定的违法行为实施处罚时，不能一概强调完全按照行政处罚的一般管辖原则进行。在此情况下，法律、行政法规对某个具体违法行为的处罚权管辖作出了特别规定，行政机关就应当按照这一特别规定执行。这也是符合特别法优于普通法的原则的。在农业行政处罚案件的管辖中，这一特别规定主要体现在渔政渔港监督管理方面。《渔业法》第七条规定："国家对渔业的监督管理，实行统一领导、分级管理。海洋渔业，除国务院划定由国务院渔业行政主管部门及其所属的渔政渔港监督管理机构监督管理的海域和特定渔业资源渔场外，由毗邻海域的省、自治区、直辖市人民政府渔业行政主管部门监督管理。江河、湖泊等水域的渔业，按照行政区划由有关县级以上人民政府渔业行政主管部门监督管理；跨行政区域的，由有关县级以上人民政府协商制定管理办法，或者由上一级人民政府渔业行政主管部门及其所属的渔政渔港监督管理机构监督管理。"因此，考虑到渔业水域的流动性、共有性、跨行政区划性，在发生渔业违法行为时，也不能按照"行政处罚由违法行为发生地的县级以上农业处罚机关管辖"的这一一般原则进行管辖分工，只能按照《渔业法》的要求，"渔业行政处罚机关管辖本辖区范围内发生的和上级部门指定管辖的渔业违法案件"。另外，出现下列情况时，对渔业违法案件的管辖分工，制定了"谁查获、谁处罚"的原则，即违法行为发生在共管区、叠区或管辖权不明确或者有争议的区域的或违法行为发生地与查获地不一致的。

（3）职权管辖　职权管辖是指同一行政区内不同的行政机关依据各自职权对实施行政处罚所作的分工。随机构改革的实施，一件事一个部门管的格局正逐步形成，法律的分工也将日益明确。农业农村行政部门的职权也在扩充，除了种植业、畜牧业、渔业外，还增加了宅基地管理、农村环境整治、耕地质量、乡村社会治理等内容。执法职权也会随着扩大。

（4）移送管辖　移送管辖是指一农业行政处罚机关将依法应当由自己处理的案件移交给另一农业行政处罚机关管辖。下级农业行政处罚机关认为行政处罚案件重大复杂，需要由上级农业行政处罚机关管辖，可以报请上一级农业行政处罚机关决定。同时，上一级农业行政处罚机关在必要时可以管辖下一级农业行政处罚机关管辖的行政处罚。但是上一级农业行政处罚机关不能将属于自己管辖的行政处罚案件交由下一级农业行政处罚机关管辖。同时，对于没有管辖权的案件，农业行政处罚机关将其受理的案件交给有管辖权的机关处理。包括两种情况，一是农业行政处罚机关发现自己受理的案件不属于自己管辖，将其移送给有管辖权的行政处罚机关管辖；二是违法行为已经触犯刑律，依法应当追究刑事责任的，受理该案件的农业行政处罚机关，将其移送给司法机关。

（5）指定管辖　根据《农业行政处罚程序规定》第十六条规定，对发生争议的管辖，应当在发生争议之日起七个工作日内协商解决，协商不成的，报请共同的上一级行政处罚部门指定管辖。管辖权的争议是指对当事人的同一违法行为，两个或两个以上的行政处罚机关相互争着管或都不管的情形。目前看来，产生管辖权争议的基本原因比较复杂，包括行政机关职能划分不清、法律竞合、违法行为的复杂性、行政处罚机关的利益驱动等。出现管辖权争议时，应当根据产生争议的原因，采取不同的处理方式。如果是两个以上的行政处罚机关相互争着管或都不管的，应当协商解决，若协商不成，应报共同上一级行政机关指定管辖，也就是由上一级行政机关以决定的方式指定下级行政机关对某一行政处罚行使管辖权。"共同上一级行政机关"的确定，一般认为，根据争议各方的关系，有以下三种情况：一是如果争议各方是同一政府所属的两个以上工作部门，则"共同上一级行政机关"就是本级政府；二是如果争议各方是不同级政府所属的两个以上工作部门，若这两个以上工作部门都隶属于同一行政主管部门，则"共同上一级行政机关"就是这一行政主管部门，若这两个以上工作部门不隶属于同一行政主管部门，则"共同上一级行政机关"是其共同的上级人民政府；三是如果争议各方是两个以上人民政府，那么"共同上一级行政机关"是其共同的上级人民政府。

（三）农业行政处罚决定程序

农业行政处罚程序是指在农业行政处罚实施过程中，农业行政管理机关、行政相对人必须遵循的方式、步骤、顺序和时限等制度规范，即农业行政处罚的具体操作规程。根据《行政处罚法》和《农业行政处罚程序规定》的规定，农业行政处罚决定程序分为简易程序、一般程序和听证程序。

1. 简易程序

农业行政处罚
程序规定

（1）简易程序适用范围　适用简易程序必须具备以下三个条件：一是违法事实确凿。违法事实确凿要求有事实证明有违法事实存在，而且证明违法事实的证据应当充分。适用简易程序的案件案情简单，违法事实简单、明了、清楚，无须进一步调查取证就足以证明案件的违法事实。二是要有法律依据。所谓"要有法律依据"是指农业行政管理人员作出当场处罚时，一定要根据法律、法规和规章规定的处罚种类和罚款幅度作出行政处罚决定。如果法律、法规和规章没有作出明确规定的，对违法当事人不能给予行政处罚。三是给予的处罚比较轻微。适用简易程序处罚的案件应当是对公民处以 200 元以下、对法人和其他组织处以 3 000 元以下罚款或者警告的行政处罚。

（2）简易程序的内容和基本要求　按照《农业行政处罚程序规定》的要求，简易程序的基本操作步骤是：

第一，表明身份。这一行为旨在表明农业行政执法人员具有对当事人实施行政处罚的资格，证明行政处罚的主体是合法的，同时也有利于行政执法人员接受群众的监督，防止不法分子冒充行政执法人员招摇撞骗、敲诈勒索等。根据《农业行政处罚程序规定》第六条的规定，农业行政执法人员调查处理农业行政处罚案件时，应当向当事人或者有关人员出示农业行政执法证件，并按规定着装和佩戴执法标志。这里需要指出的是，单位的工作证不能代替执法身份证件，因为工作证仅能证明持有人属于某一单位的职工，但不能表明其有行政执法权力，因为并不是一个单位里的所有人员都承担执法职能和从事执法工作，如一个单位里的内务、后勤等内部管理人员就不具有行政执法职能，虽持有工作证，但其无权对外执法。

第二，说明情况，说明给予处罚的理由和依据。行政执法人员应当在当场作出行政处罚决定之前，向当事人指出违法事实，说明违反了什么法律规范，即将给予什么处罚等。这里需要特别指出的是，当场处罚时，也要注意认真收集证明案件事实的所有证据，不能因为适用简易程序给予当场处罚就忽略调查取证。

第三，告知当事人应当享有的权利。行政执法人员在给予当事人当场处罚决定之前，还要告诉当事人依法享有的权利，主要包括陈述和申辩权、依法申请行政复议和提起行政诉讼的权利。其中，听取当事人的陈述和申辩是行政处罚简易程序的必要环节，执法人员不告诉的，行政处罚无效。在具体行政处罚案件中，对当事人的异议应当记录在案，但不能因为当事人有异议而不作出处罚决定或转为一般程序处理，也不能因为当事人提出异议而加重处罚。

第四，制作当场处罚决定书，并当场交付当事人。简易程序中所作的处罚决定应当采用什么形式，以前没有明确规定，在实际操作中，以口头形式作出处罚决定的占绝大多数，也有的部门在罚款收据中写明代行政处罚决定书。为了规范这一程序，《行政处罚法》和《农业行政处罚程序规定》要求行政机关在作出当场处罚决定时，必须采取书面形式。农业行政处罚当场处罚决定书由省级农业行政机关统一制作，要有一定的格式，编有号码。处罚决定书的内容应当包括当事人的姓名、名称或地址，违法事实和证据、处罚的种类和依据，处罚的履行方式和期限，申请复议和提起诉讼的期限和途径，执法机关名称、处罚日期和执法人员签名。

2. 一般程序　行政处罚的一般程序又称普通程序，是行政机关对于事实比较复杂或者案件情节比较严重的违法行为给予较重的行政处罚时所应遵循的方法、步骤。按照《行政处罚法》的规定，除适用简易程序的处罚案件外，其他行政处罚适用一般程序。这里需要注意的是，可以适用简易程序的案件并不等于必须适用简易程序，其中有一部分案件也可以适用一般程序。因此可以这么说，一般程序是适用所有行政处罚案件的通用程序。简易程序与一般程序的主要区别就在于，一般程序适用于案件比较复杂、拟定处罚额度较高、对相对人的权利义务影响较大；其程序内容比简易程序更为完善，要求更为严格，可以保证并促使行政机关所作出的行政处罚做到公正，也有利于更大限度地保护行政相对人的合法权益。

（1）一般程序的适用范围　根据《行政处罚法》和《农业行政处罚程序规定》的规定，除适用简易程序的案件外，都应当适用一般程序。因此，农业行政处罚一般程序案件的适用范围包括：第一，对公民处以 200 元以上，对法人或其他组织处以 3 000 元以上的罚款；第二，对公民处以 200 元以下，对法人或其他组织处以 3 000 元以下的罚款，但案情比较复杂或行政处罚机关认为应当适用一般程序的；第三，责令停产停业；第四，收缴或吊销许可证、执照；第五，没收违法所得、没收假冒、伪劣农业生产资料等。

（2）一般程序的内容和基本操作步骤　根据《行政处罚法》和《农业行政处罚程序规定》的规定，一般程序由下列几个步骤构成：

第一，立案。根据《农业行政处罚程序规定》，农业行政处罚案件的立案，应当自发现线索或者收到相关材料之日起 15 个工作日内予以核查，由农业行政处罚机关负责人决定是否立案。立案是指行政机关对于公民、法人或其他组织的检举、控告或者本机关在执法检查过程中发现的违法行为或较大嫌疑问题，认为需要进一步调查的，而决定专项查处的活动。立案是一般程序的开始阶段，先立案后查处，应当是行政处罚程序的最初要求，即使在执法检查过程中遇到紧急情况需要采取措施的，也应当在事后补办立案手续。确立立案程序，有利于防止行政机关随意地滥用行政处罚权，有利于保护公民、法人或其他组织的合法权益，有利于规范行政机关的执法行为。

行政处罚机关对违法行为是否立案，主要把握以下四个条件：一是看是否有证据证明违法行为发生，如果发现行为人已有预谋准备实施违法行为的，从预防违法、制止可能发生的危害后果考虑，应当先立案；二是看违法行为是否依法应给予行政处罚，如果行政违法案件属于不予处罚的范围，则不能给予行政处罚，应当给予行政处分的，则交由有权机关给予纪律处理；三是看是否属于本处罚机关管辖或主管，如果符合前两个条件，但不属于本机关管辖或不属于本部门主管，则应当及时地向有权机关报告情况，并将案件的有关材料移送给相应的主管机关和具有行政处罚权的管辖机关；四是看是否属于一般程序适用范围。

第二，调查取证。调查收集证据是指行政机关对行政处罚案件的证据进行核对审查的过程，其目的在于获取可以证明案件事实的各种证据。农业行政处罚机关必须对案件情况进行全面、客观、公正地调查，收集证据。这是对行政机关调查收集证据的总体要求。一是要做到全面。全面调查收集证据包括查明是谁实施了违法行为、实施违法行为的具体过程和表现、违法行为所造成的危害结果等。全面调查还要求收集一切与案件有关的证据材料，既要收集对当事人不利的材料，也要收集对其有利的材料；既注重与案件关系密切的直接证据的收集，也不忽视与案情比较疏远的间接证据的收集。二是要做到客观。客观调查要求在全面收集证据的基础上，要对证据材料作出客观分析和综合判断，排除各种矛盾，鉴别真伪。客观调查还特别强调要忠于事实真相，防止主观臆断；如果仅凭主观推理，没有客观证据证明的事实，不能认定。三是要公正。

公正地调查收集证据，要求执法人员调查收集证据时应当向当事人或有关人员出示农业行政执法证件；要求执法人员不得少于 2 人；执法人员与当事人有直接利害关系的，应当回避。这里的"与当事人有直接利害关系"是指以下情况：行政执法人员是本案的当事人或执法人员是本案当事人的近亲属（近亲属是指配偶、父母、子女、兄弟姐妹、祖父母、外祖父母、孙子女、外孙子女）或有其他可能影响执法人员客观公正地调查处理案件的因素。

证据是指能够证明案件真实情况的一切客观事实。证据具有以下特点：一是证据必须是客观存在的事实材料，它是客观存在的事实，而不是人们主观想象或臆造的东西；二是证据必须是与案件有关联的事实材料，只有那些与案件有联系并且能够证明案件事实的东西才可以作为证据；三是证据必须符合法定形式，按照法定的程序收集的事实材料。法律规定某些法律行为必须采取书面形式时，只有符合法定形式的材料才能作为证据，否则，不予以认定。在案件的调查过程中，执法人员要充分地听取当事人陈述意见和申辩。证据主要包括询问当事人或证人、物证、书证、当事人陈述、视听资料、鉴定结论、勘验检查笔录等。《农业行政处罚程序规定》对证据的采集方式和原则作了具体补充规定，在实际中应遵照执行。

第三，拟定处罚决定书。调查结束后，执法人员制作《案件处理意见书》，将调查结果报告行政机关负责人，由行政机关负责人对调查结果进行审查，根据不同情况作出处理决定：对违法行为确凿，事实清楚的，根据情节轻重，拟定处罚决定；对违法事实不成立的，不得给予处罚；对违法行为构成犯罪的，移交司法机关处理。

第四，说明理由和告知权利，这与简易程序相同。

第五，当事人陈述和申辩。当事人可以对行政机关提出的处罚理由、依据和事实陈述自己的观点和异议；当事人也可要求举行听证会质证。行政机关不得因当事人陈述和申辩加重处罚。

第六，作出处罚决定，并告知当事人不服处罚的，可以申请行政复议或向法院提起行政诉讼。

第七，送达（下文专述）。

第八，执行（下文专述）。

第九，结案。根据《农业行政处罚程序规定》的规定，结案情形包括：行政处罚决定由当事人履行完毕的；农业行政处罚机关申请人民法院强制执行行政处罚决定，人民法院依法受理的；不予行政处罚等无需执行的；行政处罚决定被依法撤销的以及农业行政机关认为可以结案的其他情形。

3. 听证程序

（1）听证程序的适用范围　根据新修订的《行政处罚法》第六十三条规

定，听证适用于较大数额罚款，没收较大数额违法所得、没收较大价值非法财物，降低资质等级、吊销许可证件，责令停产停业、责令关闭、限制从业，其他较重的行政处罚，法律、法规、规章规定的其他情形。听证程序在行政处罚程序中不是一个单独的程序，是一般程序中的一个环节。它发生在说明违法事实、处罚内容和理由，告知权利之后，在正式作出处罚决定之前。多少数额的罚款为"较大数额罚款"，根据《行政处罚法》的规定，地方农业行政处罚机关按省级人大常委会或人民政府规定或其授权部门规定的标准执行，这是因为各地的经济发展水平不一样，各行业情况也不尽相同，因此不宜对"较大数额罚款"定出全国性的线。对海区渔政渔港监督管理机构，因其是农业农村部垂直管理，与地方政府没有隶属关系，因此，《农业行政处罚程序规定》规定"海区渔政渔港监督管理机构对公民罚款分别超过 5 000 元、3 000 元、对法人或其他组织罚款超过 30 000 元"的，属于较大数额罚款，当事人有提出听证的要求。

（2）基本内容

第一，听证主持人。听证主持人是指负责主持听证的人员。一般由准备作出行政处罚决定的行政机关指派具有相对独立地位的本机关人员担任此项工作。根据《农业行政处罚程序规定》，农业行政处罚的听证由拟作出行政处罚机关内设的法制工作机构负责组织，没有法制工作机构的，由承担相应职能的非本案件调查人员所在机构组织；委托行使农业行政处罚权的机构，其行政处罚听证工作由委托其实施行政处罚职能的行政机关组织听证。

第二，听证参加人。听证参加人是指参加听证会享有一定权利的人员和协助听证会进一步澄清案情的有关人员。主要包括当事人及其代理人、案件调查人员、证人、鉴定人和翻译人。

第三，听证程序。根据《行政处罚法》和《农业行政处罚程序规定》的规定，听证的具体规程一般包括以下几方面：

一是告知听证权利。行政处罚机关经过立案调查并已初步形成行政处罚决定后，应当制作《违法行为处理通知书》，告诉当事人拟给予的行政处罚，若属于听证范围的，还应当告知其可以要求举行听证会的权利，同时告知其提出听证的方式、期限等。

二是当事人提出听证的要求。当事人应当在收到《违法行为处理通知书》之日起 3 日内，向行政机关提出听证的要求。如果当事人没有正当的理由，未在规定的期限内提出听证的要求，应当作为放弃听证处理。行政机关对当事人提出听证要求的，应当着手组织听证。如果行政机关未告知当事人提出听证而公民、法人或其他组织要求听证的，行政机关应当慎重审查，对符合听证条件的，应当着手组织听证；对不符合听证条件的，应当通知其不予听证并说明理由。

三是听证会的准备。在正式举行听证会前，应当做好以下准备工作：①由行政机关确定听证会主持人、听证员；②由听证会主持人确定听证方式，即是否公开举行，对涉及国家秘密、商业秘密或个人隐私的案件，可以决定不公开听证；③由听证会主持人确定听证的时间、地点，并制作《听证会通知书》，在听证会举行的 7 日前送达当事人，并通知其他听证人。

四是听证的举行。凡是公开举行的听证，行政机关应当允许其他公民旁听或可以允许新闻记者采访报道，以扩大法制宣传教育作用，也有利于广大人民群众监督执法。听证一般按照以下程序进行：第一步由听证会书记员宣布听证会纪律、当事人权利和义务。听证会主持人宣布案由，核实听证参加人的身份，征询当事人是否申请听证主持人和听证员、记录员回避，并由行政机关决定回避；不申请回避的，由听证主持人宣布听证开始。第二步是调查阶段，以进一步搞清案情。其顺序首先由案件调查人员提出当事人的文法事实、出示证据，说明拟作出的行政处罚的内容及其法律依据；然后由当事人或其委托代理人对案件的事实、证据、适用法律等进行陈述和申辩，并且可以向听证会提交新的证据；之后由听证会主持人就案件的有关问题向案件调查人员、当事人和证人、鉴定人询问。第三步是案件调查人员、当事人或其委托代理人相互质证辩论。第四步是当事人或其委托代理人作最后陈述。第五步是听证会主持人宣布听证会结束。听证会笔录交当事人、案件调查人员审核无误后签字或盖章。听证会结束后，听证主持人应当对听证笔录进行审核，并对经过听证的案件事实是否属实、拟给予的行政处罚是否合法、适当，提出自己的意见，并制作《行政处罚听证会报告书》，报送行政机关负责人审核与处理。

（四）农业行政处罚文书的送达

送达执法文书是指将处罚决定书及其他一些法律文书按照法定方式送到当事人手中。执法文书送达的方式包括直接送达、留置送达、委托送达、邮寄送达和公告送达等五种。

1. 直接送达　直接送达又称交付送达，是指执法机关派专人将执法文书交付受送达人。根据《农业行政处罚程序规定》，《行政处罚决定书》应当在宣告后当场交付受送达人；受送达人不在场的，应当在 7 日内送达受送达人。受送达人是公民的，本人签收是直接送达；本人不在时，可以交给其成年家属或其所在单位的负责人代收，并在送达回执上签名或者盖章。受送达人是法人或其他组织的，应当由该法人的法定代表、该组织的主要负责人或者办公室、收发室、值班室等负责收发文件的人签收或盖章。受送达人有诉讼代理人的，可以送交其诉讼代理人签收。受送达人已指定代收人的，送交代收人签收。

直接送达的，送达回执上注明的日期为送达日。

2. 留置送达 留置送达是指受送达人无理拒绝接收执法文书时，送达人依法将执法文书留在受送达人的住处，即视为送达，产生送达的法律效力。受送达人或其他代收人拒绝接收、签名或盖章的，送达人可以邀请其邻居或者单位有关人员到场，说明情况，把有关执法文书留在其住处或者单位，并在送达回证上记明拒绝的事由、送达的日期，由送达人、见证人签名或盖章，即视为送达。如果见证人不愿意在送达回证上签名、盖章的，由送达人在送达回证上记明情况，把送达文书留在受送达人的住处，即视为送达。受送达人指定的代理人为代收人时，向代理人送达执法文书时，适用留置送达。

3. 委托送达 处罚机关如果送达执法文书有困难，可以委托受送达人所在地的行政机关代为送达。这种送达方式与直接送达有同等效力。委托送达的处罚机关应出具委托函，并附上需要送达的执法文书和送达回证，以受送达人在送达回证上签收的日期或受委托送达机关在送达回证上注明的日期为送达日期。

4. 邮寄送达 邮寄送达是指处罚机关将所要送达的执法文书通过邮局，以挂号信寄给受送达人的方法。采用邮寄送达是因为执法机关距离受送达人比较远，直接送达比较困难的情况下才适用的一种送达方式。邮寄送达时，应当在挂号信里附有送达回证。如果挂号回执上注明的收件日期与送达回证上注明的收件日期不一致，或者送达回证没有寄回的，以挂号回执上注明的收件日期为送达日；送达回证寄回的，以送达回证上记明的收件日期为送达日期。

5. 公告送达 公告送达是指处罚机关以张贴公告、登报等办法将执法文书公之于众，经过法定期间，即视为送达。通常情况下，只有在受送达人下落不明或者使用前几种方式都无法送达的才适用公告送达。公告送达，自公告发出之日起，经过 60 天，即为公告期满，视为送达。

（五）农业行政处罚执行程序

《行政处罚法》和《农业行政处罚程序规定》主要对财产罚的执行作了较为具体的规定。农业行政处罚的执行主要有以下四方面内容。

一是当场收缴罚款。适用于 200 元以下的罚款或不当场收缴事后难以执行或在边远、水上、交通不便地区经当事人书面申请当场缴纳的。执法人员当场收缴的罚款，应当自收缴罚款之日起 2 日内，交至农业行政处罚机关；在水上当场收缴的罚款，应当自抵岸之日起 2 日内交至农业行政处罚机关；农业行政处罚机关应当在 2 日内将罚款交至指定的银行。

二是处罚决定与罚没款收缴相分离，由当事人在指定的期限内到指定的银行缴纳罚款。

三是在给予当事人农机监理处罚和渔业处罚时，对需要继续行使的农业机械、渔业船舶实施暂扣证照或者吊销证照的行政处罚时，农业行政处罚机关在实施处罚的同时，应当发给当事人相应的证明，允许农业机械、渔业船舶驶往预定或指定的地点。

四是对不履行处罚决定的，采取相应的强制措施，即到期不缴纳罚款的，每日按罚款数额的3‰加处罚款或根据法律、法规规定，拍卖查封、扣押的财物抵缴罚款或申请法院强制执行。

四、农业行政强制

(一) 农业行政强制的概念

根据《行政强制法》规定，行政强制包括行政强制措施和行政强制执行。行政强制措施，是指行政机关在行政管理过程中，为制止违法行为、防止证据损毁、避免危害发生、控制危险扩大等情形，依法对公民的人身自由实施暂时性限制，或者对公民、法人或者其他组织的财物实施暂时性控制的行为。现行农业法律法规设定了扣押、查封等行政强制措施。例如，《农产品质量安全法》第三十九条规定："县级以

行政强制法

上人民政府农业行政主管部门在农产品质量安全监督检查中，可以对生产、销售的农产品进行现场检查，调查了解农产品质量安全的有关情况，查阅、复制与农产品质量安全有关的记录和其他资料；对经检测不符合农产品质量安全标准的农产品，有权查封、扣押。"《种子法》第五十条第四项、五项规定，农业、林业主管部门依法履行种子监督检查职责时，有权采取查封、扣押有证据证明违法生产经营的种子，以及用于违法生产经营的工具、设备及运输工具等；查封违法从事种子生产经营活动的场所。行政强制执行是指行政机关或者行政机关申请人民法院，对不履行行政决定的公民、法人或者其他组织，依法强制履行义务的行为。

(二) 行政强制的种类与方式

1. 行政强制措施的种类　根据《行政强制法》第九条规定，行政强制措施的种类包括：①限制公民人身自由；②查封场所、设施或者财物；③扣押财物；④冻结存款、汇款；⑤其他行政强制措施。

2. 行政强制执行的种类　根据《行政强制法》第十二条规定，行政强制执行的方式包括：①加处罚款或者滞纳金；②划拨存款、汇款；③拍卖或者依法处理查封、扣押的场所、设施或者财物；④排除妨碍、恢复原状；⑤代履行；⑥其他强制执行方式。

行政强制执行的条件包括：①被执行者（行政相对人）负有行政法上的义务；②存在逾期未履行的事实；③被执行者故意不履行；④执行主体必须符合资格条件。

实施行政强制执行的主体必须是法律、法规或者规章明确授予行政强制执行权的行政机关。《行政诉讼法》第九十五条规定："公民、法人或其他组织拒绝履行判决、裁定、调解书的，行政机关或者第三人可以向第一审人民法院申请强制执行，或者由行政机关依法强制执行。"

行政强制执行可分为间接强制执行与直接强制两大类。

（1）间接强制　间接强制是指行政机关通过间接手段迫使行政相对人履行义务或者达到履行的状态。间接强制又细分为执行罚和代执行两类。①执行罚。义务人不履行法定义务，而该义务又不能由他人代为履行，有执行权的机关可通过使不履行义务的法定义务人承担新的持续不断的给付义务，促使其履行义务，称为执行罚。例如，对到期不纳税者，每天处以税款的千万之二的滞纳金的执行罚，以促其缴纳税款。执行罚要件：第一，执行的义务一般必须由本人自为，其他人无法代替的作为义务，因而以执行罚的办法促使其履行；也有一些不作为的义务，相对一方违法行为，可以通过执行罚的办法促使其停止作为。第二，执行罚必须依法事前告知开始执行罚的日期、数额。第三，执行罚至一定期间，法定义务人仍不履行义务，作出执行罚的行政机关可申请人民法院或依法自行以直接强制手段强制执行。②代执行，又称代履行。义务人不履行法定义务，而该义务又可由他人代为时，有执行权的机关可请人代替法定义务人履行义务，再由法定义务人负担费用，称为代执行。例如，拆除违章建筑，人民法院可请人代为拆除，再由不履行拆除义务的法定义务人负担费用。代执行的要件：第一，代执行的义务一般都是作为义务，是可以请人代为履行的义务，才能代执行；第二，义务人在法定期限内，故意不履行法定义务；第三，须先有合法的处理决定和行政强制执行决定，须申请人民法院强制执行的，还要有人民法院的强制执行决定；第四，执行结束，由执行机关向不履行义务的个人或组织收取执行中所支出的费用。

（2）直接强制　直接强制是指行政机关在行政相对人逾期不履行义务时，且又无法采用间接强制的情况下，直接对其人身或者财产采取强制措施，迫使其履行义务。直接强制的要求：第一，行政机关实施直接强制执行的权力必须由法律明确授权。凡是法律没有明确授权的，就必须申请人民法院强制执行。第二，采取直接强制执行手段，必须是在穷尽其他间接强制执行手段之后，因为间接强制执行一般比较缓和，万一错误，也易于纠正。第三，必须对直接强制执行的条件和程序作严格、明确的规定。第四，直接强制执行中必须严格贯彻适度原则，以实现义务人应承担的义务为限，不能扩大，不能给义务人的人身和财产造成超过其应承担义务的范围。

直接强制的种类包括：①人身强制。当行政相对人拒不接受人身性处罚或者不履行其他人身性义务对，行政机关可以依法对其人身采取强制执行。根据现有法律、法规的规定，对人身的直接强制主要有强制拘留、强制传唤、强制服兵役、强制遣回原籍、驱逐出境等。②行为强制。当行政相对人逾期不履行行为性义务，包括作为的行为和不作为的行为，行政机关依法对其采取行为性直接强制。根据现行法律、法规和规章的规定，对行为的直接强制主要有强制许可、强制拆除、强制检定、强制搬迁、强制排污、强制销毁、强制清除等。③财产强制。行政相对人逾期拒不履行财产性义务时，行政机关可依法采取财产性直接强制。根据现行法律、法规和规章的规定，对财产的直接强制主要有强制扣缴、强制划拨、强制收兑、强制退出土地、强制变卖、强制销售、加收滞纳金等。

（三）行政强制执行的程序

1. 行政强制措施实施程序　根据《行政强制法》第十八条的规定，行政机关实施行政强制措施应当遵守下列规定：①实施前须向行政机关负责人报告并经批准；②由两名以上行政执法人员实施；③出示执法身份证件；④通知当事人到场；⑤当场告知当事人采取行政强制措施的理由、依据以及当事人依法享有的权利、救济途径；⑥听取当事人的陈述和申辩；⑦制作现场笔录；⑧现场笔录由当事人和行政执法人员签名或者盖章，当事人拒绝的，在笔录中予以注明；⑨当事人不到场的，邀请见证人到场，由见证人和行政执法人员在现场笔录上签名或者盖章；⑩法律、法规规定的其他程序。

2. 行政强制的程序　它是行政机关实施行政强制执行的方式、步骤的总称。其具体步骤是：

（1）作出行政强制执行的决定　行政强制执行的决定一般应以书面形式作出，其内容原则上应当包括行政强制执行的事实依据和法律依据、行政强制执行的时间和地点、不服行政强制执行而申请行政复议或者提起行政诉讼的途径和期限、行政机关首长的签名或者盖章以及作出行政强制决定的日期。

（2）催告　催告是指行政机关再次督促行政相对人自觉履行义务，并告知其拒不履行义务将会产生的不利后果。催告应当以书面形式作出，并载明：①履行义务的期限；②履行义务的方式；③涉及金钱给付的，应当有明确的金额和给付方式；④当事人依法享有的陈述权和申辩权。

（3）当事人陈述和申辩　当事人收到催告书后有权进行陈述和申辩。行政机关应当充分听取当事人的意见，对当事人提出的事实、理由和证据，应当进行记录、复核。当事人提出的事实、理由或者证据成立的，行政机关应当采纳。

（4）强制执行决定　应当以书面形式作出并载明：①当事人的姓名或者名称、地址；②强制执行的理由和依据；③强制执行的方式和时间；④申请行政复议或者提起行政诉讼的途径和期限；⑤行政机关的名称、印章和日期。

在催告期间，对有证据证明有转移或者隐匿财物迹象的，行政机关可以作出立即强制执行决定。

（5）实施强制执行　实施强制执行包括：表明身份，出示执法证件；出示执法根据，如执行决定书、执行委托书、代执行书等，说明有关情况；义务人不在场时，应邀请公民的亲属或该单位的工作人员及有关人员到场作执行见证人，见证人有证明执行情况和在有关记录文件上签字的义务；强制执行结束，执行人员应作出执行记录；有执行费用的，征收费用。

（四）金钱给付义务的执行

行政机关依法作出金钱给付义务的行政决定，当事人逾期不履行的，行政机关可以依法加处罚款或者滞纳金。加处罚款或者滞纳金的标准应当告知当事人。加处罚款或者滞纳金的数额不得超出金钱给付义务的数额。实施加处罚款或者滞纳金超过 30 日，经催告当事人仍不履行的，具有行政强制执行权的行政机关可以强制执行。农业农村行政部门可以就农业行政处罚加处罚款或滞纳金的事项，依照法定要求与程序实施行政强制执行，也可以将查封、扣押的财物依法拍卖抵缴罚款。

（五）代履行的执行

行政机关依法作出要求当事人履行排除妨碍、恢复原状等义务的行政决定，当事人逾期不履行，经催告仍不履行，其后果已经或者将危害交通安全、造成环境污染或者破坏自然资源的，行政机关可以代履行，或者委托没有利害关系的第三人代履行。代履行应当遵守下列规定：①代履行前送达决定书，代履行决定书应当载明当事人的姓名或者名称、地址，代履行的理由和依据、方式和时间、标的、费用预算以及代履行人；②代履行 3 日前，催告当事人履行，当事人履行的，停止代履行；③代履行时，作出决定的行政机关应当派员到场监督；④代履行完毕，行政机关到场监督的工作人员、代履行人和当事人或者见证人应当在执行文书上签名或者盖章。

代履行的费用按照成本合理确定，由当事人承担。但是，法律另有规定的除外。代履行不得采用暴力、胁迫以及其他非法方式。

(六) 申请人民法院强制执行

行政机关申请人民法院强制执行前，应当催告当事人履行义务。催告书送达 10 日后当事人仍未履行义务的，行政机关可以向所在地有管辖权的人民法院申请强制执行；执行对象是不动产的，向不动产所在地有管辖权的人民法院申请强制执行。行政机关应当提供下列材料：①强制执行申请书；②行政决定书及作出决定的事实、理由和依据；③当事人的意见及行政机关催告情况；④申请强制执行标的情况；⑤法律、行政法规规定的其他材料。

人民法院接到行政机关强制执行的申请，应当在 5 日内受理，自受理之日起 7 日内作出执行决定。

五、其他主要行政执法行为

根据农业法律法规规定，农业行政部门还有行政征收、行政给付、行政确认、行政检查、行政奖励等行政权力，这里仅介绍行政权的行使规则。

(一) 行政裁决

1. 行政裁决的概念　行政裁决是指国家行政机关依照法律、法规的授权，对平等主体之间发生的与行政管理活动有关联的民事纠纷进行审查并依法作出相应裁决的具体行政行为。行政裁决是行政机关行使行政职权的活动，属行政行为的性质，不同于国家司法机关或社会团体解决纠纷所作出的司法裁判、民间仲裁等。

2. 行政裁决的内容　行政裁决包括以下几方面的内容：

(1) 行政裁决的主体是法律、法规明确授权的特定行政机关。行政裁决的主体是行政机关，行政机关只有经法律、法规明确授权后，才拥有对某种民事纠纷的行政裁决权。

(2) 行政裁决的对象是与行政管理职权密切相关的特定的民事纠纷。并非所有的民事纠纷都可以作为行政裁决的对象，只有法律、法规明确规定的，与行政管理事项有关联的民事纠纷才能由特定行政机关进行行政裁决，如人民政府对与土地所有权、使用权有关的民事纠纷的裁决等，农业农村主管部门对土地承包纠纷的裁决。

3. 行政裁决的特征　行政裁决是一种特殊的具体行政行为。它包括：行政裁决权由法律授予，而不是依宪法或组织法规定的职权主动进行；行政机关是以中间人的身份对平等主体的民事纠纷进行裁决，而不是以管理者的身份出现；行政裁决依照"准司法"程序进行，而不是依照一般的行政程序。行政裁决的程序体现了公开、公正、高效的行政司法特色。

行政裁决既不同于其他具体行政行为，又不同于司法行为。与两者相比较，行政裁决具有如下几个特征：

（1）行政裁决性质上的准司法性　行政裁决是具体行政行为，但是出于解决纠纷的公正性要求，行政裁决从程序到结果都更多地体现司法的特征。

（2）行政裁决程序上的可调解性　与一般具体行政行为相比较，由于行政裁决的对象是民事纠纷，通常情况，行政机关可以在不违反国家法律、法规，不损害国家、集体和他人的合法权益的前提下，通过调解，根据双方当事人达成的一致协议作出行政裁决。

（3）行政裁决效力上的强制性　行政裁决一旦作出并送达当事人即发生法律效力，非经行政诉讼或其他法定途径，任何组织和个人均无权否定其法律效力，包括作出行政裁决的行政机关、民事纠纷双方当事人以及其他相关组织和人员都应当受该行政裁决的约束。

（4）行政裁决结果上的非终局性　与司法机关解决民事纠纷的法律效力相比较，行政裁决处理民事纠纷仅仅是司法裁判程序的前置程序。当事人对行政裁决不服，有权依法向人民法院提起行政诉讼。

4. 行政裁决的基本分类　我国行政机关享有行政裁决权的范围相当广泛，在国土资源环境保护、治安秩序、食品卫生、药品管理、农业管理、知识产权、城市房屋拆迁等管理领域的法律规范一般都有行政裁决权的规定。目前，我国行政裁决制度归纳起来主要有以下几类。

（1）对损害赔偿纠纷的裁决　这是行政主体对发生于平等主体之间的因涉及行政管理事项赔偿争议所作的行政裁决。对这种纠纷的裁决广泛存在于治安管理食品卫生、药品管理、环境保护、医疗卫生、产品质量、社会福利等许多方面。产生损害赔偿纠纷时，权益受到损害者可以依法要求有关行政机关作出裁决，确认赔偿责任和赔偿金额，使其受到侵害的合法权益得到恢复或赔偿。

（2）对权属纠纷的裁决　这是行政主体对平等主体之间，因特定财产的所有权、使用权的归属发生争议所作出的行政裁决。包括草原、土地、水、滩涂、矿产、森林等自然资源的权属争议，专利、商标的权属争议，其他不动产的权属争议等。发生权属纠纷时，双方当事人可依法向有关行政机关请求确认并作出裁决。对于这方面的纠纷，有关行政机关应当作出裁定，明确权属关系。

（3）对侵权纠纷的裁决　这是指由于作为平等主体一方当事人的合法权益受到另一方当事人的侵害，当事人依法申请行政机关处理，行政机关就此争议作出的裁决。例如，因为侵犯商标权、专利权引起的纠纷就可以申请行政裁决。另外，根据《城市房屋拆迁管理条例》和《城市房屋拆迁行政裁决工作规程》，在城市房屋拆迁中，拆迁当事人对属于协商解决的事项达不成协议时，有权要求行政裁决。根据《进出口货物原产地条例》，关于原产地争议的事项也属于行政裁决的范围。

5. 行政裁决与相关概念的区别

（1）行政裁决与行政调解　行政裁决与行政调解都是行政机关解决民事纠纷的方法或手段。但行政裁决是行政主体依职权或依当事人的申请在其职权范围内所实施的具体行政行为，因而无论争议双方当事人是否同意裁决的结果，都不影响行政主体独立作出裁决行为及其结论，并具有法律上的强制效力；而在行政调解中，行政机关只是作为中间人对争议双方进行劝解说服工作，当事人是否接受劝说和能否达成协议，完全取决于当事人的意志，行政机关不得单方强制性调解，即使调解成功也是靠当事人自觉履行，不具有法律上的强制执行力。

（2）行政裁决与行政决定　行政决定又称行政处理决定，是指行政机关运用最广泛的行政执法手段，对特定对象或事物依法做出的具体的、单方面的并能直接发生行政法律效力的决定。行政决定的目的在于适用法律规范，因而决定必须是具体的。行政裁决与行政决定的联系十分密切，行政裁决作为一种特殊的行政行为，实质上是行政决定的一种特殊形式；但行政裁决的对象是与行政管理相关的民事纠纷，并以纠纷业已存在为前提，而其他行政决定并不以此为条件。

（3）行政裁决与行政仲裁　行政仲裁是由行政仲裁主体按特定的方式对特定的平等主体之间的某些纠纷进行调解和裁决，以解决其纠纷的一种方式，因而它与行政裁决很相似，在某种意义上甚至可以看作是行政裁决的一种（仲裁中的调解除外）。我国现行的行政仲裁制度还保留了劳动争议仲裁和农村土地承包合同仲裁，调解和裁决仍为其仲裁方式，但行政仲裁主体是以中间人的身份参与仲裁，而不是以行政主体的身份行使行政管理职权，当事人对仲裁裁决不服，只能提起民事诉讼而不能提起行政诉讼，这与行政裁决是不同的。

6. 行政裁决的程序　行政裁决程序是指行政主体实施行政裁决行为过程中所遵循的步骤、顺序、方式和时限。我国关于行政裁决的程序性规定大多见于单行的法律法规中，缺少统一的规定。建立必要的制度和程序，体现行政裁决的公开、公正和效率，保证当事人的参与权和知情权，增加行政裁决的透明度，是保证行政裁决合法进行的必要条件。按照现行法律规范的规定并结合行政程序的一般规则，行政裁决应遵循如下程序。

（1）申请与受理　由于行政裁决处理的是当事人之间的特定民事纠纷，当事人认为自己的合法权益受到损害或发生纠纷而无法达成协议的，可以申请特定的行政机关保护自己的民事权益。

（2）调查与审理　行政裁决应当建立听证、回避、代理制度，完善调查、询问、辩论的程序性规定，使行政裁决在事实清楚、证据充分、程序公正的基础上作出。

（3）调解和裁决　行政机关通过审查，认为事实清楚、证据确凿的，应先行调解并及时裁决。现行法律规范对行政裁决的时限并无统一规定，行政裁决机关应当在规定时限内作出。裁决书应以一定方式及时送达当事人，并要求当事人签收。

（4）执行　行政裁决是具有法律约束力的行政文书。行政裁决生效后，当事人既不申请复议或提起诉讼，又不执行的，行政裁决机关应当依法予以强制执行或申请人民法院强制执行。

（二）行政检查

1. 行政检查的概念与特征　行政检查是指行政主体基于行政职权依法对公民，法人或其他组织是否遵守法律、法规及规章等的情况进行了解的行为。农业农村行政管理部门依照《农业法》等法律法规规定，行使行政检察权。行政检查具有如下几个方面的特征：

（1）行政检查的主体只能是一定的行政主体。行政主体是能够以自己的名义行使一定行政权并承担由此引起的法律后果的行政机关或其他组织。

（2）行政检查的对象是行政相对人。行政检查的对象可以是处于被管理者地位的任何公民、法人或其他组织。对于在我国领域内的外国人、无国籍人或外国组织（享有外交或领事特权的组织或人员除外），行政主体也可依其职权范围实行行政检查。

（3）行政检查的内容是相对人的守法情况。行政检查的内容包括相对人遵守法律、法规和规章的情况，也包括相对人对行政决定、命令以及国家计划的执行情况。

（4）行政检查必须依法进行。所谓依法包括行政检查的主体必须是合法的行政主体，行政主体实施检查必须依照法定的职权进行，行政检查必须依照法定程序进行等。

行政检查不同于行政执法监督检查（也称行政执法检查）。所谓行政执法监督检查，是指有关行政主体主要是行政机关对行政主体及其工作人员是否依法行政、是否严格执法所实施的督促和检查。这种监督检查从性质上属于行政监督的一种方式。这种检查的对象是行政执法的主体及其行政执法人员，检查主体是有层级领导或者指导关系的行政机关，一般限于上级政府对下级政府的检查、上级部门对下级部门的检查、政府对所属部门的检查以及法律法规授权的组织中上级组织对下级组织的检查。可见，行政检查与行政执法监督检查，虽然都表现为行政主体实施的检查行为，但它们有着明显的区别。

第一，行政检查是一种外部行为，而行政执法监督检查行为则是种内部行为。行政检查的对象是对处于被管理者地位的公民、法人和其他组织的行为是否守法所进行的了解，这种检查是一种履行行政职能的行为，是行政机关和法律、法规授权的组织对社会事务和公共事务的管理活动。而行政执法监督检查的对象，是具体执法的行政机关及其工作人员，行政执法监督检查是对执法者的检查，是行政系统内的自我约束和监督，主要表现为内部的层级监督。

第二，行政检查可以引起行政诉讼的发生，而行政执法监督检查一般不引起行政诉讼。行政检查是一种具体行政行为，而且是种外部具体行政行为，如果行政主体违法行使检查权而侵害到检查对象的合法权益，当事人可以提起行政诉讼；而对行政执法监督检查行为，检查的对象不服一般不能提起行政诉讼，而只能依法提起复议或申诉。

2. 行政检查的方法　行政检查的方法是指行政主体为了达到行政检查的目的而采取的具体措施和手段。我国行政检查的方法是多种多样的，不同行政部门的行政检查方法又各具特色。实践中，行政检查主要的方法有如下几种。

（1）书面检查　书面检查是指行政检查主体对相对人报送的有关文件、材料或资料进行核实、查验，判断其合法性、合理性和真实性。

（2）调查　调查是行政主体采用调查的手段查明相对人守法的情况，以及执行行政决定和国家政策的情况，调查对象可以不限于行政检查的对象。调查可分为一般调查、专案调查、联合调查、并案调查、现场调查、全面调查等，其中专案调查、现场调查、联合调查经常被采用。调查一般是在事后，为了使行政处理决定建立在合法真实的基础上，由行政主体采取的手段。作为行政检查的一种方法，调查是一种比较正式的手段。调查应客观公正，避免先入为主，一般要写出客观全面的调查报告。调查可以公开进行，也可以不公开进行。

（3）现场检查　现场检查作为行政检查的方法之一，是发现问题、消除隐患、总结经验、表彰先进的一种十分有效的行政检查手段。现场检查的形式多种多样，大致可分为专题检查、综合检查、抽样检查、全面检查、临时检查、定期检查、人身检查等。检查过程中又可以使用查验、检验、鉴定、勘验等手段，以便充分收集证据。行政主体实施行政检查，可以要求相对人对有关事项提供必要的证明、资料。

（4）听取汇报　听取汇报是指行政主体通过相对人自己的说明来了解相对人守法的情况。这种检查手段常常和其他手段合并使用，才能收到较好的效果。

（5）统计　统计是行政主体通过了解某些数据来对相对人的守法情况进行检查。统计方法的应用十分广泛，如人口统计、农林统计、物价统计、金融和保险统计等。

行政检查的方法多种多样，在实践中行政主体可能并用几种方法，也可能创造出新的方法。我国目前对行政检查的方法还没有作出统一的规定，这是因为行政的方法各具特点，统一起来困难较大。但是，将行之有效的相对成熟、固定的方法法定化，却是十分必要的，这样既方便了行政主体的检查，也便于对行政检查的合法性进行监督。

3. 行政检查的程序　行政检查的程序是指行政检查的步骤、方式。行政检查必须遵守一定的程序，才能达到既定的行政目的，保护好行政相对人的合法权益。我国没有统一的行政程序法，关于行政检查的程序散见于单行的法律、法规中。根据现有的法律、法规，行政检查程序一般包括下列内容。

（1）表明身份　行政检查人员实施行政检查，不得少于 2 人，行政检查人员在实施行政检查时，应当出示执法身份证件。

（2）说明理由　按照民主与法治的要求，行政机关应当向相对人说明其检查权限、行政检查的原因和依据。

（3）实施检查　实施行政检查时，对违法嫌疑物品予以扣留和封存的，应严格按照有关法律、法规规定执行。行政检查实施主体实施扣留、封存等强制措施，应填写有关事项审批表，报请县级以上行政主管部门负责人批准，并以县级以上行政主管部门的名义实施。特殊情况可电话汇报取得同意后实施，并在 24 小时内补办报批手续。暂扣物品的应开具扣押清单，封存物品的应出具封存财物通知书并加贴封条。对查处的物品，需要抽样取证的，应当有当事人在场，并填写抽样取证记录，由办案人员和当事人签名或盖章并送有权鉴定部门鉴定。行政检查实施主体对扣留财物应当妥善保管，严禁动用、调换或损毁，对容易腐烂变质的物品，应填写先行处理物品通知书，报请县级以上行政主管部门负责人批准，并告知当事人作先行处理。

（4）提取证据　行政检查人员实施行政检查，应当注意收集书证、物证、证人证言、视听资料、当事人陈述和辩解、勘验笔录和现场笔录等证据。提取证据必须遵守合法程序且必须通过合法手段。所提取的证据必须和检查的目的相关。

（5）告知　行政检查结束，行政检查主体应及时作出行政检查结论，并向行政相对人说明作出该结论的理由。在实施行政检查时或检查后，检查主体或人员应告知相对人的权利。这些权利主要包括陈述权、申辩权、申请复议权、行政起诉权以及赔偿请求权。

（三）行政确认

1. 行政确认的概念与特征　　行政确认是指行政主体依法对行政相对人的法律地位、法律关系或有关法律事实进行甄别，给予确定、认定、证明（或否定）并予以宣告的具体行政行为。行政确认的概念包括三层含义：第一，行政确认的主体是特定的国家行政机关和法律、法规授权的组织；第二，行政确认的内容是确认或否定行政相对人的法律地位和权利与义务；第三，行政确认的性质是行政主体所作的具体行政行为，其确认权属于国家行政权的组成部分。经初步清理，目前农业行政确认共有 27 项，包括常规水稻品种登记、绿色、有机食品和农产品地理标志认证等。

行政确认行为具有以下法律特征：

（1）行政确认通常是依申请的行政行为。只有由行政相对人提出申请，行政主体才能对申请事项进行确认。

（2）行政确认行为是一种外部的具体行政行为。它由申请、受理、审查、确认等一系列程序性要素组合而成，并由此构成一个完整的行政确认行为。

（3）行政确认是一种要式行政行为。行政主体作出确认行为时必须以书面形式为之，并按照一定的技术规范要求作出。

（4）行政确认是具有法律效力的行为。这种法律效力具体体现为确定力、证明力、不可撤销力。

（5）行政确认是羁束的行政行为。行政主体在确认时，只能严格地按照法律规定和技术规范进行操作，并尊重客观存在的事实，做到以事实为根据，以法律为准绳。

行政确认与行政许可都有认定的作用，是两种比较接近的具体行政行为。它们既有联系又有区别。两者的联系表现在：确认与许可常常是同一行政行为的两个步骤，确认在前，许可在后，确认是许可的前提，许可是确认的后果；有时，确认与许可是一个行为的两个方面，如发放建筑企业营业执照，既是对该企业具有相应等级建筑资质的确认，又是对申请人可以从事建筑经营活动的许可。两者的区别在于：许可的前提是一般禁止，确认不以一般禁止为前提却意味着肯定。应许可的事项非经许可而为构成违法，应确认的事项，非经确认该行为可能导致无效，不一定违法；许可是使相对方获得从事某种行为的权利能力，行政确认是对相对方法律地位、权利义务关系和法律事实的确定与认可；许可是允许被许可人今后可以从事某种行为，具有后及性；行政确认是对既有身份、能力、权利、事实的确定和认可，具有前溯性。区别行政确认和行政许可的标准是：如果相对人的权利产生于行政机关作决定之前，则是行政确认；如果相对人的权利产生于行政机关作决定之时，就是行政许可；在行政诉讼中，行政确认行为通常不因申请行为无效而导致无效或被撤销，行政许可则会因为申请行为无效而导致无效或被撤销。

2. 行政确认的内容与形式

（1）行政确认的内容　行政确认的内容十分广泛。按照行政确认的对象不同，可以分为对身份、能力（或资格）、事实、法律关系和权利归属的行政确认。

对身份的行政确认，是指行政主体对相对人在法律关系中的主体资格、身份、法律地位的确认，如对居民身份证、结婚证真伪等的确认。

对能力或资格的行政确认，是指行政主体对相对人是否具有从事某种行为的能力或者资格的证明，如技能鉴定即是对个人是否具有从事某种行为的能力的确认。

对事实的行政确认，是指行政主体对某项事实的性质、状态真伪、等级、数量、质量、规格等的确认。对事实的确认，是行政确认中数量较大的部分，涉及的范围也较广，内容较复杂，如出租车出城登记就是对出租车驾驶出城这一法律事实的确认。

对法律关系的行政确认，是指行政主体对某种权利义务关系是否存在或者是否合法有效的确认。行政确认行为所引起的法律关系和行政确认行为所要确认的法律关系，是两个不同的概念。前者是行政主体在行政确认行为中引起的，并由行政法律规范予以规定的，实施确认行为的行政主体与相对人之间的权利义务关系。后者则是行政确认行为所要确认的对象。作为确认对象的法律关系，可以是行政法律关系，也可以是民事法律关系或其他法律关系，如婚姻登记就是对合法有效的婚姻关系的确认。

对权利归属的行政确认，是指行政主体对相对人享有某项民事权利的确认，如对土地所有权、使用权的确认，对房屋所有权的确认。

（2）行政确认的主要形式　根据我国现有法律、法规规定和行政确认活动的实际情况，行政确认的形式主要有以下几种。

①确定，即对个人、组织法律地位与权利义务的确定。

②认可，又称认证。是行政主体对个人、组织已有法律地位和权利义务，以及确认事项是否符合法律要求的承认和肯定。

③证明，即行政主体向其他人明确肯定被证明对象的法律地位、权利义务或某种情况。

④登记，即行政主体应申请人申请，在政府有关登记簿册中记载申请人的某种情况或事实，并依法予以正式确认的行为。

⑤鉴证，即对某种法律关系的合法性予以审查后确认或证明其效力的行为。如工商管理机关对经济合同的鉴证。

⑥鉴定，即行政主体对特定的法律事实或客体的性质、状态、质量等进行的客观评价。

3. 行政确认的作用　行政确认对于社会主义法制建设和保障相对人权利义务的实现起到了重要的作用，具体表现在如下几个方面。

（1）行政确认可以为行政管理和法院审判活动提供准确、客观的处理依据。对合法行为的肯定、行政相对人法律地位的明确、行为性质的承认、法律关系的维护，为处理和解决当事人之间的争议和纠纷，提供了准确、可靠的客观依据。

（2）行政确认有利于行政机关进行科学管理，有利于保护行政相对人的合法权益。

（3）行政确认有利于预防各种纠纷的发生。通过行政确认，可以明确当事人的法律地位、法律关系和法律事实，不致因含糊不清或处于不稳定状态而发生争议，有利于预防纠纷的发生。

4. 行政确认的原则

（1）依法确认的原则　行政确认的目的在于维护公共利益，保护公民、法人和其他组织的合法权益。因此，行政确认必须严格按照法律、法规和规章的规定进行，遵循法定程序，确保法律所保护的公益和行政相对人的权益得以实现。

（2）客观、公正的原则　行政确认，是对法律事实和法律关系的证明或明确，因而必须始终贯彻客观、公正的原则，不允许有任何偏私。

（3）保守秘密的原则　行政确认往往较多地涉及商业秘密和个人隐私，尽管其确认程序要求公开、公正，但同时必须坚持贯彻保守秘密的原则，并且，行政确认的结果不得随意用于行政管理行为以外的信息提供。

（四）行政奖励

1. 行政奖励的概念与特征　行政奖励是指行政主体依照法定条件和程序，对为国家和社会作出重大贡献的单位或个人，给予物质或精神奖励的具体行政行为。其目的是表彰先进，激励后进，充分调动和激发人们的积极性与创造性。行政奖励具有以下特征。

（1）行政奖励的实施主体是国家行政机关或法律、法规授权的组织。

（2）行政奖励的目的在于表彰和鼓励先进，鞭策后进，调动和激发人们的积极性和创造性。

（3）行政奖励的对象是对国家、人民和社会做出突出贡献或模范遵纪守法的单位或个人。

（4）行政奖励的内容是给予奖励对象以物质奖励或精神奖励。

（5）行政奖励的性质是行政主体依照法律、法规的规定，赋予奖励对象以奖励性权利的具体行政行为。

2. 行政奖励的原则　根据我国现行有关行政奖励的法律、法规规定，行政奖励一般应遵循下述几项基本原则。

（1）精神奖励与物质奖励相结合的原则　行政奖励不外乎精神奖励和物质奖励两类，它们在行政奖励中具有不同的作用，是行政奖励不可缺少的两种形式。物质奖励使受奖人获得某种物质利益，精神奖励则满足人们的精神需求。理论和实践表明，人的需求是多方面、多层次的，人不仅有物质需求，还有精神需求。当物质利益满足后，人们往往要追求高层次的精神需求。对于某些受奖人来说，精神奖励的作用甚至大于物质奖励。物质奖励与精神奖励各有千秋，只有将两者有机地结合起来，才能发挥行政奖励的整体效应。

（2）公正、平等原则　行政奖励应公正、平等，在法定的奖励条件下人人都有同等的受奖机会和权利，授奖主体不得以其好恶偏袒某些个人或集体。其具体要求是：机会均等，奖励的内容和形式要与被奖励的行为相一致，即论功行赏。否则，亦应构成违法奖励。

（3）依法奖励的原则　行政奖励是法定的奖励行为，行政奖励的主体应符合法定的奖励权限。行政奖励必须依照法定的条件、标准和程序进行。对依法应当给予奖励的，行政机关应当及时给予奖励。

3. 行政奖励的内容与形式　行政奖励的内容一般包括物质方面的权益和精神方面的权益。行政奖励的形式多种多样，不同的法律、法规往往针对不同的对象规定了不同的奖励形式。概括而言，行政奖励一般有下列几种形式。

（1）通报表扬　对受奖者在一定范围内以一定形式予以公开赞扬的奖励形式，它是精神方面的鼓励。

（2）记功　记功按不同的法律、法规规定有不同的等级。一般来说，对事业单位的工作人员分为记功和记大功两个等级，对团体单位的人员及公民个人，通常分为四个等级，即特等功、一等功、二等功、三等功。

（3）发给奖金或奖品　这是物质方面的奖励。

（4）晋级　指提高受奖者的工资级别，一般晋升一至二级工资。

（5）通令嘉奖　指在较大范围内的公开表彰。

（6）授予荣誉称号　如授予先进工作者、劳动模范、战斗英雄等称号。授予荣誉称号一般都有不同等级，从县级直至国家级。

以上各种形式既可单独适用，也可同时并用，并可发给证书或奖章，以资证明。

4. 行政奖励的程序　目前，我国尚无统一的有关行政奖励的立法，有关行政奖励的程序也极不统一。从现行法律、法规的规定看，大体有三种情况：第一种是法律、法规规定了具体奖励程序，如《举报煤矿重大安全生产隐患和违法行为的奖励办法》；第二种是法律、法规将授奖程序授权给奖励机关拟定和自由裁量，如《中华人民共和国消防条例》；第三种是只规定奖励条件与权限，未对奖励程序作任何规定，如《文物保护法》等。各种行政奖励程序都有其特殊性，但归纳起来各种行政奖励程序都要经过下述几个共同阶段。

（1）行政奖励的提出　一般有三种方式：自行申请和申报，群众讨论评选，有关单位或个人推荐。

（2）审批　由有权机关对奖励进行审查批准。

（3）公布　行政奖励审查批准后，一般应由一定机关以一定方式予以公布。公布程序是行政奖励生效的必经程序。如科技进步奖，必须在公布期届满无异议时才可生效。

（4）授奖　采取一定的仪式，发给奖品或以资证明的证、章。对于个人的奖励，一般应书面通知受奖者，并将奖励材料存入个人人事档案。

第四节　农业行政执法监督[①]

一、农业行政执法监督概述

（一）行政执法监督的概念

1. 行政执法监督的概念　行政执法监督，是指国家机关、政协、新闻舆论、人民群众等各类监督主体依法对行政机关及其工作人员的行政执法行为是否合法、合理而实施的监督、检查和纠错等行为。

2. 行政执法监督的特点　我国的行政执法监督具有以下几个特点。

（1）监督的主体具有广泛性　行政执法监督的监督主体除了国家机关，即国家权力机关、司法机关和行政机关，还有政协、各党派、新闻舆论以及人民群众等。

---

①　本节参考《行政执法实用教程》（贺安杰主编，原湖南省人民政府法制办公室印）部分内容和资料。

（2）监督的对象具有特定性　行政执法监督的对象只限于农业农村行政机关、法律法规授权组织、受委托组织及其工作人员，不包括其他组织和个人，对其他组织和个人是否依法正当行使权利和履行义务的监督是行政执法的范围。

（3）监督的范围具有特定性　行政执法监督的范围是所有行政机关、法律法规授权组织及其受委托组织的行政执法行为。

（4）监督的方式具有多样性　由于监督主体的职能权限的差异，监督的方式不尽相同。从行为表现看，有监察、检查、督办等行为，但它们实质上都是监控、监督行为。

3. 行政执法监督的种类　我国的行政执法监督的种类较多，但常见的分类有以下两种。

（1）国家机关监督和非国家机关监督　这是依据监督主体的标准所作的分类。国家机关监督是有权机关的监督，其法律效力来自国家强制力。国家机关监督又可分为权力机关的监督、司法机关的监督和行政机关的监督。而非国家机关监督则是国家机关以外的整个社会对行政机关及其工作人员的执法行为的监督。二者的主要区别是：第一，国家机关监督既是职权，也是职责；而非国家机关监督是法律规定的权利，而不是职责。第二，国家机关监督具有拘束力和强制力；而非国家机关监督则不具有拘束力和强制力。第三，国家机关依法对行政机关实施的监督直接产生法律效力；而非国家机关监督只有通过向有权机关反映情况，并为有关国家机关采纳后才能产生相应的法律效果。

（2）外部监督和内部监督　这是根据监督主体与监督对象的关系为标准所进行的分类。外部监督是指行政机关以外的监督主体依法对行政机关及其工作人员的行政执法行为进行的监督。内部监督是指行政机关作为监督主体在行政机关内部所实施的监督。本书就采用该分类方法以专章形式对各种监督一一介绍。

（二）行政执法监督的意义

1. 行政执法监督是社会主义民主和法制建设的重要内容　我国是人民民主专政的社会主义国家。人民是国家的主人，一切权力属于人民，国家行政权力也是人民赋予的，因此人民有权对行政执法行为实施有效的监督，保证行政执法权在宪法和法律范围之内行使，执行人民的意志，维护人民的利益。因此，行政执法监督是社会主义民主和法制建设的一项重要内容。

2. 行政执法监督是促进依法行政、建设法治政府的重要保障　行政执法是行政机关实施行政管理的主要表现形式。对行政执法予以监督对促进法治政府建设的重要意义主要体现在：一是对行政机关及其工作人员行使行政权力的制约、督导，可防止权力的腐败、保持廉洁。行政执法监督，还包括对行政机关及其工作人员在执法过程中的腐败暗箱行为的监督。为了防止当前腐败现象的蔓延，加强行政执法监督显得更加迫切。二是它可有效地使国家行政机关及其工作人员克服官僚主义、提高工作效率。官僚主义不讲速度，不讲效率，它是进行法治政府建设的严重障碍。要有效地进行法治政府建设，必须不断克服和消除官僚主义。

3. 行政执法监督对保护国家、集体利益和公民的合法权益具有重要的保障作用　各级行政机关能不能正确履行职责行使权力，直接关系着国家、集体和公民的利益。为了保障国家、集体利益和公民的合法权益，促进行政机关及其工作人员正确履行职责和行使权力，必须对他们依法实施监督，对他们的违法失职行为依法制裁，对其失误予以纠正；对集体、公民的合法权益所受的损失或损害，给予相应的赔偿和补救，充分发挥行政执法监督对国家、集体利益和公民合法权益的保护作用。

（三）行政执法监督的原则

行政执法监督的原则客观地存在于行政执法监督之中，并在实践中发挥着应有的作用。行政执法监督的原则有基本原则和特殊原则之分。

1. 行政执法监督的基本原则　行政执法监督的基本原则，通常是指贯穿于全部行政执法监督过程之中，调整并决定具有监督权的行政执法监督主体与监督对象之间关系的指导方针和基本准则。我国行政执法监督应遵循的基本原则包括：审查行政执法行为合法性与合理性相结合原则、从根本上保护公民合法权益原则、适应公共利益需要原则。所谓审查行政执法行为的合法性与合理性相结合原则是指监督主体既要监督行政执法机关及其工作人员做到依法行政，执法必严，违法必究，确保行政管理的法律秩序；又要监督行政执法机关及其工作人员依法办事的合理效果，以使在不违法的前提下，兼顾行政执法行为的公正性。由此可见，审查行政执法行为时，应将合法性放在首位，兼顾合理性。所谓从根本上保护公民合法权益原则是指监督主体对行政机关及其工作人员的监督要达到防止和纠正行政机关及其工作人员违法或者不当的行政执法行为，直接保护行政管理相对人的合法权益。所谓适应公共利益原则是指公共利益是行政机关权力来源，在监督行政执法过程中应集中体现公共利益。这里要注意当公共利益和公民权益发生冲突时，监督主体一方面要监督行政执法机关实现宪法意义上的保护公民合法权益，即从根本上保护公民的合法权益；另一方面，要顾及公共利益的需要。

2. 行政执法监督的特殊原则　行政执法监督除了要遵守基本原则之外，还必须遵循特殊原则。行政执法监督的特殊原则主要有：经常性和普遍性原则，公正性和公开性原则，具体性和明确性原则，及时性和有效性原则。所谓经常性和普遍性原则是指具有监督权的不同监督主体，无论是各类国家机关，还是新闻舆论，都要对行政执法行为的整个过程按照法定权限进行经常性和全方位的监督。所谓公正性和公开性原则是指监督主体应依法办事，对行政执法行为者与行政管理相对人一视同仁，不偏不倚；若发现问题要及时向社会公开，增强行政机关执法活动的透明度。所谓具体性和明确性原则是指监督主体要采取适当的监督方式，针对特定的监督对象明确自己的监督范围，确保监督的效果和秩序。所谓及时性和有效性原则是指监督主体要及时依法履行其监督职责和行使其监督权利，确保行政法律关系的迅速稳定，提高行政机关的工作效率。

以上行政执法监督的四项特殊原则，应当与其基本原则相结合，并贯穿于整个行政执法监督的体系及其全部监督过程之中。

二、农业行政执法外部监督

（一）权力机关的监督

权力机关的监督是具有法律效力的最高层次的监督，是行政执法监督的外部监督中的一个重要部分。

1. 权力机关监督的概念　权力机关监督，是指权力机关对各级行政机关及其工作人员的执法活动所进行的监督。我国《宪法》规定，各级国家行政机关由同级国家权力机关产生，是权力机关的执行机关，对它负责，受它监督。权力机关对行政机关的监督是由其性质和法律地位决定的，反映了我国的根本政治制度。权力机关对行政机关实施监督，可以保证政府依法行政，保证政府政治方向和目标与人民的利益相一致。

2. 权力机关监督的主体　根据我国《宪法》和地方组织法规定，我国权力机关监督的主体主要有各级人民代表大会及其常务委员会（简称人大常委会）、人大专门委员会、人民代表。

（1）各级人民代表大会　各级人民代表大会是我国《宪法》始终确认的监督主体。依据《宪法》及相关法律的规定，各级人民代表大会在本行政区域内，是法定的监督主体。各级行政机关及其工作人员的行政执法行为都应受到同级权力机关的监督。

（2）各级人大常委会　各级人大常委会是各级人大的常设机关，在监督方面发挥权力机关常设机关的职能。在我国，县级以上地方各级权力机关都设立了常委会，其对本行政区域内行政执法活动行使日常监督权，对行政执法行为实施直接、日常、具体的监督。

（3）人大专门委员会　人大专门委员会是人大的常设性工作机构，它是根据人大的工作需要设立的。在实际工作中，专门委员会是人大及其常委会与人民代表在行使监督权中的中间环节，并依照职权做了大量的准备工作，并具体实施着人大的监督职能。

（4）人大代表　人民代表大会是由人民代表组成的，人民代表集体行使国家权力。因此，人民代表也是我国实施监督的主体。对行政机关的乱作为、不作为，人民可以通过选举其代表来向权力机关表达。人民代表在对行政执法监督中发挥着重要的监督作用，是一类不可缺少的监督主体。

3. 权力机关监督的基本内容和方式

（1）权力机关监督的基本内容　权力机关对行政执法行为监督的内容主要包括法律监督、工作监督两类。而法律监督是指权力机关对行政机关是否依法行政进行的监督，主要监督行政执法行为的合法性与合理性问题。一般说来，权力机关对行政机关的监督更着重对行政机关的抽象行政行为的监督，但具体行政行为的监督也是权力机关监督的必要对象，而且实践中，权力机关对具体行政行为的监督日益增多，并取得明显成效。工作监督是权力机关对政府执法工作进行评价、审查行政机关及其工作人员是否遵守和执行法律、法规，是否严格履行各项政府职能，从而对政府工作是否符合人民利益，是否富有成效进行督促和批评，促使行政机关及其工作人员改进执法工作中的不足。

（2）权力机关监督的方式　根据《宪法》及相关法律的规定，权力机关对行政执法的监督主要有以下几种方式：听取和审议政府工作报告，提出质询和询问，调查、视察、检查政府工作，受理公民申诉和意见，对政府组成人员的述职评议。权力机关监督的形式不止这些，已有监督形式大都处于程序有限的阶段，需要在实践中进一步完善和健全。

4. 权力机关监督的地位和作用

（1）权力机关的监督是具有最高法律效力的监督　我国是人民民主专政的社会主义国家，人民代表大会制度是我国的根本政治制度，将人民代表大会置于国家机关体系中的最高和核心位置，它比司法监督和行政机关的自我监督都要高一个层次。

（2）权力机关的监督是我国社会主义法制建设系统工程协调发展的重要环节　在我国，立法机关主要是权力机关，执法机关主要是行政机关。法律能否得到遵守和正确地贯彻执行，必须有权力机关的认真监督。而且，权力机关的监督可防止行政执法腐败现象，它对促进行政机关及其工作人员规范执法具有重要的作用。此外，人民群众对危害人民利益的行政执法行为可通过权力机关来提出处理要求。因此，如果没有权力机关的监督，监督链条就会中断，会导致权力的滥用，影响立法的效应，影响群众对法律的信任，损害法律的尊严，从而进一步阻碍社会主义法制建设。

（二）政协、民主党派的监督

1. 政协的民主监督　中国人民政治协商会议（简称政协）是我国政治体制中具有重要地位和影响的政治性组织，它在国家的政治经济生活、社会文化生活以及社会主义现代化建设等事业中，发挥着政治协商、民主监督的基本职能。根据 1982 年 12 月通过的《中国人民政治协商会议章程》以及 2004 年的修正案的规定，人民政协对国家的大政方针以及群众生活中的重大问题进行政治协商，并通过批评和建议发挥民主监督以及参政议政的作用。具体到行政执法监督上，政协可以派政协委员到基层视察，针对行政机关的行政执法行为是否合法合理，提出批评建议；通过调查研究，对执法过程中所发现的问题，列席各级人大及其常委会会议，向政府提出批评建议。人民政协民主监督的特点是，它没有法律约束力和强制力，却比一般群众监督、社会监督的视野广、影响大，是一种有组织的反映统一战线各方面意见的民主监督。真正发挥政协的民主监督作用，在很大程度上能够提高国家决策的民主化和科学化水平，有助于加强对行政执法人员的监督，克服以权谋私和官僚主义，提高工作效率，防止和消除腐败现象，促进廉政建设，适应我国现代社会所提出的客观要求，形成对权力的制约。因此要发展和完善政治协商、民主监督制度。

2. 民主党派的监督　在我国，民主党派是参政党，它往往通过人民政协这一组织形式实现，但有时也单独发挥参政和监督作用。我国党和政府一贯重视民主党派的参政议政和民主监督的作用。民主党派对行政执法监督的形式主要表现为：对社会影响较大的执法违法案件向国家权力机关或部门反映，商讨问题的解决。民主党派的监督，是广大人民群众包括各民主党派、无党派人士的监督，这样不仅有利于加强和改善中国共产党的领导，而且有利于广开言路，充分发挥社会主义民主，实现决策的民主化和科学化。因此，要鼓励和支持民主党派对政府的行政执法活动提出批评、意见和建议。近几年来，为了切实发挥民主党派的监督作用，我们党和政府采取了一系列重要措施，如吸取民主党派人士参加政府监察、审计和工商等部门组织的重大案件调查和财政税收检查，这样对于促进民主党派监督作用的发挥和监督机制的完善，已经产生了很好的效果。

（三）司法机关的监督

1. 司法机关监督的内涵　司法机关的监督权是司法权的延伸和发展。依照《宪法》和法律的规定，行使司法权的检察机关和审判机关对所有国家机关及其工作人员滥用权力行为予以监督。

　　司法机关对行政执法的监督是指检察机关和审判机关依照法定职权、程序，对行政机关及其工作人员的行政执法行为是否违法而实施的监督，其含义有如下层面：

　　（1）监督主体是检察机关和审判机关。根据《宪法》《人民检察院组织法》和《人民法院组织法》等法律的规定，人民检察院和人民法院都是法定的行政执法监督的主体。

　　（2）司法机关必须严格按照法定职权和法律程序实施监督。我国《宪法》《人民检察院组织法》《人民法院组织法》等法律都对检察机关和审判机关的职权和工作程序都进行了规定。

　　（3）司法机关的监督对象是行政机关及其工作人员的行政执法行为。它不对抽象行政行为进行监督，而是针对特定的执法行为实施监督。

　　（4）司法机关的监督主要解决违法问题。例如，检察机关对公安机关的侦查是否合法进行监督，对监狱、看守所等机关的活动是否合法实行监督等。

　　（5）司法机关的监督直接产生法律后果。

　　2. 检察机关的检察监督　依照《宪法》的规定，检察机关是国家的法律监督机关。检察机关的检察监督，是指各级检察机关依法行使检察权，对行政机关及其工作人员的行政活动是否合法实施监督。现在我国检察机关的监督，在实践中侧重对行政机关及其工作人员遵守法纪实施的监督，而且，一般只限于对其违反《刑法》、构成犯罪，需要追究刑事责任的人进行侦查和提起公诉。检察机关对行政执法行为的主要监督方式，是通过法纪监督，对影响法律统一实施的重大犯罪，对公民控告严重侵犯公民合法权益的、渎职的案件行使检察权；通过经济检察，对贪污、受贿等严重经济犯罪进行查处，消除腐败现象，促进廉政建设；通过对公安、监狱、看守所等机关的活动是否合法来实施监督。近年来，检察机关逐步建立和发展了一种《司法建议通知书》或《司法建议书》制度，加强了检察机关的监督作用。

　　3. 审判机关的审判监督　审判机关的审判监督，是指审判机关通过审判与行政机关及其工作人员有关的案件，对他们的行政行为是否合法实施监督。审判机关以判决、裁定等方式实施监督，通过审理行政案件，审查行政活动是否合法，追究行政人员违法、失职、侵权行为的行政责任，纠正和处理行政机关及其工作人员的违法和侵权行为，依法判决并赔偿所造成的损失。这就是所谓的行政诉讼，是法院监督行政机关的典型形式。人民法院对行政机关的行政执法行为进行司法审查，是随着我国民主与法制建设的进程逐步建立起来的。1982年《宪法》对在我国建立行政诉讼制度做了纲领性的规定。此后1989年4月4日第七届全国人民代表大会第二次会议通过了《中华人民共和国行政诉讼法》，标志着我国行政诉讼制度的完善，同时也开拓出对行政机关的行政执法行为进行司法监督的崭新局面。关于行政诉讼的具体制度后面有专门介绍,在此不赘述。

(四) 社会监督

在我国行政执法监督体系中,社会监督是一个重要的"子系统",是外部监督的一种主要形式,是我国社会主义民主的重要表现形式之一。实践表明,加强和完善我的社会监督,对于保障《宪法》和法律的贯彻实施,维护公民的合法权益,促进政府依法行政,加强廉政建设,防止违法或不当行政行为的发生,强化公民的民主意识等,都具有十分重要的意义。

1. 社会监督的含义 所谓社会监督是指我国各种社会政治组织、群众性社会团体、群众性基层组织和个人等,都享有充分的民主权利,直接参加国家管理,并通过法定权利来对行政机关及其工作人员实施有效监督。公民和组织对行政机关及其工作人员的监督权,得到《宪法》的确认。《宪法》第四十一条规定:"中华人民共和国公民对于任何国家机关和国家工作人员,都有提出批评和建议的权利;对于任何国家机关和国家工作人员的违法失职行为,有向有关国家机关提出申诉、控告或者检举的权利,但是不得捏造或者歪曲事实进行诬告陷害。"

社会监督作为我国行政执法监督体系中的一种十分重要的、具有我国特色的监督形式,它有着自己的明显特征。

第一,这种监督是以《宪法》的原则为根据的。这是由我国的国家性质决定,社会主义民主要求公民和组织广泛地参与监督。第二,这种监督属于非法律权能的监督。社会监督的实施不是以国家名义或由国家专门授权,而是以社会和社会组织的名义、依据实施监督主体的主动性或社会组织的章程而实施的。因此,它一般不具有国家强制力,不直接产生相应的法律后果。只有当其意见被有关国家机关采纳后,并以国家机关的名义对行政机关及其工作人员依法实施监督时,才能具有法律上的强制力。第三,这种监督不采用国法政纪措施,而是向有关机关及其工作人员提出意见、批评和建议,进行申诉、控告和检举来实施监督,它不能对有过错的行政机关及其工作人员施加法律后果。第四,这种监督是一种外部监督,实施社会监督的主体不属于国家机关。因此,这种监督不仅是一种不具有国家强制力的外部监督,而且是一种横向与自上而下相结合、被领导者对领导者、主人对公仆的监督。

2. 社会监督的形式 我国社会监督的实施渠道和方式多种多样,主要有社会对话新闻舆论、参加基层组织和来信来访几种方式。社会监督的基本方式是批评、建议、检举、控告、申诉。主要通过社会团体以组织的形式如工会、妇联、共青团对国家行政机关及其工作人员遵纪守法情况提出建议、批评和监督。通过社会舆论机构利用报纸、杂志广播、电视等各种舆论工具进行监督，这种形式传播快，覆盖面广，影响大。对于揭露腐败现象，促进国家机关工作人员遵纪守法、廉洁高效，推进廉政建设具有特别重要的作用。实践证明，新闻舆论的监督正日益发挥着重要的作用，其解决争议与司法途径相比成本较低，见效也较快等。信访监督是人民群众通过向国家行政机关或各级领导者写信和面谈情况，表示愿望，提出要求和意见，对某些国家行政机关和某些工作人员提出批评、检举、控告和申诉等方式实施监督。这是人民群众监督政府及其工作人员的一种民主权利，也是政府联系群众的有效方法和了解情况的重要渠道。

三、农业行政执法内部监督

（一）层级监督

1. 层级监督的概念及特征

（1）概念　农业行政执法层级监督，是指上级农业农村行政机关基于隶属关系对下级农业农村行政机关的行政执法行为的监督或者各级政府对其所属农业农村部门的行政执法行为监督。

（2）特征　首先，层级监督是一种内部监督。它不同于行政机关的外部监督，是行政机关内部的自身监督，而不是其他国家机关或人民群众实施的社会监督和民主监督。其次，层级监督是一种法律监督。抽象行政行为虽然间接对公民、法人或其他组织产生效果，但也是发生法律效力的行政行为，具体行政行为是直接产生法律效力的行为。上级行政机关对不适当的抽象行为和违法、不当的具体行政行为按法定程序加以矫正时，就会产生一定的行政意义上的法律效果。由此可见，层级监督是一种法律监督方式。

（3）地位和作用　层级监督是行政系统一种重要的监督机制，是保证行政系统依法行政、依法办事的必不可少的手段。它在行政执法监督中占有重要的地位，是推进依法行政和建设法治政府进程中不可缺少的动力。层级监督在实践中发挥着重要作用。首先，层级监督可以给行政机关一个自我纠错的机会，从而提高行政机关在社会公众面前的权威，从而进一步提高行政机关行使职权的有效性。其次，层级监督是解决和预防行政机关行政不作为、行政乱作为和违法行政的最直接和最有效手段。因此，各级政府要实现"建设法治政府"这一目标，必须强化行政机关内部层级监督，在全面推进依法行政的过程中克服自身的不足，使行政机关作出的行政执法行为始终得到有效的监督。

（4）层级监督与政府法制监督的关系　所谓政府法制监督是指县级以上人民政府对其所属工作部门以及对下级政府的制定规范性文件和依法行政情况，

以及上级政府工作部门对下级政府相应工作部门依法行政情况所实施的监督。由此可见,层级监督与政府法制监督的实质内容都是相同的,只是表述的角度不同,层级监督是从行政隶属的角度阐明行政机关之间的监督性质,而政府法制监督则是从法制监督环节的角度论述行政机关之间的监督性质。这两个概念历来被混用,2004 年国务院制定的《全面推进依法行政实施纲要》明确统称为行政层级监督。据此,我们就二者统一称为层级监督。

2. 层级监督的主要制度 层级监督是一个多层次、多侧面的监督网络。理论上,按照不同的划分标准,层级监督可作不同的分类。从监督的层级上看,可分为中央政府的监督和地方政府的监督;从监督的主体上看,有政府监督、部门监督和行政负责人的监督之分;从监督的内容上看,可分为对抽象行政行为的监督和对具体行政行为的监督;从监督的启动上看,可分为主动监督和被动监督;从监督介入整个执法过程的时间上看,有事前监督、事后监督、事中监督之分。但实践中,层级监督主要体现为以下几种制度。

(1) 规章、规范性文件备案审查制度 规章、规范性文件备案审查制度是《宪法》和地方组织法规定的审查抽象行政行为是否合法的一种重要形式。《宪法》第八十九条规定,国务院有权改变或者撤销地方国家行政机关不适当的决定和命令。宪法第一百零八条规定,县级以上的地方各级人民政府领导所属各工作部门和下级人民政府的工作,有权改变或者撤销所属工作部门和下级人民政府不适当的决定。这是对抽象行政行为的原则规定,具体依据就是 2001 年国务院发布的《法规规章备案条例》以及各省人民政府发布的关于建立规章和其他规范性文件备案的制度。湖南省于 2004 年 5 月颁布了《湖南省规章规范性文件备案审查办法》(省政府令第 186 号)对规章和其他规范性文件备案做了具体的规定。

(2) 行政复议制度 行政复议是一项严肃的监督行政机关行政执法行为的法律活动。它是指公民、法人或其他组织认为行政机关的具体行政行为侵犯其合法权益,依法向法定的行政机关(一般是上级行政机关)提出申请,由受理机关根据法定程序对行政执法行为的合法性和适当性进行审查并作出相应决定的活动。之所以说行政复议是一种层级监督方式,是因为上级行政机关不仅审查下级行政机关的具体执法行为,还可附带对某一项行政法律规范、行政决定、命令等进行审阅核对,以确定其是否合理合法和符合必要的程序和形式等要求,因而行政复议是全面的监督措施之一。关于行政复议具体制度会在第十四章予以介绍。

(3) 行政赔偿制度 行政赔偿制度是指行政主体违法实施行政行为,侵犯相对人合法权益造成损害时由国家承担的一种赔偿责任制度。我国的行政赔偿制度最初由 1954 年《宪法》确立,现行《宪法》再次规定,1989 年《行政诉讼法》有所发展。1994年《国家赔偿法》的颁布，标志着我国行政赔偿制度的进一步完善。行政赔偿制度的确立与实施将会更有效地保障公民、法人和其他组织的合法权益，促进国家机关依法行使职权。行政赔偿制度是一种层级监督方式，在非复议和诉讼的行政救济中，经上级行政机关审查认定行政行为侵犯相对人合法权益造成损害时，下级行政机关应予赔偿。

（4）行政执法责任制　所谓行政执法责任制，是指各级政府为保障法律、法规、规章的正确实施，通过梳理执法依据，按照法定的职责分工将现行有效的法律、法规、规章规定的执法职权，分解到政府各行政执法部门，行政执法部门再将本部门的执法职权分解到内设执法机构和执法岗位，在此基础上确定行政执法部门以及执法机构、岗位执法人员的具体执法责任，并对其执法情况进行评议考核和奖惩的一项规范和监督行政执法的重要制度。根据《国务院办公厅关于推行行政执法责任制的若干意见》（国办发〔2005〕37号）和《湖南省人民政府办公厅关于推行行政执法责任的实施意见》（湘政办发〔2005〕46号）的要求，各级政府及其执法部门要认真切实梳理执法依据，分解执法职权，确定执法责任。行政执法责任制的配套制度主要有行政执法评议考核机制、持证上岗制度、过错追究责任制度等。行政执法责任制着眼于对行使行政权行为的控制，可以将控制权的目标落到实处，其根本点是对行政执法机关及其执法人员建立责任追究机制，以责任制约权力，体现权力与责任的统一。行政执法责任制是一种行政内部监督，是政府凭借自身行政权力建立的一种内部监督方式。

（5）行政执法报告制度　行政执法报告制度是《宪法》和有关法律规定的一种督导制度。宪法第一百一十条第二款规定："地方各级人民政府对上一级国家行政机关负责并报告工作。"根据《全面推进依法行政实施纲要》的精神，地方各级人民政府应当定期向上一级人民政府报告行政执法的情况；国务院各部门、地方各级人民政府工作部门要定期向本级人民政府报告行政执法的情况。根据1996年的《湖南省行政执法条例》，行政执法的报告制度主要体现在以下两个方面：首先，实施前报送方案。根据《湖南省行政执法条例》第二十八条的规定，在法律、法规、规章发布后3个月内，负责实施的行政执法机关应当将实施方案、步骤和措施，书面报送同级人民政府。其次，实施后报告执行情况。各级人民政府应当于每年第一季度将上年度行政执法的情况书面报告上一级人民政府。县级以上人民政府所属工作部门应当于每年第一季度将上年度行政执法情况书面报告同级人民政府和上级人民政府的有关主管部门。

（6）行政执法备案制度　所谓行政执法备案制度是指有权行政机关要求作出重大行政行为的行政机关或组织将该行政行为案件连同案卷一并报送备案审查，有权行政机关根据审查发现的问题，分别作出处理的制度。为切实规范行政执法工作，确保依法行政，使行政执法违法案件得到及时有效的查处，制定行政执法备案制度十分必要。在这方面做得较好的是重大行政处罚备案。

（7）行政执法检查制度　所谓行政执法检查是指上级人民政府、上级行政执法部门主动了解下级政府或下级行政执法部门的执法情况，并及时纠正违法不当情况的法律制度。这是一种主动监督的方式。它具有深入实际和真实客观的优点。执法检查仅限于对行政执法行为的监督，而对行政管理相对人的监督归入行政执法部分，与行政执法检查相区别。某些省市还专门制定了行政执法检查的规定，使这种监督制度逐步规范化。

（8）行政执法督办制度　所谓行政执法督办制度是指上级行政机关或上级执法部门被动地介入下级行政机关或下级执法部门的执法过程，并纠正违法不当情况的法律制度。这是一种被动监督的方式。为了解决实践中行政机关不履行或拒不履行职责的问题，《湖南省行政执法条例》第二十九条规定，县级以上人民政府应当建立行政执法督办制度。本级人民政府发现所属工作部门、上级人民政府及其所属工作部门发现下级人民政府及其所属工作部门不履行或拒绝履行其法定职责的，由人民政府发出《督办通知书》，责令限期改正。

（9）行政执法申诉控告检举制度　根据《宪法》第四十一条的规定，对于国家机关及其国家工作人员的违法失职行为，公民有向有关国家机关提出申诉、控告和检举的权利。这是申诉、控告和检举制度的《宪法》依据。受理申诉、控告和检举的各级人民政府有责任调查事实，根据调查结果，如果上级行政机关发现下级行政机关的处理确有错误或存在违法失职情况，上级行政机关应当责令被申诉、控告和检举机关限期改正，赔偿损失，依法给予违法失职人员行政处分等。

（10）行政执法争议协调处理制度　行政执法争议协调处理制度是指各级人民政府对行政执法主体之间在行政执法中的争议进行处理的制度。行政争议常常因为行政执法权的归属而产生。随着社会关系的急剧变化以及我国立法数量的增多，下位法与上位法之间、同位法之间的法律冲突已成为一个突出的问题。由于法律之间的冲突矛盾难免，所以对这样的"执法撞车"现象加以协调是十分必要的。根据《湖南省行政执法条例》第三十条规定，县级以上人民政府应当建立行政执法争议处理制度，其所属工作部门之间行政执法中的争议，应当协商解决，协商不成的，由同级人民政府或共同的上一级人民政府依法处理。

（11）行政执法证件制度　行政执法证件制度是通过规范行政执法主体资格而进行的监督方式。行政执法证件分为行政执法证和行政执法监督证两种。根据《湖南省行政执法证和行政执法监督证管理办法》的规定，行政执法证是行政执法人员在本行政区域内行使法律、法规、规章赋予的行政执法权的资格证明。行政执法监督证是行政执法监督人员对所属工作部门或下级人民政府行政执法活动实施监督检查的资格证明。如果执法人员或执法监督人员没有取得执法证或执法监督证就不能行使执法权或执法监督权。如果取得执法证或执法监督证的人员，违法或不正当行使职权，超越职权或滥用职权，发证机关可以暂扣或吊销其行政执法证件。发证机关一般都是上级行政机关或同级人民政府，通过对证件的管理对下级行政机关或执法部门的执法行为予以监督。这也是层级监督的一种重要方式。

（12）行政执法改变或撤销制度 一般说来，行政行为一经作出便具有拘束力。行政机关的执法行为，非经法定程序，不能改变或被撤销。但根据《宪法》第八十九条规定，国务院有权改变或撤销各部、委员会发布的不适当的命令、指示和规章，改变或者撤销地方各级国家行政机关的不适当的决定和命令。在地方各级人民政府中，上级人民政府有权对下级人民政府实行监督。《宪法》第一百零八条规定：县级以上的地方各级人民政府领导所属各工作部门和下级人民政府的工作，有权改变或者撤销所属工作部门和下级人民政府的不适当的决定。由此可见，层级监督中的行政执法改变或撤销制度是有法律依据的，是层级监督中最强有力的监督措施之一。

（13）行政执法统计制度 所谓行政执法统计制度是指下级行政机关或行政执法部门应定期将行政执法统计结果报上级行政机关或行政执法部门。这是在行政管理实践中所建立和实施的一种监控制度，通过对行政执法情况和信息多角度、多层次进行统计和分析，能够使上级政府从宏观上掌握执法情况，了解行政执法中带有倾向性、普遍性的问题，以便对行政执法工作进行有效的指导和规范。

（二）专门监督

专门监督是指政府内部设置的具有专门监督职能的机关对行政机关及其工作人员的行政执法行为进行监察和督促的活动。专门监督分为两类，即审计监督和行政监察。

1. 审计监督 审计是一种特殊的监督形式，对行政机关在经济方面的行政行为具有直接、有效的监控作用。审计，是审查核算有关财政财务收支活动的意思。本书所指的"审计监督"，属于行政执法内部监督的一种形式，是指审计机关对行政机关的行政执法行为涉及财务收支活动进行审查核算的行为。按照《宪法》的规定，国务院和县级以上地方各级人民政府设立审计机关，实行审计监督。

审计监督的特点是：①审计的本质是一种依法实施的经济监督行为；②审计监督的主体是法定授权的审计机关，具有比较超脱的地位，是较高层次的经济监督；③本书涉及的审计范围仅限于对政府及其所属部门有关财政财务收支方面的行政执法行为的监督，审计机关依法对其他经济活动组织的审计不属于政府内部监督的性质。

2. 行政监察

（1）行政监察的概念和特点　行政监察，是指在行政系统中设置的专司监察职能的机关对行政机关及其工作人员的行政执法行为进行监视、督察和惩戒的活动。行政监察的特点是：①它是由政府内部的专门机关进行的监察活动；②行政监察的对象是行政机关及其工作人员；③它是一种经常性、直接的监督形式，监督行政执法行为，发现违法现象则依法提出监察建议或作出监察决定。

（2）行政监察的主体和权限　依据《行政监察法》的规定，行政监察主体由国务院和地方各级人民政府行使行政监察的职能部门组成。监察机关根据工作需要可以向政府所属部门派出监察机构或监察人员。派出的监察机构和监察人员是监察机关的组成部分，根据监察机关的要求，履行监察职责，对派出的监察机关负责并报告工作。根据《行政监察法》的规定，监察机关拥有两项基本职权。一是检查、调查权，即根据监察计划，定期或不定期地对行政机关及其工作人员贯彻执行法律、法规和人民政府决定、命令的情况进行检查；根据本级政府或上级监察机关的决定或本地区、本部门工作的需要，对被监察部门的工作进行专项检查；对违法违纪行为进行立案调查。二是建议、处分权，即监察机关对监察确认的事实和问题有权分别提出监察建议或作出监察决定。按照职责权限，对某些不能由监察机关直接处理的事项，由监察机关向有权处理的行政机关提出监察建议，根据《行政监察法》的规定，凡是可以作出监察决定的情形，也可以提出监察建议。

监察机关提出的监察建议和监察决定具有法定性。对可能存在的违法或不当的监察建议或决定，被监察对象拥有救济权利。如果对监察建议有异议的，可在法定期限内向作出监察建议的监察机关提出，监察机关予以答复后仍然有异议，则由监察机关提请本级人民政府或上一级监察机关裁决。如果对监察决定不服，可在法定期限内申请复审，监察机关作出复审决定后仍然不服的，还可进一步向上一级监察机关申请复核。但上一级监察机关所作出的复核决定为最终决定，不能向法院提起行政诉讼。

第五节　农业行政执法内外关系

农业行政执法内外关系从 20 世纪 90 年代开始起步探索，经过近 20 余年的实践，各地从本地实际出发，摸索了许多成功的模式。从这些模式的个性特征分析，均有其存在的合理性。但从整体规律考究，应当有一个客观的科学的评价。也就是说，应该从诸多的模式中总结一套带有普遍规律且符合法理原则，又利于科学分工、调动各方积极性，形成农业部门内部监管合力的模式。农业行政执法的实践表明，主要应当处理好如下五个方面的关系。

一、处理好法制机构与执法机构的关系

根据《中华人民共和国农业法》的规定，农业行政部门是各级政府主管农业与农村经济的部门，是执行国家农业与农村经济法律的主体，是重要的执法部门。随着中国特色社会主义法律体系的建立与完善，农业执法已经成为各级农业部门的一项重要职能。根据现行法律法规的规定，以湖南省为例，经职权清理，目前法律法规赋予各级农业部门的职权477项，其中行政处罚283项、行政强制26项、行政许可34项、行政确认62项、行政征收7项、行政补偿5项、行政裁决1项、行政监督检查40项、其他19项。这些执法职能，过去分散于各业务站所，由于力量分散、薄弱，无法实施。实行农业综合执法后，这些职能集中由法制机构和综合执法机构共同完成，如何发挥农业法制机构与农业执法机构的作用，共同实施好这些职能，是值得认真研究的问题。

笔者认为，首先，应明确农业法制机构与农业执法机构的职能定位。农业行政机关内部包括行政管理机构、执法机构和监督机构。农业法制机构应属于管理机构，还是监督机构呢？长期以来，农业法制界比较普遍地将其定位为监督机构。

笔者却有不同观点，认为应当将农业法制机构确定为农业部门内部的法治管理机构，其主要职能应是组织法律法规的实施。如果说法制机构有监督的职责，也只能是行业自律性监督和根据《行政复议法》规定，代表上级农业部门对下级农业部门实施层级监督，不是法定意义上的监督。就行政机关内部监督而言，根据《中华人民共和国监察法》第十三条规定，派驻或者派出的监察机构、监察专员根据授权，按照管理权限依法对公职人员进行监督，提出监察建议，依法对公职人员进行调查、处置。因此，应当将各级农业部门的监察机构确定为执法的监督机构。就外部监督而言，根据《宪法》和《监督法》的规定，由各级人大负责对各级政府及其工作部门的监督。此外，还有舆论监督、司法监督和人民群众的直接监督等。

长期以来，将农业法制机构确定为执法监督机构的职能定位，一方面削弱了监察部门对行政执法的监督，使之监督仅限于问题监督，只有农业执法出现重大违法违纪时，才实施监督，而忽视了日常监督；另一方面使法制机构本身的法治管理职能弱化，或以执法监督职能排斥本身应当履行的组织法律法规实

施的职能。因此，必须澄清模糊认识，将法制机构确定为组织法律法规实施的机构或农业部门的法治综合管理机构。

农业行政执法机构是根据《农业行政处罚程序规定》，受本级农业农村行政部门的委托，以本级农业农村行政部门的身份实施行政处罚、行政强制、行政执法监督检查等职能的机构。有的地方将行政许可归并于综合执法机构，根据《行政许可法》关于不能委托二级机构实施行政许可的规定，是不合法的；其他执法机构均是依据法律法规授权的机构。这些机构均应纳入本系统法制机构的管理范围，由法制机构组织这些机构抓好有关法定职能的实施，推动整个执法水平的提升。这样，既有利于法制机构施展其职能空间，也有利于执法机构专司执法，形成工作合力。有的地方将法治管理职能及具体执法职能集中于执法机构。从表面上看，形成了执法职能的一体化，便于执法机构开展工作，实际上，它将执法与法治管理混同于一个机构内，使法制机构的法治管理职能空壳化，而使执法机构的执法职能被重管理轻执法的观念所削弱，或因忙于管理，忙于监督下级执法，而忽视了本身的执法职能的履行。将省、市、县执法机构之间置于监督管理和被监督管理的关系格局中，必然造成上级执法机构应有执法职能的丧失或缺位，更使农业部门法制机构与执法机构的职能交叉，甚至相互扯皮、打架，造成行政资源的浪费或行政效率低下。长期以来，湖南省将执法机构的职能定位为实施"三权"即行政处罚、行政强制、行政监督检查权；将法制机构定为法治管理机构的实践，应当说是行之有效的。

其次，应将内部职能与外部职能分离。农业法制机构的职能是规范管理农业系统内部执法队伍，包括队伍建设、人员素质提升、手段改善、行为规范等。内部管理职能有其丰富的内涵和自身的规律，提高内部管理水平，是确保外部职能运行的基础，这一职能应当由法制机构承担。外部职能是指对管理相对人实施的监管职能，诸如实施行政处罚、行政强制、行政监督检查等职能。外部监督管理的主体、依据、程序均有法定要求，必须由行政机关或法律法规授权组织，或依法委托的组织，才能具体实施，受委托的组织只能以委托机关的身份实施。这种外部监管职能，法制机构不能成为主体，只能牵头组织协调，应当由执法机构负责。如果将内部监管与外部监管职能集中于执法机构，一方面使执法机构力不从心或偏离主体职能，另一方面削弱内部、外部职能，或侧重内部或外部，不利于农业行政部门全面高效履行法定职能。长期以来，各地将内部、外部职能分别赋予法制机构和执法机构的做法，实现了内、外职能的双赢。

再次，是建立分工协作的工作方式。由于农业法制机构和执法机构不是监督和被监督的关系，根据《行政处罚法》《农业行政处罚程序规定》，法制机构负责立案审查、处理意见审核、组织听证、案卷规范指导等，执法机构负责具体实施调查取证、制作有关处罚文书、送达执法文书、立卷归档等，重大案件要求双方参与共同研究，这必然要求法制机构与执法机构的紧密合作。

二、处理好执法机构层级关系

各级农业部门内设的行政执法机构依据《农业行政处罚程序规定》，受本级农业农村行政部门委托，以本级农业农村部门的身份从事有关法律法规规章赋予农业农村行政部门的行政处罚等职权。由本级农业农村部门监督管理。上级农业农村行政部门依据《行政复议法》对下级农业农村行政部门行使的行政执法行为予以监督。上级农业农村行政部门对下级执法部门的执法职权履行无权干预。如果将省、市、县农业执法机构之间的关系视为管理与被管理，甚至视为监督与被监督的关系，上级执法机构具有管理或监督下级执法机构的职能之后，将热衷于监督、管理，甚至将自己应当立案查处的案件交由下级去办，下级需要移送的案件，也要求下级去办，这一方面削弱了上级执法机构的执法职能，另一方面使执法机构与法制机构的职能重叠，相互扯皮，甚至抵消。这与执法机构本身应当履行的职责相悖，违背了行政执法级别管辖的法律规范。正确处理好各级农业执法机构之间的关系，有利于使各层级依法履职，集中精力将本级的法定事项做好，也有利于让下级执法机构独立行使执法职权，提高执法机构的整体能力和水平。

笔者认为，上下级执法机构之间的关系应当确定为三种关系。一是级别管辖关系。这一关系的理论依据是行政处罚的级别管辖权的划分。所谓级别管辖是指划分上下级行政机关或组织之间实施行政处罚的分工和权限。它所解决的是在整个行政机关内哪些行政处罚应由哪一级机关或组织实施的问题。级别管辖合理均衡上下级机关在处罚中的作用和工作量，使行政处罚合法、高效地发挥其功能。在级别管辖的框架下，由县到市（州）再到省级，管理的案件范围呈逐级递减规律，但从案件影响度、严重度、处罚的种类幅度，有逐级递升或递严的规律。同时，级别管辖的管辖权可以转移。具体是指上级行政机关有权管理下一级行政机关实施的行政处罚，下级行政机关实施的行政处罚，认为需要上级行政机关管辖的，可以报请上一级行政机关管辖。其实质是赋予上级行政机关灵活处理复杂情况的权力。但管辖权的转移，只能是上调式转移，即下级行政机关的管辖权向上级转移，而不是上级行政机关的管辖权向下级转移。在农业执法中，省、市（州）、县（市）农业执法机构的关系处理应以级别管理法为依据，各司其职，特别是上级执法机构要切实履行案件查处职责，不能将自己不愿办或难办的案件查处，采取挂牌督办等方式，转移到基层去办，这种做法不利于执法效率提升，甚至使执法案件查处流于形式。二是执法协作关系。执法案件查处权按照地域管辖、职权管辖、级别管辖、指定管辖等确定。属于本级农业行政部门管辖的案件，由本级农业行政执法机构依法独立行使职权。涉及跨市、跨区的案件，相关执法机构应予以协作配合的应加强区域间协作执法、联合执法，提高办案效率和水平。目前在农业执法中，还应克服一种不良现象，即上下级争案源的现象，产生的根源是财政对执法经费保障不力，甚至以罚款多少确定执法经费的比例。这种现象更助长了经费充足的省级执法机构的惰性，为其将案件查处职权下移推波助澜，这严重影响了政府部门的形象。三是信息互通关系。为提高执法效率，要建立起上下贯通、左右相连的执法信息网络。这个信息网络以省级为龙头，县市为基础。建立执法内网，通过案件查处信息及时上网公布，便于全省或全国农业执法机构整体行动，对违法行为以彻底打击，对违反产品以彻底追缴，对违法者以彻底追究，对违法源头以彻底追查。同时，加强上下级的工作交流，开展案件查处的研讨，推动整体执法水平的提升。

三、处理好行政执法与业务管理的关系

农业行政管理是一项专业性很强的工作。从广义说，农业行政管理就是依法行政，就是行政执法，而随着行政管理体制改革的逐步深化、农业综合执法体制的建立和完善，农业行政管理又分离出综合专业管理和行政执法两大方面。专业管理包括农业经济宏观调控、区域布局、科技攻关推广、技术服务、技术鉴定、行政许可实质性审查及日常业务管理等方面。综合行政执法包括依法履行法律法规赋予农业行政部门的行政处罚、行政强制、行政监督检查等职能。推行综合行政执法的目的是为了避免多头执法、执法扰民，提高农业行政执法效能，而不是排斥业务管理。综合行政执法应是业务管理的重要保障。以颁发种子生产许可证为例，种子管理部门实施种子生产许可证的实质性审查，然后负责对种子生产基地进行监管，从播种到收获全程监控，全程技术指导服务，确保种子质量。而综合执法机构则负责市场监督抽查，对无证生产或生产的不合格种子，依法立案查处。这就使业务管理与行政执法相得益彰、相互促进。

处理好行政执法与专业管理的关系，需要建立四种机制。一是建立联合办案的机制。专业管理部门要为行政执法提供技术支撑。如种子执法的损害赔偿案件，需要种子管理机构组织田间鉴定，参与赔偿调解。转基因、植物新品种侵权案，需要业务部门协助配合，从技术上把关，涉及赔偿的案件，业务管理部门要参与协调赔偿事宜。各级农业部门可以建立专兼结合的执法队伍。在确立农业综合执法专司执法的前提下，可以在各业务管理单位相对固定若干兼职

执法人员，出现重大复杂案件时，协助综合执法机构联合查处。二是建立监督抽查联动机制。各业务管理单位的监督抽查应当整合，可以建立由分管法制的负责人任组长，法制机构、执法机构、各业务部门参与的检打联动领导小组。凡监督抽查的任务由领导小组统一组织实施，使执法机构在第一时间内掌握检测信息，实现检打联动。三是建立信息共享机制。建立行政审批信息共享平台，凡农业行政部门的行政法审批事项和服务项目，100％实现网上办理和网上信息公开，杜绝私下办理、暗箱操作的行为。四是建立行政执法与业务管理工作定期交流机制。建立联席会议制度，定期交流行政处罚和业务管理工作情况，增进沟通了解，推动行政执法与业务管理协调发展。

四、处理好行政执法与法律服务的关系

行政执法与法律服务结合，是现代执法理念的具体体现。法律服务贯穿于行政执法的始终，为行政执法起基础保障作用。基层农业执法机构的实践表明，在切实履行行政处罚、行政强制、行政执法监督检查的过程中，离不开法律服务的支撑；处理执法案件后续问题，需要法律服务作有力保障特别是损害赔偿案件，法律调解服务是农民寻求的主要方式。据调查，近些年来，对非行政处罚、行政强制的案件的涉农纠纷调解服务，已成为基层农业执法机构的主要职能。例如在湖南省，多数县市区每年调解处理的纠纷案件达200～300起。因此，法律服务已经成为全面履行执法机构职能的现实需要。一是抓好办案前的法律服务。要加强农业法律的普及宣传，特别是对于新法律的实施要以法律普及宣传为先导，要采取送法下乡、入户、办培训班、开展现场咨询法律服务等形式，加大农业法律法规的普及力度，使之家喻户晓，人人皆知。告知农民识别真伪，自觉依法维权，告知生产经营者依法生产经营，自觉规范经营秩序。二是抓好办案中法律服务。要将执法过程作为宣传普及法律的过程，坚持处罚与教育相结合的原则。对于需要责令改正后才处罚的案件，要指导生产经营户依法限期改正，对于情节轻微或初犯，以法律教育为主，帮助他们增强法治观念，特别是要依法告知其应有的权利，依法维护其合法权益。三是抓好处罚后的法律救济服务。对于涉农损害赔偿案件，应依法进行调解服务，指导和帮助农民依法索赔。四是抓好非行政处罚、行政强制涉农纠纷的调处服务。对农资市场、农产品生产经营环节要加强排查，要深入农村开展明察暗访，对于可能产生的涉农纠纷隐患要主动及时排除。对于尚未立案查处、证据不足的涉农案件，要做好调查分析或取证工作，确是农资问题造成的涉农纠纷，应解决好农民的民事赔偿问题，对达到立案标准的，应当立案查处，构成犯罪的应当移送司法机关，依法追究刑事责任，以确保农民的合法权益不受侵犯。

五、处理好农业行政执法与其他部门执法的关系

农业执法是一项综合性很强的工作，就产业而言，涉及产前、产中、产后各环节；就监管环节而言，涉及生产、加工和流通等环节；就部门而言，涉及工商、质监、公安、检疫、卫生、环保、林业等各个部门。因此，农业行政执法是一个开放的系统，而且根据《农产品质量安全法》《种子法》等法律规定，有多个部门在执法监管中具有法定职能。这就要求农业行政执法部门与外部门建立良好的协作关系。一要发挥农业部门牵头职责。国务院国办发〔2003〕36号文件将农资打假监管的牵头职责赋予各级农业行政部门。《农产品质量安全法》《种子法》《农药管理条例》等法律法规赋予农业行政部门执法主体的地位。各级农业部门必须积极发挥在农业执法中的牵头作用，可以建立联席会议制度，共同研究农资打假、农产品安全执法工作方案，交流各方面执法信息，研究执法工作中遇到的各类矛盾和问题。二要实行执法联动。在农资监管中，要与市场监管部门形成联动机制。特别要求市场监管部门在农资生产经营资质、市场监管、广告监管等方面强化监管。要求市场监管部门在生产环节加强监管，确保农资监管取得实效。在农产品安全执法方面，要按照法定职责积极发挥市场监管部门在市场监管中的职责，依法查处销售企业、批发市场违法经营行为；在农业资源与环境保护执法方面，要处理好与生态环境部门、自然资源部门、林业部门的关系，依照各自职责加强监管；特别在耕地质量管理、外来物种管理、野生动植物管理等方面要建立联席会议制度，共同研究存在的问题，共同推进问题的解决。三要建立行政执法与司法衔接机制。对于涉刑案件要建立与公安、检察等部门的联系机制，定期沟通执法信息，防止漏送、缓送、错送的情况发生。目前，应制定完善农业行政处罚案件移送标准，加强对农业行政执法人员的培训，提高执法人员素质，确保在实践中依法移送。同时，对尚未达到移送标准的疑难案件，也可以通过建立工作联系机制，相互支持配合，提高执法效率。

≪≪ 思考题

1. 农业行政执法的概念是什么？
2. 农业行政处罚一般程序是怎样规定的？如何实施？
3. 农业行政强制执行的方式有哪些？如何实施？
4. 农业行政许可的程序是怎样规定的？
5. 农业行政执法人员违反哪些规定应当依法追究责任？

第十四章 | Chapter 14

农业行政复议与诉讼法律制度

第一节　农业行政复议

农业行政复议是农业行政管理相对人不服农业行政机关作出的具体行政行为，依法向作出该具体行政行为的农业行政机关的上一级农业行政机关提出申诉，由其对该具体行政行为的合法性和适当性进行审查和裁决的活动。它是农业行政机关解决农业行政争议的重要手段，也是农业行政机关联系人民群众的纽带和进行系统内部监督的有效途径。

行政复议法

我国行政复议制度是随着 1990 年国务院发布《行政复议条例》而建立起来的。它的建立，对监督行政机关的行政行为，维护行政管理相对人的合法权益起了巨大作用。随着我国民主建设的发展，1999 年，全国人大常委会颁布了《行政复议法》，标志着一个崭新的独立的行政复议制度已在我国建立。这部法律经过 2009 年、2017 年两次修正，使法律更加完善。

一、行政复议的基本性质

（一）建立独立的行政复议制度

《行政复议法》的颁布，是我国建立独立的行政复议制度的标志。我国现行的行政复议制度是在 1990 年作为行政诉讼法的配套制度建立起来的。实际行政复议的受案数量和案件种类与行政诉讼案件基本一致。这种配套性质的行政复议制度，虽然在贯彻行政诉讼法方面确实发挥了重要作用，但是同时也限制了行政复议发挥应有的作用。《行政复议法》制定的一个重要指导思想，就是根据行政复议本身的性质，从充分发挥行政复议法律监督的作用出发，建立起完全独立和崭新的行政复议制度。

（二）行政复议的基本性质

建立独立行政复议制度的重要根据，是行政复议的法律性质。简明地说，行政复议是救济公民权利的行政监督行为。首先，行政复议是权利救济制度。行政复议的内容和目的，是通过处理行政争议对受到行政侵害的公民、法人和其他组织合法的个体权益进行法律救济。这里的关键是"个体"权利，它一方面表明行政复议不是对行政活动进行一般的法律监督，行政机关侵害国家公共利益的行为不能通过行政复议进行追究，另一方面还表明行政复议程序的立法设计，实际运作的开始、发展和终结都要以尊重和追随保护个体权利的需要为目标；其次，行政复议是行政监督制度。行政复议的根据是上级行政机关对下级行政机关的层级监督权。这种层级监督可以是领导权或者是业务指导权，都具有维持或改变下级行政机关决定的力量；再次，行政复议是一种行政行为制度。行政复议是行政机关行使行政管理权的单方职权行为，所以行政机关的复议行为应当遵守行政活动的基本制度（例如首长负责制和下级服从上级的行政层级制），应当具备行政行为的成立条件和合法条件，应当接受司法监督；第四，行政复议是行政裁判制度，行政复议的活动方式是处理行政争议，所以行政复议应当具有一定的公开性、公正性和保证公正处理案件的特别程序。

（三）全面保护公民、法人和其他组织的合法权益

把公民、法人和其他组织的各类权益都纳入行政复议的保护范围，是《行政复议法》对现行的行政复议制度的最重要的改革。现行行政复议制度对当事人权利的保护和救济范围，主要集中在公民、法人和其他组织的人身权、财产权方面。依照新的《行政复议法》，只要公民、法人或者其他组织认为行政机关的行政行为侵犯其合法权益，都可以依照《行政复议法》向作出行政行为的行政机关的上级机关申请复议。

（四）全面监督行政机关的行政活动

现行行政复议制度对行政复议作用的不当限制，不仅表现在对行政机关层级监督方面，还表现于对当事人复议权利的限制上。以前当事人的复议申请权仅仅限于侵犯其权益的具体行政行为方面，即只是限于对行政机关处理具体事项的行为方面。行政机关以具体行政行为以外的其他方式（主要是制定行为规则的抽象行政行为）进行的管理活动，即使侵犯了公民、法人和其他组织的合法权益，受害人也不能申请行政复议。这种把当事人复议申请权限制在具体行政行为一种行政方式上的做法，也同样削弱了行政复议的法律监督和保护权利的作用。第一，从实际情况看，侵犯当事人合法权益的具体行政行为，往往都有一定的规范性文件作为依据。例如有的地方政府部门乱收费或者乱处罚，根源不是收费行为或者处罚行为本身，而是收费和处罚行为所依据的规范性文件本身违法或者不当。因为当事人的复议申请权限于针对具体行政行为上，而对侵犯其法律权利的抽象行政行为束手无策；第二，根据我国的宪法和政府组织法，上级行政机关有权监督下级行政机关制定行政规范的行为，有权改变或撤销不当、违法的行政规范。但是由于现在缺乏行使这种监督权的法律程序，所以行政机关难以进行这种监督。

《行政复议法》改变了这种状况，把当事人的复议申请权扩大到制定行为规则的抽象行政行为方面，规定受到行政机关具体行政行为侵害的公民、法人和其他组织，可以要求行政机关对具体行政行为所依据的规范性行政文件进行审查。对于违法或者不当的规范性行政文件，行政机关有义务根据《行政复议法》规定的程序在一定期限内予以撤销或者改变。《行政复议法》的这一规定，不仅使更多的行政活动受到法律监督，而且将极大地增加公民、法人或者其他组织在行政复议中得到有效救济的机会。

二、农业行政复议的范围

农业行政复议的范围也称受案范围，是指哪些农业行政案件可以向农业行政复议机关申请复议。它决定着哪些农业行政行为可以成为农业行政复议的对象。

(一) 对农业行政处罚不服

一方面，农业行政处罚的惩戒性质体现了法律的强制性，是保障农业法律、法规实现的重要手段，而在日常农业行政管理活动中被广泛运用；另一方面，农业行政处罚的实施，对相对人的权益有着直接和重大的影响。因而，农业行政处罚最容易引起农业行政争议。农业行政处罚一般有以下几种形式。

1. 警告 即对农业行政违法的相对人的一种警诫性处罚。其主要作用是从心理上对违法者进行教育，予以警示，是一种较轻的农业行政处罚形式。

2. 罚款 即对农业行政违法的相对人的一种经济上的处罚。我国绝大多数农业法律、法规及规章都规定有罚款的内容。

3. 没收非法财产和违法所得 即对在经济活动中有违法行为的相对人的一种财产处罚。如对生产、销售、运输等经济活动中的假劣产品、违禁物品以及非法收入的没收。

4. 暂扣或者吊销许可证照 农业农村行政主管部门通过暂扣或者吊销违法相对人的证照，从而暂停或剥夺其从事某种行业或者职业的权利，实现对违法者的制裁。

5. 责令停产、停业 这种行政处罚是对从事经营活动的个人或者组织的一种处罚。对农业农村行政主管部门依法采取这种处罚手段的规定，在现行农业法律、法规中已很普遍。

除上述外，《行政处罚法》规定的其他行政处罚形式属于行政复议范围。

(二) 对农业行政强制措施不服

农业行政强制是指农业农村行政主管部门依法对公民和组织的财产使用进

行限制的一种强制措施，其本身不是农业行政处罚。农业行政强制措施主要有对财产的查封、扣押等。查封，即农业农村行政主管部门依法将财产所有人的财产就地封存，并限制其动用；扣押，即将财产扣留于一定地点，并禁止处分和移动。根据《行政复议法》的规定，农业行政强制措施属于复议范围。

（三）认为农业行政机关侵犯合法经营自主权

经营自主权是我国经济体制改革十多年来的重要成果之一，对促进我国经济发展起着积极的作用。目前经营自主权已被不少法律、法规所确认，成为法律保护和调整的重要经济关系、经济制度。但由于经济体制改革仍有待于进一步深化和完善，在实际中仍然存在农业农村行政主管部门侵害其相对人经营自主权的行为现象，相对人可以依据《行政复议法》和现行有关农业法律、法规申请农业行政复议。

（四）对农业行政许可决定不服

农业行政许可是指农业农村行政主管部门依法准予相对人从事某种活动的具体农业行政行为。农业行政许可证是农业农村行政主管部门进行农业行政管理活动的重要手段之一，目前在我国农业生产、经营、渔业捕捞等方面运用得非常广泛。例如核发《兽药生产许可证》《兽药经营许可证》以及种子、农药、饲料及饲料添加剂管理中的生产、经营许可证等。

农业行政许可争议主要是在相对人认为其符合法定条件，申请农业农村行政主管部门颁发许可证。而农业农村行政主管部门拒绝颁发或者不予签发的情况下发生的，它对相对人的权益的实现有重要影响。根据《行政复议法》第六条第八项规定，认为符合法定条件，申请行政机关颁发许可证、执照、资质证、资格证等证书，或者申请行政机关审批、登记有关事项，行政机关没有依法履行的，相对人可以向作出该具体行政行为的行政主管部门的上一级农业行政机关申请复议。另外，《行政复议法》还规定："对行政机关作出的有关许可证、执照、资质证、资格证等证书变更、中止、撤销的决定不服的"也可申请行政复议。

（五）对农业行政不作为不服

这里讲的不作为是指农业农村行政主管部门不履行法律赋予它的职责和义务的行为。农业农村行政机关负有依法进行农业农村行政管理的职责，例如，《农药管理条例》规定，县级以上地方人民政府农业农村行政主管部门主管本行政区域内的农药监督管理工作；又如《中华人民共和国农产品质量安全法》规定，县级以上地方人民政府农业农村行政主管部门主管本行政区域内的农产品质量安全监督管理工作。这种法律、法规赋予农业农村行政主管部门的职责，对相对人而言，是一种权力；对国家而言，又是一种义务。因此，如果农业农村行政机关不依法履行职责，就是一种违法或失职行为。在现实生活中，这种不作为引起的农业行政争议，主要表现在农业农村行政主管部门拒绝履行保护公民或其他组织的财产权的法定职责方面。例如某生产经营企业经营的农药，造成了对农作物的病害，请求当地农业农村行政主管部门调查处理，但该部门拒绝履行或者不予答复，由此发生该主管部门不作为争议。根据《行政复议法》第六条第九项规定，公民、法人和其他组织申请农业农村行政机关履行保护财产权的法定职责，农业农村行政机关没有依法履行的，可以向该农业农村行政机关的上一级农业农村行政机关申请复议。

（六）认为违法要求其履行农业行政义务

任何公民享有法律、法规规定的权利，同时必须履行法律、法规规定的义务。法律关系主体的权利和义务，在有关法律、法规中通常都有明确的规定。为了保障农业农村行政管理活动的顺利进行，实现农业行政管理目标，农业农村行政机关依照法律、法规的规定和其法定职权要求相对人承担一定的义务，并要求其履行。当然，农业农村行政机关要求相对人履行义务必须有明确的法律依据，并且应当依照法定条件和程序进行。履行农业农村行政义务方面的争议主要有以下三种：

（1）虽然有法律依据，程序也合法，但对履行义务的法定条件的适用有分歧而发生的争议。例如：农业农村行政主管部门与农民对其承担劳务量方面发生争议。

（2）虽然有法律依据，但在程序方面不符合法律、法规的规定而产生的争议。例如：某项义务应当有一定的履行期限，如果未到期限，农业农村行政主管部门就强制义务人履行义务，则构成侵害行为，产生履行农业行政义务争议。

（3）法律、法规并没有设定某些义务，但农业农村行政主管部门出于某种需要作出了要求其相对人履行该项义务的决定。目前这种非法要求履行义务最典型的就是向农民乱摊派，乱集资等行为。

（七）对变更或废止农业承包合同不服

农业农村行政机关作出变更或者废止农业承包合同的决定，相对人认为侵犯其合法权益的，可依据《行政复议法》申请复议。此外，根据《行政复议法》第六条第十一项规定，相对人认为其他具体农业行政行为侵害其合法权益都可申请农业行政复议。

（八）对抽象行政行为不服

抽象行政行为指的是国家行政机关依法定权限制定有关行政管理的、具有普遍约束力的规范性文件的行为。它包括国务院制定的行政法规、国务院各部委制定的规章、省级人民政府制定的规章及国务院各部门和省（地、市、县）人民政府制定的各种规定。抽象行政行为与具体行政行为不同。它不是针对特定的相对人，而是针对不特定的人和事，对效力所及范围内的公民、法人和其他组织普遍适用。抽象行政行为不适当会影响较大范围内的相对人的合法权益。因此，必须加强监督。过去，《行政复议条例》将抽象行政行为排除在复议范围之外，而新颁布的《行政复议法》在此方面有了突破，但不包括规章在内。

《行政复议法》第七条规定："公民、法人或其他组织认为行政机关的具体行政行为所依据的下列规定不合法，在对具体行政行为申请行政复议时，可以一并向行政复议机关提出对该规定的审查申请：（一）国务院部门的规定；（二）县级以上地方各级人民政府及其工作部门的规定；（三）乡、镇人民政府的规定。"根据此规定，相对人如果认为某农业农村行政机关做出的具体行政行为依据的规范性文件不合法，可向本级政府或上一级农业农村行政机关提出复议，要求审查该文件的合法性。

（九）不属农业行政复议范围的行政争议

根据《行政复议法》的规定，对农业行政法规、规章以及对农业农村行政机关工作人员的奖惩、任免等决定不服，农业行政复议机关不予受理。

三、农业行政复议的管辖

农业行政复议管辖是指农业农村行政机关，在受理农业行政复议案件方面的分工和权限。根据《行政复议法》的规定，农业行政复议的管辖可以分为一般管辖和特殊管辖。

（一）农业行政复议的一般管辖

农业行政复议的一般管辖，即对县级以上（含县级）农业农村行政主管部门的具体行政行为不服而申请复议的，由申请人选择，依法由该农业农村主管部门的上一级农业农村行政机关或者本级人民政府管辖。

（二）农业行政复议的特殊管辖

在肯定前述农业行政复议一般管辖的前提下，由于一系列特殊因素的影响，使得农业行政复议的管辖会出现以下几种特殊情况：

（1）共同行政行为引起的行政复议案件的管辖即对两个或两个以上的行政机关以共同的名义作出的具体行政行为不服申请的复议，由它们的共同上一级行政机关管辖。

（2）法律、法规授权组织作出具体行政行为引起的复议管辖。

法律、法规授权的农业组织可以作出具体行政行为。例如：《植物检疫条例》第三条规定，县级以上各级农业农村行政部门所属的植物检疫机构负责执行国家的植物检疫任务。根据《行政复议法》第十五条第三项规定，对法律、法规授权的组织作出的具体行政行为不服，分别向直接管理该组织的地方人民政府、地方人民政府工作部门或者国务院部门申请行政复议。

（3）政府工作部门依法设立的派出机构以自己的名义作出的具体行政行为的复议管辖。《行政复议法》规定，对此类具体行政行为不服的，向设立该派出机构的部门或者该部门的本级地方人民政府申请复议。

（4）被撤销的行政机关在撤销前所作具体行政行为的复议管辖。根据《行政复议法》规定，对此类具体行政为不服，向继续行使其职权的行政机关的上一级行政机关申请复议。

此外，《行政复议法》还规定，申请人可向具体行政行为发生地的县级人民政府提出复议申请，由其转送有关行政复议机关，并告知申请人。同时，如果国家实施行政复议改革，修正《行政复议法》，则按新规定实施。

四、农业行政复议的申请与受理

(一) 复议申请

行政复议的申请是指公民、法人和其他组织不服国家行政机关作出的行政决定，认为自己的合法权益受到侵害，向作出行政决定机关的上一级行政机关提出请求，要求依法重新审查，裁决原行政机关的决定，从而保护自己合法权益的行为。它是行政复议程序中不可逾越的第一个阶段。

根据《行政复议法》第九条规定，当事人对农业农村行政机关具体行政行为不服的复议申请，应当自收到该具体行政行为之日起60日内向有管辖权的农业农村行政机关提出，但是法律的申请期限超过60日的从其规定。这里要注意的是，接到通知之日，不能计算在规定的60日期限内。即应当从接到通知之日的次日算起，并且，如果规定期限的最后一日是节假日，则以节假日后的第一日为届满期限日。因不可抗力或者其他特殊情况耽误法定申请期限的，在障碍消除后申请期限继续计算。例如，假定某当事人于2019年4月5日收到了处罚通知书，申请期应从4月6日算起，则他可以在60日内即2019年6

月 5 日以前（包括 5 日）申请复议，逾期就不能申请复议了。

（二）复议受理

行政复议被提起后，复议机关并非一概受理，它须根据受理条件，对复议申请作受理前的审查。

根据《行政复议法》第十七条条规定，农业行政复议机关应当自收到复议申请之日起五日内，对复议申请作出是否受理的决定，并书面告知申请人。

五、农业行政复议的审理与决定

（一）复议审理

复议案件的审理，是指行政机关依法对复议案件进行审查，查明事实，分清是非的活动。行政复议案件被受理后，行政复议便进入到审理阶段。复议审理是农业行政复议处理过程中的实质阶段，它通过对复议案件的全面审查为复议裁决做好准备。复议案件的审理，一般实行书面形式，必要时也可以采取通知申请人、被申请人到场说明问题，陈述事实等其他方式进行审理。

1. 审理前的准备　行政复议机关应当在立案之日起七日内将复议申请书副本发送被申请人。被申请人应当，在收到申请书副本之日起十日内向行政复议机关提交作出具体行政行为的有关材料或证据，并提出答辩状，逾期不答辩的，不影响复议。

2. 审理　复议机关收到复议申请书和被申请人的答辩书及案件有关材料后，应组织人员审阅案件有关材料，认真调查研究，依照有关规定对案件进行全面审查。审查的范围不受复议申请范围和作出的具体行为的限制。

具体审查范围包括以下几个方面：①具体行政行为所依据的事实是否清楚，认定是否准确；②适用法律、法规、规章等规范性文件是否准确无误；③具体行政行为所适用的法律、法规、规章等规范性文件是否有效、正确、适当；④被申请人作出具体行政行为的程序是否符合法定要求；⑤具体行政行为在法定的自由裁量权范围内是否有明显不当；⑥被申请人有否超越或滥用职权；⑦有否遗漏及未处理的问题；⑧处罚手续是否完备等。

3. 复议期间具体行政行为是否停止执行问题　根据"复议不中止执行"原则，在农业行政复议期间具体行政行为不停止执行。但有四种情况可以停止执行：第一，被申请人认为需要停止执行的；第二，复议机关认为需要停止执行的；第三，申请人申请停止执行，复议机关认为其要求合理，裁决停止执行的；第四，法律规定停止执行的。

4. 复议申请的撤回　复议决定作出前，申请人撤回复议申请，经说明理由可以撤回，行政复议终止。

5. 审理的法定期限　复议案件审理的期限是指复议机关在收到复议申请书之日起作出复议决定的期限。根据《行政复议法》第三十一条规定，复议案件审理的期限为 60 日。但法律规定少于 60 日的除外。

（二）复议决定

复议机关通过对案件的全面审查，并根据核定的事实和有关法律、法规、规章及规范性文件，最终在法定的期限内对案件作出结论性的决定。

1. 决定的类型　根据《行政复议法》规定，区分不同情况，复议决定有维持裁决、变更裁决和撤销裁决三种类型。具体裁决形式主要有以下几种：

（1）决定维持具体行政行为　具体行政行为适用法律、法规、规章和具有普遍约束力的决定、命令正确，事实清楚，符合法定权限和程序的，应决定维持。

值得注意的是，被申请人的具体行政行为所适用的规章和具有普遍约束力的决定、命令本身应当是依法制定和发布的，是合法、有效的。也就是说，如果被申请人作出的具体行政行为不符合法律、法规的规定，仅仅符合规章甚至是具有普遍约束力的决定、命令的规定，就不能认定为适用法律、法规正确。

（2）决定撤销、变更具体行政行为　具体行政行为有下列情形之一的，决定撤销、变更，并可以责令被申请人重新作出具体行政行为：

①主要事实不清、证据不足的。主要事实是行政机关作出具体行政行为的基本依据，是指能够证明作出具体行政行为的客观情况或证据。它是行政机关适用法律和作出行政处理的前提和基础。例如，某种子机构对某公民销售假种子行为予以处罚，某公民是否实施或准备实施销售假种子就是某种子机构对某公民处以罚款的主要事实。至于销售假种子的数量、品种、规格等其他事实，属于次要事实。对主要事实不清的具体行政行为，应予撤销；对次要事实不清，就不应撤销具体行政行为。

②适用法律、法规、规章和具有普遍约束力的决定、命令错误的。这种情形通常称为适用法律错误，具体有以下几种情况：

第一，应当适用甲法，却适用乙法；第二，应当适用甲法的某条款，却适用甲法的其他条款；第三，适用了已经失效或者尚未生效的法律、法规、规章或其他规范性文件；第四，适用了同法律、法规相抵触的规章或具有普遍约束力的决定、命令。

③违反法定程序，影响申请人合法权益的。违反法定程序的行为，也是违法行为，都应予以反对和纠正。例如，某植物检疫机构违反"先取证，后裁决"的程序规则对某相对人处以罚款，属于违反法定程序且直接影响了申请人的合

法权益。对该植物检疫机构上述行为，复议机关就应作出撤销决定，而不能决定被申请人纠正。值得注意的是，上述事例情形应与具体行政行为虽然有程序上的不足或者违反法定程序，但尚未直接影响申请人合法权益的情形区别开来。

④超越或滥用职权的。农业农村行政执法机构行使职权，必须符合法律规定和要求。如果行使了法律没有规定的职权或者行使了其他部门的职权，就是超越权行为。此外，所作的具体行政行为虽然没有超越出法定权限，但利用权力谋求私利，致使处罚结果明显不公平合理，也是滥用职权行为。对此，复议机关应予以撤销。

⑤具体行政行为明显不当的。这里主要是指农业农村行政执法机构在自由裁量权范围内作出明显不合理的具体行政行为。

（3）被申请人不提出书面答复、提交证据　依据和其他机关材料的视为该具体行政行为没有证据依据，决定撤销该具体行政行为。

（4）决定被申请人限期履行职责　被申请人拒绝履行或者拖延履行法律、法规和规章规定的职责，是一种失职的行为。复议机关对此应作出被申请人在一定期限内履行职责的决定。

（5）撤销或建议撤销规定或其他规范性文件　复议机关发现或认为引起行政争议的具体行政行为所依据的决定、命令不合法的，应在其职权范围内予以处理；无权处理的，应当转交上级行政机关或有关机关依法处理。在转交处理期间，复议机关应停止对本复议案件的审理。转交处理期限，应排除在复议案件法定审理期限之外。

2. 决定书的制作　复议机关作出复议决定，应当制作复议决定书。复议决定书应载明下列事项：①申请人的姓名、性别、年龄、职业、住址。申请人是法人或者其他组织的，应载明单位名称、地址，法定代表人的姓名、职务；②被申请人的名称、地址，法定代表人的姓名、职务；③申请复议的主要请求和理由；④复议机关认定的事实、理由，适用的法律、法规、规章和具有普遍约束力的决定、命令；⑤复议的结论；⑥不服复议决定向人民法院起诉的期限；⑦最终的复议决定，当事人履行的期限；⑧作出复议的年、月、日。

复议决定书由复议机关法定代表人署名，加盖复议机关印章。

复议决定书是反映复议机关审理复议案件结果和复议决定内容的一种法律文书，是复议机关或被申请人执行复议决定的依据，一经送达复议申请人即发生法律效力。因此，复议机关务必认真、正确地制作好复议决定书，切不可马虎从事。

3. 决定书的送达　复议机关必须按规定将复议决定书送达复议申请人并取得送达回证，即由受送达人在送达回证上记明收到日期，签名或盖章。

4. 复议决定的效力　即复议决定所应发生的法律效力。根据我国现行的农业法律、法规的规定，当事人不服农业行政复议决定时，不能申请再复议，但可以提起行政诉讼。一旦当事人提起行政诉讼，其复议决定则不发生法律效力。当事人在法定期限内未向法院提起诉讼，行政复议决定便发生法律效力。对于发生法律效力的复议决定，当事人必须在法定期限内履行行政复议决定，否则，农业农村行政机关有权依法强制执行或者申请人民法院强制执行。

5. 复议决定的执行　即行政复议执行组织或人员依照法律规定的程序，运用国家的强制力量，根据已发生法律效力的行政复议决定，强制当事人履行所负义务的行为。行政复议决定的执行与履行不同，行政复议决定的履行是指当事人自觉地履行复议决定书所规定的义务，不存在使用强制力量的问题。行政复议的强制执行，必须具备两个条件，并缺一不可，否则，在条件不充分情况下进行强制执行，其程序本身违法，因而，执行也就不发生效力。强制执行的条件是：

（1）应有执行的依据，即已生效的复议决定书。只有复议决定书中规定的有效期限已过，才能强制执行。因为未过有效期限时，申请人还保留有提出诉讼的权利。

（2）申请人拒绝或逾期不履行复议决定书确定的义务。

六、农业行政复议的法律责任

（一）农业行政复议机关的法律责任

农业行政复议机关违反《行政复议法》规定，无正当理由不予受理依法提出的行政复议申请或者不按规定转送行政复议申请的，或者在法定期限内不作出行政复议决定的，对直接负责的主管人员和其他直接责任人员依法给予警告、记过、记大过的行政处分；经责令受理仍不受理或者不按照规定转送行政复议申请造成严重后果的，依法给予降级、撤职、开除的行政处分。

（二）农业行政复议工作人员的法律责任

徇私舞弊及其他渎职、失职行为是农业行政复议机关工作人员与职务相联系的不法行为。《行政复议法》规定，有上述不法行为的，依法给予警告、记过、记大过的行政处分；情节严重的，依法给予降级、撤职、开除的行政处分；构成犯罪的，依法追究刑事责任。

（三）被申请人的法律责任

被申请人违反《行政复议法》规定，不提交书面答复或证据、依据和其他相关材料的，或者阻挠、变相阻挠公民、法人或者其他组织依法申请行政复议的，对直接负责的主管人员和其他直接责任人员依法给予警告、记过、记大过的行政处分；进行报复陷害的，依法给予降级、撤职、开除的行政处分；构成犯罪的，依法追究刑事责任。被申请人不履行或无不正当理由拖延履行行政复议决定的，对直接负责的主管人员和其他直接责任人员依法给予警告、记过、记大过的行政处分；经责令履行仍拒不履行的，依法给予降级、撤职、开除的行政处分。

第二节　诉讼程序简述

行政诉讼法

　　诉讼，俗称"打官司"，是司法机关在当事人和其他诉讼参加人的参加下，为裁判或以其他方式解决案件而进行的活动。诉讼根据其性质的不同分为，行政诉讼、民事诉讼和刑事诉讼，分别适用于不同的诉讼法律。
　　我国已经颁布了《行政诉讼法》《民事诉讼法》和《刑事诉讼法》。此外，还有《仲裁法》《人民法院组织法》《人民检察院组织法》《律师法》等法律，以及全国人大常委会关于诉讼程序的有关决定等，形成了比较完备的诉讼法律体系。本书仅对诉讼有关内容作简要介绍。

一、行政诉讼程序

　　《行政诉讼法》于 1989 年颁布实施，并经 2014 年、2017 年两次修正。由法律规定的人民法院处理行政案件的活动过程，称为行政诉讼程序。根据《行政诉讼法》的规定，行政诉讼程序分为三个基本阶段，即起诉和受理、审理和判决、执行。

（一）起诉和受理

　　公民、法人或者其他组织认为行政机关和行政机关工作人员的具体行政行为侵犯了自己的合法权益，依照行政诉讼法向人民法院提起诉讼，这就是行政起诉。
　　行政起诉分为两种情况：一是先向上一级行政机关或者法律、法规规定的行政机关申请复议。对复议不服的，再向人民法院提起诉讼；二是直接向人民法院提起诉讼，而不经过行政复议程序。当事人可选择其一。但是法律、法规规定了应当先复议的，则应当先申请复议。对复议不服，再行起诉。当事人单独就损害赔偿提出请求的，应当先由行政机关解决，对行政机关的处理不服的，再向人民法院起诉。

起诉应当符合下列条件：①原告是符合《行政诉讼法》第二十五条规定的公民、法人或者其他组织；②有明确的被告；③有具体的诉讼请求和事实根据；④属于人民法院受案范围和受诉人民法院管辖。人民法院对行政诉讼的受案范围是，当事人对下列具体行政行为不服提起的诉讼：①对行政拘留、暂扣或者吊销许可证和执照、责令停产停业、没收违法所得、没收非法财物、罚款、警告等行政处罚不服的；②对限制人身自由或者对财产的查封、扣押、冻结等行政强制措施和行政强制执行不服的；③申请行政许可，行政机关拒绝或者在法定期限内不予答复，或者对行政机关作出的有关行政许可的其他决定不服的；④对行政机关作出的关于确认土地、矿藏、水流、森林、山岭、草原、荒地、滩涂、海域等自然资源的所有权或者使用权的决定不服的；⑤对征收、征用决定及其补偿决定不服的；⑥申请行政机关履行保护人身权、财产权等合法权益的法定职责，行政机关拒绝履行或者不予答复的；⑦认为行政机关侵犯其经营自主权或者农村土地承包经营权、农村土地经营权的；⑧认为行政机关滥用行政权力排除或者限制竞争的；⑨认为行政机关违法集资、摊派费用或者违法要求履行其他义务的；⑩认为行政机关没有依法支付抚恤金、最低生活保障待遇或者社会保险待遇的；⑪认为行政机关不依法履行、未按照约定履行或者违法变更、解除政府特许经营协议、土地房屋征收补偿协议等协议的；⑫认为行政机关侵犯其他人身权、财产权等合法权益的。此外，还有法律、法规规定的可以提起诉讼的其他行政案件。

行政起诉必须在规定的期限内提出：当事人申请复议的，应当在知道具体行政行为之日起15日内提出，复议机关应当在收到申请书之日起60日内作出决定。申请人不服复议决定的，可以在收到复议决定书之日起15日内向人民法院提起诉讼。复议机关逾期不作决定的，申请人可以在复议期满之日起15日内向人民法院提起诉讼。当事人直接向人民法院起诉的，应当自知道或者应知道作出具体行政行为之日起6个月内提出。对行政机关履行保护人身权、财产权等合法权益的，申请之日起2个月内不履行的，可向人民法院起诉。以上期限法律、法规另有规定的除外。当事人因不可抗力或者其他特殊情况耽误法定期限的，在障碍消除后的10日内，可以申请延长期限，是否准许由人民法院决定。行政起诉后，受诉人民法院接到起诉状，经审查，应当在7日内立案，即受理；或者作出裁定不予受理。原告对裁定不服的可以提起上诉。

（二）审理和判决

审理和判决合称审判。行政审判分为第一审程序、第二审程序和审判监督程序。

1. 第一审程序 第一审程序是基本的程序。我国行政诉讼法对此作出了详尽的规定。

（1）时间规定 人民法院应当在立案之日起 5 日内，将起诉状副本发送被告。被告应当在收到起诉状副本之日起 15 日内向人民法院提交作出具体行政行为的有关材料，并提出答辩状。人民法院应当在收到答辩状之日起 5 日内，将答辩状副本发送原告。被告不提出答辩状的，不影响人民法院审理。

人民法院应当在立案之日起 6 个月内作出第一审判决。有特殊情况需要延长的，由高级人民法院批准，高级人民法院审理第一审案件需要延长的，由最高人民法院批准。

（2）审理原则 ①诉讼期间。不停止具体行政行为的执行。但有下列情形之一的，停止具体行政行为的执行：被告认为需要停止执行的；原告或利害关系人申请停止执行，人民法院认为该具体行政行为若执行会造成难以弥补的损失，并且停止执行不损害国家利益、社会公共利益的；人民法院认为该行政行为的执行会给国家利益、社会公共利益造成重大损害的；法律、法规规定停止执行的。当事人对停止执行或者不停止执行的裁定不服的，可以申请复议一次。②公开审理原则。但涉及国家秘密、个人隐私和法律另有规定的除外。③合议制。人民法院审理行政案件，由审判员组成合议庭，或者由审判员、陪审员组成合议庭。合议庭的成员应当是 3 人以上的单数。④回避原则。当事人认为审判人员与本案有利害关系或者有其他关系可能影响公正审判，有权申请审判人员回避。审判人员认为自己与本案有利害关系或者有其他关系，应当申请回避。回避同样适用于书记员、翻译人员、鉴定人、勘验人。院长担任审判长时的回避，由审判委员会决定；审判人员的回避，由院长决定；其他人员的回避，由审判长决定。当事人对决定不服的，可以申请复议。

（3）法律依据 人民法院审理行政案件，以法律和行政法规、地方性法规为依据。地方性法规适用于本行政区域内发生的行政案件。审理民族自治地方的行政案件，以该民族自治地方的自治条例和单行条例为依据。

人民法院审理行政案件，参照国务院部、委根据法律和国务院的行政法规、决定、命令制定、发布的规章以及省、自治区、直辖市和省、自治区的人民政府所在地的市和经国务院批准的较大市的人民政府根据法律和国务院的行政法规制定、发布的规章。

人民法院认为地方人民政府制定、发布的规章与国务院部、委制定、发布的规章不一致的，以及国务院部、委制定、发布的规章之间不一致的，由最高人民法院送请国务院作出解释或者裁决。

（4）撤诉和缺席判决 经人民法院两次合法传唤，原告无正当理由拒不到庭的，视为申请撤诉；被告无正当理由拒不到庭的，可以缺席判决。

人民法院对行政案件宣告判决或者裁定前，原告申请撤诉的或者被告改变其所作的具体行政行为，原告同意并申请撤诉的，是否准许，由人民法院裁定。

（5）对妨害行政诉讼的强制措施　诉讼参与人或者其他人有下列行为之一的，人民法院可以根据情节轻重，予以训诫、责令具结悔过或者处 10 000 元以下的罚款、15 日以下的拘留；构成犯罪的，依法追究刑事责任：①有义务协助调查、执行的人，对人民法院的协助调查决定、协助执行通知书，无故推拖、拒绝或者妨碍调查、执行的；②伪造、隐藏、毁灭证据或者提供虚假证明材料，妨碍人民法院审理案件的；③指使、贿买、胁迫他人作伪证或者威胁、阻止证人作证的；④隐藏、转移、变卖、毁损已被查封、扣押、冻结的财产的；⑤以欺骗、胁迫等非法手段使原告撤诉的；⑥以暴力、威胁或者其他方法阻碍人民法院工作人员执行职务，或者以哄闹、冲击法庭等方法扰乱人民法院工作秩序的；⑦对人民法院审判人员或者其他工作人员、诉讼参与人、协助调查和执行的人员恐吓、侮辱、诽谤、诬陷、殴打、围攻或者打击报复的。

人民法院对有上述行为之一的单位，可以对其主要负责人或者直接责任人员予以罚款、拘留；构成犯罪的，依法追究刑事责任。罚款、拘留须经人民法院院长批准。当事人不服的，可以向上一级人民法院申请复议一次。复议期间不停止执行。

（6）判决　人民法院经过审理，根据不同情况，分别作出以下判决：①具体行政行为证据确凿，适用法律、法规正确，符合法定程序的，判决维持。②具体行政行为有主要证据不足或适用法律、法规错误，违反法定程序的，超越职权、滥用职权的情形之一的，判决撤销或者部分撤销，并可以判决被告重新作出具体行政行为。③被告不履行或者拖延履行法定职责的，判决其在一定期限内履行。④行政处罚显失公正的，可以判决变更。

人民法院判决被告重新作出具体行政行为的，被告不得以同一的事实和理由作出与原具体行政行为基本相同的具体行政行为。

人民法院在第一审作出判决或裁定后，当事人在规定的时间内不提起上诉，则第一审的判决或者裁定发生法律效力。

2. 第二审程序　当事人不服人民法院第一审判决或者裁定，在法定的期限内提出上诉，则引起第二审程序的发生。

（1）时间规定　当事人不服人民法院第一审判决的，有权在判决书送达之日起 15 日内向上一级人民法院提起上诉。当事人不服人民法院第一审裁定的，有权在裁定书送达之日起 10 日内向上一级人民法院提起上诉。逾期不提起上诉的，人民法院的第一审判决或者裁定发生法律效力。

人民法院审理上诉案件，应当在收到上诉状之日起 3 个月内作出终审判决。有特殊情况需要延长的，由高级人民法院批准。高级人民法院审理上诉案件需要延长的，由最高人民法院批准。

（2）审理和处理 人民法院对上诉案件，认为事实清楚的，可以实行书面审理。按照下列情形，分别处理：①原判决、裁定认定事实清楚，适用法律、法规正确的，判决或者裁定驳回上诉，维持原判、裁定；②原判决、裁定认定事实错误或者适用法律、法规错误的，依法改判撤销或者变更；③原判决认定事实不清、证据不足的，发回原审人民法院重审，或者查清事实后改判；④原判决遗漏当事人或者违法缺席判决等严重违反法定程序的，裁定撤销原判决，发回原审人民法院重审。当事人对重审案件的判决、裁定，可以上诉。

3. 审判监督程序 审判监督程序是人民法院对已经发生法律效力的判决或裁定，进行再次审理的程序。

各级人民法院院长对本院已经发生法律效力的判决、裁定，发现有《行政诉讼法》第九十一条规定情形之一，或者发现调解违反自愿原则或者调解书内容违法，认为需要再审的，应当提交审判委员会讨论决定。最高人民法院对地方各级人民法院已经发生法律效力的判决、裁定，上级人民法院对下级人民法院已经发生法律效力的判决、裁定，发现有《行政诉讼法》第九十一条规定情形之一，或者发现调解违反自愿原则或者调解书内容违法的，有权提审或者指令下级人民法院再审。

最高人民检察院对各级人民法院已经发生法律效力的判决、裁定，上级人民检察院对下级人民法院已经发生法律效力的判决、裁定，发现有《行政诉讼法》第九十一条规定情形之一，或者发现调解书损害国家利益、社会公共利益的，应当提出抗诉。

（三）执行

当事人必须履行人民法院发生法律效力的判决、裁定、调解书。公民、法人或者其他组织拒绝履行判决、裁定、调解书的，行政机关或者第三人可以向第一审人民法院申请强制执行，或者由行政机关依法强制执行。行政机关拒绝履行判决、裁定、调解书的，第一审人民法院可以采取以下措施：①对应当归还的罚款或者应当给付的款额，通知银行从该行政机关的账户内划拨；②在规定期限内不履行的，从期满之日起，对该行政机关按日处50元至100元的罚款；③将行政机关拒绝履行的情况予以公告；④向监察机关或者该行政机关的上一级行政机关提出司法建议。接受司法建议的机关，根据有关规定进行处理，并将处理情况告知人民法院；⑤拒不履行判决、裁定、调解书，社会影响恶劣的，可以对该行政机关直接负责的主管人员和其他直接责任人员予以拘留；情节严重构成犯罪的，依法追究刑事责任。

公民、法人或者其他组织对具体行政行为在法定期限内不提起诉讼又不履行的，行政机关可以申请人民法院强制执行，或者依法强制执行。

二、民事诉讼程序

人民法院审理民事诉讼活动的过程、步骤和方法，称为民事诉讼程序。民事诉讼程序主要分为审判程序和执行程序。

民事诉讼法

（一）审判程序

审判程序主要包括第一审普通程序、简易程序和特别程序，第二审程序，审判监督程序。

1. 第一审普通程序　审理第一审民事案件的程序，称为第一审程序，包括普通程序、简易程序和特别程序。第一审普通程序是基本的程序。除法律另有规定者外，简易程序、特别程序、第二审程序以及审判监督程序，在相应的问题上，也都适用第一审普通程序的规定。

第一审普通程序分为起诉和受理、审理前的准备、开庭审理、诉讼中止和终结以及判决和裁定几个阶段。

（1）起诉和受理　原告起诉和人民法院受理立案，引起民事诉讼程序的开始。起诉必须符合下列条件：①原告是与本案有直接利害关系的公民、法人和其他组织；②有明确的被告；③有具体的诉讼请求和事实、理由；④属于人民法院受理民事诉讼的范围和受诉人民法院管辖。

起诉应当向人民法院递交起诉状，并按照被告人数提出副本。书写起诉状确有困难的，可以口头起诉，由人民法院记入笔录，并告知对方当事人。

起诉状应当记明下列事项：①原告的姓名、性别、年龄、民族、职业、工作单位、住所、联系方式，法人或者其他组织的名称、住所和法定代表人或者主要负责人的姓名、职务、联系方式；②被告的姓名、性别、工作单位、住所等信息，法人或者其他组织的名称、住所等信息；③诉讼请求和所根据的事实与理由；④证据和证据来源，证人姓名和住所。

人民法院收到起诉状或者口头起诉，经审查，认为符合条件的，应当在7日内立案，并通知当事人；认为不符合起诉条件的，应当在7日内裁定不予受理；原告对裁定不服的，可以提起上诉。

（2）审理前的准备　人民法院应当在立案之日起5日内将起诉副本发送被告，被告在收到之日起15日内提出答辩状。被告提出答辩状的，人民法院应当在收到之日起 5 日内将答辩状副本发送原告。被告不提出答辩状的，不影响人民法院审理。

人民法院对决定受理的案件，应当在受理案件通知书和应诉通知书中向当事人告知有关的诉讼权利义务，或者口头告知。合议庭组成人员确定后，应当在 3 日内告知当事人。

审判人员必须认真审核诉讼材料，调查收集必要的证据。必须共同进行诉讼的当事人没有参加诉讼的，人民法院应当通知其参加诉讼。

（3）开庭审理　开庭审理是指人民法院定期传集各方当事人共同到庭进行口头审理的过程。审理民事案件，除涉及国家秘密、个人隐私或者法律另有规定的以外，应当公开进行。离婚案件，涉及商业秘密的案件，当事人申请不公开审理的，可以不公开审理。

开庭审理分为开始阶段、法庭调查、法庭辩论及作出宣告判决等四个阶段。

人民法院审理民事案件，应当在开庭 3 日前通知当事人和其他诉讼参与人。公开审理的，应当公告当事人姓名、案由和开庭的时间、地点。

开庭审理前，书记员应当查明当事人和其他诉讼参与人是否到庭，宣布法庭纪律。开庭审理时，由审判长核对当事人，宣布案由，宣布审判人员、书记员名单，告知当事人有关的诉讼权利义务，询问当事人是否提出回避申请。然后开始法庭调查。

法庭调查按照下列顺序进行：①当事人陈述；②告知证人的权利义务，证人作证，宣读未到庭的证人证言；③出示书证、物证和视听资料；④宣读鉴定结论；⑤宣读勘验笔录。

当事人在法庭上可以提出新的证据。当事人经法庭许可，可以向证人、鉴定人、勘验人发问。当事人要求重新进行调查、鉴定或者勘验的，是否准许，由人民法院决定。

原告增加诉讼请求，被告提出反诉。第三人提出与本案有关的诉讼请求，可以合并审理。

法庭调查完毕，即可转入法庭辩论。法庭辩论按照下列顺序进行：①原告及其诉讼代理人发言；②被告及其诉讼代理人答辩；③第三人及其诉讼代理人发言或者答辩；④互相辩论。法庭辩论主要围绕事实的认定和法律的是非进行。

法庭辩论终结前，由审判长按照原告、被告、第三人的先后顺序征询各方最后意见。法庭辩论终结，应当依法作出判决。判决前能够调解的，还可以进行调解，调解不成的，应当及时判决。人民法院书记员应当将法庭审理的全部活动记入笔录，由审判人员和书记员签名。法庭笔录应当当庭宣读，也可以告知当事人和其他诉讼参与人当庭或者在 5 日内阅读。当事人和其他诉讼参与人认为对自己的陈述记录有遗漏或者差错的，有权申请补正。如果不予补正，应当将申请记录在案。法庭笔录由当事人和其他诉讼参与人签名或者盖章。拒绝签名盖章的，记明情况附卷。

有下列情形之一的，可以延期开庭审理：①必须到庭的当事人和其他诉讼参与人有正当理由没有到庭的；②当事人临时提出回避申请的；③需要通知新的证人到庭，调取新的证据，重新鉴定、勘验，或者需要补充调查的；④其他应当延期的情形。

人民法院适用普通程序审理的案件，应当在立案之日起 6 个月内审结。有特殊情况需要延长的，由本院院长批准，可以延长 6 个月；还需要延长的，报请上级人民法院批准。

（4）诉讼中止和终结　民事诉讼进行中，由于存在或发生了特定的情况，应暂时中断诉讼程序进行的，称为诉讼中止。有下列情形之一的，中止诉讼：一方当事人死亡，需要等待继承人表明是否参加诉讼的；一方当事人丧失诉讼行为能力，尚未确定法定代理人的；作为一方当事人的法人或者其他组织终止，尚未确定权利义务承受人的；一方当事人因不可抗拒的事由，不能参加诉讼的；本案须以另一案的审理结果为依据，而另一案尚未审结的；其他应当中止诉讼的情形。中止诉讼的原因消除后，恢复执行。

民事诉讼进行中，由于存在或发生了特定情况，应结束正在进行的诉讼程序，了结案件的，称为诉讼终结。有下列情形之一的，终结诉讼：原告死亡，没有继承人，或者继承人放弃诉讼权利的；被告死亡，没有遗产，也没有应当承担义务的人的；离婚案件一方当事人死亡的；追索赡养费、扶养费、抚育费以及解除收养关系案件的一方当事人死亡的。发生上述情况之一时，人民法院作出终结诉讼的裁定，注销案件。

（5）判决和裁定　判决是人民法院对受理的民事案件，经过法庭审理后，根据已查明确认的事实，依法作出在实体上解决当事人之间权利义务争议的决定。

人民法院对公开审理或者不公开审理的案件，一律公开宣告判决。当庭宣判的，应当在 10 日内发送判决书；定期宣判的，宣判后立即发给判决书。宣告判决时，必须告知当事人上诉权利、上诉期限和上诉的法院。宣告离婚判决，必须告知当事人在判决发生法律效力前不得另行结婚。

原告经传票传唤，无正当理由拒不到庭的，或者未经法庭许可中途退庭的，可以按撤诉处理；被告反诉的，可以缺席判决。被告经传票传唤，无正当理由拒不到庭的，或者未经法庭许可中途退庭的，可以缺席判决。宣判前，原告申请撤诉的，是否准许，由人民法院裁定。人民法院裁定不准许撤诉的，原告经传票传唤，无正当理由拒不到庭的，可以缺席判决。

人民法院审理案件，其中一部分事实已经清楚，可以就该部分先行判决。

人民法院民事判决书应当写明：案由、诉讼请求、争议的事实和理由；判决认定的事实、理由和适用的法律依据；判决结果和诉讼费用的负担；上诉期间和上诉的法院。

裁定是人民法院在审理案件或执行判决过程中，对程序上发生的问题或某些必须在判决前先行及时解决的问题所作的决定。

裁定适用于下列范围：①不予受理；②对管辖权有异议的；③驳回起诉；④财产保全和先予执行；⑤准许或者不准许撤诉；⑥中止或者终结诉讼；⑦补正判决书中的笔误；⑧中止或者终结执行；⑨不予执行仲裁裁决；⑩不予执行公证机关赋予强制执行效力的债权文书；⑩其他需要裁定解决的事项。对第①、②、⑧项裁定，可以上诉。

最高人民法院的判决、裁定，以及依法不准上诉或者超过上诉期没有上诉的判决、裁定，是发生法律效力的判决、裁定。

2. 简易程序和特别程序　简易程序是对第一审普通程序的简化，它适用于基层人民法院和它派出的法庭审理事实清楚、权利义务关系明确、争议不大的简单的民事案件。对简单的民事案件，原告可以口头起诉。当事人双方可以同时到基层人民法院或者它派出的法庭，请求解决纠纷。基层人民法院或者它派出的法庭可以当即审理，也可以另定日期审理。基层人民法院和它派出的法庭审理简单的民事案件，可以用简便方式随时传唤当事人、证人。由审判员一人独任审理，并不受法律关于普通程序的开庭日期、地点的通知和公告，以及法庭调查和辩论顺序等规定的限制。适用简易程序审理案件，应当在立案之日起3个月内审结。依简易程序审理作出的判决与依普通程序审理作出的判决，具有同等的法律效力。

特别程序是人民法院审理法律规定的某些特殊类型案件所适用的程序。包括：选民资格案件、宣告失踪或宣告死亡案件、认定公民无民事行为能力或者限制民事行为能力案件和认定财产无主案件。依照特别程序审理的案件，实行一审终审。选民资格案件或者重大、疑难的案件，由审判员组成合议庭审理；其他案件由审判员一人独任审理。审理案件的过程中，发现本案属于民事权益争议的，应当裁定终结特别程序，并告知利害关系人可以另行起诉。适用特别程序审理的案件，应当在立案之日起30日内或者公告期满后30日内审结。有特殊情况需要延长的，由本院院长批准。但审理选民资格的案件除外。

3. 第二审程序　当事人不服第一审人民法院的判决或裁定，在法定的期限内提起上诉，请求上一级人民法院审理，由上一级人民法院再审的程序，称第二审程序。上诉人必须是案件第一审程序中的原告、被告或有独立请求权的第三人，以及他们的继承人或诉讼权利承担人；被上诉人必须是上诉人在第一审程序中的对方当事人、第三人。上诉必须在第一审的判决或裁定未发生法律效力前提出，即对第一审判决不服的，在判决书送达之日起 15 日内提出；对第一审裁定不服的，在裁定书送达之日起 10 日内提出。超过法定期限，第一审的判决或裁定即发生法律效力，当事人便不能再提起上诉，而只能依审判监督程序提出申诉。

上诉应当递交上诉状。上诉状的内容，应当包括当事人的姓名，法人的名称及其法定代表人的姓名或者其他组织的名称及其主要负责人的姓名；原审人民法院名称、案件的编号和案由；上诉的请求和理由。上诉状应当通过原审人民法院提出，并按照对方当事人或者代表人的人数提出副本。

原审人民法院收到上诉状，应当在 5 日内将上诉状副本送达对方当事人，对方当事人在收到之日起 15 日内提出答辩状。人民法院应当在收到答辩状之日起 5 日内将副本送达上诉人。对方当事人不提出答辩状的，不影响人民法院审理。原审人民法院收到上诉状、答辩状，应当在 5 日内连同全部案卷和证据，报送第二审人民法院。

第二审人民法院应当对上诉请求的有关事实和适用法律进行审查。组成合议庭，开庭审理。经过阅卷和调查，询问当事人，在事实核对清楚后，合议庭认为不需要开庭审理的，也可以径行判决、裁定。

第二审人民法院对上诉案件，经过审理，按照下列情形，分别处理：①原判决认定事实清楚，适用法律正确的，判决驳回上诉，维持原判决；②原判决适用法律错误的，依法改判；③原判决认定事实错误，或者原判决认定事实不清，证据不足，裁定撤销原判决，发回原审人民法院重审，或者查清事实后改判；④原判决违反法定程序，可能影响案件正确判决的，裁定撤销原判决，发回原审人民法院重审。当事人对重审案件的判决、裁定，可以上诉。

审理上诉案件，可以进行调解。调解达成协议，应当制作调解书，调解书送达后，原审人民法院的判决即视为撤销。第二审人民法院判决宣告前，上诉人申请撤回上诉的，是否准许，由第二审人民法院裁定。

第二审人民法院审理上诉案件，除依照第二审程序规定外，适用第一审普通程序。

第二审人民法院的判决、裁定，是终审的判决、裁定。人民法院审理对判决的上诉案件，应当在第二审立案之日起 3 个月内审结。有特殊情况需要延长的，由本院院长批准。审理对裁定的上诉案件，应当在第二审立案之日起 30 日内作出终审裁定。

4. 审判监督程序　人民法院对已经发生法律效力的判决或裁定，发现确有错误，依法撤销原来的判决或裁定，进行重新审理的程序，属于审判监督程序。审判监督程序的发生，一是由上级人民法院或本法院院长发现已发生法律效力的判决或裁定确有错误而提起。二是由当事人、申诉并有符合法律规定的情形而提起。三是由人民检察院按照审判监督程序提出抗诉而提起。当事人对已经发生法律效力的判决、裁定，认为有错误的，可以向原审人民法院或者上一级人民法院申请再审，但不停止判决、裁定的执行。当事人的申请符合下列情形之一的，人民法院应当再审：①有新的证据，足以推翻原判决、裁定的；②原判决、裁定认定事实的主要证据不足的；③原判决、裁定适用法律确有错误的；④人民法院违反法定程序，可能影响案件正确判决、裁定的；⑤审判人员在审理该案件时有贪污受贿，徇私舞弊，枉法裁判行为的。人民法院对不符合上述规定的申请，予以驳回。

当事人对已经发生法律效力的调解书，提出证据证明调解违反自愿原则或者调解协议的内容违反法律的，可以申请再审。经人民法院审查属实的，应当再审。

对已经发生法律效力的解除婚姻关系的判决，不得申请再审。当事人申请再审，应当在判决、裁定发生法律效力后 6 个月内提出。

按照审判监督程序决定再审的案件，裁定中止原判决的执行。

发生法律效力的判决、裁定是由第一审法院作出的，按照第一审程序审理，所作的判决、裁定，当事人可以上诉；发生法律效力的判决、裁定是由第二审法院作出的，按照第二审程序审理，所作的判决、裁定，是发生法律效力的判决、裁定；上级人民法院按照审判监督程序的提审，按照第二审程序审理，所作的判决、裁定是发生法律效力的判决、裁定。人民法院审理再审案件，应当另行组成合议庭。

（二）执行程序

人民法院对不履行已发生法律效力的民事判决、裁定、调解书等所确定的义务的当事人，依法强制其履行义务的程序，称为执行程序。

1. 执行的申请和移送　发生法律效力的民事判决、裁定，一方拒绝履行的，对方当事人可以向人民法院申请执行，也可以由审判员移送执行员执行。调解书和其他应当由人民法院执行的法律文书、依法设立的仲裁机构的裁决、公证机关依法赋予强制执行效力的债权文书，一方当事人不履行的，对方当事人可以向有管辖权的人民法院申请执行。

申请执行的期限为二年，从法律文书规定的每次履行期间的最后一日起计算；法律文书未规定履行期间的，从法律文书生效之日起计算。

2. 执行措施　被执行人未按执行通知履行法律文书确定的义务，人民法院有权向有关单位查询被执行人的存款、债券、股票、基金份额等财产情况。

人民法院有权根据不同情形扣押、冻结、划拨、变价被执行人的财产。人民法院查询、扣押、冻结、划拨、变价的财产不得超出被执行人应当履行义务的范围。人民法院决定扣押、冻结、划拨、变价财产，应当作出裁定，并发出协助执行通知书，有关单位必须办理。

（1）扣留提取收入　被执行人未按执行通知履行法律文书确定的义务，人民法院有权扣留、提取被执行人应当履行义务部分的收入。但应当保留被执行人及其所扶养家属的生活必需费用。人民法院扣留、提取收入时，应当作出裁定，并发出协助执行通知书，被执行人所在单位、银行、信用合作社和其他有储蓄业务的单位必须办理。

（2）法院合法采取执行措施　被执行人未按执行通知履行法律文书确定的义务，人民法院有权查封、扣押、冻结、拍卖、变卖被执行人应当履行义务部分的财产。但应当保留被执行人及其所扶养家属的生活必需品。采取前款措施，人民法院应当作出裁定。

（3）查扣程序　人民法院查封、扣押财产时，被执行人是公民的，应当通知被执行人或者他的成年家属到场；被执行人是法人或者其他组织的，应当通知其法定代表人或者主要负责人到场。拒不到场的，不影响执行。被执行人是公民的，其工作单位或者财产所在地的基层组织应当派人参加。对被查封、扣押的财产，执行员必须造具清单，由在场人签名或者盖章后，交被执行人一份。被执行人是公民的，也可以交他的成年家属一份。

（4）查封财产保管　被查封的财产，执行员可以指定被执行人负责保管。因被执行人的过错造成的损失，由被执行人承担。

（5）拍卖和变卖　财产被查封、扣押后，执行员应当责令被执行人在指定期间履行法律文书确定的义务。被执行人逾期不履行的，人民法院应当拍卖被查封、扣押的财产；不适于拍卖或者当事人双方同意不进行拍卖的，人民法院可以委托有关单位变卖或者自行变卖。国家禁止自由买卖的物品，交有关单位按照国家规定的价格收购。

（6）搜查措施　被执行人不履行法律文书确定的义务，并隐匿财产的，人民法院有权发出搜查令，对被执行人及其住所或者财产隐匿地进行搜查。采取前款措施，由院长签发搜查令。

（7）对不动产执行　强制迁出房屋或者强制退出土地，由院长签发公告，责令被执行人在指定期间履行。被执行人逾期不履行的，由执行员强制执行。强制执行时，被执行人是公民的，应当通知被执行人或者他的成年家属到场；被执行人是法人或者其他组织的，应当通知其法定代表人或者主要负责人到场。拒不到场的，不影响执行。被执行人是公民的，其工作单位或者房屋、土地所在地的基层组织应当派人参加。执行员应当将强制执行情况记入笔录，由在场人签名或者盖章。强制迁出房屋被搬出的财物，由人民法院派人运至指定处所，交给被执行人。被执行人是公民的，也可以交给他的成年家属。因拒绝接收而造成的损失，由被执行人承担。

（8）证照转移　在执行中，需要办理有关财产权证照转移手续的，人民法院可以向有关单位发出协助执行通知书，有关单位必须办理。

被执行人未按判决、裁定和其他法律文书指定的期间履行给付金钱义务的，应当加倍支付迟延履行期间的债务利息。未按判决、裁定和其他法律文书指定的期间履行其他义务的，应当支付迟延履行金。

人民法院采取查询、冻结、划拨存款，扣留、提取收入和查封、扣押、冻结、拍卖、变卖财产的执行措施后，被执行人仍不能偿还债务的，应当继续履行义务。债权人发现被执行人有其他财产的，可以随时请求人民法院执行。

3. 执行中止和终结　在执行过程中，因出现法律规定的特殊情况而暂时停止执行，称为执行中止。有下列情形之一的，人民法院应当裁定中止执行：①申请人表示可以延期执行的；②案外人对执行标的提出确有理由的异议的；③作为一方当事人的公民死亡，需要等待继承人继承权利或者承担义务的；④作为一方当事人的法人或者其他组织终止，尚未确定权利义务承受人的；⑤人民法院认为应当中止执行的其他情形。中止的情形消失后，恢复执行。在执行过程中，有下列情形之一的，人民法院裁定终结执行：①申请人撤销申请的；②据以执行的法律文书被撤销的；③作为被执行人的公民死亡，无遗产可供执行，又无义务承担人的；④追索赡养费、扶养费、抚育费案件的权利人死亡的；⑤作为被执行人的公民因生活困难无力偿还借款，无收入来源，又丧失劳动能力的；⑥人民法院认为应当终结执行的其他情形。中止和终结执行的裁定，送达当事人后立即生效。

三、刑事诉讼程序

刑事诉讼法

1996 年 3 月 17 日第八届全国人大第四次会议通过《关于修改〈中华人民共和国刑事诉讼法〉的决定》，对 1979 年刑事诉讼法作出了较大的修改。2012、2018 年又 2 次修正。

修改后的《刑事诉讼法》对公安、检察、法院三机关分工配合、相互制约的规定更加明确、具体，操作性更强。下面结合新的《刑事诉讼法》对我国刑事诉讼程序作一些介绍。刑事诉讼一般分为立案、侦查、起诉、审判和执行五个阶段。这是与行政诉讼程序和民事诉讼程序有较大区别的。刑事自诉案件，不需经过侦查、起诉阶段。立案后即可进入审判。还有某些案件，经过立案和侦查之后，应予撤销或不予起诉的，则诉讼活动就此结束。

（一）立案

立案是刑事诉讼活动的开始。公安机关或者人民检察院发现犯罪事实或者犯罪嫌疑人，按照管辖范围，立案侦查。任何单位和个人发现有犯罪事实或者犯罪嫌疑人，有权利也有义务向公安机关、人民检察院或者人民法院报案或者举报。被害人对侵犯其人身、财产权利的犯罪事实或者犯罪嫌疑人，有权向公安机关、人民检察院或者人民法院报案或者控告。公安机关、人民检察院或者人民法院对于报案、控告、举报，以及犯罪人自首的，都应当接受。对于不属于自己管辖的，应当移送主管机关处理，并且通知报案人、控告人、举报人；对于不属于自己管辖而又必须采取紧急措施的，应当先采取紧急措施，然后移送主管机关。

报案、控告、举报可以用书面或者口头提出。接受控告、举报的工作人员，应当向控告人、举报人说明诬告应负的法律责任。但是，只要不是捏造事实，伪造证据，即使控告、举报的事实有出入，甚至是错告的，也要和诬告严格加以区别。公安机关、人民检察院或者人民法院应当保障报案人、控告人、举报人及其近亲属的安全。报案人、控告人、举报人如果不愿公开自己的姓名和报案、控告、举报的行为，应当为他保守秘密。

人民法院、人民检察院或者公安机关对于报案、控告、举报和自首的材料，应当按照管辖范围，迅速进行审查，认为犯罪事实需要追究刑事责任的时候，应当立案；认为没有犯罪事实，或者犯罪事实显著轻微，不需要追究刑事责任的时候，不予立案，并且将不立案的原因通知控告人。控告人如果不服，可以申请复议。

人民检察院认为公安机关对应当立案侦查的案件而不立案侦查的或者被害人认为公安机关对应当立案侦查的案件而不立案侦查，向人民检察院提出的，人民检察院应当要求公安机关说明不立案的理由。人民检察院认为公安机关不立案理由不能成立的，应当通知公安机关立案，公安机关接到通知后应当立案。

对于自诉案件，被害人有权向人民法院直接起诉。被害人死亡或者丧失行为能力的，被害人的法定代理人、近亲属有权向人民法院起诉。人民法院应当依法受理。

（二）侦查

侦查是指公安机关、人民检察院在办理案件过程中，依照法律进行的专门调查工作和有关的强制性措施。

公安机关对已经立案的刑事案件，应当进行侦查，收集、调取犯罪嫌疑人有罪或者无罪、罪轻或者罪重的证据材料。对现行犯或者重大嫌疑分子可以依法先行拘留，对符合逮捕条件的犯罪嫌疑人，应当依法逮捕。

公安机关经过侦查，对有证据证明有犯罪事实的案件，应当进行预审，对收集、调取的证据材料予以核实。

侦查活动主要有以下几个方面：①讯问犯罪嫌疑人；②询问证人；③勘验、检查；④搜查；⑤扣押物证、书证；⑥鉴定；⑦通缉。

对犯罪嫌疑人逮捕后的侦查羁押期限不得超过二个月。案情复杂、期限届满不能终结的案件，可以经上一级人民检察院批准延长一个月。因为特殊原因，在较长时间内不宜交付审判的特别重大复杂的案件，由最高人民检察院报请全国人民代表大会常务委员会批准延期审理。

下列案件在二个月或经批准延长一个月的期限届满不能侦查终结的，经省、自治区、直辖市人民检察院批准或者决定，可以延长二个月：①交通十分不便的边远地区的重大复杂案件；②重大的犯罪集团案件；③流窜作案的重大复杂案件；④犯罪涉及面广，取证困难的重大复杂案件。

对犯罪嫌疑人可能判处十年有期徒刑以上刑罚，依照上述规定延长期限届满，仍不能侦查终结的，经省、自治区、直辖市人民检察院批准或者决定，可以再延长 2 个月。

在侦查期间，发现犯罪嫌疑人另有重要罪行的，自发现之日起重新计算侦查羁押期限。犯罪嫌疑人不讲真实姓名、住址，身份不明的，侦查羁押期限自查清其身份之日起计算，但是不得停止对其犯罪行为的侦查取证。对于犯罪事实清楚，证据确实、充分的，也可以按其自报的姓名移送人民检察院审查起诉。

公安机关侦查终结的案件，应当做到犯罪事实清楚，证据确实、充分，并且写出起诉意见书，连同案卷材料、证据一并移送同级人民检察院审查决定。

在侦查过程中，发现不应对犯罪嫌疑人追究刑事责任的，应当撤销案件；犯罪嫌疑人已被逮捕的，应当立即释放，发给释放证明，并且通知原批准逮捕的人民检察院。

人民检察院对直接受理的案件的侦查同样适用上述各项规定。在直接受理的案件中有需要逮捕、拘留犯罪嫌疑人的，由人民检察院作出决定，由公安机关执行。

人民检察院对直接受理的案件中被拘留的人，应当在拘留后的 24 小时以内进行讯问。在发现不应当拘留的时候，必须立即释放，发给释放证明。对需要逮捕而证据还不充足的，可以取保候审或者监视居住。对被拘留的人，认为需要逮捕的，应当在 10 日以内作出决定。在特殊情况下，决定逮捕的时间可以延长 1～4 日。对不需要逮捕的，应当立即释放；对于需要继续侦查并且符合取保候审、监视居住条件的，依法取保候审或者监视居住。人民检察院侦查终结的案件，应当作出提起公诉、不起诉或者撤销案件的决定。

（三）提起公诉

人民检察院对自己侦查终结的案件，以及审查公安机关的移送要求起诉的案件，决定提交人民法院审判，称为提起公诉。人民检察院对于公安机关移送起诉的案件，应当在一个月以内作出决定，重大、复杂的案件，可以延长 15 日。改变管辖的，从改变后的人民检察院收到案件之日起计算审查起诉期限。

人民检察院审查案件，应当讯问犯罪嫌疑人，听取被害人和犯罪嫌疑人、被害人委托的人的意见，可以要求公安机关提供法庭审判所必需的证据材料。对于需要补充侦查的，可以退回公安机关补充侦查，也可以自行侦查。补充侦查的案件，应当在一个月以内补充侦查完毕。补充侦查以二次为限。补充侦查完毕移送人民检察院后，人民检察院重新计算审查起诉期限。对于补充侦查的案件，人民检察院仍然认为证据不足，不符合起诉条件的，可以作出不起诉的决定。

人民检察院认为犯罪嫌疑人的犯罪事实已经查清，证据确实、充分，依法应当追究刑事责任的，应当作出起诉决定，按照审判管辖的规定，向人民法院提起公诉。

对于犯罪情节轻微，依照刑法规定不需要判处刑罚或者免除刑罚的，人民检察院可以作出不起诉决定。决定不起诉的案件，应当同时对侦查中扣押、冻结的财物解除扣押、冻结。对被不起诉人需要给予行政处罚、行政处分或者需要没收其违法所得的，应当提出检察意见，移送有关主管机关处理。有关主管机关应当将处理结果及时通知人民检察院。

不起诉的决定，应当公开宣布，并且将不起诉决定书送达被不起诉人和他的所在单位。如果被不起诉人在押，应当立即释放。对于公安机关移送起诉的案件，人民检察院决定不起诉的，应当将不起诉决定书送达公安机关。公安机关认为不起诉的决定有错误的时候，可以要求复议，如果意见不被接受，可以向上一级人民检察院提请复核。对于有被害人的案件，决定不起诉的，人民检察院应当将不起诉决定书送达被害人。被害人如果不服，可以自收到决定书后 7 日以内向上一级人民检察院申诉，请求提起公诉。人民检察院应当将复查决定告知被害人。对人民检察院维持不起诉决定的，被害人可以向人民法院起诉。被害人也可以不经申诉，直接向人民法院起诉。人民法院受理案件后，人民检察院应当将有关案件材料移送人民法院。列于人民检察院以犯罪情节轻微作出的不起诉决定，被不起诉人如果不服，可以自收到决定书后 7 日以内向人民检察院申诉。人民检察院应当作出复查决定，通知被不起诉的人，同时抄送公安机关。

（四）审判

审判是人民法院依照刑事诉讼法的原则和程序制度，审查案件事实，并在查清事实的基础上，依照刑法和其他法律的有关规定，对被告人是否犯罪，犯什么罪，是否适用刑罚，适用什么刑罚，作出判决或者裁定。

1. 审判组织　基层人民法院、中级人民法院审判第一审案件，应当由审判员三人或者由审判员和人民陪审员共三人或者七人组成合议庭进行，但是基层人民法院适用简易程序的案件可以由审判员一人独任审判。高级人民法院、最高人民法院审判第一审案件，应当由审判员三人至七人或者由审判员和人民陪审员共三人至七人组成合议庭进行。人民陪审员在人民法院执行职务，同审判员有同等权利。人民法院审判上诉和抗诉案件，由审判员三人至五人组成合议庭进行。合议庭的成员人数应当是单数。

合议庭开庭审理并且评议后，应当作出判决。对于疑难、复杂、重大的案件，合议庭认为难以作出决定的，由合议庭提请院长决定提交审判委员会讨论决定，审判委员会的决定，合议庭应当执行。

2. 第一审程序　刑事诉讼有公诉案件和自诉案件，他们的第一审程序不尽相同。

（1）公诉案件　人民法院对提起公诉的案件进行审查后，对于起诉书中有明确的指控犯罪事实并且附有证据目录、证人名单和主要证据复印件或者照片的，应当决定开庭审判。

决定开庭审判后，应当进行下列工作：①确定合议庭的组成人员；②将人民检察院的起诉书副本至迟在开庭十日以前送达被告人。对于被告人未委托辩护人的，告知被告人可以委托辩护人，或者在必要的时候指定承担法律援助义务的律师为其提供辩护；③将开庭的时间、地点在开庭三日以前通知人民检察院；④传唤当事人，通知辩护人、诉讼代理人、证人、鉴定人和翻译人员，传票和通知书至迟在开庭三日以前送达；⑤公开审判的案件，在开庭三日以前先期公布案由、被告人姓名、开庭时间和地点。

人民法院审判第一审案件应当公开进行。但是有关国家秘密或者个人隐私的案件，不公开审理。十四岁以上不满十六岁未成年人犯罪的案件，一律不公开审理。十六岁以上不满十八岁未成年人犯罪的案件，一般也不公开审理。对于不公开审理的案件，应当当庭宣布不公开审理的理由。

开庭的时候，审判长查明当事人是否到庭，宣布案由；宣布合议庭的组成人员、书记员、公诉人、辩护人、诉讼代理人、鉴定人和翻译人员的名单；告知当事人有权对合议庭组成人员、书记员、公诉人、鉴定人和翻译人员申请回避；告知被告人享有辩护权利。

公诉人在法庭上宣读起诉书后，被告人、被害人可以就起诉书指控的犯罪进行陈述，公诉人可以讯问被告人。被害人、附带民事诉讼的原告人和辩护人、诉讼代理人，经审判长许可，可以向被告人发问。审判人员可以讯问被告人。

证人作证，审判人员应当告知他要如实地提供证言和有意作伪证或者隐匿罪证要负的法律责任。公诉人、当事人和辩护人、诉讼代理人经审判长许可，可以对证人、鉴定人发问。审判长认为发问的内容与案件无关的时候，应当制止。审判人员可以询问证人、鉴定人。

公诉人、辩护人应当向法庭出示物证，让当事人辨认，对来到庭的证人的证言笔录、鉴定人的鉴定结论、勘验笔录和其他作为证据的文书，应当当庭宣读。审判人员应当听取公诉人、当事人和辩护人、诉讼代理人的意见。

法庭审理过程中，合议庭对证据有疑问的，可以宣布休庭，对证据进行调查核实。人民法院调查核实证据，可以进行勘验、检查、扣押、鉴定和查询、冻结。

法庭审理过程中，当事人和辩护人、诉讼代理人有权申请通知新的证人到庭，调取新的物证，申请重新鉴定或者勘验。法庭对于上述申请，应当作出是否同意的决定。经审判长许可，公诉人、当事人和辩护人、诉讼代理人可以对证据和案件情况发表意见并且可以互相辩论。审判长在宣布辩论终结后，被告人有最后陈述的权利。

在法庭审判过程中，如果诉讼参与人或者旁听人员违反法庭秩序，审判长应当警告制止。对不听制止的，可以强行带出法庭；情节严重的，处以1 000元以下的罚款或者15日以下的拘留。罚款、拘留必须经院长批准。被处罚人对罚款、拘留的决定不服的，可以向上一级人民法院申请复议。复议期间不停止执行。对聚众哄闹、冲击法庭或者侮辱、诽谤、威胁、殴打司法工作人员或者诉讼参与人，严重扰乱法庭秩序，构成犯罪的，依法追究刑事责任。

在被告人最后陈述后，审判长宣布休庭，合议庭进行评议，根据已经查明的事实、证据和有关的法律规定，分别作出以下判决：①案件事实清楚，证据确实、充分，依据法律认定被告人有罪的，应当作出有罪判决；②依据法律认定被告人无罪的，应当作出无罪判决；③证据不足，不能认定被告人有罪的，应当作出证据不足、指控的犯罪不能成立的无罪判决。

宣告判决，一律公开进行。当庭宣告判决的，应当在5日以内将判决书送达当事人和提起公诉的人民检察院；定期宣告判决的，应当在宣告后立即将判决书送达当事人和提起公诉的人民检察院。判决书应当由合议庭的组成人员和书记员署名，并且写明上诉的期限和上诉的法院。

在法庭审判过程中，遇有下列情形之一，影响审判进行的，可以延期审理：①需要通知新的证人到庭，调取新的物证，重新鉴定或者勘验的；②检察人员发现提起公诉的案件需要补充侦查，提出建议的；③由于当事人申请回避而不能进行审判的。因需要补充侦查而延期审理的案件，人民检察院应当在1个月以内补充侦查完毕。

法庭审判的全部活动，应当由书记员写成笔录，经审判长审阅后，由审判长和书记员签名。法庭笔录中的证人证言部分，应当当庭宣读或者交给证人阅读。证人在承认没有错误后，应当签名或者盖章。法庭笔录应当交给当事人阅读或者向他宣读。当事人认为记载有遗漏或者差错的，可以请求补充或者改正。当事人承认没有错误后，应当签名或者盖章。

人民法院审理公诉案件，应当在受理后2个月以内宣判，至迟不得超过3个月。对于可能判处死刑的案件或者附带民事诉讼的案件，以及有《刑事诉讼法》第一百五十八条规定情形之一的，经上一级人民法院批准，可以延长3个月；因特殊情况还需要延长的，报请最高人民法院批准。人民法院改变管辖的案件，从改变后的人民法院收到案件之日起计算审理期限。人民检察院补充侦查的案件，补充侦查完毕移送人民法院后，人民法院重新计算审理期限。

人民检察院发现人民法院审理案件违反法律规定的诉讼程序，有权向人民法院提出纠正意见。

（2）自诉案件　自诉案件包括下列案件：①告诉才处理的案件；②被害人有证据证明的轻微刑事案件；③被害人有证据证明对被告人侵犯自己人身、财产权利的行为应当依法追究刑事责任，而公安机关或者人民检察院不予追究被告人刑事责任的案件。

人民法院对于自诉案件进行审查后，按照下列情形分别处理：犯罪事实清楚，有足够证据的案件，应当开庭审判；缺乏罪证的自诉案件，如果自诉人提不出补充证据，应当说服自诉人撤回自诉，或者裁定驳回。自诉人经两次依法传唤，无正当理由拒不到庭的，或者未经法庭许可中途退庭的，按撤诉处理。法庭审理过程中，审判人员对证据有疑问，需要调查核实的，可以宣布休庭，对证据进行调查核实。人民法院调查核实证据，可以进行勘验、检查、扣押、鉴定和查询、冻结。人民法院对自诉案件，可以进行调解；自诉人在宣告判决前，可以同被告人自行和解或者撤回自诉。侵犯人身权、财产权应当依法追究刑事责任的案件不适用调解。

自诉案件的被告人在诉讼过程中，可以对自诉人提起反诉。反诉适用自诉的规定。

（3）简易程序　人民法院对于下列案件，可以适用简易程序，由审判员一人独任审判：①案件事实清楚、证据充分的；②被告人承认自己所犯罪行，对指控的犯罪事实没有异议的；③被告人对适用简易程序没有异议的。人民检察院在提起公诉的时候，可以建议人民法院适用简易程序。

适用简易程序审理公诉案件，人民检察院应当派员出席法庭。适用简易程序审理案件，审判人员应当询问被告人对指控的犯罪事实的意见，告知被告人适用简易程序审理的法律规定，确认被告人是否同意适用简易程序审理。适用简易程序审理案件，经审判人员许可，被告人及其辩护人可以同公诉人、自诉人及其诉讼代理人互相辩论。

适用简易程序审理案件，人民法院应当在受理后 20 日以内审结。人民法院在审理过程中，发现不宜适用简易程序的，应当按照公诉案件或者自诉案件的规定重新审理。

3. 第二审程序　被告人、自诉人和他们的法定代理人，不服地方各级人民法院第一审的判决、裁定，有权用书状或者口头向上一级人民法院上诉。被告人的辩护人和近亲属，经被告人同意，可以提出上诉。

附带民事诉讼的当事人和他们的法定代理人，可以对地方各级人民法院第一审的判决、裁定中的附带民事诉讼部分，提出上诉。对被告人的上诉权，不得以任何借口加以剥夺。

地方各级人民检察院认为本级人民法院第一审的判决、裁定确有错误的时候，应当向上一级人民法院提出抗诉。被害人及其法定代理人不服地方各级人民法院第一审的判决的，自收到判决书后 5 日以内，有权请求人民检察院提出抗诉。人民检察院自收到被害人及其法定代理人的请求后 5 日以内，应当作出是否抗诉的决定并且答复请求人。

不服判决的上诉和抗诉的期限为 10 日，不服裁定的上诉和抗诉的期限为 5 日，从接到判决书、裁定书的第 2 日起算。

被告人、自诉人、附带民事诉讼的原告人和被告人通过原审人民法院提出上诉的，原审人民法院应当在 3 日以内将上诉状连同案卷、证据移送上一级人民法院，同时将上诉状副本送交同级人民检察院和对方当事人。被告人、自诉人、附带民事诉讼的原告人和被告人直接向第二审人民法院提出上诉的，第二审人民法院应当在 3 日以内将上诉状交原审人民法院送交同级人民检察院和对方当事人。

地方各级人民检察院对同级人民法院第一审判决、裁定的抗诉，应当通过原审人民法院提出抗诉书，并且将抗诉书抄送上一级人民检察院。原审人民法院应当将抗诉书连同案卷、证据移送上一级人民法院，并且将抗诉书副本送交当事人。上级人民检察院如果认为抗诉不当，可以向同级人民法院撤回抗诉，并且通知下级人民检察院。

第二审人民法院应当就第一审判决认定的事实和适用法律进行全面审查，不受上诉或者抗诉范围的限制。共同犯罪的案件只有部分被告人上诉的，应当对全案进行审查，一并处理。第二审人民法院对下列案件，应当组成合议庭，开庭审理：①被告人、自诉人及其法定代理人对第一审认定的事实、证据提出异议，可能影响定罪量刑的上诉案件；②被告人被判处死刑的上诉案件；③人民检察院抗诉的案件；④其他应当开庭审理的案件。第二审人民法院决定不开庭审理的，应当讯问被告人，听取其他当事人、辩护人、诉讼代理人的意见。

人民检察院提出抗诉的案件或者第二审人民法院开庭审理的公诉案件，同级人民检察院都应当派员出庭。第二审人民法院应当在决定开庭审理后及时通知人民检察院查阅案卷。人民检察院应当在一个月以内查阅完毕。

第二审人民法院对不服第一审判决的上诉、抗诉案件，经过审理后，应当按照下列情形分别处理：①原判决认定事实和适用法律正确、量刑适当的，应当裁定驳回上诉或者抗诉，维持原判；②原判决认定事实没有错误，但适用法律有错误，或者量刑不当的，应当改判；③原判决事实不清楚或者证据不足的，可以在查清事实后改判；也可以裁定撤销原判，发回原审人民法院重新审判。

第二审人民法院审判上诉的案件，不得加重被告人的刑罚。人民检察院提出抗诉或者自诉人提出上诉，不受该规定的限制。第二审人民法院发现第一审人民法院的审理有下列违反法律规定的诉讼程序的情形之一的，应当裁定撤销原判，发回原审人民法院重新审判：①违反有关公开审判的规定的；②违反回避制度的；③剥夺或者限制了当事人的法定诉讼权利，可能影响公正审判的；④审判组织的组成不合法的；⑤其他违反法律规定的诉讼程序，可能影响公正审判的。

原审人民法院对于发回重新审判的案件，应当另行组成合议庭，依照第一审程序进行审判。对于重新审判后的判决，可以上诉、抗诉。

第二审人民法院发回原审人民法院重新审判的案件，原审人民法院从收到发回的案件之日起，重新计算审理期限。

第二审人民法院审判上诉或者抗诉案件的程序，除第二审程序已有规定的以外，参照第一审程序的规定进行，受理上诉、抗诉案件，应当在2个月以内审结。有法律规定情形的，经省、自治区、直辖市高级人民法院批准或者决定，可以延长2个月，但是最高人民法院受理的上诉、抗诉案件，由最高人民法院决定。

第二审的判决、裁定和最高人民法院的判决、裁定，都是终审的判决、裁定。

人民法院作出的判决生效以后，对被查封、扣押、冻结的赃款赃物及其孳息，除依法返还被害人的以外，一律没收，上缴国库。

4. 死刑复核程序　死刑复核程序是我国《刑事诉讼法》对死刑案件规定的一种特别监督程序。对死刑的复核，包括对判处死刑立即执行和对判处死刑缓期二年执行的复核。

死刑由最高人民法院核准。中级人民法院判处死刑缓期二年执行的案件，由高级人民法院核准。复核死刑案件和复核死刑缓期执行的案件，应当由审判员三人组成合议庭进行。

5. 审判监督程序　审判监督程序是人民法院依法对已经发生法律效力的判决或裁定，发现其确有错误而重新进行审查处理的一种特殊程序。

当事人及其法定代理人、近亲属，对已经发生法律效力的判决、裁定，可以向人民法院或者人民检察院提出申诉，但是不能停止判决、裁定的执行。

当事人及其法定代理人、近亲属的申诉符合下列情形之一的，人民法院应当重新审判：①有新的证据证明原判决、裁定认定的事实确有错误，可能影响定罪量刑的；②据以定罪量刑的证据不确实、不充分、依法应当予以排除，或者证明案件事实的主要证据之间存在矛盾的；③原判决、裁定适用法律确有错误的；④违反法律规定的诉讼程序，可能影响公正审判的；⑤审判人员在审理该案件的时候，有贪污受贿，徇私舞弊，枉法裁判行为的。

各级人民法院院长对本院已经发生法律效力的判决和裁定，如果发现在认定事实上或者在适用法律上确有错误，必须提交审判委员会处理。

最高人民法院对各级人民法院、上级人民法院对下级人民法院已经发生法律效力的判决和裁定，如果发现确有错误，有权提审或者指令下级人民法院再审。

最高人民检察院对各级人民法院、上级人民检察院对下级人民法院已经发生法律效力的判决和裁定，如果发现确有错误，有权按照审判监督程序向同级人民法院提出抗诉。

人民检察院抗诉的案件，接受抗诉的人民法院应当组成合议庭重新审理，对于原判决事实不清楚或者证据不足的，可以指令下级人民法院再审。

人民法院按照审判监督程序重新审判的案件，应当另行组成合议庭进行。如果原来是第一审案件，应当依照第一审程序进行审判，所作的判决、裁定，可以上诉、抗诉；如果原来是第二审案件，或者是上级人民法院提审的案件，应当依照第二审程序进行审判，所作的判决、裁定，是终审的判决、裁定。

人民法院按照审判监督程序重新审判的案件，应当在作出提审、再审决定之日起 3 个月以内审结，需要延长期限的，不得超过 6 个月。接受抗诉的人民法院按照审判监督程序审判抗诉的案件，审理期限适用上述规定；对需要指令下级人民法院再审的，应当自接受抗诉之日起 1 个月以内作出决定，下级人民法院审理案件的期限适用上述规定。

（五）执行

执行是刑事诉讼程序的最后阶段。有关机关为实现已经发生法律效力的判决或裁定所规定的内容而进行的工作称为执行。

下列判决和裁定是发生法律效力的判决和裁定：①已过法定期限没有上诉、抗诉的判决和裁定；②终审的判决和裁定；③最高人民法院核准的死刑的判决和高级人民法院核准的死刑缓期二年执行的判决。

第一审人民法院判决被告人无罪、免除刑事处罚的，如果被告人在押，在宣判后应当立即释放。

被判处死刑缓期二年执行的罪犯，在死刑缓期执行期间，如果没有故意犯罪，死刑缓期执行期满，应当予以减刑，由执行机关提出书面意见，报请高级人民法院裁定；如果故意犯罪，情节恶劣，查证属实，应当执行死刑的，由高级人民法院报请最高人民法院核准。

下级人民法院接到最高人民法院执行死刑的命令后，应当在七日以内交付执行。但是发现有下列情形之一的，应当停止执行，并且立即报告最高人民法院，由最高人民法院作出裁定：①在执行前发现判决可能有错误的；②在执行前罪犯揭发重大犯罪事实或者有其他重大立功表现，可能需要改判的；③罪犯正在怀孕。上述第一项、第二项停止执行的原因消失后，必须报请最高人民法院院长再签发执行死刑的命令才能执行；由于第三项原因停止执行的，应当报请最高人民法院依法改判。

罪犯被交付执行刑罚的时候，应当由交付执行的人民法院在判决生效后10 日以内将有关的法律文书送达公安机关、监狱或者其他执行机关。对于被判处死刑缓期二年执行、无期徒刑、有期徒刑的罪犯，由公安机关依法将该罪犯送交监狱执行刑罚。对于被判处有期徒刑的罪犯，在被交付执行刑罚前，剩余刑期在 3 个月以下的，由看守所代为执行。对于被判处拘役的罪犯，由公安机关执行。对未成年犯应当在未成年犯管教所执行刑罚。执行机关应当将罪犯及时收押，并且通知罪犯家属。

判处有期徒刑、拘役的罪犯，执行期满，应当由执行机关发给释放证明书。

对于被判处有期徒刑或者拘役的罪犯，有下列情形之一的，可以暂予监外执行：①有严重疾病需要保外就医的；②怀孕或者正在哺乳自己婴儿的妇女；③生活不能自理，适用暂予监外执行不致危害社会的。对适用保外就医可能有社会危险性的罪犯，或者自伤自残的罪犯，不得保外就医。

对罪犯确有严重疾病，必须保外就医的，由省级人民政府指定的医院诊断并开具证明文件。在交付执行前，暂予监外执行由交付执行的人民法院决定；在交付执行后，暂予监外执行由监狱或者看守所提出书面意见，报省级以上监狱管理机关或者设区的市一级以上公安机关批准。

发现不符合暂予监外执行条件的；严重违反有关暂予监外执行监督管理规定的；暂予监外执行的情形消失后，罪犯刑期未满的，应当及时收监。

对被判处管制、宣告缓刑、假释或者暂予监外执行的罪犯，依法实行社区矫正，由社区矫正机构负责执行。对被判处剥夺政治权利的罪犯，由公安机关执行。执行期满，应当由执行机关书面通知本人及其所在单位、居住地基层组织。被判处罚金的罪犯，期满不缴纳的，人民法院应当强制缴纳；如果由于遭遇不能抗拒的灾祸缴纳确实有困难的，经人民法院裁定，可以延期缴纳、酌情减少或者免除。没收财产的判决，无论附加适用或者独立适用，都由人民法院执行；在必要的时候，可以会同公安机关执行。

罪犯在服刑期间又犯罪的，或者发现了判决的时候所没有发现的罪行，由执行机关移送人民检察院处理。

监狱和其他执行机关在刑罚执行中，如果认为判决有错误或者罪犯提出申诉，应当转请人民检察院或者原判人民法院处理。

人民检察院对执行机关执行刑罚的活动是否合法实行监督。如果发现有违法的情况，应当通知执行机关纠正。

《《思考题

1. 对农业植物检疫机构作出的植物检疫决定不服应当向哪个部门申请行政复议？

2. 农业行政复议的主要形式是什么？如何进行审理？

3. 行政诉讼的二审终审制是指什么？

4. 行政机关应诉应遵守哪些规定？

党的农村工作法律制度

习近平总书记指出，党政军民学、东西南北中，党是领导一切的。为加强党的领导，十九大以后，中央非常重视党内法律制度建设。党的农村工作法律制度是党内法律制度的重要组成部分。2019 年制定出台《中国共产党农村工作条例》，并修改了《中国共产党基层组织工作条例》，这两部法规成为党的农村工作的法律依据。

第一节　重视党的农村工作法律制度建设的重大意义

习近平总书记多次强调，党管农村工作是我们的传统。在革命、建设、改革各个历史时期，我们党都把解决好"三农"问题作为关系党和国家事业全局的根本性问题，始终牢牢掌握党对农村工作的领导权。2018 年中央 1 号文件明确要求，要研究制定《中国共产党农村工作条例》，把党领导农村工作的传统、要求、政策等以党内法规形式确定下来。《中央党内法规制定工作第二个五年规划（2018—2022 年)》也对此作出了部署。专门制定关于农村工作的党内法规，在我们党的历史上还是首次，充分体现了以习近平同志为核心的党中央对农村工作的高度重视。

《中国共产党农村工作条例》（以下简称《农村工作条例》）以习近平新时代中国特色社会主义思想为指导，树牢"四个意识"、坚定"四个自信"、做到"两个维护"，对坚持和加强党对农村工作的全面领导作出了系统规定，是新时代党管农村工作的总依据。《农村工作条例》的出台，在许多方面具有重大而深远的意义。一是有助于落实加强党对农村工作的全面领导。《农村工作条例》把党管农村工作的总体要求细化成具体的规定，实现了有章可循、有法可依，从制度机制上把加强党的领导落实到了"三农"各个方面、各个环节，确保党始终总揽全局、协调各方。二是有助于巩固党在农村的执政基础。《农村工作条例》贯穿了以人民为中心的发展思想，着眼于满足农民群众日益增长的美好生活需要，把许多惠民生、解民忧的大政方针固定下来，长期坚持，将进一步密切党群干群关系，把农民群众紧紧团结在党的周围。三是有助于深入实施乡村振兴战略。《农村工作条例》围绕实施乡村振兴战略，强化农业农村优先发展的政策导向，明确五级书记抓乡村振兴的领导责任，提出加强党对农村经济建设、社会主义民主政治建设、社会主义精神文明建设、社会建设、生态文明建设的领导和农村党的建设的主要任务，将更好地把党集中统一领导的政治优势转化为重农强农、推动乡村振兴的行动优势。

2019 年，中共中央又对 1999 年颁布的《中国共产党农村基层组织工作条例》（以下简称《农村基层组织工作条例》）进行了修订。修订《农村基层组织工作条例》使之与党的十九大精神相吻合，与《农村工作条例》相配套，使党的农村工作法律制度更为完善。农村基层党组织是党在农村全部工作和战斗力的基础，坚持党管农村工作、重视和加强农村基层党组织建设是我们党的优良传统。1999 年 2 月颁布实施的《农村基层组织工作条例》，作为党的农村基层组织建设的基本法规，为推进农村基层组织建设、夯实党在农村的执政基础提供了重要制度保证。20 余年来，农村经济社会发生很大变化，特别是党的十八大以来，以习近平同志为核心的党中央推动农业农村发展取得了历史性成就、发生了历史性变革，在坚持和加强党对农村工作的全面领导，坚持党要管党、推动全面从严治党向农村基层延伸上取得重大进展，积累了重要经验。党的十九大对新时代党的建设作出重大部署，明确提出以提升组织力为重点，突出政治功能，加强基层党组织建设。对这些新形势新任务新要求，《农村基层组织工作条例》已不能完全适应，需要修订完善。按照党中央要求，中央组织部认真做好《农村基层组织工作条例》修订工作。2017 年以来，先后到 21 个省区市调研，同时委托各省区市党委组织部调研，广泛听取各级党委及组织部门同志，特别是县乡村党组织书记和基层党员、群众的意见，梳理汇总修改建议 1 000 多条。在此基础上逐章逐条修改，并征求 30 家中央单位和各省区市、新疆生产建设兵团党委组织部的意见。草案先后报经党的建设制度改革专项小组、中央政治局常委会会议审议修改。2018 年 11 月 26 日，习近平总书记主持召开中央政治局会议，审议通过《农村基层组织工作条例》。12 月 28 日，党中央予以印发。新修订的《农村基层组织工作条例》以习近平新时代中国特色社会主义思想为指导，贯彻党章和新时代党的建设总要求、新时代党的组织路线，是新时代党的农村基层组织建设的基本遵循。其颁布实施，对于坚持和加强党对农村工作的全面领导，打赢脱贫攻坚战、深入实施乡村振兴战略，推动全面从严治党向基层延伸，提高党的农村基层组织建设质量，巩固党在农村的执政基础，具有十分重要的意义。

第二节　党的农村工作法律制度主要内容

《中国共产党农村工作条例》和《中国共产党农村基层组织工作条例》是中国共产党农村工作的主要法律制度。前者是党管农村工作的总依据，后者是党管农村工作的组织制度保障。现分别就两部《条例》的主要内容介绍如下。

一、《中国共产党农村工作条例》的主要内容

1. 确定了党管农村工作的指导思想　《中国共产党农村工作条例》（以下

简称《农村工作条例》）第二条规定，党的农村工作必须高举中国特色社会主义伟大旗帜，坚持以马克思列宁主义、毛泽东思想、邓小平理论、"三个代表"重要思想、科学发展观、习近平新时代中国特色社会主义思想为指导，增强政治意识、大局意识、核心意识、看齐意识，坚定道路自信、理论自信、制度自信、文化自信，坚决维护习近平总书记党中央的核心、全党的核心地位，坚决维护党中央权威和集中统一领导，紧紧围绕统筹推进"五位一体"总体布局和协调推

中国共产党农村
工作条例

进"四个全面"战略布局，坚持稳中求进工作总基调，贯彻新发展理念，落实高质量发展要求，以实施乡村振兴战略为总抓手，健全党领导农村工作的组织体系、制度体系和工作机制，加快推进乡村治理体系和治理能力现代化，加快推进农业农村现代化，让广大农民过上更加美好的生活。

如何落实这一指导思想，《农村工作条例》第三条就党的农村工作方针作了规范，即农业农村农民（以下简称"三农"）问题是关系国计民生的根本性问题。坚持把解决好"三农"问题作为全党工作重中之重，把解决好吃饭问题作为治国安邦的头等大事，坚持农业农村优先发展，坚持多予少取放活，推动城乡融合发展，集中精力做好脱贫攻坚、防贫减贫工作，走共同富裕道路。

2. 确定了党的农村工作的原则　《农村工作条例》第四条规定，党的农村工作必须遵循以下原则：

（1）坚持党对农村工作的全面领导，确保党在农村工作中总揽全局、协调各方，保证农村改革发展沿着正确的方向前进。

（2）坚持以人民为中心，尊重农民主体地位和首创精神，切实保障农民物质利益和民主权利，把农民拥护不拥护、支持不支持作为制定党的农村政策的依据。

（3）坚持巩固和完善农村基本经营制度，夯实党的农村政策基石。

（4）坚持走中国特色社会主义乡村振兴道路，推进乡村产业振兴、人才振兴、文化振兴、生态振兴、组织振兴。

（5）坚持教育引导农民听党话、感党恩、跟党走，把农民群众紧紧团结在党的周围，筑牢党在农村的执政基础。

（6）坚持一切从实际出发，分类指导、循序渐进，不搞强迫命令、不刮风、不一刀切。

3. 确定了党的农村工作的组织领导体制机制　《农村工作条例》第二章作了系统规范。

（1）领导体制与组织机构　《农村工作条例》规定，实行中央统筹、省负总责、市县乡抓落实的农村工作领导体制；党中央全面领导农村工作，统一制

定农村工作大政方针，统一谋划农村发展重大战略，统一部署农村重大改革。党中央定期研究农村工作，每年召开农村工作会议，根据形势任务研究部署农村工作，制定出台指导农村工作的文件；党中央设立中央农村工作领导小组，在中央政治局及其常务委员会的领导下开展工作，对党中央负责，向党中央和总书记请示报告工作；中央农村工作领导小组发挥农村工作牵头抓总、统筹协调等作用，定期分析农村经济社会形势，研究协调"三农"重大问题，督促落实党中央关于农村工作重要决策部署；中央农村工作领导小组各成员单位应当加强对本单位本系统农村工作的领导，落实职责任务，加强部门协同，形成农村工作合力；中央农村工作领导小组下设办公室，承担中央农村工作领导小组日常事务。

(2) 地方党委职责　省（自治区、直辖市）党委应当定期研究本地区农村工作，定期听取农村工作汇报，决策农村工作重大事项，召开农村工作会议，制定出台农村工作政策举措，抓好重点任务分工、重大项目实施、重要资源配置等工作；市（地、州、盟）党委应当把农村工作摆上重要议事日程，做好上下衔接、域内协调、督促检查工作，发挥好以市带县作用；县（市、区、旗）党委处于党的农村工作前沿阵地，应当结合本地区实际，制定具体管用的工作措施，建立健全职责清晰的责任体系，贯彻落实党中央以及上级党委关于农村工作的要求和决策部署。县委书记应当把主要精力放在农村工作上，深入基层调查研究，加强统筹谋划，狠抓工作落实；县级以上地方党委应当设立农村工作领导小组，省市级农村工作领导小组一般由同级党委副书记任组长，县级农村工作领导小组由县委书记任组长，其成员由党委和政府有关负责人以及相关部门主要负责人组成；各级党委应当完善农村工作领导决策机制，注重发挥人大代表和政协委员作用，注重发挥智库和专业研究机构作用，提高决策科学化水平。

(3) 党委农村工作部门职责　《农村工作条例》规定，加强各级党委农村工作部门建设，做好机构设置和人员配置工作。各级党委农村工作部门履行决策参谋、统筹协调、政策指导、推动落实、督导检查等职能。

4. 确立了党的农村工作任务　《农村工作条例》规定了五个方面的任务。

(1) 加强党对农村经济建设的领导　巩固和加强农业基础地位，实施藏粮于地、藏粮于技战略，严守耕地红线，确保谷物基本自给、口粮绝对安全。深化农业供给侧结构性改革，构建现代农业产业体系、生产体系、经营体系，促进农村一二三产业融合发展，发展壮大农村集体经济，促进农民持续增收致富。坚决打赢脱贫攻坚战，巩固和扩大脱贫攻坚成果。

(2) 加强党对农村社会主义民主政治建设的领导　完善基层民主制度，深化村民自治实践，健全村党组织领导的充满活力的村民自治机制，丰富基层民主协商形式，保证农民依法实行民主选举、民主协商、民主决策、民主管理、民主监督。严厉打击农村黑恶势力、宗族恶势力，严厉打击各类违法犯罪，严厉打击暴力恐怖活动，保障人民生命财产安全，促进农村社会公平正义。坚决取缔各类非法宗教传播活动，巩固农村基层政权。

（3）加强党对农村社会主义精神文明建设的领导　培育和践行社会主义核心价值观，在农民群众中深入开展中国特色社会主义、习近平新时代中国特色社会主义思想宣传教育，建好用好新时代文明实践中心。加强农村思想道德建设，传承发展提升农村优秀传统文化，推进移风易俗。加强农村思想政治工作，广泛开展民主法治教育。深入开展农村群众性精神文明创建活动，丰富农民精神文化生活，提高农民科学文化素质和乡村社会文明程度。

（4）加强党对农村社会建设的领导　坚持保障和改善农村民生，大力发展教育、医疗卫生、养老、文化体育、社会保障等农村社会事业，加快改善农村公共基础设施和基本公共服务条件，提升农民生活质量。建立健全党委领导、政府负责、社会协同、公众参与、法治保障、科技支撑的现代乡村社会治理体制，健全党组织领导下的自治、法治、德治相结合的乡村治理体系，建设充满活力、和谐有序的乡村社会。

（5）加强党对农村生态文明建设的领导　牢固树立和践行绿水青山就是金山银山的发展理念，统筹山水林田湖草系统治理，促进农业绿色发展，加强农村生态环境保护，改善农村人居环境，建设生态宜居美丽乡村。

5. 确立了农村党的建设要求　《农村工作条例》规定，加强农村党的建设。以提升组织力为重点，突出政治功能，把农村基层党组织建设成为宣传党的主张、贯彻党的决定、领导基层治理、团结动员群众、推动改革发展的坚强战斗堡垒，发挥党员先锋模范作用。坚持农村基层党组织领导地位不动摇，乡镇党委和村党组织全面领导乡镇、村的各类组织和各项工作。村党组织书记应当通过法定程序担任村民委员会主任和村级集体经济组织、合作经济组织负责人，推行村"两委"班子成员交叉任职。加强村党组织对共青团、妇联等群团组织的领导，发挥它们的积极作用。健全村党组织领导下的议事决策机制、监督机制，建立健全村务监督委员会，村级重大事项决策实行"四议两公开"。各级党委特别是县级党委应当认真履行农村基层党建主体责任，坚持抓乡促村，选优配强村党组织书记，整顿软弱涣散村党组织，加强党内激励关怀帮扶，健全以财政投入为主的稳定的村级组织运转经费保障制度，持续加强基本队伍、基本活动、基本阵地、基本制度、基本保障建设。同时，要求各级党委应当推动全面从严治党向基层延伸，深入推进农村党风廉政建设，加强农村纪检监察工作，把落实农村政策情况作为巡视巡察重要内容，建立健全农村权力运行监督制度，持续整治侵害农民利益的不正之风和群众身边的腐败问题。

6. 确立了农村工作队伍建设要求 《农村工作条例》规定，各级党委应当把懂农业、爱农村、爱农民作为基本要求，加强农村工作队伍建设；各级党委和政府主要负责人应当懂"三农"、会抓"三农"，分管负责人应当成为抓"三农"的行家里手。加强农村工作干部队伍的培养、配备、管理、使用，健全培养锻炼制度，选派优秀干部到县乡挂职任职、到村担任第一书记，把到农村一线工作锻炼、干事创业作为培养干部的重要途径，注重提拔使用实绩优秀的农村工作干部；农村工作干部应当增强做群众工作的本领，改进工作作风，深入基层，认真倾听农民群众呼声，不断增进与农民群众的感情，坚决反对"四风"特别是形式主义、官僚主义。同时，要求各级党委应当加强农村人才队伍建设。建立县域专业人才统筹使用制度和农村人才定向委托培养制度。大力提高乡村教师、医生队伍素质。加强农业科技人才队伍和技术推广队伍建设。培养一支有文化、懂技术、善经营、会管理的高素质农民队伍，造就更多乡土人才；各级党委应当发挥工会、共青团、妇联、科协、残联、计生协等群团组织的优势和力量，发挥各民主党派、工商联、无党派人士等积极作用，支持引导农村社会工作和志愿服务发展，鼓励社会各界投身乡村振兴。

7. 确立了农村工作保障措施 《农村工作条例》规定，各级党委应当注重发挥改革对农业农村发展的推动作用。以处理好农民和土地的关系为主线推动深化农村改革，坚持农村土地农民集体所有，坚持家庭经营基础性地位，坚持保持土地承包关系稳定并长久不变，健全符合社会主义市场经济要求的农村经济体制，把实现好、维护好、发展好广大农民的根本利益作为出发点和落脚点，与时俱进推动"三农"理论创新、实践创新、制度创新，调动亿万农民的积极性、主动性、创造性，不断解放和发展农村社会生产力；各级党委应当注重发挥投入对农业农村发展的支撑作用。推动建立"三农"财政投入稳定增长机制，加大强农惠农富农政策力度，完善农业支持保护制度，健全商业性金融、合作性金融、政策性金融相结合的农村金融服务体系，拓宽资金筹措渠道，确保"三农"投入力度不断增强、总量持续增加。同时应当注重发挥科技教育对农业农村发展的引领作用。深入实施科教兴农战略，健全国家农业科技创新体系、现代农业教育体系、农业技术推广服务体系，把农业农村发展转到创新驱动发展的轨道上来。

各级党委应当注重发挥乡村规划对农业农村发展的导向作用。坚持规划先行，突出乡村特色，保持乡村风貌，加强各类规划统筹管理和系统衔接，推动形成城乡融合、区域一体、多规合一的规划体系，科学有序推进乡村建设发展；应当注重发挥法治对农业农村发展的保障作用。坚持法治思维，增强法治观念，健全农业农村法律体系，加强农业综合执法，保障农民合法权益，自觉运用法治方式深化农村改革、促进农村发展、维护农村稳定，提高党领导农村工作法治化水平。

8. 确立了农村工作报告与考核机制　《农村工作条例》规定，健全五级书记抓乡村振兴考核机制。地方各级党委和政府主要负责人、农村基层党组织书记是本地区乡村振兴工作第一责任人。上级党委和政府应当对下级党委和政府主要负责人、农村基层党组织书记履行第一责任人职责情况开展督查考核，并将考核结果作为干部选拔任用、评先奖优、问责追责的重要参考；各省（自治区、直辖市）党委和政府每年向党中央、国务院报告乡村振兴战略实施情况，省以下各级党委和政府每年向上级党委和政府报告乡村振兴战略实施情况；实行市县党政领导班子和领导干部推进乡村振兴战略实绩考核制度，将抓好农村工作特别是推进乡村振兴战略实绩、贫困县精准脱贫成效作为政绩考核的重要内容，由上级党委统筹安排实施，考核结果作为对市县党政领导班子和有关领导干部综合考核评价的重要依据；地方各级党政领导班子和主要负责人不履行或者不正确履行农村工作职责的，应当依照有关党内法规和法律法规予以问责；对农村工作履职不力、工作滞后的，上级党委应当约谈下级党委，本级党委应当约谈同级有关部门；中央和地方党政机关各涉农部门应当认真履行贯彻落实党中央关于农村工作各项决策部署的职责，贴近基层服务农民群众，不得将部门职责转嫁给农村基层组织。不履行或者不正确履行职责的，应当依照有关党内法规和法律法规予以问责。同时，各级党委应当建立激励机制，鼓励干部敢于担当作为、勇于改革创新、乐于奉献为民，按照规定表彰和奖励在农村工作中做出突出贡献的集体和个人。

二、《中国共产党农村基层组织工作条例》的主要内容

新修订的《中国共产党农村基层组织工作条例》（以下简称《农村基层组织工作条例》）在原《农村基层组织工作条例》的基础上作了重点修改，增写了"乡村治理"和"领导和保障"两章，对其他各章均作了较大修改。《农村基层组织工作条例》的主要内容可以概括为6个方面，即：强调了农村基层党组织的领导地位；规范了农村基层党组织设置；规定了乡镇党委和村党组织的主要职责；明确了农村基层党组织领导经济建设、精神文明建设、乡村治理的重点任

中国共产党农村基层组织工作条例

务；提出了加强农村基层党组织领导班子和干部队伍建设，加强党员队伍建设的明确要求；强化了各级党委特别是县级党委要认真履行农村基层组织建设主

体责任。修订后的《农村基层组织工作条例》既体现方向性、原则性，又突出实践性、针对性，有以下几个显著特点：一是贯彻党中央最新精神和要求。《农村基层组织工作条例》以习近平新时代中国特色社会主义思想为指导，对党的十九大报告、党章关于坚持和加强党的全面领导，坚持党要管党、全面从严治党，新时代党的建设总要求、重大部署，习近平总书记关于党的建设特别是农村党建的一系列重要指示精神，全国组织工作会议精神和党中央有关部署要求等，予以深入贯彻、充分体现。二是紧紧围绕"三农"工作大局。按照党中央关于新时代"三农"工作的重大决策部署，聚焦抓党建促脱贫攻坚、促乡村振兴，就农村基层党组织在组织党员、群众完成中心任务中提升组织力、强化政治功能，在不断增强群众获得感、幸福感、安全感中提高威信、提升影响，进行制度设计，提出明确要求。三是突出问题导向。针对一些农村基层党组织弱化、虚化、边缘化，带头人素质不高、能力不强，党员先锋模范作用不明显，农村基层党建主体责任不落实、保障不力等问题，提出务实管用的措施办法。四是汲取成功经验。系统梳理各地抓农村基层党建的好经验、好做法，上升为制度性要求，用基层经验指导基层实践，增强工作的规范性、稳定性。

1. 明确了乡村党的组织设置要求 《农村基层组织工作条例》规定，乡镇应当设立党的基层委员会。乡镇党委每届任期 5 年，由党员大会或者党员代表大会选举产生；以村为基本单元设置党组织。有正式党员 3 人以上的村，应当成立党支部；不足 3 人的，可以与邻近村联合成立党支部。党员人数超过 50 人的村，或者党员人数虽不足 50 人、确因工作需要的村，可以成立党的总支部。党员人数 100 人以上的村，根据工作需要，经县级地方党委批准，可以成立党的基层委员会，下设若干党支部；村党的委员会受乡镇党委领导；村党的委员会、总支部委员会、支部委员会每届任期 5 年，由党员大会选举产生。党员人数 500 人以上的村党的委员会，经乡镇党委批准，可以由党员代表大会选举产生；县以上有关部门驻乡镇的单位，应当根据党员人数和工作需要成立党的基层组织。这些党组织，除党中央另有规定的以外，受乡镇党委领导。同时规定，农村经济组织、社会组织具备单独成立党组织条件的，根据工作需要，可以成立党组织，一般由所在村党组织或者乡镇党委领导。在跨村跨乡镇的经济组织、社会组织中成立的党组织，由批准其成立的上级党组织或者县级党委组织部门确定隶属关系；村改社区应当同步调整或者成立党组织；村及以下成立或者撤销党组织，必须经乡镇党委或者以上党组织批准。《农村基层组织工作条例》还对乡镇党委、村委的支部委员会组成进行了具体规范。

2. 明确了农村基层组织职责任务

（1）乡镇党委的主要职责

①宣传和贯彻执行党的路线方针政策和党中央、上级党组织及本乡镇党员

代表大会（党员大会）的决议。

②讨论和决定本乡镇经济建设、政治建设、文化建设、社会建设、生态文明建设和党的建设以及乡村振兴中的重大问题。需由乡镇政权机关或者集体经济组织决定的重要事项，经乡镇党委研究讨论后，由乡镇政权机关或者集体经济组织依照法律和有关规定作出决定。

③领导乡镇政权机关、群团组织和其他各类组织，加强指导和规范，支持和保证这些机关和组织依照国家法律法规以及各自章程履行职责。

④加强乡镇党委自身建设和村党组织建设，以及其他隶属乡镇党委的党组织建设，抓好发展党员工作，加强党员队伍建设。维护和执行党的纪律，监督党员干部和其他任何工作人员严格遵守国家法律法规。

⑤按照干部管理权限，负责对干部的教育、培训、选拔、考核和监督工作。协助管理上级有关部门驻乡镇单位的干部，做好人才服务和引进工作。

⑥领导本乡镇的基层治理，加强社会主义民主法治建设和精神文明建设，加强社会治安综合治理，做好生态环保、美丽乡村建设、民生保障、脱贫致富、民族宗教等工作。

（2）村党组织的主要职责

①宣传和贯彻执行党的路线方针政策和党中央、上级党组织及本村党员大会（党员代表大会）的决议。

②讨论和决定本村经济建设、政治建设、文化建设、社会建设、生态文明建设和党的建设以及乡村振兴中的重要问题并及时向乡镇党委报告。需由村民委员会提请村民会议、村民代表会议决定的事情或者集体经济组织决定的重要事项，经村党组织研究讨论后，由村民会议、村民代表会议或者集体经济组织依照法律和有关规定作出决定。

③领导和推进村级民主选举、民主决策、民主管理、民主监督，推进农村基层协商，支持和保障村民依法开展自治活动。领导村民委员会以及村务监督委员会、村集体经济组织、群团组织和其他经济组织、社会组织，加强指导和规范，支持和保证这些组织依照国家法律法规以及各自章程履行职责。

④加强村党组织自身建设，严格组织生活，对党员进行教育、管理、监督和服务。负责对要求入党的积极分子进行教育和培养，做好发展党员工作。维护和执行党的纪律。加强对村、组干部和经济组织、社会组织负责人的教育、管理和监督，培养村级后备力量。做好本村招才引智等工作。

⑤组织群众、宣传群众、凝聚群众、服务群众，经常了解群众的批评和意见，维护群众正当权利和利益，加强对群众的教育引导，做好群众思想政治工作。

⑥领导本村的社会治理，做好本村的社会主义精神文明建设、法治宣传教

育、社会治安综合治理、生态环保、美丽村庄建设、民生保障、脱贫致富、民族宗教等工作。

同时规定，党员人数较多的村党支部，可以划分若干党小组。党小组在支部委员会领导下开展工作，组织党员学习和参加组织生活，检查党员履行义务、行使权利和执行支部委员会、党员大会决议的情况，反映党员、群众的意见。

3. 明确了党在经济建设中的领导 《农村基层组织工作条例》规定，党的农村基层组织应当加强对经济工作的领导，坚持以经济建设为中心，贯彻创新、协调、绿色、开放、共享的发展理念，加快推进农业农村现代化，持续增加农民收入，不断满足群众对美好生活的需要。具体任务包括：

①坚持以公有制为主体、多种所有制经济共同发展的基本经济制度，巩固和完善农村基本经营制度，坚持农村土地集体所有，坚持家庭经营基础性地位，坚持稳定土地承包关系，走共同富裕之路。

②稳定发展粮食生产，发展多种经营应当同支持和促进粮食生产相结合。

③推动乡村产业振兴，推进农村一二三产业融合发展，让农民合理分享全产业链增值收益。

④坚持绿水青山就是金山银山理念，实现农业农村绿色发展、可持续发展。

⑤领导制定本地经济发展规划，组织、动员各方面力量保证规划实施。

⑥组织党员、群众学习农业科学技术知识，运用科技发展经济。吸引各类人才到农村创业创新。

4. 明确了党对脱贫攻坚的要求 《农村基层组织工作条例》规定，党的农村基层组织应当动员和带领群众全力打赢脱贫攻坚战，如期实现脱贫目标，巩固发展脱贫攻坚成果、防止返贫，组织发展乡村致富产业，推动农民就业创业，教育引导农民既"富口袋"又"富脑袋"，依靠自己的辛勤劳动创造幸福美好生活。同时要求党的农村基层组织应当因地制宜推动发展壮大集体经济，领导和支持集体经济组织管理集体资产，协调利益关系，组织生产服务和集体资源合理开发，确保集体资产保值增值，确保农民受益。

5. 明确了党在农村精神文明建设中的任务 《农村基层组织工作条例》规定，党的农村基层组织应当组织群众学习习近平新时代中国特色社会主义思想，培育和践行社会主义核心价值观，开展中国特色社会主义和实现中华民族伟大复兴的中国梦宣传教育，爱国主义、集体主义和社会主义教育，党的路线方针政策教育，思想道德和民主法治教育，引导农民正确处理国家、集体、个人三者之间的利益关系，培养有理想、有道德、有文化、有纪律的新型农民；党的农村基层组织应当加强群众培训，通过新时代文明实践中心（所、站）、农民夜校等渠道，深入宣传教育群众，用中国特色社会主义文化、社会主义思想道德牢牢占领农村思想文化阵地；党的农村基层组织应当改善农村人居环境，倡导文明健康生活方式。传承发展提升农村优秀传统文化，保护传统村落，加强农村文化设施建设，开展健康有益的文体活动。改善办学条件，普及义务教育。开展文明村镇、文明家庭创建活动，破除封建迷信和陈规陋习，推进移风易俗，弘扬时代新风；党的农村基层组织应当加强和改进思想政治工作。宣传党组织和党员先进事迹，宣传好人好事，弘扬真善美，传播正能量。了解群众思想状况，帮助解决实际困难，引导群众自觉听党话、感党恩、跟党走。同时要求党的农村基层组织应当加强对党员、群众的无神论宣传教育，引导党员、群众自觉抵制腐朽落后文化侵蚀，弘扬科学精神，普及科学知识。做好农村宗教工作，加强对信教群众的工作，管理好宗教活动场所，依法制止利用宗教干涉农村公共事务，坚决抵御非法宗教活动和境外渗透活动。必须在意识形态上站稳立场，旗帜鲜明反对各种错误观点，同一切歪风邪气、违法犯罪行为做斗争。

6. 明确了党在推进乡村治理现代化的引领　《农村基层组织工作条例》规定，党的农村基层组织应当加强对各类组织的统一领导，打造充满活力、和谐有序的善治乡村，形成共建共治共享的乡村治理格局；村党组织书记应当通过法定程序担任村民委员会主任和村级集体经济组织、合作经济组织负责人，村"两委"班子成员应当交叉任职。村务监督委员会主任一般由党员担任，可以由非村民委员会成员的村党组织班子成员兼任。村民委员会成员、村民代表中党员应当占一定比例；村级重大事项决策实行"四议两公开"，即村党组织提议、村"两委"会议商议、党员大会审议、村民会议或者村民代表会议决议，决议公开、实施结果公开；党的农村基层组织应当健全党组织领导的自治、法治、德治相结合的乡村治理体系。深化村民自治实践，制定完善村规民约，建立健全村务监督委员会，加强村级民主监督。推广新时代"枫桥经验"，推进乡村法治建设，提升乡村德治水平，建设平安乡村；依法严厉打击农村黑恶势力、宗族恶势力、宗教极端势力、"村霸"，严防其侵蚀基层干部和基层政权。坚决惩治黑恶势力"保护伞"。同时要求党的农村基层组织应当加强农村生态文明建设，组织党员、群众参与山水林田湖草系统治理，加强污染防治，保护生态环境，建设美丽乡村；党的农村基层组织应当保障和改善民生，努力解决入园入托、上学、就业、看病、养老、居住、出行、饮水等群众最关心最直接最现实的利益问题，加强对贫困人口、留守儿童和妇女、老年人、残疾人、"五保户"等人群的关爱服务。投放农村的公共服务资源，应当以乡镇、村党组织为主渠道落实，保证有资源、有能力为群众服务并注重运用现代信息技术，提升乡村治理智能化水平。

7. 明确了农村基层领导班子和干部队伍建设

（1）规定了对乡村领导干部和班子政治、业务、廉洁自律等方面的要求。《农村基层组织工作条例》规定，农村基层干部应当认真学习和忠实践行习近平新时代中国特色社会主义思想，学习党的基本理论、基本路线、基本方略，学习必备知识技能。懂农业，掌握"三农"政策，熟悉农村情况，有能力、有措施、有办法解决实际问题；爱农村，扎根农村基层，安身安心安业，甘于奉献、苦干实干；爱农民，对农民群众充满感情、始终放在心上，把农民群众的利益摆在第一位，与农民群众想在一起、干在一起，不断创造美好生活；加强农村基层干部队伍作风建设。坚持实事求是，不准虚假浮夸；坚持依法办事，不准违法乱纪；坚持艰苦奋斗，不准奢侈浪费；坚持说服教育，不准强迫命令；坚持廉洁奉公，不准以权谋私。坚决反对形式主义、官僚主义、享乐主义和奢靡之风；严格农村基层干部管理监督，坚决纠正损害群众利益行为，严厉整治群众身边腐败问题。同时要求乡镇党委领导班子应当由信念坚定、为民服务、勤政务实、敢于担当、清正廉洁，善于结合实际开展工作的党员干部组成。乡镇党委书记还应当具备一定的理论和政策水平，坚持依法办事，具有较强的组织协调能力、群众工作能力、处理农村复杂问题的能力，熟悉党务工作和"三农"工作，带头实干、敢抓敢管；村党组织领导班子应当由思想政治素质好、道德品行好、带富能力强、协调能力强，公道正派、廉洁自律，热心为群众服务的党员组成。村党组织书记还应当具备一定的政策水平，坚持依法办事，善于做群众工作，甘于奉献、敢闯敢拼；党的农村基层组织领导班子应当坚定执行党的政治路线。始终在政治立场、政治方向、政治原则、政治道路上同以习近平同志为核心的党中央保持高度一致，组织推进农村深化改革，促进各项事业发展，维护社会和谐稳定，不断增强群众获得感、幸福感、安全感。

（2）规定了乡村领导班子建设措施。《农村基层组织工作条例》规定，注重从优秀村党组织书记、选调生、大学生村官、乡镇事业编制人员中选拔乡镇领导干部，从优秀村党组织书记中考录乡镇公务员、招聘乡镇事业编制人员。重视发现培养选拔优秀年轻干部、女干部和少数民族干部；村党组织书记应当注重从本村致富能手、外出务工经商返乡人员、本乡本土大学毕业生、退役军人中的党员培养选拔。每个村应当储备村级后备力量。同时规定，村党组织书记由县级党委组织部门备案管理。根据工作需要，上级党组织可以向村党组织选派第一书记。

（3）规定了乡村干部的工作要求。《农村基层组织工作条例》规定，党的农村基层组织领导班子应当贯彻党的思想路线。反映情况、安排工作、决定事项必须实事求是，一切从实际出发，说实话、办实事、求实效；党的农村基层组织领导班子应当贯彻新时代党的组织路线。全面加强农村基层组织体系建设，建强战斗堡垒，把党员组织起来，把人才凝聚起来，把群众动员起来，合力推动新时代乡村全面振兴；党的农村基层组织领导班子应当贯彻党的群众路线。决定重大事项要同群众商量，布置工作任务要向群众讲清道理；经常听取群众意见，不断改进工作；关心群众生产生活，维护群众的合法权益，切实减轻群众负担；党的农村基层组织领导班子应当贯彻党的民主集中制，认真执行集体领导和个人分工负责相结合的制度。凡属重要问题，必须经过集体讨论决定，不允许个人或者少数人说了算。书记应当有民主作风，善于发挥每个委员的作用，敢于负责。委员应当积极参与和维护集体领导，主动做好分工负责的工作。

8. 明确了乡村党员队伍建设　《农村基层组织工作条例》规定，党的农村基层组织应当组织党员认真学习和忠实践行习近平新时代中国特色社会主义思想，推进"两学一做"学习教育常态化制度化，认真开展党内主题教育活动，学习党的基本理论、基本路线、基本方略，学习形势政策、科学文化、市场经济、党内法规和国家法律法规等知识；县、乡两级党委应当加强农村党员教育培训，建好用好乡镇党校、党员活动室，注重运用现代信息技术开展党员教育。乡镇党委每年至少对全体党员分期分批集中培训1次。同时规定，党的农村基层组织应当严格党的组织生活。坚持"三会一课"制度，村党组织应当以党支部为单位，每月相对固定1天开展主题党日，组织党员学习党的文件、上党课，开展民主议事、志愿服务等，突出党性锻炼，防止表面化、形式化。党员领导干部应当定期为基层党员讲党课。党支部应当经常开展谈心谈话。同时，注重从青年农民、外出务工人员中发展党员，注重吸收妇女入党。另外，《农村基层组织工作条例》对党员的表彰激励、责任追究作了明确要求。

9. 明确了组织建设的领导和保障　《农村基层组织工作条例》规定，各级党委特别是县级党委应当高度重视党的农村基层组织建设，认真履行主体责任；党的农村基层组织建设情况应当作为市县乡党委书记抓基层党建述职评议考核的重要内容，纳入巡视巡察工作内容，作为领导班子综合评价和领导干部选拔任用的重要依据。县级党委组织部门应当以足够精力抓好党的农村基层组织建设；对党的农村基层组织建设重视不够、落实不力的，应当及时提醒、约谈；出现严重问题的，应当严肃问责追责。督促抓好问题的整改落实；各级党委特别是县级党委应当坚持抓乡促村，持续加强基本队伍、基本活动、基本阵地、基本制度、基本保障建设，整顿软弱涣散村党组织，整乡推进、整县提升；乡镇党委应当全面落实抓村级组织建设的直接责任。乡镇党委书记和党委领导班子其他成员应当包村联户，经常沉下去摸情况、查问题，及时研究解决；乡镇工作机构设置和人员配备，应当坚持加强服务、密切联系群众、治理重心下移的原则，构建权责相称、简约高效的基层管理体制，保证乡镇工作力量。乡镇应当设立党建工作办公室或者党建工作站，配备专职组织员，配强党务力量。加强乡镇小食堂、小厕所、小澡堂、小图书室、小文体活动室和周转房建设，改善乡镇干部工作和生活条件；各级党委应当健全以财政投入为主的稳定的村级组织运转经费保障制度，建立正常增长机制。落实村干部基本报酬，发放人数和标准应当依据有关规定、从实际出发合理确定，保障正常离任村干部生活补贴。落实村级组织办公经费、服务群众经费、党员活动经费。建好管好用好村级组织活动场所，整合利用各类资源，规范标识、挂牌，发挥"一室多用"的综合功能，服务凝聚群众，教育引导群众。同时要求各级党组织应当满怀热情关心关爱农村基层干部和党员，政治上激励、工作上支持、待遇上保障、心理上关怀，宣传表彰优秀农村基层干部先进典型，彰显榜样力量，激励新担当新作为。

第三节　落实党的农村法律制度的措施

中共中央印发《中国共产党农村工作条例》《中国共产党农村基层组织工作条例》是新时代党的农村工作的总依据和重要保障，必须认真贯彻实施好这两部党内法规。

1. 把学习宣传放在首位　要利用报纸、广播、电视和手机、网络等媒介，通过集中学习、专题研讨、专门培训等多种形式，使各级组织和广大党员、干部深入领会法规精神，宣传培训工作要到乡、到村、到人，特别要到每一个支部和党员，使法规精神深入人心，家喻户晓。

2. 实行法规落实与乡村振兴工作结合　要将法规精神作为乡村振兴的重要保障来抓。县级党委要将法规落实与农村工作总体推进融合起来，用法规精神的落实，引导和助推乡村振兴的实现。

3. 建立法规落实的保障机制　要将法规精神落实列入乡村振兴工作和领导班子考核的内容，列入基层支部建设的内容。同时，为法规的贯彻落实提供必要的经费、物质保障，确保法规精神落到实处，发挥引领和规范作用。

≪≪ 思考题

1. 党的农村工作领导的主要任务包括哪些？
2. 党的农村工作应当遵循哪些原则？
3. 党的农村工作领导体制的内涵是什么？
4. 党委农村工作部门的主要职责是什么？
5. 党的基层组织建设的要求有哪些？

后 记
POSTSCRIPT

　　幸逢中国特色社会主义进入新时代，我国农业农村法治体系已基本形成。遵循习近平法治思想的指引，落实乡村振兴的要求，推进乡村治理现代化，应当十分重视农业农村法治建设。我作为一名农业农村法治工作者，理应在推进农业农村法治进程中尽全力奉献、尽余力作为。我通过近一年的努力，编著了这本《农业农村法律知识导学》。我从政近四十年，二十多年在农业农村法治工作领域耕耘。这本书是我法治工作生涯所学、所做、所思的代表作品之一。书稿的形成参阅了大量的文献资料，主要包括党的十九大有关法治建设辅导资料以及《建设社会主义法治国家》（全国干部培训教材编审指导委员会组织编写，人民出版社、党建读物出版社 2019 年出版）、《农业法概论》（农业部产业政策与法规司、中国农业经济法研究会编，中国农业出版社 2004 年出版）、《农业行政执法实务》（赵利民主编，中国农业科学技术出版社 2006 年出版）、《农资监管案例评析》（农业部农产品质量安全监管局、农业部管理干部学院编，法律出版社 2011 年出版）、《行政处罚适用手册》（汪永清编著，中国方正出版社 1996 年出版）、《中华人民共和国农村土地承包法释义》（何宝玉主编，中国民主法制出版社 2019 年出版）等，通过学习、借鉴、引用这些文献资料的精辟论述和内容，本书的价值和水准得到提升。本书以遵循法律原意为宗旨，以法律与实践结合为秉承，既有原文释义，又有典型案例，是目前全国内容最新、最全面的一本农业农村法治教材。由于时间仓促，加之本人的法治水平有限，本书难免存在不足，以期各位同仁无私指正。期望以此为铺垫，通过广大同仁的努力作为，谱写我国农业农村法治建设新篇章。最后要感谢为此书奉献了理论观点、参考资料、案例的各位专家、学者和同仁们，特别感谢农业农村部管理干部学院农业农村法治研究中心（农业农村部法律服务中心）研究员、主任杨东霞博士对此书提出的宝贵的修改意见，还要感谢身边工作人员为此书的核、校、编、印给予的付出。

编著者

2019 年 12 月 30 日